풍미의 과학

FLAVORAMA

ⓒ 2024 by Arielle Johnson

All rights reserved.

Korean translation copyright ⓒ 2025 by Prunsoop Publishing Co., Ltd.
Korean translation rights arranged with InkWell Management, LLC through EYA Co., Ltd.

이 책의 한국어판 저작권은 EYA Co., Ltd를 통한 InkWell Management, LLC 사와의
독점계약으로 ㈜도서출판 푸른숲이 소유합니다.
저작권법에 의해 한국 내에서 보호를 받는 저작물이므로 무단 전재 및 무단 복제를 금합니다.

flavorama

풍미의 과학

다섯 가지 풍미 법칙으로 풀어낸 맛의 비밀

아리엘 존슨 지음 | 제효영 옮김

푸른숲

일러두기
◦ 본문의 •는 옮긴이주다.
◦ 레시피의 단위 기호는 그램은 g으로, 밀리그램은 mg으로, 킬로그램은 kg으로, 밀리리터는 ml로, 리터는 L로, 온도는 ℃로 표기했다.
◦ 본문에서 기울임체가 적용된 부분은 학명, 분자의 명칭 및 원서에서 기울임체로 표기된 부분이다.

톰에게.
모두 당신 덕분이야.

추천사

훌륭한 셰프가 되기 위해서는 반복적인 훈련을 통해 정교한 기술을 익히고, 효율적인 업무 환경을 만들어내는 것이 기본이다. 그리고 거기서 한 걸음 더 나아가 "왜?"라는 질문을 던져야 한다. '왜 이렇게 조리하는지', '왜 이런 맛이 나는지', '왜 이런 결과가 나오는지'를 끊임없이 탐구할 때 비로소 변화와 혁신이 시작된다.

저자가 처음 밍글스를 방문했을 때, 다양한 한국식 문화를 경험하고 한국 장을 만드는 현장을 직접 찾아가는 모습을 가까이서 지켜보며, 이론적 이해는 물론 실무적인 재능까지 깊이 겸비한 독보적인 인물임을 느꼈다. 맛에 대한 풍부한 감각과 경험, 과학적 지식을 바탕으로 집필한 《풍미의 과학》에서 그는 우리가 음식에서 느끼는 '풍미'의 본질을 짚어내며, 그것을 어떻게 만들고 조절할 수 있는지를 세심하게 탐구한다. 미뢰 분포도나 MSG의 감칠맛처럼 그간 잘못 알려져 있던 정보들을 바로잡는다거나 다섯 가지 법칙으로 풍미의 특성을 분석한 방식도 흥미롭다. 단순히 정확한 값이나 수치에만 기대는 것이 아닌, 진정한 맛의 기준과 요리를 대하는 태도에 대해 고민하는 이 책은 요리를 사랑하고 미식을 즐기는 모든 이들에게 반드시 필요한 책이다.

— 강민구 (밍글스 오너셰프)

몇 년 전 노마에서 프로젝트를 담당하는 과학자라는 소개를 받고, 이 책의 저자인 아리엘과 함께 서울부터 포항까지 한국 장의 근원을 찾아다녔다. 김이 폴폴 나는 콩을 빻아 메주를 빚어 가며 구슬땀을 흘리던, 새로운 체험에 희열 가득하던 그의 얼굴이 떠오른다. 포항 죽장연의 드넓은 장독대와 발효 중인 메주의 상태, 향과 촉감, 시각적으로 확인이 가능한 곰팡이의 활동을 유심히 살펴보기도 했다.

책에는 맛의 원리를 비롯해 한국의 장과 일본의 미소에 대한 활용법을 시작으로 초에 대한 분석과 활용법, 예를 들면 우메보시의 국물, 미첼라다에 들어가는 샤모이, 소금에 절여 발효한 고추장아찌의 국물을 레몬즙이나 식초 대신 활용하는 기발한 제안과 다양한 조리 실험들로 가득하다. 향미 화학을 공부한 저자는 다양한 문화권의 식재료에 대한 직관적 경험과 과학적 데이터로 짠맛, 신맛, 단맛, 감칠맛, 쓴맛, 그리고 매운맛에 이르기까지 다채로운 맛의 경험과 과학적 원리를 나눈다. 전문 요리사뿐 아니라 현대인의 식생활 면에서도 활용 가능한 풍부한 지식과 지혜를 담았다. 자신의 요리에 날개를 달고 싶은, 더 깊고 풍부한 맛의 경험을 갈망하는 현대 미식가들에게 요리에 대한 과학적 접근과 이해를 도울 《풍미의 과학》을 추천한다.

— 김혜준 (푸드 콘텐츠 디렉터)

단맛, 짠맛, 신맛, 쓴맛, 감칠맛 우리가 혀로 느낄 수 있는 '맛'은 생각보다 단순하다. 그런데 우리는 다섯 가지 맛, 그 이상의 맛을 느낀다. 그건 바로 '풍미'다. 혀로 느낄 수 있는 다섯 가지 맛과 코로 느낄 수 있는 다채로운 냄새가 만났을 때 우리는 비로소 수만 가지 맛과 향을 지닌 음식의 '풍미'를 경험한다. 최고의 풍미를 선사하는 요리를 식탁에 내기 위해 요리사들은 부엌 안팎에서 맛에 관한 감각을 익히고, 그 과학적 원리를 공부한다.

《풍미의 과학》은 우리가 매일 먹는 음식, 매일 하는 요리를 달리 보이게 할 책이다. 풍미는 분자라는 것부터 시작해 작은 차이로 어떻게 하면 최고의 풍미를 지닌 요리를 만들어내는지, 요리사의 부엌에서 펼쳐지는 마술 같은 과정이 재미있는 이야기처럼 술술 펼쳐진다. 이 책의 마지막 장을 덮고 나면 식탁 위의 예술이자 과학인 요리를 더 사랑할 수밖에 없을 것이다. 나를 포함해 평생 요리와 함께할 모든 이에게 추천한다.

— 류수영 (배우, 《류수영의 평생 레시피》 저자)

과학자 중에 아리엘처럼 연구실에서 일한 시간과 레스토랑 주방에서 일한 시간이 비슷한 사람은 거의 없을 것이다. 심지어 아리엘은 화학 지식을 음식 애호가라면 누구나 이해할 수 있는 명쾌하고 유용한 조언으로 제시하는 탁월한 능력까지 겸비한 사람이다. 나는 이 책, 《풍미의 과학》를 온 마음으로 추천한다. 우리가 무언가를 먹고 맛이 좋다고 느끼는 감각에 관해, 그리고 그런 감각이 어떻게 생기는지 궁금하다면, 이 책을 꼭 읽어야 한다.

— 해럴드 맥기 (《음식과 요리》 저자)

존슨 박사와 동시대에 살고 있는 우리는 정말 행운아다. 그는 대부분 그저 신기한 일, 도저히 설명할 수 없는 일로만 생각한 음식의 면면을 파헤치는 일에 평생을 매진한 것으로 모자라 우리에게 이 책을 통해 그 내용을 알려주고, 풍미를 활용하고 풍미를 이해하는 방법까지 일러준다. 이는 인류보다 훨씬 발전한 어느 외계 문명이 우리를 기특하게 여겨 광속을 앞지르는 기술 같은 걸 기꺼이 알려주는 것과 같다. 아리엘과 같은 시대를 사는 것도 행운이지만, 이 책을 읽는 건 더더욱 큰 행운이다.

— 데이비드 장 (모모푸쿠 창립자)

차례

서문 • 레네 레제피 René Redzepi 10
프롤로그 • 요리에 날개를 달아줄 풍미의 과학 13

PART 1
풍미의 제1법칙: "풍미는 맛과 냄새다" 17

Chapter 1 • 맛 20
Chapter 2 • 냄새 24
Chapter 3 • 풍미를 제대로 느끼는 게 먼저다 34

PART 2
풍미의 제2법칙: "풍미는 예측 가능한 패턴을 따른다" 41

Chapter 4 • 패턴 활용하기 48
Chapter 5 • 다섯 가지 맛 53
짠맛 54
신맛 68
단맛 92
감칠맛 105
쓴맛 121
매운맛 133

Chapter 6 • 냄새 150
과일의 향 155
식물의 향 173
식물의 방어 전략이 만든 강렬한 풍미 182
향신료 189
허브 201
고기의 향 218

PART 3
풍미의 제3법칙: "풍미는 농축하고, 추출하고, 불어넣을 수 있다" ······ 225

Chapter 7 · 풍미의 농축 ······ 228
즙 내기와 압착 ······ 229
풍미의 농축 ❶ 강한 열로 수분 제거하기 ······ 231
풍미의 농축 ❷ 저온 건조 ······ 234

Chapter 8 · 풍미 추출하기, 불어넣기 ······ 235
풍미 분자의 선택적인 이동 ······ 236
서로 친해야 추출도 잘 된다: 친수성과 소수성 ······ 237

극성과 비극성 ······ 237
냄새 분자의 기름진 포옹: 지방을 이용한 추출과 침출 ······ 237
지방을 이용한 풍미 추출 ······ 238
물을 이용한 풍미 추출 ······ 249
식초, 알코올 등으로 풍미 추출하기 ······ 252
추출의 기본 원리 폭넓게 활용하기 ······ 258

PART 4
풍미의 제4법칙: "풍미는 만들어낼 수 있고 변화시킬 수 있다" ······ 266

Chapter 9 · 열과 풍미 ······ 271
캐러멜화: 황금빛 액체의 풍미 ······ 271
태우기, 그슬리기, 연기로 풍미 만들기 ······ 275
노릇하게 구운 음식의 풍미: 마이야르 반응 ······ 281

Chapter 10 · 발효와 풍미 ······ 288
식초 만들기: 알코올을 톡 쏘는 신맛으로 ······ 292
젖산발효: 소량의 당을 톡 쏘는 신맛으로 ······ 296
감칠맛 만들기: 균류를 이용한 발효 ······ 307

감사의 말 ······ 322
참고 문헌 ······ 324

서문

레네 레제피 René Redzepi

풍미는 요리사가 하는 모든 일의 동력이다. 일단 음식이 맛없으면 요리사가 할 일을 똑바로 하지 못한 것이고, 그 음식에 들인 수고도 다 부질없다고 여겨진다. 하지만 정말 그럴까?

코펜하겐에 있는 우리 레스토랑 노마Noma에서도 이 문제와 매일, 끊임없이 씨름한다. 우리가 처음 노마를 시작할 때부터 정한 몇 가지 규칙이 있다. 북유럽의 고유한 식재료가 돋보이는 요리를 만들자는 것, 가급적 북유럽의 식재료로만 음식을 만들자는 것이었는데 이 생각은 몇 년 후에 바뀌었다. 내가 유년기를 보낸 알바니아와 터키의 음식들, 그리고 여행을 다니며 접한 인상 깊은 음식들도 노마의 요리에 반영하고 싶어졌기 때문이다. 그때부터 노마의 요리에 일본산 다시마나 멕시코산 고추가 흔히 쓰이게 되었다. 동시에 우리는 북유럽의 계절별 특색을 노마에서 만드는 모든 음식의 기본 틀로 삼으려고 꾸준히 노력해왔다.

낮이 길어 연중 가장 맛있는 흰 아스파라거스와 딸기, 무수한 야생 허브가 나는 봄과 여름에는 우리의 규칙을 수월하게 실천할 수 있다. 그러다 겨울이 오고 노마에 채소를 공급하는 농부들의 지하 저장고에 비트, 당근, 감자만 남으면 재료 선택의 폭이 확 줄어든다. 노마가 문을 연 초창기부터 우리는 계절이 바뀌고 재료의 폭이 달라질 때마다 노심초사하며 골머리를 앓을 것인지, 아니면 창의력을 발휘할 기회로 삼을 것인지 선택해야 했다.

요리사의 길을 택하고 정식으로 배운 건 거의 간과 올리브유 같은 재료가 들어가는 정통 프랑스 요리였지만, 그것으로 노마가 맞닥뜨린 문제를 타개할 수는 없었다. 그보다는 한 걸음 뒤로 물러나 맛있는 음식을 만들어낼 수 있는 새로운 길을 모색해야 했다. 이전에는 미처 좋은 재료라고 생각해보지 못했던 식재료나 심지어 먹어도 되는지조차 몰랐던 다양한 재료의 맛있는 잠재성을 보존하고, 추출하고, 발효하고, 발굴하고, 고려하기 시작했고, 그렇게 느리지만 자신 있게 새로운 길을 열었다. 우리는 채소, 해초, 야생 식물의 씨앗, 꽃, 이끼, 심지어 곤충에 이르는 희한하고 특이한 재료들과 '잊힌' 것들에서 그러한 가능성을 발견했다.

이 요리에 꼭 레몬이 필요할까? 그냥 특정한 신맛이 들어가면 되는 것 아닐까? 시큼한 괭이밥이나 통통하게 살 오른 홍개미, 비타민나무 열매, 사워크라우트sauerkraut(양배추를 얇게 채 썰어 소금을 뿌리고 발효한 독일의 절임 음식 - 옮긴이)와 같은 방식으로 발효한 자두를 넣으면 어떨까? 우리는 필수 재료로 여겨지는 모든 것에 이런 질문을 사정없이 던졌다.

요리를 어디서 어떻게 배웠는지와 상관없이, 새로운 길을 트려면 그간의 요리 경험과 지식을 총동원해야 했다. 풍미를 이해하려고 우스꽝스럽고 실용적이지 않은 시도도 많이 했다. 요리에 쓸 개미를 모으고, 이끼를 박박 씻는 데 그토록 엄청난 시간을 쏟은 걸 생각하면 제정신이 아니었던 것도 같지만, 그때는 그래야 했다. 우리가 가야만 하는 길이었으니까.

아리엘 존슨과는 이런 연구가 한창이던 2012년에 처음 만났다. 지금도 아리엘은 자기소개를 할 때 요리사가 아니라는 말부터 하는데, 나와 처음 만났을 때는 정말로 그랬다. 그때 아리엘은 식품 화학을 공부하는 대학원생이었다. 여름방학을 네슬레 같은 대기업에서 꽤 좋은 조건으로 일하며 보내는 것보다 레스토랑에 딸린 연구소에서 한 무리의 요리사들과 어울리며 일해보는 게 낫겠다고 생각한 모양이었다.

당시에 우리는 식용 곤충에 주목했고, 노마의 협력 연구소로 설립한 노르딕 푸드 랩Nordic Food Lab의 라르스 윌리엄스 연구소장은 개미가 페로몬으로 어떻게 소통하는지 한창 연구 중이었다. 아리엘은 페로몬의 화학 구조를 흘낏 보고, 그걸로 음식에 풍미를 낼 수 있다고 우리에게 설명해주었다. 직접 맛을 보지 않고도 페로몬에서 자몽, 레몬그라스, 라벤더의 향이 날 것이라고 구체적으로 예상했다. 음식에 진짜 자몽, 레몬그라스, 라벤더를 넣지 않고도 넣은 것처럼 만들 수 있다는 말이었다.

훌륭한 요리는 잘 정리된 혼돈이다. 요리사는 요리의 조건과 재료를 그때그때 바꿔가며 혼돈에 대응한다. 가령 같은 제철 완두콩이라도, 밭에서 바로 따와서 햇볕의 온기가 아직 따끈따끈하게 남아 있는 콩과 수확해서 하루나 이틀 정도 냉장고에 보관한 콩은 맛이 완전히 다르다. 같은 시기에 수확한 완두콩이라도 전분의 맛과 쓴맛이 강하게 느껴질 수도 있고, 껍질 벗긴 포도알처럼 연하고 달콤할 수도 있다. 땅속에서 자라는 매운 뿌리인 서양고추냉이는 땅에서 캐고 나면 왜 풍미가 매일 달라질까? 잘 알려진 대로 재배 방식과 날씨도 막대한 영향을 주지만, 풍미의 다양성과 차이를 분자 수준에서 자세히 알면 우리의 미각과 직감을 요리에 더 효과적으로 활용할 수 있다.

풍미를 안팎으로 속속들이 아는 건 대단한 일이다. 아리엘은 우리가 수년간 식감을 발휘하고 맛을 보며 알게 된 것들에 과학을 더하는 한편, 자신이 수년간 연구로 터득한 풍미에 관한 지식을 접목해보고 싶다는 강한 의욕을 보였다. 학업을 마치고 어엿한 존슨 박사가 된 아리엘은 노마의 정식 직원이 되어 라르스와 함께 노마의 '발효 연구소'를 맨손으로 일궈냈다(비유가 아니라, 주문받은 상품의 포장 용기까지 일일이 직접 만들었다). 발효 연구소는 새로운 재료에서 풍미를 찾는 연구에 매진할 터전이 되었고, 수년간 몇 차례 새 단장을 거치며 노마에서 만드는 모든 음식의 중심 동력이 되었다.

아리엘은 어떤 음식이든 맛을 선명하게 만들고 맛을 쉽게 낼 수 있게 도와주는 비법 소스 같은 사람이다. 정식 과학자이면서 요리사처럼 생각할 줄 아는 사람, 어떤 풍미를 더 자세히 알고 싶거나 어디서 나오는 풍미인지 찾고 싶을 때 정확하고 상세하게 알려주는 사람, 풍미를 만들어내고 조절하는 방법을 가르쳐주는 사람이다. 레스토랑에서 만드는 요리든, 집에서 만드는 요리든 상관없이 말이다.

《풍미의 과학》은 모든 요리사가 주방에 두고 읽어야 하는 책이다. 요리사로 일한 경력이 얼마나 되건, 과학적인 지식을 얼마나 갖추고 있건, 모두가 그래야 한다. 내가 아는 한 풍미에 관해 아리엘보다 더 잘 아는 사람은 없다. 나 역시 아리엘과 일하면서 풍미에 관한 생각이 송두리째 바뀌었다. 20여 년 전에 노마가 문을 열 때 이 책이 있었다면, 우리는 엄청난 시간 낭비와 고생을 피할 수 있었을 것이다. 그러니 지금 이 책을 읽는 여러분은 정말 행운이다. 여러분이 그런 고생길로 가지 않도록 아리엘이 안내해줄 것이다.

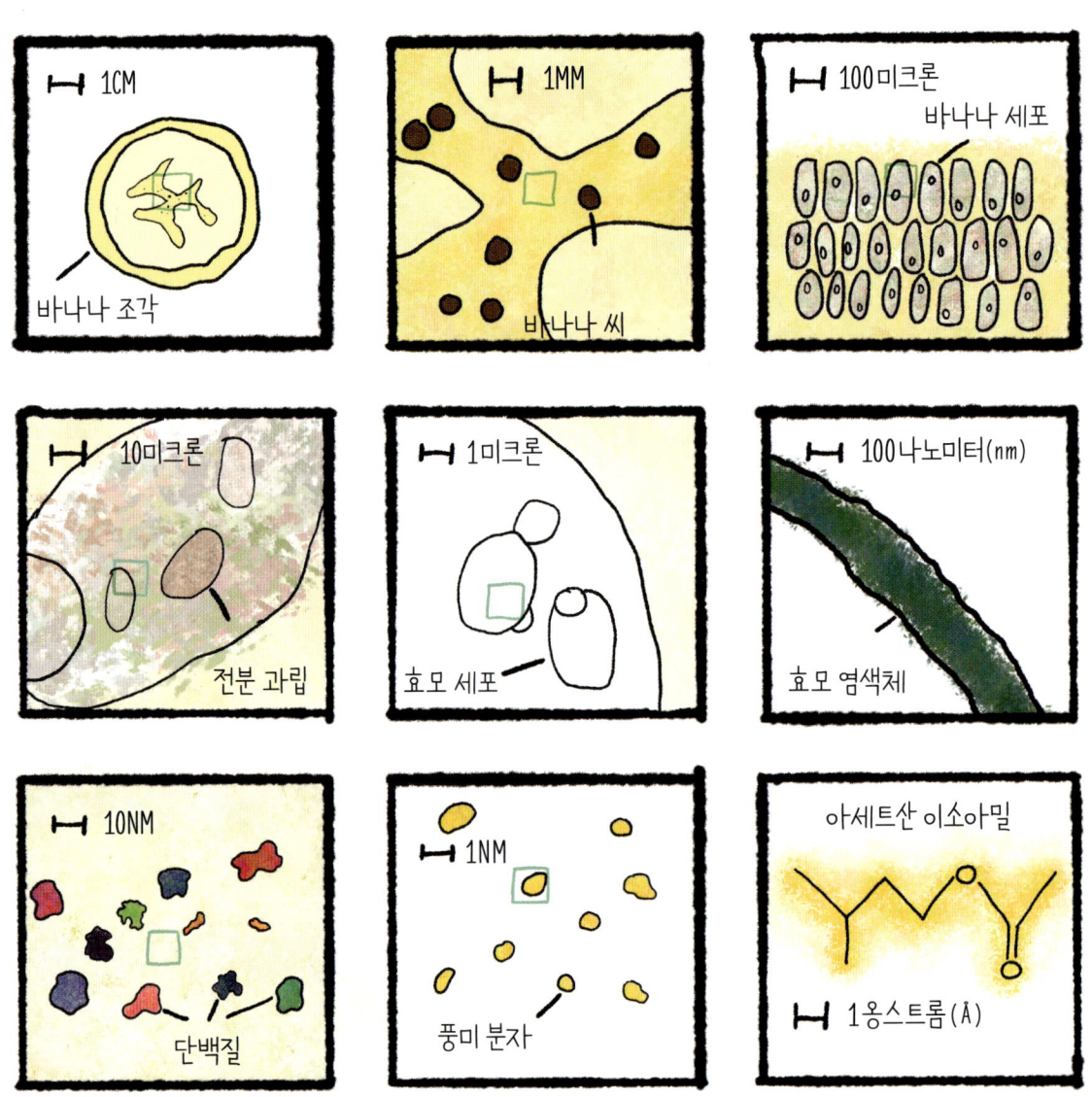

풍미는 분자에서 나온다
우리가 느끼는 모든 맛과 냄새는 극히 미미한 양의 분자로 결정된다

프롤로그

요리에 날개를 달아줄 풍미의 과학

어떻게 멋진 맛을 끌어낼 수 있을까?

우리가 공장에서 찍어내듯 대량 생산된 토마토 말고 굳이 더 비싼 토종 토마토를 선택하는 이유, 아무리 인기 폭발인 식사대용식품이라도 그것만 먹고 살 수는 없는 이유는 음식의 풍미 때문이다. 유명 요리사 가이 피에리Guy Fieri는 자신을 '풍미 마을Flavortown'의 대표라고 말하기도 했다.

새콤달콤한 향이 완벽한 복숭아, 목초지에서 자란 소에서 얻은 진하고 그윽한 향의 스테이크, 갈자마자 어지러울 정도로 강렬한 향을 뿜어내는 향신료 등기가 막힌 풍미만큼 짜릿한 건 없다. 이 책을 펼친 여러분도 아마 알 거라고 생각한다. 요리는 과학이라는 말이 이제는 거의 보편적인 사실처럼 받아들여지지만, 예나 지금이나 내게는 그런 차원을 넘어서 음식에서 어떤 맛이 나는지, 특정한 맛이 어떻게, 왜 나는지가 중요했고 그걸 더 집중적으로 더 자세히 알고 싶은 마음이 늘 절실했다. 객관적으로 '완벽한 초콜릿칩 쿠키'의 맛이 어떤 것인지를 따져보자는 게 아니다. 2월에 수확한 아스파라거스를 제철에 난 것처럼 맛있게 먹는 15가지 팁이나, 쿨 랜치맛 도리토스 나쵸 칩의 맛을 공학적으로 파헤치자는 것도 아니다. 내가 하나도 놓치고 싶지 않은 건 진짜 맛있는 음식에서 그런 맛이 나는 이유다. 그리고 그 지식을 활용해서 진짜 맛있는 음식을 더 맛있게 만드는 방법이 있는지도 알고 싶다.

나는 굉장한 풍미를 경험하는 것만으로는 만족하지 못하는 사람이다. 어떻게 그런 풍미가 나고 어떤 메커니즘으로 생겨났는지를 파헤쳐야 직성이 풀린다. 음식의 풍미를 제대로 이해하겠다는 집념으로 분석화학을 공부하고, 그것으로 풍미를 연구해 박사 학위까지 땄다. 그 과정에서 나는 화학뿐만 아니라 미생물학, 심리학, 생태학, 신경과학, 민속식물학, 경제학, 역사에 이르는 수많은 분야에도 풍미에 관해 배울 게 있음을 깨달았다. 풍미 과학의 관점에서는 초고도 공학 기술로 풍미를 최적화한 가공식품보다는 훌륭한 크루아상이나 멕시코 전통 바베큐인 바바코아barbacoa, 유기농 블루베리가 더욱 매혹적인 탐구 거리다.

어떤 요리사들은 '과학'이라는 단어를 듣자마자 요리에 족쇄를 채우려 한다고 생각한다. "객관적으로 평가하신다는 소위 권위자께서 뭐가 옳은지를 규칙으로 정하고 요리에서 창의성과 영혼을 싹 걷어내려고 하시는군" 하면서 말이다.

하지만 나야말로 과학이 그렇게 이용되는 게 신물이 난다. 요리하면서 맞닥뜨리는 각종 문제를 단숨에 해결할 과학적인 방법이 있다고 주장하는 사람이 있다면, 그는 거짓말쟁이다(혹시 이 책에서 그런 걸 기대했다면 미안하다).

과학은 재밌는 것을 더 재밌게 만드는 데 써먹기에 아주 유용하다. 주방에서 늘 하는 일들을 좀 더 자세히 알고 싶은 사람은 그간 몰랐던 '이유'를 알고 나면 평소에 별 생각 없이 하던 일이 훨씬 재밌어진다. 게다가 원하는 결과를 더 영리하게 얻는 방법까지 알게 된다. 레시피가 하라는 대로 잘 따르고 기대한 결과를 얻는 수준을 넘어서 음식이 어떤 메커니즘으로 완성되는지를 꿰뚫게 된다. 자신이 활용하는 요리법, 혹은 특정한 방법이 풍미에 어떤 영향을 줄지 예측하고 바로바로 조정할 수도 있다. 내 인생의 적지 않은 시간을 여러 레스토랑에서 보내며 내가 가진 과학 지식을 공유하고, 그 지식이 맛을 일정하게 내는 것보다는 더 맛있는 음식을 만들 방법을 찾는 수단으로 쓰이도록 힘쓰며 살아온 이유도 거기에 있다. 풍미 과학은 요리에 더 자유롭게 즉흥성을 발휘하도록 도와준다.

자, 그럼 어디서부터 시작할까? 바로 **분자**다. 일단 나를 믿고 따라오라.

풍미는 분자다

우리 몸의 감각은 주변 세상의 중요한 정보를 생생하게 알려준다. 각각의 감각은 그 다양한 정보 중 한 가지를 전담한다. 시각은 반사된 빛을 통해 물리적 환경을 자세히 탐지하고, 청각은 보이지 않는 공기의 기계적 진동을 소리로 감지해서 주변을 살피게 만든다. 풍미만 전담하는 고유한 감각은 따로 없다. 풍미는 미각과 후각으로 이루어지며 이 두 감각은 분자와 직접 접촉할 때 생긴다. 미각은 혀에 닿는 분자를, 후각은 공기 중에 돌아다니는 분자를 감지한다.

풍미는 개인적이며 정서도 반영된다('완벽한 초콜릿칩 쿠키'라는 게 존재할 수 없는 이유도 이런 주관적인 특성 때문이다). 그러나 풍미는 물리적 실체가 분명히 있는 분자를 감지하는 것으로 시작되며, 그 뒤로 여러 분자의 연쇄적이고 기계적인 작용이 이어진다.

풍미는 곧 분자이므로, 우리가 요리와 관련해 가장 많이 떠올리는 의문도 화학으로 해소할 수 있다. 레몬즙을 요리가 완성될 때까지 기다렸다가 마지막에 넣지 않고 요리 도중에 넣으면 신맛이 확 줄어드는 이유는 무엇일까? 음식에 천일염과 일반 식염 중 무엇을 넣느냐에 따라 맛이 크게 달라지는 이유는 무엇일까? 생강을 익히면 매운맛이 대폭 줄어드는 이유는? 양파를 오래 익혀 캐러멜화할 때, 설탕을 가열해서 캐러멜화하는 것보다 시간이 훨씬 오래 걸리는 이유는 무엇일까? 고추기름, 매운 소스, 생고추의 매운맛이 제각각 다른 이유는? 한입 베어 물면 입안 가득 부드러운 풍미가 폭발하는 복숭아와 맛이 그럭저럭 괜찮은 복숭아는 무엇이 다를까?

이러한 궁금증을 풀어줄 메커니즘은 딱히 신비하지도 않고 숨겨진 비밀도 아니다. 풍미에 관해 우리가 떠올릴 수 있는 모든 의문이 과학적으로 엄청나게 많이 연구됐기 때문이다. 하지만 그 모든 내용이 하나로 정리된 자료는 많지 않다. 범위를 요리로만 한정해도 마찬가지고, 심지어 요리사들끼리도 그런 지식이 잘 공유되지 않는다.

그래서 나는 전문 요리사를 포함해서 음식을 만드는 사람이라면 누구나 풍미가 생겨나는 과정을 이해하고 그 지식을 발판 삼아 더 직관적으로, 더 맛있는 음식을 만들 수 있도록 돕는 일을 내 직업으로 삼기로 결심했다. 사람들이 풍미에 관해 다양한 질문을 던지면, 나는 학술 논문을 샅샅이 뒤져서 답을 찾고 그것을 요리하는 사람들이 실제로 활용할 수 있는 지식으로 풀어서 설명할 방법을 고민했다. 그런 일이 수없이 반복되다 보니, 어느 순간부터 내가 계속 같은 말을 하고 있음을 깨달았다. "이런 내용이 다 정리된 안내서 같은 게 있으면 참 좋을 텐데 말이에요." 그렇게 이 책이 탄생했다. 풍미가 기능하는 방식, 풍미를 최대한 끌어 올리는 방법에 관해 지금까지 밝혀진 놀라운 사실들이 이 책에 전부 압축되어 있다.

이 책이 풍미에 관해 하나부터 열까지 몽땅 다 알려준다고 허세를 떨 생각은 없다. 하지만 세 가지는 분명하게 약속한다. 첫째, 이 책은 탄탄한 근거로 입증된 풍미의 과학적인 메커니즘을 설명한다. 둘째, 내가 풍미를 다룬 수많은 자료에서 찾아낸 과학적인 지혜 중에, 여러 곳에서 대충 얼버무려지는 경향이 있지만 사실 굉장히 중요한 것들을 골라내서 알려준다. 셋째, 풍미에 관한 그 모든 과학적인 사실이 실제로 어떻게 쓰이는지를 집중적으로 다룬다. 즉 과학적인 지식이 재료와 음식에서 풍미의 패턴을 찾고, 더욱 직관적으로 요리하고, 창의력을 발휘하는 밑거름으로 어떻게 활용될 수 있는지 설명한다. 책의 전반적인 구성은 물론 이 책에 담긴 레시피 하나하나에도 내가 요리할 때 실제로 활용하는 풍미의 과학과 훌륭한 요리사들이 이 과학적 지식을 활용하는 방식이 녹아 있다.

이 책은 풍미의 다섯 가지 핵심 법칙을 중심으로 구성된다. 다음은 풍미의 가장 기본적인 원칙이자 꾸준히 검증된 풍미의 특성이다.

0. 풍미는 분자다.
1. 풍미는 맛과 냄새다.
2. 풍미에는 예측 가능한 패턴이 있다.
3. 풍미는 농축하고, 추출하고, 불어넣을 수 있다.
4. 풍미는 만들어낼 수 있고 변화시킬 수 있다.

기본 법칙이 있는 다른 현상들과 마찬가지로(열역학, 블랙홀 등) 풍미의 법칙에도 다른 규칙을 설명하고 전체의 근간이 되는 상위 법칙이 있다. 그런 법칙은 첫 번째 규칙보다 중요하므로, 번호도 '0번'으로 매겨진다. 이미 살짝 언급한, 풍미는 분자에서 나온다는 것이 바로 풍미의 0번 법칙이다.

레몬의 풍미는 레몬 특유의 형언할 수 없는 생동감도 아니고 추상적인 특징도 아니다. 우리가 어떤 음식에서 굉장한 풍미를 느낄 때, 그 감각을 일으키는 모든 요소가 음식에 분자의 형태로 포함되어 있다. 우리와 우리 주변의 모든 것은 분자로 이루어진다. 음식도 마찬가지다. 음식을 이루는 분자 중에는 단단함이나 질감에 영향을 주는 것도 있고, 수분과 쫄깃함을 결정하는 것도 있고, 풍미를 내는 것도 있다.

화학은 모든 분자를 찾아내고 기술하는 방대한 과학이다. 화학 덕분에 우리는 풍미를 내는 분자가 얼마나 빨리 증발하는지도 알고(풍미 분자를 음식에 오래 붙들어놓고 싶을 때 아주 유용한 정보다), 열이나 산의 영향으로 분해되는 분자인지 아닌지도 알고(육수, 소스, 차, 칵테일을 만들 때, 버터에 다른 재료를 섞어 특별한 풍미를 낼 때 유용한 정보), 음식을 발효하면 무슨 일이 일어나는지도 안다(김치, 사워크라우트, 미소 된장을 만들 때 유용한 정보). 화학에 정통한 사람들은 각 분자에 원자가 어떻게 배열되어 있는지만 쓱 보고도 흡사 점술가가 손금을 보고 몇 살에 결혼할지 예측하듯이 어떤 풍미를 내는지 술술 읊는다. 화학이 말해주는 정보는 점술과 달리 진짜고, 정확하다.

풍미에는 패턴과 경향성이 있다. 우리로서는 참으로 다행스러운 특징이다. 신맛은 전부 산에서 나오므로 산성 재료로 요리하면 신맛이 날 것임을 예상할 수 있다. 또한 음식의 냄새 분자는 전부 휘발성이 있으므로 가열하면 공기 중에 떠다니다가 사라진다는 것도 예상할 수 있다. 음식에 지방이 많은지 수분이 많은지에 따라 특정한 풍미를 불어 넣었을 때 결과가 어떻게 달라질지도 예상할 수 있다. 정확한 값이나 수치를 달달 외워야만 풍미의 과학을 활용할 수 있는 게 아니라는 소리다. 주의 깊게 살펴보고 패턴을 찾아내면 된다. 풍미에 관한 과학적인 지식을 활용하는 건 뭔가 안 하던 일들을 하고 새로 바꿔야 하는 일이 아니라 음식을 먹을 때, 요리할 때 늘 쓰던 감각과 직감을 강화하는 일이다.

풍미는 분자라는 사실이 이 책의 전체 내용을 관통하는 핵심이다. 이제 풍미를 내는 분자들이 어디에서 나오고 어떻게 만들어지는지, 음식에 원하는 풍미를 내려면 이 분자들을 어디서 어떻게 얻어야 하는지에 관한 이야기가 나온다. 우리가 음식에서 느끼는 풍미는 풍미를 내는 분자들이 일으키는 감각이다. 이 분자들을 활용하면 음식에 특정한 풍미를 불어 넣거나, 풍미를 농축하거나, 새로운 풍미를 만들어낼 수 있다. 풍선에서 공기를 따로 분리하면 정체불명의 고무 조각과 형체 없는 약간의 공기일 뿐이지만, 그 두 가지가 합쳐지면 진짜 동물을 쏙 빼닮은 정교한 풍선 인형도 만들 수 있다. 풍미 분자와 우리가 감각으로 경험하는 풍미도 그와 같다. 분자 없이는 풍미도 없다. 요리사가 굳이 분자에 관심을 기울이는 근본적인 이유도 음식의 맛과 냄새가 분자에서 나오기 때문이다. 분자와 풍미는 따로 떼어내서 생각할 수 없는, 서로에게 중요한 관계다. 하지만 너무 앞서가지는 말고, 풍미의 제1법칙인 맛과 냄새부터 차근차근 시작하자.

PART 1

풍미의 제1법칙

"풍미는 맛과 냄새다"

식당에서 친구와 각자 다른 메뉴를 주문했을 때, 그 음식의 맛은 어떤지 궁금하면 뭐라고 질문하는가?

"맛이 어때?"

우리는 늘 맛에 관해 이야기한다. 맛있어? 별로야? 바닐라 맛이야? 모래 씹는 맛이야? 라즈베리 맛? 마분지 씹는 느낌 같다고? 사실 '맛'에 관한 그 모든 이야기의 진짜 주인공은 **풍미**다. 맛은 풍미의 필수 요소다. 그러나 과학적으로, 또한 요리에서도 맛 하나만으로는 풍미가 생기지 않는다. 맛은 풍미의 일부일 뿐이다.

풍미는 맛과 냄새가 합쳐져야만 생긴다. 풍미 방정식에서 냄새의 비중은 맛과 동일하거나 더 크다. 이 사실은 우리가 체감하는 풍미와는 다소 거리가 있다. 음식을 먹을 때 후각은 미각과 빈틈없이 통합되므로, 우리는 냄새를 맡고 있으면서도 그렇게 느끼지 않는다. 하지만 우리는 음식을 먹을 때마다 후각으로 풍미를 느낀다. 전문 조향사나 소믈리에처럼 출중한 후각을 가진 사람들만이 아니라 모두가 그렇다.

풍미에서 맛과 냄새의 기능은 각각 무엇일까?

지독한 감기로 코가 꽉 막혀본 적이 있거나, 코로나19가 기승일 때 냄새를 잘 맡지 못하는 증상을 겪어본 적이 있는 사람이라면 알 것이다. 그런 상태에서는 어떤 음식을 먹어도 영 맛이 없고 맛이 잘 느껴지지 않는다.

코가 막혀도 보통 미각은 멀쩡한데도 아무 맛도 느껴지지 않는 이유는 풍미에서 냄새가 빠졌기 때문이다. 코가 막히면 냄새 분자가 냄새 수용체에 도달하지 못하고, 뇌는 냄새 데이터를 전혀 얻지 못한다. 그 결과 냄새가 빠진 흐릿하고 밋밋한 풍미를 경험하게 된다.

맛에는 짠맛, 신맛, 단맛, 감칠맛, 쓴맛이 있다. 그 외에 풍미의 다른 부분은 거의 다 냄새가 차지한다. 바질에서 느껴지는 정향과 꽃의 향, 원두커피에서 느껴지는 과일 혹은 캐러멜의 향, 오이와 멜론의 부드럽고 풋풋한 냄새, 잘 익은 라즈베리에서 느껴지는 잼과 와인의 향, 구운 닭고기에서 나는 특유의 풍미, 육두구의 솔향과 나무의 향, 마음을 편안하게 하는 향, 다 말하자면 끝도 없다(하지만 150쪽부터 줄줄이 나온다).

그러므로 풍미를 이해하려면 맛과 냄새가 무엇인지 알아야 한다. 맛과 냄새를 잘 이해하기 위해 두 방향에서 접근해보자. 우선 감각이 말해주는 것, 즉 어떤 맛이 나고 어떤 냄새가 나는지 주의를 기울이는 동시에 보이지 않는 곳에서 일어나는 일들에도 주목해야 한다. 미각과 후각이 어떻게 기능해서 그런 감각이 생겨나는지를 알면, 맛과 냄새의 이론과 실제를 두루 터득할 수 있다.

맛과 냄새: 서로를 보완하는 관계

풍미의 패턴에는 알아두면 편리한 한 가지 특징이 있다. 바로 맛과 냄새에 음과 양처럼 정반대인 점들이 많다는 것이다. 맛에 어떤 특징이 있다면, 냄새에서는 그와 정반대되는 특징이 나타난다.

- 맛은 단일한 감각이며, 맛의 종류마다 그 맛을 일으키는 분자는 몇 가지뿐이다. 냄새는 다차원적인 감각이다. 냄새 분자는 수도, 종류도 많다.
- 맛은 종류가 매우 한정적이지만, 기본적으로 맛이 있어야 풍미도 생긴다. 냄새의 종류는 거의 무한하다. 요리에 냄새를 활용하는 방법은 다양하며, 저마다 다른 방식으로 활용해도 맛있는 음식이 될 수 있다.
- 맛의 메커니즘은 대체로 단순해서 이해하기 쉽다. 냄새의 메커니즘은 훨씬 복잡하며 충분히 이해하려면 어느 정도 시간이 걸린다.
- 맛이 제공하는 정보는 가짓수가 적고 매우 명확하다. 냄새가 제공하는 정보는 종류가 훨씬 더 많고 불분명하다.
- 미각은 선천적인 기능에 가깝고, 후각은 경험과 기억으로 형성되는 부분이 크다.
- 맛은 종류마다 고유하고 특이적인 쓰임이 있어 하나씩 심층적으로 살펴볼 필요가 있다. 냄새는 하나하나 나열해서 목록화하기보다는 넓은 관점에서 패턴을 찾아야 훨씬 많은 것을 알 수 있다.
- 맛이 한 종류에서 다른 종류로 바뀌거나 대체되면(단맛이 짠맛으로, 또는 신맛이 쓴맛으로) 음식의 풍미가 크게 바뀌고 심지어 파괴적인 변화가 일어나기도 한다. 냄새 역시 다른 종류로 바뀌거나 대체되면 풍미가 달라지지만, 전체적인 인상이 달라지는 정도다.
- 맛과 냄새는 공통적으로 특정한 분자에 반응할 때 생기는 감각이다.

미각과 후각: 분자가 만드는 감각

풍미는 맛과 냄새로 이루어지지만, 음식에 들어 있는 건 맛이나 냄새, 풍미가 아니라 분자다. 우리의 코와 혀는 그런 분자를 탐지해서 꽉 붙들고 뇌로 신호를 보낸다. 신호가 뇌로 전달되어야만 뇌에서 그 신호를 토대로 맛, 냄새, 풍미에 관한 지각이 만들어진다. 따라서 엄밀히 말해 풍미는 자연계의 분자들로 촉발된 신호가 뇌로 전달될 때 지각이 만들어내는 산물이다.

Chapter 1

맛

우리의 풍미 탐구는 맛으로 출발한다. 맛은 충실하고 깔끔하며 강한 한 방이 있다. 분류도 간단하고, 이해하기도 쉽다. 맛은 다섯 가지가 있다. 짠맛, 신맛, 단맛, 감칠맛, 쓴맛이다.

맛을 내는 분자

잠시 상상해보자. 7월이다. 땀은 좀 나지만 불쾌할 정도로 덥지는 않다. 품질이 아주 좋은 토마토가 보이기에 얼른 사 왔다(더 운이 좋은 사람이라면 밭에서 막 따왔으리라). 큼직한 브랜디와인 토마토 같은 걸로 말이다. 수확 직전까지 토마토에 듬뿍 내리쬔 볕의 기운이 아직 가시지 않아, 만져보면 따끈하다. 이 먹음직한 토마토를 얇게 썰고, 소금을 살짝 뿌려서 맛을 본다.

입안에서는 무슨 일이 일어날까? 일단 소금 맛이 느껴진다. 이어 기분 좋은 신맛이 쨍하게 느껴지고, 단맛도 딱 적당히 난다. 씨가 씹히면서 쓴맛도 조금 나고, 삼킬 즈음엔 감칠맛이 입안 가득 찬다. 처음부터 끝까지 아주 훌륭한 맛이다. 토마토를 먹으며 느낀 모든 맛, 짠맛, 신맛, 단맛, 쓴맛, 감칠맛은 토마토를 토마토답게 만드는, 말로 설명하기 힘든 신비한 특징이 아니다. 토마토든 어떤 음식이든 '달콤함'이나 '시큼함'이 들어 있지는 않다. 토마토에 들어 있는 건 맛 분자들이고, 이 분자들은 우리 뇌가 달다, 혹은 시다는 감각을 만들어내도록 구슬린다. 먹었을 때 맛이 느껴지는 모든 음식은 그 안에 그 맛을 일으키는 분자가 있다.

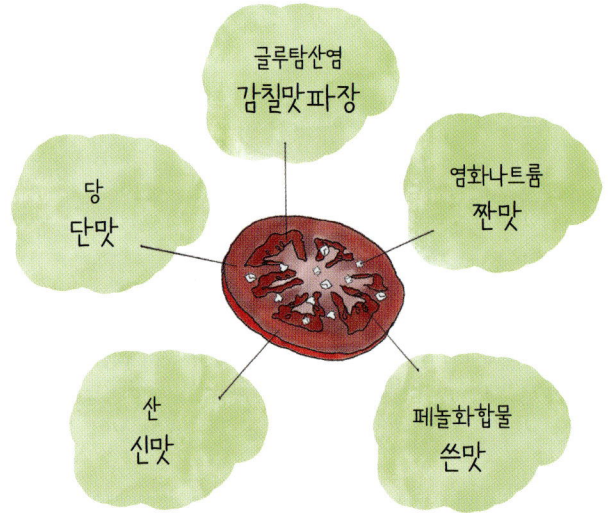

토마토를 좀 더 자세히 들여다보자. 토마토는 무엇일까? 화학자의 눈으로 본다면 토마토는 분자로 이루어져 있고 그 분자의 대부분은 식이섬유와 물이다. 두툼하고 물컹한 과육에도, 즙을 가득 머금은 스펀지 같은 부분에도 토마토를 구성하는 분자가 있다. 전체는 꼭 풍선 같은 껍질에 감싸여 있다. 수분이 많은 토마토의 즙에도 여러 분자가 녹아 있다. 그중에는 산, 당도 있고 아미노산, 무기질도 있다.

우리가 토마토를 베어 물면, 이 즙이(그리고 즙에 녹아 있던 여러 분자가) 혀 전체에 퍼지고 침과 섞인다. 혀 전체에 분포한 맛 수용체는 야구 장갑으로 공을 잡듯 맛 분자를 붙잡는다. 맛 수용체는 저마다 특정한 분자를 붙잡을 수 있도록 그 분자 모양에 꼭 맞는 형태로 만들어진다. 맛 분자를 붙잡은 수용체에서는 신호가 발생하고, 이 신호는 뇌로 전달된다. 혀의 맛 수용체가 토마토의 당, 산, 아미노산, 무기질, 타닌과 결합해서 신호를 보내면, 뇌는 단맛, 신맛, 감칠맛 등의 감각을 만들어낸다.

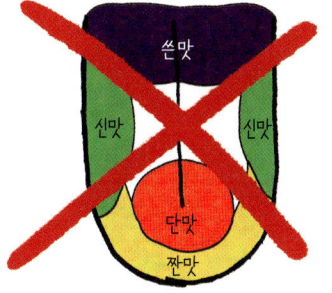

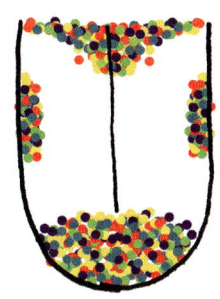

🍴 감칠맛이 가득한 호박 카르파초
| 간식으로 한번 먹을 분량 |

글루탐산나트륨^{MSG}은 순수한 감칠맛을 낸다. 이런 감칠맛은 열심히 찾지 않는 이상 알아채기가 힘들다. 부드럽고 아삭한 호박에 감칠맛이 더해지면 맛이 엄청나게 풍부하고 강렬해진다. 쓴맛은 줄고, 짠맛과 단맛은 커진다.

작은 크기 또는 중간 크기의 잘 익은 주키니호박(돼지호박) 한 개를 준비한다. 살짝 타원 모양이 되도록 1.5~3mm 두께로 얇게 어슷썬다. 다 썬 호박에 **아지노모토**^{Ajinomoto} **사의 글루탐산나트륨 결정, 또는 다른 분말형 MSG를 작게 한 꼬집 정도 (최대 1/8작은술, 또는 0.5g)** 솔솔 뿌린다. 호박에 스며들도록 몇 분간 두었다가 손으로 집어서 바로 먹는다.

맛 분자의 특징은? 분자가 어떻게 맛을 낼까?

분자도 사람처럼 개성이 있다. 사람의 성격으로 치면 맛 분자들은 대부분 견실하고 꾸준하다. 증기나 기체처럼 야단스러운 법이 없다. 바닷물을 떠서 끓여보면, 소금 분자는 증기로 날아가지 않고 냄비 안에 남는다. 또한 맛 분자는 모두 물에 잘 녹는다. 우리 혀가 늘 축축한 환경이라는 사실과 잘 맞는 특징이다.

혀에는 기능이 미세하게 조정된 맛 수용체가 있다. 이 수용체들은 분자를 야구장갑처럼 붙잡는다. 개수는 수백만 개지만 종류는 몇 가지뿐이다. 각각의 맛 수용체는 기나긴 진화와 적응 과정에서 가차 없이 다듬어지고 정리된 방식으로 기능한다.

맛 수용체를 포함한 인체 모든 수용체의 공통적인 기능은 특정한 분자를 찾아서 꽉 붙들고 그 분자에 관한 유용한 메시지를 뇌로 전송하는 것이다. 우리가 입에 가장 많이 넣는 건 음식이고, 혀에 있는 맛 수용체의 주된 기능도 음식에 많이 들어 있는 분자를 붙잡는 것이다. 맛은 우리가 입에 들어온 음식을 삼킬지 뱉을지를 판단하기 직전에 얻는 가장 결정적인 정보이므로, 맛이 전하는 메시지는 강렬하고 단순하다.

단맛 수용체는 당을 붙잡는다. 당이 들어 있다는 건 그 음식이 몸에 필요한 에너지를 쉽게 얻을 수 있는 자원이라는 의미다. 짠맛은 인체의 필수 무기질인 나트륨이 들어 있는 음식임을 알려준다. 신경 세포에서 전기적인 자극을 만들고 혈압과 체액의 전해질 균형을 유지하려면 반드시 나트륨이 있어야 한다. 감칠맛은 단백질의 기초 단위인 유리 아미노산이 함유된 음식임을 알려준다. 신맛은 산이 들어 있는 음식에 대한 반응이다. 우리는 신맛을 통해 과일이 덜 익었는지, 유용한 비타민 C가 많이 들어 있는 음식인지, 안전하게 발효된 음식인지 알 수 있다. 쓴맛은 독성이 있을 가능성을 경고한다. 음식으로 섭취하는 독소는 보통 식물에서 많이 만들어지며, 모르고 먹었다가 자칫 해를 입을 수 있는 독성 분자는 수도 많고 종류도 다양하다. 이런 특성에 맞춰 쓴맛 수용체도 종류가 스무 가지쯤 되는데, 이 수용체들은 너트나 볼트의 크기와 모양에 맞게 머리 부분만 갈아 끼울 수 있는 렌치와 비슷한 방식으로 수많은 독성 분자 전체에 대응한다. 각각의 쓴맛 수용체에서 발생하는 정보는 전부 같은 경로로 뇌에 전달된다. 따라서 쓴맛이 극히 강한 분자들도 맛이 비슷비슷하게 느껴진다. 다른 맛들은 쓴맛보다 작용 방식이 단순하고 특화되어 있다.

학계에서는 탄산, 지방 등 인체가 감지할 수 있는 다른 맛도 있을지 모른다는 연구 결과가 꾸준히 나오고 있다. 풍미의 주된 요소인 매운맛은 꼭 맛처럼 느껴지지만 실제로는 촉각, 그중에서도 통각이다(133쪽에서 자세히 설명한다). 이런 자잘하고 세세한 맛은 제외하고, 우리가 음식을 먹을 때 알아차리고 주의를 기울여야 하는 맛은 다섯 가지다. 음식과 식재료도 이 다섯 가지 맛을 기준으로 깔끔하게 분류할 수 있다. 요리할 때 이 다섯 가지 맛을 조절하면 풍미를 조절할 수 있다.

너무 짠맛?

미각에는 또 한 가지 흥미로운 예외가 있다. 혀가 나트륨을 감지할 때 발생하는 신호는 사실 두 가지다. 하나는 '일반적인 짠맛'이고, 다른 하나는 소금 농도가 아주 높을 때만 활성화되는 '심하게 짠맛'이다. 인체가 짠맛을 "오, 좋아, 소금이야"라고 느낄 수도 있고, "으악, 아무리 좋은 거라도 이건 너무 심하잖아"와 같이 느낄 수도 있다는 의미다. 희석하지 않은 간장 원액을 맛보거나, 프레첼 겉에 묻은 소금을 세게 핥는 바람에 혀가 타들어 가는 것처럼 따끔거릴 때가 그런 경우다.

맛의 흥미로운 특징

- 미각은 단맛, 신맛, 짠맛, 쓴맛, 감칠맛을 명확히 구분해서 감지한다.
- 이 다섯 가지 맛은 각각 한 가지 종류 또는 유형의 분자를 감지할 때 감각이 발생하도록 진화했다. 각각 당, 산, 나트륨, 독소, 글루탐산염이다.
- 염은 짠맛을 내고 당은 단맛을 내는 등 맛 분자는 대부분 한 가지 맛을 낸다. 단맛도 내고 짠맛도 내는 당은 없다.
- 각각의 맛은 저마다 다른 신호를 발생시키며, 특정 맛이 다른 맛의 신호를 증폭시키거나 억제하기도 한다. 가령 감칠맛은 짠맛 신호를 증가시키고, 짠맛은 쓴맛의 신호를 감소시킨다.

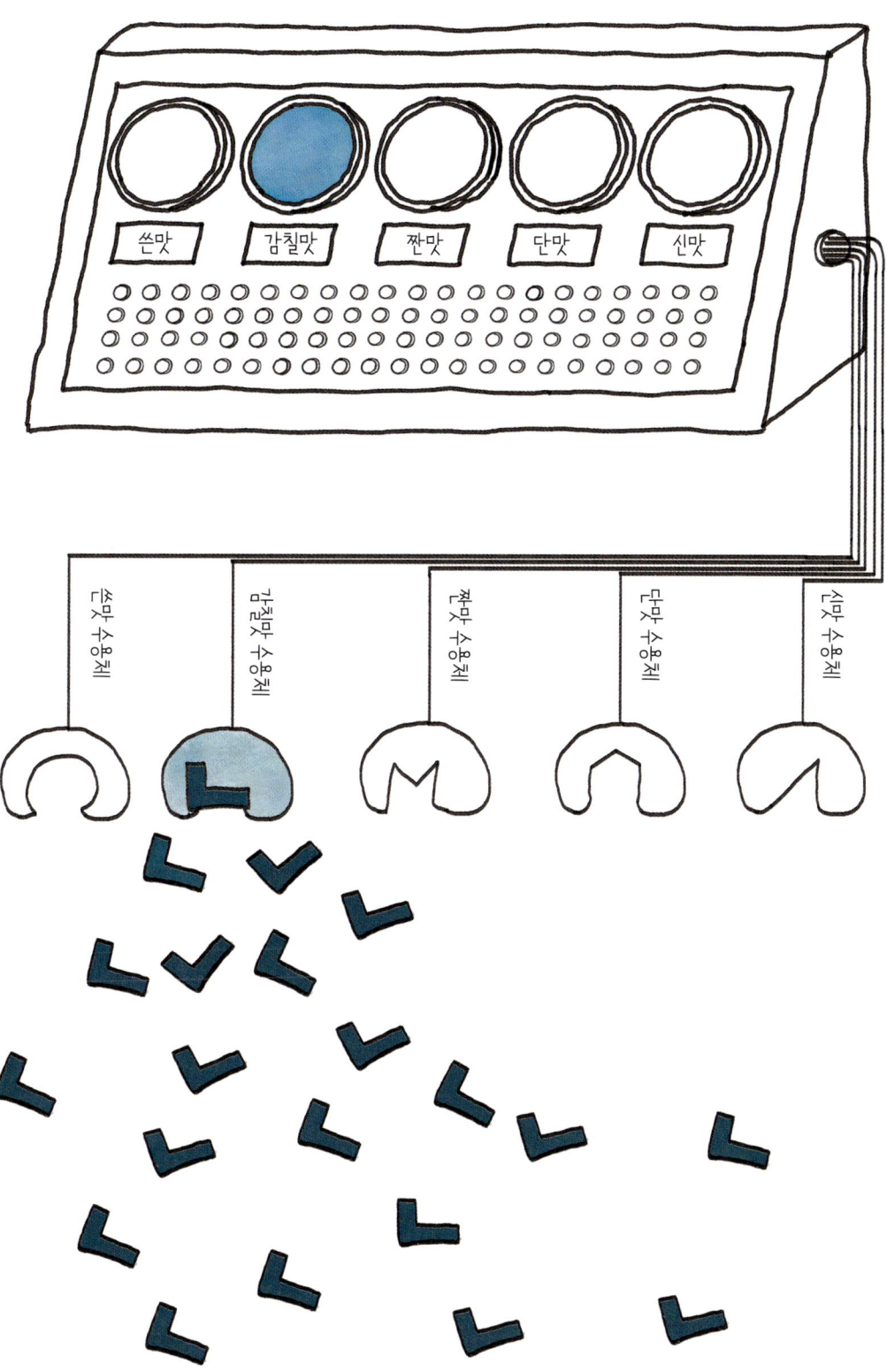

Chapter 2

냄새

이 책에서 '맛으로 느끼는 풍미의 요소'는 모두 '맛'으로 정의하고, 냄새의 다른 말인 '향', '향기'는 모두 '냄새나 향으로 느끼는 풍미의 요소'를 뜻한다. 이를 바탕으로 먼저 후각에 관해 잠시 살펴본 다음 풍미와 어떤 관계가 있는지 알아보자.

후각도 미각과 마찬가지로 분자를 감지할 때 발생하는 감각이다. 잘 익은 복숭아를 얼굴 가까이 대고 숨을 들이쉬면, 복숭아에서 나온 휘발성 분자가 공기와 함께 콧속으로 들어간다. 이 분자들이 비강을 가득 채우고, 더 위로 올라가면 꼭 레드카펫처럼 향을 맞이하는 좁고 쩐득한 카펫 같은 구조와 만난다. 후각 수용체가 빼곡히 자리한 후각상피다. 혀에서 미뢰가 하는 기능을 코에서는 이 후각상피가 담당한다. 즉 코로 유입된 분자들은 이곳에서 분자가 오기만 하면 거머쥐고 꽉 붙드는 수용체와 만난다. 수용체의 결합부와 모양이 딱 맞는 분자가 수용체와 만나 결합하면 뇌로 신호가 전달되어 냄새를 느끼게 된다.

과소평가된 감각

후각은 영어로 smell, 전문 용어로 olfaction이라고 한다. 아리스토텔레스를 포함한 고대 그리스의 철학자들은 이 후각을 원시적이고 하찮은 감각으로 치부했고, 안타깝게도 이런 평가가 오랫동안 이어졌다. 최근 들어 후각에 관해 새로운 사실들이 밝혀지고 나서야 이 감각이 그동안 얼마나 제대로 인정받지 못했는지 여실히 드러나고 있다.

생물학자 린다 벅Linda Buck과 리처드 액셀Richard Axel은 인체가 냄새를 맡을 때 쓰이는 여러 수용체와 그 수용체들이 암호화된 유전자, 수용체의 기능 방식을 밝혀낸 연구로 2004년에 노벨 생리·의학상을 수상했다. 두 학자는 인체에 약 400가지 후각 수용체가 있으며 종류마다 각기 다른 유전자에 암호화되어 있음을 밝혀냈다. 어떻게 추정하느냐에 따라 결론에 차이는 있지만, 후각 수용체 유전자는 인간이 가진 모든 유전자의 1~2%에 달한다. 인간의 유전체를 구성하는 모든 유전자를 기능이 같은 것끼리 묶으면 후각 수용체 유전자의 비중이 가장 크다. 인간과 침팬지의 유전자는 겨우 몇 퍼센트가 다르다. 인간의 유전 정보에서 후각을 전담하는 유전자가 차지하는 비중은, 인간과 침팬지의 이 작은 유전학적 차이에 버금가는 수준이다. 그만큼 엄청난 의미가 있다!

뇌에서 후각이 생겨나는 과정

냄새 분자를 붙잡아서 신호를 발생시키는 인체의 후각 수용체는 독특하고 특별하다. 후각 수용체에서 발생한 신호가 뇌로 전달되고 처리되는 방식 또한 그렇다.

뇌로 유입되는 정보는 대부분 뇌와 멀리 떨어진 몸 곳곳의 신경과 수용체에서 수집되어 척수를 통해 전달된다. 뇌가 있는 위쪽으로 이동하는 신호는 뇌의 첫 번째 관문이자 뇌에서 가장 단순한 부분인 뇌간에 도착한다. 그곳에서 대부분 무의식적으로 이루어지는 처리 절차에 따라 한 차례 걸러진 후, 뇌의 다음 관문이자 일종의 집배 센터라 할 수 있는 뇌의 시상에서 줄지어 대기한다. 이어 불그스름하고 주름이 자글자글한 뇌 바깥층, 의식적인 지각이 일어나는 대뇌 피질로 전달되어 처리된다. 하지만 후각은 이 모든 처리 절차를 전혀 거치지 않는다.

후각 수용체가 있는 세포(후각 세포)는 수집한 정보를 뇌세포에 전송하지 않는다. 후각 세포가 뇌세포이기 때문이다. 길고 가느다란 후각 세포의 한쪽 끝은 뇌 아래쪽에 자리한 후각 망울에 파묻혀 있고, 반대쪽 끝은 두개골 바닥의 아주 작은 구멍을 지나 비강으로 나와 있다. 냄새 분자를 붙잡는 후각 수용체는 후각 세포

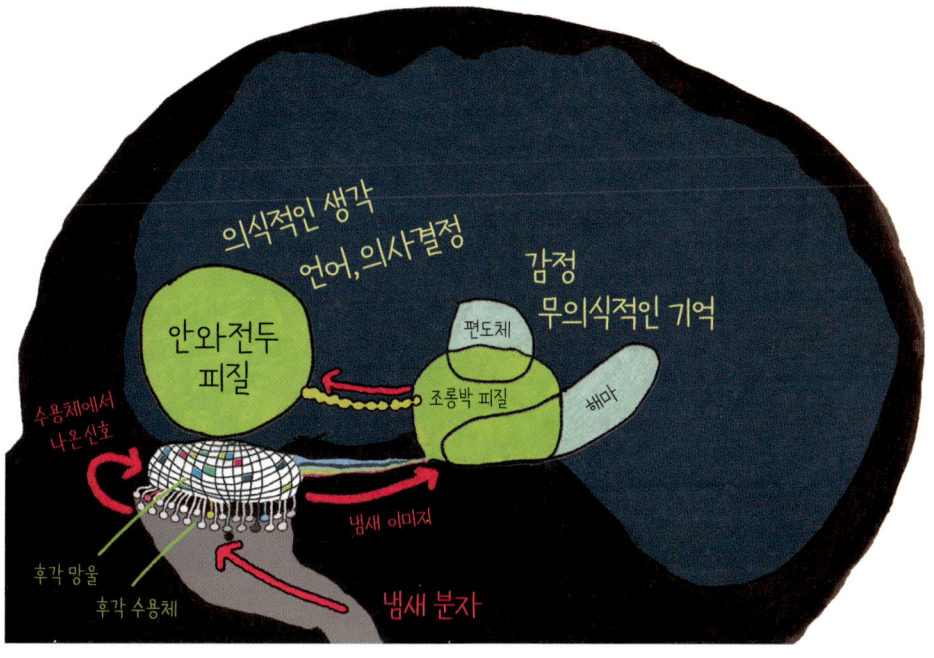

냄새의 감지

의 바로 이 비강 쪽 말단에 있다. 여러분이 이 글을 읽고 있는 지금도 콧속에는 뇌세포가 두개골 바닥을 지나 아래로 길게 뻗어 나와서 공기 중에 드러나 있다. 우리는 이런 상태로 아무렇지 않게 돌아다닌다.

후각 수용체에서 발생한 신호는 뇌간을 거치지 않고 곧장 후각 망울로 전달된다. 후각 망울은 뇌와 물리적으로 연결되어 있다. 후각이 다른 감각과 달리 우리의 감정, 지식과 더 많이 버무려지는 이유는 바로 이런 특징에서 찾을 수 있다. 변연계에는 흡사 꽃목걸이처럼 여러 부분이 연결된 구조의 **조롱박 피질**이 있는데, 후각 망울은 이곳과 바로 연결되어 있다. 포유류의 뇌로도 불리는 변연계는 감정과 장기 기억, 인상적인 기억이 무의식적으로 형성되는 곳이다. 인체의 다른 감각들도 대부분 최종적으로 변연계에서 분석되지만, 뇌의 다른 영역에서 먼저 처리된 다음에 변연계로 전달되는 반면 후각 신호는 무의식적인 과정을 통해 변연계로 곧장, 여과 없이 들어와 곧바로 정서 기억과 섞인다. 냄새(더 넓게는 풍미)로 활성화되는 정서 기억은 한층 더 강렬하고, 또렷하고, 생생해진다. 게다가 다른 감각들은 뇌에서 가장 고도의 인지 기능을 담당하는 전전두피질(의식적인 생각, 언어, 합리적인 의사 결정을 담당하는 영역)로 전달되기 전에 일단 시상에서 대기해야 하는데, 후각 신호는 VIP 입장 통로가 마련되어 있다. 조롱박 피질이 전전두피질의 한 부분인 안와전두피질과 연결되어 있어서, 이 경로로 곧장 들어가는 것이다. 후각의 이 모든 특징은 우리에게 어떤 의미가 있을까?

인간은 사회성이 매우 발달한 동물이고, 뇌의 기본적인 기능도 대인관계에 맞춰진 부분이 많다. 냄새도 예외가 아니다. 우리는 친구나 연인이 즐겨 쓰는 향수(혹은 세탁세제) 냄새를 안다. 그래서 그 사람과 오랫동안 만나지 못했더라도 지나가다가 그 익숙한 냄새가 코에 살짝 스치기만 하면, 그와 관련된 무수한 감정과 기억이 솟아나 발걸음을 멈춘다. 정작 그 사람과 함께 지낼 때는 그 특정한 냄새에 딱히 주의를 기울인 적이 없어도, 자주 맡은 냄새는 무의식적으로 기억한다.

풍미는 냄새와 맛이 합쳐져서 생긴다. 냄새와 맛을 동시에 느끼면, 후각 신호와 미각 신호가 서로를 증폭시킨다. 그래서 어떤 음식의 냄새만 맡을 때보다 먹으면서 맛과 냄새를 모두 느낄 때(즉 풍미를 느낄 때) 정서적 경험이 더욱 강렬해진다. 할머니표 쇠고기 스튜와 아주 비슷한 스튜를 한 입 먹으면 할머니와 함께 스튜를 먹었던 시간으로 순식간에 돌아가 그 시절 그 스튜를 먹으며 느낀 안도감, 고향에 온 기분, 정체성이 전부 되살아난다. 프루스트의 소설에서 주인공이 마들렌을 먹는 장면, 영화 〈라따뚜이〉처럼 그런 상황을 묘사한 장면들이 수많은 이야기들에서 그려진다. 신경생물학적으로 매우 정확한 묘사인 셈이다.

은밀한 냄새: 비후방 후각과 풍미

냄새는 풍미의 절반(또는 그 이상)을 차지하지만, 우리는 이를 잘 인식하지 못한다. 음식을 먹는 건 입에 넣고 씹어 삼키는 것이라고만 생각할 뿐 코로 냄새를 맡는 것도 포함된다고는 생각하지 못하기 때문이다.

앞서 미각을 설명할 때 예로 든 토마토를 다시 떠올려보자. 토마토를 먹을 때 혀로 우르르 쏟아져 들어와서 단맛, 신맛, 그 외 다른 맛들을 느끼게 하는 건 맛 분자들이지만, 토마토에서는 공기 중에 떠다니는 휘발성 분자도 방출된다. 이 휘발성 분자는 토마토에 코를 대고 냄새를 맡으면 코로 들어오지만, 토마토를 먹으면 입안으로 들어온다.

목과 비강은 입안과 연결되어 있다. 우유를 마시면서 너무 심하게 웃다가 우유가 코로 뿜어져 나온 경험이 있다면, 이런 구조로 인해 입안에 있던 우유가 비강으로 밀려 올라가서 벌어진 일이다. 음식을 입안에 넣고 씹으면 입안 공기에는 그 음식의 냄새 분자가 가득해지고, 이 분자들은 입안에 있던 우유가 코로 들어갈 때와 같은 경로로 이동할 수 있다. 냄새 분자가 입안의 모든 공간에 가득 차면 목 뒤쪽에서 코로 올라오는 것이다. 이렇게 코로 유입된 냄새 분자는 후각을 일으킨다. 음식을 씹고 삼키는 입안의 움직임도 입안에 들어온 냄새 분자를 비강으로 밀어 올린다. 이렇게 발생하는 후각, 마치 뒷문으로 슬쩍 들어온 듯한 냄새 분자가 일으키는 후각을 전문 용어로는 **비후방 후각**retronasal olfaction이라고 한다. 냄새 분자로 생기는 감각이므로 '후각'이고, 정문인 콧구멍이 아닌 코 뒤쪽에서 유입되는 냄새 분자라는 의미로 '비후방'을 붙인다.

비후방 후각의 기능은 무엇일까? 토마토의 고유한 풍미는 그저 단맛, 신맛, 짠맛, 감칠맛, 쓴맛을 합친다고 생기지 않는다. 진한 맥아와 과일의 향, 장미와 제비꽃의 향, 토마토 꼭지의 초록색 잎에서 나는 풀 냄새, 코코아, 꿀, 노루발풀의 향도 은은하게 느껴져 과일 같기도 하고 채소 같기도 한 토마토의 고유한 풍미는 맛으로는 설명할 수 없다. 토마토만이 아니라 우리가 느끼는 대부분의 뚜렷한 풍미(초콜릿 특유의 풍미, 라즈베리와 타임의 고유한 풍미 등)는 맛에서 나오는 부분이 별로 없고, 거의 다 비후방 후각으로 채워진다.

그래도 여전히 토마토 특유의 풍미는 맛이지, 냄새가 그 풍미의 대부분을 차지한다는 느낌이 도무지 들지 않을 수 있다. 그럴 만도 하다. 비후방 후각에서

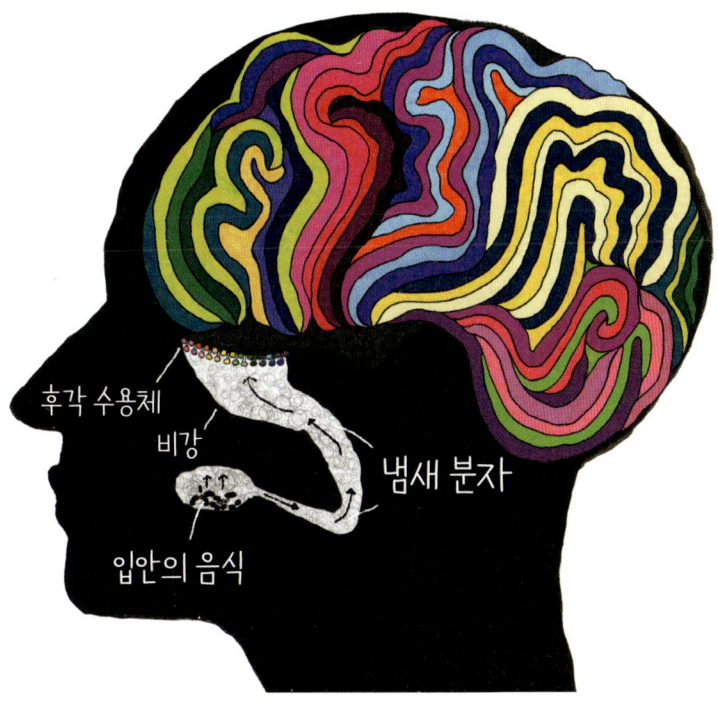

비후방 후각

생기는 풍미는 분명히 후각인데도 입안에서 일어나는 일처럼 느껴져서 그렇다. 즉 냄새를 맡고 있으면서도 혀에서 일어나는 일로 착각해서, 코나 냄새와는 무관한 감각처럼 느껴진다. 입안으로 들어온 냄새 분자가 일으키는 후각은 풍미와 완전히 결합하므로, 우리는 당연히 음식이 있는 입안에서 생긴 감각이라고 느낀다.

음식에 레몬을 넣어 맛을 낼 때는 맨 마지막에 넣어야 한다는 말을 들어봤을 것이다. 그래야 밋밋한 신맛이 아닌 레몬 특유의 강렬한 신맛을 살릴 수 있다는 이유인데, 정말로 그렇다. 소스를 뜨겁게 끓이면서 레몬즙을 넣고 한참 끓인 다음에 맛을 보면, 레몬 맛만 따로 노는 느낌이 드는 데다 신맛이 밋밋하고 흐릿하다. 맛이 변해서가 아니다! 냄새 분자는 가열하면 휘발되므로, 레몬즙의 풍미를 구성하는 냄새와 맛 중에 냄새는 날아가고 맛만 남아서 그렇게 느껴지는 것이다.

감귤류 껍질로 향을 낸 다시

| 큰 머그잔으로 한 잔 분량 |

물에 다시마와 말린 가다랑어를 넣고 끓인 다시 국물은 일본 음식의 기본 재료다. 아주 깔끔하면서도 감칠맛이 깊은 다시에 그 진한 맛을 해치지 않고 순수하게 어우러지는 향을 추가하면, 한층 더 복잡한 풍미를 낼 수 있다.

다시는 총 두 단계로 끓인다. 먼저 말린 다시마를 끓는 물보다 온도가 한참 낮은 따뜻한 물에 담가 우려낸다. 그리고 다시마를 제거한 후 그 물에 가다랑어포(가다랑어를 말려서 훈제한 후 얇게 포를 뜬 것)를 넣고 팔팔 끓인다. 다시 팩(티백에 다시마와 가다랑어포가 가득 들어 있는 제품)으로 대체해도 된다. 다시 팩은 처음부터 물에 넣고 끓이면 되는데, 물이 팔팔 끓으면 불을 줄이고 몇 분 더 끓인 다음 팩을 건져낸다.

냄비에 깨끗한 수돗물 또는 정수 두 컵(450ml)을 담고, 말린 **다시마 5g**을 계량해서 넣거나 가로세로 10cm, 5cm 정도의 **작은 조각**을 넣는다. 불을 최대한 낮춘 약불로 천천히 가열한다. 물에서 김이 나고 끓지는 않는 정도의 온도로 15~20분간 끓인 후, 다시마를 제거하고 불을 높여서 팔팔 끓인다(물에 다시마가 들어 있을 때 센불로 끓이면 국물을 미끈거리게 만드는 분자가 추출되어 다시의 맛이 떨어진다).

가다랑어포 2/3컵(6~10g)을 넣고 중불~센불로 끓인다. 1분 정도 끓인 다음 불을 끄고 뚜껑을 덮어 15분간 둔다. 국물을 촘촘한 체에 부어 가다랑어포를 걸러낸다.

완성된 국물은 뜨거울 때 국그릇이나 작은 머그컵 두 개에 나누어 담는다. 칼로 **유자 껍질을 큼직하고 두껍게** 잘라낸다(생유자가 없다면 일반 레몬이나 메이어 레몬 껍질도 좋다). 잘라낸 껍질 바깥면이 국물을 향하도록 손으로 잡고 풍미가 진한 껍질의 오일 성분이 나오도록 꼭 짜낸 다음, 껍질을 국물에 넣는다. 바로 마신다.

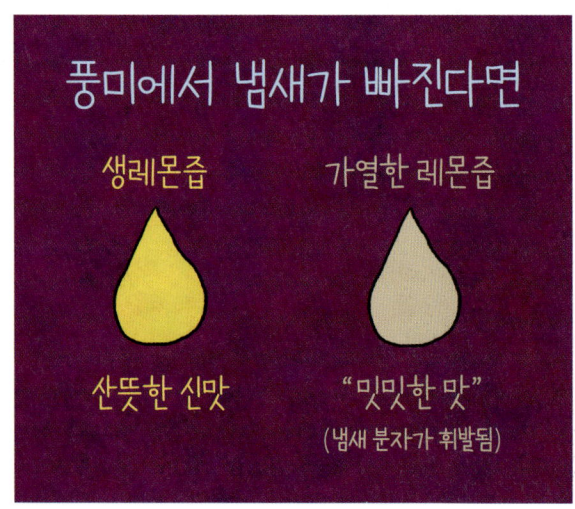

냄새가 풍미에 주는 영향은 간단한 실험으로 직접 확인할 수 있다. 준비물은 젤리빈이나 곰 모양 젤리다. 색깔마다 라즈베리, 파인애플, 배, 복숭아 등 맛이 확실하게 다른 것일수록 좋다(나는 젤리벨리 제품이나 하리보 복숭아 젤리를 가장 좋아한다). 한 손에 준비한 젤리를 들고, 다른 손으로는 손가락으로 코를 세게 쥐어서 막는다. 그 상태로 젤리를 입에 넣고, 코를 계속 막은 채로 씹는다. 어떤 풍미가 느껴지는가? 풍미를 구분하기가 힘들고 젤리 맛도 흐릿할 것이다. 단맛과 신맛이 조금 느껴질 수도 있지만, 그마저도 또렷하지 않다. 젤리를 씹다가 삼키기 전에 코를 막은 손을 풀고 평소대로 숨을 쉬어보라. 배, 복숭아 등 저마다 다른 풍미가 천천히 입안에 퍼지며 선명해지고 맛이 느껴지면서 젤리의 모든 풍미가 입체적으로 느껴진다. 그것이 비후방 후각이 완전히 돌아왔을 때의 후각이다. 미각만 느낄 때보다 풍미가 훨씬 강하고, 훨씬 좋게 느껴진다.

냄새 분자가 후각이 되기까지

우리는 미각과 후각을 인체의 다른 모든 감각처럼 수용체를 통해 느낀다. 그러나 후각은 분자가 코로 들어와 뇌에서 감각이 생겨나기까지의 과정이 미각보다 훨씬 복잡하다. 미각 수용체는 다섯 가지 맛을 각각 담당하는 다섯 가지 신호 전달 경로 중 하나와 연결되어 있다. 쓴맛 수용체는 다른 맛 수용체보다 종류가 다양하지만, 그것까지 전부 합쳐도 미각 수용체의 종류는 모두 합해 25가지 정도다. 맛의 종류를 구분하기 쉽고 그 분류가 명확한 이유는(단맛, 짠맛, 쓴맛 등), 미각이 발생하는 메커니즘이 그렇기 때문이다. 하지만 후각이 발생하는 메커니즘을 이해하려면 좀 더 창의력을 발휘해야 한다.

후각 수용체는 400가지이며 종류마다 뇌와 연결된 고유한 신호 전달 경로가 있다. 이것만으로도 이미 전달 경로가 미각보다 80배는 더 많은데, 후각 수용체가 400가지라고 해서 그 400가지와 연결된 전달 경로로 전달되는 냄새가 각각 하나씩이고 전부 합쳐 400가지 냄새만 전달된다고 생각한다면 큰 오산이다. 인류의 진화 과정에서 더 많은 냄새를 맡을 수 있다면 후각의 작동 방식은 혼란스러워도 괜찮다는 결정이라도 내려졌는지, 우리가 맡을 수 있는 냄새의 종류는 수용체의 종류보다 훨씬 많다.

맛 분자와 미각 수용체의 결합 방식은 일부일처제와 같다. 예를 들어 젖산 분자는 신맛 수용체를 활성화할 뿐, 다른 네 가지 미각 수용체와는 결합하지 않는다. 글루탐산염 분자도 혀에 닿으면 감칠맛 수용체와 우연히 만날 때까지 계속 배회하다가, 마침내 만나면 은밀히 악수하듯 결합한다. 감칠맛 수용체가 있는 세포, 즉 감칠맛 담당 세포는 뇌로 감칠맛을 알리는 특정한 신호를 보낸다.

냄새 분자와 수용체의 결합 장식은 일부다처제다. 냄새 분자와 수용체는 서로 '딱 맞는' 쌍이 한 가지로 한정되지 않는다. 각 냄새 분자는 여러 종류의 후각 수용체와 결합할 수 있고, 냄새 분자와 결합하는 수용체는 모두 동시에 뇌로 신호를 보낸다. 후각 수용체도 마찬가지로 한 종류의 수용체가 여러 냄새 분자와 결합할 수 있다. 분자의 구조 중 일부가 동일한 여러 냄새 분자가 한 가지 수용체에 모두 결합할 수 있는 것이다. 정향의 주요 냄새 분자 중 하나인 오이게놀^{eugenol}을 예로 들면, 코에 오이게놀만 붙잡아서 결합하는 수용체는 없고, 5~10가지 혹은 그 이상의 수용체가 이 분자와 결합할 수 있다. 오이게놀과 결합할 수 있는 이 수용체들은 모두 다른 냄새 분자와도 결합할 수 있다. 오이게놀이 이 여러 종류의 수용체 중 하나와 결합하면, 수용체마다 고유한 신호 전달 경로를 통해 뇌로 신호가 전송된다.

그런데 오이게놀과 결합할 수 있는 여러 종류의 수용체에서 제각기 뇌로 신호를 보내는 단계에서는 신호가 '정향 냄새'로 통일되지 않는다. 후각 수용체에서 발생한 신호가 뇌의 정해진 곳에 전달되어 우리가 냄새를 지각하는 과정의 중간에, 전화 교환수처럼 각 수용체에서 보낸 가공 안 된 신호를 모아서 하나의 정보 꾸러미로 만들어 뇌로 보내는 곳이 있다.

　두개골 맨 아래쪽, 뇌 조직이 작은 혹처럼 튀어나와 비강까지 길게 연결된 후각 망울이 바로 그 전화 교환수다. 후각 신경 세포와 바로 연결되어 있는 후각 망울은 오이게놀 같은 냄새 분자와 결합한 여러 수용체가 모스 부호 같은 신호를 보내면, 그 신호를 받아서 신경과학자들이 냄새 이미지 odor image 라고 부르는 것을 만들어서 정리한다. 여러 신호로 구성되는 이 냄새 이미지는 아직 정향의 냄새가 아니다. 후각 망울이 이를 뇌의 다른 영역으로 보내면, 그곳에서 해독과 번역을 거쳐 마침내 우리는 정향 냄새를 느끼게 된다.

　맛 분자에서 뇌로 전달되는 신호는 피아노 건반 중에 하나를 누르는 것과 같다. 즉 맛 분자마다 맛을 뚜렷하게 나타내는 신호(건반마다 정해진 음, 특정한 맛)가 발생한다. 냄새 분자와 결합한 수용체에서 발생하는 신호는 여러 정보를 2차원 패턴으로 나타낸 QR 코드와 비슷하다.

　같은 냄새 분자라도 뇌로 전달되는 정보는 QR 코드처럼 여러 요소로 구성되므로, 우리가 냄새 분자로부터 느끼는 냄새 역시 다채롭다. 오이게놀은 주로 정향 냄새가 나지만 그게 전부가 아니다. 차분히 앉아서 1분간 오이게놀의 냄새를 맡아보면(36쪽에 나오는 방법대로 감각을 또렷하게 느끼는 연습을 할 때처럼), 다른 미세한 냄새들이 느껴진다. 나무 냄새와 희미하게 계피 냄새도 나고, 달콤함도 느껴지고, 약간 풍성한 느낌과 함께 연기 냄새와 약 냄새도 난다. 한 가지 냄새가 뚜렷하게 나기보다 여러 가지 냄새가 모두 비슷비슷하게 나는 냄새 분자들도 있다. 예를 들어 푸라네올 Furaneol 은 토스트와 캐러멜, 태운 설탕 냄새와 함께 잼, 과일의 향, 딸기, 파인애플, 볶은 커피 냄새가 전부 비슷한 강도로 느껴진다.

　맛은 어디에서 나온 맛인지 딱 집어 말할 수 있어

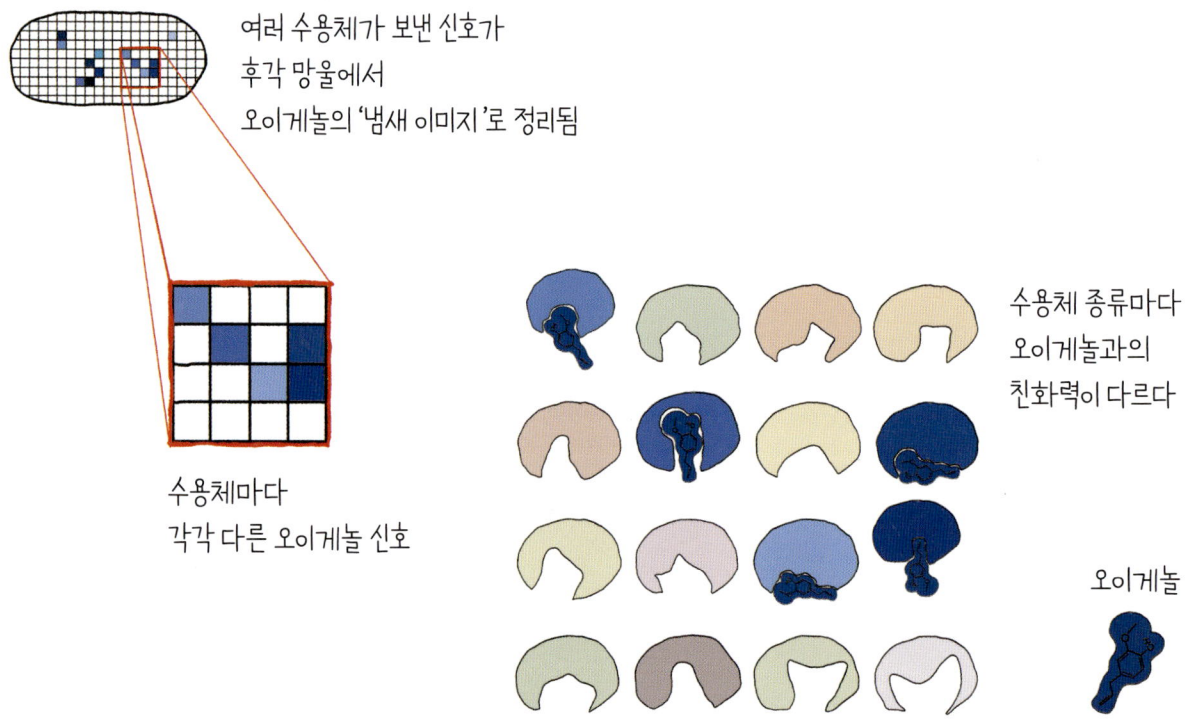

여러 수용체가 보낸 신호가
후각 망울에서
오이게놀의 '냄새 이미지'로 정리됨

수용체마다
각각 다른 오이게놀 신호

수용체 종류마다
오이게놀과의
친화력이 다르다

오이게놀

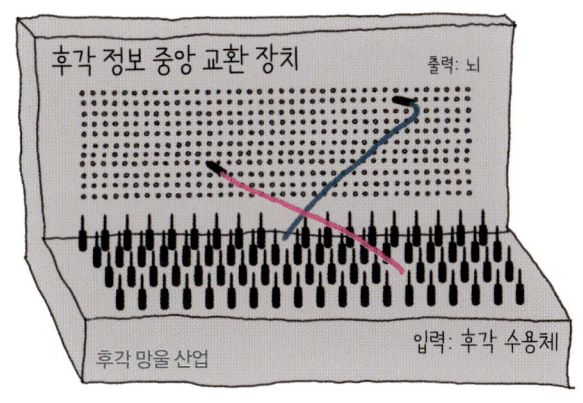

도 냄새는 그럴 수 없다. 냄새는 가장 기본 단위인 분자 수준에서부터 이미 다양한 감각 특성이 있다. 우리가 냄새를 지각하는 방식은 맛을 지각할 때와 달리 누군가의 얼굴을 보는 방식과 비슷하다. 얼굴은 수많은 특징이 고도로 체계화되어 섞여 있어서 한 마디로 딱 꼬집어 정의할 수는 없지만, 우리는 아는 얼굴을 복잡한 특징 그대로 단번에 알아본다.

냄새를 간단하게 분류할 수 없다는 사실이 실망스러울 수도 있지만, 그 무한한 다양성이 우리가 느끼는 음식의 풍미를 아주 흥미진진하고 맛있게 만든다.

다양한 분자의 혼합

후각 수용체의 상태는 활성화되어 신호를 보내거나 비활성이거나 둘 중 하나다. 이 활성 상태에 따라 후각 망울에서 만들어지는 패턴 하나하나가 전부 각기 다른 냄새로 느껴진다고 가정하면, 후각 수용체는 약 400종이므로 이 수용체들로부터 나올 수 있는 모든 패턴은 2를 400번 곱한 2^{400}가지, 즉 2,580,000,000,000,000,000,000,000,000,000,000,000,000,000,000,000,000,000,000,000,000,000,000,000,000,000,000,000,000,000,000,000,000,000,000,000,000,000,000,000 (2.58×10^{120})이다. 물리학에서 우주에 존재하는 원자 중 관찰이 가능하다고 추정되는 것의 수(10^{80})보다도 크다. 또한 현재까지 발견된 항성 중 지구와 가장 멀리 떨어진 에렌델^{Earendel}과 지구의 거리인 280억 광년에서 전자현미경으로 측정할 수 있는 가장 짧은 거리(실제 원자 하나의 크기보다 몇 배나 더 작다)를 뺀 차이에 버금갈 만큼 어마어마하게 큰 숫자다.

인간은 생물학적으로 이토록 다양한 냄새를 맡을 수 있는 유연성이 있다. 과학자들은 이러한 능력이 현실에서 어떤 쓸모가 있는지 다양한 기술로 탐구해 왔다. 과거에는 우리가 냄새로 감지할 수 있는 분자가 1만 개로 추정됐다. 그러나 지금까지 발견된 모든 분자가 전부 정리된 거대한 데이터베이스를 활용한 최근 연구에서, 우리가 냄새로 감지할 수 있는 화학적 특징이 있는 분자는 400억 개에 이르는 것으로 추정됐다. 분명한 사실은 우리가 맛으로 감지할 수 있는 분자보다 냄새로 감지할 수 있는 분자가 이루 말할 수 없이 더 많다는 것, 그리고 그 무수한 냄새 분자마다 인체에 제각기 다른 여러 감각을 일으킨다는 것이다.

풍미를 구성하는 요소들이 어떤 분자에서 비롯되는지를 알면 참 편리하겠지만, 그런 건 학술적인 연구 조건에서나 가능하다. 실험실이 아닌 이상 우리가 특정 분자의 냄새를 다른 분자와 전혀 섞이지 않은 상태로 맡을 일은 절대 없기 때문이다. 모든 음식, 또는 식재료의 냄새와 풍미는 여러 냄새 분자가 섞여서 생긴다. 허브, 향신료, 과일처럼 냄새와 풍미가 아주 단순한 편인 음식에도 수십 가지 냄새 분자가 있다. 그보다 복잡한 와인, 커피, 초콜릿에 포함된 냄새 분자는 수백, 심지어 수천 가지에 이른다. 다양한 냄새 분자가 섞인 냄새를 맡으면, 그 수많은 냄새 분자가 각각의 후각 수용체와 동시에 결합하고, 수용체마다 동시다발적으로 후각 망울에 신호를 전송한다.

성실한 정보 기록 담당자인 후각 망울은 이 신호들을 모아 QR 코드 같은 냄새 이미지를 만든다. 순수한 오이게놀 분자가 코로 유입되어 발생한 신호든, 정향을 비롯한 여러 향신료에 들어 있는 풍미 분자와 그외 수많은 풍미 분자가 섞인 진저브레드 쿠키 냄새로 발생한 신호든 똑같이 그렇게 처리된다. 같은 냄새 분자라도 여러 종류의 수용체와 결합하므로, 후각 망울은 전달된 신호가 딱 한 가지 분자가 코로 유입되어 발생한 신호인지 여러 분자가 한꺼번에 들어와서 발생한 신호인지 구분하지 않는다(구분하려고 해도 불가능할 수도 있다). 후각 망울은 어떻게 발생한 신호인지와 상관없이 전달된 신호를 모아서 특정한 패턴이 있고 분류할 수 있는 QR 코드를 만든다.

와인, 커피, 초콜릿처럼 화학적으로 아주 복잡한 음식도 후각 망울에서 똑같이 한 장짜리 스냅샷으로 기록되고 암호화된다. 그 덕분에 우리는 음식의 냄새를 제각기 다른 신호가 천여 가지쯤 뒤죽박죽 혼란스럽게 섞인 냄새로 느끼지 않고, 다른 음식의 냄새와 구분하고 그 특징적인 냄새를 기억할 수 있다. 우리가 느끼는 냄새는 부분의 합, 즉 음식에 들어 있는 냄새 분자 하나하나가 내는 풍미를 단순히 합친 것보다 크다.

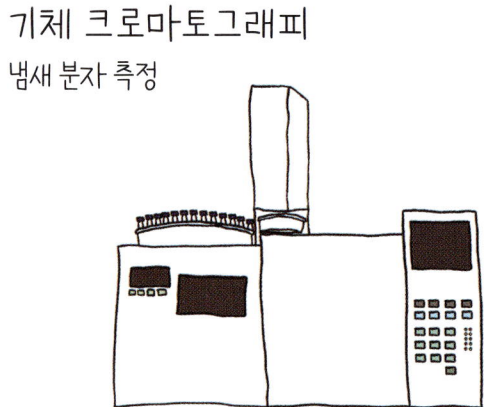

기체 크로마토그래피
냄새 분자 측정

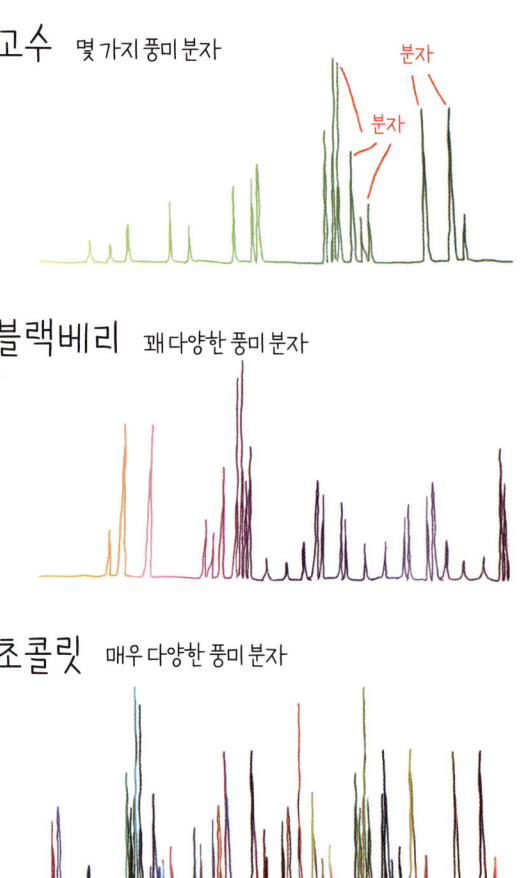

고수 몇 가지 풍미 분자

블랙베리 꽤 다양한 풍미 분자

초콜릿 매우 다양한 풍미 분자

다양한 냄새 분자로부터 발생한 신호가 합쳐져서 만들어지는 냄새는, 그 모든 구성 요소가 하나로 합쳐질 때만 나타나는 특징이 있다. 그 특징은 너무 신기해서 약간 소름이 끼칠 만큼 새롭고 독특하다.

음식의 풍미는 대부분 너무나 많은 요소로 이루어진다. 우리가 냄새로 감지할 수 있는 분자 중에 딱 한 가지 음식이나 재료에만 들어 있는 건 극히 드물다. 특정한 냄새 분자가 내는 풍미는 여러 다른 냄새 분자들 속에서 불쑥 도드라지는 경우가 많다. 영화나 드라마에서 큰 인기를 얻은 인물이 다른 작품에서 잠깐 카메오로 등장해도 존재감이 확실한 것과 비슷하다. 예를 들어 우리가 라즈베리를 먹을 때 "이건 라즈베리다!"라고 확신하는 특유의 순수하고, 진하고, 깊은 향은 *베타다마세논*betadamascenone이라는 분자에서 나오는데, 이 분자는 사과, 장미, 와인, 담배, 블랙커런트, 숙성된 럼주에도 들어 있다. 허브와 향신료의 풍미 분자는 서로 겹치는 종류가 워낙 많아서, 특정 분자의 유무가 아니라 이 겹치는 분자들이 함유된 비율로 세부 종류를 알 수 있다. 음식이나 재료마다 수많은 냄새 분자가 혼합되어 있고 같은 분자가 다른 음식이나 재료에도 함유된 경우가 많지만, 냄새 분자들이 어떻게 조합되느냐에 따라 고유하고 뚜렷한 특징이 생긴다. 가령 바질, 생강, 커민에는 모두 공통적으로 포함된 냄새 분자가 있지만, 맛을 보면 차이가 뚜렷해서 각각을 쉽게 구분할 수 있다.

또한 다른 음식에도 들어 있는 냄새 분자가 아무리 많아도, 인체는 냄새마다 다른 냄새와 구분되는 고유한 냄새 이미지를 만들어낸다. 우리가 냄새로 감지하고 다른 냄새와 구분할 수 있는 냄새 분자의 조합이 최소 1조 가지라는 추정치도 있다.

요리는 여러 가지 재료를 섞는 일이므로, 이는 곧 다양한 냄새 분자를 섞는 일이다. 이 사실을 기억하면, 주방에서 요리를 시작할 때마다 자연히 각 재료의 풍미에 어떤 시너지가 생길 수 있는지 생각하게 된다. 후각 망울은 요리에 어떤 재료가 들어가는지는 크게 개의치 않는다. 어디에서 나는 냄새인지와 상관없이 냄새로 전달된 신호를 모아 패턴을 만들고, 우리 뇌가 이 패턴을 해독하면 풍미의 전반적인 인상이 결정된다.

냄새의 특징

- 우리가 느낄 수 있는 냄새의 종류는 맛보다 훨씬 다양하다.
- 냄새 분자마다 다양한 냄새를 낼 수 있다.
- 한 가지 음식이나 식재료에만 들어 있는 냄새 분자는 없다.
- 음식과 식재료에는 제각기 다른 수많은 냄새 분자가 있다.
- 다양한 냄새 분자가 섞이면(다양한 재료로 만드는 요리처럼) 각각의 냄새 분자가 가진 특성이 전체적인 냄새에 어느 정도 반영되는 동시에, 다른 분자들과 섞인 상태에서만 나타나는 특성도 생긴다.

Chapter 3

풍미를 제대로 느끼는 게 먼저다

미각과 후각 훈련하기

음식을 요리하는 것, 먹고 즐기는 것, 음식을 탐구하는 것 등 음식과 관련된 경험이 향상되려면, 미각과 후각으로 전달되는 정보를 알아차리고 어떻게 느껴지는지 분명하게 표현하는 법부터 배워야 한다.

음식의 간을 본다는 보편적인 표현에도 그 중요성이 담겨 있다. 요리할 때 자기가 만든 음식을 먹어보지 않는다면, 또한 풍미가 어떤지 알아차리지 못한다면 간이 적당한지 혹은 소금을 얼마나 더 넣어야 하는지 알 수 없다. 내 입에 딱 맞는 간은 다른 사람이 대신 말해줄 수가 없다. 사람마다 다르게 느끼기 때문이다.

슬슬 풍미에 흥미가 생기고 풍미에 관해 좀 더 자세히 알고 싶어졌다면, 또한 이 새로운 지식으로 요리할 때 창의성을 발휘하고 즉흥적인 변화를 적극 시도하고 싶은 의욕이 생겼다면, 이론적인 지식만으로는 한계가 있다는 사실을 기억해야 한다. 풍미의 패턴을 알아차리고, 마음에 드는 풍미를 찾아가는 자신만의 풍미 나침반은 스스로 풍미를 경험하고 주의를 기울여야 생긴다. 살다 보면 어떤 음식이나 재료를 먹어보지 않아도 '이런 맛이 날 것이다'라고 추정하는 법을 터득하게 되는데, 그보다 실제로 맛이 어떤지를 그 순간 직접 먹어보고 경험하면서 최대한 직접 지각하는 훈련이 필요하다는 뜻이다.

'맛을 잘 구별하는 감식력'은 어떤 음식을 맛보고 "신맛이 더 필요하군"이라고 지적하거나, 와인을 시음하고는 화려한 형용사로 맛을 표현할 줄 아는 사람에게만 주어지는 수식어처럼 느껴질 수도 있다. 그런 특별한 미각은 타고나야만 가질 수 있는 여섯 번째 감각 같기도 하고, 어떤 초자연적인 거래를 통해 극소수만 갖게 되는 능력처럼 느껴지기도 한다.

그러나 다행스럽게도 전부 말도 안 되는 생각이다. 인체에는 미각과 후각이 있고, 우리 대부분은 연습하면 이 감각을 잘 활용할 수 있다. 맛과 냄새를 아주 정밀하게 분석할 줄 아는 수준까지 갈 필요 없이 조금만 훈련해도 실생활에 큰 도움이 된다.

맛을 과학적으로 엄격히 분석하는 표준 연구 방식(재현 가능한 연구 데이터를 도출하는 고생스러운 방식)은 다소 심심한 이름인 '묘사 분석'으로 불린다. 여러 명의 참가자가 몇 단계에 걸쳐 특정 음식의 맛과 풍미를 아주 정밀한 수준까지 식별하도록 만드는 방식인데, 우리도 같은 방식으로 훈련하면 맛과 풍미를 식별하는 능력을 향상시킬 수 있다.

묘사 분석을 활용하는 연구에서는 먼저 참가자('심사자' 또는 '훈련된 평가자'로 불린다)의 미각과 후각에 의학적인 이상이 없는지를 확인한다. 이상이 없는 참가자는 연구진이 제공하는 음식의 맛을 보고, 어떤 맛이 나는지 말로 설명하는 실험에 참여하게 된다. 예를 들어 모든 심사자에게 맛을 연구하려는 식품(톡 쏘는 탄산의 강도가 제각기 다른 스파클링 와인, 진, 수제 식초 등)의 맛을 보게 하고 느껴지는 맛을 전부 글로 쓰게 하는 식이다. 오렌지 껍질의 향이 나는가? 가죽 냄새는? 흙냄새는? 라즈베리 향은? 무엇이든 느껴지는 대로 쓰면 된다. 맛을 볼 식품은 다른 음식 표본 몇 가지와 함께 제공된다. 하나만 맛을 보고 백지상태에서 그 맛을 설명하는 것보다는 두 가지 음식의 맛을 비교하면서 차이를 설명하는 게 더 쉬운 경우가 많기 때문이다.

일정 시간 후에 진행되는 두 번째 실험에서는, 첫 실험에서 맛을 본 표본을 다시 맛보게 한다. 또한 참가자가 첫 실험에서 맛을 묘사하면서 강조한 풍미가 나는 물질이나 식재료 등을 실물로 가져와서 냄새를 맡아보게 한다. 예를 들어 첫 실험에서 참가자가 표본의 냄새를 맡고 '오렌지' 향이 느껴진다고 말했다면, 두 번째 실험에서 오렌지 껍질과 오렌지 사탕, 오렌지 마멀레이드를 실제로 준비하고 냄새를 직접 맡아보게 한다. 첫 실험에서 '라즈베리'를 언급했다면 생라즈베리와 냉동 라즈베리, 라즈베리 잼의 냄새를 맡아보게 하고, '흙'을 언급했다면 화분용 흙을, '가죽'을 언급했다면 냄새가 조금씩 다른 스웨이드, 새미, 의류용으로 가공된 가죽을 준비해서 각각 냄새를 맡아보게 한다. 참가자들은 이와 같은 참조물의 냄새를 직접 맡고, 첫 실험에서 떠올린 냄새와 가장 가까운 것을 선택한다. 이 두 번째 실험은 머릿속에만 있던 감각을 누구나 냄새를 맡을 수 있고 실재하는 대상으로 구체화한다는 점에서 대단히 중요하다.

그런 다음 계속해서 맛을 보고 또 본다. 연구진은 참가자들이 연구소를 방문하는 회차마다(굉장히 여러 번이다) 이전 실험에서 참가자가 맛을 묘사할 때 언급한 참조물을 준비해서 참가자의 눈을 가린 채로 냄새를 맡아보게 하고, 무엇의 냄새인지 물어본다. 맞히지 못하면 다시 전 단계로 돌아간다. 참가자가 다양한 참조물의 냄새를 생생하게 기억하는 상태에서 연구 표본을 맛보게 하고, 이어서 참조물을 하나씩 다시 냄새를 맡아보게 한 후 표본과 참조물을 얼마나 정확하게 구분하는지 확인한다. 이 단계까지 마무리되면 다음 표본으로 넘어가서 같은 실험을 반복한다. 이 모든 과정은 참가자가 맛을 일관되게, 아주 정확하게 느낄 때까지 여러 번 반복한다. 전체 과정을 자세히 정리하면 다음과 같다.

주의 기울이기

맛과 냄새를 잘 느끼기 위한 첫 번째 규칙은 주의를 기울이는 것이다. 맛에 대한 뛰어난 감식력의 99%가 주의력과 연습이라고 할 수 있을 정도다. 서로 다른 풍미를 구분할 수 있어야 맛을 제대로 느낄 수 있다. 그리고 과학적으로 우리 대다수는 그 능력이 매우 뛰어나다. 평범한 사람에게 두 종류의 오렌지 주스를 맛보게 하거나 똑같은 차를 각기 다른 방법으로 우려서 각각 맛을 보게 하는 등 아주 비슷한 음식 두 가지를 제시하면, 대부분 차이점을 정확하게 설명하지는 못해도 맛이 다르다는 건 안다. 이는 말하기처럼 인간이 가진 고유한 능력이다. 우리는 스스로 생각하는 것보다 풍미를 노련하게 구분한다.

식사할 때 시험 삼아 음식의 냄새와 맛에 주의를 기울여보라. 어떤 맛과 냄새가 느껴지는가? 첫 입부터 확 느껴지는 풍미가 있는가? 여러 겹의 풍미 중 맨 위에 도드라지는 것은? 다른 풍미를 가라앉히면서 전체적으로 산뜻함을 주는 풍미가 있는가? 짠맛, 신맛, 또는 매운맛이 가시지 않고 계속 남아 있는가? 진하고 묵직하게 느껴지는 풍미도 있는가?

재료를 익히지 않은 생것 그대로 맛을 보는 것도 중요하다(단, 생고기처럼 그냥 먹었다가 안전에 문제가 생길 수 있는 건 제외하자). 아주 시큼하거나, 달거나, 자극적인 맛이 느껴지는가? 감칠맛은? 과일이나 허브의 느낌이 나는가? 과일 느낌이 난다면, 베리류와 비슷한가, 사과와 비슷한가? 허브의 느낌이 난다면 세이지 향과 비슷하면서 다소 무거운 편인가, 좀 더 향기롭고 미세한 편인가? 원재료에서 느낀 풍미가 완성된 요리에서도 그대로 느껴지는가? 반대로 원재료의 풍미가 요리에서는 어떻게 달라지는가?

이런 질문들은 우리 각자가 가진 풍미 카탈로그를 뒤지게 만든다. 나는 개개인이 보유한 풍미 카탈로그를 과거에 경험한 풍미, 그 풍미를 경험한 장소, 그 풍미와 함께 경험한 다른 풍미들에 관한 기억이 페인트 색상이 소개된 카탈로그나 팬톤^{Pantone} 가이드에 실린 다채로운 색 표본처럼 정리된 모습으로 상상하곤 한다. 어떤 풍미를 경험하고 그것을 구체적으로 표현하려고 할 때, 마치 그래픽 디자이너가 팬톤 가이드를 넘기듯 우리는 자신의 풍미 카탈로그를 뒤적인다. 이 풍미 카탈로그를 태어날 때부터 갖고 있는 사람은 아무도 없다. 풍미와 냄새에 주의를 기울이고, 깊이 관심을 쏟는 과정을 거쳐 각자 스스로 만들어야 한다.

비교하기

원두를 직접 볶아서 파는 전문 상점의 원두 포장지에는 꽃향기가 나는 커피라고 적혀 있는데, 막상 커피를 내려 마셔보면 향이 좋은 건 분명해도 꽃향기는 안 느껴질 수도 있다. 하지만 인간이 가진 특출한 능력, 즉 풍미를 구분하는 능력을 조금만 발휘하면 맛을 정확하게 표현하기가 훨씬 수월해진다.

다음에 여유가 될 때, 같은 음식을 다른 종류로 준비하고 풍미를 구분하는 연습을 해보자. 친구와 카페에 가서 한 잔은 케냐산, 다른 한 잔은 온두라스산 원두에 뜨거운 물을 부어 추출한 커피를 한 잔씩 주문하거나, 술집이나 장거리 비행기에서 스카치나 아마리, 맥주를 서너 가지 종류로 주문하는 것도 좋은 방법이다. 자두, 복숭아, 살구를 하나씩 준비하거나 감귤류 과일을 서너 가지 준비해도 된다.

그리고 하나씩 맛을 본다. 냄새도 하나씩 깊이 맡아보자. 순서대로 맛을 보고, 다시 처음으로 돌아가 차례로 맛보면서 무엇이 느껴지는지 주의를 기울이자. 하나에서 다른 것으로 넘어갈 때 냄새와 맛에서 툭 튀어나오듯 확연히 느껴지는 특징이 있는지도 집중한다. 분명히 다르고 왜 다른지도 느껴지지만 딱 꼬집어 설명할 수 없고 코끝에 맴도는 경우도 많을 것이다. 하지만 풍미가 다르다는 것을 안다면, 각각의 풍미를 설명하는 법은 얼마든지 배울 수 있다. 풍미를 비교하면서 주의를 기울이면, 차이점이 아닌 비슷한 점부터 표현하기도 쉽다. 풍미가 다르다는 것을 아는 것만으로 조금 더 주의를 기울여 음식의 특정한 풍미를 기억하고, 나중에 다시 떠올리는 과정은 이미 시작된다.

풍미에 주의를 기울이는 것이 익숙해졌다면, 차이점에 집중하자. 여러 번 반복해서 맛과 냄새에 집중하면 둘 중 하나에서만 신맛이나 쓴맛, 단맛, 짠맛이 난다는 것을 집어낼 수 있다. 하나는 풍미가 쨍한 편이고 다른 하나는 다소 흐리멍덩할 수도 있다. 하나는 향신료의 향이 강하고, 다른 하나는 과일 향이 더 강할 수도 있다. 하나는 낡은 책이 떠오르고, 다른 하나는 구운 빵이 떠오를 수도 있다. 한 가지만 냄새를 맡고 풍미를 묘사하려고 하면 연상되는 무수한 특징의 바닷속에서 정확히 표현할 만한 것을 건져내느라 허우적대기 일쑤지만, 이런 식으로 두 가지의 냄새를 한 번에 맡아보면서 비교하면 머릿속에 연상되는 특징들이 차이점을 기준으로 가지런히 정돈된다.

참조물 활용하기

원두를 사거나 커피를 마시러 갔다가, 상점에서 물건을 살 때 보통 오가는 유익한 대화의 선을 지키지 못하는 주인장과 만난 적 있는가? 나는 있다. 어떤 커피에서 느껴진다는 대여섯 가지의 핵심 풍미에 관해 열심히 묘사하고, 그 풍미가 커피 열매의 생산지와 가공된 방식, 원두를 볶는 방식과 어떤 연관성이 있는지까지 설명하면서 자신의 미각이 그 모든 차이를 느낄 만큼 대단히 뛰어나다고 자랑해야만 직성이 풀리는 그런 사람들 말이다. 이런 사람들은 자신이 커피에서 그냥 캐러멜과 솔티드 캐러멜의 풍미를 정확히 구분한다고 주장한다. 심지어 그냥 바나나 향이 아니라 바나나에 아이스크림을 곁들인 바나나 포스터라는 디저트의 풍미가 나는 원두가 있는데, 자신은 그것도 구분한다고 호언장담한다. 이런 말들 속에는 그걸 구분하지 못하는 사람들은 다 멍청이라는 평가가 은근히 깔려 있다.

어떤 풍미가 솔티드 캐러멜이나 무슨 바나나 디저트와 비슷한지 아닌지를 짚어내지 못한다고 해서 이상한 게 아니다. 풍미, 그중에서도 냄새는 과거에 직접 맡아보고 그게 무엇의 냄새인지 알게 된 것들을 연상하는 방식으로 느낀다. '장미 향'으로 느끼는 냄새가 과거에 진짜 장미 냄새를 맡았을 때의 냄새와 완전히 똑같지 않아도 그렇게 느끼고, 진짜 블루베리 케이크 냄새와 약간 비슷해도 '블루베리 케이크 냄새'로 느낀다.

또 한 가지 기억할 점은, 시를 쓰듯 낭만적인 단어를 써야만 풍미를 훌륭하게 표현하는 게 아니라는 점이다. 어휘력이 좋으면 풍미를 더욱 명료하게 표현할 수도 있겠지만, 기발한 표현을 찾으려고 애쓰다가 오히려 실제로 느낀 풍미를 더 불분명하게 묘사하게 될 수도 있다.

무언가를 맛보고 솔티드 캐러멜이 떠올랐다고 하자. 왜 그게 떠올랐을까? 짭짜름한 동시에 캐러멜 냄새가 나서? 일반 캐러멜은 캐러멜화한 설탕과 물로 만들고, 솔티드 캐러멜은 보통 크림이 추가된다. 그 음식에서 유제품 특유의 부드러운 향이 나는가? 아니면 우유의 고형분이 가열되어 노릇하게 익었을 때 나는 향이 느껴지는가? 이 두 가지 향은 살짝 차이가 있으므로 향을 맡았을 때 연상되는 음식도 달라진다. 바나나와 바나나 디저트의 향이 다르게 느껴지는 것도 이와 마찬가지다. 어떤 음식에서 바나나의 풍미가 느껴진다면, 익은 정도까지 구체적으로 떠오르는 생바나나의 향인가? 아니면 가열해서 익힌 바나나의 향인가? '바나나 포스터'라는 구체적인 음식이 떠오르는 동시에 생바나나와 익힌 바나나의 풍미가 모두 느껴지는가? 내가 최근에 어떤 음식의 맛을 보고 작성한 기록을 보면, 이런 문구가 있다.

잣의 풍미: 견과류 느낌이 살짝 남. 하지만 아몬드/헤이즐넛/피칸처럼 단맛이 또렷하지는 않음

어떤 풍미가 느껴지는지 구체적으로 파고들면, 말로도 좀 더 자세하게 표현할 수 있다.

앞서 특정 식품의 풍미를 연구할 때 활용되는 방법으로 소개한 묘사 분석에는 참조물을 실물로 가져와서 직접 냄새를 맡아보면서 머릿속에 떠오른 형체 없는 풍미를 현실로 끌어내는 과정이 포함되어 있다. 각자 실제로 느끼는 풍미를 더 정확하게 표현하는 데 도움이 되는 방법이므로, 적극 권장한다. 예를 들어 와인을 마실 때 과일의 풍미가 나는 건 알겠지만 그 이상 구체적으로 표현하기는 힘들다면 사과, 배, 각종 베리류를 각각 두어 가지 종류로 준비하고, 각각 냄새를 맡아보고 맛도 본다. 생라즈베리와 생블루베리, 생딸기의 맛을 보고 라즈베리 잼, 블루베리 잼, 딸기 잼도 맛을 보면서 비슷한 것을 찾아본다.

풍미가 궁금했던 것들을 직접 경험하는 것도 좋은 방법이다. 녹차, 우롱차, 홍차의 풍미를 느껴보고, 캐러멜과 버터스카치 사탕의 냄새를 맡아보자. 덜 익은 초록색 바나나와 완전히 익은 바나나, 정향과 올스파이스, 소두구의 풍미도 느껴보자. 말린 생강과 신선한 생강, 장미 잎과 장미수의 풍미도 직접 경험해보자.

참조물의 냄새를 맡을 때 이런 질문을 던져보자. 유독 두드러지는 풍미나 향이 있는가? 그런 풍미나 향이 한 가지 이상인가? 그 풍미는 날카로운 편인가, 부드러운 편인가? 여러 가지 풍미가 도드라진다면, 하나에서 다른 것으로 어떻게 바뀌는가? 풍미에 깊이 주의를 기울이고 여러 풍미를 비교하는 시도를 충분히 반복하면, 뭔가 새로운 냄새나 맛을 느꼈을 때 연상되는 몇 가지를 말로 명확히 표현할 수 있게 된다. 풍미는 분명히 어떤 음식이나 식재료에 들어 있는 분자에서 나온다. 그러므로 풍미를 더 정확히 구분할 줄 알면 특정한 풍미를 느꼈을 때 그 풍미가 나온 출처를 더 구체적으로 추론할 수 있다. '허브'의 풍미라고 하는 것과 '파슬리' 또는 '고수'와 비슷하다고 하는 건 엄연히 다르다. 후자가 훨씬 구체적이다. 풍미를 더 상세히 구분할수록 요리할 때도 풍미를 더 세세한 부분까지 조절할 수 있다.

참조물을 활용하면 맛을 명확하게 구분하는 데 특히 유용하다. 사람들은 일반적으로 단맛과 신맛은 별 어려움 없이 구분하고, 홍차와 같은 떫은맛이나 타닌 특유의 씁쓰레한 맛도 쓴맛으로 잘 구분한다. 하지만 뜻밖에도 짠맛과 감칠맛, 매운맛은 정확하게 구분하지 못한다. 심지어 숙련된 맛 감별사들도 그렇다. 실제로는 향이거나 향과 맛이 합쳐진 풍미라 딱 잘라 특정한 맛이라고만 하기 힘든 경우에도 대충 '짠맛/짭짜름한 맛', '감칠맛', '매운맛/후추의 매운맛'이라고 뭉뚱그려 표현하는 경향이 있다. 미묘한 맛까지 다 구분

해야 한다는 소리가 아니다! 요지는 와인이나 다른 술에서 '짠맛' 또는 '짭짜름한 맛'이 난다고 느꼈더라도 술에 정말로 염화나트륨이 짠맛이 느껴질 만큼 들어 있는 경우는 드물다는 것이다. 알고 보면 단맛 없이 신맛이 나서, 바다가 떠오르는 다른 풍미가 있어서, 또는 달콤함과는 거리가 먼 다른 향을 맡고는 짠맛으로 느꼈을 수도 있다. 감칠맛 역시 알아차리기도 어렵고 말로 표현하기도 어렵다. 그래서 MSG를 직접 맛보면 도움이 된다. 지금까지 '감칠맛'인 줄로만 알았던 맛이 사실은 맛이 아니라 향이라는 것, 구체적으로는 고기 냄새, 퀴퀴한 냄새, 노릇하게 익은 음식의 냄새임을 알게 될 수도 있다. '너무 신맛'과 '너무 쓴맛'도 헷갈리기 쉬운데, 음식을 만들 때 맛을 조절하려면 둘 중 어느 쪽인지 잘 구분할 수 있어야 한다.

연습이 답이다

맛을 보고 그 맛을 표현하는 것은 연습하면 금세 수월해진다. 맛을 보면서 더욱 주의를 기울이고, 다른 풍미와 더 많이 비교하고, 참조물을 가져다 놓고 어떤 풍미가 느껴지는지 꾸준히 확인해보라. 이런 노력을 많이 할수록 음식의 맛을 보거나 냄새를 맡을 때 나만의 풍미 기억에 더 신속하게 접근해서 맛과 냄새를 더 술술 표현할 수 있게 된다.

나는 대학원에 입학한 직후 와인과 초콜릿의 관능 분석 연구에 자원한 적이 있다. 굉장히 체계적인 실험이었다. 엄정한 실험 조건에서 다양한 와인과 초콜릿을 함께 맛본 이 경험을 통해, 와인과 초콜릿의 종류를 언급하며 기가 막힌 조합에 관해 많은 이야기를 하는 사람들 치고 실제로 풍미를 진지하게 따져본 사람은 없다는 사실을 깨달았다.

당시에 나는 스물두 살 정도였다. 와인을 마셔본 경험도 별로 없고 와인 맛에 관해서는 아는 게 전혀 없었다. 그래서 다른 참가자들과 함께 와인 맛을 보고 어떤 풍미가 느껴지는지 연상되는 대로 자유롭게 말하는 시간이 오면 내심 두려웠다. 각자가 느끼는 풍미를 설명하면서 어떤 특징을 언급하면, 연구진이 그 특징을 대표하는 참조물을 가져와서 우리는 그것의 냄새도 맡으면서 훈련했는데, 이런 과정도 어쩐지 겁이 났다. 연구 초반에 맛을 제대로 구분하지 못하고 헤매기도 했다.

내가 특히 구분하기 어려웠던 건 '오크 향'이었다. 참조물로 제공된 참나무 조각을 들고 냄새를 계속 맡아보았지만, 와인에서 그 향을 찾기가 정말 어려웠다. 오크 향이 떠오르길 기대하며 아무리 와인 냄새를 맡아봐도 소용없었다. 그러다 느닷없이, 순식간에 느낌이 왔다. 와인에서 정말 오크 향이 났다! 나무 특유의 향이 조금 있고, 독한 송진의 향도 아주 살짝 섞여 있고, 매콤한 향과 바닐라의 향도 조금 느껴졌다. 참나무 조각을 참조물로 활용한 것도 도움이 됐고 집중해서 감각에 주의를 기울인 것 역시 중요한 몫을 했지만, 내가 결국 오크 향을 구분할 수 있었던 가장 큰 이유는 정말 수도 없이 시도했기 때문이다. 인간에게는 풍미를 익히는 능력이 있지만, 그 능력이 발전하려면 어느 정도 시간을 들여야 한다는 중요한 사실을 잊지 말자. 훈련할 때는 집중해서 냄새를 맡을 수 있는 환경을 조성하고, 여러 번 시도하고, 인내심을 가져야 한다. 여러 번 반복해야 서로 다른 풍미를 구분할 수 있다.

자신에게 너그러울 것

소믈리에 자격증 시험을 치르려는 게 아닌 이상, 맛과 냄새를 더 정확히 느끼기 위한 노력에 경쟁적으로 임할 필요는 없다. 우리는 살면서 하루에도 몇 번씩 풍미를 경험하며 평생 그렇게 살아간다. 훈련 중에 잠시 쉬고 싶거나, 음식의 맛과 냄새에 깊이 주의를 기울이고 참조물을 준비해서 비교하느라 음식을 즐길 틈이 없는 게 싫다면 얼마든지 멈추고 쉬어도 된다! 그런 불만 없이 맛을 계속 보는 게 괜찮다면 당연히 그래도 된다.

풍미를 익히는 속도가 남들보다 더뎌도 괜찮다. 지금 당장은 오크 향이 뭔지 모르더라도 지금부터 100번쯤 반복해서 냄새를 맡기로 정하고 계속 시도하면 마침내 알게 된다. 어쩌면 100번을 채우기 전에 알게 될 수도 있다. 뭐든 괜찮다. 맛과 냄새를 더 잘 느끼는 건 시간이 오래 걸리는 일이다. 맛을 기가 막히게 구분하는 감식력을 처음부터 갖고 태어나는 사람은 없다. 노력해야 가질 수 있는 능력이다.

PART 2

풍미의 제2법칙

"풍미는 예측 가능한 패턴을 따른다"

풍미는 예측 가능한 패턴을 따른다

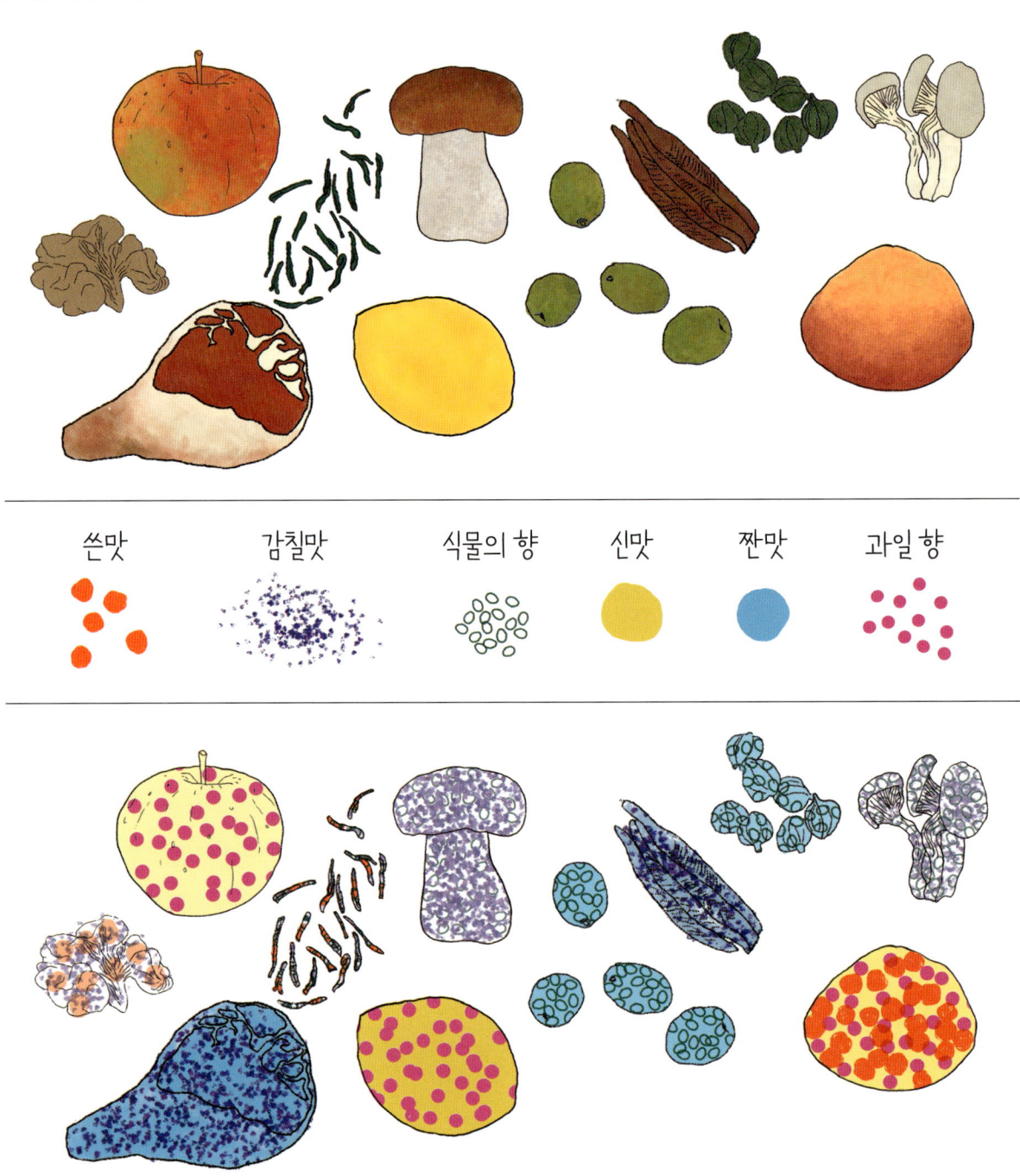

쓴맛   감칠맛   식물의 향   신맛   짠맛   과일 향

맛과 냄새에 관한 지식이 생기고 맛과 냄새를 제대로 느끼는 방법도 알면, 좋은 올리브유나 명장이 만든 사워도우 빵 같은 맛있는 음식의 미세하고 특별한 풍미를 제대로 느끼는 데 도움이 된다. 음식의 풍미가 영 이상할 때는 그런 지식이 도움이 되는 수준을 넘어 초능력처럼 요긴해진다.

단골 정육점에 갔더니 두툼하고 마블링도 훌륭한 꽃갈비가 있다고 하자. 진열장의 쟁반에 핏물이 고여 있지도 않다. 그걸 좀 사다가 팬에 굽고, 씹히는 맛과 달콤함을 더해줄 당근, 양파, 셀러리를 추가하고, 팬 바닥에 눌어붙은 부스러기는 적당한 산미를 더해줄 와인을 조금 부어서 긁어낸다. 깊은 감칠맛을 더할 토마토도 추가해서 푹 끓인다. 이 갈비찜과 함께 곁들일 그레몰라타^{gremolata} 소스는 파슬리의 신선하고 부드러우면서 향기로운 풍미, 마늘의 적당한 매운맛이 얇게 갈아 넣은 레몬 껍질의 섬세한 향과 어우러진다. 요리의 모든 단계를 충실하게 따랐고, 고생한 보람이 느껴지는 음식이 완성됐다.

훌륭한 레시피는 훌륭한 요리의 출발점이다. 하지만 아무리 레시피를 성실하게 지켜도, 요리가 제대로 완성되는 데에는 맛과 냄새에 주의를 기울이고 그때그때 대처하는 능력이 엄청나게 중요하다. 고기찜이 푹 잘 익었는지는 쇠고기와 양파의 진한 풍미와 함께 모든 재료가 한데 잘 어우러진 냄새로 알 수 있다. 음식이 싱겁지 않은지는 요리가 완성될 즈음에 맛을 봐야 알 수 있다. 마늘이나 톡 쏘는 시큼한 맛을 어느 정도로 살리는 게 적당한지, 요리 중에 어느 단계에서 조정해야 하는지도 맛을 보고 냄새를 맡아야 알 수 있다. 내 어머니는 《조이 오브 쿠킹》이라는 요리책에 레시피마다 그런 내용을 일일이 연필로 써 두셨다.

게다가 현실에서는 재료가 늘 변수다. 제철이 아니면 구할 수 없는 재료들도 있고, 가장 형편없고 맛없는 종류 외에는 구하지 못할 수도 있다. 꽃갈비를 사려고 정육점에 갔는데, 다 팔리고 없으면? 파슬리를 사러 갔는데 물기가 축축하거나, 바싹 말랐거나, 쓴맛이 너무 강한 것밖에 없다면? 깜빡하고 요리에 쓸 와인을 사 오지 않았으면? 나는 그런 순간마다 권투선수 마이크 타이슨이 남긴 불멸의 지혜를 떠올린다. "다들 나름의 계획이 있다. 한 방 얻어맞기 전까지는 말이다."

훌륭한 요리는 모든 걸 완벽하게 예측하고 통제해야만 나올 수 있는 게 아니다. 그건 오븐 팬에 일정한 간격으로 쭉 짜서 굽기만 하면 되는 쿠키 반죽으로 쿠키를 만들 때나 가능한 일이다. 요리는 체계적인 혼돈이며, 미세한 변화에 어떻게 반응하는지가 관건이다. 시시각각 변하는 음식의 상태는 맛 분자와 냄새 분자로 알 수 있고, 이 분자들은 눈에 띄는 변화가 나타나기도 전에 변화의 조짐을 미리 알려주기도 한다. 그러므로 맛과 냄새를 정확하게 느낄수록 대처도 수월해진다. 레시피가 시키는 대로 하는 경우도 마찬가지다.

나 역시 혼돈에 적응하는 법을 배웠고, 이제는 처음부터 혼돈을 염두에 두고 요리를 시작한다. 레몬이 없거나, 종류가 다른 허브밖에 없거나, 단백질 재료가 영 엉뚱한 것밖에 없을 때 이도 저도 아닌 음식을 대충 만들거나 실패하지 않으려면 요리의 방향을 완전히 전환할 수 있어야 한다. 내가 아는 유능한 요리사들은 공통적으로 요리를 순식간에 재구성하고 즉석에서 새로운 아이디어를 떠올리며 전혀 예상치 못한 요리를 만들어낼 줄 안다. 이를 '맛을 구분하는 뛰어난 감식력'처럼 불가해하고 신비한 능력이라고 여기거나, 직업이 요리사면 그런 경험이 많을 테니 당연한 일 아니냐고 할 수도 있다. 하지만 그런 능력은 패턴을 볼 줄 아는 것과 더 관련이 있다.

문제가 발생하고 해결 방법이 금방 떠오르지 않을 때, 방법을 찾을 때까지 전력투구할 수도 있고 신이 영감을 주실 때까지 가만히 기다릴 수도 있다. 아주 게으르고 성질도 급한 사람인 나는 그런 방법들로는 성에 차지 않아서, 지금 닥친 문제를 내가 해결 방안을 이미 알고 있는 더 쉬운 문제로 바꿀 수 있는지 따져본다.

예를 들어 그레몰라타 소스를 꼭 만들어야 하는데 필수 재료인 파슬리의 상태가 영 시들시들하고 별로라고 하자. 이런 경우 나는 죽어가는 파슬리를 어떻게든 살리려고 애쓰는 대신, 그레몰라타 소스에서 파슬리의 풍미가 어떤 역할을 하는지 생각해본다. 이 소스에서 파슬리는 마늘의 강하고 아린 맛, 레몬 껍질의 달콤하고 산뜻한 감귤류의 향을 든든하게 받치는 신선하고 풋풋한 허브의 향을 내는 재료다. 이런 사실이 머릿속에서 정리되면, 파슬리 대신 그 역할을 할 수 있는 재료를 찾기 시작한다. 그레몰라타 소스에서 파슬리가 담당하는 풍미 중에 '풋풋한 향'을 중시한다면 고수로 대체하고, '허브'의 느낌을 더 확실하게 살리고 싶다면 바질을 쓴다. 이렇게 다른 재료로 대체하면서 정통 그레몰라타 소스와 맛이 똑같기를 기대하면 안 된다. 하지만 나는 재료를 바꿔서 맛이 좀 달라져도 상관없다. 그런 변화에 유연한 편이기도 하지만, 풍미의 패턴이 파슬리와 비슷한 재료로 대체하면 파슬리가 들어간 소스 못지않게 맛있는 소스가 되리라는 확신이 있기 때문이다.

이건 사고방식의 문제다. 무엇이든 익숙한 관점이 아닌, 다른 관점으로 볼 수 있어야만 그것에 다른 면도 있다는 것이 눈에 들어온다. 그것이 패턴을 인식하는 가장 기본적인 조건이자 거의 모든 영감을 일으키는 엔진이다. 한 자리에서만 보지 않고 다양한 관점에서 보는 유연성을 발휘하고, 일반화할 수 있는 부분은 무엇인지 찾고, 공통적인 특징을 가진 다른 대상과 연계할 수 있어야 한다.

패턴 찾기

레몬을 떠올려보자. 진짜 레몬을 하나 준비하면 더 좋다. 자, 레몬은 무엇인가? 둥글고 노란 감귤류다. 구체적으로는 시트러스 리몬^{Citrus limon} 이라는 학명이 붙여진 나무의 열매이며, 광귤과 유자의 교잡종이다. 이 세 가지 정보는 모두 사실이지만 레몬을 이해하는 데 큰 도움은 안 된다.

이제 관점을 조금 바꿔보자. 지금까지 살면서 레몬에 관해 들은 이런저런 정보들은 모두 제쳐두고, 몸의 감각에만 집중하자. 레몬의 특징은 무슨 신비로운 특성도 아니며, 레몬마다 전부 똑같지도 않다. 레몬을 잘라보면 바깥 껍질과 중과피, 즙이 가득한 과육까지 세 부분이 뚜렷하게 나뉜다.

이 세 부분을 하나씩 맛보면서 주의를 기울여보자. 풍미가 확연히 다르고, 그 다양한 풍미가 전부 합쳐져서 레몬이 된다는 것을 알게 된다. 바깥 껍질은 향이 매우 강하다. 부드러우면서도 날카로운 감귤류 특유의 풍미와 함께 허브 향도 나고 꽃 향도 난다. 폭신한 중과피에서는 쓴맛이 난다. 즙은 상큼한 신맛과 함께 바깥 껍질과 비슷한 향이 더 약한 강도로 느껴지고, 옅은 달콤한 향도 있다. 종합하면, 레몬은 여러 가지 냄새와 강한 신맛이 나는 재료다. 또한 신선하고 산뜻한 향과 함께 상큼하고 새콤한 맛이 나는 재료이며 감귤류의 향이 나는(톡 쏘는 강한 향이 기저에 있는) 재료이기도 하다. 모두 사실이고, 레몬의 풍미에 똑같이 중요한 몫을 차지한다.

레몬이 들어가는 다양한 음식에서 레몬의 역할이 무엇인지 생각해보자. 감귤류의 특징적인 향이나 신맛을 내는 게 주된 기능인가? 그 향과 맛을 둘 다 얻는 재료로 쓰이는가? 추정해 보라는 게 아니라, 그 음식을 직접 먹어보면서 확인해야 한다. 레몬이 들어가는 음식마다 제각기 다른 대답이 나올 것이다.

 레몬 말고 다른 감귤류를 같은 방법으로 풍미를 자세히 느껴보면, 향과 과즙, 신맛의 전반적인 특성은 같아도 풍미가 다른 양상을 띤다는 것을 알게 된다. 라임은 레몬과 신맛은 비슷한 편이지만 풍미에 허브와 송진의 향이 훨씬 강하다. 레몬 껍질 대신 오렌지 껍질을 잘게 갈아서 넣으면 감귤류 특유의 향을 은은하게 더하는 효과는 똑같이 얻을 수 있지만, 오렌지 특유의 향이라고밖에 표현할 수 없는 향이 도드라진다. 오렌지 과즙은 신맛도 있지만 단맛이 훨씬 강하다. 자몽의 풍미는 오렌지와 전체적인 방향이 같고 레몬과의 격차는 더 크다. 감귤류의 일반적인 풍미도 있으나 자몽 특유의 향이 굉장히 강하고 뚜렷하며, 즙은 새콤달콤한 맛과 함께 쓴맛이 확연히 느껴진다. 레몬의 감귤류 풍미가 핵심인 요리라면 셋 다 레몬을 대체할 수 있다. 그러나 같은 감귤류의 풍미라도 세부적인 특징은 전부 다르다. 또한 레몬과 닮은 특징이 제각기 다르다.

 레몬을 대체할 재료를 감귤류의 풍미를 공통적으로 가진 재료 안에서 찾는 것도 한 가지 방법이지만, 관점을 달리하면 '신맛'이라는 풍미를 기준으로 찾을 수도 있다(신맛을 내는 것이 레몬을 재료로 쓰는 가장 중요한 이유이고 레몬이 가진 감귤류의 풍미는 우연히 따라오는 특징인 음식이라면 이런 관점이 충분히 가능하다). 이 기준으로 보면, 라임은 레몬을 대체할 수 있으나 신맛이 덜한 오렌지와 자몽으로 레몬을 대체한다면 신맛을 보완할 다른 재료를 추가해야 한다.

 그런데 '신맛'을 중심에 놓고 대안을 찾는다면, 굳이 감귤류 안에서만 찾지 않아도 된다. 신맛이 강한 재료는 어떤 게 있는지 찾아보자. 강한 신맛을 내는 것이 그 음식에 레몬을 넣는 주된 이유라면, 약간 자극적인 신맛도 괜찮은가? 그런 경우 식초가 딱 맞는 대안이다. 아니면 신맛과 과일의 풍미가 모두 어느 정도는 있어야 하는가? 그렇다면 석류 열매를 줄여서 시럽처럼 만든 석류 농축액이나 타마린드(콩과 식물의 하나로, 열매를 말려서 식재료로 사용한다. 아프리카, 동남아시아 음식에 많이 쓰인다 - 옮긴이)가 대안이 될 수 있다. 요리에 신맛이 조금만 들어가면 되는데 이런 대체 재료가 하나도 없다면? 요구르트가 있으면 그걸로 대체하거나, 피클을 다 건져 먹고 병에 남아도는 피클 국물이 마침내 빛을 발할 수도 있다.

 어떤 재료, 어떤 요리든 이와 같이 생각의 폭을 넓힐 수 있다. 음식을 직접 만들지 않고 레시피를 읽기만 하면서도 풍미를 떠올리며 어떤 재료로 대체할 수 있을지 생각해볼 수 있다.

 다시 꽃갈비 요리로 돌아가자. 정육점에 갔더니 꽃갈비는 없다고 하고 와인도 깜빡하고 사 오지 않았다고 하자. 구운 꽃갈비를 양파, 당근, 셀러리, 토마토, 레드와인과 함께 푹 끓인 찜에 파슬리, 마늘, 레몬 껍질을 갈아 넣은 그레몰라타 소스를 곁들인 음식을 만들고 싶었다면, 그 음식의 가장 기본적인 풍미를 떠올려보자. 요리에 들어가는 재료를 나열하라는 게 아니다. 전체적으로 어떤 맛과 냄새가 나는 요리인가? 오래 익혀도 물러지지 않는 좋은 육질의 고기를 노릇하게 잘 익혔을 때 생기는 특유의 풍미와 진한 고기의 풍미, 각종 채소의 단맛, 식물의 향, 황 냄새도 살짝 느껴진다. 국물에서는 토마토와 와인의 새콤함, 감칠맛, 단맛, 과일의 향이 난다. 함께 곁들이는 허브 소스는 풋내가 나면서도 향기롭고, 강렬한 풍미가 있다.

 음식을 이런 시각으로 보면, 여러 가지 풍미가 겹겹이 쌓인 풍미의 패턴이 눈에 들어온다. 따라서 요리에 필요한 재료가 없어도 이 패턴을 살펴보면서 각각의 층을 어떻게 채울지 생각할 수 있다. 정육점에 꽃갈비는 없고 품질이 아주 좋아 보이는 돼지 목살이 눈에 띄면, 원래 만들려던 음식의 풍미 패턴을 채울 대안을 즉석에서 떠올려본다. 그러다가 이런 음식이 나올 수도 있다.

🍴 셰리 식초를 넣은 돼지 목살 찜과
고수, 오레가노, 오렌지로 만든 그레몰라타 소스

| 3~4인분 |

오븐을 145~150℃로 예열한다. **뼈 없는 통 목살 1~1.5kg**을 큼직하게 깍둑썰어 두꺼운 주물 냄비에 담는다. 중간 크기의 **붉은 양파 두 개**를 대강 채 썰고, 중간 크기 셀러리 줄기 하나를 큼직하게 썬다. 마늘 두 쪽을 으깨서 양파, 셀러리와 함께 고기 주변에 빙 둘러서 넣는다. **구워서 소금물에 절여둔 붉은 피망을 절인 액체까지 합쳐서 한 컵 반(360ml)** 덜어 블렌더에 담는다. 여기에 **셰리 식초를 반 컵(120ml)** 넣고 잘게 분쇄해서 고기와 채소가 담긴 냄비에 붓는다. 소금을 살짝 뿌린 다음 냄비 뚜껑을 닫고 오븐에 넣는다. 고기가 연해질 때까지 3시간 정도 익힌다. 약 40분 간격으로 확인하고, 냄비에 수분이 사라지기 시작하면 물을 조금 넣는다. 고기가 다 익으면 뚜껑을 열고 오븐 온도를 230℃로 높인 다음 다시 10분 정도 먹음직스럽게 익힌다.

고기를 익히는 동안 **고수와 오레가노, 오렌지로 그레몰라타 소스**를 만든다. 작은 볼에 **잘게 다진 고수 잎 3/4컵(30g)**, 중간 크기 오렌지 한 개나 큰 오렌지 반 개 분량의 잘게 간 껍질, 오레가노 1~2줄기에서 떼어낸 잎을 잘게 다져서 넣는다. 전부 잘 섞어준다.

오목한 그릇에 돼지고기와 셀러리, 국물을 퍼서 담고, 그레몰라타 소스를 적당히 끼얹어서 먹는다.

또는 품질 좋은 양 목살이 있는데 어떻게 요리해야 할지 모르겠다면? 이참에 시도해보자.

🍴 대파, 흑마늘, 말린 체리, 살구,
타라곤을 넣은 양 목살 찜과 레몬 소스

| 3~4인분 |

아직도 흑마늘의 기가 막힌 맛을 모르는 사람들을 위해 잠깐 그 이야기부터 해야겠다. 생마늘을 거의 검은색이 되도록 익혀서 숙성한 흑마늘은 단맛과 함께 퀴퀴한 냄새가 나고 마늘 특유의 향은 살짝만 느껴진다. 나는 주로 분말로 된 흑마늘을 사다 놓고 쓰는데, 칼루스티안스 Kalustyan's 브랜드를 즐겨 쓴다.

오븐을 145~150℃로 예열한다. **뼈 없는 양 목살 1~1.5kg**, 또는 뼈가 붙어 있는 양 목살의 경우 1.5~2kg을 통째로 큰 주물 냄비에 담는다. 중간 크기 **회향 구근 두 개**를 두툼하게 채 썰고 **리크** leek* **네 줄기**를 깨끗이 씻어서 얇게 썬다. **말린 살구 반 컵(80g)**, **말린 사워 체리** sour cherry** **1/4컵(40g)**도 잘게 썰어서 회향, 리크와 함께 전부 고기 주변에 빙 둘러서 넣는다. 다른 그릇에 요구르트 유청*** 한 컵(240ml), 물 한 컵(240ml), **흑마늘 분말 1작은술(3~4g)**을 넣어 잘 섞은 후 냄비에 붓는다. **소금**을 살짝 뿌린다. 뚜껑을 닫고 냄비를 오븐에 넣는다. 고기가 익을 때까지 3시간에서 4시간 반 정도 가열한다. 연결조직의 두께에 따라 다 익는 데 걸리는 시간이 다르다. 약 40분 간격으로 확인하고 냄비에 수분이 사라지기 시작하면 물을 조금 넣는다. 다 익으면 뚜껑을 열고 오븐 온도를 230℃로 높인 다음 10분 더 먹음직스럽게 익힌다.

고기를 익히는 동안 **타라곤****과 소금에 절인 레몬*****으로 소스**를 만든다. 중간 크기의 볼에 **잘게 다진 절인 레몬 1/4컵(60ml)**과 **큼직하게 썬 타라곤잎 반 컵(20g)**을 넣는다. **타임 줄기 1~2개에서 떼어낸 잎**을 넣고, **좋은 품질의 엑스트라버진 올리브유**를 적당량 추가한다. 올리브유는 소스를 섞어가면서 너무 뻑뻑하지 않을 만큼만 넣으면 된다. (완성된 소스의 양은 3/4컵 또는 180ml가 적당하다.)

다 익은 양고기를 깍둑썰어 오목한 그릇에 담고, 함께 익힌 채소와 국물도 담는다. 소스를 얹어서 먹는다.

- * 대파와 비슷하게 생긴 부추속 채소. 대파보다 훨씬 굵고 흰 줄기는 단맛이 강하다.
- ** 수백 가지에 달하는 체리 품종은 크게 신맛이 강한 종류와 단맛이 강한 종류로 나뉜다. 신맛이 강한 사워체리는 열매가 더 작은 편이다.
- *** 떠먹는 요구르트에서 분리한 액체. 완제품으로 판매되지는 않으며, 가정에서 올이 촘촘한 천 등에 무가당 플레인요구르트를 붓고 몇 시간 두고 유청을 분리해서 쓴다.
- **** 국화과 쑥속에 속하는 허브.
- ***** 레몬을 큼직하게 썰거나 반으로 잘라서, 또는 통째로 병에 담고 소금에 절인 것. 인도, 모로코 요리에 많이 쓰인다.

양고기 요리는 평소에 많이 해본 돼지고기 요리에 비해 생소하고 큰 도전처럼 느껴질 수 있다. 낯선 요리를 접하고는 "대체 이런 재료를 조합해서 요리로 만들 생각을 어떻게 했을까?"라고 놀랄 때와 비슷한 기분이 들 수도 있다. 하지만 우리를 놀라게 하는 그런 요리들도 이처럼 풍미의 패턴을 따져보는 과정을 거쳐서, 즉 반복해서 맛을 보고, 풍미의 패턴을 이해하고, 지금 당장 쓸 수 있거나 쉽게 구할 수 있는 재료들로 그 패턴을 채운 결과일 가능성이 크다.

풍미의 패턴을 읽는 방법

- 풍미는 어떤 재료를 어떻게 조합할지 알 수 있는 가장 확실한 길잡이다.

  연습하기 특정 음식에서 느껴지는 풍미를 재료 목록처럼 나열해본다(신맛, 감칠맛 등).

- 다양한 재료, 또는 다양하게 조합된 재료들에서 느껴지는 공통적인 풍미의 세밀한 차이에 주목한다.

  연습하기 맛을 보면서 맛에서 나오는 풍미와 냄새에서 나오는 풍미를 구분한다.

  연습하기 한 가지 재료를 맛보면서 느껴지는 각각의 풍미를 구분한다. 신맛? 짠맛? 과일의 향? 꽃의 향?

  연습하기 비슷한 재료들을 맛보면서 풍미에 어떤 점이 비슷한지, '결'이 다르게 느껴지는 점은 무엇인지 찾아본다.

- 풍미에 겹치는 부분이 있는 재료들은 서로를 대체할 수 있다.

  연습하기 음식을 먹을 때, 요리할 때, 그냥 레시피를 읽기만 하면서 그 음식이 어떤 풍미로 이루어지는지 주의를 기울인다.

  연습하기 요리할 때 풍미가 비슷한 다른 재료로 대체하고, 요리 전체의 풍미가 어떻게 달라지는지 느껴본다.

- 맛을 보는 올바른 방법 같은 건 없다. 실험과 친해지자. 연습하면 반드시 는다!

Chapter 4

패턴 활용하기

미각과 후각을 실전에 활용하는 법

풍미를 만드는 데 정말 큰 도움이 되는 건 경험이다. 무언가를 잘 다루고 싶다면, 그것을 실제로 다뤄보면서 그에 관한 지식을 습득해야 한다.

    물감을 뿌리는 역동적인 드립 페인팅 화법으로 그림을 그린 잭슨 폴록Jackson Pollock은 그저 아무렇게나 물감을 여기저기 묻히고는 작품이 완성됐다고 선언한 게 아니다. 구상미술에서 물감은 붓에 묻혀 특정한 방식으로 칠하는 재료이고 조소 작품의 재료를 다룰 때처럼 물감의 질감과 흐르는 방식에 맞게 다루어야 한다고 여겨진다. 폴록의 특별한 화법은 물감에 대한 이 틀에 박힌 생각에서 벗어나는 것에서부터 시작됐다. 그는 체계적인 실험을 통해 물감의 다양한 점성을 직접 확인하고, 주사기나 막대기 등 다양한 도구를 써 보고, 자기 몸의 움직임도 그림 그리는 데 활용했다. 이런 시도 끝에 폴록은 물감의 용도가 정해져 있다는 사고방식에서 벗어날 수 있었다. 그리고 물감을 하나의 물질로 봐야만 비로소 눈에 들어오는 특성을 토대로, 완전히 새로운 회화 기법을 만들어 낼 수 있었다.

    요리 재료에 대한 실전 지식은 수많은 재료의 맛을 보고, 수많은 레시피를 직접 작성하는 한편 남들의 레시피를 읽고, 풍미의 패턴을 보는 눈(또는 혀라고 해야 할까?)을 키워야 생긴다. 일단 열심히 맛을 보자. 맛을 볼 때 주의를 기울이고 풍미를 생각하는 것부터 시작하면 된다. 맛을 보는 데 틀린 방법 같은 건 없다는 것도 명심하자.

    목표는 각자 자신만의 풍미 지도, 혹은 풍미 모음집을 만드는 것으로 정하자. 나는 풍미 모음집을 형형색색 아름다운 색들로 채워진 페인트 색상표나 끝없이 책장을 넘기고 싶은 팬톤 가이드라고 상상하곤 한다. 화가의 팔레트, 한 장씩 넘기는 회전식 명함첩, 작은 카드 형태의 색인 목록, 도서관, 기억의 궁전 등 각자 마음에 드는 비유를 골라보라.

자신만의 풍미 지도를 만드는 건 맨땅에 헤딩하듯 시작해야 하는 일도 아니다. 짠맛, 쓴맛, 고기 맛 같은 풍미 자체가 가장 기본적으로 알아야 할 풍미 패턴이므로, 이를 기준으로 삼고 하위 분류를 정하고 각 분류 안에서 구분할 방법을 찾는 것에서부터 출발하면 된다. 이번 장부터 몇 개의 장에 걸쳐 화학과 인체의 지각력, 요리, 역사, 심지어 식물학적 지식까지 총동원해서 풍미를 체계적으로 정리한다. 이 내용은 여러분이 풍미를 활용할 때 초보자용 실무 지침처럼 활용할 수 있을 것이다. 내가 풍미 지도를 페인트 색상표처럼 상상한다고 했으니 어쩌면 예상했겠지만, 풍미를 체계화할 때도 색을 활용한다.

색과 풍미

우리의 주된 관심사는 미각과 후각이지만, 시각도 정말 멋진 감각이다. 특히 색을 보는 감각은 여러 종류의 수용체에서 일어나는 반응들이 합쳐져 단일한 지각이 된다는 점이 후각과 비슷하다. 침실 벽을 파란색으로 칠하고 싶다고 하자. 공사를 맡을 사람들에게, 구체적으로 어떤 파란색을 원하는지를 정확하게 전달해야 한다. 우리 눈은 파스텔블루와 선명하고 진한 파랑, 녹색이 섞인 청록빛의 파랑, 붉은색이 섞인 보랏빛 파랑, 어둡고 묵직한 남색을 어떻게 구분할까? 코발트블루라는 특정한 색을 콕 집어 말한다고 해도 안심할 수는 없다. 같은 코발트블루라도 연한 색, 진한 색, 채도가 강한 것, 낮은 것 등 여러 종류로 나뉘기 때문이다.

색 이론에는 다양한 채도의 색을 나누고 비슷한 점과 차이점을 체계적으로 설명하는 각양각색의 색 모형이 있다. 색 모형에서는 각각의 색을 몇 가지 변수의 조합으로 상당히 정확하게 정의한다. 내가 좋아하는 색 모형은 HSV인데, 설명을 듣고 나면 왜 그런지 아마 바로 알 것이다. HSV에서 H가 의미하는 색상[hue]은 가시광선의 파장 범위에서 파장의 길이로 정확히 구분되는 빨간색, 녹색, 보라색 등 색 종류를 일컫는다. 이 각각의 색상은 흐릿한 파스텔색부터 강렬하고 진한 색까지 나뉘는 채도[saturation], 그리고 투명하고 밝은색부터 어둡고 짙은 색까지 나뉘는 명도[value]와 다양하게 조합된다. 다른 색 모형인 CMYK는 청록, 자주, 노랑, 검정의 조합으로 색을 나타낸다. RGB 모형은 빛의 삼원색인 빨강, 초록, 파랑으로 색을 표현하며 컴퓨터 화면으로 보는 자료에 적용된다.

색을 이와 같이 나누고 각 분류의 관계를 설명하는 방식은 풍미에도 적용할 수 있다. 어떤 색이든 체계적으로 접근하는 색 이론가처럼 음식이나 식재료의 풍미를 볼 수 있다면 유용하지 않을까? 앞서 분석한 레몬의 풍미처럼(44쪽), 재료마다 다양한 풍미가 층층이 겹쳐 있다. 색이 다양한 색조와 색깔로 나뉘는 것과 같다. 이 풍미의 층이 어떤 풍미들로 이루어지는지를

알면, 풍미에 같은 층이 있는 재료끼리 하나로 묶어서 분류할 수 있다. 갈색 설탕끼리 묶을 수도 있고(97쪽), 더 넓게 단맛이 나는 재료를 한데 묶을 수도 있다. 허브를 식물 특유의 풋내가 나는 것끼리 묶거나(202쪽), 짠맛이 도드라지는 염장 식품끼리 묶을 수도 있다.

같은 그룹으로 묶인 다양한 재료들은 요리에서 비슷한 풍미를 내지만, 서로 대체하면 흥미로운 요리가 되는 경우도 많다. 예를 들어 파슬리 대신 딜, 커민 대신 캐러웨이, 황설탕 대신 메이플 시럽, 감칠맛이 깊은 베이컨 대신 감칠맛이 깊은 미소 된장을 쓴다고 생각해보라. 겹치는 풍미를 기준으로 분류한 재료들이지만, 서로 대체하면 각각의 재료가 가진 본연의 고유한 풍미가 음식에 더해진다.

요리에 풋내가 강한 허브의 풍미가 필요하다고 하자. 고명으로 올리거나, 샐러드 재료처럼 쓰거나, 소스에 넣는 등 용도는 다양할 수 있다. 바로 쓸 수 있는 허브가 몇 가지 있는데, 모두 풍미가 다르고 풍기는 분위기도 다르다. 딜을 넣는다면 박하와 아주 비슷한 향긋한 풋내가 나고, 파슬리를 쓰면 살짝 쓸쓸한 맛과 함께 허브 특유의 풋내가 난다. 고수를 쓴다면 아주 강한 풋내와 감귤류의 향, 약간 향수 같은 향이 더해진다. 어떤 풍미가 지금 만들려는 요리와 가장 잘 어울릴까?

재료마다 얻을 수 있는 모든 풍미와 지금까지 써본 모든 재료의 특징이 아무런 체계 없이 머릿속에 그득하기만 하면, 그 정보를 활용하려고 해도 버겁게만 느껴진다. 일단 머릿속으로 풍미의 패턴이 겹치는 재료끼리 묶어서 분류하자. 거리를 두고 멀찍이 떨어져 바라보면서 풍미의 패턴부터 찾자. 그런 다음에 각 재료의 미세한 차이와 세부적인 특징을 생각하면 된다.

이 책에 풍미를 분류하고 체계화해서 글로 다 써놓았으니, 이제는 머릿속으로 분류하라는 것도 좀 어울리지 않는 말이 되었다. 그래픽 디자이너가 적절한 색을 찾으려고 수천 가지 색깔이 스펙트럼처럼 펼쳐지며 각각의 관계, 색의 조합이 전부 나와 있는 팬톤 가이드를 넘기듯, 여러분도 이 책을 찬찬히 읽어보면 된다. 풍미도 그와 같이 일단 큰 분류부터 정한 다음에 세부적인 차이와 다양한 변형을 살펴보면 된다. 짠맛은 무엇이고, 어떤 재료에서 얻으면 될까? 포근한 향신료의 향이나 감귤류의 향은? 재료마다 여러 겹의 풍미가 있고, 그 구성에 따라 풍미의 전체적인 느낌이 달라진다. 종려당(야자나무 등 식물 분류상 종려과에 속하는 나무의 수액을 끓여서 만드는 비정제 설탕 – 옮긴이)과 오렌지 마멀레이드는 공통적으로 단맛이 나고, 수막sumac(붉나무속 나무의 열매를 말린 진한 붉은색 향신료. 중동 요리에 많이 쓰인다 – 옮긴이)과 쌀 식초는 신맛이 난다는 공통점이 있다. 바질과 타라곤은 둘 다 향이 강하고 신선한 허브다. 이렇게 풍미에 공통점이 있는 재료끼리 서로 바꿔서 쓰는 것은 완벽한 대체가 아닌(그렇다면 요리도 지루하기만 할 것이다) 같은 언어를 제각기 다른 강세로 말하는 것과 비슷하다.

맛에서 오는 풍미와 냄새에서 오는 풍미

미각과 후각의 엄청난 차이는 음식의 풍미에 가장 크고 뚜렷한 차이를 만든다. 그리고 이 차이가 가장 기본적인 풍미의 패턴이 된다. 맛에서 나는 풍미와 냄새에서 나는 풍미는 전혀 다르다. 맛과 냄새는 감각을 일으키는 분자의 종류도, 뇌가 감각 신호를 받아서 지각으로 만드는 방식도, 음식을 만들 때 풍미에 주는 영향도 다르다. 그러므로 음식의 풍미를 다룰 때도 미각과 후각으로 생기는 풍미를 나눠서 각각 다른 방식으로 접근해야 한다.

맛은 대성당 같은 거대한 석조 건물의 토대, 일차 구조다. 맛이라는 기초가 다져지지 않은 땅에는 어떤 풍미도 세울 수 없다. 냄새는 대성당의 스테인드글라스와 같다. 세밀하고, 복잡하고, 다양하고, 심지어 이야기도 담겨 있다. 별로 매력적이지 않은 동굴 같은 공간을 경탄이 절로 나오는 형형색색의 아름다운 공간으로 변신시키는 요소다.

냄새는 바로크 시대에 비발디가 야심만만하게 작곡한 혼란스러운 음악들, 혹은 글렌 굴드Glenn Gould가 전성기 시절에 연주한 골드베르크 변주곡에 비유할 수 있다. 굴드는 그 유명한 곡의 고유한 리듬과 분위기와는 확연히 다른 자신만의 해석으로 연주하면서도 청중으로 하여금 그 병치 속에서 짜릿함과 반짝이는 개성을 만끽하게 했다. 맛은 단순함 속에 아름다움이 깃든 단일한 멜로디의 그레고리안 성가와 같다. 이런 곡은 잘못 연주하거나 실수하면 훤히 드러난다.

짠맛, 신맛, 단맛, 감칠맛, 쓴맛은 명확하다. 각각의 맛은 다른 맛을 대체할 수 없고, 한 가지 맛이 다른 맛을 어느 정도는 조정할 수 있어도(신맛은 단맛을 누르고, 단맛은 쓴맛을 가라앉히고, 감칠맛은 짠맛을 강화한다) 신맛이든 단맛이든 어떤 음식의 특정한 맛이 너무 크게 바뀌면 완전히 다른 음식이 된다. 그러나 각각의 맛을 낼 수 있는 재료는 거의 무궁무진하다.

샐러드드레싱을 만든다고 하자. 큰 틀은 '비네그레트vinaigrett(오일에 식초, 레몬즙 등 신맛이 나는 재료를 섞어서 만드는 모든 샐러드드레싱을 통칭한다 - 옮긴이)'로 잡고 레드와인 식초를 쓸지, 아니면 화이트와인 식초나 셰리 식초, 쌀 식초, 사과 식초를 쓸지 고민할 수도 있다. 이때 굳이 식초로 한정하지 말고 '잎채소에 뿌려서 먹을 시큼한 소스'라고 생각하면 더 넓은 선택지가 열린다. 시큼한 맛을 낼 수 있는 재료는 식초 말고도 감귤류 과일 등을 졸인 농축액도 있고 수막 분말, 요구르트, 피클을 절인 액체 등 아주 많다.

단맛도 마찬가지다. 가장 쉽게 떠올리는 백설탕 말고 꿀이나 종려당, 수수 시럽(수수 중에서 당질이 높은 단수수의 즙을 추출하고 가열해서 만드는 시럽 - 옮긴이)은 어떨까? 짠맛을 낼 수 있는 재료도 천일염뿐만 아니라 허브솔트, 앤초비, 짠맛이 강한 치즈를 선택할 수 있다. 선택의 범위를 얼마나 넓히느냐에 따라 그 맛이 얼마나 강하게 나는지 파악하는 약간의 실험이 필요할 수 있고, 그 맛을 내는 재료에 담긴 다른 풍미와의 균형도 고려해야 하겠지만, 기본적으로 '신맛'을 내는 재료라면('단맛', '짠맛'도 마찬가지) 뭐든 가능하다.

"하지만 그 재료가 가진 다른 풍미는 어떻게 해야 할까?" 하는 고민이 들 수도 있다. 관점을 바꾸면, 그 또한 잠재성 즉 다채로운 색채와 기회가 될 수 있다. 샐러드드레싱에 식초 냄새가 나는 게 싫다면, 굳이 식초를 고수할 필요 없이 '신맛'이 나는 다른 재료를 쓰면 된다. 흙냄새가 강한 채소 요리에 레몬을 뿌리면 과일 특유의 특징이 너무 튀어서 별로라면, 김칫국물이나 요구르트 유청으로 신맛을 내면 된다. 임신한 가족이 젓갈 냄새를 못 견뎌 해서 다른 재료로 감칠맛을 더해야 한다면, 파르메산 치즈의 껍질, 영양효모, 말린 표고버섯 중에 요리와 잘 맞는 재료를 선택하면 된다. 재료마다 소란스럽게 섞인 여러 가지 풍미 중에서 원하는 맛 외에 다른 소음은 줄이는 것, 요리에서 특정한 재료가 어떤 맛을 내는지 정확하게 포착하는 것, 그것이 맛으로 풍미를 내는 핵심이다. 맛 자체는 그리 유연하지 않지만, 맛과 함께 따라오는 다른 풍미들은 유연하게 조절할 수 있다.

음식에서 드러나는 문화와 취향은 대부분 음식의 냄새로 표출된다. '가지와 토마토로 만든 음식'은 전 세계 어느 곳에서든 볼 수 있지만, 같은 요리라도 타임이나 오레가노, 고수, 커민, 정향 등 다양한 향신료가 배합된 가람 마살라garam masala라는 향신료의 향이 나면

프로방스, 그리스, 펀자브 음식으로 느껴진다.

맛은 서로 뚜렷하게 구분되고 선택 범위도 본질적으로 한정적이지만, 냄새의 풍미는 유연하고 탄력적이라 여러 겹으로 쌓거나, 대비를 이루게 하거나, 나란히 배치할 수 있다. 재료마다 감칠맛(재료에 따라 부수적으로 따라오는 퀴퀴한 냄새나 버섯 냄새를 제외한, 맛 자체)이 달라도 그 차이는 대부분 강도의 차이이고, 이는 재료마다 다양한 신맛과는 완전히 다르다. 그러나 허브의 풍미는 세부적인 종류와 강도가 모두 천차만별이다. 바질 등 한 가지 허브로 한정해서 보더라도, 요리의 전체적인 풍미와 이루는 균형이나 정향의 향, 꽃향, 감초 향 등 요리에 주는 인상은 다채롭다. 그러면서도 바질의 개성이 뚜렷하게 살아 있다.

재료를 바꿔서 음식의 풍미 패턴에 변화를 줄 때, 냄새를 기준으로 기존에 쓰던 재료와 비슷한 재료를 쓰는 안전한 선택을 할 수도 있고 기존과는 전혀 다른 재료를 쓰는 과감한 선택을 할 수도 있다. 항상 사과를 넣는 샐러드나 디저트에 사과 대신 배를 써 보는 것도 변화를 주는 것이지만, 꼭 과일이어야 한다거나 식물 분류상 가까운 재료로 대체해야 한다는 생각에서 벗어나 구아바나 허니듀 멜론으로 대체할 수도 있다. 쿠키에 달콤하고 포근한 향을 더하려고 늘 쓰는 계피 대신 비슷한 느낌이 나는 정향이나 팔각으로 바꾸는 안전한 시도를 해볼 수도 있고, 향신료의 역할 자체를 바꿔서 흑후추나 커민을 조금 넣는 과감한 시도도 해볼 수 있다.

맛의 풍미를 조절하려면 다섯 가지 맛에서 나는 풍미를 각각 구분하고 정확하게 분류할 수 있어야 한다. 냄새의 풍미를 조절하려면, 전체를 보는 감각과 함께 그때그때 구할 수 있는 제철 재료 중에 음식에 필요한 풍미의 특징을 중심으로 대안을 찾는 감각이 필요하다. 또한 특정 재료에서 바질 향과 향긋한 허브의 향, 그냥 허브 향과 같은 풍미를 얼마나 얻을 수 있는지 체계적으로 판단하는 유연한 원칙과 도구도 필요하다. 셀 수 없이 다채로운 풍미 중에 어디까지를 서로 비슷한 풍미로 봐야 하고 어디서부터 서로 다른 풍미로 봐야 하는지 판단하는 감각을 키우는 것도 중요하다.

혹시 냄새의 풍미 패턴에 명확하고 매우 객관적인 규칙이 있다거나 그런 분류가 있다고 주장하는 과학자가 있다면, 그 사람은 엉터리다. 요리사는 물론이고 모든 과학자가 동의하는 냄새의 간단한 규칙과 분류도 없다. 그러니 과학과 요리의 경계를 계속 넘나드는 이 책의 내용은 완벽한 정답과는 더더욱 거리가 멀다. 과학을 굳이 끌고 오는 건, 쓸모 있는 부분이 있으므로 활용하는 것뿐이다. "모든 모형은 잘못됐다, 하지만 쓸모 있는 것도 있다"는 통계학 교수들의 말처럼 말이다. 맛은 종류가 협소하고 하나하나가 풍미에 깊은 영향을 준다. 냄새로 풍미를 내는 일은 드넓은 범위 안에서 연결점을 만들고 패턴을 찾는 것에 가깝다.

지금까지 풍미와 분자에 관해 긴 시간을 들여 자세히 살펴보았다. 내가 생각하기에 풍미를 이해하는 가장 좋은 방법은 분자를 보는 것이다. 음식의 풍미는 '허브의 향', '향신료의 향', '과일 향'과 같은 큰 분류부터 정한 다음 서로 가장 비슷한 풍미를 내는 재료들끼리 묶어서 세부 분류를 나눌 수도 있지만, 때로는 어떤 냄새 분자가 얼마나, 왜 포함되어 있는지를 아는 것이 '고기 맛'과 같은 풍미를 가장 확실하게 이해하는 방법이 되기도 한다.

어떤 식으로 체계화하든, 풍미의 모든 면과 모든 재료, 또는 모든 상황을 완벽하게 아우를 수 있는 분류 체계나 모형은 없고 어떤 모형이든 잘 들어맞지 않는 부분이 꽤 많다. 하지만 어떻게 체계화하든 쓸모 있는 부분이 있다.

CHAPTER 5

다섯 가지 맛

짠맛

화학적으로 보자면, 소금은 이온 결합으로 이루어진 단순한 분자이고 그다지 흥미로울 게 없다. 그러나 요리에서는 짠맛의 균형이 최상일 때 모든 맛이 향상된다. 음식의 짠맛을 딱 적당하게 맞추는 건 기본 중 기본이라 "간을 보다(또는 간을 하다)"는 표현이 따로 있을 정도고, "음식을 내기 전에는 꼭 간을 보라"고 한다. 어떤 재료를 어떻게 요리하든, 또한 어떤 음식이든 짠맛은 다른 어떤 풍미보다 중요하다. 간만 잘 맞으면 다른 부분은 그럭저럭 넘어갈 수 있지만, 간이 안 맞는 상태에서는 다른 풍미로 균형을 잡기 힘들다.

짠맛: 유일하게 '돌'이 생각나는 맛

짠맛의 지위는 요리에서뿐만 아니라 생물학적으로도 독보적이다. 짠맛은 우리가 지각하는 맛 중에서 유일하게 생물 분자와 무관한 맛이다. 당, 산, 아미노산 등 다른 맛 분자들은 세균부터 포유동물에 이르는 다양한 생물이 만들어내지만, 나트륨이나 염소를 직접 만들어내는 생물은 없다. 지구상에 존재하는 소금은 유한하며, 대부분 바다에 녹아 있거나 광물로 퇴적되어 있다. 후자는 '암염'이라는 지질학적인 이름으로도 불린다.

　　서로 반대의 전하를 띠는 나트륨 이온 하나와 염소 이온 하나가 느슨하게 결합하면 소금이 된다(나트

짠맛의 규칙

- 짠맛은 무기질 원소인 나트륨의 맛이다. 우리는 주로 염화나트륨(소금)의 형태로 짠맛을 접한다.
- 짠맛은 음식의 다른 풍미를 강화하고 돋보이게 만든다. 또한 맛의 균형을 잡고, 쓴맛을 억제한다.
- 소금은 대부분 바닷물을 증발시키거나 퇴적된 광물을 채굴해서 얻는다.
- 소금마다 풍미가 다르게 느껴지는 이유는 질감의 차이 때문이다. 불순물(나트륨이 아닌 물질)도 소금의 풍미에 영향을 준다.
- 소금은 훌륭한 보존료다. 소금을 넣는 대신 소금물이나 소금에 절인 식품을 넣는 것도 음식에 짠맛을 더하는 훌륭한 방법이다.
- 풍미를 능숙하게 조절해서 요리 실력을 키우고 싶다면, 가장 먼저 알아야 하는 것은 '간을 잘 맞추는 것'이다. 짠맛을 알맞게 맞추는 건 요리의 기본이므로 '간을 한다'는 표현이 따로 있다.

나트륨이온
짠맛

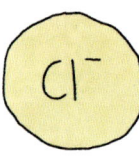
염소이온

염화나트륨(소금)

륨 이온은 양전하, 염소 이온은 음전하). 소금이 물과 닿으면 이 두 이온이 분리되고, 혼자가 된 나트륨 이온이 짠맛을 낸다. 인체의 짠맛 수용체는 아주 기다란 도넛, 또는 속이 빈 에클레어와 비슷하게 생겼다. 도넛의 구멍에 해당하는 부분은 나트륨 이온이 겨우겨우 통과해서 미각 세포 안으로 들어갈 만한 크기다.

나트륨은 음식의 전체적인 맛을 잡아줄 뿐만 아니라, 우리 몸의 중요한 생물학적 시스템이 원활히 기능하도록 돕는다. 신경계에는 감각 정보를 뇌로 전달해서 생각과 느낌이 생겨나게 하는 신경전달물질이 있는데, 나트륨 이온도 그중 하나다. 근육에서는 나트륨이 단백질로 된 섬유 다발과 근섬유의 수축과 이완을 일으켜 근육의 기능을 조절한다. 혈압과 세포의 기능에도 나트륨이 중요한 역할을 한다. 체액의 나트륨 농도는 약 0.3%로 유지되며, 이를 크게 벗어나면 병이 나거나 심하면 사망에 이를 수도 있다. 그러므로 짠맛을 감지하고 찾는 건 우리의 생명 유지에 필수지만, 그리 간단한 일이 아니다. 짠 음식을 너무 많이 먹으면 인체가 체내 나트륨 농도를 적정 범위로 되돌리려고 물을 더 많이 마시도록 유도하고 몸에 있는 물을 내보내지 않으려고 하므로 몸이 퉁퉁 붓고 갈증이 심해진다. 또한 인체에는 나트륨이 과도하게 유입되어 생기는 문제(고나트륨혈증)를 방지하는 조치도 마련되어 있다. 기본 짠맛 수용체를 보조하는 일종의 예비 수용체가 바로 그것으로, 이 부차적인 짠맛 수용체는 소금 농도가 극히 높을 때만 활성화되어 불쾌할 정도로 '지나치게 짜다'는 신호를 뇌에 전송한다.

소금은 물을 좋아해 ❶

소금이 요리에서나 생물학적으로 다재다능하게 쓰이는 큰 이유는 물과의 강력하고 끈끈한 관계 때문이다. 소금을 아무 데나 놓아두기만 해도 주변의 물이 소금 쪽으로 이끌린다. 물과의 이런 친화력은 **흡습성**이라고 하며, 공기 중의 수분까지 빨아들일 만큼 그 성질이 강해서 습도가 높은 곳에 소금을 하루만 두어도 눅눅해진다. 소금을 담아두는 용기에 쌀을 조금 함께 넣어두는 것도 이 흡습성 때문이다. 쌀이 소금 대신 수분을 흡수해서 소금이 덩어리지지 않게 하는 조치다.

수분을 끌어당기거나 밀어내는 소금의 특성은 세포와 조직에서 체액의 물질 균형을 유지하는 데 중요한 역할을 한다. 소금의 농도에 따라 물이 이동하는 것을 **삼투 현상**이라고 한다.

나트륨과 물의 관계가 이토록 끈끈한 이유는 세 가지다. 첫째, 소금은 물에 아주 잘 녹아서 물과 만나기만 하면 소금물이 된다. 둘째, 자연은 소금물이 소금이 없는 물 주변에 고여 있는 것과 같은 불균형한 상태를 싫어한다. 그래서 양쪽의 소금 농도가 균형을 이루도록 만든다. 셋째, 물은 나트륨보다 이동성이 좋다. 콜슬로나 사워크라우트를 만들 때 양배추를 얇게 채 썰어서 소금을 뿌려보면 바로 알 수 있는 사실이다. 물기가 있는 양배추의 표면에 소금이 닿으면 그 부분에 진한 소금물이 생기고, 소금과 닿지 않은 양배추 안쪽과 소금 농도가 달라진다. 소금 농도의 균형을 되찾으려면, 나트륨 이온이 양배추 안으로 들어가서 양배추가 표면만큼 짜지거나 양배추 내부의 수분이 밖으로 빠져나와서 표면의 짠맛이 희석되어야 한다. 즉 나트륨 이온이나 수분 둘 중 하나가 세포막을 뚫고 이동해야 불균형이 해소된다. 물은 나트륨보다 더 수월하게 세포막을 뚫을 수 있으므로, 나트륨이 양배추 안으로 느릿느릿 소량 침투할 때쯤이면 양배추 안에서 다량의 수분이 흘러나온다. 양배추 안과 밖의 소금 농도가 같아질 때까지 계속 수분이 나오면 결국 어떻게 될까? 양배추는 수분이 빠져 흐늘흐늘해지고, 주변에는 양배추에서 나온 물이 흥건하게 고인다.

익히지 않은 식재료는 세포가 살아 있으므로 소

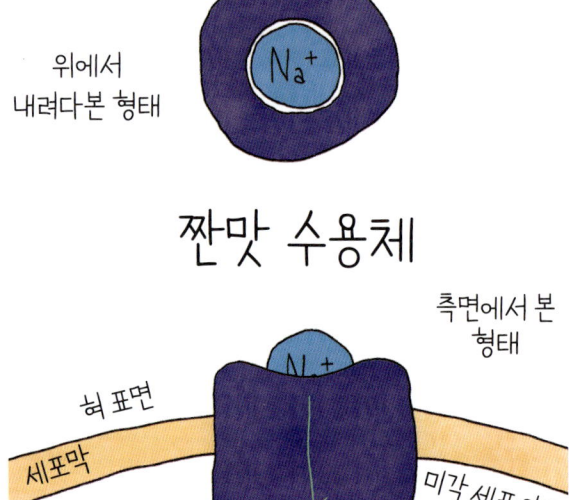

요리하다가 패턴을 알아보고 즉석에서 변화를 꾀할 수도 있고, 엄격한 규칙을 따지는 대신 느낌으로 풍미를 탐색할 수 있다. 패턴을 무엇에 비유하든 상관없다. 중요한 건 풍미의 패턴을 알고 활용하면 요리 실력이 엄청나게 향상된다는 것이다.

금을 치면 대부분 삼투 현상이 일어난다. 양파를 썰어서 가열할 때 소금을 넣고 익히기 시작하면, 삼투 현상이 일어나 양파의 수분이 밖으로 흘러나와서 더 빨리 연해진다. 스테이크로 먹을 고기 표면에 미리 소금을 뿌려두면, 삼투 현상으로 육즙의 일부가 표면으로 흘러나와서 소금과 만나고, 소금도 세포막 안으로 천천히 확산해 소금이 녹은 육즙도 다시 고기 안으로 확산하므로 시간이 지나면 전체적으로 간이 맞춰진다.

짠맛이 내는 풍미의 패턴

짠맛은 음식의 풍미를 좌우한다. 짠맛이 적당하면 음식이 전체적으로 더 맛있어지고, 짠맛이 부족하면 음식 맛이 밋밋하고 그저 그렇게 느껴진다. "소금 간 잘 맞추세요"라는 말로 넘겨버리거나 소금에 관해서라면 지나치게 작은 것 하나도 놓치지 않는 양극단에 치우치지 말고, 우리는 소금과 짠맛의 일반적인 경향과 패턴에 주목하기로 하자. 풍미의 패턴을 잘 기억해두면

소금은 거의 모든 음식에 들어간다

레시피에 간을 보라고 적혀 있으면 반드시 따라야 한다. 그리고 그런 지시가 없어도 중간중간 계속 간을 봐야 한다. 소금은 절대 필요하지 않다고 확신할 수 있는 경우가 아닌 이상, 모든 음식에 들어간다. 고기를 굽기 전에도 소금을 뿌리고, 감자를 찌는 물에도 소금을 넣고, 마파두부에도 소금이 들어간다.

디저트에 들어가는 소금은 진하고 강한 풍미를 내는 일반적인 기능과 함께 쓴맛을 억제한다. 게다가 소금은 설탕이 적을 때는 단맛을 강화하고, 설탕이 넘칠 때는 단맛을 가라앉히는 선택적 기능도 발휘한다. 단맛이 과하면 오히려 지루하고 질리게 마련인데, 소금이 들어가면 한 입 먹자마자 맛이 생생해진다.

짠맛은 열을 가해서 노릇하게 익힌 음식 특유의 풍미와도 잘 어울린다. 진한 버터 향이 나는 솔티드 캐러멜, 소금이 넉넉하게 들어간 초콜릿칩 쿠키를 떠올려보라. 수제 바닐라 아이스크림, 바닐라 커스터드처럼 유제품이 들어가는 달콤한 디저트에 소금을 적정량이라 생각하는 양보다 아주 조금만 더 넣어보라. 맛이 훨씬 다채로워질 것이다. 초콜릿도 소금이 더해지면 신맛이 강화되고 쓴맛의 균형이 잡혀서 맛이 새로워진다.

시도해보기

초콜릿 아이스크림이나 초콜릿 무스를 맛있게 먹는 비법을 하나 소개한다. 좋은 품질의 올리브유를 조금 뿌리고, 입자가 납작하고 큰 소금을 조금 뿌려서 먹어보라. 기가 막힐 거다!

소금은 언제 넣어야 할까?

요리에 소금이 얼마나 중요한지 아는 사람들은 절대 음식이 다 완성된 후에 간을 맞추는 법이 없다. 요리할 때 소금은 일찍, 자주 넣어야 한다. 요리 전 과정에 걸쳐서 소금을 조금씩 자주 첨가하면, 음식에 소금이 서서히 퍼지면서 간이 골고루 밴다. 굳이 그렇게까지 해야 하느냐는 생각이 든다면, 파스타를 동시에 두 가지 방식으로 만들어보라. 하나는 소금을 충분히 넣은 물에 삶고, 다른 하나는 소금을 넣지 않은 맹물에 삶은 다음 다 익은 면만 건져서 소금을 뿌린다. 맛을 보면, 첫 번째는 간이 알맞게 느껴지고 두 번째는 화가 날 만큼 너무 짜거나 너무 밍밍할 것이다. 요리 초반에 소금을 몽땅 넣고 그 뒤로는 간을 전혀 하지 않으면, 가열 과정에서 물이 증발해 짠맛이 점점 강해진다. 그러므로 소금은 요리를 시작할 때 조금 넣고, 요리 중간중간에 맛을 봐가면서 조금씩 첨가하는 게 가장 적절하다. 단, 곡류나 파스타, 뿌리채소를 포함한 채소를 삶을 때는 물을 쓰지 않고 버리므로, 삶기 시작할 때부터 소금을 넉넉하게 넣어야 한다.

요리의 마지막 단계에서, 즉 먹기 직전에 소금을 살짝 뿌리면 미각이 깨어나 생생해진다. 말랑한 프레첼의 겉면에 콕콕 박힌 큼직하고 하얀 소금 알갱이, 마가리타 잔 테두리를 빙 둘러싼 소금이 없다면 프레첼과 마가리타의 맛이 얼마나 밋밋할까? 프레첼을 한입 베어 물 때마다, 마가리타를 한 모금 마실 때마다 가장 먼저 느껴지는 쨍한 짠맛은 다른 풍미와 어우러지면서 금세 옅어진다.

요리를 마무리할 때 넣는 소금으로는 알갱이의 크기와 형태가 다양한 천일염이나 특정한 풍미가 나는 소금을 쓰는 게 좋다. 이런 소금은 금방 녹지 않고 소금의 결정 구조가 오래 유지되므로 소금의 풍미도 잘 유지된다.

음식의 간을 잘 맞추는 사람들의 공통점

- 소금을 요리 초반부터 조금씩 수시로 넣는다.
- 소금뿐만 아니라 짠맛이 나는 다른 재료도 고려해서 음식의 짠맛을 조절한다.
- 특별한 소금으로 요리를 마무리한다.

어떤 소금을 써야 할까?

소금의 맛은 딱 한 가지 분자에서 나오지만, 소금의 형태와 색깔, 맛은 굉장히 다양하다. 첨가물이 없고 입자가 거친 소금(이 책 전반에 자주 나오는 '첨가물 없는 소금'은 구체적으로 아이오딘이 첨가되지 않은 소금을 의미한다-옮긴이), 입자가 고운 암염, 바다와 인접한 못이나 밭에서 바닷물을 증발시켜서 얻는 천일염, 바다 소금을 재결정화한 굵은 소금까지, 형태는 제각각이지만 전부 염화나트륨이다. 나트륨이 내는 짠맛은 강도만 달라질 뿐 맛 자체는 같은데도 소금 종류마다 맛이 다르게 느껴지는 이유는 대부분 소금 결정의 크기, 모양, 불순물 때문이다. 여기서 불순물은 염화나트륨을 제외한 모든 물질을 가리킨다.

일반적으로 음식에 간을 할 때 쓰는 소금의 종류와 입자의 형태는 각자 취향에 따라 선택하면 된다. 천일염, 입자가 크면서 얇은 소금, 첨가물 없는 소금 등 뭐든 괜찮지만, 보통 테이블 한쪽에 늘 비치해두고 음식을 먹을 때 추가로 뿌려서 먹는 소금은 요리할 때 간을 맞추는 용도로는 적절하지 않다('식탁용 소금'으로도 불리는 이런 소금에는 아이오딘이 첨가되거나, 입자가 뭉쳐서 굳지 않도록 고결방지제가 들어 있는 경우가 많다 – 옮긴이). 식탁용 소금은 패스트푸드, 팝콘이나 튀긴 생선, 감자튀김 같은 기름진 음식과 잘 어울린다. 제과·제빵이나 발효 음식을 만들 때는 레시피에 명시된 소금의 구체적인 종류와 분량을 잘 지켜야 결과를 망치지 않는다.

우리 집 주방에는 보통 첨가물 없는 소금과 입자가 넓적하고 큰 말돈Maldon 소금, 시칠리아 트라파니에서 생산된 고운 천일염이 준비되어 있다. 모두 맛도 훌륭하고, 요리하다가 손가락으로 조금 집어서 솔솔 뿌릴 때 느낌도 좋고, 무엇보다 가격이 저렴하다.

요리할 때 간을 잘 맞춘다는 건 간단히 말해서 짠맛이 골고루, 균일하게 느껴지도록 하라는 의미다(잊지 마라. 요리 초반부터 수시로 첨가해야 한다). 음식의 전체적인 간을 맞출 때 독특한 풍미가 있는 소금을 쓰면, 다른 풍미에 덮이거나 희석되어 그 풍미가 잘 드러나지 않는다. 그림에 비유하자면 음식의 전체적인 간은 복잡한 무늬가 아니라 그림에 주로 사용된 대표적인 색상이다.

나는 평소에 요리할 때 간을 맞추려고 넣는 소금은 일일이 계량하지 않는다. 중간중간 음식의 맛을 보고 전체적인 상태를 살펴보면서, 손가락으로 소금을 조금씩 집어 솔솔 뿌린다. 그래서 소금 입자의 크기와 질감이 중요하다. 손으로 소금을 집어서 넣을 때는 어느 정도 무게가 있고 적당히 거친 소금이 편리하다. 소금을 이렇게 넣으면 한 번에 집히는 양을 피부로 느낄 수 있으므로 필요한 양을 조절하기도 수월하다. 일반적인 식탁용 소금은 이런 게 불가능하다. 입자가 너무 고와서 한 번에 충분히 잡히지도 않고, 손바닥에 부어서 뿌리려다가 줄줄 새거나 확 쏟아지기 일쑤다.

고급 레스토랑부터 일반 음식점까지 대부분의 식당에서는 음식의 간을 첨가물 없는 소금으로 맞춘다. 저렴하고, 구하기 쉽고, 소금 입자가 음식에 넣으면 잘 녹을 만큼 작으면서도 손가락으로 집어서 넣을 수 있을 만큼은 커서 넣는 양을 조절할 수 있다. 나는 음식의 간을 맞출 때도 입자가 크고 얇은 고급 천일염을 쓸 정도로 재료비를 아끼지 않는 음식점들에서 일해본 적이 있는데, 굳이 그런 소금을 쓰는 건 괜한 허세가 아니다. 입자가 납작하고 큼직하면 손가락에 집히는 양을 더 정확하게 느낄 수 있어서 음식에 넣는 양을 훨씬 더 정밀하게 조절할 수 있다.

요리를 마무리하면서 첨가하는 소금은 음식의 간을 맞출 수 있는 마지막 기회다. 이때 맛을 보고 조금 싱거우면 마무리 소금을 조금 더 넣고, 간이 딱 알맞으면 마무리 소금은 살짝만 뿌린다. 마무리로 넣는 소금은 소금의 다양한 입자 크기나 풍미를 드러낼 좋은 기회이기도 하다. 소금의 풍미는 자연적으로 발생하는 불순물의 양에 따라 좌우되기도 하고, 풍미를 내는 다른 재료와 섞이면서 생기기도 한다.

바다에서 얻는 소금: 천일염

플뢰르 드 셀Fleur de sel(이탈리아어로는 피오레 데 살레fiore di sale)은 바닷물을 햇볕에 증발시켜서 얻는 바다 소금이다. 이런 천일염은 식탁용 소금이나 첨가물 없는 소금 같은 정제염처럼 수분을 인위적으로 강하게 건조하는 단계가 없으므로 약간 점성이 있다. 천일염은 대체로 입자가 작고 형태가 불규칙하며, 아삭하게 씹히는 맛이 있어서 생선 요리 같은 가벼운 단백질 요리나 살짝 구운 채소에 마무리로 뿌리기에 좋다. 천일염은 여러 구획으로 나뉜 얕은 못, 즉 염전에서 생산된다. 염전에 고인 바닷물이 햇볕을 받으면 물은 증발하고 해수 표면에 소금 결정이 형성된다. 이 결정만 긁어모아 수확한 것이 천일염이다. 유명한 플뢰르 드 셀 제품은 트라파니Trapani, 꺄마흐그Camargue, 게랑드Guérande, 일드헤Île de

Ré와 같이 생산지가 명시된 경우가 많다.

셀 그리Sel gris(회색 소금)도 플뢰르 드 셀처럼 염전에서 바닷물을 햇볕에 증발시켜 생산한다. 차이점은, 해수 표면에 형성되는 소금 결정이 아니라 염전 바닥에 형성되는 소금 결정을 긁어모은다는 것이다. 자연히 소금에 점토가 많이 섞여서 회색을 띠며, 소금 입자가 플뢰르 드 셀보다 훨씬 크고 거칠며 바삭하다. 셀 그리는 육류나 뿌리채소 등 묵직한 요리에 마무리로 쓰기 좋다. 플뢰르 드 셀보다 수확량이 훨씬 많아서 대부분 가격도 더 저렴하다. 수제 천일염을 쓰고 싶은데 가격이 부담된다면, 셀 그리가 좋은 선택이 될 수 있다. 플뢰르 드 셀과 셀 그리는 생산지가 거의 겹치지만, 셀 그리는 제품 라벨에 특정 원산지나 생산자의 이름이 명시되지 않는 경우가 많다.

입자가 크고 얇은 천일염은 소금 결정이 큼직하고 잘 부서지며 속이 빈 피라미드 모양과 비슷하다는 점이 플뢰르 드 셀이나 셀 그리와 확연히 다른 특징이다. 이런 천일염은 증발 속도를 높이기 위해 가열해서 생산되는 경우가 많고, 소금 결정이 소금물 속에 머무르는 기간이 더 길어서 이처럼 잘 바스러지는 큼직한 입자가 된다. 나는 이렇게 입자가 큰 천일염의 식감을 정말 좋아한다. 잎채소 샐러드에 살짝 뿌리면 소금이 씹히는 맛이 좋고, 입자가 꽤 큼직하지만 잘 부스러진다는 것도 장점이다. 쉽게 부스러지므로 요리를 마무리할 때 손가락으로 간단히 부스러뜨려 넣기에도 편리하다. 제이콥슨Jacobsen, 말돈 브랜드에서 나오는 이러한 천일염은 모두 품질이 매우 좋다.

시도해보기

소금은 물에 잘 녹지만 알코올과 기름에는 잘 녹지 않으므로 오일, 리큐어보다 육수에 짠맛을 내기가 훨씬 수월하다. 하지만 이런 특징을 역으로 활용할 수 있다. 재료에 오일을 먼저 입힌 다음에 소금을 뿌리면, 소금과 수분이 오일 막에 가로막혀 섞이지 않으므로 소금 입자가 아삭아삭 씹히는 재미를 더할 수 있다. 루콜라나 연한 적색 라디치오에 올리브유를 뿌린 다음에 천일염을 조금 뿌려보라. 잎의 숨이 덜 죽고 생생한 짠맛을 느낄 수 있다.

암석에서 얻는 소금: 입자가 고운 암염

바다에서 수확하는 소금 외에, 땅속에 퇴적된 광물 상태로 캐낸 암염을 고운 입자로 갈아서 만드는 소금도 있다. 곱게 간 암염은 일반적으로 천일염보다 수분이 훨씬 적다(따라서 점성도 덜하다). 캐낸 직후의 암염은 크기가 자갈만 한 것도 있고, 야구공과 비슷하거나 그보다 큰 것도 있다. 이를 소금용 분쇄기나 강판, 줄로 갈아서 사용한다.

히말라야 핑크 소금의 붉은색은 산화철(철이 산화된 것, 녹)의 색이다. 이 소금은 사실 히말라야에서 생산되는 게 아니라, 히말라야 서쪽 끝자락에서 수백 킬로미터 떨어진 파키스탄 북부의 소금 산맥에서 생산된다. 미국에서는 음식점이나 식료품점에서 큼직한 접시만 한 핑크 소금 덩어리를 20~30달러에 구입할 수 있다. 소금을 포함한 모든 광물은 열을 듬뿍 흡수해서 장시간 그대로 유지되는 특성이 있으므로, 이 핑크 소금 덩어리를 그대로 그릴이나 버너 위에 올려 평평한 표면을 구이판 삼아 이것저것 구워 먹는 용도로 활용할 수 있다. 새우, 생선, 가리비, 얇게 썬 육류를 소금 덩어리에 올려서 노릇하게 구우면, 맛있는 소금 껍질이 입혀진다.

칼라나막은 인도 북부와 파키스탄에서 채굴된 광물을 특수한 방법으로 가열해서 만든 소금이다. 황 성분이 있는 광물이 소량 섞여 있어서 소금 덩어리가 흑

트라파니산 피오레 데 살레: 가벼운 짠맛, 아삭함

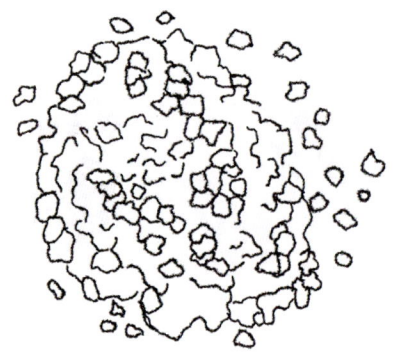

플로르 드 셀: 가벼운 짠맛, 아삭함

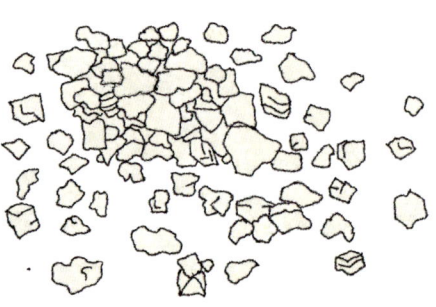

셀 그리스(회색 소금): 아삭함, 광물의 향이 살짝 느껴짐

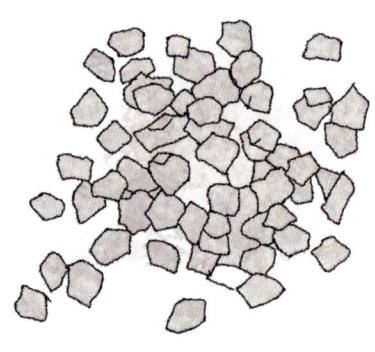

크고 얇은 천일염: 잘 부서짐, 짠맛

히말라야 핑크 소금: 흙 내음이 살짝 느껴짐, 광물의 향

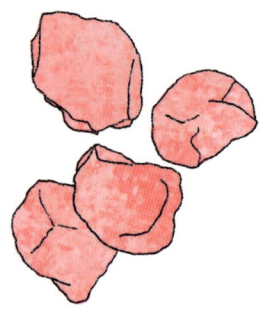

칼라나막: 퀴퀴한 향, 황 냄새

갈색을 띠고, 잘게 부수면 붉은빛이 돈다. 황 성분 덕분에 맛깔스럽게 퀴퀴한 냄새도 난다. 처트니chutney(잘게 썬 과일, 채소, 향신료, 각종 양념을 섞어서 만든다. 주요리에 곁들이기도 하고 찍어 먹는 소스로도 쓰이는 등 만드는 방법, 재료, 용도 모두 다양하다 – 옮긴이), 샐러드, 커민을 넣은 짭짤하고 상큼한 음료인 잘지라jaljeera 등 인도 음식에 많이 쓰인다.

🥤 커민과 회향이 들어간 짭짤한 라임에이드

| 큰 컵으로 한 잔, 또는 작은 컵으로 두 잔 분량 |

'짭짤한 에이드'라는 말에 잔 테두리에 소금이 발린 마가리타부터 떠올랐다면, 대충 맞췄다. 나는 이 레시피를 개발할 때 찬무이chanh muoi(소금에 절인 라임)나 시무이xi muoi(말린 후 소금과 설탕에 절인 자두)에 설탕과 탄산수를 섞어서 만드는 베트남의 탄산음료와 시큼한 라임에 말린 망고 분말인 암추르amchoor, 타마린드, 커민, 다양한 허브와 향신료, 퀴퀴한 황 냄새가 살짝 나는 검은 소금을 섞어서 여름에 강장제로 마시는 인도 음료인 잘지라처럼 짠맛과 단맛, 새콤한 맛이 동시에 나는 몇몇 음료에서 힌트를 얻었다. 짠맛은 단맛이 물릴 정도로 과해지지 않게 균형을 잡아주는 동시에 음료에 총천연색이 번쩍이는 듯한 초현실적인 개성을 부여한다.

커민 씨앗 1/2작은술(1.25g)과 **회향 씨 1/2작은술(1.25g)**을 적당히 분쇄해서 굵은 입자로 만든다. 내열 기능이 있는 컵에 모두 담고, **계피 분말 1/4작은술(0.5g)**, **비정제 황설탕(데메라라 설탕) 1/4컵(50g)**, **끓는 물 반 컵(125g)**을 붓는다. 설탕이 다 녹도록 잘 저어준다. 맛이 우러나도록 5분간 그대로 둔다. 컵의 내용물을 블렌더에 붓고, **라임 한 개를 4등분해서 네 조각 모두 넣는다**. 입자가 고운 천일염 **1/4작은술(1.5g)**, **히말라야 검은 소금(칼라나막) 1/4작은술(1.5g)**, **찬물 두 컵 반(600ml)**, **얼음 한 컵(125g)**을 넣는다. 블렌더를 15~20초간 가동하고 라임이 완전히 분쇄되기 전에 멈춘다. 체에 걸러 덩어리를 제거한다. 맛을 보고 물을 추가해서 희석하거나, 신맛을 조절한다(짠맛은 아주 불쾌하지 않은 선에서 꽤 짭짜름해야 한다). 바로 마시거나, 얼음 잔에 담아서 마신다.

특별한 풍미를 입힌 소금

소금은 각종 향신료, 타임 같은 허브, 꽃, 고추, 감귤류 과일처럼 풍미가 진한 수많은 재료와 섞어서 쓸 수 있다. 이런 재료들은 그냥 말려서 보관할 때보다 소금과 섞어서 보관하면 훨씬 오랫동안 보존할 수 있다. 또한 이렇게 섞어서 각 재료의 특별한 풍미를 입힌 소금으로 음식의 간을 맞추거나 요리를 마무리하면, 순수한 짠맛 이상의 복잡한 풍미를 섬세하게 낼 수 있다. 바다의 향기를 머금은 해초 소금도 그런 예다. 일본어로 모시오라고 하는데, '시오'는 소금을 뜻하는 일본어다. 일본의 해안 지역은 기후가 서늘하고 습도가 높아서 햇볕만으로 바닷물의 수분을 제거하려면 시간이 너무 오래 걸리므로 바닷물을 가열해서 소금을 생산하는 경우가 많다. 해수를 끓일 때 해초를 넣어서 생산한 모시오는 감칠맛이 깊고 진한 바다 내음이 느껴진다.

소금에 특별한 풍미를 입힌 또 다른 예로는 멕시코 오악사카주에서 생산되는 벌레 소금, 스페인어로 살 데 **구사노**sal de gusano를 꼽을 수 있다. 벌레 소금은 말린 고추, 천일염에 용설란을 먹고 사는 나방(학명 *Comadia redtenbacheri*)의 유충인 치니쿠일chinicuil을 구워서 섞은 것이다. 전통적으로 메스칼(용설란으로 만드는 증류주 – 옮긴이)은 이 벌레 소금으로(오렌지 조각 위에 뿌려서) 짠맛과 함께 향긋함, 포근함, 고소한 감칠맛을 낸다. 벌레 소금은 아구아 프레스카agua frescas(알코올 없이 과일, 곡물, 꽃, 각종 씨앗에 설탕과 물을 섞어서 차게 마시는 음료 – 옮긴이), 스튜, 토마토 샐러드, 옥수수와 호박으로 만드는 각종 요리, 살사, 타코에 짠맛과 깊은 풍미를 내는 재료로도 쓰이며 파인애플, 망고, 수박 조각 위에 뿌려 먹기도 한다.

소금에 다양한 풍미 입히기

소금에 다른 재료의 풍미를 입히는 방법은 아주 간단하다. 직접 만들면 소금에 불어 넣을 색다른 풍미를 취향에 맞게 조절할 수 있고, 소금의 신선도도 정확하게 알 수 있다.

특별한 풍미를 불어 넣을 소금은 첨가물 없는 소금이나 천일염이 좋다(나는 저렴한 트라파니산 천일염이나 트레이더 조 브랜드 천일염을 활용한다). 소금에 풍미를 입힐 재료를 선택하고, 다음의 레시피에 나오는 비율대로 소금과 섞고, 향을 내는 성분이 작게 분해될 때까지 기다리기만 하면 된다. 특별한 예외가 아니면, 모터가 튼튼한 블렌더나 향신료용 분쇄기에 풍미 재료와 소금을 모두 넣고 분쇄해서 한데 섞는다. 차조기, 고추 같은 생 재료를 섞으면 소금이 많이 눅눅해진다. 그게 싫으면, 첨가할 재료를 먼저 완전히 말린 다음에 소금과 섞어야 한다. 나는 소금에 풍미를 더할 재료를 오븐 팬에 널찍하게 깔고 예열 후 꺼진 오븐에 팬을 넣어두고 하루 정도 재료의 수분을 제거한 다음, 소금과 섞는다. 재료를 말려서 소금과 섞으면 풍미가 조금 더 오래 유지된다.

로즈메리 소금
| 4~5큰술 분량 |

로즈메리 소금은 돼지고기나 쇠고기, 구운 버섯과 잘 어울린다. 바닐라 아이스크림에 올리브유나 피스타치오 오일을 뿌린 후 살짝 뿌려 먹어도 맛있다. 로즈메리 대신 타임, 겨울 세이보리, 세이지 같은 허브로 만들어도 된다.

로즈메리와 소금은 1대 12의 비율로 섞는다. **생로즈메리잎 2큰술**과 **천일염, 또는 첨가물 없는 소금 3큰술**을 성능 좋은 블렌더나 푸드프로세서에 넣고 분쇄한다. 잎이 굵게 간 흑후추 알갱이 정도의 크기가 될 때까지 여러 번 분쇄한다. 완성된 소금은 용기에 담아 뚜껑을 꼭 닫아서 빛이 들지 않는 실온에 보관하고, 4개월 내로 모두 사용한다.

바닐라 소금
| 3큰술 분량 |

바닐라 씨앗을 꼬투리에서 발라내고 입자가 납작하고 큰 천일염과 섞어서 만드는 소금이다. 바닐라 소금은 랍스터, 게, 해삼 요리나 생가리비, 쿠키와 굉장히 잘 어울린다. 쿠키에 넣을 때는 굽기 직전에 뿌리면 된다.

바닐라 꼬투리 하나당(바닐라 씨앗만 긁어내면 1~2g 정도가 나온다) 소금 50g을 섞는다. **생바닐라 꼬투리 한 개**를 준비하고, 길이대로 반을 가른다. 칼끝의 뭉툭한 부분으로 찐득한 씨앗을 긁어낸다. 긁어낸 바닐라 씨앗에 **입자가 넓적하고 큰 천일염 3큰술**을 섞는다(소금 입자가 많이 큰 편이면 좀 더 수북하게 뜨고, 입자가 작고 밀도가 높은 편이면 살짝 부족하게 뜬다). 포크로 뭉쳐진 씨앗 덩어리를 잘게 쪼개듯 부수면서 섞는다. 완성된 소금은 용기에 담고 밀봉해 빛이 들지 않는 실온에 보관하고 4개월 내로 모두 사용한다.

하바네로 소금
| 약 반 컵 분량 |

하바네로 고추의 향긋함과 매운맛을 모두 느낄 수 있는 소금이다. 고추는 향이 진하고 통통한 것을 쓰는 게 좋다. 하바네로 소금은 아보카도, 구운 생선, 옥수수, 모든 조개류와 잘 어울리고 라임즙을 짜서 함께 곁들이면 더욱 맛있다. 아히 돌체[aji dulce]나 파시야[pasilla] 같은 말린 고추나 모리타[moritas], 치폴레[chipotle] 같은 훈연한 고추를 하바네로 고추와 동량으로 섞어서 만들어도 된다. 고추와 소금은 1대 7의 비율로 섞는다. 하바네로 고추 두 개에 소금 약 125g을 섞으면 알맞다.

생 하바네로 고추 두 개를 준비한다. 장갑을 끼고 꼭지를 떼어낸 후 반을 가르고 씨를 제거한다. **천일염이나 첨가물 없는 소금 7큰술**과 함께 블렌더나 푸드프로세서에 넣고 고추가 작은 입자가 될 때까지 분쇄한다. 다 갈고 나면 소금에 수분이 많아지는데, 그대로 바로 사용하거나 접시에 넓게 펼쳐서 사람이 많이 드나들지 않는 건조한 곳에 두고 이틀간 말린다. 완성된 소금은 용기에 담아 뚜껑을 꼭 닫아서 빛이 들지 않는 실온에 보관하고, 4개월 내로 모두 사용한다.

셀러리 씨앗 소금
| 2큰술 분량 |

셀러리 소금은 피클을 잔뜩 올려서 먹는 시카고식 핫도그의 기본 재료다. 올리브나 잘게 썬 치즈, 살라미나 절인 돼지고기를 먹을 때도 곁들이면 좋다. 셀러리 씨앗 대신 캐러웨이, 커민, 회향 씨앗을 넣고 만들어도 된다. 셀러리 씨앗과 소금은 1대 4의 비율로 섞는다.

셀러리 씨앗 1큰술과 **소금 1.5큰술**을 블렌더나 푸드프로세서에 넣고 씨앗이 굵은 가루가 될 때까지 분쇄한다. 완성된 소금은 용기에 담아 뚜껑을 꼭 닫아서 빛이 들지 않는 실온에 보관하고 4개월 내로 모두 사용한다.

레몬 소금
| 약 1/4컵 분량 |

샐러드, 얇게 썬 토마토, 익힌 잎채소, 얇게 썬 구운 닭고기, 소르베나 아이스크림과 잘 어울리는 소금이다. 특히 올리브유 위에 뿌려서 먹으면 맛있다. 레몬뿐만 아니라 라임, 귤, 자몽, 메이어 레몬, 유자, 칼라만시 등 신선한 감귤류의 껍질을 잘게 갈아서 소금을 섞으면 완성된다.

얇게 간 감귤류 껍질과 소금은 1대 10의 비율로 섞는다. 레몬의 경우 두 개 분량의 얇게 간 껍질에 소금 100g을 섞으면 알맞다.

얇게 간 레몬 껍질 1큰술(레몬 한 개 분량)에 **첨가물 없는 소금이나 천일염 3큰술**을 넣고 포크로 잘 섞는다. 완성된 소금은 용기에 담아 뚜껑을 꼭 닫아서 빛이 들지 않는 실온에 보관하고 4개월 내로 모두 사용한다.

솔잎 소금
| 약 1/3컵 분량 |

송진 냄새와 신선하고 상큼한 향, 생기가 가득한 솔잎 소금은 구운 아스파라거스와 잘 어울리고, 푹 삶은 고기에 크렘 프레슈 crème fraîche (유지방 함량이 30~45%인 크림. 발효 과정을 거쳐서 사워크림처럼 시큼한 맛이 난다. 프랑스 음식에 많이 쓰인다 - 옮긴이)와 함께 곁들여도 맛있다. 솔잎과 소금은 1대 10의 비율로 섞는다.

가문비나무, 전나무 등 주변의 소나무과 나무를 찾아본다. 소나무과 나무의 잎은 먹어도 괜찮다(단, 주목 나무는 어떤 부분도 식용으로 쓸 수 없으므로 극히 주의해야 한다. 주목 나무는 소나무과가 아니며 밝은 빨간색 열매는 독성이 매우 강하다. 폰데로사 소나무 ponderosa pine, 로지폴 소나무 lodgepole pine 는 임신한 소의 출산을 유도한다고 알려졌으므로 임산부는 이 소나무의 잎을 따거나 주변에 앉지 않도록 주의해야 한다. 살충제 등 농약이 사용됐을 가능성이 큰 나무도 피해야 한다). 어떤 나무로 선택해야 하는지 잘 모르겠으면, 잎 몇 개를 가져다가 찧어서 향을 맡아보고 마음에 드는 것으로 쓴다. 나는 자몽 향이 나는 미송잎을 좋아한다. 이른 봄이면 가문비나무의 줄기 끝에 라임과 비슷한 색의 새순이 돋아나는데, 톡 쏘는 향이 나고 통째 먹을 수 있을 만큼 연하다. 솔잎 소금은 다 자란 솔잎으로 만들지만, 가능하면 덜 뻣뻣한 것으로 고른다. 잎이 달린 가지를 몇 개 가져와서 잎을 따면 된다.

솔잎 3큰술에 **천일염이나 첨가물 없는 소금 3큰술**을 섞고 블렌더나 푸드프로세서로 솔잎이 작은 입자가 되도록 분쇄한다. 완성된 소금은 용기에 담아 뚜껑을 꼭 닫아서 빛이 들지 않는 실온에 보관하고 4개월 내로 모두 사용한다.

차조기 소금
| 약 1/4컵 분량 |

들깨속 식물의 변종 중 하나인 차조기는 박하, 바질과 가까운 식물이다. 그래서 향긋하고 송진 냄새도 살짝 나며, 신선한 허브의 향과 함께 커민 느낌의 향신료 향도 난다. 들깨속 식물은 한국, 일본, 중국 요리에 허브나 채소로 광범위하게 쓰인다. 이들 국가에서는 들깨의 잎인 깻잎 등 차조기와 비슷한 잎채소를 식료품점이나 농산물 판매점에서 쉽게 구할 수 있다. 농산물 직판장에서도 대부분 판매한다. 차조기 소금은 얇게 썬 자두, 밥, 연어회나 고등어회와 특히 잘 어울린다. 차조기는 붉은색과 녹색이 있는데, 어느 쪽을 써도 괜찮다. 단, 붉은색 잎을 쓰면 소금의 무기질 이온과 반응해서 잎이 청록색으로 변한다(음식에 뿌리면 보통 붉은색이 돌아온다). 차조기 대신 스피어민트나 타이 바질, 레몬 버베나 등 향긋하고 풍미가 섬세한 허브로 만들어도 된다. 차조기와 소금은 1대 5의 비율로 섞는다.

잘게 다진 **차조기 생잎 2.5큰술**에 **천일염이나 첨가물 없는 소금 3큰술**을 섞는다. 블렌더에 넣고 잎이 작은 입자가 되도록 분쇄한다. 분쇄 후 눅눅해진 소금은 접시에 널찍하게 펴서 사람이 잘 다니지 않는 건조한 곳에 두고 이틀간 말린다. 완성된 소금은 용기에 담아 뚜껑을 꼭 닫아서 빛이 들지 않는 실온에 보관하고 4개월 내로 모두 사용한다.

퀴퀴한 짠맛: 염장 식품과 발효 식품

음식의 간을 맞출 때 하얀 소금 결정을 쓰면 짠맛을 가장 정확하게 낼 수 있지만, 염장 식품이나 발효 식품으로 짠맛을 내면 복잡한 풍미를 한꺼번에 더할 수 있다.

앤초비와 같은 염장 생선, 베이컨, 프로슈토[prosciutto](소금에 절여서 말린 이탈리아식 햄 - 옮긴이) 같은 염장 돼지고기, 케이퍼, 올리브, 소금에 절인 레몬, 김치, 사워크라우트 등 채소를 발효한 식품, 간장, 된장, 미소 된장 같은 발효 양념 등은 모두 음식에 풍부한 향과 퀴퀴한 냄새, 피클 특유의 풍미를 더할 수 있는 재료다.

🍴 케이퍼와 절인 레몬 드레싱

| 약 3/4컵 분량 |

루콜라, 얇게 깎은 회향, 치커리 등 풍미가 강한 잎채소에 곁들이기 좋고, 아삭한 로메인 상추와도 잘 어울리는 짭조름한 드레싱이다. 이렇게 오일이 듬뿍 들어가는 드레싱은 구운 당근이나 방울양배추, 고구마나 갓 지은 쌀밥 등 익힌 곡류, 구운 생선, 닭고기와도 궁합이 좋다.

소금에 절인 레몬을 잘게 다진 것 2큰술(30g, 절인 레몬 반 개 분량)과 **케이퍼 1큰술(10g)**을 섞는다. **갓 짠 레몬즙 2큰술(30ml), 디종머스터드 1큰술(15ml), 다진 마늘 한 쪽 분량**을 넣는다. 마지막으로 **올리브유 반 컵(120ml)**을 넣고 골고루 섞는다. 몇 시간 내로 모두 사용한다.

짠맛이 강한 재료로 음식에 복잡한 풍미를 함께 더하는 간단한 방법

- 토마토소스나 찜을 만들 때, 잘게 다진 앤초비를 마늘이나 양파와 함께 먼저 살짝 볶는 것으로 요리를 시작한다.

- 약불에 천천히 익힌 육류나 타진[tagine](리비아, 튀니지, 알제리를 포함한 아프리카 서북부 지역의 전통 음식. 육류에 채소와 각종 향신료를 넣고 끓이는 찜 요리 - 옮긴이) 같은 스튜에는 소금에 절인 레몬을 잘게 다져 넣으면 맛의 균형이 잡힌다.

- 샐러드드레싱이나 고기 절이는 양념에 다양한 간장을 활용한다. 간장은 살짝 구운 브로콜리나 깍지 콩과도 잘 어울린다.

- 파르메산 치즈나 페코리노 치즈처럼 단단하고 짠맛이 강한 치즈는 파스타, 토마토나 양파가 듬뿍 들어간 수프나 스튜, 거의 모든 채소(방울양배추, 구운 고구마, 컬리플라워 등) 위에 잘게 갈아서 뿌리면 맛있다.

- 프로슈토 등 염장, 건조한 햄(하몽, 미국 컨트리햄, 중국 진화햄 등)을 잘게 썰어서 과일이나 샌드위치에 곁들인다. 감자, 방울양배추, 셀러리 뿌리, 호박을 구울 때 완성되기 10분 전쯤 넣고 잘 섞어서 먹어도 맛있다. 작게 깍둑썰기하거나 양 끝부분만 잘라 수프와 육수에 넣어 먹어도 맛있다.

- 스파게티를 삶아 버터와 후추로 간을 하고, 그 위에 염장 건조한 숭어알인 보타르가[bottarga]를 갈아 골고루 뿌리면 생선 향이 살짝 나면서 짭짜름한 감칠맛을 낼 수 있다.

앤초비: 깔끔한 생선 냄새, 부드러운 질감, 풍부한 향

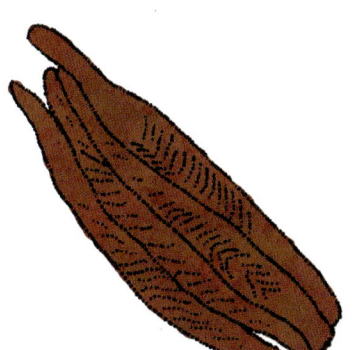

염장 돼지고기: 깊은 감칠맛, 돼지고기 냄새, 고소한 향

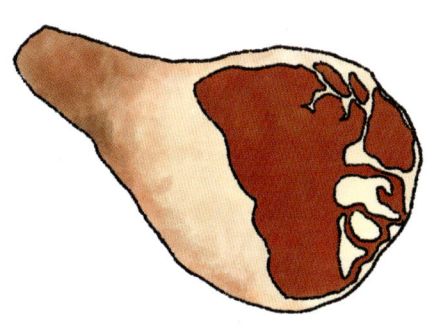

간장: 진한 향, 맥아의 향, 감칠맛

미소 된장: 깊은 감칠맛, 맥아의 향, 과일과 꽃 향

케이퍼: 피클 향, 허브 향

올리브: 피클 향, 식물의 향, 살짝 쓴맛

소금은 물을 좋아해❷: 삼투 현상, 재료의 수분, 식품 보존

양배추를 채 썰어서 소금을 뿌리면 일어나는 변화를 다시 상기해보자. 양배추는 소금과 잠깐만 닿아도 수분이 밖으로 흘러나와 잎이 흐늘흐늘하고 연해지는데, 이는 삼투 현상을 일으키는 소금의 놀라운 재능을 잘 보여준다. 그런데 소금이 일으키는 삼투 현상은 채소를 연하게 만드는 것 외에 다른 효과도 있다. 이를 잘 활용하면, 소금을 마무리 재료를 넘어 음식의 맛을 더욱 정교하게 조절하는 재료로 활용할 수 있다.

소금물에 절이기

해마다 추수감사절이 다가오면, 미식가들 사이에서는 칠면조고기를 소금물에 절이는 방법이 큰 화두로 떠오른다. 칠면조를 며칠 전에 미리 소금물에 통째 재워야 한다는 잔소리부터 이래야 한다, 저래야 한다는 각종 팁도 쏟아져나온다. 보통 5~8% 농도의 소금물에 칠면조를 담가서 냉장고에 두고 재우라고 하는데, 이 방법은 닭고기, 돼지갈비 등 우리가 자주 먹는 다양한 육류에 모두 적용할 수 있다. 이렇게 고기를 재우면 무엇이 좋을까? 소금 간이 고기 전체에 고루 잘 배는 주된 효과 외에 맛에 간접적으로 영향을 주는 또 한 가지 효과가 있다. 소금이 단백질의 질감에 큰 변화를 일으킨다는 것이다.

고기는 근육이다. 근육의 세부 구조를 보면, 섬유성 단백질이 겹겹이 층을 이루고 꼬여서 흡사 줄무늬가 있는 스펀지처럼 보이는 구조가 액체에 잠겨 있다. 근육의 단백질은 수분과 맞닿아 있어도 녹지 않는다(삶은 달걀을 물에 담그면 날달걀을 깨서 물과 섞을 때와 달리 형체가 그대로 유지되는 것과 같다). 이 구조에 소금이 들어가면, 단백질의 일부가 수분에 녹아서 물컹한 젤라틴과 비슷해지고 헐거워진 기질(바탕질)은 남아서 전체적으로 수분이 많아지고, 결합력이 높아진다. 이 현상은 소시지에서 가장 쉽게 확인할 수 있다. 소금을 충분히 넣고 만든 소시지는 푸석하지 않고 탱글탱글하며 쫀쫀하다.

모든 단백질은 기다란 아미노산 사슬로 되어 있다. 이 사슬에는 군데군데 밖으로 툭 튀어나온 독특한 구조가 있는데, 이것이 자석, 갈고리, 또는 벨크로처럼 다른 것을 붙들고 고정하는 기능을 한다. 아미노산 사슬이 구겨지듯 뭉쳐지고 이런 다양한 고정 장치가 제각기 모양이 맞는 짝과 결합하면 단백질의 형태가 구나 섬유상이 된다. 조금 더 깊이 들어가면, 아미노산 이온의 특정 부분이 결합해서 단백질의 형태가 유지되는 이 메커니즘에는 수많은 아미노산 이온의 전하가 활용된다. 소금에서 나온 이온이 근육에 서서히 확산하면, 단백질의 형태를 유지하던 아미노산의 전하가 흐트러진다. 그로 인해 머리카락에 정전기가 생기면 가닥가닥이 제멋대로 뻗치듯이 결합되어 있던 아미노산 사슬이 풀어지고 서로를 밀어낸다. 근육에는 단백질이 서로 연결되어 있는데, 아미노산 사슬들의 결합이 풀어지면 우리가 숨을 들이마실 때 횡격막이 아래로 밀려 내려갈 때처럼 근육이 이완되어 근육 주변의 수분이 단백질 안으로 들어가고, 그대로 머무른다. 결과적으로 육질은 훨씬 촉촉해진다.

물 없이 소금에 절이기: 건조 염장

커다란 통에 소금물을 채우고 식재료를 담가서 밤새 재우는 방식이 너무 번거롭게 느껴진다면, 육류에 물 없이 소금만 넉넉하게 뿌려서 냉장고에 하루 정도 두었다가 요리하는 방법으로도 소금과 삼투 현상의 유익한 효과를 어느 정도 얻을 수 있다. 닭을 통째 그렇게 절여도 되고, 부위별로 절단된 닭고기(껍질 포함)나 스테이크용 고기, 돼지고기 등심, 뼈가 붙어 있는 돼지갈비, 칠면조고기도 표면에 소금을 뿌리고 잘 문질러서 한참 두면 수분이 단백질 안으로 들어가서 육질이 촉촉해진다. 간도 두툼한 속까지 고루 밴다. 재료에 소금을 전체적으로 솔솔 넉넉하게 뿌린 다음, 소금이 고루 퍼지도록 4~6시간 이상, 24시간 이내로 냉장고에 두면 된다. 그보다 오래 절이면 수분이 마르기 시작해서 짠맛이 과해진다.

식품 보존과 염지

보통 커피를 한 잔 정도 마시면 알맞게 정신이 깨는 느낌이 들지만, 열 잔쯤 내리 마시면 구역질이 나고 심지어 경련도 일어날 수 있다. 소금이 음식에 주는 영향도 마찬가지로 용량에 따라 달라진다. 고기를 소금물에 절이거나 소금만 뿌려서 단시간 절일 때처럼 소금을 소량, 또는 적당량 쓰면 고기에서 약간의 수분이 빠져나오고, 그 수분이 소금과 만나 대부분이 다시 근육 안으로 확산하면서 육질이 촉촉해진다.

돼지 다리를 통째 소금에 절여 샤퀴테리^{charcuterie}(베이컨, 햄, 소시지 등 소금에 절인 육류를 가리키는 프랑스어. 그러한 식품을 파는 상점을 가리키는 표현으로도 쓰인다 – 옮긴이) 햄을 만들 때, 또는 앤초비를 절일 때는 소금을 그보다 훨씬 더 많이 사용한다. 때로는 재료를 아예 소금에 파묻고 일정 기간 두기도 한다. 프로슈토와 돼지고기 생육의 밀도를 비교해보면, 프로슈토의 밀도는 거의 가죽처럼 촘촘하다. 육류에 소금이 극단적으로 다량 들어가면 재료의 수분이 훨씬 더 많이 빠져나오고 소금과 섞여서 다시 근육 안으로 확산하는 수분도 훨씬 많아진다. 그 결과 육질이 압축되고 단단해진다.

굳이 이렇게 하는 이유는 무엇일까? 소금을 잔뜩 써서 절이면 재료를 오래 보존할 수 있기 때문이다. 이런 특별한 효과가 생기는 기본 메커니즘은 기본적으로 고기에 소금이 첨가됐을 때 일어나는 현상과 같다. 리스테리아 모노사이토게네스$^{Listeria\ monocytogenes}$ 같은 세균이나 클라도스포리움 헤르바룸$^{Cladosporium\ herbarum}$ 같은 곰팡이 포자가 공기에 둥둥 떠다니다가, 우연히 사방이 트인 공간에 매달린 거대한 생돼지 다리와 마주쳤다고 하자. 이제 신나게 뜯어먹을 수 있겠다는 생각에 한껏 들뜬 것도 잠시, 이 미생물들은 고기 표면에 닿자마자 견디기 힘든 고통을 느낀다. 대체 무슨 일이 일어났는지 미처 깨닫기도 전에, 돼지 다리 표면에 닿은 미생물들은 그대로 사멸한다. 어마어마한 양의 소금이 이 가여운 단세포생물의 세포 안에 있던 액체를 전부 뽑아낸 것이다. 고농도의 소금이 일으키는 삼투 현상을 무사히 피할 수 있는 세포는 없다.

육류 등 식재료에 소금을 듬뿍 치면 오래 보존할 수 있다는 사실이 알려지면서, 염지는 유용한 보존 기술로 자리를 잡았다. 당장 다 먹지도 못할 만큼 돼지고기가 많이 생겨도 소금을 가득 쳐서 보관해 두었다가 나중에 먹을 수 있게 된 것이다. 게다가 식재료를 몇 개월, 심지어 몇 년간 절이면 소금에 절인 식품 특유의 풍미와 퀴퀴한 냄새가 더욱 진해져서 우리가 너무나도 좋아하는 복잡한 풍미가 생긴다. 프로슈토, 앤초비, 케이퍼, 올리브, 미소 된장, 간장 등 오래 숙성한 식품에서는 다채로운 짠맛이 난다. 10장에도 이런 '퀴퀴한 냄새'와 함께 풍미가 한층 더 풍성해지는 변화에 관한 설명이 나온다.

신맛

신맛은 상큼하고, 신선하며 입안 가득 침이 고이게 만드는 산의 맛이다. 신맛은 '톡 쏜다', '새콤하다', '시큼하다' 등으로 표현된다. 음식을 맛있게 만들고 싶다면, 짠맛 다음으로 가장 신경 써야 하는 맛이다. 신맛은 밋밋한 음식에 산뜻함을 더해서 죽어가던 요리도 살려낸다. 단맛과 쓴맛이 과해지기 쉬운 음식에 고삐를 잡고 두 맛의 균형을 잡는 것도 신맛이다. 또한 진하고 기름진 풍미를 적절히 끊고, 다른 맛과 확연히 대조되는 활기를 불어넣어 맛이 지루할 틈이 없게 만든다. 신맛은 거의 모든 음식에서 입맛을 돋우는 기능을 한다.

잘게 자른 파인애플이 빠진 타코 알 파스토르[taco al pastor](토르티아에 채소와 고기를 싸서 먹는 멕시코 요리인 타코의 한 종류-옮긴이), 사워크라우트나 겨자소스가 빠진 핫도그, 진하고 시큼한 마요네즈가 빠진 BLT 샌드위치를 무슨 맛으로 먹는단 말인가? 생각하기도 싫다. 다이키리 칵테일(럼에 라임즙, 설탕이나 설탕 시럽을 넣고 만드는 칵테일-옮긴이)에 라임이 빠지거나 과일 향이 감도는 적당한 신맛이 전혀 느껴지지 않는 다크초콜릿도 마찬가지다. 입안에 산이 들어오면 우리 의지와 상관없이 침이 고인다. 그래서 신맛은 입안을 깔끔하게 정리하고 기름기와 전분, 단백질이 입안에 남긴 묵직함을 싹 없애준다. 신맛은 쓴맛과 단맛을 덜 느끼게 한다. 또한 짠맛이 약하면 강화하고 짠맛이 과하면 눌러준다. 그야말로 맛의 균형을 완벽하게 잡아주는 조율자이자, 각각의 맛이 확실하게 대비되도록 만든다.

신맛을 내는 재료는 짠맛을 내는 재료보다 형태가 다채롭다. 식초 같은 액체도 있고 레몬처럼 즙을 활용할 수 있는 과일도 있는가 하면, 수막 같은 분말도 있고 석류 농축액이나 요구르트처럼 뻑뻑하고 찐득한 재료도 있다. 신맛에 동반되는 풍미도 산뜻하거나 진한 과일의 향, 식초 같은 자극적인 향, 풍성한 향과 퀴퀴한 냄새, 크림처럼 부드러운 풍미 등 굉장히 다양하다. 이 다채로움은 신맛을 내는 산 분자의 종류와 산 분자가 만들어지는 과정이 다양한 데서 비롯된다. 산은 수많은 식물에서도 만들어지고(레몬 같은 과일, 식용대황(루바브) 같은 잎줄기, 수영 같은 잎 등), 발효를 통해 만들어지기도 한다(식초, 요구르트, 사워크라우트 등).

신맛의 규칙

- 신맛은 산의 맛이다. 산은 대부분 식물에서 만들어지거나 발효를 통해 만들어진다.
- 신맛은 단맛과 쓴맛, 기름진 맛의 균형을 잡아주고 음식의 풍미를 더 산뜻하고 생생하게 만든다.
- 신맛은 짠맛이 약하면 강화하고 짠맛이 강하면 가라앉힌다.
- 신맛을 내는 식재료는 고운 분말부터 찐득한 액체, 묽은 액체까지 질감이 다양하고, 신맛과 함께 얻을

수 있는 풍미 역시 산뜻함, 부드러운 풍미, 자극적인 향까지 다양하다.

우리의 미각은 일생을 살아가면서 우리의 옷장이 특별한 날 입은 옷들로 점점 채워지는 과정과 비슷하게 진화했다. 졸업 무도회에 입고 갔던 드레스, 겨울이 오면 꺼내는 모직 스웨터, 여름철에 꺼내는 리넨 옷들, 수영복, 자전거 탈 때 쓰는 미끄럼 방지용 신발 밑창 등 세월이 흐르면서 옷장에 점점 늘어나는 옷들을 진화생물학적인 시각으로 각각의 맛과 대응한다면(가령 스웨터는 에너지를 손쉽게 얻을 수 있는 음식의 단맛과 같고, 특수한 기능이 있는 신발 밑창은 인체 기능에 필요한 나트륨이 포함된 음식의 짠맛과 같다), 신맛은 짧은 검정 원피스와 같다. 즉 특정한 날이나 상황에서만 입을 수 있는 옷이 아닌, 아무 때나 꺼내 입어도 완벽히 어울리고 손색이 없는 옷과 같은 맛이 신맛이다.

몇백만 년 전에 살았던 인류의 조상들은 비타민 C(아스코르브산)를 얻기 위해 신맛을 찾아다녔을 가능성이 크다. 인체의 연결조직을 만들고 유지하려면 비타민 C를 반드시 섭취해야 한다. 괴혈병에 걸려 치아를 잃지 않기 위해서도 꼭 챙겨 먹어야 한다. 이 성분은 신맛이 나고, 여러 과일에 들어 있다는 특징이 있다.

비타민 C 외에, 음식을 발효시키는 미생물이 전혀 다른 메커니즘으로 만들어내는 전혀 다른 산(주로 젖산과 아세트산)도 신맛이 난다. 음식을 익혀 먹지도 않던 머나먼 옛날에는 밖을 돌아다니며 찾아내거나 긁어모은 식량의 대부분에 미생물이 잔뜩 있었다. 즉 자연적으로 발효되었거나 썩어 있었는데, 발효된 음식에 산이 생기는 특징은 먹어도 해가 되지 않고 심지어 몸에 이로운 미생물이 작용한 음식과 그렇지 않은 음식을 구분하는 아주 유용한 단서가 된다. 부패를 일으키는 미생물은 산을 그렇게 많이 만들지 않기 때문이다. 신맛을 느낄 줄 알면 신맛이 나는지 안 나는지를 기준으로 먹어도 되는 것과 먹으면 안 되는 것을 구분해서 신맛이 확실하게 나는 건 대체로 덜 위험하다고 판단하고 식량으로 삼을 수 있다.

인류의 커다란 뇌가 자라고 발달하려면 많은 열량이 필요하다는 것도 신맛과 관련이 있다. 발효된 음식(조금 전에 설명했듯이 발효 과정에서 산이 생기는 경우가 많다)은 대체로 씹기에 편하고 소화도 잘되는 경향이 있어, 발효되지 않은 음식보다 더 많이 먹을 수 있고 그만큼 더 많은 열량을 얻을 수 있다. 양이나 소 같은 동물들이 하루에 풀을 씹어 삼키는 데만 얼마나 많은 시간을 할애하는지 생각해본다면, 이는 결코 사소한 일이 아니다!

이러한 필요성이 도구 만들기를 좋아하는 인류의 성향과 합쳐지고, 자연히 필요한 것을 더 편리하게 얻을 방법을 찾아냈으리라 추정된다. 발효된 음식 특유의 신맛을 구분할 수 있게 되자 발효된 음식을 더 많이 먹게 되었고, 그 특유의 신맛을 점점 좋아하게 되면서 어떻게 하면 그런 맛이 나는 음식을 계속 먹을 수 있을지 궁리하게 되었을 것이다. 그래서 발효를 촉진하는 방법, 조절하는 법을 터득하고 급기야 직접 발효 식품을 만들기 시작한 것이다. 게다가 발효되어 신맛이 나는 음식은 발효 과정에서 부패 미생물의 영향을 받지 않을 뿐만 아니라 발효가 완료된 이후에도 쭉 부패 미생물의 오염이 방지된다는 또 다른 장점도 알게 되었다. 발효된 음식은 서둘러서 먹을 필요 없이 오래 두고 자신과 가족, 주변 사람 모두와 함께 먹을 수 있게 된 것이다. 이렇게 식량을 저장할 수 있게 되자 식량 확보가 생존을 좌우하는 비중이 줄고, 전체적으로 수명이 늘어났다. 당연히 자손들에게도 (신맛을 느끼는 유전자와 함께) 발효 기술이 전해졌다. 지금 우리가 살아 있는 건 이런 진화 덕분이다!

과학의 눈으로 본 신맛

산은 화학적으로 굉장히 눈에 띄는 유형에 속하며, 사람의 성격 특성으로 치면 외향성에 해당하는 반응성이 아주 크다. 세부적으로는 분자의 내재적 강점과 농도에 따라 늘 주변에 사람이 가득 모이고 어딜 가나 주인공이 되는 종류부터, 걸핏하면 시비를 거는 깡패 같은 종류까지 다양하다. 산 분자도 음식에 들어 있는 분자 대부분이 그렇듯 탄소 원자가 이어진 탄소 사슬이 기본 골격이며, 여기에 수소가 결합되어 있고 산소도 결합된 경우가 많다. 이 수소 중 일부의 결합이 끊어지거나 헐거워지면, 마치 낡은 드레스에서 바느질이 풀려 스팽글이 떨어져 나오듯 수소 이온이 떨어져 나온다. 신맛은 이렇게 떨어져 나온 수소 이온에서 나오며, 이 이온이 많을수록 신맛도 강하다.

수소 이온은 희한한 일들을 벌인다. 단백질 분자는 아미노산 사슬이 접힌 고유한 형태가 유지되어야 기능을 온전히 발휘하는데, 수소 이온은 이런 형태를 유지하는 단백질 구조 내부의 힘을 흐트러뜨리는 데 일가견이 있다. 우유 단백질에 수소 이온이 조금만 섞여도 요구르트나 크렘 프레슈처럼 부드러운 젤 같은 질감으로 변하는 이유다. 같은 원리로, 고기를 절이는 양념에 수소 이온이 있으면 근육과 섬유 단백질의 구조적 결합이 풀려서 자석이 같은 극끼리 만나면 밀어내듯 서로 강하게 밀어내도록 만든다. 단백질 구조가 풀리면 액체가 흘러 들어올 공간이 생겨, 육질이 아주 촉촉하고 연해진다. 너무 많은 수소 이온이 단백질과 만나면 그와 정반대의 일이 벌어지는데, 단백질 분자가 더 단단히 응집해서, 익힌 음식 같은 질감이 된다. 예컨대 세비체ceviche (익히지 않은 생선 살, 해산물을 얇게 떠서 레몬즙이나 라임즙에 절인 라틴아메리카 음식 - 옮긴이)가 바로 이 원리를 활용한 음식이다.

신맛이 나는 음식(그 안에 들어 있는 모든 수소 이온)을 먹으면, 혀 표면과 닿는다. 혀의 미뢰 중 일부에는 수소 이온만 겨우 통과할 수 있는 크기의 작은 구멍이 있는, 도넛과 비슷한 모양의 수용체가 있다(짠맛 수용체에도 이와 비슷하게 도넛 같은 구멍이 있으나, 신맛 수용체의 구멍 크기가 훨씬 작다). 미뢰에 닿는 수소 이온이 늘어나면 이러한 수용체가 있는 미뢰의 미각 세포들은 수소 이온의 수를 부지런히 세서 뇌에 신호를 전송한다. 뇌는 이 신호를 토대로 '시다'는 감각을 만든다. 신맛은 단독으로 작용하지 않는다. 단맛, 쓴맛, 과도한 짠맛을 내는 분자가 각각 미각 수용체와 결합하지 못하도록 방해하거나 각 수용체에서 뇌에 경쟁적으로 전달되는 맛 신호를 약하게 만들어서 우리가 최종적으로 지각하는 맛의 균형을 잡고 과도한 맛을 가라앉힌다. 디저트 와인이 맛은 분명히 달콤한데도 산도가 높고, 진(쓴맛)과 토닉을 섞어 진토닉을 만들 때 무조건 라임즙을 조금 넣어야 하는 이유도 바로 이런 특징에서 찾을 수 있다. 피클을 직접 만들 때, 들어간 소금 양은 똑같은데도 덜 익었을 때 맛보면 너무 짜게 느껴지고 다 익으면 간이 딱 맞게 느껴지는 이유도 마찬가지다.

산과 좀 더 친해지기 위한 정보

신맛은 대부분 수소 이온에서 나오고, 수소 이온은 다 똑같지만 수소 이온이 포함된 산 분자는 매우 다양하다. 따라서 산 분자마다 신맛의 풍미에 미묘한(때로는 꽤 확실한) 차이가 있다. 산 분자에 따라 날카로운 신맛을 내는 것도 있고 부드러운 신맛이나 기분 좋게 자극적인 신맛을 내는 것도 있다.

음식에 포함된 산은 대부분 식물에서 만들어지거나 발효 과정에서 생긴다. 식물에서 만들어지는 산에는 구연산, 말산, 타르타르산 등이 있고, 발효로 만들어지는 산은 젖산, 아세트산(초산) 등이 있다. 우리가 신맛을 낼 때 가장 많이 활용하는 식물 재료는 열매(과일)다. 모든 감귤류와 사과, 석류, 타마린드, 수막 등이 대표적이다. 과일은 대부분 덜 익으면 신맛이 나고('나를 먹지 마'라고 외치는 식물의 방어 메커니즘이다), 익을수록 당분이 점점 많아진다. 이 과정에서 신맛이 없어지는 과일이 있고, 익은 후에도 신맛이 뚜렷한 과일이 있다. 식물의 열매 외에 식용대황 줄기, 수영, 히비스커스, 괭이밥^{oxalis}(괭이밥속에 속하는 550여 종의 식물 전체를 가리킨다-옮긴이), 가문비나무 새순 등 잎이나 줄기에서 신맛이 나고 그 부분이 식재료로 쓰이는 식물도 있다.

과일에는 대부분 구연산과 말산이 섞여 있고, 둘 다 아주 깔끔한 신맛을 낸다. 구연산이 레몬 느낌의 적당한 신맛을 낸다면 말산은 신맛이 좀 더 강하고 혀에 더 오래 머무른다.

엇갈린 이름

말산의 영어 이름(malic acid)에는 사과라는 의미가 담겨 있고(라틴어로 사과를 뜻하는 malum에서 유래했다), 구연산의 영어 이름(citric acid)은 감귤류(citrus)에서 유래했다. 그러나 사과에는 보통 구연산이 풍부하고, 감귤류에는 말산이 다량 함유되어 있다.

구연산, 말산과 함께 식물에서 얻는 세 번째 주요 산인 주석산(타르타르산)은 대부분 포도와 타마린드에 들어 있다(고고학자들은 암포라^{amphorae}로 불리는 커다란 항아리 등 고대인들이 음식을 보관하던 그릇이 발견되면, 주석산의 흔적이 있는지 확인한다. 와인을 담아두던 그릇인지 알 수 있는 훌륭한 증거이기 때문이다). 이 세 가지 신맛 분자를 나란히 놓고 보면, 주석산의 신맛은 구연산보다 강하고 말산과는 비슷하다. 주석산의 영어 이름에는 좀 별난 기원이 있다. 와인을 오랫동안 보관하면, 와인에 함유된 주석산이 분리되어 딱딱한 결정이 생긴다. 이것이 와인이 담긴 병이나 용기 바닥에 점차 쌓여서 나중에는 내벽에 새로운 층을 이룬다. 영어에서 '타르타르^{tartar}'는 때처럼 쌓이거나 축적된 물질을 가리킨다(비위가 좀 상할 수도 있지만, 치석도 영어로 tartar다). 와인 병에 쌓이는 물질은 '병 바닥에 딱딱한 비늘처럼 쌓이는 산'이라고 길게 불리다가, 어느 순간부터 그보다 우아하게 들리는 '타르타르산(주석산)'으로 불리게 되었다. 주석산이 결정화된 이 퇴적물은 산성이 약하며, 와인 양조 과정에서 발생하는 폐기물이다. 이 결정을 가루로 만든 **주석산수소칼륨**은 달걀흰자 거품을 단단하게 유지하는 등의 용도로 요리에 요긴하게 쓰인다.

음식에 신맛을 내는 주요 산은 식물에서 얻는 이 세 가지 외에 발효로 생기는 두 가지가 더 있다. 발효는 양치기와 비슷하다. 풀밭에서 양을 키우면 양들은 풀을 뜯어 먹는다. 양이 풀에서 얻은 에너지는 인간들이 좋아하는 것, 양 없이는 얻을 방법이 없는 양털이 자라는 데에도 쓰인다. 어찌 보면 양들은 풀을 먹고 양털을 생산하는 살아 있는 기계인 셈이다. 발효로 얻는 신맛도 마찬가지다. 양을 치듯 두어 가지 특별한 균에게 특정한 먹이를 공급하면, 균이 그 먹이에 든 특정 성분을 맛있는 산 분자로 바꾼다.

> **음식에 포함된 그 외 산 분자들**
>
> 우리가 음식에서 느끼는 신맛의 풍미는 대부분 말산, 구연산, 주석산에서 나오지만, 그 외에도 다양한 산이 있다. 옥살산은 식용대황 줄기, 수영, 그리고 괭이밥(옥살산 oxalic acid 의 명칭은 괭이밥을 뜻하는 영어 oxalis에서 유래했다)에 많으며, 상쾌한 풍미와 함께 약간 떫은 신맛이 특징이다. 옥살산은 가벼운 독성이 있으므로 과량 섭취하면 안 된다(식용대황의 줄기만 먹고 잎은 먹지 않는 이유도 잎에 옥살산이 많기 때문이다). 아스코르브산(비타민 C)은 감귤류를 비롯한 과일의 신맛을 강화하고, 라임에 들어 있는 호박산(석신산)은 떫고 약간 쓴맛이 난다. 커피에 함유된 퀴닉산과 클로로겐산, 카페익산은 약간의 신맛과 함께 쓴맛과 떫은맛을 낸다. 음식에 들어 있는 산 중에 식물에서 유래하지 않은(그리고 발효로 형성되는 것도 아닌) 산도 한 가지 있다. 바로 코카콜라와 일부 탄산음료에 신맛을 내는 인산이다. 이 용도로 쓰이는 인산은 인산염이 다량 함유된 광물을 가열해서 얻는다. 인산이 함유된 음료를 너무 많이 마시면 충치가 생길 수 있고, 심지어 신장 결석과도 관련이 있다.

발효에 쓰이는 균 중 하나인 젖산균은 당분을 먹고 젖산을 만든다. 젖산균이라는 이름부터가 우유를 시큼하게 만드는 특성에서 유래했고, 요구르트, 치즈, 크렘 프레슈, 그 외 각종 발효 유제품은 젖산균의 이러한 기능을 활용한 식품이다. 미생물학자들은 젖산균이라는 이름이 붙여진 이후에야 이 균이 아주 강하고 다재다능하며, 먹이에서 얻는 에너지로 신맛을 잔뜩 만들어낸다는 사실을 밝혀냈다. 젖산균은 우유에 함유된 젖당뿐만 아니라 다양한 식물과 곡류에 함유된 포도당, 과당, 엿당 등 모든 종류의 당을 에너지원으로 삼는다. 게다가 소금에 절여서 염도가 높은 김치, 사워크라우트 같은 음식이나 사워도우로 빵을 만들 때 밑반죽으로 쓰이는, 기포가 많고 쫀득한 르뱅 levain 등 다양한 환경에서도 젖산을 만들어낸다. 젖산은 입안 가득 진하고 기분 좋은 신맛이 난다. 신맛의 강도는 말산이나 주석산보다 조금 더 강한 편이다.

발효에 쓰이는 두 번째 균은 아세트산을 만들어내는 초산균이다. 이 균은 다소 괴짜 같은 면이 있고 편식이 심해서 밥 한 번 먹이려면 계속 어르고 달래야 하는 식구처럼 다루어야 한다. 초산균은 산을 만드는 모든 미생물을 통틀어 입맛이 가장 까다롭다. 오로지 와인이나 맥주 등에 함유된 알코올만 먹이로 삼고, 당은 거들떠보지도 않으며, 따뜻하고 산소가 풍부한 환경에서만 산을 만든다. 우리가 식초하면 떠올리는 아세트산(초산)이 바로 이 발효균이 만드는 산이다. 그래서인지 식초도 이 발효균 못지않게 괴짜 같은 면이 있다. 원래 산 분자는 대부분 신맛을 낼 뿐 향은 없다. 산 분자가 물과 만나면 수소 이온이 분리되고, 수소 이온은 물에 그대로 남아 있다. 즉 냄새 분자들처럼 코의 맨 꼭대기까지 올라와야 만날 수 있는 후각 수용체에 도달할 일이 없다. 그런데 아세트산은 특이하게도 맛과 냄새가 모두 있다. 식초의 시큼한 맛과 식초 특유의 톡 쏘는 냄새는 모두 아세트산의 특성이다. 아세트산 분자는 신맛을 내는 수소 이온을 제공하는 한편, 기체 형태로도 존재할 수 있어서 냄새로도 느낄 수 있다. 아세트산의 이 휘발성은 요리에 특별하게 활용된다. 다른 산은 아세트산처럼 증발하지 않으므로 애플 사이더 apple cider (사과를 압착해서 얻은 즙. 여과하지 않고 첨가물을 넣지 않은 순수한 사과즙을 가리키며, 우리나라에서 흔히 '사이다'로 불리는 탄산음료나 애플 사이더 식초$^{\text{apple cider vinegar}}$와 다르다. 애플 사이더 식초는 애플 사이더를 효모로 발효한 하드 사이더$^{\text{hard cider}}$를 다시 발효해서 알코올을 아세트산으로 만든 것이다-옮긴이)나 와인을 가열하면 물이 증발하고 산 분자는 남아서 농축되어 신맛이 강해지지만, 식초를 가열하면 아세트산 분자가 물과 함께 휘발되어 신맛이 부드러워진다.

신맛이 내는 풍미의 패턴

신맛은 가끔 단독 연주회를 열어 자신만의 뛰어난 솜씨를 마음껏 선보이는 전문 연주자와 닮은 구석이 있다. 어떤 장르의 음악이든 소화하고, 다른 연주자들과 함께 연주할 때면 직관적으로 적재적소에 끼어들어서 든든한 버팀목 역할을 하면서도 형용하기 힘든 개성이 반짝이는 연주자들이 있다. 탁월한 실력과 개성을 두루 겸비한 이런 연주자는 늘 찾는 사람들이 많고, 연주는 매번 모두의 시선을 사로잡아 계속 더 듣고 싶은 간절함을 일으킨다. 사워크라우트와 김치는 스튜처럼 푹 끓인 요리에 깊고 톡 쏘는 신맛을 더하는 훌륭한 바탕 재료이자, 구운 쇠고기나 돼지고기 같은 기름진 음식의 맛을 확 살아나게 하는 좋은 곁들임 음식이기도 하다. 요구르트도 마찬가지다. 채소에 뿌려 먹는 소스로 활용하면 신맛이 다른 맛과 대비를 이루며 전체적인 맛을 정리하고, 고기를 재우는 양념으로 쓰면 고기에 신맛이 진하게 밴다. 그렇게 다른 음식의 재료로 쓰지 않고 그냥 요구르트만 먹어도 그에 뒤지지 않는 만족감과 복잡한 풍미를 느낄 수 있다.

신맛을 더해서
맛있는 음식을 만드는 손쉬운 방법

- 앤초비 통조림을 열어 그 위에 생레몬을 짜서 즙을 뿌리고 5분간 둔다. 레몬 향이 그윽해진 앤초비를 버터 바른 빵에 곁들여 먹는다.

- 수프에 레몬즙이나 라임즙, 셰리 식초, 쌀 식초, 끓여서 졸인 와인, 석류 농축액을 한 숟가락 듬뿍 떠서 넣으면 맛이 한결 산뜻해진다.

- 초밥의 원리를 다양하게 활용한다. 갓 지은 밥, 아직 뜨거운 삶은 감자, 파스타 등에 식초나 레몬즙, 라임즙, 피클이나 사워크라우트 국물을 조금 뿌려서 먹는다.

- 굽거나 데친 음식(콜리플라워, 고구마, 달걀, 닭고기, 흰살 생선, 연어, 당근, 브로콜리 등)을 먹기 직전에 수막이나 말린 라임 분말(라임을 소금물에 절인 후 햇볕에 말려 가루로 만든 것. 이 과정에서 색이 검게 변하므로 '검은 라임'으로도 불린다. 이란, 이라크 등 중동 지역에서 향신료로 많이 쓰인다-옮긴이)을 살짝 뿌린다.

- 뿌리채소, 구운 닭고기, 깍지 콩, 쌀, 구운 양고기에 다른 재료가 첨가되지 않은(지방을 제거하지 않은) 떠먹는 요구르트를 소스처럼 한 스푼 듬뿍 끼얹어서 먹는다.

- 구운 고기와 잘 어울리는 새콤한 소스를 소개한다. 팬에 고기를 노릇하게 구운 다음, 고기만 다른 그릇에 덜고 팬에 신맛이 나는 액체를 한 컵 정도 붓는다(레드와인이나 화이트와인, 셰리주, 베르무트 등을 쓰면 된다. 오리고기에는 사워 체리 주스, 돼지고기는 애플 사이더, 돼지 삼겹살이나 목살은 파인애플즙이 특히 잘 맞다. 크렘 프레슈는 고기 종류와 상관없이 다 어울리고, 셰리 식초는 물이나 육수와 섞어 1대 1로 희석해서 사용한다). 중불로 가열하면서 팬에 눌어붙은 조각을 다 긁어서 떼어낸다. 시럽처럼 끈끈해질 때까지 졸인다. 적당한 농도가 되면 디종머스터드나 그 외 마음에 드는 머스터드를 1~2작은술 넣고 잘 섞는다. 마

지막에 생 허브를 추가해도 좋다. 완성된 소스를 구운 고기 위에 붓는다.

시금치를 익혀서 신맛이 나는 신선한 즙이나 양념을 뿌려서 먹거나, 샌드위치나 타코에는 식초에 절인 붉은 양파를 꼭 넣고, 샐러드에 꼭 뿌려서 먹는 식초도 정해져 있는 등, 아마 다들 나름의 방식으로 음식에 신맛을 잘 활용하고 있을 것이다.

신맛은 다른 맛들에 비해 맛의 범위가 넓고, 음식에 다양한 용도로 활용할 수 있다. 우리가 음식을 먹을 때 느끼는 신맛은 마지막에 뿌린 액체 재료를 통해 강하게 느껴지기도 하고(레몬즙, 식초), 살짝 뿌려진 가루에서 나기도 한다(말린 라임 분말, 수막). 음식에 잘게 썰어 넣거나 물에 우려낸 식물 잎이나 줄기에서 신맛이 나기도 하고(식용대황, 히비스커스, 수영), 찐득한 액체나 걸쭉한 질감(석류 농축액, 타마린드, 요구르트), 향긋한 과일(타르트 체리, 사과, 그린 망고, 산자나무 열매)이 신맛을 내기도 한다. 특별한 맛이 없는 단단한 채소로 만든 음식, 예를 들어 사워크라우트, 코셔 피클 kosher pickle (일반적으로 유대교 율법에 따라 처리 또는 조리된 음식에 '코셔'를 붙이지만, 코셔 피클은 종교적 의미보다는 첨가물 없는 소금을 쓰고 마늘이 들어간 피클을 일컫는다 – 옮긴이), 김치, 절인 겨자잎 등에서 신맛을 느끼기도 한다.

이렇듯 신맛의 범위가 너무 넓어서 음식에 어떻게 활용할지 엄두가 나지 않는다면, 신맛이 나는 재료로 음식을 마무리하는 것부터 시작하자. 또는 요리하다가 맛을 보고, 신맛이 나는 다양한 재료로 신맛을 알맞게 조절하는 것부터 시작하는 것도 좋은 방법이다. 신맛이 알맞으면 전체적인 음식의 맛이 더욱 산뜻해지고, 균형이 잡히고, 더 섬세해진다. 신맛은 어떤 상황에서든 맛의 균형을 맞추는 해결사 능력을 발휘한다. 단 음식에 들어간 신맛은 단맛이 질릴만큼 강해지지 않게 눌러주고, 짭조름한 음식에 들어간 신맛은 짠맛이 피로감을 줄 만큼 과도하지 않게 만든다. 쌉싸래한 음식에 신맛이 들어가면 쓴맛이 몸서리쳐질 만큼 강하지 않으면서 매력적이고 섬세하게 느껴진다. 신맛은 또한 진하고 묵직한 느낌을 남기는 기름기 많은 음식의 풍미를 가볍게 만들고, 침이 고이게 해서 입안을 깨끗이 정리한다.

신맛을 좀 더 편하게 활용할 수 있게 되면, 신맛이 가진 이 모든 이점을 누릴 수 있다. 처음에는 익숙한 레몬즙과 식초만으로 안전하게 신맛을 내도 된다. 일단 그렇게 시작한 다음에 차차 다양한 방식으로 신맛을 내면서 계속 맛을 보고, 익숙해질 시간을 갖고, 자신에게 잘 맞는 방법을 찾아가면 된다. 항상 쓰는 신맛 재료에 두어 가지만 추가하거나, 신맛을 낼 수 있는 재료를 이것저것 전부 한 번씩 써 보면서 탐색해도 된다. 어떤 방식으로든 신맛을 더 폭넓게 활용하면 음식에 흥미롭고 다채로운 특색을 가장 간단하게 불어 넣을 수 있다.

날카로운 신맛: 식초

앞서도 설명했듯이 식초의 신맛과 자극적이고 강렬한 향은 모두 발효로 생기는 아세트산에서 나온다. 식초는 알코올이 들어 있는 무수한 재료를 발효해서 만들 수 있으므로, 무엇을 발효하느냐에 따라 식초의 풍미도 엄청나게 다양하다. 그러나 모든 식초에는 공통적으로 식초 특유의 톡 쏘는 향과 맛이 있다(아세트산은 음식에 들어 있는 산 중에서 우리가 냄새로도 느낄 수 있는 유일한 산이므로, 우리가 식초 냄새라고 일컫는 것은 곧 아세트산의 냄새다. 이 냄새가 나지 않는 식초는 없다). 향까지 합쳐진 식초의 풍미는 다른 맛들과 더욱 뚜렷한 대비를 이루며, 입맛을 깔끔하게 정리하는 신맛의 기능을 더욱 강화한다.

식초의 산성도는 쌀 식초의 경우 2~4%, 와인 식초는 6% 이상이다. 아세트산의 존재감이 워낙 강해서 산성도가 비슷한 과일이나 피클보다 식초의 산도가 훨씬 강하게 느껴지는 경향이 있다.

프랑스와 이탈리아 요리에는 전통적으로 레드와인이나 화이트와인으로 만드는 와인 식초가 많이 쓰인다. 둘 다 와인의 풍미가 살짝 느껴지고 신맛이 강하며, 식초의 자극적인 향도 또렷하다. 풍미는 레드와인 식초가 조금 더 강한 편이다. 정통 비네그레트에는 이 레드와인 식초가 들어간다. 화이트와인 식초는 신맛이 약간 더 부드럽고 풍미가 더 섬세하며, 베아르네즈 béarnaise 소스(녹인 버터와 달걀노른자, 화이트와인 식초, 레몬즙에 잘게 다진 허브를 넣고 만드는 소스. 고기나 생선 요리에 곁들인다 - 옮긴이)와 뵈르블랑 소스에 잘 어울린다.

🍴 뵈르블랑 Beurre Blanc 소스
| 넉넉히 한 컵 분량 |

뵈르블랑은 화이트와인과 화이트와인 식초로 만드는 진하고 시큼한 버터 소스다. 생선이나 가리비, 닭고기 요리와 잘 어울리고 흙 내음이 진한 버섯이나 방울양배추, 양배추를 살짝 데치거나 바싹 구워서 곁들여도 맛있다. 소스에 들어가는 샬롯 shallot (작은 양파처럼 생긴 부추속 뿌리채소 - 옮긴이)을 마지막에 제거하는 요리사들도 많지만, 나는 샬롯의 식감을 좋아해서 그냥 둔다. 완성된 소스에 골파 chive (쪽파, 부추와 비슷하게 잎이 가는 허브 - 옮긴이), 파슬리, 딜, 타라곤 등 생 허브를 잘게 다져서 1큰술 넣거나 타임 잎, 잘게 간 오렌지 껍질, 훈제 파프리카 분말을 1작은술 첨가하면 풍미가 더욱 살아난다. 버터는 반드시 차가운 상태로 넣어야 한다. 버터를 넣고 너무 오래 끓이면 유화된 상태를 넘어서 성분이 다 분해되어 기름진 액체가 되므로 주의해야 한다.

중간 크기 소스 팬에 **무염 버터 1큰술(15g)**을 넣고 약불~중불로 가열한다. **잘게 다진 샬롯 1큰술(15㎖, 반 개 정도)**을 넣고 익히다가 색이 투명해지고 연하게 익으면 **단맛이 적은 화이트와인 2큰술(30㎖), 화이트와인 식초 2큰술(30㎖)**을 넣고 시럽처럼 끈끈해질 때까지 졸인다. 불을 끄고, 아주 뜨겁지 않을 정도로만 식힌다(아기 목욕물과 비슷한 온도로 맞춘다. 너무 뜨겁지 않을 정도면 된다). 식히는 동안 **무염 버터 225g**을 작게 깍둑썰기 한다. 팬에 익힌 소스가 어느 정도 식으면, 버터를 조금씩 넣으면서 잘 저어준다. 처음에 넣은 버터 조각들은 금방 다 녹고, 뒤에 넣는 버터 조각은 천천히 녹으면서 소스의 농도가 점점 짙어진다. 적당한 농도로 맞추고, 요리에 끼얹기 전까지 계속 저어준다. **소금과 후추**로 간을 맞춘다. 소스가 많이 식었다면 아주 약한 불에 몇 초만 데워서 바로 음식에 끼얹는다.

✔ 변형 아이디어
뵈르블랑을 일반적으로 쓰이는 재료와 방법대로 일단 만들어보고, 이 소스의 풍미에 어떤 특성이 있는지 충분히 이해한 다음에는 신맛에 다양한 변화를 시도할 수 있다. 예를 들어 와인과 와인 식초를 아예 빼고 와인과는 거리가 먼 재료로 신맛을 내는 과감한 시도도 좋다. 또는 좀 더 안전하게, 와인과 와인 식초 중 한 가지를 1큰술 정도만 신맛의 풍미를 더 자세히 알고 싶은 다른 재료로 대체하는 것도 좋은 방법이다.

✔ 몇 가지 실험 아이디어
연한 생선과 조개가 들어가는 요리에는 뵈르블랑을 만들 때 와인 식초나 쌀 식초 대신 산도가 높고 톡 쏘는 맛이 있는 사케를 넣어도 굉장히 잘 어울린다. 또는 단맛이 적은 셰리와 셰리 식초로 대체하면 톡 쏘는 신맛과 함께 고소한 풍미를 조금 더할 수 있다.

뵈르블랑에 넣는 화이트와인 식초의 전체나 일부를 신맛이 강한 다른 재료로 바꿔보자. 예를 들어 레몬즙이나 라임즙으로 대체하고 마무리로 각각 레몬이나 라임 껍질을 잘게 갈아서 소량 첨가하거나, 석류 농축액으로 대체한다.

뵈르블랑에 화이트와인 식초 대신 신맛이 더 부드러운 재료를 넣어보자. 돼지고기나 소시지, 채소 요리에 이 소스를 곁들이는 경우 김칫국물이나 사워크라우트의 액체, 우메슈(일본 매실주)도 잘 맞는다. 랑비크 lambic 맥주처럼 홉의 향이 강하지 않은 시큼한 맥주로 대체해도 된다.

뵈르블랑을 만들 때 시럽처럼 졸이는 단계와 마무리 단계에

와인 식초: 부드러운 과일 향

세리 식초: 고소한 향, 세리의 향, 사과 향, 포도즙 향

발사믹 식초: 달콤한 향, 송진 냄새, 건과일과 캐러멜 향

쌀 식초: 연한 맥아 향 또는 진한 캐러멜 향

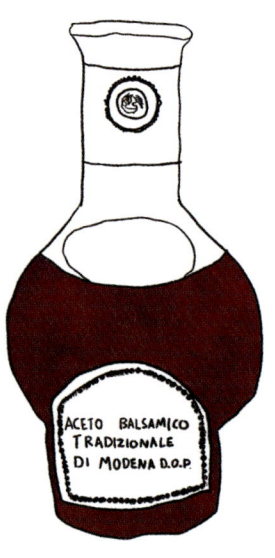

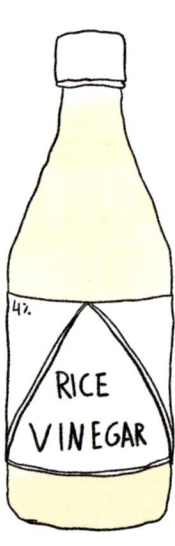

각각 맛을 보고, 그대로 완성할지 신맛을 조절해야 하는지 확인하자. 맛이 너무 밋밋하거나 균형이 안 맞다고 느껴지면, 마지막에 화이트와인 식초를 조금 더 넣는다.

알코올이 포함된 모든 음료는 공기에 장시간 노출되면 자연히 식초가 된다. 전 세계 모든 지역의 정통 식초가 주로 그 지역에서 나는 술로 만들어지는 이유다. 예를 들어 영국은 와인이 거의 생산되지 않고 사람들이 가장 즐겨 마시는 술은 맥주이므로, 영국의 정통 식초도 맥아 식초다. 생선과 감자를 튀긴 영국의 대표적인 음식 피시앤칩스는 맥아 식초를 전체적으로 뿌려서 특유의 톡 쏘는 향이 나야 제대로라고 여겨진다. 맥아 식초는 대체로 풍미가 복잡하지 않고 단순하다. 캐러멜화가 일어날 때 생기는 풍미도 살짝 느껴지며, 절인 양파와 비슷한 퀴퀴한 냄새도 나서 영국 하면 떠오르는 케케묵은 분위기와 잘 어울린다. 나는 맥아 식초를 와인 식초가 들어가는 요리에 대신 쓰기도 한다. 겨자가 들어가는 드레싱, 모든 튀김 요리에는 확실히 맥아 식초가 아주 잘 어울린다.

셰리는 엄밀히 따지면 와인이므로, 셰리 식초도 와인 식초의 하나다(셰리는 화이트와인을 만드는 포도로 똑같이 와인을 양조하다가, 발효가 끝난 후 브랜디를 첨가하고 오크 통에 담아 숙성하는 주정 강화 와인이다 - 옮긴이). 셰리는 견과류의 향이 나기도 하고, 달콤한 맛이 나기도 하고, 풋사과의 풍미도 느껴지는 등 풍미가 복합적이므로 셰리 식초의 풍미도 복합적이다. 가장 기본적이고 저렴한 셰리 식초는 이러한 복합성이 약하지만, 일정한 양만 생산되는 고급 제품에서는 셰리의 복잡한 풍미가 더 제대로 느껴진다. 가스파초gazpacho(스페인, 포르투갈에서 여름에 즐겨 먹는 차가운 수프 - 옮긴이)에는 정통적으로 셰리 식초를 넣어 산뜻한 맛을 낸다. 잘 익은 토마토가 들어가는 요리는 대부분 셰리 식초의 과일, 견과류, 캐러멜의 향과 잘 어울린다. 비네그레트나 육류 요리에 곁들이는 다양한 소스의 재료로도 제격이다(닭고기를 구운 팬에 셰리 식초를 조금 붓고 눌어붙은 재료를 불려서 소스를 만들어보라!)

발사믹 식초의 가장 중요한 특징은 복합적인 풍미다. 먼저 분명히 해둘 점은, 내가 말하는 발사믹 식초에 캐러멜색소가 첨가된 시중의 저렴한 제품은 포함되지 않는다는 것이다. 이탈리아에서 정통 방식으로 생산되는 발사믹 식초는 진하고 농도가 시럽과 비슷하며 아주 어둡고 짙은 갈색이다. 이러한 발사믹 식초에는 라벨에 'D.O.P.'라는 표시가 붙어 있다. 이는 '원산지 명칭 보호Denominazione di Origine Protetta'를 뜻하는 이탈리아어의 머리글자다. 영어권 사람들이 TBV라는 경박한 줄임말로도 부르는('정통 발사믹 식초Traditional Balsamic Vinegar'의 줄임말이다 - 옮긴이) 이런 정통 발사믹 식초에는 오랜 시간에 걸쳐 형성되고 축적된 풍미가 있다. 나는 이탈리아 모데나의 발사믹 식초 공장을 방문한 적이 있다. 시설의 풍경은 공장이라기보다 식초를 장기간 보관할 전용 공간이 딸린 대저택 같았다. 발사믹 식초를 만들 포도는 지하에 마련된 공간으로 옮겨 전부 으깨서 포도즙과 으깨진 껍질, 과육, 씨가 모두 섞인 머스트must를 만든다. 이 머스트를 졸여서 묽은 시럽과 비슷한 농도로 만든 다음, 1년 정도 효모로 발효하고 온도가 더 높은 건물 상층부로 옮겨서 숙성한다. 숙성에는 바테리아batteria라고 하는 나무통이 활용된다. 마트료시카 인형처럼 크기가 가장 큰 것부터 작은 것까지 여러 개가 한 세트로 제작되는 이 나무통에 담는데, 처음에는 가장 큰 통에 담고 해마다 한 단계 더 작은 통으로 조심스럽게 옮겨 붓는다. 내용물이 비워진 통에는 새로 만들어진 식초가 담기는 식으로 이어지므로, 숙성 중인 나무통이 전체 세트에서 몇 번째로 큰 통인지 알면 그 안에 담긴 식초가 몇 년째 숙성 중인지 알 수 있다. 즉 가장 큰 통에 담긴 식초는 가장 최근에 만들어진 것이고, 크기가 큰 것부터 다섯 번째 통에 담긴 것은 5년 숙성된 식초. 가장 작은 통(가장 간소한 세트에서는 12번째, 가장 큰 세트에서는 20번째)에는 가장 오래된 식초가 담겨 있다. 더 옮겨 담을 통이 남지 않으면, 숙성을 마치고 최종적으로 판매할 병에 담는다. 이 모든 번거로운 과정을 거쳐 탄생한 발사믹 식초는 달콤하면서도 아주 가볍게 톡 쏘는 향과 함께 진한 송진 냄새, 캐러멜, 무화과, 당밀의 향이 가득하다. 가히 이코르^{ichor} (인간의 혈액과 달리 신들의 혈관에만 흐른다고 여겨지는 신성한 액체 – 옮긴이)라고 해도 될 법한 이 식초는 성인의 피를 담는 성스러운 병처럼 생긴 자그마한 유리병에 밀봉되어 작게는 수십 유로, 많게는 수백 유로에 판매된다. 먹어보면 그만한 값어치를 톡톡히 한다는 것을 알게 된다.

시도해보기

- 혹시 제대로 만든 정통 발사믹 식초가 있다면, 식전 요리로 부라타 치즈나 얇게 썬 모차렐라 치즈에 넉넉하게 뿌려서 먹어보라. 또는 후식으로 정말 맛있는 딸기에 뿌려서 먹어보기를 권한다. 딱 몇 방울이면 기가 막힌 맛을 느낄 수 있을 것이다.

- 신맛도 짠맛처럼 요리 마지막에 넣는 재료로 맛이 확실하게 드러나는 경우가 많다. 먹기 직전에 생레몬즙을 짜서 넣거나, 먹는 사람이 직접 바로 짜서 넣을 수 있도록 라임 한 조각을 음식과 함께 내면 신맛의 신선한 풍미를 최대한 즐길 수 있다. 동시에, 신맛도 요리 초반부터 신경 써야 음식이 맛있어진다고 이야기하는 사람들이 많다. 이것도 소금물을 이용한 습식 염장이나 건식 염장의 원리와 크게 다르지 않다.

- 식초에 절여서 신맛이 강한 다양한 식재료를 샌드위치, 타코, 샐러드 등에 곁들이면, 그것 하나만으로도 다른 맛과 대비를 이루면서 전체적인 풍미의 균형이 잡힌다. 재료를 식초에 절이면(피클) 그 재료를 생으로 먹을 때 느낄 수 있는 신선한 풍미가 상당 부분 보존된다. 식감은 더 부드럽고 연해지지만, 익힌 것처럼 흐물흐물해지지는 않는다.

- 가장 기본적인 피클 만드는 방법을 소개한다. 각자 상황에 맞게 조정하기도 쉬운 방법이다. 먼저 식초 한 컵(무색투명한 백식초를 쓰면 가장 무난한 맛을 낼 수 있고, 쌀 식초를 쓰면 부드러운 신맛이 난다. 셰리 식초를 쓰면 강한 향과 함께 약간의 단맛이 더해진다)을 가열한다. 식초가 끓기 직전에 불을 끈다. 붉은 양파를 잘게 썰어 한 컵 정도 그릇에 담고, 그 위에 뜨거운 식초를 붓는다. 뚜껑이나 접시로 덮고 1~3시간 절인다. 양파보다 두껍거나 단단한 재료로 피클을 만들 때는 절이는 시간을 늘린다. 오이와 회향, 할라피뇨 고추를 0.5cm 두께로 썰고, 당근은 길쭉하게 썰거나 두께 1cm 정도로 둥글게 썬 다음, 작은 버섯, 양배추의 두꺼운 겉잎, 겨자씨도 모두 함께 넣고 뜨거운 식초를 부어서 만들면 더욱 맛있다.

쌀 식초는 미국에서 가장 쉽게 구할 수 있는 종류를 기준으로 하면 다른 식초보다 산도가 낮은 편이다 (식초의 산도는 대부분 6%이고, 쌀 식초는 2~4%다). 쌀 식초는 쓰임새가 매우 다양한데, 그 이유는 신맛이 부드럽고 톡 쏘는 시큼함과 함께 맥아와 아주 흡사한 특징이 느껴지기 때문인 듯하다. 나는 쌀 식초와 레몬을 50대 50의 비율로 섞어서 익힌 채소나 생 오이를 양념하거나 샐러드드레싱으로 활용한다. 쌀 식초는 풍미가 단순해서 거의 모든 채소 피클에 쓸 수 있다. 스즈케^{suzuke}라는 일본식 채소 절임도 쌀 식초로 만든다. 동아시아의 여러 지역에서는 신맛이 부드럽고 누르스름한 빛이 도는 투명한 쌀 식초와 더불어 지역마다 고유한 방식으로 만드는 흑식초도 있다. 흑식초의 특별한 색과 복합적인 풍미는 시간과 인내의 산물이다. 대표적인 예가 구운 빵의 풍미가 느껴지는 쿠로즈^{kurosu, 黑酢}라는 흑초다. 일본 가고시마현에서 생산되는 이 흑초는 바깥에 두는 항아리에서 쌀을 장기간 발효하여 만든다. 중국에는 친키앙^{Chinkiang}, 또는 진장^{Zhenjiang} 식초라 불리는 흑초가 있다(진장 향초^{鎭江香醋}로 많이 불린다 – 옮긴이). 알코올 발효한 쌀과 밀기울, 쌀겨를 벽돌처럼 빚은 페이^{pei}를 수개월간 천천히 발효시키면 식초가 흘러나오는데, 이것이 진장 식초다. 중국 산시성에서 생산되는 숙성 식초(산시 라오천추^{老陈醋}로 잘 알려져 있다 – 옮긴이)도 대표적인 흑식초로, 만드는 방법은 진장 식초와 비슷하나 재료로 수수, 보리, 콩이 들어간다. 맛이 깊고 맥아, 캐러멜 향과 함께 훈제 향이 살짝 나서 국수 양념으로 잘 어울린다.

🍴 흑마늘과 흑식초 마요네즈

| 한 컵 분량 |

이 소스는 구운 음식의 향, 맥아의 향, 달콤함, 퀴퀴한 냄새, 부드러운 풍미를 모두 한 번에 느낄 수 있다. 특히 꽈리고추나 스페인 파드론^{Padrón} 지역에서 나는 고추, 피망을 구워서 찍어 먹어도 맛있고 삶거나 구운 감자에 곁들이는 소스로도 안성맞춤이다. 잘게 다진 흰 양파를 이 소스와 조금 섞어서 참치 샐러드를 만들 때 일반 마요네즈 대신 넣어도 좋고, 으깬 달걀을 버무리는 소스로도 활용할 수 있다(완숙 달걀에 섞으면 된다).

이 레시피에 들어가는 흑초는 진장 흑초를 쓰면 된다. 주로 쿤춘^{Koon Chun} 브랜드 제품이 많고, 좀 더 고급스러운 수오스^{Soeos}, 유호^{Yuho} 브랜드 제품도 있다. 산시 흑초나 일본의 쿠로즈로 대체해도 되지만, 둘 다 진장 흑초보다 맛이 강한 편이므로 그 점을 고려해서 써야 한다. 흑식초 대신 일반 쌀 식초를 물과 1대 1로 섞어 희석한 다음, 희석한 식초 1큰술당 흑설탕이나 당밀을 1/4작은술 정도 섞어서 사용해도 된다.

생마늘을 까맣게 될 때까지 고온에서 숙성해 만드는 흑마늘은 단맛과 함께 약간 퀴퀴한 냄새가 나며 그대로 먹으면 질기거나 퍼석퍼석하다. 생마늘로 직접 흑마늘을 만들어서 분쇄해도 되지만, 분말 제품을 사서 쓰는 게 편리하다. 나는 칼루스티안스^{Kalustyan's} 제품을 주로 사용한다. 흑마늘 없이 이 마요네즈를 만들면 흑식초의 향만 남아서 톡 쏘는 향이 강하고 풍미도 덜 풍성해진다(그래도 맛은 좋다).

중간 크기의 볼에 **큼직한 달걀 한 개의 노른자**만 분리해서 넣고 휘젓는다. **디종머스터드 1작은술(5g), 소금 한 꼬집, 흑식초 1큰술(15ml), 흑마늘 분말 1/2작은술(2g)**을 넣고 재료가 모두 잘 섞이도록 저어준다. **포도씨유나 그 외 특별한 향이 나지 않는 식물성 유지를 3/4컵 정도(약 180ml)** 준비하고, 처음에는 한 방울씩 넣다가 천천히 가늘게 흘려 넣으면서 전체적으로 뻑뻑한 농도가 되도록 계속 저어준다. 전기 핸드블렌더를 사용하면 섞는 시간을 줄일 수 있다. 완성된 마요네즈는 뚜껑을 꼭 닫아서 냉장고에 보관한다. 이틀 내로 모두 사용한다.

소위 미식가를 자처하는 사람 중에 투명한 백식초(증류 식초)는 청소할 때나 쓰는 거라고 말하는 이들이 있는데, 백식초의 활용도가 얼마나 다채로운지를 제대로 모른 채 부리는 허세일 뿐이다. 백식초의 기본적인 장점은 여백의 미다. 음식에 백식초를 쓰면 다른 풍미 없이 신맛과 식초 특유의 자극적인 향만 더할 수 있다. 오이나 수박 껍질, 복숭아를 식초에 절일 때나, 마요네즈와 흑후추가 들어간 앨라배마 화이트 바비큐 소스를 만들 때 백식초를 넣으면 다른 재료의 맛이 달라지거나 줄어들지 않도록 살릴 수 있다.

산뜻한 신맛: 감귤류 과일

레몬은 간편하게 신맛을 낼 수 있는 가장 기본적인 재료로 여겨진다. 하지만 이런 인식은 신맛을 내는 다른 훌륭한 재료들이 외면 받게 만드는 원인이자 레몬의 진면목이 제대로 알려지지 않는 원인이 되기도 한다. 레몬은 기본적이라고 하기에는 아주 강력하고 복합적인 향이 있다. 산도는 꽤 높은 편이며(5~8%), 설탕이 조금만 섞여도 신맛에 동반되는 풍미가 확 줄어든다. 레몬의 향은 과육보다 껍질에서 더 많이 나지만, 휘발되지 않고 남아서 레몬 특유의 풍미를 내는 냄새 분자는 모두 과즙에 들어 있다. 감귤류 과일의 공통적인 향을 기본 골격으로 그 위에 레몬 껍질과 레몬그라스의 진하고 자극적인 향이 얹혀 레몬의 전체적인 풍미를 이룬다. 오렌지의 달콤한 향, 꽃향기도 약간 섞여 있다. 레몬이 음식의 양념으로 널리 활용되는 바탕에는 이런 다채로운 향이 큰 영향을 주었으리라 생각한다. 소스나 음식을 가열하면서 레몬즙을 넣으면 향이 다 휘발되고 신맛만 남아서 밋밋한 풍미만 남는데, 그럴 때 레몬의 풍성한 향이 얼마나 중요한지가 여실히 드러난다. 잎채소에 생레몬을 바로 짜서 뿌리거나, 구운 닭고기에 끼얹을 소스를 다 완성한 다음에 레몬즙을 추가하거나, 비네그레트에 바로 짠 레몬즙을 넣으면 과일 향이 담긴 산뜻한 신맛이 요리를 빛낸다. 유럽에서 즐겨 쓰는 허브(파슬리, 타임, 로즈메리)나 가벼운 육류 요리, 쓴맛이 나는 잎채소도 레몬이 곁들여지면 풍미가 향상된다. 반대로 개성이 강한 요리, 풍미가 깊고 복잡한 요리에 레몬을 넣으면 상대적으로 섬세한 레몬의 풍미가 덮이고 달콤한 향만 과하게 남거나 밋밋하게 느껴질 수 있다. 그런 요리에는 라임을 쓰는 게 좋다.

라임은 레몬보다 단단하며, 산뜻한 솔향과 허브의 향, 풋내와 송진 냄새가 진토닉, 과카몰리, 살사[sa-lsa](토마토, 각종 과일, 콩, 고추를 섞어서 만드는 멕시코 음식의 대표적인 소스 - 옮긴이) 등에서 독보적인 존재감을 드러낸다. 퀴퀴한 향이 강한 동남아시아 지역의 다양한 국물 요리, 국수, 육류 요리에서도 고유한 향을 잃지 않는다. 라임의 산성도는 레몬과 비슷하거나 약간 더 높다(6~9%). 그래서 신맛만 본다면 레몬과 라임은 서로를 대체할 수 있다(단, 레몬과 라임은 향이 달라서 음식에 넣었을 때 생기는 풍미도 다르므로, 대체할 때 이 점을 유념해야 한다). 라임의 풍미는 세부 종류에 따라서도 차이가 있다. 미국의 슈퍼마켓에서 흔히 볼 수 있는 '일반적인' 라임은 훨씬 오래전부터 쓰이던 키 라임[Key lime]에서 갈라져 나온 페르시아 라임이다. 키 라임은 크기가 훨씬 작고 신맛이 확연히 더 강하다. 구할 수 있다면 키 라임을 선택하는 게 좋다. 칵테일의 역사를 연구해온 일부 학자들은 라임이 들어가는 정통 칵테일의 상당수가 페르시아 라임이 아닌 키 라임의 즙을 사용한다고 주장해왔다. 다이키리나 마가리타에 키 라임을 쓰면 맛이 확실히 더 좋다.

음식에 신맛을 내는 다양한 재료를 이것저것 써보다가 감귤류를 좀 더 깊이 파헤치게 된다면, 아주 흥미진진하고, 강렬하고, 정신을 쏙 빼놓을 만큼 놀라운 풍미를 발견하게 된다. 특히 감귤류 중에서도 향이 아주 진한 종류들은 레몬이나 라임만큼 신맛이 강하지 않지만, 다른 어디에서도 얻을 수 없는 풍미가 있다. 그중 하나가 메이어 레몬이다. 이름과 달리 레몬이 아니라 고대부터 전해져 내려오는 두 감귤류의 교배종인데, 왜 레몬으로 불리는지는 풍미에서 확인할 수 있다. 기본적으로는 레몬의 풍미가 나며, 동시에 허브와 나무의 향, 꽃잎의 향을 포함한 강한 꽃 향이 난다. 산도는 오렌지와 레몬의 중간 정도다.

자몽은 다른 감귤류보다 신맛이 적고(산도가 1~2.5%다) 단맛은 더 강하며 특유의 쓴맛이 있어 풍미가 더욱 복잡하게 느껴진다. 자몽의 고유한 풍미는 자극적이라고 느껴질 만큼 침투성이 강한 향, 매우 신선한 향, 가장 먼저 느껴지는 껍질의 향, 전체적인 풍미를 받치는 달콤한 사탕과 허브의 복합적인 향까지 여러 특성이 있다. 자몽은 신맛이 약한 편이므로 레몬 대신 넣을 때는 양을 늘리거나 신맛이 나는 다른 재료와 함께 써야 한다.

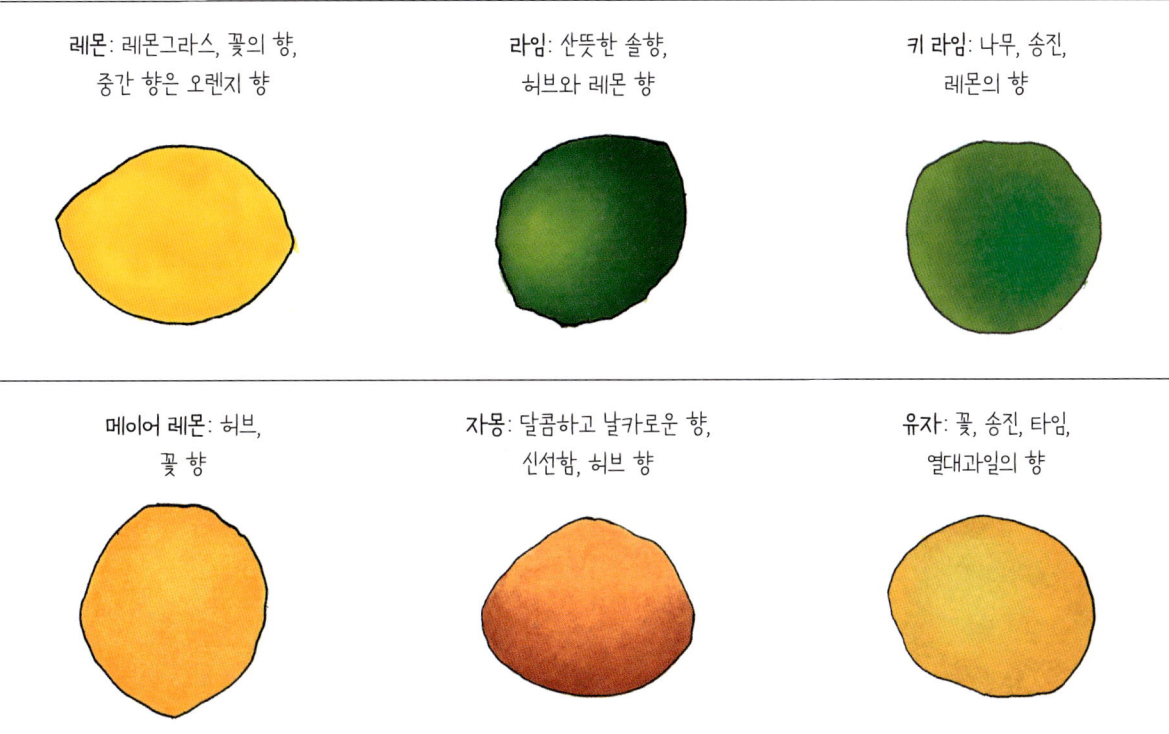

🍴 자몽 냉 메밀

| 코스 요리의 전채요리, 또는 곁들임 요리로 2~4인분 분량 |

나는 차갑게 먹는 면 요리는 새콤해야 맛있다고 생각한다. 지금 소개하는 냉 메밀도 그렇다. 보통 새콤한 냉국수는 차가운 육수에 쌀 식초를 섞어서 맛을 내지만, 이 레시피는 씁쓸한 맛과 신맛, 단맛이 모두 있고 향도 좋은 자몽과 메밀국수의 흙냄새가 맛있게 대조를 이룬다.

큼직한 냄비에 **물과 소금**을 넣고 끓인다. 팔팔 끓으면 **건조 메밀국수 170g**을 넣고 4~5분간 끓여 면을 완전히 익힌다(국수 제품마다 끓이는 시간이 다를 수 있으므로 포장에 적힌 시간을 확인하라). 다 익은 면은 체로 물기를 빼고, 얼음을 넣어서 빨리 식힌다.

과육이 붉은 것, 또는 오로블랑코 oroblanco(스위티로도 불리는 자몽과 포멜로의 교배종. 껍질은 초록빛이고 과육은 노르스름하다 – 옮긴이) 같은 **중간 크기 자몽** 한 개를 반으로 자른다. 절반은 속껍질을 전부 제거하거나(반쪽 중 한쪽 끝을 잘라내고, 자른 면이 바닥으로 가도록 세운 다음 칼로 바깥 껍질과 중과피를 잘라낸다. 이어 과육 사이사이의 막을 떼어내고 알맹이만 남긴다), 바깥 껍질만 벗긴 후 알맹이를 각각 분리해서 따로 모아둔다. 나머지 절반은 짜서 즙을 낸다.

자몽즙 4큰술(60ml)에 풀 향이 진하게 나는 **엑스트라 버진 올리브유 5큰술(75ml)**을 넣고 **흑후추를 세 번 갈아서** 넣는다. **천일염도 한 꼬집** 넣고 전부 휘저어서 섞는다.

손질한 자몽 과육에 즙으로 만든 소스를 일부 넣고 버무려서 한쪽에 둔다. 얼음에 식힌 메밀국수에 남은 자몽즙 소스를 조금씩 넣어가면서 버무린다. 소스가 바닥에 조금 고이는 정도는 괜찮지만, 면에서 액체가 뚝뚝 떨어지지 않아야 한다. 소스에 버무려둔 자몽 과육을 면 위에 모두 붓고 전체를 가볍게 섞는다. **잘게 다진 골파 2큰술(30ml)**을 고명으로 얹고 흑후추를 조금 더 갈아서 뿌린다. 바로 먹는다.

감귤류는 종류가 굉장히 다양한데, 하나 같이 맛있고 새콤하며 향도 강하다. 내가 특히 강력하게 추천하는 감귤류는 칼라만시와 유자다. 칼라만시는 필리핀에서 많이 쓰이는 라임의 한 종류로, 아주 달콤한 향과 함께 꽃내음과 시트로넬라citronella(레몬그라스에 속하는 다년생 방향 식물. 식용은 아니며 방향유로 쓰인다 – 옮긴이)의 향이 난다. 즙은 새콤하다. 내가 정말 좋아하는 감귤류인 유자는 레몬보다 즙이 약간 적은 편이며 신맛은 레몬과 거의 비슷하다. 유자의 향과 신맛은 감귤류의 일반적인 느낌과 함께 레몬의 느낌이 나고, 그 밖에도 몇 가지 다른 풍미가 다채롭게 느껴진다. 칼라만시와 유자는 꽃과 과일의 향이 굉장히 강한 동시에 송진 냄새가 살짝 섞인 타임, 고수, 열대과일의 향도 나서 중독성이 있다. 둘 다 음식의 신맛을 대폭 넓히는 재료이며, 각종 드레싱과 소스, 음료 재료로 손색이 없고, 요리를 마무리할 때 신선한 즙을 휙 두르면 음식이 살아난다.

진한 과일의 풍미가 담긴 신맛: 시큼한 과일(그리고 꽃들!)

우리가 요리할 때 신맛을 내려고 쓰는 재료는 모두 신맛 외에도 다른 여러 풍미가 있다(젖산 분말 같은 재료로 신맛을 내는 게 아니라면 말이다). '신맛과 과일의 풍미'를 모두 내고 싶을 때는 감귤류 과일로 다채로운 풍미를 얻을 수 있지만, 다른 방법도 있다.

신맛에 있어서는 감귤류를 능가하는 과일이 거의 없다. 신맛이 나더라도 '진짜 시다'는 느낌보다 '꽤 시큼하네'라고 느끼는 정도에 그친다. 이런 차이는 요리에 좋은 기회가 될 수 있다. 즉 그런 과일을 많이 쓰면, 감귤류가 아닌 재료의 풍미를 더욱 다양하게 얻을 수 있다.

신맛이 나는 과일은 저장성을 높이고 신맛을 좀 더 강화하기 위해 가열해서 졸이거나, 반건조하거나,

석류 농축액: 진한 과일 향, 단맛

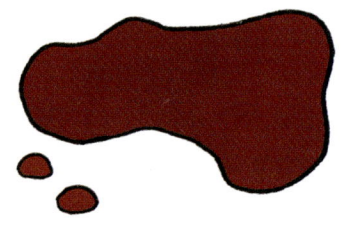

수막: 깔끔한 신맛, 말린 과일의 풍미

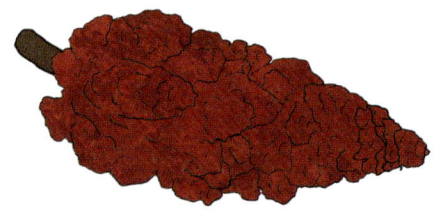

말린 라임: 송진, 말린 과일, 사향의 향

타마린드: 고소함, 매콤함, 감귤류 향, 말린 과일의 풍미

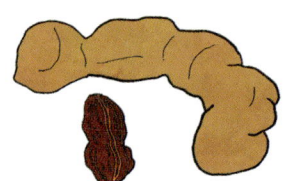

히비스커스: 달콤한 붉은 과일의 향, 자두, 체리 향

완전히 말려서 분말로 만드는 경우가 많다. 이런 과정을 거치면 생과일의 향을 맡을 때 맨 처음 느껴지는 강렬한 향은 줄어드는 대신 진하고 깊은 풍미가 생긴다. 베리류의 향, 말린 과일의 향부터 묵직한 풍미, 캐러멜의 느낌까지 다양하다. 예를 들어 시럽과 비슷한 농도로 졸여 진한 과일의 풍미가 나는 석류 농축액은 음식에 신맛을 낼 수 있는 최고의 양념이다. 석류 농축액은 석류즙을 오래 졸여서 수분을 제거한 것으로, 산성도가 석류즙의 4배 이상이다. 점성이 높아서 음식에 뿌려도 농도가 묽은 소스처럼 흘러내리지 않고 뿌린 자리에 그대로 있다. 이처럼 과일즙을 졸여서 신맛을 내는 양념으로 쓰이는 다른 예로는 포도를 시럽처럼 농축한 이탈리아의 사바^{saba}와 빈코토^{vincotto}, 포도나 오디를 졸여서 만드는 터키의 페크메즈^{pekmez}, 사과즙을 졸여서 만드는 미국의 끓인 사이더(사과 농축액) 등이 있다. 모두 기본적으로 원재료의 풍미가 바탕에 깔려 있으며, 농도가 서로 비슷하게 짙어서 음식에 다양하게 활용할 수 있다.

시도해보기

- 요리를 마무리하면서 석류 농축액을 몇 방울 떨어뜨리거나 뿌리면 식초나 레몬즙을 쓸 때와 비슷한 신맛을 더할 수 있다. 차이가 있다면, 석류 농축액이 내는 신맛은 다소 천천히, 덜 날카롭게 느껴지며 입안 가득 진하고 풍부한 풍미를 선사한다는 것이다. 나는 단맛과 노릇하게 구운 음식 특유의 풍미가 주를 이루는 볶음 요리나 구이, 직화 요리에 석류 농축액으로 확연히 대조되는 풍미를 추가한다.
- 구운 옥수수에 석류 농축액을 1큰술 골고루 뿌리고, 잘게 다진 박하잎을 몇 숟가락 끼얹어서 먹어보라. 신맛을 더 확실하게 내려면 석류 농축액을 더 넣으면 된다.
- 요구르트, 직화로 굽거나 오븐에 구운 닭고기와 양고기에도 조금 떨어뜨려서 먹으면 잘 어울리고, 수프나 음료(아이스티, 레모네이드)에 한 숟가락 듬뿍 넣으면 감귤류와는 다른 신맛을 느낄 수 있다.

관목의 열매인 수막은 멀리서 보면 겉에 솜털이 난 둥글고 빨간 꽃송이 수십 개가 한 덩어리를 이룬 것처럼 보인다. 하지만 자세히 보면 포도나 체리처럼 작은 핵과가 주렁주렁 모여 있다. 핵과 하나하나의 크기가 그보다 훨씬 작을 뿐이다. 감귤류를 제외한 나머지 과일 중에는 신맛이 가장 강한 편에 속하며, 깔끔한 신맛과 함께 베리류 특유의 풍미가 있다. 수막은 입자가 곱고 약간 눅눅하며 진홍색이 나는 분말 형태로 가장 많이 쓰인다. 수막 분말을 묽은 소스나 재료를 절이는 양념에 넣으면 물과 섞이면서 입자가 약간 부풀어 재료를 코팅하듯 톡 쏘는 신맛을 입힌다. 분말이므로 솔솔 뿌려서 넣기에도 좋고, 수분을 추가하지 않아도 뿌린 자리에 그대로 남아 있다. 중동 지역에서는 익힌 쌀과 케밥, 육류 요리, 샐러드, 메제^{meze}(식전 요리를 뜻한다-옮긴이)에 수막을 뿌려 먹는다. 참깨, 야생 타임 등이 포함된 자타르$^{za'atar}$라는 다용도 혼합 향신료의 재료로도 쓰인다.

🍴 수막으로 맛을 낸 깍지 콩 볶음

| 곁들임 요리로 2~3인분 |

산뜻하고 톡 쏘는 신맛이 나는 깍지 콩 볶음은 내가 좋아하는 음식이다. 이 요리는 소스가 너무 질퍽해서 재료와 따로 놀지 않도록 만들어야 맛있다. 수막으로 신맛을 내면, 가열하는 동안 소스가 약간 찐득하면서 물기 없이 유지된다. 또한 붉은색 과일에서 나는 고유한 풍미가 깍지 콩에서 나는 식물 특유의 풍미와 잘 어우러진다. 레몬즙은 가열하면 신맛

이 상당히 밋밋해지지만, 수막은 그런 영향 없이 신맛이 생생하게 유지된다.

깍지 콩 350g(세척 후 다듬은 것. 물기가 묻은 그대로 쓴다)을 큰 팬에 담는다. **올리브유 1큰술(15ml), 수막 분말 1큰술(10g), 입자가 넓적하고 큰 천일염 두 꼬집(약 3/4작은술)**을 넣고 중불~센불로 볶다가, 볶음 같기도 하고 찜 같기도 한 식감이 되도록 뚜껑을 덮고 익힌다. 뚜껑을 열고 뒤적인 후 다시 덮기를 반복한다. 이때 수막이 타지 않도록 불의 세기를 잘 조절한다. 8~12분쯤 익히면 깍지 콩이 완전히 익고 표면에 수막과 기름이 골고루 입혀진다. 팬 바닥에 액체가 거의 남지 않아야 한다. 이 정도 익혀도 수분이 너무 많이 고여 있다면, 화력을 높여서 증발시킨다. 마무리로 **수막 1/2큰술(5g), 천일염 소금 한 꼬집**을 추가로 뿌린다. 바로 먹거나 실온에 식혀서 먹는다.

라임은 그냥 사용해도 신맛이 강하지만, 오만에서는 신맛이 더욱 농축되고 장기간 보관할 수 있는 말린 라임(검은 라임, '루미 loomi'로도 불린다)도 요리에 많이 쓰인다. 말린 라임은 생 라임의 진한 송진 냄새와 감귤류 특유의 향이 상당 부분 그대로 남아 있고, 진한 과일의 향과 가죽 냄새, 사향의 향도 겹겹이 느껴진다. 말린 라임은 오만 주변의 페르시아만 인접 국가들을 중심으로 중동 전역에서 다양한 요리에 활용된다. 말린 라임도 수막처럼 분말로 만들면 아주 요긴하다. 쌀이나 채소, 생선 요리나 소갈비, 케밥, 요구르트에 뿌려서 먹는 등 수막과 비슷하게 활용할 수 있다. 라임을 통째로 말리면 달팽이 집처럼 가볍고 속이 빈 형태가 된다. 그대로 요리 중간에 넣고 풍미를 우려낸 다음 마지막에 건져내기도 편리하다(밥을 지을 때 통째로 말린 라임을 넣으면, 분말을 뿌릴 때보다 라임의 풍미가 밥에 더 깊이 스민다).

신맛 우려내기

타마린드 생 열매는 잘 부서지는 갈색 꼬투리 안에 과육이 들어 있다. 씨앗과 함께 들어 있는 이 과육은 발사믹 식초의 향과 매콤한 향, 감귤류의 향과 함께 입술이 절로 오므라들 만큼 아주 시큼한 맛이 난다. 타마린드의 풍미를 제대로 활용하려면 손질이 필요하다. 먼저 바깥 껍질을 제거하고, 과육을 끓인 물에 담가 불리고, 부드러워진 과육을 으깨서 퓌레로 만들고, 걸러낸다. 아구아 프레스카의 하나인 데 타마린도 de tamarind 는 타마린드 열매 하나당 물 1/4컵을 넣어 그와 같이 퓌레로 만든 다음, 설탕 1큰술을 섞은 음료다. 취향에 따라 얼음을 추가하기도 한다.

처트니와 팟타이에 타마린드를 넣으면 고소하면서도 새콤한 풍미를 더할 수 있다. 나는 병에 담겨 판매되는 타마린드 농축액을 항상 냉장고에 준비해 놓고 병아리콩이나 닭고기로 찜이나 소스의 비중이 큰 요리를 할 때 1작은술 정도 넣는다.

히비스커스는 과일이 아니라 히비스커스꽃이 개화할 때 꽃을 보호하기 위해 생기는 두툼한 꽃받침이다. 이 잎도 타마린드처럼 물에 담가서 진한 붉은색이 나는 시큼한 액체를 우려내어 사용한다. 자두와 블랙 체리의 향이 나는 이 액체는 멕시코의 히비스커스 음료 하마이카 jamaica, 세네갈과 주변 지역에서 즐겨 마시는 비삽 bissap, 카리브해 지역의 소렐 sorrel 등 세계 곳곳에서 다양한 음료로 사랑받고 있다. 시중에 판매되는 차 제품 중 셀레셜 시즈닝스 Celestial Seasonings 브랜드에서 나오는 '레드 진저 Red Zinger'에도 히비스커스가 주재료도 들어간다.

🍴 말린 라임과 고수로 맛을 낸 육수

| 2~4인분 |

잘 끓인 육수는 새하얀 캔버스처럼 다양한 풍미를 담는 훌륭한 바탕이 된다. 좋은 육수에 갖가지 재료를 넣고 끓이면, 각 재료의 핵심 풍미를 한 봉지에 담듯 육수에 모두 모을 수 있다. 재료의 식감이나 단단함 등 풍미에 영향을 주는 방해 요소도 없다. 이 육수는 말린 라임이 입안 가득 침이 고이게 하는 신맛을 내는 한편, 퀴퀴한 냄새와 감귤류의 향, 고수의 강력한 신선함, 육수 특유의 진한 고기 풍미가 모두 담겨 있다.

양질의 닭 육수 1L를 준비한다. **직접 끓인 육수**면 더 좋다. 중간 크기의 일반 냄비나 무쇠 냄비에 육수를 붓고 중불로 가열한다. 육수가 끓으면 **말린 라임 반 개**(칼날이 톱날처럼 생긴 빵칼로 자르면 된다)와 **고수 줄기 반 컵**(35g, 중간 크기 한 묶음)을 넣는다. 뚜껑을 덮고 약불로 20분간 끓인다.

고수와 말린 라임을 건져내고, **소금을 1/2작은술**(3g) 정도, 또는 입맛에 맞게 넣고 간을 맞춘다. 완성된 육수는 그릇에 담고, 먹기 직전에 **잘게 다진 고수 잎 반 컵**(20g)을 넣는다. 잘 저어서 잎이 살짝 시들면 뜨거울 때 바로 먹는다.

부드러운 신맛: 발효유

톡 쏘는 시큼한 맛의 발효유는 인류의 오랜 역사에서 비교적 최근까지도 일상생활에서 자연스럽게 생기는 음식이었다. 유제품은 우리 몸에 이로운 균에게 좋은 먹이가 된다. 동물에게서 젖을 짠 다음 저온살균이나 냉장하지 않고 두면 단 몇 시간 만에 이 균들에 의해 발효되어 기분 좋은 신맛이 나기 시작한다. 이런 기능을 발휘하는 균과 이 균이 만들어내는 산의 관계는 각각 젖산균과 젖산이라는 이름으로도 영원히 남았다.

동물의 젖을 발효한 시큼한 유제품은 종류가 매우 다양하다. 굵직한 것 몇 가지만 추려도 요구르트, 사워크림 sour cream (시다는 뜻의 sour가 이름이 된 발효 크림. 일

요구르트: 젤과 비슷하며 흐르는 정도의 농도. 신맛의 정도는 다양함.

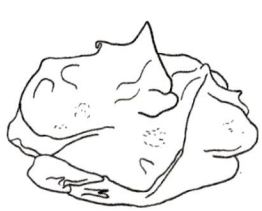

라브네: 반죽처럼 뻑뻑한 질감, 약간 부드러운 풍미, 톡 쏘는 신맛

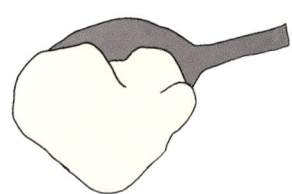

크렘 프레슈: 기름지고 부드러움, 버터의 향, 약한 치즈 향

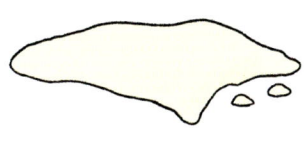

버터밀크: 버터의 풍미, 부드러움, 약간 퀴퀴한 냄새

요구르트 유청: 깔끔함, 풋사과 향, 부드러운 향

반 크림을 특정한 젖산균으로 발효해서 만든다 – 옮긴이), 라브네[labneh] (그릭요거트와 비슷하게 유청을 거의 다 제거한 뻑뻑한 요거트 – 옮긴이), 크렘 프레슈, 버터밀크[buttermilk] (크림을 저어 버터를 만들고 남는 액체 – 옮긴이), 케피르[kefir] (소, 염소, 양에서 짠 젖을 특정한 균으로 발효한 묽은 음료 – 옮긴이) 등이 있다. 모두 공통적으로 우유보다 뻑뻑한데, 이는 산이 단백질과 만나 단백질의 분자 구조를 풀고 다시 뭉쳐지게 만들면서 생기는 특징이다. 이러한 발효 유제품에서는 요구르트 향처럼 발효 후에만 생기는 고유한 풍미도 있으며 크림과 버터의 향이 나기도 한다.

　뻑뻑한 반고형 발효유인 크렘 프레슈와 요구르트는 그대로도 훌륭한 소스다. 요구르트보다 지방 함량이 더 높은 크렘 프레슈는 가열하면 맛이 연해지고 농도도 묽어진다. 찐 완두콩, 익힌 흰콩이나 렌틸콩에 크렘 프레슈를 듬뿍 올려서 먹어도 맛있고, 팬에 고기를 노릇하게 구운 다음 눌어붙은 고기 조각을 불려서 소스를 만들 때 쓰기에도 좋다(이렇게 만든 소스는 구운 고기, 그 외 고기에 곁들이는 음식에 함께 끼얹어서 먹으면 된다). 요구르트는 질감이 젤과 비슷하며 크렘 프레슈보다 지방은 적고 단백질은 더 많다. 소금과 흑후추만 살짝 뿌려서 먹어도 맛있고, 구운 감자나 고구마, 큼직하게 썬 호박이나 오이, 약불에 천천히 익힌 고기 등 다양한 음식에 곁들여 먹기에 좋다. 요구르트를 사서 처음 뚜껑을 열면 윗부분에 액체가 분리된 경우가 많은데, 나는 거의 평생을 그걸 '역겨운 요구르트 국물'이라고 여기며 얼른 따라 버렸다. 그러다 뒤늦게야 그 액체의 정체는 **요구르트 유청**(또는 산 유청)이고, 음식에 맛있는 신맛을 더할 수 있는 재료임을 알게 됐다. 요구르트 유청은 풍미가 굉장히 깔끔하며 유제품 특유의 크림 느낌은 약간만 남아 있다.

🍴 요구르트 유청과 그릭 요거트

> 최종적으로 나오는 양은 다양하다. 요구르트 500g당 유청을 제거한 요거트는 한 컵에서 1.25컵, 유청은 3/4컵에서 한 컵 정도 나온다.

요구르트의 유청을 걸러내면 흔히 그릭 요거트로 알려진 뻑뻑하고 고급스러운 요거트가 된다. 거르는 시간이 길수록 유청이 더 많이 제거되고, 그만큼 요거트의 밀도가 더 높아져서 펴 바를 수 있는 농도가 된다. 요구르트 유청은 군더더기 없이 깔끔하고 기분 좋은 신맛이 난다. 음식에 감귤류의 향이나 자극적인 신맛, 과일의 풍미가 섞이지 않은 신맛을 내고 싶을 때는 식초나 레몬즙, 와인 대신 요구르트 유청을 쓰면 된다. 맛있는 요구르트 유청과 그릭 요거트를 만들려면 신맛이 강한 요구르트를 써야 한다. 아래 레시피를 참고해서 재료의 양을 조절하면 유청과 요거트를 원하는 양만큼 만들 수 있다.

질 좋은 일반(지방을 제거하지 않은) 요구르트 500g을 준비한다. 체 안쪽에 치즈나 두부 짤 때 쓰는 면포를 네 겹 깔거나 아주 깨끗한 천 한 장을 깔고, 체 아래에 큰 용기를 받친다. 요구르트를 체에 붓는다.

체 없이 면포 네 장을 그릇에 걸친 다음 그 위에 요구르트를 부어도 된다. 요구르트가 천 바깥으로 흐르지 않도록 천의 네 귀퉁이를 위로 모아서 쥐고, 조심스럽게 비틀며 하나로 모아 묶는다. 매듭 아래 빈틈으로 그릇보다 긴 나무 숟가락을 끼워 넣고, 숟가락을 그릇에 걸치면 요구르트가 담긴 보자기를 매달 수 있다.

그대로 전체를 냉장고에 넣고 8~12시간 동안 둔다. 면포 안의 요구르트가 아주 뻑뻑해지고, 면포 아래로 투명하고 누르스름한 유청이 어느 정도 모이면 유청과 요거트를 각각 다른 용기에 담는다. 뚜껑을 꼭 닫아서 냉장고에 보관한다. 유청과 요거트 모두 일주일 내로 모두 사용하거나 먹는다.

🍴 방울토마토와 요구르트 유청 소스 파스타

| 2~3인분 |

신선한 신맛과 깔끔한 풍미의 토마토소스를 만들어보자. 파스타 말고 쌀이나 다른 곡물을 익혀서 곁들이기에도 좋은 소스다. 방울토마토는 선골드[Sun Gold] 품종이 가장 맛있다.

중간 크기의 소스 팬, 또는 논스틱 코팅이 된 팬에 **발효 버터 2큰술(30g), 천일염 1작은술(6g)**을 넣고 중불에서 연한 갈색이 될 때까지 가열한다. 약불로 줄이고, **작은 마늘 한 톨**을 잘게 다져서 넣는다. 마늘이 갈색이 되지 않도록 30초 정도만 익힌다.

꼭지를 제거한 방울토마토 275~350g을 넣고 다시 중불로 가열한다. 뚜껑을 덮고 토마토가 연해지고 자연스레 터지도록 2분 정도 익힌 다음, 감자 으깨는 도구로 토마토를 살짝 눌러서 으깬다. 터지지 않은 토마토가 남지 않도록 꼼꼼히 으깬다. **요구르트 유청 1/3컵(80g)**을 넣고, 뚜껑은 연 채로 거품이 일 때까지 8~10분간 끓인다. 군데군데 토마토 덩어리가 큼직하게 보이고 전체적으로 농도가 약간 되직해지면 완성이다. 맛을 보고 소금으로 간을 한다.

오레키에테^{orecchiette}(가운데가 옴폭 들어간 원반 모양의 파스타 – 옮긴이), 콘킬리에^{conchiglie}(소라껍질 모양의 파스타 – 옮긴이), 캄파넬레^{campanelle}(돌돌 만 고깔 모양이며 가장자리 작은 주름이 있는 파스타 – 옮긴이) 등 **특정한 형태가 있는 파스타 285g**을 삶는다. 완전히 익으려면 2분 정도 남았을 때 불을 끄고 물기를 제거한 후 소스와 섞고 중불에서 센불로 1~2분간 가열하며 버무린다. 파스타가 잘 익었는지 먹어보고, 적당한 식감이 되면 곧바로 불을 꺼야 소스의 잔열에 파스타가 조금 더 익으면서 소스의 시큼한 풍미가 고루 밴다. 바로 먹는다.

피클의 신맛: 채소의 젖산발효

젖산균의 활동 범위는 유제품에 국한되지 않는다. 이 미생물은 채소의 당분을 찾아내고 발효시켜 식초보다 부드러운 신맛을 내는 실력이 매우 탁월하다. 이 맛있는 신맛은 발효로 생기는 젖산에서 나온다.

젖산균은 다른 대부분의 미생물과 달리 소금이 약간 있는 환경에서도 살 수 있다. 그래서 채소를 발효할 때 소금을 넣으면 젖산균 외에 다른 미생물의 접근을 차단할 수 있다. 즉 채소를 소금물에 절이거나, 손질한 채소에 소금을 뿌려 채소에서 나온 물과 소금이 만나 자연히 소금물이 생기도록 만들면 그러한 효과를 얻을 수 있다. 전 세계적으로 다양한 버전이 있을 만큼 신기할 정도로 보편적인 젖산발효 식품들이 있다. 배추를 젖산 발효한 음식만 하더라도 한국의 김치, 중국의 파오차이^{paocai}를 비롯해 러시아와 슬라브 지역의 키슬라야 카푸스타^{kislaya kapusta} (러시아식 양배추 발효 식품. 잘게 썬 양배추와 사과, 향신료가 들어간다 – 옮긴이), 독일의 사워크라우트, 프랑스의 슈크루트^{choucroute} (프랑스 알자스 지역의 양배추 발효 식품 – 옮긴이)가 있다. 지구를 빙 두르는 수천 킬로미터 길이의 '배추 벨트'가 있는 셈이다. 배추를 젖산발효한 이 다양한 음식들은 쌀밥은 물론 고기가 들어간 찜 요리, 구운 고기, 스튜와도 잘 어울리고, 만두에 곁들이면 맛을 한껏 끌어 올린다.

배추 같은 채소 외에도, 오이 피클처럼 식물의 열매를 젖산 발효한 음식들도 있다. 대표적인 예가 자두나무 열매다. 소금에 절여 꼭 짜낸 매실을 발효해서 부분적으로 말린 일본식 매실장아찌인 우메보시는 과일 향과 짠맛, 신맛이 모두 강렬하고 풍미가 복잡해서 쌀밥에 이것만 반찬으로 곁들여도 충분히 만족스러운 한 끼 식사가 된다. 와무이^{huamei} 또는 리힝무이^{li hing mui}로 불리는 중국의 매실 건과, 베트남의 시무이^{xi muoi}, 필리핀의 키아모이^{kiamoy}, 멕시코의 샤모이 소스^{chamoy} (보통 고추를 함께 넣는다) 모두 자두나 자두와 비슷한 열매를 소금에 절이고 발효해서 만든다.

신맛의 측정과 비교

신맛을 내는 재료마다 신맛의 강도에는 큰 차이가 있다. 자몽과 오렌지도 신맛이 꽤 강한 편이지만, 라임즙이나 식초의 또렷한 신맛과는 느낌이 전혀 다르다. 재료에 따라 그냥 새콤한 정도인 있고, 신맛이 엄청나게 강한 것도 있다.

산도 다른 모든 분자와 마찬가지로 양을 측정할 수 있으므로 화학자들은 산성도를 측정할 수 있는 몇 가지 방법을 개발했다. 하지만 요리사의 한 사람으로서, 나는 맛있는 음식을 만들려면 산도를 측정한 수많

사워크라우트: 피클의 향, 퀴퀴한 냄새

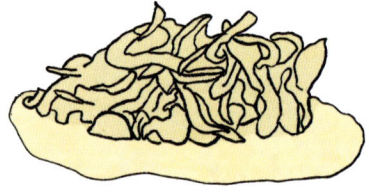

우메보시: 매실, 마지팬, 차조기의 향, 짠맛

시큼한 피클: 피클의 향, 오이 향, 기분 좋은 퀴퀴한 향

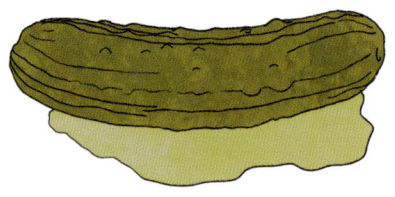

샤모이: 신맛, 과일 향, 매콤함, 짠맛

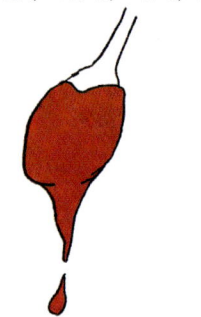

은 데이터를 뒤적이는 것보다 훨씬 중요하고 요리와 관련성도 더 깊은 다른 노력이 필요하다고 생각한다. 바로 풍미와 풍미를 내는 분자에 관한 기본 개념, 풍미가 생기는 메커니즘을 이해하고, 그 분자가 내는 맛을 알고, 꾸준히 음식의 맛을 보면서 그때그때 느껴지는 맛에 관해 생각해보는 노력이다. 이번 장의 설명을 쭉 읽으면서 지금쯤이면 산이 무엇이고 어떤 기능을 하는지, 다양한 재료에서 반복적으로 나타나는 신맛의 패턴에는 어떤 것들이 있는지 충분히 이해했을 것이다. 신맛의 강도를 어떻게 수치화할 수 있는지는 여러분 각자의 머릿속 기억의 궁전에 신맛에 관한 지식이 어느 정도 쌓인 다음에 조금 더 깊이 들어가 살펴보는 게 좋다.

일반적으로 산에 관한 이야기에는 pH가 빠지지 않는다. 앞서 설명한 내용을 되짚어보면, 우리는 수소 이온$^{H+}$과의 직접적인 상호작용을 통해 신맛을 느낀다. pH는 이 수소 이온의 농도를 나타내며, 재밌는 특징이 두 가지 있다.

> ### 시도해보기
>
> - 우메보시 국물은 다른 음식에 양념으로도 쓸 수 있다. 이 장아찌 국물만 따로 포장해서 '우메 식초'로 판매되기도 한다(이름만 식초일 뿐 초산 발효한 식초는 아니다). 우메 식초는 신맛과 과일 향, 짠맛이 모두 느껴지며 해초나 채소를 무칠 때 넣으면 맛있다.
>
> - 샤모이는 멕시코의 음식 문화를 대표하는 매콤한 액상 소스다. 옥수수 칩이나 얇게 썬 과일, 히카마$^{jica-ma}$(멕시코 감자)에 곁들이는 소스로도 쓰이고 맥주가 들어가는 멕시코식 칵테일 미첼라다^{michelada}에도 들어간다. 가까운 상점에서 구할 수 없으면 온라인에서 리터 단위로 쉽게 구입할 수 있다.
>
> - 사워크라우트, 김치, 첨가물 없는 소금과 마늘을 넣

어서 만든 딜 피클, 소금에 절인 레몬이나 라임과 같은 젖산발효 식품은 대부분 식초처럼 강하고 자극적인 신맛과는 다른, 약간 퀴퀴한 냄새와 함께 부드럽고 풍성한 신맛이 난다. 그 자체로 충분히 맛있지만, 우메보시나 샤모이처럼 활용 범위를 넓혀서 발효 후에 나온 액체를 레몬즙이나 식초 대신 소스나 음식의 맛을 끌어 올리는 양념으로 쓸 수 있다.

- 소금에 절여 발효한 고추장아찌 국물은 구운 돼지고기나 닭고기에 살짝 뿌려 먹으면 잘 어울린다. 사워크라우트에서 나온 액체, 김칫국물, 양배추, 순무, 뿌리채소 등으로 만든 피클의 국물은 잎채소, 어린 양치류의 잎, 구운 깍지 콩에 버무리면 맛있다.

- 감자샐러드를 만들 때 딜 피클 국물을 조금 넣으면 맛의 균형이 잡힌다. 감자를 삶고 물기를 제거한 다음 곧바로 피클 국물과 섞으면, 피클의 풍미가 감자에 고루 스민다. 주황색 채소와도 풍미가 기가 막히게 잘 어울린다. 버터넛 호박^{butternut}(조롱박과 비슷하게 생긴 호박-옮긴이)이나 델리카타 호박^{delicata}(참외와 비슷하게 약간 길쭉하고 크림색에 녹색이나 주황색 줄무늬가 있는 호박 품종-옮긴이)을 구워서(오븐에 구울 때는 200℃에서 30분은 익혀야 한다) 아직 뜨거울 때 딜 피클 국물(식초에만 절인 것 말고 젖산 발효한 피클)을 1~2큰술을 뿌리고 딜을 잘게 다져서 곁들이면 정말 맛있다 (딜 피클 액체 대신 김칫국물과 얇게 썬 대파로 맛을 내거나, 호박 대신 고구마로 만들어도 된다).

첫 번째는 pH가 소음의 정도를 나타내는 데시벨처럼 로그값이라는 점이다. 즉 pH가 1만큼 차이 나면 산성도는 10배 차이가 나고, pH가 2만큼 차이 나면 수소 이온의 농도에 100배 차이가 있다는 의미다. 이런 기준이 있으면 광범위한 물질의 산 농도를 일관되게 비교할 수 있다. 가령 배터리는 수소 이온 농도가 약 15%이고 발효 식품은 수소 이온의 농도가 대략 0.0025%여야 곰팡이가 생기지 않는다. 0.0025%는 반올림하면 없어지는 극히 작은 오차 정도로 생각할 수 있으나, 농도가 아무리 작아도 곰팡이를 막을 수 있는 중대한 값이다. 이를 pH 단위로 바꾸면, 0.0025%는 0%보다 산 농도가 1만 배 크고 pH로는 4만큼의 차이가 난다고 표현할 수 있다.

pH의 두 번째 특징은 7이 중성을 나타내고 수소 이온의 농도가 높아지면 pH는 커지는 게 아니라 작아진다는 것이다. pH 7은 증류수의 산 농도다(엄밀히 따지면 증류수의 산 농도는 0.00001%이나, 무시해도 좋을 만한 수준이다). 이를 기준으로 수소 이온의 농도가 10배 늘어나면 pH에 1만큼의 차이가 생기지만 숫자가 커지는 게 아니라 작아져서 pH 8이 아닌 pH 6이 된다. 마찬가지로 pH 5는 pH 6보다 산성도가 10배 더 크다. 앞에서 예로 든, 발효 식품에 곰팡이가 자라지 않는 수소 이온 농도 0.0025%는 pH 4.6이다. 이렇게 농도가 높아질수록 pH 숫자가 작아지는 이유는, 수소 이온의 농도가 분수값이기 때문이다. pH 3의 산성도가 pH 6보다 높은 것은, 1/3이 1/6보다 큰 숫자인 것과 같다. pH는 간편한 비교를 위해 분수의 분모로만 값을 비교하는 방식이라고 생각하면 된다.

몇 가지 식품의 pH를 비교 기준으로 알아두면 편리하다. 배는 pH가 5, 즉 배를 구성하는 분자 10만 개당 수소 이온이 한 개다(0.001%). 레몬의 pH는 2에 가까우므로 수소 이온의 농도가 100분의 1(1%)이다. 대부분의 식품은 산성도가 pH 2에서 7 사이의 약하거나 적당한 수준이다.

pH는 시시각각 변하는 수소 이온의 농도를 포착하기에 편리하고, pH 시험지나 측정기만 있으면 비교적 쉽게 산성도를 측정할 수 있다는 장점이 있다. 아쉬운 점은 pH는 우리가 느끼는 신맛과 정확히 일치하지는 않는다는 것이다. 이 격차는 와인 업계에서 처음 문제가 되었다. 와인 양조자가 두 가지 와인의 신맛을 비교할 때, pH가 더 큰 와인(즉 수소 이온이 더 적고 산성도가 낮은 것)이 맛을 보면 오히려 더 시게 느껴지는 경우가 생긴 것이다. pH로는 우리가 느끼는 신맛의 강도를 제대로 예측할 수 없다는 소리다.

비밀은 pH를 측정하는 시점에 음식의 산 분자 중 수소 이온이 분리된 분자의 비율이 극히 일부라는 데 있다. 산 분자의 수소 이온은 자연적인 평형점에 도달하는 범위까지만 분리되는데, 그 범위는 산의 종류마다 다르다. 따라서 음식의 산 균형이 바뀌면, 수소 이온을 갖고 있던 산 분자에서 수소 이온이 분리될 수 있다. 우리 입안에 들어오는 음식에는 다양한 산 분자가 포함되어 있고 그중에는 수소 이온이 일찍 떨어져 나와 자유롭게 돌아다니는 것도 있지만, 산 분자에 그대로 묶여 있다가 때가 되면 방출되는 것도 있다. 그러므로 우리가 느끼는 신맛은 특정 시점에 측정한 수소 이온의 양과 달리 시간이 갈수록 더 강해질 수 있다.

이런 점을 고려하면, 우리가 신맛으로 느끼는 음식의 산성도는 그 음식에 들어 있는 모든 산 분자의 양에 달려 있음을 알 수 있다. 먹기 전에 pH를 측정했을 때는 수치가 별로 낮지 않았더라도(즉 산성도가 크게 높지 않았더라도), 음식에 들어 있는 산 분자의 총량이 많으면 시간이 흐르면서 방출되는 수소 이온이 늘어나서 점점 시게 느껴진다. 화학에서는 이 같은 산의 총량을 적정산도라고 한다. 적정$^{titration, 滴定}$은 산성도를 pH 측정기처럼 바로 측정하는 게 아니라, 수산화나트륨(가성소다로도 불리는 강한 염기. 화학적으로 산과 정반대인 물질)을 활용해서 산성도를 알고 싶은 물질이 중성이 되려면 수산화나트륨이 얼마나 필요한지를 정밀하게 측정하는 분석 방식을 말한다. 적정산도는 간단히 산성도(산도)라고도 하며, 퍼센트(%) 기호와 함께 표기되는 경우가 많다.

보통 어떤 물질의 산성도가 아무 단위 없이 0에서 7 사이의 숫자로 나와 있으면(3.65 등) pH이고, %로 제시되면 적정산도라고 보면 된다. 이번 장에서 %로 제시한 산성도도 적정산도다.

와인이나 주스(즙), 식초는 모두 신맛이 중요한 식품이므로 적정산도를 측정한다. 와인의 산도는 적정산도가 개발된 이후부터 지금까지 리터당 4~8g(0.4~0.8%) 수준이고, 신맛이 와인보다 훨씬 강한 레몬즙의 산도는 리터당 50~80g(5~8%)이다(레몬의 pH는 2이므로 수소 이온이 1%라는 의미인데, 적정산도와 비교하면 pH를 측정하는 시점에는 산 분자와 분리된 수소 이온이 산 분자에 묶여 있는 양보다 적다는 것을 알 수 있다).

이러한 산성도는 절대적인 기준으로 삼기보다는, 평소에 잘 안 쓰던 재료로 음식에 신맛을 낼 때 신맛의 강도를 가늠하는 기준으로 참고하면 편리하다.

적정산도를 활용해서 광귤과 비슷한 신맛 내기

오렌지의 풍미가 강하고 신맛도 강한(산성도 약 3.2%) 광귤(세비야오렌지, 비터오렌지로도 불린다)은 터키 일부 지역과 이란, 카리브해 지역, 멕시코에서 사랑받는 과일이다. 이 광귤을 대신할 수 있는 후보를 찾아보면, 일반적인 오렌지는 광귤보다 단맛이 너무 강하고, 라임은 신맛이 너무 강하다. 그런데 단맛이 강한 오렌지즙(산성도 1%)을 라임즙(산성도 6%)과 동량으로 섞으면, 광귤의 산성도인 3.2%와 비슷한 산도가 된다! 재료를 절이는 양념이나 샐러드나 채소에 뿌릴 드레싱으로 광귤이 필요할 때 이렇게 대체할 수 있다.

🍴 광귤 없는 광귤 소스로 맛을 낸 돼지 목살 요리

| 3~6인분 |

갓 짠 오렌지즙 1/4컵(60ml)에 라임즙 1/4컵(60ml)을 섞어서 가짜 광귤즙부터 만든다. 푸드프로세서나 절구에 마늘 6쪽, 가짜 광귤즙 반 컵(120ml), 식물성 유지 1/4컵(60ml),

소금 1.5작은술(9g), 굵게 다진 고수잎 반 컵(20g)을 넣고 분쇄한다. 농도가 너무 뻑뻑하면 식물성 유지를 추가해서 부드러운 진흙과 비슷한 질감으로 만든다. 너무 묽어지지 않게 주의한다. 완성된 소스를 **뼈 없는 돼지 목살 1~2kg**에 고루 문질러 바른다. 냉장고에 넣고 하루 정도 숙성한 고기를 주물 냄비에 담고 냄비와 크기가 딱 맞는 뚜껑을 덮어서 오븐에 넣는다. 고기가 아주 연해질 때까지 120℃에서 4~6시간 동안 익힌다. 완성되면 바로 먹는다.

직업이 고등학교 화학 교사이거나 괴짜가 아닌 이상, 집에 적정 기구를 갖추고 사는 사람은 아마 거의 없을 것이다. 다음의 표는 내가 논문을 뒤져서 참고로 알아둘 만한 일부 식품의 적정산도를 정리한 것이다.

적정산도를 활용할 때 한 가지 주의할 점이 있다! 식초는 대부분 산성도가 4~6%라 이 수치를 보면 라임이나 레몬보다 신맛이 조금 약하다고 생각할 수 있으나, 아세트산은 분자가 아주 가볍고 작아서 같은 1g에 포함된 산 분자가 훨씬 많다(다른 산 분자는 대부분 아세트산보다 비슷비슷하게 더 크다). 아세트산은 다른 산보다 g당(또는 %당) 농도가 대강 1/3정도 더 높다고 보면 된다(즉 아세트산의 산성도가 4~6%라면, 다른 산으로 치면 산성도가 5~9%라고 보면 비슷하다).

신맛을 내는 식재료의 평균 산성도(적정산도)

재료	적정산도	재료	적정산도
석류 농축액	8.00%	자몽	1.70%
라임	7.50%	식용대황(루바브)	1.55%
레몬	6.50%	그린망고	1.40%
와인 식초	6.00%	사워 체리	1.35%
수막	5.00%	피클	1.00%
타마린드	5.00%	올리브	1.00%
버주스•	4.75%	김치	0.90%
신맛이 강한 사과즙	4.50%	토마토	0.85%
쌀 식초	4.00%	스위트 체리	0.75%
블랙베리	3.75%	화이트와인	0.75%
블랙커런트	2.75%	레드와인	0.60%
흑식초	2.50%	방울토마토	0.40%
그릭 요거트	2.35%	망고	0.30%
사워크라우트	2.00%	수영잎	0.15%
석류	2.00%		

• 덜 익은 포도를 압착해서 얻는 즙.

단맛

짠맛이 음식의 맛을 끌어 올리고 또렷하게 만든다면, 신맛은 산뜻함과 균형을 담당한다. 단맛은 음식의 맛을 풍성하고 부드럽게 만든다. 신맛과 쓴맛을 없애지 않고 둘 다 더 진하게, 더 화려하게 느껴지도록 균형을 잡는다. 토마토와 복숭아는 달콤함과 새콤함이 모두 진할 때 정말 잘 익었다고 느껴진다. 토마토소스도 당분이 많은 당근이나 양파, 달콤한 와인, 풍미가 복잡한 비정제 설탕 등의 재료에서 나오는 약간의 단맛과 어우러져야 너무 시거나 싱겁지 않고 맛이 좋다고 느껴진다. 초콜릿, 커피, 차가 전 세계인의 사랑을 받는 이유도 단맛과 쓴맛의 조화 덕분이다. 단맛과 소금이 만나면 맛이 굉장히 정교해진다. 또한 단맛은 감칠맛, 고기의 풍미와도 잘 어우러지고, 바비큐, 구운 콩, 팟타이, 치즈를 곁들인 과일 등 맛이 진한 음식과도 유연하게 섞여서 마치 스웨트셔츠가 캐시미어 스웨터로 바뀐 것처럼, 이런 진한 맛들이 너무 과하지 않으면서도 더욱 풍성하고 포근하게 느껴지도록 만든다.

단맛의 규칙

- 단맛은 인체에 가장 기본적인 생화학적 에너지인 당분이 들어 있는 음식임을 알려준다.
- 설탕과 단맛의 가장 큰 원천은 식물의 수액과 열매, 그리고 이 두 가지를 원재료로 생산되는 식품이다.
- 백설탕(사탕수수 설탕)은 자당이라는 분자로 이루어진다. 당의 종류는 그 외에도 엿당, 과당, 젖당 등이 있으며, 단맛의 강도는 제각기 다르다.
- 당분을 가열, 가공하면 새로운 분자가 잔뜩 형성되어 단맛과 함께 복잡하고 맛있는 풍미가 나는 식재료가 된다(종려당, 갈색 설탕 등).
- 설탕은 물에 아주 잘 녹는다. 무려 물양의 두 배까지 녹기도 한다(그래서 아주 진하고 부드러운 시럽을 만들 수 있다!).
- 단맛은 신맛과 쓴맛을 덜 느끼게 만들어서 전체적인 맛의 균형을 잡는다.

단맛을 느끼는 감각은 인간의 기초적이고 필수적인 감각이다. 우리는 자궁 밖으로 나온 순간부터, 단맛을 통해 맛도 좋고 간편한 에너지원을 알아챈다. 게다가 아예 단 음식만 따로 모아서 디저트라는 음식의 종류를 따로 둘 만큼 단맛을 사랑한다. 고대부터 지금까지 축하의 자리, 화려한 행사, 특별한 시간에는 늘 단맛이 빠지지 않는다.

근대에 접어들면서, 단맛은 사회적으로 복잡한 역사와 얽혀 해결 과제의 하나로 떠올랐다. 유럽의 식민지 개척자들은 아메리카 원주민의 땅을 빼앗아 그

땅에 남아시아의 사탕수수를 심고, 자신들의 노예로 삼은 아프리카인들을 이주시켜 농사를 짓게 했다. 이렇게 시작된 설탕 무역은 초기 자본주의가 전 세계적으로 발전한 시발점이 되었다. 단맛과 설탕이 활성화하는 뇌의 보상 신호가 독한 마약이 주는 황홀감과 비슷하다는 사실이 알려진 후에는 단맛이 악마화되어 두려움의 대상이 되었다. 열량을 쉽게 얻을 수 있는 음식은 식생활에서 경계해야 한다는 인식도 생겼다. 단맛은 우리 몸에 생화학적으로 강력한 영향을 주는데, 그 방식이 아주 특별하다. 단맛을 느끼면, 음식에 들어 있는 당분이 소화관이나 혈류에 들어오기도 전부터 인슐린이 마치 몸 전체가 설탕통에라도 빠진 것처럼 다량 분비된다.

우리는 왜 이렇게 단맛을 찾아다닐까? 다른 맛들과 마찬가지로 생물학적인 필요성 때문이다(또는 필요가 충족될 가능성이 매우 높다는 신호로 작용한다). 당은 사탕수수나 단풍나무 같은 식물, 꿀벌 등 곤충, 우리와 같은 잡식 동물까지 수많은 생물의 생화학적 기능에 꼭 필요한 연료다.

당과 설탕

당은 한 가지 물질만 가리키는 것 같지만, 실제로는 꽤 복잡하다. 단맛이 나는 결정체를 당이라고 하며, 자당, 포도당 등이 포함된다. 화학적으로는 당류, 단당류, 탄수화물이라고도 한다. 당 분자는 보석함에 아무렇게나 넣어둔 여러 짝의 귀걸이처럼 서로 곧잘 엉키고 연결되어 덩치가 커진다. 당은 크기에 따라 특성이 다르므로, 연결된 당 분자의 개수에 따라 다르게 분류된다. 예를 들어 포도당은 당 분자가 하나인 단당류이고, 과당(옥수수 시럽에 들어 있는 당)도 마찬가지다. 백설탕의 핵심 분자인 자당은 포도당 분자 하나와 과당 분자 하나, 즉 당 두 개가 연결된 이당류다. 삼당류는 요리에 거의 쓰이지 않고, 올리고당은 당 분자가 더 많이 연결되어 전체적인 길이도 더 길다. 영어에서 올리고당을 뜻하는 oligosaccharides는 과두제를 뜻하는 oligarchy와 구체적인 수가 아닌 '몇몇'이라는 의미가 담겨 있다. 당 분자가 수백, 수천 개씩 연결된 것은 다당류로 통칭된다. 전분, 셀룰로스, 우리 몸의 근육과 간에 에너지가 저장되는 형태인 글리코겐은 모두 다당류다.

우리가 느끼는 다른 맛들처럼 인체에는 단맛을 감지하는 전용 수용체가 있다. 신맛과 짠맛은 수용체에 특정 이온이 통과할 수 있는 구멍 같은 구조가 있지만 단맛 수용체는 생김새가 야구 장갑과 더 비슷하며 당 분자의 구조적, 형태적 특성이 나타나는 분자만 붙잡을 수 있는 특이적인 모양으로 만들어진다.

바로 그 점에서 당의 크기가 중요하다는 것을 알 수 있다! 단맛 수용체는 분자의 종류뿐만 아니라 크기도 적정 기준에 맞아야 그 분자와 결합해서 활성화된다. 포도당, 과당 같은 단당류와 자당, 엿당, 젖당 등 이당류는 단맛 수용체와 결합할 수 있지만, 전분은 포도당 분자로만 이루어졌어도 크기가 너무 커서 단맛 수용체와 결합하지 못한다. 전분을 먹어보면 단맛이 전혀 안 나는 이유다.

설탕도 물을 좋아해

앞서 짠맛을 설명하면서 소금과 물이 서로 얼마나 친한지 살펴보았다. 소금은 물에 잘 녹을 뿐만 아니라, 주변의 수분을 밀어내고 끌어당겨 삼투 현상을 일으킨다고 한 내용을 기억할 것이다. 당도 물과 친하며, 소금처럼 삼투 현상도 일으킨다. 딸기를 잘라서 설탕을 조금 뿌리면 딸기 안쪽과 바깥쪽의 당 농도에 균형을 맞추려는 삼투 현상이 일어나 딸기의 즙이 흘러나온다. 우리는 짠맛보다 단맛을 훨씬 더 높은 농도까지 견딘다. 그래서 음식에 소금을 넣을 때는 과하게 넣지

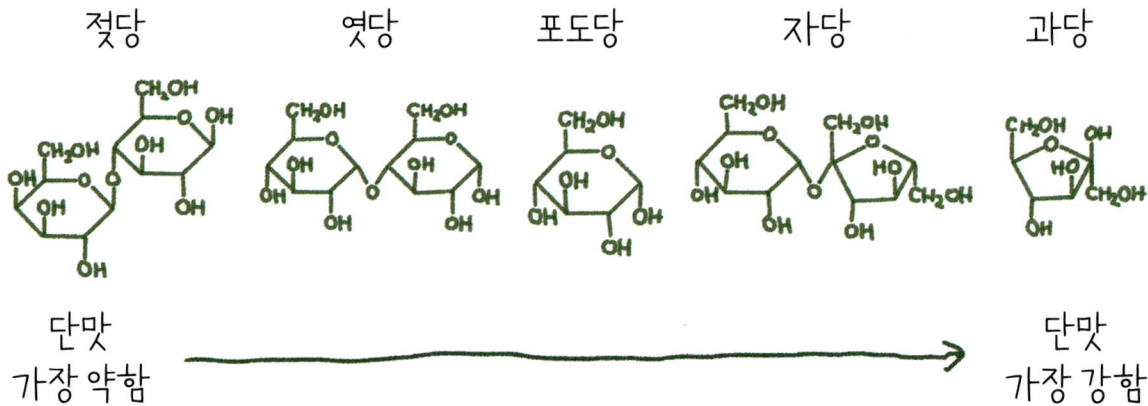

않으려고 조심하면서도 설탕은 팍팍 넣는 경향이 있고, 설탕이 잔뜩 들어간 설탕물을 다양한 농도로 활용한다. 설탕은 물에 대량으로 녹일 수 있고, 이를 통해 시럽처럼 부드럽고 점성이 있는 액체를 만들 수 있다. 물과 설탕은 무게로 보면 설탕이 물의 2배, 때로는 4배까지도 녹을 정도로 물과 굉장히 잘 섞인다.

당을 흉내 내는 분자들

실제로는 당이 아닌데도 당과 구조적으로 닮은 부분이 있는 분자들이 있다. 이 분자들이 야구 장갑 같은 단맛 수용체와 슬쩍 결합하면, 우리는 단맛을 느낀다. 아스파탐, 사카린, 수크랄로스, 스테비아 등 당과 닮은 이런 분자들은 진짜 당과 같은 양이 들어와도 단맛을 수천 배나 더 강하게 일으켜 저열량, 또는 무열량 식품에 설탕 대체 재료로 많이 쓰인다. 가짜 당의 상당수는 단맛 수용체와 결합하는 방식에 독특한 점이 있다. 수용체를 활성화하고 단맛을 유발하는 것까지는 진짜 당과 같지만, '시간 흐름에 따른 단맛 강도의 변화'에 차이가 있다. 즉 분자가 수용체와 결합한 후 단맛이 최대치에 이르렀다가 다시 감소하는 패턴이 진짜 당과 다르다. 그래서 가짜 당을 섭취하면, 우리는 단맛을 느끼면서도 설탕이 아니라는 것을 확실하게 안다. 압생트, 페르

노 Pernod, 우조 ouzo 라는 술은 증류 과정에 아니스와 회향이 다량 들어가서 아네톨 anethole 이라는 화합물이 많이 생기는데(아니스 특유의 향을 내는 분자), 아네톨 역시 당이 아닌데도 단맛 수용체와 결합할 수 있어서 당을 따로 첨가하지 않아도 마시면 단맛이 난다. 아네톨이 특별한 향과 단맛을 모두 담당하는 셈이다.

당은 미생물에 소금과 같은 영향을 준다. 즉 세포 내부의 수분을 밖으로 끌어내는 삼투 현상을 일으켜서 사멸시킨다. 당 절임이 염장과 함께 식품을 오랫동안 보존하는 방법으로 활용되는 이유다. 잼, 젤리, 설탕에 절인 과일은 수개월간 보관할 수 있다.

단맛의 패턴

단맛을 내는 재료는 음식에 단맛 외에도 풍성한 풍미를 함께 불어 넣는다. 단맛에 딸려 오는 풍미의 전체적인 패턴에는 각 재료가 만들어지고 가공된 과정이 담겨 있다. 단맛을 내는 재료마다 이런 풍미에 고유한 특징이 있지만, 원료가 비슷하거나(나무 수액으로 만드는 단풍나무 시럽과 자작나무 시럽처럼) 생산 방식이 비슷하

면(태국의 종려당과 라틴아메리카의 파넬라panela는 둘 다 사탕수수즙을 장시간 천천히 졸여서 결정을 얻는다) 풍미에도 일치하는 부분이 있다. 이런 패턴을 알아두면 특정 음식에 어울리는 재료를 찾을 때, 또는 단맛이 나는 특정한 재료를 어떻게 쓸지 고민될 때 조금은 더 수월하게 길을 찾을 수 있다.

삼투 현상과 침용

과일에 설탕을 뿌리면 삼투 현상이 일어나 과일의 수분이 흘러나오고, 밖에 뿌린 설탕과 섞여 시럽이 생긴다. **침용**이라고도 하는 이 현상을 과일에 적용하면, 아이스크림이나 판나코타panna cotta(달콤한 크림을 젤라틴으로 굳히고 생딸기 등으로 장식한 디저트 – 옮긴이) 케이크 등에 소스처럼 끼얹기 좋은 재료가 생긴다. 아무거나 가장 신선한 과일을 준비하고 잘게 썬다(딸기는 4등분하고 체리는 반으로 자른다. 복숭아 같은 큰 핵과는 웨지 모양으로 얇게 썬다). 손질한 과일에 설탕을 1~2큰술 정도 뿌린 후 실온에 30분 정도(1시간까지는 괜찮다) 둔다. 당과 물 분자가 삼투 현상을 통해 잘 어우러지기를 기다리는 시간이다. 과일에서 나온 즙과 설탕이 섞여 시럽이 생기면, 그 시럽과 과일 조각을 한꺼번에 떠서 각종 디저트에 원하는 만큼 끼얹어 먹는다.

순수한 단맛

규칙의 존재는 예외를 통해 드러난다. 그런 면에서 백설탕은 단맛을 내는 재료를 통틀어 가장 예외적이지 않은 재료다. 백설탕에는 다른 풍미가 전혀 없으며, 그렇기에 단맛을 내는 기능 하나만큼은 아주 충실하게 수행한다.

다른 재료의 풍미를 방해하지 않고 잘 드러내면서 단맛도 내고 싶다면, 설탕만 한 게 없다. 풍미가 너무나 풍성해서 아무것도 부가할 필요가 없는 과일에 백설탕을 넣고 만드는 다양한 음식들이 그러한 예다. 풍미가 진한 딸기에 백설탕을 넣고 소르베를 만들면, 딸기의 풍미가 형형색색 반짝이듯 생생하게 느껴진다. 잘 익은 살구나 라즈베리로 만든 잼, 레몬 특유의 향과 진한 풍미가 일품인 레몬 커드도 마찬가지다. 달콤한 크림 아이스크림이나 판나코타처럼 유제품의 풍미를 아주 미세하고 정교하게 살려야 하는 음식이나 시폰, 스펀지케이크처럼 풍미가 전체적으로 옅고 은은한 음식에 단맛을 낼 때도 백설탕이 제격이다.

백설탕은 알갱이(결정) 하나하나가 뚜렷하게 분리되고 이 결정들로 이루어진 가루는 잘 흘러내리는 성질이 있는데, 이는 한 가지 분자로만 이루어진 물질에서 나타나는 특징이다. 결정은 동일한 단위체 여러 개가 일정한 규칙대로 반복적인 패턴을 이루며 배열된 물질을 일컫는다. 여기에 다른 물질이 섞이는 건 정해진 대형을 칼같이 유지하며 행진 중인 악단이 지나는 길에 갑자기 작은 돌멩이들이 쏟아져서 대열이 엉망진창으로 흐트러지는 것과 같다. 눈은 순수한 물 결정이고 다이아몬드는 순수한 탄소 결정이다. 소금 결정은 거의 다 염화나트륨이고, 백설탕 결정은 전체가 이당류인 자당이다.

소금은 땅속에서 캐낸 광물에서 얻거나 바닷물을 증발시키는 최소한의 공정으로 얻을 수 있다. 자당 결정은 그런 원천이 없는 대신, 자당이 비교적 풍부하게 함유된 원재료에서 얻는다. 자당의 전통적인 원재료는 사탕수수의 줄기와 사탕무다. 이 재료들에서 얻은 즙을 가열해서 졸인 다음, 다양한 화학적, 기계적인 과정을 거쳐 자당 결정을 분리한다. 한 가지 재밌는 사실은 사탕수수즙에 열을 집중적으로 가해서 수분을 증발시키고 지극히 평범한 단맛이 나는 백설탕을 최종적으로 얻는 과정 중에 새로운 풍미 분자가 잔뜩 생겨난다는 것이다. 백설탕을 만들기 위해 전부 제거되는 그 풍미 분자들은 다 어디로 갈까? 바로 당밀이다.

다른 정제당

우리가 요리에 가장 많이 쓰이는 정제당은 백설탕으로 접하는 자당이다. 백설탕처럼 거의 한 가지 분자로만 이루어진 다른 당과 감미료도 특정 요리에 재료로 쓰이거나 색다른 용도로 음식에 쓰인다. 옥수수, 보리, 쌀 등 곡류의 주된 탄수화물인 전분은 포도당이 아주 긴 사슬을 이룬 구조인데, 효소나 다른 여러 가지 방법으로 이 사슬을 분해해서 당 분자가 하나인 포도당, 또는 두 개인 **엿당**으로 쪼갤 수 있다. 포도당은 덱스트로스^{dextrose}로도 불리며 식품 라벨에는 '옥수수 당', '건조 고형 옥수수 시럽'으로도 명시된다. 포도당은 자당보다 단맛이 훨씬 약하며, 사탕이나 아이스크림처럼 재료가 어는 온도나 결정화의 정도를 정밀하게 조절해야 하는 식품에 매우 요긴하게 쓰인다. 엿당은 보리맥아와 그 파생물인 말린 보리맥아 추출물의 주요 당이자, 현미 조청 등 곡물로 만든 감미료의 주요 성분이다. 우유에는 전 세계 수많은 성인 인구가 소화하지 못하는 이당류인 **젖당**이 함유되어 있다. 젖당도 자당보다 단맛이 약하다. 맥주 양조에 쓰이는 효모는 젖당을 분해하지 못하므로, 이 특징을 활용해서 맥주를 만들 때 정제된 순수한 젖당 분말을 첨가해 달콤한 향과 과일 향이 나는 맥주를 만들기도 한다.

당밀의 풍미가 있는 단맛: 갈색 설탕

톡 쏘는 향과 강렬한 쓴맛, 잼 같기도 하고 캐러멜 같기도 한 당밀의 진한 풍미에는 백설탕을 생산하기 위해 제거되는 풍미가 전부 농축되어 있다(이 설명은 비유가 아닌 실제 묘사에 가깝다. 원료를 끓여서 자당이 농축될수록 결정화된 당밀도 잔뜩 생기며, 이 혼합물을 세탁기처럼 내부의 통이 빠르게 회전하는 원심분리기라는 장치로 돌려서 설탕과 당밀을 분리한다). 당밀도 음식에 단맛을 내는 재료로 쓰이고, 시중에 판매되는 다양한 갈색 설탕의 색과 풍미도 바로 이 당밀에서 나온다. 백설탕에 당밀을 적당량 다시 추가해서 설탕 결정 하나하나에 풍미를 입힌 것이 갈색 설탕이다.

갈색 설탕을 색이 가장 옅고 단맛이 가장 약한 것부터 색이 가장 진하고 당밀의 특징이 강하게 느껴지는 종류로 대강 나열하면, 터비나도^{turbinado}(결정이 큼직하고 바삭하다), 데메라라^{demerara}(바삭함은 터비나도와 비슷하나 색이 더 진하고 토피 사탕의 풍미가 좀 더 강하게 느껴진다), 일반 갈색 설탕, 흑설탕(둘 다 결정이 작고 수분이 많은 편이다), 머스코바도^{muscovado}(수분이 많고 색이 흑설탕보다 진하며 풍미도 더 복합적이다)의 순서다.

갈색 설탕은 정통 미국식 초콜릿칩 쿠키의 풍미를 내는 중요한 재료이고, 데메라라 시럽(데메라라 설탕을 물과 2대 1로 섞어 약불로 녹인 것)은 럼이 들어가는 다양한 술의 복합적인 단맛을 담당한다. 위스키처럼 갈색빛이 도는 다른 술들도 갈색 설탕과 대체로 잘 어울린다.

토피 사탕, 캐러멜, 시럽, 술 등 백설탕이 들어가는 음식에 설탕을 갈색 설탕으로 대체하면 대부분 풍미가 더욱 풍부해진다. 그와 달리 빵과 과자, 페이스트리는 갈색 설탕으로 간단히 대체할 수 없다. 갈색 설탕 특유의 색과 풍미가 형성되는 과정에서 산성도도 약간 높아지므로, 이것이 베이킹소다와 베이킹파우더의 기능에 방해가 되어 예상치 못한 결과가 나올 수 있기 때문이다. 그러므로 백설탕을 갈색 설탕으로 대체할 때는 조금씩 전진하는 방식을 권한다. 처음부터 몽땅 갈색 설탕으로 대체하지 말고, 처음에는 백설탕의 절반 정도만 갈색 설탕으로 바꾼다. 풍미를 얻는 대신 음식의 질감이 다소 떨어질 수 있다는 점도 기억하자. 일단 그렇게 해보고, 마음에 드는 결과가 나올 때까지 설탕의 양을 조절하면서 두어 번 더 테스트하면 된다.

당밀

터비나도: 연한 캐러멜, 구운 빵의 향

데메라라: 캐러멜, 연한 토피 사탕의 향

갈색 설탕: 연한 당밀의 풍미

흑설탕: 당밀, 캐러멜의 향

머스코바도: 진한 당밀의 풍미, 자극적인 캐러멜 향

음식에 단맛을 더 맛있게 내는 손쉬운 방법

- 아이스커피나 늘 익숙한 방법으로 만드는 버터스카치 소스에 백설탕 대신 갈색 설탕을 넣어보라. 또는 재료를 오래 끓여서 졸이는 음식, 스튜를 끓일 때도 갈색 설탕을 조금만 넣어본다.
- 빵이나 과자를 구울 때 갈색 설탕을 넣는 경우, 기왕이면 파넬라, 재거리 jaggery, 쿠로사토 kuro sato 등 풍미가 더 좋은 비정제 설탕을 쓴다. 이런 설탕은 큰 덩어리로 판매되므로 직접 가루로 만들어서 써야 하지만, 그런 수고가 아깝지 않을 만큼 훌륭한 풍미를 얻을 수 있다.
- 갈색 설탕과 비정제 설탕은 백설탕보다 산도가 높으므로 베이킹에 영향을 줄 수 있다. 처음에는 일단 백설탕의 4분의 1만 갈색 설탕, 비정제 설탕 또는 꿀, 메이플 시럽 등으로 대체하자. 음식에 풍미를 더 하면서도 뜻밖의 결과와 맞닥뜨릴 위험을 줄일 수 있다.
- 꿀이나 아가베 시럽을 끓는 물과 1대 1로 섞어 칵테일, 아이스티, 레모네이드에 넣으면 단맛과 함께 풍미를 더할 수 있다.

부드럽고 복잡한 단맛: 비정제당

갈색 설탕이 단맛을 맛있게 내는 재료라면, 게다가 백설탕을 만드느라 당밀을 다 제거한 다음에 번거롭게 다시 추가해서 갈색 설탕을 생산한다면 애초에 당밀을 제거하지 않는 게 더 효율적이지 않을까? 정확한 지적이다. 원심분리로 당밀을 제거하는 정제 과정을 거치지 않는 설탕의 세계를 둘러볼 차례다. 사탕수수가 재배되는 지역에 사는 사람들은 이런 비정제 설탕을 쓴다(정제 설탕은 다 수출하고). 비정제 설탕은 지역마다 각양각색이라 수백, 어쩌면 수천 가지에 이르지만, 대체로 사탕수수즙을 가열해서 수분을 증발시키고 갈색이 될 때까지 졸여서 만든다. 이때 당밀과 자당 결정이 분리될 때까지 가열하지 않고, 전체적으로 갈색을 띠고 농도가 슬러리 혹은 반죽과 비슷해지는 정도로만 졸인다. 걸쭉한 액체가 뜨거워져서 냄비 밖으로 훌쩍 튀어 나가는 정도의 농도가 되면 불을 끄고 식혀서 단단한 덩어리로 만든다. 따라서 백설탕처럼 주르륵 흐르는 가루가 아니라 작은 알갱이가 전부 한데 뭉쳐진 벽돌 모양의 덩어리나 얇은 판 모양으로 완성된다. 비정제 설탕에는 캐러멜, 당밀의 향과 함께 가열 과정에서 당밀이 만들어질 때 생겨나는 은은한 흙 내음, 토피 사탕과 메이플 시럽의 향, 훈제 향, 버터 향, 쿠쿠한 냄새, 꽃 향 등 수많은 풍미가 층층이 담겨 있다. 단맛은 단순하다거나 지루할 뿐이라는 인식을 단숨에 깨뜨리는, 중독성 있는 복합적인 풍미다.

라틴아메리카 지역에서 생산되는 비정제 설탕인 파넬라(멕시코)는 필론칠로piloncillo, 라파두라rapadura(브라질), 찬카나chancana(페루), 파펠론papelón(베네수엘라) 등 다양한 이름으로 불린다. 모두 사탕수수즙을 가열해서 작고 납작한 덩어리나 원뿔 모양으로 굳힌 설탕이며, 색깔은 캐러멜화가 진행된 정도에 따라 옅은 금빛이 도는 갈색부터 짙은 갈색까지 다양하다. 필론칠로는 견과류와 말린 고추의 향이 가득한 몰레 소스mole sauce(다양한 말린 고추, 초콜릿, 견과류, 씨앗, 향신료, 채소를 갈아서 만드는 걸쭉한 소스. 멕시코의 대표적인 소스다 – 옮긴이), 카페 드 올라café de olla(흙을 빚어서 만든 컵에 담아서 내는 멕시코 전통 커피 – 옮긴이)에 진하고 복합적인 단맛을 더하는 재료로 쓰인다. 아구아파넬라aguapanela('파넬라가 들어간 물'이라는 뜻이다 – 옮긴이)나 파펠론 콘 리몬papelón con limon('파넬라가 들어간 레몬주스'라는 뜻으로, 레몬이나 라임즙에 파넬라, 라파두라 같은 비정제설탕을 넣은 음료)에 이 특별한 설탕의 깊은 캐러멜 풍미가 빠지면 그저 평범한 음료, 그야말로 지루한 레몬에이드나 라임에이드가 된다.

파넬라와 같은 비정제 설탕은 대부분 큰 덩어리나 두툼한 원반, 벽돌, 한쪽 끝이 점점 좁아지는 나지막한 뿔 모양의 고체 상태로 판매된다. 그래서 요리에 쓰려면 강판에 갈거나 작은 조각으로 부숴야 하지만, 일단 액체와 섞어서 가열하면 일반 설탕보다 훨씬 잘 녹는다. 재거리jaggery(사탕수수즙으로 만드는 남아시아, 동남아시아 지역의 비정제 설탕), 파넬라, 코코넛 설탕(코코넛이 열리는 코코야자의 수액을 끓여서 만드는 비정제 설탕 – 옮긴이)은 모래와 비슷한 정도의 불균질한 입자로 분쇄된 제품들도 판매된다(비정제 설탕은 자당 외에 다른 성분도 많이 함유되어 있으므로 결정의 크기와 모양이 일정하지 않다).

파넬라 코코넛 밀크 시럽

| 한 컵 반 분량 |

캐러멜의 향, 메이플 시럽의 향과 함께 부드러운 풍미와 견과류의 향도 살짝 나는 코코넛 시럽 레시피를 소개한다. 아이스커피에 단맛을 더하는 재료로 쓰기에도 좋고, 팬케이크에 뿌려 먹거나 스펀지케이크에 듬뿍 발라도 맛있다. 다이키리 칵테일용 시럽으로도 쓸 수 있는 등 쓰임새가 아주 다양하다. 이 시럽에 들어가는 설탕은 재거리, 종려당, 코코넛 설탕 등 비정제 설탕이면 무엇이든 상관없다. 정제한 갈색 설탕 중에 흑설탕이나 적당히 색이 짙은 터비나도 설탕을 써도 된다.

캔에 담긴 코코넛밀크(240ml)를 먼저 잘 흔든 다음 개봉한다. 중간 크기 소스 팬에 한 컵 붓는다.

묵직한 절구로 잘게 부순 **파넬라 설탕 225g**을 준비한다. 가루 상태로 한 컵과 2/3컵 분량이면 충분하다. 절구 대신 비닐 지퍼백에 덩어리째 넣고, 두꺼운 천으로 지퍼백을 감싼 다음 나무망치로 쳐서 적당히 작은 덩어리 여러 개와 모래 같은 가루가 섞인 상태로 만들어서 써도 된다.

잘게 부순 파넬라 설탕을 코코넛밀크가 담긴 소스 팬에 붓는다. 20분 정도 약불~중불로 가열하면서 설탕이 잘 녹도록 저어준다. 다 녹으면 화력을 높여 살짝 점성이 생길 때까지 5분 이상 더 끓인다. 불을 끄고 식힌다. 뚜껑을 꼭 닫아서 냉장고에 보관하고 2주 내로 모두 사용한다

🍴 파넬라 코코넛 아이스 커피

| 1인분 |

칵테일 셰이커(또는 뚜껑 있는 병)에 **파넬라 코코넛밀크 시럽**(위의 레시피 참고) **2큰술(30ml)**과 **콜드브루 커피 3/4컵(180ml)**, **얼음** 몇 조각을 넣는다. 쉐이커나 병뚜껑을 닫고, 거품이 생기고 전체가 차가워지도록 흔들어 섞는다. 미리 차갑게 만들어둔 잔에 부어서 바로 마신다.

🍴 파넬라 코코넛 다이키리

| 1인분 |

다이키리 칵테일을 직접 만들 때, 재료를 모두 섞은 다음 미리 차갑게 만든 잔 위에 촘촘한 거름망을 걸쳐서 얼음덩어리를 걸러내고 담으면 더 고급스럽고 깔끔한 음료가 된다. 물론 그냥 바로 부어서 마셔도 아무 상관없다. 칵테일 전용 잔을 차갑게 만들어서 쓰는 게 전통적인 방식이지만, 나는 주로 얇은 유리잔으로 마신다.

칵테일 셰이커(또는 뚜껑 있는 병)에 **자메이카 럼**(애플턴 이스테이트 Appleton Estate, 스미스 앤 크로스 Smith & Cross 브랜드 등) **60ml**와 **라임즙 30ml**(대략 라임 1개 분량), **파넬라 코코넛밀크 시럽 22ml**를 넣고 나머지는 얼음으로 채운다. 뚜껑을 닫고, 잘 흔들어서 전체적으로 차갑게 만든다. 잔에 칵테일용 거름망을 걸치고 부어서 바로 마신다.

파넬라: 캐러멜 향, 은은한 단맛, 토피 사탕의 향

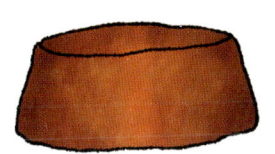

쿠로 사토: 메이플 시럽, 맥아의 향, 부드럽고 은은한 풍미

필론칠로: 진하고 복합적인 풍미, 당밀과 캐러멜 향

재거리: 깊은 풍미, 캐러멜과 흙 내음, 광물의 향, 살짝 퀴퀴한 냄새

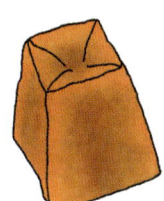

종려당: 캐러멜과 흙 내음, 버터 향, 퀴퀴한 냄새와 꽃 향

남아시아, 동남아시아 지역에서 사탕수수즙으로 만드는 재거리는 파넬라의 사촌 격인 비정제 설탕이다. 당밀과 비슷한 진한 캐러멜과 흙 내음이 느껴지면서도 풍미가 당밀보다 훨씬 복합적이다. 인도에서 생산되는 구르^{gur}와 벨람^{vellam}, 필리핀의 파누차^{panutsa}, 태국의 남딴^{namtan}은 모두 재거리와 매우 비슷한 비정제 설탕이다. 사탕수수즙이 아닌 야자나무 수액으로 만드는 재거리와 굴라 메칼라$^{gula\ mekala}$(말레이시아에서 생산되는 종려당 - 옮긴이)는 흙 내음과 더불어 버터의 향, 쿼쿼한 냄새, 꽃내음도 느껴진다.

다양한 식물의 수액에서 나오는 복합적인 풍미

사탕수수뿐만 아니라 여러 종류의 코코넛 나무, 야자나무, 대추나무 등 다른 열대 식물의 수액도 설탕의 원료로 쓰인다. 각 지역의 설탕 생산자들은 살아 있는 나무에서 수액을 바로 수확한다. 보통 꽃을 자르고 수액이 흘러나오게 하고, 어느 정도 모이면 가열해서 수분을 증발시키고 결정화한다. 이를 건조하면 설탕이 완성된다. **종려당**, 대추야자 재거리, 코코넛 설탕처럼 원료로 쓰인 식물이 이름에서부터 훤히 드러나기도 한다.

일본 최남단 지역은 사탕수수를 재배할 수 있을 만큼 기후가 따뜻하다. 그래서 특별한 방법으로 생산된 정제당과 비정제당이 쓰이는 일본 음식들이 있다. 가고시마현에서 생산되는 갈색 설탕인 **코쿠토**^{Kokuto}는 맥아의 풍미가 나는 포근한 적갈색 케이크와 단 과자류의 재료로 쓰이는데, 오키나와산 코쿠토는 재거리와 비슷하면서도 아주 고소하고 은은한 단맛이 나는 동시에 짠맛, 메이플 시럽의 향도 있고 색깔이 아주 짙다. 그래서 일본어로는 '검은 설탕(흑당)'을 뜻하는 쿠로 사토$^{kuro\ sato}$로도 불린다.

🍴 흑당 푸딩
| 1~2인분 |

오키나와산 흑당인 쿠로 사토는 버터스카치와 비슷한 풍미가 있다. 메이플 시럽, 가볍게 볶은 원두커피의 풍미도 있고, 색이 당밀처럼 매우 진하지만('흑당'이라고 불리는 이유다) 풍미가 당밀보다 훨씬 복합적이다. 일반적인 재료로 만들어도 맛있는 버터스카치 푸딩을 쿠로 사토로 만들면 풍미가 더욱 좋아진다. 전분은 달걀보다 더 높은 온도에서 젤이 되므로, 이 레시피에서는 옥수수 전분과 우유를 먼저 섞고 가열해서 되직하게 만든 다음 불을 끄고 달걀을 넣어 잔열로 익힌다. 또한 모든 갈색 설탕은 산성도가 약간 높다는 점을 고려해서, 전분 없이 흑당과 우유만 가열하는 시간을 최소화하여 맛의 균형을 유지한다. 쿠로 사토 대신 다른 비정제 설탕이나 색이 아주 진한 갈색 설탕을 써도 된다.

전분과 달걀이 들어가므로 페이스트리 크림으로도 활용할 수 있고, 케이크나 도넛 등 빵 속에 채워 넣는 재료로 쓰기에도 좋다.

그릇에 **큰 달걀 3개**를 깨서 한쪽에 둔다. **흑당(쿠로사토) 50g**을 강판에 갈거나 성능 좋은 블렌더로 분쇄한 후, **4큰술**을 중간 크기 볼에 담는다. **옥수수 전분 3큰술(23g)**, **일반 우유 7큰술(100ml)**을 넣고 모두 섞어서 한쪽에 둔다.

중간 크기 소스 팬에 **일반 우유 3/4컵과 2큰술(총 200ml)**, **백설탕 3큰술(40g)**을 넣고 약불~중불로 가열한다. 김이 올라오면 끓기 직전에 미리 섞어둔 전분, 우유, 흑당 혼합물을 붓고 잘 저으면서 중불로 되직해질 때까지 가열한다(75℃쯤에서 농도가 짙어진다). 전체적으로 뻑뻑해지면 불을 끄고 식품용 온도계로 온도를 측정한다. 75℃가 적당하며, 그보다 뜨거우면 식힌다.

온도가 맞춰지면, 달걀이 담긴 그릇에 먼저 2큰술 정도만 넣고 잘 저어서 달걀의 온도를 조금 높인다. 그런 다음 따뜻해진 달걀을 전부 팬에 담긴 혼합물 위에 붓고, 전체를 세게 휘젓는다. 잔열로 달걀이 익으면서 푸딩이 된다.

전부 작은 그릇에 옮겨 담고 냉장고에 넣어서 식힌다. 뚜껑을 꼭 닫아서 냉장고에 보관한다. 3~4일까지 보관할 수 있다.

연하고 찐득한 단맛: 수액과 시럽

백설탕은 생산 과정에서 시럽 같은 당밀이 생기는데, 사탕수수즙을 졸여 백설탕을 만들 때 결정이 형성되기 한참 전에 가열을 멈추면 단맛과 함께 섬세한 풍미가 나는 갈색의 액체가 생긴다. 바로 사탕수수 시럽이다. 영국에서는 '골든 시럽'으로 불린다.

설탕의 원료가 되는 수액은 사탕수수뿐만 아니라 다른 식물에서도 얻을 수 있다. 다른 식물의 수액은 당의 농도가 낮고 단맛이 훨씬 미세한 경향이 있다. 이를 사탕수수즙과 같은 방식으로 끓여서 졸이면, 수액을 얻은 식물 특유의 다채로운 풍미와 가열 과정에서 새로 생겨나는 풍미가 가득 담긴 찐득한 액상 시럽이 된다. 가장 대표적인 것이 단풍나무 수액으로 만드는 메이플 시럽이다. 메이플 시럽 특유의 풍미라고밖에 표현할 수 없는 개성이 있고 산성도가 약간 높은 메이플 시럽은 수액 채취 지역에 따라 색의 진한 정도가 달라지기도 하며, 색이 진할수록 풍미도 진하다. 2014년경부터 미국 내에서 판매되는 메이플 시럽은 전부 '색이 짙고 맛이 진한 A등급', 또는 '색이 매우 짙고 맛이 강한 A등급'이라는 식으로 전부 'A등급'으로 통칭되어 풍미가 다른 제품을 구분하기가 어려워졌다(원래는 각각 B등급, C등급으로 분류됐다). 메이플 시럽보다 구하기 힘든 자작나무 수액으로 만든 시럽도 있다. 메이플 시럽과 달리 과일 향과 베리의 향이 나고 전체적으로 흥미로운 풍미가 느껴진다.

우리가 쓰는 **꿀**은 꿀벌들이 거의 다 알아서 만든다. 꿀벌은 꿀이 있는 꽃을 찾아 꿀을 잔뜩 먹고는 집으로 돌아와 뱃속에 담아온 꿀을 전부 토해낸다. 그리고 날개로 열심히 부채질해서 꿀의 수분을 날려 농축시킨 다음, 나중에 쓸 수 있도록 밀랍이 채워진 벌집의 작은 칸마다 꿀을 비축한다. 꿀벌이 이렇게 저장해둔 꿀은 야생 효모와 세균의 작용으로 살짝 발효되어, 꿀을 채취한 식물의 고유한 풍미와 함께 기분 좋은 신맛도 느껴진다. 예컨대 토끼풀이나 오렌지꽃에서 얻은 꿀은 극히 가볍고 꽃 향이 도드라지며, 메밀 꿀은 색이 진하고 향긋하면서도 퀴퀴한 냄새가 난다. 꿀의 종류마다 색도, 풍미도 이 양극단 사이의 특징이 나타난다.

단맛과 쓴맛, 신맛, 짠맛의 만남

단맛은 음식에 대한 전반적인 인상을 지배하기도 한다. 사람들은 '달콤한 간식', '단 음식'은 따로 모아서 디저트로 분류해도 '짠 간식들'이나 '짠 요리'의 분류를 따로 만들지는 않는다. 처음부터 단맛에 중점을 두고 만드는 음식이 많은 건 사실이지만, 단맛이 다른 여러 맛과 영향을 주고받으며 전체적인 맛을 이루는 음식도 그에 못지않게 많다.

단맛은 짭짜름한 요리를 든든하게 받쳐주며 스튜나 찜 요리에 다양하게 활용된다. 풍미가 가장 복잡한 소스로 꼽히는 몰레 네그로$^{mole\ negro}$도 그런 예다. 멕시코 오악사카 지역에서 시작된 이 소스는 말린 고추를 굽고 태운 후 마늘, 양파, 달콤한 향이 나는 향신료에 돼지기름, 참깨, 피칸, 그 외 견과류를 넣어 기름기를 더하고 오래 끓여서 만든다. 완성된 소스에서는 잘 익은 플랜테인^{plantain}(바나나와 비슷하게 생겼으나 생으로는 먹을 수 없고 조리해서 먹는다. 아프리카, 서인도제도 요리에 많이 쓰인다 – 옮긴이)과 건포도, 초콜릿 음료의 풍미가 난다. 몰레 네그로는 닭고기 요리에 곁들이는 소스로 가장 많이 쓰이고 육수와 함께 끓여서 자작한 스튜로도 많이 먹는데, 짭짜름한 맛과 함께 단맛을 내는 재료에서 나온 달콤함도 또렷하게 느껴진다. 몰레 네그로의 단맛은 매콤함과 고소함, 탄내가 섞인 복잡한 풍미를 포근히 감싸고 부족한 부분을 채운다. 사방으로 뻗어나가며 점점 가열되는 극단적인 맛들을 가라앉히는 한편, 풍미가 너무 진하고 무거워지지 않게 조정한다. 단맛을 내는 재료는 단맛 외에 다른 풍미도 낸다. 플랜

사탕수수 시럽: 아주 연한 캐러멜 향

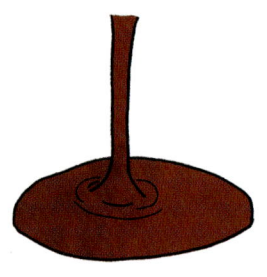
메이플 시럽: 태운 설탕, 커피, 맥아의 향

메밀꿀: 톡 쏘는 향, 흙냄새

토끼풀꿀: 톡 쏘는 향, 꽃내음, 가벼운 풍미

수수 시럽: 곡물, 과일, 맥아의 향

테인과 건포도의 달콤함과 과일의 풍미는 말린 고추에서 나오는 말린 과일의 풍미를 강조하고, 진한 갈색에 맥아 향을 머금은 달콤한 초콜릿은 오래 푹 끓인 음식의 깊고 구수한 풍미와 한데 어우러진다.

디저트와는 거리가 먼 다양한 재료들에도 단맛이 있고, 다양한 음식의 풍미에 중요한 부분을 차지한다. 마늘과 양파를 충분히 익히면 매운맛은 사라지고 단맛이 강해진다. 토마토와 당근도 마찬가지다.

짭짜름한 음식에 단맛을 더하는 손쉬운 방법

- 칠리(칠리 콘 카르네 chili con carne를 간단히 칠리라고 한다. 매운 고추와 쇠고기 분쇄육, 콩, 토마토, 양파, 향신료를 넣고 끓인 멕시코의 대표적인 스튜다-옮긴이)나 약불에 천천히 익힌 핀토콩, 강낭콩, 검은콩 요리에 갈색 설탕이나 필론칠로를 1큰술 정도 넣거나 다크초콜릿 1~2조각을 넣는다.
- 알싸한 잎채소에 뿌릴 비네그레트를 만들 때 색이 짙은 메이플 시럽이나 메밀꿀 등 향 강한 꿀을 넣는다.
- 식초에 피쉬소스를 조금 넣고 종려당을 강판이나 줄에 갈아서 뿌려서 드레싱을 만든다. 채 썬 양배추, 잘게 썬 그린파파야나 그린 망고와 잘 어울린다.
- 당근을 구울 때, 다 익으려면 5분쯤 더 익혀야 하는 시점에 수수 시럽이나 색이 짙은 메이플 시럽을 뿌리고 굽는다. 다 구운 당근에는 요구르트나 크렘 프레슈를 한 숟가락 푹 떠서 끼얹어 먹는다.

미각의 측면에서, 단맛은 음식을 더 달게 만드는 것을 넘어 훨씬 더 많은 기능을 한다. 쓴맛과 신맛이 너무 날카로워지지 않도록 둥그스름하게 다듬어 균형을 잡고, 감칠맛을 더 풍성하게 강화한다. 매운맛, 기름지고 진한 맛과도 잘 맞고 향신료 같은 양념이나 과일과도 잘 어울린다. 칠리나 콩이 들어간 매콤한 스튜에 갈색 설탕을 조금 넣거나 다크초콜릿을 한두 조각 넣으면 맛이 진해지는 동시에 전체적인 맛의 균형이 딱 알맞게 잡히는 경우가 많다. 토마토소스에 백설탕을 한 숟가락 정도 넘는 세심함을 발휘하면(한 가지 재료가 음식의 전체 풍미를 좌우하는 이런 음식에 단맛을 낼 때는 백설탕을 써야 그 재료의 풍미가 또렷해진다), 밍밍한 신맛만 고집스레 남는 대신 풍성한 신맛이 난다.

가스트리크gastrique는 단맛이 나는 재료와 신맛이 나는 재료를 한참 끓여서 묵직한 육류 요리나 구이에 곁들이는 소스다. 단맛이 다양한 맛과 어우러져 서로 영향을 주고받는 것만으로도 맛있는 음식이 된다는 것을 보여주는 좋은 예다. 가스트리크는 보통 시큼한 소스로 분류되지만, 사실 이 소스의 풍미에 큰 몫을 하는 건 단맛이다. 가스트리크의 단맛은 신맛이 자극적이고 독하지 않은 적당한 수준을 유지하게 하는 한편, 기름진 맛, 감칠맛, 고기 맛, 쓴맛이 섬세하게 어우러지도록 만든다.

사과 향 가스트리크

| 1/3컵~반 컵 분량 |

정통 프랑스식 가스트리크는 캐러멜화한 설탕과 식초를 함께 졸여서 만든다. 내가 소개하는 레시피는 엄격한 정통 방식과 달리 애플 사이더와 애플 사이더 식초를 활용해서 과일의 향을 확실하게 불어넣는다. 닭고기나 돼지고기를 구운 팬에 남은 기름과 자투리를 녹여 만드는 소스로도 좋고, 따로 만들어서 뿌리채소에 뿌려 먹어도 잘 어울린다.

소스 팬에 **애플 사이더 한 컵(240ml)**을 넣고 중불에서 시럽처럼 걸쭉해질 때까지 끓인다(1/4컵 정도만 남을 때까지 졸인다). 타지 않도록 잘 지켜봐야 한다. 다 졸인 애플 사이더에 **애플 사이더 식초 반 컵(120ml)**을 넣고, 약불~중불로 10~15분간 끓인다. 식초 향이 약해지고 약간 끈끈해도 줄줄 흐르는 농도가 될 때까지 끓이면 된다.

뚜껑을 꼭 닫아서 냉장고에 보관하고, 1주일 내로 모두 사용한다.

가당연유는 우유에 자연적으로 함유된 당인 젖당을 거의 완벽하게 산업화한 식품이다. 각종 식품에 어마어마하게 많이 쓰이는 이 가당연유는 우유를 가열해서 수분을 증발시키고 지방과 단백질 성분을 농축한 후 설탕을 그 농축물과 동량으로 섞은 우유빛 시럽이다. 캔에 포장된 연유는 그 상태가 수년간 유지된다(98쪽에 소개한 파넬라 코코넛 밀크 시럽은 가당연유와 비슷하면서 그보다 조금 가벼운 식물성 버전이다). 전 인류가 사랑하는 대표적인 쓴 음식인 커피(베트남 커피와 스페인의 '카페 봄본café bombon')와 차(말레이시아, 싱가포르, 홍콩)에 가당연유를 넣어 크림처럼 부드러운 단맛으로 맛의 균형을 잡은 각종 음료가 전 세계적으로 사랑받는 것을 보면, "설탕 한 스푼이면 약도 꿀꺽 삼킬 수 있지"라는 유명한 말(영화 〈메리 포핀스〉에 나오는 노래 가사다 – 옮긴이)처럼, 단맛이 쓴맛을 얼마나 가라앉힐 수 있는지를 잘 알 수 있다.

과일의 고유한 단맛

음식에 단맛을 더해 달콤한 음식을 만들 수 있어도, 완벽하게 잘 익은 과일만큼 특별한 단맛과 비견할 수는 없다. 과일은 존재의 목적부터가 동물들이 가까이 다가와 맛있게 먹은 후 씨앗을 멀리 퍼뜨리도록 만드는 것이고, 이 목적을 위해 동물을 유인하는 당분이 축적되어 있다. 과일에 당분이 가득 축적되어 익으면, 녹색이나 옅은 노란색을 띠던 색이 붉은색 또는 진한 보라색으로 바뀌고 얼른 와서 먹어보라고 손짓하듯 향도 뿜어져 나온다.

잘 익은 과일을 정말 맛있게 먹고 싶다면, 우리가 일반적으로 음식에 단맛을 강조하는 방식을 뒤집어야 한다. 즉 뭔가를 추가해서 단맛을 내고 다른 풍미와도 조화를 이루게 하는 방식이 아니라, 어떠한 가공도 하지 않은 생과일의 풍미가 그대로 완벽한 주인공 자리를 차지하고 다른 풍미는 과일의 고유한 단맛과 조화를 이루는 장식 정도에 머물도록 해야 한다. 바나나나 망고는 얇게 썰어 레몬이나 라임 껍질과 즙을 살짝 뿌려서 먹고, 체리나 사과는 소두구나 정향, 계피를 약간 뿌려서 먹는다. 또는 잘게 다진 생 허브를 과일에 곁들이는데, 수박과 복숭아는 박하잎과 잘 어울리고 딸기는 바질, 블루베리와 라즈베리는 레몬 버베너와 잘 맞다. 소금도 과일의 맛을 더한다. 많이 알려진 대로 자몽이나 멜론은 소금과 특히 잘 어울리며, 소금을 추가하면 쓴맛을 가라앉히는 부가적인 효과도 함께 얻을 수 있다.

차조기 소금을 곁들인 자두
| 디저트로 2~4인분 |

너무 과하게 익지 않은 짙은 보라색 자두에 차조기 소금을 뿌리면 정말 맛있다. 붉은색 자두, 그린게이지 자두(껍질과 과육이 모두 매력적인 녹색이다), 살구나 사워 체리(체리는 얇게 썰지 말고 반으로 썰어라)도 마찬가지다. 그냥 먹어도 맛있는 단맛과 짠맛의 조화에 과일이 가진 약간의 신맛이 합쳐지면서 더더욱 맛있어진다.

잘 익은 자두 3~4개를 준비한다. 잘라서 씨를 제거하고, 6~8조각으로 썰어서 **차조기 소금**(63쪽 참고)을 가장 넓은 면을 중심으로 자두 표면에 아주 살짝 덮이도록 골고루 뿌린다. 접시에 담아 바로 먹는다.

감칠맛

감칠맛은 육수와 고기에서 느껴지는 것과 같은 진하고 풍부한 맛이다. 감칠맛에는 무겁지 않게 입안을 가득 채우고, 천천히 왔다가 천천히 사라지는 확실한 풍미가 있으나 짠맛, 신맛, 쓴맛처럼 단번에 확 느껴지는 강렬함은 아니다. 가장 정의하기 힘든 맛이라고도 할 수 있지만, 거의 모든 문화권에서 이 맛을 음식에 활용하고 즐긴다. 해조류, 쇠고기 육포, 토마토, 미소 된장, 치즈, 소금에 절인 햄, 버섯, 간장과 같은 음식을 먹으면 입에 착 붙는 만족스러움을 느끼는 이유도 이 감칠맛에 있다.

감칠맛은 수천 년 전부터 널리 알려진 다른 맛들과 달리 1909년이 되어서야 명확하게 밝혀졌다. 이 맛을 나타내는 명칭(우마미 umami)도 그때 처음 생겨서 지금까지 쓰이고 있다. 다시마목 해조류인 다시마를 오랫동안 연구한 도쿄 제국대학의 화학과 교수 이케다 키쿠나에 Kikunae Ikeda 의 성과였다. 다시마는 일본 요리의 기본 바탕이 되는 국물인 다시의 풍미를 내는 핵심 재료다. 이케다 교수는 다시마 우린 물을 끓여서 농축한 다시 국물을 대량으로 만들어 연구한 결과, 다시 특유의 풍미를 내는 분자가 글루탐산염 glutamate 이라는 사실을 밝혀냈다. 이 특별한 맛을 뭐라고 칭할지 고민하던 그는 '맛있다'라는 뜻의 일본어 우마이 umai와 '맛'이라는 뜻의 일본어 미 mi를 합쳐 '우마미'로 정했다.

이케다 교수는 이 발견을 토대로 아지노모토를 설립하고 글루탐산염을 글루탐산나트륨(monosodium glutamate, 줄여서 MSG)의 형태로 만들어 양념으로 판매했다. 여전히 세계 최대 MSG 생산업체의 자리를 지키고 있는 아지노모토사의 '우마미 정보 센터'는 연구 결과를 공개하는 조건으로 다양한 감칠맛 연구에 연구비를 지원하고 있다.

감칠맛의 규칙

- 감칠맛은 글루탐산염에서 나온다(글루탐산 glutamic-acid 의 형태로). 글루탐산은 단백질 기초단위인 아미노산 중 하나다. 글루탐산염도 다른 맛 분자들처럼 기름보다 물에 훨씬 잘 녹는다.
- 발효 식품(간장, 미소 된장, 숙성된 치즈 등)은 감칠맛이 가장 좋은 음식으로 꼽히는데, 그 이유는 발효 과정에서 단백질의 일부가 기초단위인 아미노산으로 분해되기 때문이다.
- 해조류와 말린 버섯은 발효하지 않아도 자연적으로 감칠맛 분자가 가득 함유되어 있다.
- 감칠맛이 나는 재료와 리보뉴클레오티드 ribonucleotide 라는 분자가 함유된 재료(토마토, 생고기, 생선 등)가 함께 들어간 음식은 감칠맛이 더욱 강하다. 리보뉴클레오티드에도 감칠맛이 조금 있지만, 그보다 다른 재료의 감칠맛을 배가시키는 기능이 탁월하다.

감칠맛에 관한 연구와 논쟁

이케다 박사의 화학 연구로 감칠맛이 밝혀지기 전에도 '맛있는 풍미', '입맛을 돋우는 풍미'의 실체를 밝혀내겠다고 나선 사람들은 많았다. 하지만 감칠맛은 정의부터가 쉽지 않았다. 중국에서는 글루탐산염에서 나오는 감칠맛을 최소 19세기부터 시안 웨이 xian wei 라고 표현했다(우마미와 비슷하게 '맛이 좋다'는 뜻이다). 계몽주의 시대의 소위 지식인들 모임에서는 과학을 연구하는 신사들이 '오스마조메 osmazome'라는 표현을 쓰곤 했다. 오스마조메는 같은 시기에 나온 '플로지스톤 phlogiston (가연성 물질에 가득 들어 있다고 여겨진 물질. 가연성 물질을 태우면 이 물질이 그대로 방출된다고 여겨졌다)' 이론이나 현대의 '끈' 이론처럼, 도저히 설명할 수 없는 자연 현상을 설명하기 위해 만들어낸 가상의 물질이었다. "고기를 구우면 맛이 기가 막히게 좋아지는 이유는 무엇인가?"라는 의문에 대한 가상의 답이었던 셈이다. 지금은 감칠맛뿐만 아니라 고기가 노릇하게 구워질 때 발생하는 향 등이 합쳐진 다채로운 풍미가 그 놀라운 맛을 이룬다는 사실이 밝혀졌다(화학 실험에 더 나은 도구를 쓸 수 있게 되면서 플로지스톤 같은 단일 물질은 없으며, 연소는 가연성 분자와 기체 산소 사이에서 일어나는 빠른 화학 반응이라는 것도 밝혀졌다. 끈 이론은 여전히 열띤 논쟁이 오가고 있다).

과학의 눈으로 본 감칠맛

감칠맛은 (소금처럼) 광물에서 나오는 맛도 아니고 (단맛처럼) 인체의 주요 에너지원도 아니다. 감칠맛은 단백질의 기초단위인 아미노산(글루탐산)에서 나온다. 살아 있는 생물은 무수한 단백질을 만들어서 다양한 기능에 활용한다. 단백질은 근육이나 콜라겐처럼 우리 몸에서 움직이는 기관과 구조를 형성하고, 인체의 신호 전달에도 관여하고(미각과 후각 수용체도 단백질이다), 그 외 중요한 생화학적 반응이 빠짐없이 원활하게 진행되도록 관리한다. 어떤 기능을 하건, 모든 단백질은 목걸이처럼 한 줄로 길게 연결된 아미노산 사슬로 이루어진다. 이 사슬이 구겨지듯 뭉쳐지고 내부에 서로 연결된 부분들과 엉킨 부분들이 있는 구조를 이루는 것이 단백질이다. 총 스무 가지 아미노산이 모든 단백질을 구성하는 이 아미노산 사슬을 형성한다.

감칠맛 수용체는 아미노산의 하나인 글루탐산(더 정확히는 글루탐산이 이온화된 형태인 글루탐산염)과 결합한다. 글루탐산은 단백질의 기초단위일 뿐만 아니라 신경 세포 간에 중요한 정보가 오가도록 돕고 학습과 기억을 형성하는 신경전달물질로도 기능한다. 심지어 뇌에서 당 대신 에너지원으로 활용하기도 한다.

감칠맛과 MSG: 악마화된 맛

염화나트륨의 순수한 짠맛, 자당의 순수한 단맛처럼 순수한 감칠맛을 내는 물질이 있다. MSG로도 불리는 글루탐산나트륨이다(글루탐산염은 이온이므로 물에 떠다닐 때의 형태이고, 고체가 되려면 전하가 반대인 이온과 결합해야 한다. 글루탐산나트륨의 '나트륨'이 바로 그 역할을 한다. MSG에서 감칠맛과 함께 짠맛도 살짝 느껴지는 이유다).

MSG는 설탕, 지방과 더불어 큰 논란의 중심에 있는 식품 분자다. 그러나 이 논란은 잘못된 정보와 공포심, 유사 과학에서 비롯된 부분이 많다.

MSG(인체는 음식에 자연적으로 존재하는 글루탐산염과 MSG를 구분하지 못한다)는 천식, 편두통, 발진, 체중 증가에다 무려 신경독성까지 각종 건강 문제를 일으킨다는 비난을 받았다. 그 발단은 '중국 음식 증후군'으로 불리는 터무니없는 소문이었다. 1968년, 학술지 〈뉴잉글랜드 의학저널〉에 실린 '편집자에게 보내는 서신'(논문이 아니므로 전문가단의 심사 절차를 거치지 않고 게재되는 글이다)에 중국 음식점에서 식사하고 나면 "목덜미가 저리고 두통이 생기며 몸에 전체적으로 힘이 빠지고 심장이 빨리 뛰는" 증상이 나타난다는 내용이 담겼다. 지금까지도 이런 증후군이 진짜 있는지조차 입증

되지 않았을 뿐만 아니라, MSG가 원인이라고 확신할 만한 근거가 나온 연구는 단 한 건도 없었다. 그러나 이 소문은 '화학을 통한 생활 개선'에 반대하는 20세기 중반의 거센 여론, 그리고 대형 식품 기업을 비롯해 공공의 안전보다 이익을 우선시하는 대기업을 향한 대중의 불신과 합쳐졌고 중국인을 향한 인종차별, 혐오까지 적지 않은 영향을 주면서, 사람들의 머릿속에는 'MSG = 위험한 물질'이라는 인식이 고착됐다.

이 논란을 이 책에서 전부 다루기에는 지면도, 시간도 부족하지만, 최근에 나온 연구 결과와 메타 분석을 보면 MSG가 건강에 해롭다는 주장을 확실하게 뒷받침하는 근거로 언급됐던 연구 결과들 대부분이 연구 방법에 허점이 있거나 극단적이고 이례적인 조건에서 진행된 사실이 밝혀졌다. 다시 말해 우리가 일상적이고 합리적인 음식 섭취로, 즉 일반적인 생활 속에서 노출되는 MSG의 양과는 거리가 먼 조건에서 진행된 연구들이었다.

나는 개인적으로 글루탐산염이 가득한 식재료를 요리에 많이 사용한다. MSG도 항상 마련해 두고 음식에 깔끔한 감칠맛을 내고 싶을 때 조금씩 넣곤 한다. 하지만 건강 문제에 시달리는 수많은 사람들의 고통이 지나치게 경시되는 것 또한 문제이므로, 나는 누구도 다른 사람에게 먹기 싫은 걸 억지로 먹도록 강요해서는 안 된다고 생각한다. 각자의 경험상 MSG가 몸에 안 좋은 반응을 일으킨다고 확신한다면, 사실과 논리를 내세워 그건 틀린 생각이라고 설득할 마음은 없다. 그와 달리 MSG로, 또는 다른 형태로 글루탐산염을 섭취하는 게 안전한지 궁금한 사람들에게는 글루탐산염을 일체 멀리해야 한다는 주장들은 의심해볼 필요가 있다고 말해주고 싶다. 그런 주장을 뒷받침하는 확실한 과학적 근거는 없기 때문이다.

진화적인 차원에서, 감칠맛은 아미노산과 단백질이 들어 있는 음식 즉 뇌를 포함한 인체 기능 유지에 도움이 되는 유익한 음식임을 알려준다는 이점이 있다. 또한 감칠맛은 식욕을 돋운다. 우리는 감칠맛을 느끼면 그게 뭐든 더 먹고 싶은 욕구를 느끼는데, 이런 반응은 스위치를 켜고 끄는 것과 같은 일방적인 방식이 아닌 정교한 과정을 거쳐서 일어난다. 감칠맛을 느끼고 식욕이 생겨 그 음식을 더 먹으면 감칠맛이 없는 음식을 먹을 때보다 포만감을 더 빨리 느끼고, 그 상태가 더 오래 지속된다.

감칠맛이 과학적으로 탐구되고 실제 존재하는 맛의 하나로 인정받기까지는 오랜 시간이 걸렸다. 그 주된 원인 중 하나는, 유럽인들과 미국인들이 감칠맛 나는 음식을 쭉 만들고 먹어 왔음에도 불구하고 감칠맛을 잘 구분하지 못했다는 것이다. 1980년대에 실시된 한 미각 연구에서는 특별한 도움 없이도 감칠맛을 감지하는 사람의 비율이 일본인은 연구 참가자의 50% 이상인 반면 미국인은 약 10%에 불과한 것으로 나타났다. 그렇다고 미국인 참가자들이 감칠맛을 아예 못 느낀 건 아니었다. 순수한 감칠맛을 경험하고 그게 어떤 맛인지 묘사하는 것을 듣는 등 약간의 훈련을 거치면 거의 누구나 감칠맛을 구분할 수 있다(다시 강조하지만, 미각은 계속 훈련하고 주의를 기울이는 것이 핵심이다!). 하지만 감칠맛의 화학적 특성과 이 맛에 관한 묘사를 토대로 과연 감칠맛을 맛의 한 종류로 봐야 하는지, 아니면 다른 맛들을 강화할 뿐인지를 놓고 의견이 엇갈렸다. 이 논란은 2000년에 뇌의 글루탐산염 수용체(앞서 설명했듯이 글루탐산염은 신경전달물질이기도 하다) 중 한 가지가 혀의 미뢰에서도 만들어진다는 사실이 밝혀지고 나서야 마침내 종결됐다. 미뢰에 글루탐산 수용체가 있다는 건, 인체가 글루탐산염을 감지할 수 있는 건 물론이고 맛으로 감지한다는 것이다. 이후 감칠맛 수용체가 최소 세 가지라는 사실도 밝혀졌다.

그 세 가지 중 가장 주요한 수용체는 단맛 수용체처럼 밖으로 활짝 벌린 야구 장갑과 비슷한 형태이고, 결합 부위는 글루탐산염과만 결합할 수 있도록 특수하게 설계되어 있다. 단맛 수용체처럼 이 수용체의 '붙잡는' 부분도 분자의 형태뿐만 아니라 크기도 딱 맞아야 결합할 수 있다. 전분 분자에 단맛이 나는 포도당이 다량 포함되어 있는데도 전분이 달지 않은 이유는 크기가 너무 커서 단맛 수용체의 결합 부위 가까이 가지 못하기 때문이다. 단백질도 마찬가지다. 단백질을 구성하는 전체 아미노산 중 글루탐산염(글루탐산의 형태)은 보통 최소 5%이고 때로는 20%이지만, 아미노산 사슬 안에 묶인 상태로는 감칠맛 수용체의 결합 부위 가까이 가지 못한다. 따라서 단백질 자체는 감칠맛이 나지 않는다. 아미노산 사슬 안에 포함된 글루탐산염과 결합하려고 하는 건 야구 장갑으로 배구공을 잡으려는 것과 비슷하다.

감칠맛 수용체에는 꼼수라고 하는 게 더 어울릴 법한 특징이 있다. 요리에 흥미진진한 가능성을 열어주는 그 특징은, 글루탐산염이 수용체 근처에 나타나면 감칠맛 수용체의 결합 부위가 꽉 붙들고 '감칠맛이다!'라고 신호를 보낸 다음 다시 놓는다는 것이다.

그런데 감칠맛 수용체의 외부에는 그와 다른 희한한 결합 부위가 있다. 이 특정 부위가 활성화되면, 포수가 날아온 공을 받았을 때 투수에게 곧바로 패스하지 말라는 모종의 신호라도 받은 것처럼 수용체가 글루탐산염을 꽉 쥐고 놓지 않는다. 수용체가 글루탐산염을 쥐고 있는 동안에는 감칠맛 신호가 뇌로 계속 전송되므로, 일반적으로 수용체가 글루탐산염 분자와 잠시 결합했을 때보다 더 오랫동안 감칠맛 신호가 전송된다.

감칠맛 수용체 외부에 있는 이 특별한 부분은 특정 분자와 결합할 때 활성화되어 우리가 감칠맛을 더 강하게 느끼도록 만든다. 이 특정 부위가 활성화되면 감칠맛의 강도가 몇 배나 증가하기도 한다. 글루탐산염의 양이 늘어난 것도 아닌데, 마치 그런 것처럼 느끼는 것이다. 이 부분을 활성화하는 분자는 바로 *리보뉴클레오티드*다.

아미노산이 단백질의 기초단위인 것처럼 리보뉴클레오티드는 RNA(리보핵산)의 기초단위다. 우리 몸의 단백질은 DNA 염기 서열대로 만들어진다. RNA는 DNA로부터 단백질이 만들어지는 중간 과정에 형성되는 메신저 분자로, 일부는 세포의 에너지 저장 기능도 함께 수행한다. 살아 있는 모든 생물에는 단백질과 아미노산이 있고, RNA와 리보뉴클레오티드도 있

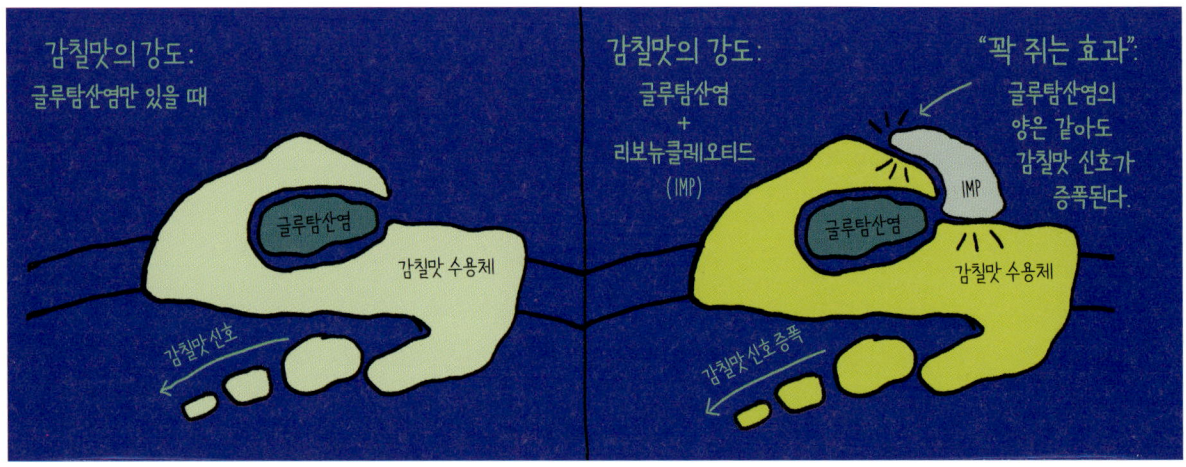

다. 하지만 글루탐산염, RNA, 리보뉴클레오티드의 양은 생물마다 차이가 있다.

감칠맛 이야기가 나오면 IMP, GMP, AMP 같은 리보뉴클레오티드가 가장 많이 언급된다(각각 이노신일인산inosine monophosphate, 구아노신일인산guanosine monophosphate, 아데노신일인산adenosine monophosphate을 뜻한다. GMP와 AMP는 리보뉴클레오티드의 구성단위인 뉴클레오티드이며 IMP로부터 생성된다-옮긴이). 그러나 이 물질 자체는 감칠맛이 없고 글루탐산염이 내는 감칠맛을 강화할 뿐이다. 리보뉴클레오티드가 가장 많은 식재료는 고기(포유동물, 조류의 식육과 생선)다. 발효나 숙성하지 않은 생육 상태에서도 그렇다. '강화한다'는 뜻이 있는 영어 표현 'beef up'은 문자 그대로의 의미도 있는 셈이다(beef는 쇠고기를 뜻한다-옮긴이). 글루탐산염과 리보뉴클레오티드가 모두 있으면, 부분의 합보다 훨씬 큰 감칠맛의 시너지가 생긴다.

글루탐산염이 다량 함유된 재료와 리보뉴클레오티드가 많은 재료가 모두 들어간 음식은 감칠맛이 폭발적으로 늘어난다. 글루탐산염이 많은 대신 풍미가 너무 강하거나, 퀴퀴한 냄새가 나서 요리에 많이 쓸 수는 없고 감칠맛은 놓치고 싶지 않은 재료를 쓸 때도 이 특징을 활용할 수 있다. 즉 그 재료는 조금만 쓰고 닭고기, 참치, 돼지고기 등 리보뉴클레오티드가 많이 든 재료를 함께 쓰면, 부족해질 수 있는 감칠맛을 강화할 수 있다.

감칠맛의 패턴

감칠맛이 나는 음식은 더 먹고 싶어지고, 먹었을 때 만족감도 훨씬 크다. 감칠맛의 풍미에는 두툼하고 무거운 이불을 덮다가 오리털 이불을 덮었을 때와 같은 풍성함이 있다. 대부분의 맛 분자가 그렇듯 글루탐산염도 지방이나 기름보다 물에 훨씬 더 잘 녹으므로, 육수나 스튜는 물론 재료를 물에 우려내는 방식으로도 감칠맛을 쉽게 낼 수 있다. 음식을 거의 다 만든 다음에 감칠맛이 나는 재료를 넣고 휘휘 젓거나 마지막에 고명으로 올리는 방식으로도 가능하다.

감칠맛을 낼 때 반드시 알아두어야 하는 첫 번째 패턴은 글루탐산염이 자연적으로 많고 익히지 않아도 감칠맛이 나는 재료도 있지만, 다양한 방법으로 단백질을 아미노산으로 분해해야 감칠맛이 나는 재료도 있다는 것이다.

글루탐산염이 자연적으로 가장 풍부한 재료는 동물이 아닌 식물, 균류 등이다. 다시마를 포함한 해조류, 표고버섯, 토마토, 녹차, 심지어 호두와 감자도 포함된다. 육류, 해산물은 몇 가지를 제외하면 대부분 글루탐산염이 극히 적고 염장이나 장시간 건조, 숙성 과정을 거쳐야 감칠맛이 생긴다(대신 리보뉴클레오티드가 있으므로 다른 재료의 감칠맛을 강화할 수 있다).

단백질 함량은 높지만 유리 아미노산으로 분해되어야 감칠맛이 나는 식품은 대부분 발효, 숙성 과정을 거친다. 그러한 식품은 미소 된장, 간장과 같은 식물성 식품, 말린 표고버섯이나 영양효모 같은 균류, 파르메산 치즈, 그뤼에르 치즈, 블루 치즈 등의 유제품, 피쉬 소스, 장기간 숙성한 햄, 염장한 앤초비와 같은 동물성 식품 등 다양하다.

글루탐산염이 많이 든 음식과 그 글루탐산염이 어떻게 형성되었는지를 알면, 감칠맛을 내는 재료를 요리에 쓸 때 함께 딸려 오는 다채로운 풍미를 예상할 수 있다. 재료에 따라 감칠맛과 함께 아주 퀴퀴한 냄새가 나기도 하고 깔끔한 바다 냄새, 채소 특유의 풍미, 심지어 진한 과일의 향이 따라오기도 한다.

감칠맛을 증폭시키는 손쉬운 방법

- 탄수화물이 많은 음식(감자, 파로, 국수 등), 토마토 스튜, 팝콘, 데친 채소나 단단한 브로콜리가 들어가는 요리 마지막에 감칠맛을 내는 마른 재료를 추가한다. 파르메산 치즈나 그뤼에르 치즈 등 숙성된 단단한 치즈를 갈아서 뿌리거나, 가루로 된 영양효모, 말린 버섯(특히 표고버섯), 김이나 파래, 다시마를 뿌린다.
- 파스타 소스, 고기가 들어간 찜 요리, 수프나 스튜의 밑 국물, 삶은 콩, 볶은 잎채소는 요리 초반에 앤초비 두어 조각이나 피쉬소스 조금, MSG를 1/2작은술 정도 넣고 재료를 먼저 익히는 것부터 시작하면 음식에 깊은 감칠맛을 낼 수 있다.
- 채소를 구울 때 다음 양념을 발라서 구우면 맛이 풍성해지고 감칠맛이 난다(모두 채소 약 450g 기준):
  - 붉은색 미소 된장 2큰술에 녹인 버터 4큰술을 섞는다 (닭 넓적다리에 이 양념을 발라서 구워보라).
- 이탈리아 소시지인 소프레사타 soppresatta 나 중국 소시지인 랍청 lap cheong 같은 말린 소시지를 잘게 썰어서 반 컵 준비하고, 올리브유나 다른 식용유를 섞는다.
- 식물성 유지 1/4컵에 가루로 된 인스턴트 다시 1/2작은술을 넣는다.
- 감칠맛 가득한 육수 끓이는 법: 물에 살코기 햄(영어로 ham trimmings, 또는 formed ham이라 불리는 햄으로, 돼지고기 다리 부위의 살코기만 모아 결착제 등으로 하나로 뭉쳐 가공한 햄 – 옮긴이), 말린 그물버섯이나 표고버섯 한 줌. 단맛이 강한 양배추 반 통을 썰어 넣고 토마토 페이스트를 몇 숟가락 넣는다. 파르메산 치즈 껍질 한두 조각, 양파 몇 개, 마늘 두어 톨도 추가한 다음 맛이 충분히 우러나도록 뚜껑을 덮고 몇 시간 끓인다. 내장이 제거된 닭고기나 소뼈를 추가해도 된다

최고의 감칠맛 재료

재료명	어떤 재료일까?	글루탐산염(100g당 mg)
라우스 다시마*	말린 해조류	3000
마마이트 marmite**	효모 추출물	1960
파르미지아노 레지아노	숙성된 경성 치즈	1680
다시마(일반)	해조류	1608
피쉬소스	동물 단백질을 발효한 식품	1383
김	해조류	1378
로크포르 roquefort 치즈***	블루치즈	1280
간장	콩 발효 식품	1264
앤초비	동물 단백질을 숙성한 식품	1200
두치 豆豉, douchi ****	콩 발효 식품	1080
말린 표고버섯	균류	1060

그뤼에르	숙성된 경성 치즈	1050
미소 된장	콩 발효 식품	1000

- • 일본 홋카이도 라우스Rausu에서 생산되는 다시마. 일본 3대 다시마로 꼽힌다.
- •• 맥주 양조 과정에서 나오는 효모 추출물로 만들어 찐득하고 짭짜름한 영국의 대표적인 스프레드.
- ••• 양젖으로 만든 푸른곰팡이(블루) 치즈. 프랑스 남부 지역에서 주로 생산된다.
- •••• 대두나 검은콩을 소금에 절여 발효한 것. 다양한 중국 요리에 두루 쓰이는 기본 재료다.

훌륭한 감칠맛 재료

재료명	어떤 재료일까?	글루탐산염(100g당 mg)
스틸턴 stilton 치즈 •	치즈	820
쇼유(일본식 간장)	콩과 밀을 발효한 식품	782
호두	채소	658
선드라이드 토마토	채소	650
고다 치즈	가공치즈	460
녹차	채소	450
카망베르 치즈	가공치즈	390
염장, 건조한 햄	동물 단백질을 숙성한 식품	350
말린 곰보버섯, 느타리버섯	균류	310

- • 영국 각지에서 생산되는 푸른곰팡이(블루)치즈.

괜찮은 감칠맛 재료

재료명	어떤 재료일까?	글루탐산염(100g당 mg)
사케	쌀 발효 식품	186
숙성된 체다 치즈	치즈	180
토마토	채소	175
보타르가 bottarga •	생선알을 염장, 숙성한 것	158
오징어	연체동물	146
가리비	연체동물	140
굴	연체동물	130

- • 숭어, 참치 등의 알을 얇은 막에 담긴 그대로 분리해서 소금에 절이고 말린 것. 이탈리아, 그리스 등 지중해 지역 요리에 많이 쓰인다.

가벼운 감칠맛 재료

재료명	어떤 재료일까?	글루탐산염(100g당 mg)
옥수수	채소	106
완두콩	채소	106
홍합	연체동물	105
성게	극피동물	103
김치	채소 발효 식품	100
감자	채소	100
마늘	채소	99
양배추	채소	94
캐비아	염장한 생선알	80
말린 그물버섯	균류	77
대두	콩류	75
게	갑각류	72
오리고기	동물성 단백질	69
무	채소	67
양파	채소	51
시금치, 당근	채소	50
아스파라거스	채소	49

채소의 감칠맛: 명예의 전당

감칠맛은 향이 풍부하고 고기 맛과 비슷한 진한 맛인데, 왜 채소부터 시작할까? 감칠맛이 매우 뛰어난 식품과 식재료에는 숙성, 염장, 발효한 식품들도 일부 포함되지만, 대부분의 채소에는 글루탐산염이 상당량 함유되어 있고 놀라울 정도로 다량 함유된 채소도 있다(혹시라도 여러분이 생물학자를 찾아가 언쟁을 벌이지 않도록 미리 말해두자면, 내가 말하는 '채소'에는 버섯(균류), 다시마(부등편모조류) 등 생물 분류체계상으로는 채소가 아닌 것도 몇 가지 포함된다). 채소의 감칠맛에는 자극적이거나, 퀴퀴한 냄새가 동반되거나, 묵직하지 않은 가볍고, 신선하고, 깨끗한 풍미가 있다. 가장 대표적인 예가 해조류다. 이케다 교수가 다시마에서 감칠맛 성분을 분리할 수 있었던 것도 다시마에 글루탐산염이 엄청난 농도로 들어 있기 때문이다. 예를 들어 일본 홋카이도 앞바다에서 자라는 거대 다시마인 라우스 다시마는 글루탐산염이 100g당 약 3,000mg이나 들어 있다. 내가 학술 논문에서 찾은 식품별 함량 중에는 최고치다. 그 외 다양한 종류의 다시마와 김, 미역, 함초, 식용 홍조류(덜스)에도 글루탐산염이 각기 다른 함량으로 다량 함유되어 있다. 해조류의 감칠맛은 깔끔하고 바다 향기가 나며, 독보적이다. 해조류에는 우리에게 익숙한 염화나트륨과 칼슘염, 아이오딘염도 함유되어 있어서 대체로 짠맛이 강하다.

감칠맛 순위에서 해조류의 가장 막강한 경쟁자는 버섯이다. 표고버섯, 특히 말린 표고버섯(100g당 글루탐산염 함량이 약 1,000mg)이 두드러지며, 느타리버섯, 곰보버섯, 그물버섯(프랑스어로 '세프cèpe' 버섯이라고도 한다)에도 글루탐산염이 많다.

감칠맛과는 영 거리가 멀어 보이는 수많은 육상식물에도 글루탐산염이 놀라울 만큼 가득하다. 녹차와 호두는 흙 내음, 식물 특유의 향이 나는 감칠맛을 내고, 토마토의 먹음직한 풍미는 숙성된 체더치즈와 거의 비슷한 100g당 175mg의 글루탐산염에서 나온다(토마토 품종 중에 '비프스테이크'라고 불리는 것이 있는데, 왜 그런 이름이 붙여졌는지 알 만하다). 토마토 내부의 씨를 둘러싼 젤리 같은 부분에는 리보뉴클레오티드가 있어서 토마토의 감칠맛은 한층 더 강하게 느껴진다(117쪽 '감칠맛의 시너지 만들기' 참고). 감칠맛을 내는 재료로 별로 알려지지 않은 옥수수, 완두, 감자, 마늘, 양배추, 무, 양파, 아스파라거스, 시금치도 흙 내음과 함께 깔끔하고 신선한 식물의 풍미와 함께 감칠맛을 낸다.

🍴 구운 다시마 오일을 곁들인
토마토, 절인 표고, 아보카도 샐러드
| 곁들임 요리, 또는 식전 요리로 2~4인분 |

흙 내음, 먹음직스럽고 깔끔한 식물의 풍미와 함께 식물 재료의 감칠맛을 다양하게 느낄 수 있는 샐러드를 소개한다. 표고버섯을 말리면 유리 글루탐산염이 더 많아지고, 말린 다음 식초에 절이면 흙냄새가 감도는 풍미가 톡 쏘는 식초의 날카로

말린 표고버섯: 흙 내음, 약한 황 냄새

그물버섯과 느타리버섯

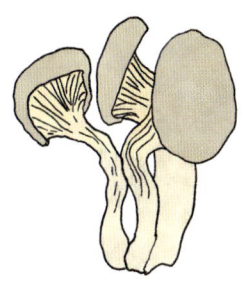

다시마: 깔끔한 바다 내음, 짠맛, 소금물 맛

녹차: 풀 내음, 해조류 냄새, 부드러운 향, 멜론의 향, 쓴맛

호두: 버터 향, 약간 쓴맛

운 향과 어우러진다. 토마토는 감칠맛을 내는 식물의 열매를 통틀어 주변에서 가장 쉽게 구할 수 있는 재료일 것이다. 식초에 절인 표고버섯과 토마토를 부드러운 풍미와 풋내가 있는 아보카도와 섞고 다시마 오일을 드레싱으로 뿌리면, 각 재료의 풍미가 멋지게 섞인다.

구운 다시마를 올리브유에 담가서 만든 다시마 오일은 샐러드에 진한 바다 향기와 함께 고소한 풍미를 더한다. 나는 노마에서 일하던 시절 동료였던 로시오 산체스로부터 다시마 오일 만드는 법을 배웠다. 로시오는 감자와 구운 보리, 캐비아가 들어간 엄청나게 맛있는 요리에 이 다시마 오일을 드레싱으로 사용했다.

✔ 말린 표고버섯을 불려서 식초에 절이기

밑동을 제거한 말린 표고버섯 한 컵(8g)을 중간 크기의 내열성 볼에 담고 **끓인 물 3~4컵**을 붓는다. 뚜껑을 덮고, 버섯이 말랑해지고 물이 진한 색이 될 때까지 최소 15~20분, 최대 1시간까지 불린다. 불린 버섯은 건져내고, 버섯을 불린 물도 버리지 말고 따로 둔다. 불린 버섯은 갓이 위로 가도록 놓고 5mm 두께로 잘라서 다른 볼에 담는다.

큰 소스 팬에 버섯 불린 물을 담고 중불~센불로 가열한다. 끓기 시작하면 불을 줄이고, 한 컵~한 컵과 1/3컵 정도만 남도록 졸인다. **쌀 식초 3/4컵(180ml), 잘게 간 라임 껍질 1/2작은술(2ml)**, 불려서 썰어둔 표고버섯을 넣는다. 물이 계속 끓는 정도로만 불을 확 줄이고, 식초의 자극적인 향이 일부 날아가고 버섯에 신맛이 어느 정도 배도록 5~10분간 끓인다. 불을 끄고, **라임 반 개의 즙**을 짜서 넣는다. 뚜껑을 덮고 한 시간 동안 식힌 다음 버섯을 액체와 함께 통에 담아 냉장고에 보관하고 2주 내로 모두 사용한다.

✔ 구운 다시마 오일 만들기

손질 후 포장되어 판매되는 말린 다시마 3~4장(무게로는 총 125g)을 오븐 팬에 담고 160℃에서 45분간 굽는다. 금빛이 도는 연한 갈색이 나면서 살짝 부풀고 잘 부스러지는 상태가 되면 식혀서 손으로 잘게 부순다. 블렌더에 모두 담고, **색이 연하고 풀 향이 나는 엑스트라버진 올리브유를 한 컵과 1/4컵(총 300ml)** 넣는다. 다시마 입자의 크기가 오일에 모래를 섞은 것처럼 보일 때까지 분쇄한다. 다 갈고 나면 다시마 성분이 오일에 우러나도록 2시간 동안 그대로 둔다. 면포(작은 다시마 입자가 빠져나가지 않게 하려면 치즈 만들 때 쓰는 면포보다 구멍이 촘촘한 것으로 써야 한다)나 깨끗한 행주로 걸러서 오일만 유리병이나 밀폐 용기에 담는다. 냉장고에는 2주, 냉동고에는 최대 6개월까지 보관할 수 있다.

✔ 샐러드 재료 손질하기

아주 잘 익은 토마토 450g을 준비한다. 꼭지 부분이 아래로 가도록 놓고 1~1.2cm 정도 두께로 얇게 썬다. 큰 접시에 얇게 썬 토마토를 한 겹으로 담고, **입자가 굵은 천일염**을 뿌린 후 15분간 절인다. 토마토에서 나온 즙과 소금이 섞인 짭짜름한 액체는 따로 모아둔다. **잘 익은 아보카도 한 개**의 껍질을 벗기고 씨를 제거한 후 깍둑썬다.

✔ 아보카도에 먼저 드레싱 묻히기

토마토에서 흘러나온 즙을 작은 볼에 담고, 식초에 절인 표고버섯의 액체만 반 컵(120ml) 덜어서 붓는다. 맛을 보고 밍밍하면 쌀 식초를 1큰술 더해서 드레싱을 완성한다. 깍둑썬 아보카도에 드레싱을 한 숟가락씩 끼얹으며 골고루 섞는다. 남은 드레싱과 아보카도는 한쪽에 둔다.

✔ 샐러드 완성하기

소금에 절인 토마토 슬라이스를 큼직한 그릇에 담고, 그 위에 초절임한 표고버섯의 절반을 올린다. 드레싱을 묻힌 아보카도는 액체는 걸러내고 그 위에 올린다. 아보카도에 묻히고 남은 드레싱 2큰술(30ml)을 전체적으로 군데군데 끼얹고, 구운 다시마 오일 반 컵(120ml)도 끼얹는다. **입자가 넓적하고 큰 천일염 한 꼬집, 바로 간 흑후추**를 추가한다. 바로 먹는다.

단백질 × 시간 = 퀴퀴한 냄새와 진한 감칠맛

오래 숙성해서 향이 진하고 퀴퀴한 냄새가 나는 발효 식품은 감칠맛을 가장 쉽게 느낄 수 있는 음식이다. 그런데 이런 식품의 재료 자체는 대체로 유리 글루탐산염의 함량이 그리 높지 않다. **치즈**는 감칠맛과는 거리가 먼 우유로 만들고, **프로슈토**는 풍미가 그리 특별히 진하지 않은 돼지고기로 만든다. 간장도 맛이 비교적 심심한 대두와 밀로 만든다. 이 세 가지 식품의 공통분모는 무엇일까? 재료에 단백질이 풍부하다는 것, 그리고 아주 긴 시간, 때로는 수년까지 기다려야 감칠맛이 생긴다는 것이다. 단백질과 시간은 감칠맛의 주인공인 글루탐산염이 형성되는 확실한 조건이다. 그러므로 수학 공식처럼 이렇게 표현할 수도 있다.

"단백질 × 시간 = 진한 감칠맛"

감칠맛이 별로 없는 재료로 만든 음식에 감칠맛이 생기려면 꼭 필요한 요소가 있다. 바로 효소다. 효소는 살아 있는 생물의 몸에서 분자 단위의 물질이 만들어질 때 쓰이는 도구이며, 그 자체가 살아 있지는 않다. 효소는 포도당을 쭉 연결해서 전분 분자를 만드는 것처럼 새로운 것을 만드는 것도 있고, 커다란 덩어리를 잘게 쪼개는 것도 있다. 세포는 뭔가를 새로 만들 때마다 모든 재료를 처음부터 만들지 않고 효소가 쪼갠 것들을 모아 재활용하는 알뜰함을 발휘한다. 이렇게 큰 덩어리를 쪼개는 효소들은 우리가 창의력을 발휘할 틈도 없이 그 기능이 이름에 고스란히 담긴 '분해효소'로 불린다(영어로는 어미가 ~ase로 통일된다). 예를 들어 아밀라아제^{amylase}는 전분을 분해하는 효소이고(전분을 뜻하는 라틴어 ^{amylum}에서 따온 명칭이다), 감칠맛과 관련이 있는 단백질 분해효소는 단백질을 개별 아미노산으로 분해한다. 대체로 아미노산의 5~20%가 글루타민이므로, 단백질이 분해되면 감칠맛이 커진다.

단백질 분해효소가 유독 많은 세균과 미생물들이 있고, 인류는 단백질이 분해되어 감칠맛이 생기는 과정이 더 원활히 일어나도록 그런 미생물을 활용해왔다. 파르미지아노 레지아노와 같은 숙성 치즈를 만들 때 활용되는 젖산균도 그런 예로, 젖산균이 가진 단백질 분해효소의 활약으로 글루탐산염이 치즈 총무게의

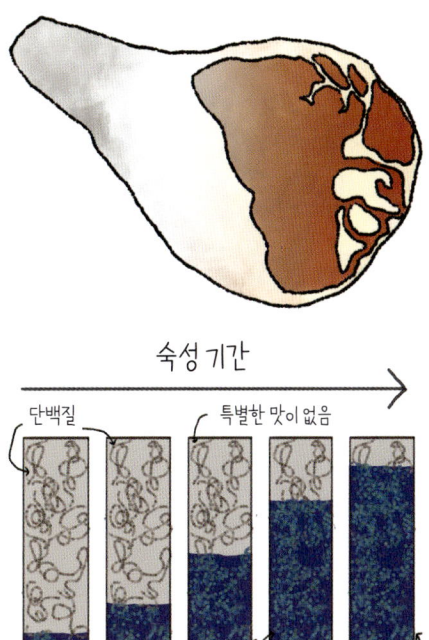

무려 2%에 달하는 양만큼 생기기도 한다. 식품에 단골로 활용되는 균류인 누룩곰팡이(*Aspergillus oryzae*)도 단백질 분해 전문가다. 한국의 간장, 된장을 비롯해 일본의 쇼유와 미소 된장, 중국의 두치 등 콩으로 만든 페이스트와 콩을 통째 발효한 식품 등 단백질 함량이 높은 콩으로 만든 다양한 식품들의 강한 감칠맛은 이 누룩곰팡이의 작품이다. 색이 연한 미소 된장과 간장은 보통 숙성 기간이 짧고 소금도 적게 들어가며(숙성 기간이 길지 않으므로) 콩보다 밀이나 쌀이 더 많이 들어가므로 콩을 발효한 식품치고는 감칠맛이 약한 편이다. 반대로 색이 진한 페이스트와 양념, 소스는 대체로 숙성 기간이 길고 단백질 분해효소가 작용하는 시간도 그만큼 길어서 감칠맛도 더 진하다. 숙성 기간이 길면 소금도 더 많이 들어가므로 짠맛도 더 강하다.

단백질 분해효소가 특별히 많은 미생물을 활용하

간장: 짠맛, 맥아 향, 퀴퀴한 냄새

치즈: 특유의 냄새, 흙 내음, 짠맛미소

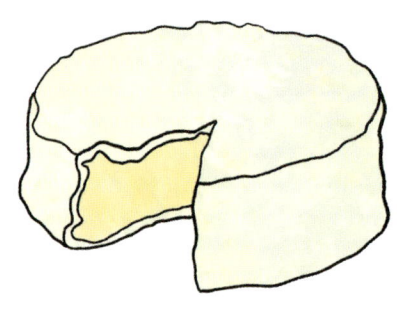

보르테가: 깔끔한 생선 냄새, 강한 향, 짠맛, 치즈 냄새

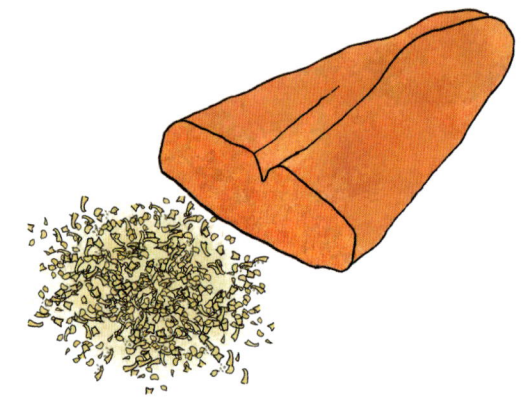

미소 된장: 짠맛, 톡 쏘는 맛, 맥아 향, 과일/꽃 향

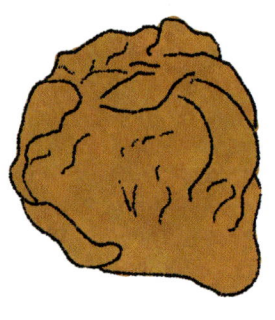

숙성 햄: 돼지고기 냄새, 고소함, 짠맛

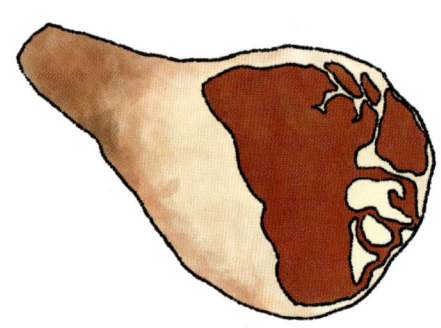

앤초비: 깔끔한 생선 냄새, 부드러운 풍미, 짠맛

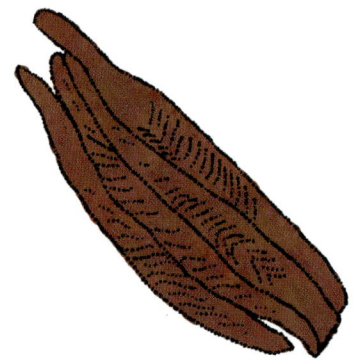

는 것도 유용하지만, 생 재료의 세포에 자연적으로 존재하는 단백질 분해효소로 단백질의 감칠맛을 끌어내는 방법도 있다. 쇠고기 육포, 돼지 다리를 통째 소금에 절이고 건조한 햄이 그런 예다. 숙성되는 동안 재료의 세포 하나하나에 포함된 단백질 분해효소가 주변 조직의 단백질을 서서히 분해하도록 만드는 것이다.

인류는 소금에 절인 앤초비나 피쉬소스, 새우 페이스트처럼 작은 생선과 갑각류를 발효하고 숙성해서 음식으로 만들 생각을 맨 처음 어떻게 하게 되었을까? 약간 비위가 상할 수도 있는(하지만 대단히 멋진!) 깨달음의 과정이 있었다.

그 작은 생선과 갑각류는 각자 자신보다 더 작은 생물을 먹이로 삼는다. 이들의 먹이가 되는 그 작은 생물에는 단백질이 있다. 따라서 먹이를 소화하려면 단백질 분해효소가 많이 있어야 한다. 다시 말해 앤초비나 새우 같은 작은 생선과 갑각류의 소화기관에는 단백질 분해효소가 아주 많다. 그러므로 작은 생선과 갑각류에 소금을 뿌리고 잘 섞으면, 또는 심지어 소금을 뿌려두기만 해도 이들의 소화기관에 가득한 단백질 분해효소가 생선과 갑각류를 천천히, 조금씩 분해한다. 그 결과 글루탐산염이 가득 형성되어 감칠맛이 진한 식품이 된다.

감칠맛과 신맛

감칠맛과 신맛은 가장 닮은 구석이 없다고 느껴진다. 신맛은 산뜻하고 날카로운 반면 감칠맛은 부드럽고 섬세하다. 신맛이 어떤 음식이든 생기를 불어넣고 강렬한 인상을 준다면, 감칠맛은 가볍고 포근하게 전체를 폭 감싼다. 이 두 가지 맛이 만나면 절충되거나 어느 한쪽이 사라지기보다(단맛과 쓴맛이 만날 때처럼), 복잡한 하모니 속에서 생겨나는 배음처럼 각각의 가장 좋은 특성이 합쳐지고 더욱 강화된다.

감칠맛과 신맛이 합쳐질 때 형성되는 풍미에는 사실 매우 일정한 패턴이 있다. 간장에 감귤류와 식초의 신맛을 더한 폰즈 소스의 새콤한 감칠맛은 피쉬소스에 라임즙을 더한(종려당도 조금 들어간다) 베트남의 느억쩜 nước chăm 소스에서도 느낄 수 있다. 고대 로마의 피쉬소스인 가룸 garum 에 신맛이 강한 와인을 섞어서 만든 우에노가룸 oenogarum 은 고대 지중해 연안 사람들이 오늘날의 케첩처럼 활용했다고 하며, 감칠맛과 신맛이 모두 느껴진다. 아도보 adobo (돼지고기, 닭고기 등을 식초와 간장에 재워두었다가 졸여서 만드는 필리핀의 찜 요리 – 옮긴이)와 잘 익은 토마토에서도 이런 감칠맛과 신맛의 조합을 느낄 수 있다.

시도해보기

감칠맛과 신맛의 조합이 채소와 만나면 풍미가 풍성해지는 동시에 확 살아난다. 나는 브로콜리를 익혀서 아직 뜨거울 때 레몬즙과 자몽즙, 양질의 간장을 동량으로 섞어 폰즈 소스와 비슷하게 만든 소스를 뿌려서 먹는다. 이 소스를 갓 만든 비네그레트 반 컵에 1큰술 정도 섞으면 억세고 쓴맛이 강한 상추와 잘 어울린다. 미소 된장에 식초를 섞어서 만드는 일본의 스미소 su miso 소스도 비슷하다. 쌀 식초와 색이 옅은 미소 된장(백된장)을 1대 2로 섞고(식초 2큰술에 미소 된장 1/4컵), 너무 뻑뻑하면 물을 조금 섞어서 풀어주면 된다. 구운 당근이나 호박에 이 스미소 소스를 숟가락으로 넉넉히 끼얹어서 먹으면 맛있다.

감칠맛 강화하기: 시너지 만들기

앞서 글루탐산염의 함량별로 감칠맛이 강한 재료들을 소개한 표를 보면서, 이런 궁금증이 들었을 것이다. "쇠고기는 왜 없지?" 감칠맛은 '고기 맛'인데, 쇠고기를 비롯한 육류에도 글루탐산염이 당연히 많지 않을까?

놀랍게도 그렇지 않다. 익히지 않은 육류에는 글루탐산염이 그리 많지 않다. 쇠고기의 경우 100g당 30mg 정도인데, 마늘, 양배추, 양파, 심지어 감자 같은 채소에 함유된 글루탐산염이 그보다 두세 배 더 많다.

그렇다고 생고기를 포함한 육류가 감칠맛과는 아예 무관하다는 건 아니다. 감칠맛 수용체로 잠깐 다시 돌아가자. 이 수용체는 글루탐산염과 결합하면 활성화되고 IMP, GMP 같은 리보뉴클레오티드가 수용체에 함께 작용하면 감칠맛 신호가 훨씬 더 크게 증폭된다. 글루탐산염은 감칠맛 수용체의 주요 결합부('활성부위')에 달라붙고, 리보뉴클레오티드는 다른 방향에서 슬쩍 다가와서는 수용체에 글루탐산염을 놓지 말고 꽉 붙들고 있으면서 뇌로 감칠맛 신호를 계속 보내라고 귀띔한다. 이게 육류와 무슨 상관일까? 육류에는 리보뉴클레오티드가 굉장히 풍부하다. 쇠고기는 리보뉴클레오티드가 100g당 75mg 함유되어 있고, 돼지고기와 닭고기, 고등어에는 100g당 약 200mg이 있다.

여기서 두 번째 감칠맛 공식을 세울 수 있다.

"1 + 1 = 8"

1 더하기 1은 당연히 8이 아니지만, 이 공식은 시너지, 즉 전체가 부분의 합보다 훨씬 커지는 효과를 나타낸 것이다. 1960년대에 아지노모토사의 연구진은 글루탐산염과 리보뉴클레오티드를 다양한 비율로 혼합해서 사람들에게 맛을 보고 감칠맛이 얼마나 강하게 느껴지는지 평가하도록 했다. 그러자 뉴클레오티드가 글루탐산염의 2%만 섞여 있어도(즉 글루탐산염 100mg에 IMP 2mg) 사람들이 느끼는 감칠맛의 강도가 두 배, 혹은 세 배로 증가했다. 감칠맛이 적당한 수준

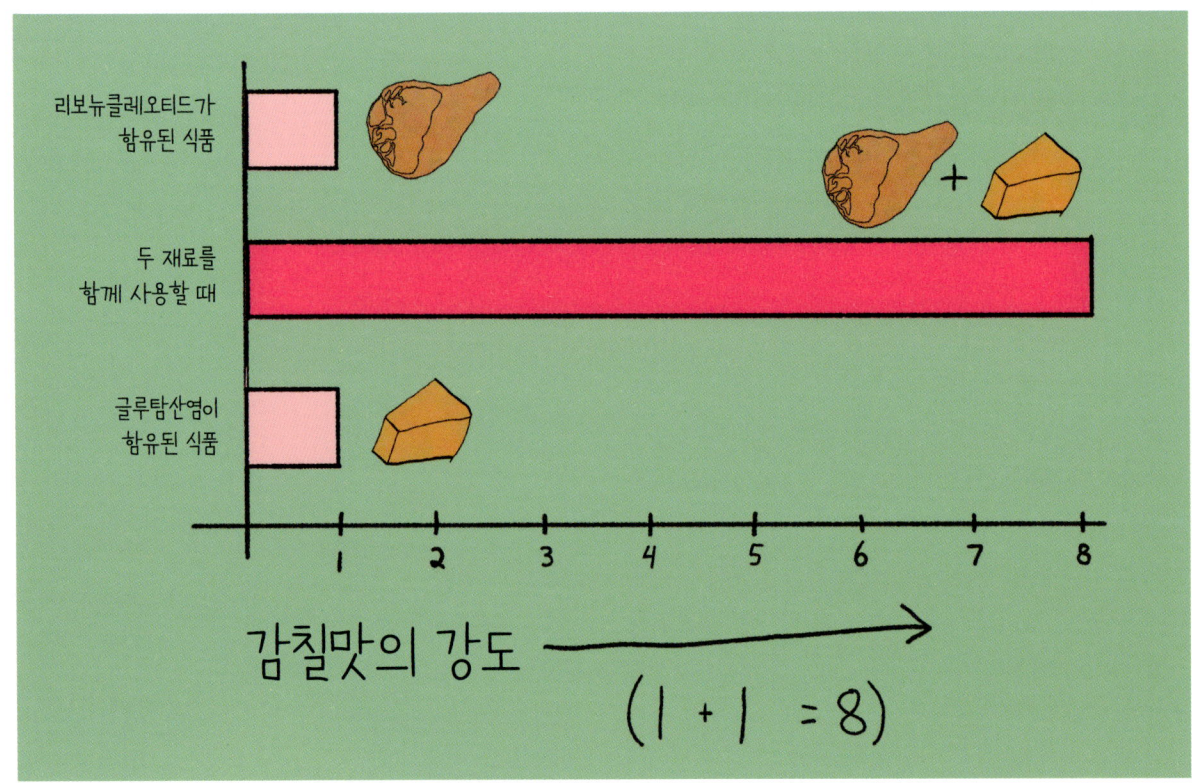

인 체더치즈 한 덩어리에 돼지고기를 아주 조금만 더 해도 감칠맛이 연한 간장에 맞먹는 수준으로 증폭된다. 1 + 1 = 8이라는 공식은 글루탐산염과 리보뉴클레오티드의 시너지가 최대치에 이르는 비율이다. 즉 그 둘을 동량으로 섞으면, 글루탐산염만 있을 때보다 감칠맛이 8배 정도 커진다.

요리사들은 글루탐산염과 리보뉴클레오티드의 시너지를 오래전부터 알고 있었다. 그래서 글루탐산염이 가득한 재료와 리보뉴클레오티드가 가득한 재료를 함께 넣어 진한 감칠맛을 내는 요리가 정말 많다. 조개류와 감자로 만드는 클램베이크^{clambake}(갑각류와 조개류를 감자, 그밖에 다양한 채소와 함께 쪄서 먹는 해산물 요리 - 옮긴이), 토마토와 치즈가 함께 들어가는 피자, 다시마와 가다랑어포(가다랑어 살을 훈연하고 말려서 발효한 것)를 함께 넣고 끓이는 일본의 다시, 양파와 쇠고기로 만드는 프랑스식 양파 수프도 모두 그런 음식이다. 글루탐산염이 많은 재료만 왕창 넣기보다 그런 재료를 조금 쓰고, 그 재료의 감칠맛을 증폭하는 재료를 함께 써서 풍미를 대폭 늘리는 것은 감칠맛을 내는 아주 좋은 방법이다.

글루탐산염의 함량이 별로 높지 않은 육류(발효나 오랜 숙성 과정을 거치지 않은 생육)에서 감칠맛이 나는 이유도 이 시너지에서 찾을 수 있다. 1 + 1 = 8의 공식에 따라 글루탐산염 1g과 리보뉴클레오티드가 1g이 만나면 감칠맛은 8배가 되므로, 리보뉴클레오티드가 많은 동물성 단백질(쇠고기, 돼지고기, 닭고기, 참치 등)은 대부분 감칠맛이 체더치즈와 프로슈토의 중간쯤은 된다고 볼 수 있다. 게다가 남아도는 리보뉴클레오티드가 잔뜩 있으니, 이런 동물성 단백질을 글루탐산염이 가득한 다른 재료와 함께 요리하면 감칠맛을 가장 효과적으로 증폭시킬 수 있다.

시도해보기

글루탐산염이 많은 재료와 리보뉴클레오티드가 많은 재료를 요리에 함께 쓰면 감칠맛에 시너지가 생긴다. 일본식 다시 육수에 들어가는 다시마와 가다랑어포, 양배추와 돼지고기, 고등어/참치와 간장 양념, 마늘과 거의 모든 육류의 조합도 그런 예다. 김치(배추, 마늘, 말린 해산물의 조합), 프랑스식 양파 수프에 들어가는 쇠고기 육수와 양파, 시저샐러드의 파르메산 치즈와 마늘, 앤초비의 조합도 마찬가지다.

🍽 감칠맛 가득한 치즈 후추 파스타

| 2인분 |

흑후추와 치즈, 면을 삶은 면수의 간소한 조합에서 나오는 강력한 풍미가 일품인 치즈 후추 파스타(이탈리아어로는 카초 에 페페$^{cacio\ e\ pepe}$)는 고대 로마에서부터 전해 내려오는 음식이다. 글루탐산염이 가득한 파르메산 치즈와 페코리노 치즈를 1인분에 반 컵씩 갈아 넣는 것만으로 감칠맛은 이미 확실하게 보장된다. 내가 정말 좋아하는 음식이기도 하다. 나는 이 파스타를 만들 때 다른 감칠맛 재료도 더해서 풍미를 더욱 강화한다. 앤초비로 퀴퀴한 냄새와 숙성된 음식 특유의 풍미를 더하고, 영양효모로 고소한 향을 더하면 이 두 재료에 함유된 리보뉴클레오티드 덕분에 감칠맛이 한층 진해지고 더욱 복합적인 풍미까지 얻을 수 있다.

강판에 간 **파르메산 치즈나 페코리노 치즈를 한 컵**(100g) 준비한다(둘을 반씩 섞어서 한 컵을 만들어도 된다).

작은 소스 팬에 **버터 4큰술(60g), 바로 간 흑후추 1.5작은술(3~4g), 잘게 다진 앤초비 한 덩어리**를 넣고 약불~중불로 가열한다. 버터가 녹으면 불을 끄고, 면을 삶는 동안 후추와 앤초비의 풍미가 충분히 섞이도록 뚜껑을 덮어둔다.

큰 냄비에 물을 담고 소금을 넉넉히 넣어 끓인다. 물이 끓으면 **부카티니**(가운데 구멍이 뚫린 굵은 파스타면 - 옮긴이)나 **스파게티면 225g**을 넣고 포장지에 적힌 시간만큼 삶는다. 다 익으면 **면수 두 컵(450g)**을 덜어두고, 면은 물기를 뺀 후 냄비에 다시 담는다. 미리 만들어둔 앤초비와 후추 양념을 면 위에 붓고, **영양효모 분말 2큰술**(10g)과 덜어둔 면수 반 컵도 넣은 다음 골고루 섞는다. 면을 집게로 뒤적이면서 중간중간 미리 갈아 둔 치즈를 뿌린다. 잔열로 치즈가 녹고 면에 남은 물기와 만나면 유화가 일어나 소스가 생긴다. 남은 면수를 한 숟가락씩 추가하면서 너무 뻑뻑하지 않을 정도로 소스 농도를 맞춘다. 접시에 담고, 치즈를 조금 더 갈아뿌려 바로 먹는다.

감칠맛을 강화하는 재료: 리보뉴클레오티드가 가득 함유된 식품

글루탐산염이 많은 재료를 글루탐산염의 함량은 높지 않아도 IMP, GMP와 같은 리보뉴클레오티드가 다량 함유된 아래 재료들과 함께 쓰면 감칠맛이 크게 강화된다.

재료명	재료의 종류	글루탐산염(100g당 mg)	리보뉴클레오티드(100g당 mg)
말린 앤초비	동물성 단백질을 가공한 식품	16	884
가다랑어포	동물성 단백질을 가공한 식품	24	758
앤초비°	동물성 단백질을 가공한 식품	1200	305
참치	동물성 단백질	16	292
고등어	동물성 단백질	36	221
닭고기	동물성 단백질	44	220
돼지고기	동물성 단백질	23	211
가리비°	동물성 단백질	140	186
오징어°	동물성 단백질	146	184
말린 표고버섯°	균류	1060	150
새우	동물성 단백질	40	87
랍스터	동물성 단백질	9	82
쇠고기	동물성 단백질	33	82
게	동물성 단백질	72	42
곰보버섯(말린 것)°	균류	311	40
성게°	동물성 단백질	103	32
토마토°	채소	175	21

° 글루탐산염도 많은 식품.

쓴맛

인체는 다른 맛과 똑같이 특정 분자를 통해 쓴맛을 느낀다. 하지만 쓴맛은 다른 맛들과 다르게 우리가 원하는 것이 아닌, 우리를 해칠 수 있는 물질임을 알려주는 단서다. 인류가 식량으로 삼는 것들이 전부 순순히 '그래, 마음껏 먹어라'라고 할 리는 없고, 실제로 우리가 음식으로 삼는 재료에는 독성 분자가 많다. 쓴맛은 바로 그 독성을 감지할 때 느끼는 맛이다. 삼키기 직전, 결정적인 순간에 쓴맛이 경적처럼 울려 퍼지며 위험성을 알린다. 살 떨리게 좋기도 하고 불쾌하기도 한 혐오감의 맛, 음식에 도사린 위험을 알리는 맛이다.

쓴맛의 규칙

- 쓴맛은 해롭거나 독이 들어 있을 가능성의 경고다. 쓴맛을 일으키는 분자는 다른 어떤 맛 분자보다 다양하며 수용체의 종류도 가장 다양하다.
- 쓴맛이 나는 분자나 음식 중에는 적당히 섭취하면 유용하거나 약이 되는 것도 있다. 인체의 유연한 적응력 덕분에, 우리는 그런 물질을 쓰다고 느끼면서도 좋아하게 된다. 그러한 유연성 또는 후천적으로 형성되는 미각은 쓴맛에 맛이나 향의 형태로 함께 딸려 오는 다른 풍미가 있을 때 훨씬 쉽게 발달한다.
- 짠맛, 신맛, 단맛은 쓴맛의 균형을 잡고, 쓴맛을 가라앉히고, 쓴맛을 보조하는 기능이 매우 뛰어나다.

쓴맛이 나지만 후천적 학습을 통해 많은 사람이 즐기는 대표적인 음식은 커피, 초콜릿, 엔다이브^{endive}(치콘, 개나리배추라고도 불리는 채소. 작은 알배추와 비슷하게 생겼다 - 옮긴이), 맥주 등이다. 처음에는 쓴맛에 거부감이 들다가, 시간이 갈수록 점점 더 좋아하게 되는 음식들이다. 인류는 스릴을 찾아다니는 존재라 적당히 쓴맛이 나는 음식(그리고 거기에 포함된 쓴맛 분자)에 희한한 매력을 느끼는 경우가 많고, 심지어 그 맛에 푹 빠져서 열심히 찾아 먹기도 하고 쓴맛이 주는 이상한 전율을 계속 느끼고 싶어서 위험 신호를 고의로 외면한다. 차차 좋아하게 되는 이런 음식의 쓴맛은 어쩌다 나는 맛이 아니라 쓴맛이 빠지면 그 음식 자체가 맛이 없거나 지루하게 느껴질 정도로 전체적인 맛을 강화한다.

불협화음도 신중하게 선택해서 잘 활용하면 단순히 즐겁기만 하던 음악에 흥미로운 긴장감을 불어넣듯이, 쓴맛은 우리를 정교한 풍미의 세계로 안내한다. 쓴맛이 풍미의 바탕이 되면 깊이가 더해지고 전체적인 미각이 또렷하게 깨어난다. 또한 단맛과 진한 맛이 정돈되어 균형 잡힌 만족감을 느끼게 된다. 진한 에스프레소, 강렬한 쓴맛이 나는 잎채소, 크림 브륄레의 노릇하게 탄 윗면, 독한 진토닉이나 네그로니^{negroni} 칵테일, 자몽의 중과피에서 느껴지는 강렬한 쓴맛이 바로 그런 맛이다.

과학의 눈으로 본 쓴맛

세상에는 잘못 먹었다가 해가 될 수 있는 분자가 너무나 많고 다양하다. 쓴맛이 모든 미각 중에서 감지 범위가 가장 넓게 발달한 것도 그래서다. 쓴맛이 나는 분자는 화학적으로 특이적인 공통 특징도 없고, 인체에서 처리되는 메커니즘도 하나로 정해져 있지 않다. 짠맛, 신맛, 감칠맛처럼 나트륨, 수소 이온, 아미노산 같은 특정 구성단위가 있는 분자들로 간단히 분류할 수도 없고, 당처럼 분자 구조에 전반적인 패턴이 있는 것도 아니다. 독성이 있는 분자들은 형태도, 구성도 엄청나게 다양하다.

화학적인 변화를 거쳐서 쓴맛이 생기는 분자도 있다. 그을리거나 새카맣게 탄 음식, 아주 노릇하게 익힌 음식에서 발견되는 쓴맛 분자가 그런 경우다. 그러나 쓴맛 분자의 상당수는 식물이 초식동물에게 뜯어 먹히지 않으려고 스스로 보호하기 위해 만들어낸 것이다. 동물이 이런 분자를 너무 많이 섭취하면, 간이나 신장, 신경계, 또는 세포 소기관의 필수 기능에 파괴적인 영향이 발생한다. 이런 혼란을 일으키는 분자들은 카페인처럼 질소가 기반인 알칼로이드도 있고, 겨자 잎이나 그와 비슷한 배추속 잎채소의 쓴맛 분자인 시니그린sinigrin처럼 황을 기반으로 한 글루코시놀레이트glucosinolate도 있는 등 다양하다. 감귤류의 중과피에 들어 있는 쓴맛 분자인 리모닌limonin, 호박과 오이에 함유된 쿠쿠르비타신cucurbitacin은 트리테르펜triterpene에 속한다. 트리테르펜으로 분류되는 일부 분자들은 다른 요소들과 다르게 조합되면 쓴맛이 아닌 향긋한 향을 내는 분자가 되기도 한다.

인체의 쓴맛 수용체는 이처럼 전부 제각각인 분자들을 다 감지해야 하는 문제에 대처하기 위해, 모듈 구조라는 아주 기발한 방향으로 진화했다. 쓴맛 수용체에도 단맛이나 감칠맛 수용체처럼 맛을 내는 분자가 결합하는 자그마한 방, 또는 주머니 같은 부분이 있다. 한 종류의 쓴맛 수용체가 쓴맛이 나는 모든 분자와 결합하는 대신, 형태가 모두 다른 약 25가지의 쓴맛 수용체가 쓴맛을 담당하는 미각 세포 전반에 흩어져 있다. 용도에 맞게 다양한 모양의 칼날을 갈아 끼울 수 있는 믹서처럼, 이 쓴맛 수용체들은 저마다 다른 기능이 특화되어 있지만 모두 동일한 신호 전달 체계와 연결되어 있다. 따라서 쓴맛 신호는 종류도, 모양도 다양한 분자로부터 발생해도, 뇌로 전달되는 신호는 한 가지다.

독성과 위험성을 감지하고 알리기 위해 이 모든 기능이 진화했다면, 자연히 의문이 생긴다. 우리가 말차나 올리브 같은 음식의 쓴맛에 후천적으로 익숙해지는 건 그런 중요한 메시지를 무시하는 것일까? 그렇지 않다. 쓴맛이 인체에 주는 메시지는 무조건 멈춰야 하는 정지 신호라기보다 팝업창으로 뜨는 경고 메시지에 가깝다. 즉 주의할 필요가 있다는 공지이며 엄격히 지켜야 하는 지시가 아니다. 우리가 즐겨 먹는 것 중에는 자연적으로 쓴맛이 약간 나는 게 정말 많은데, 그런 음식을 먹을 때마다 삼킬지 말지 인체가 목숨을 건 도박을 하는 건 아니라는 소리다. 머나먼 옛날, 인류의 조상들이 야생에서 식량을 찾아다니며 식물을 비롯한 다양한 것들을 먹던 시절을 상상해보자. 기름진 올리브나 달콤하면서도 쌉싸래한 야생 사과처럼 조금 쓰긴 해도 에너지나 영양을 얻기에 좋은 것도 있었을 것이다. 게다가 쓴맛이 나는 분자 중에는 인체에 생화학적으로 이로운 것도 있다. 가령 차에 함유된 폴리페놀은 쓴맛이 나지만 항산화 효과가 있고, 퀴닌(토닉워터에 쓴맛을 내는 핵심 성분이며 기나나무의 껍질에서 추출한다)은 말라리아를 막는 효과가 있다. 쓴맛이 나더라도 나쁜 점보다 좋은 점이 더 많아서 쓴맛이 상쇄되는 것들이 많고 그런 경험이 쌓이면, 누가 가르쳐주거나 의도적으로 애쓰지 않아도 쓴맛에 익숙해진다. 그러므로 쓴맛에 적응하는 건 실용성에서 생겨난 유연성인 셈이다. 처음에는 쓴맛이 불쾌하게 느껴졌지만 몇 번 먹어봤더니 죽거나 병이 나지 않으면, 심지어 그 음식이 해롭기보다 영양을 얻을 수 있거나 먹고 나면 기분이 좋아진다는 것을 경험하면, 그 경험은 기억으로 남아 다음에 그와 비슷하게 쓴맛이 나는 것과 마주하면 먹을지 말지 판단할 때 활용된다.

탁월한 미각과 어린아이들

모든 사람이 캄파리 Campari(아페롤 Aperol 과 함께 이탈리아의 대표적인 식전주 중 하나. 허브, 과일, 꽃 등 천연 재료가 들어간 리큐어로 붉은색이 특징이다 – 옮긴이)나 커피의 쓴맛을 즐기지는 않는다. 혀에 미뢰가 평균적인 수준보다 많은 사람들은 모든 맛을 남들보다 강하게 느끼는 '탁월한 미각'의 소유자가 된다. 이 특별한 미각을 가진 사람들은 쓴맛에 아주 민감해서 절대 익숙해지지 않는 경우가 많다. 그래서 에스프레소, 맥주, 진토닉, 다크초콜릿은 물론 쓴맛이 나지 않는 술도 쓴맛이 너무 강하게 느껴져서 대부분 즐겨 먹지 않는다. 이이들은 대체로 음식을 심하게 가려먹는 경향이 있는 것도 같은 이유에서다. 나이가 들면 대체로 미뢰가 감소한다.

쓴맛의 패턴

쓴맛은 롤러코스터를 탈 때처럼 통제된 환경에서 아슬아슬한 위험을 경험하는 즐거움을 준다. 쇼핑 카트를 언덕 꼭대기에 끌고 가서 타고 내려와도 비슷한 스릴을 느낄 수 있겠지만, 롤러코스터는 브레이크 장치부터 철로, 전반적인 유지 관리, 안전 바를 비롯해 탑승자를 보호하는 각종 장치, 직원 교육에 이르기까지 관리가 훨씬 잘 이루어진다. 그만큼 탑승자마다 일관된 경험을 할 수 있고, 쇄골이 부러질 염려는 하지 않아도 된다.

요리할 때 계속 반복해서 떠올리고 참고해야 할 쓴맛의 패턴은 다른 맛들과 달리 어떤 재료로 쓴맛을 내고 어떻게 해야 맛을 다채롭게 낼 수 있는지보다는 쓴맛을 어떻게 다스리고 다른 맛과 어떻게 균형을 맞춰야 하는지가 핵심이다. 즉 음식에 쓴맛을 더할 때 선을 넘지 않게 조절하는 법을 알아야 한다.

쓴맛은 매니저가 필요하다

롤러코스터를 타려고 순서를 기다리는 동안, 우리는 정말로 안전한지 자꾸 단서를 찾게 된다. 그래서 철로와 브레이크는 멀쩡한지, 먼저 탄 사람들이 다치지 않고 무사히 살아서 내리는지 유심히 본다. 마찬가지로, 쓴맛이 나는 음식을 먹을 때 우리 뇌는 쓴맛과 함께 느껴지는 모든 풍미에 주목한다. 다른 풍미에 담긴 징후를 해석해서 안전한 듯하니 그냥 편안히 즐겨도 되는지, 아니면 위험이 예상되니 경계해야 하는지 판단하는 것이다. 이런 점에서 쓴맛과 함께 뇌로 전달되는 풍미들의 기능은 쓴맛이 정해진 관문을 수월하게 통과하고 예의 바르게 입장하도록 도와주는 매니저와 비슷하다. 빅토리아 시대가 배경인 소설에서 '샤프롱 chaperone'이라 불리는 보호자 없이는 마음대로 돌아다니지 못하는 여주인공처럼, 쓴맛은 거들어주는 다른 풍미 없이는 자유롭지 못하다.

쓴맛을 제외한 네 가지 맛은 모두 이 매니저 역할을 톡톡히 한다. 단맛은 설탕 한 스푼이면 약도 꿀꺽 삼킬 수 있다는 노래 가사로도 그 기능이 확실하게 알려졌다. 오늘날 우리가 그냥 즐기는 쌉싸래한 음료들의 상당수는 원래 약초에 들어 있는 이로운 생물활성 성분을 얻으려고 쓴맛을 어쩔 수 없이 감수하고 마셨던 약용 팅크가 기원이다. 이탈리아의 아마로 amaro(세부 종류로는 노니노 Nonino, 아베르나 Averna, 강한 쓴맛으로 유명한 페르네 블랑카 FernetBranca 등이 있다)처럼 지금까지 남아 있는 그러한 팅크의 자손 격인 음료들은 설탕이 꽤 많이 들어간다. 레모네이드에 넣는 설탕이 그렇듯 설탕을 넣는다고 해서 쓴맛 분자가 사라지지는 않지만 쓴맛의 강도를 줄일 수 있다. 신맛도 쓴맛의 매니저로 훌륭하게 기능한다. 진토닉에 라임즙을 조금 섞으면 퀴닌의 쓴맛을 다 없애지는 못해도 씁쓸한 맛이 줄어든다. 소금은 좀 더 직접적인 방식으로 쓴맛을 단속한다. 즉 쓴맛 수용체에 작용해서 쓴맛 신호를 뇌로 전송되기도 전에 약화시킨다.

이탈리아식 그레이하운드 칵테일
| 한 잔 분량 |

이 칵테일은 내가 정말 좋아하는 솔티 독 salty dog이라는 소박한 칵테일의 사촌쯤 된다. 솔티 독은 그레이하운드 칵테일의 기본 재료(진과 자몽즙)를 그대로 쓰면서 잔 테두리에 소금을 발라 맛을 더 높인 버전이다. 지금 소개하는 레시피는 쓴맛이 강한 캄파리를 추가해서 자몽의 쓴맛을 더욱 강화하는 동시에, 신맛(라임즙)과 짠맛(잔 테두리에 바르는 소금), 단맛(캄파리는 쓴맛도 나지만 설탕 함량도 거의 25%에 이른다)으로 쓴맛을 가라앉힌다. 각 재료는 쉐이커를 쓰지 않고 바텐더들이 '쌓는다'고 표현하는 방식대로 컵에 차례로 층층이 담는다.

라임 조각을 유리로 된 하이볼 잔이나 큰 잔 테두리에 대고 과육을 문질러 즙을 바른다. 작은 그릇에 **첨가물 없는 소금 1/4컵(40g)**을 담고, 라임즙을 묻힌 잔을 뒤집어서 입술이 닿는 가장자리에 소금을 묻힌다. 잔에 **큼직한 얼음을 몇 개** 담고, **진 30ml**와 **캄파리 15ml**, **자몽즙 100ml**, **라임즙 15ml**를 붓는다. 잘 저어서 차갑게 한 뒤, 바로 마신다.

맛뿐만 아니라 다른 풍미(즉 우리가 냄새로 느끼는 풍미)도 쓴맛의 매니저로 활약한다. 원두커피에서 느껴지는 블루베리나 시나몬의 향, 자몽의 산뜻하고 먹음직스러운 감귤류의 향, 카카오가 85% 함유된 다크 초콜릿의 달콤하면서도 시큼한 풍미는 쓴맛을 전체적으로 폭 감싸서 쓴맛의 영향을 완충하고 부드럽게 만든다. 또한 쓴맛이 나긴 하지만 독성은 없으니 먹어도 괜찮다고 알려준다.

쓴맛에 동반되는 향은 굉장히 중요하다. 쓴맛이 나는 음식에 단맛이나 짠맛이 맛의 균형을 잡아주더라도 다른 향이 충분히 나지 않으면, 우리 뇌는 중요한 정보가 누락되었다고 판단하고 일단 '쓴맛=위험' 공식부터 꺼내 든다. 나는 인체가 쓴맛에 반응하는 이 기본 원칙을 강렬하게 경험한 적이 있다. 몸이 안 좋은 날에 평소 즐겨 마시는 씁쓸한 칵테일 중 하나인 네그로니를 마시다가 일어난 일이었다. 네그로니는 허브와 송진 냄새가 나는 진에 톡 쏘는 과일 향이 나는 달콤한 베르무트와 약초 냄새가 나는 달콤하고 씁싸래한 식전주 캄파리를 동량으로 섞어서 만든다. 이 모든 재료가 섞이면 쓴맛이 확 누그러져서 약간 정신이 또렷해지는 정도의 씁싸래한 맛이 나는데, 그날 코와 부비강이 꽉 막혀서 아무 냄새도 맡을 수가 없는 상태로 이 칵테일을 마셨더니 쓴맛을 가라앉히는 향(진에서 풍기는 고수와 노간주나무 열매의 향, 베르무트의 와인 향과 캐러멜 향, 캄파리의 상큼한 허브 향)이 쓴맛의 매니저 역할을 하지 못해 한 모금 삼킬 때마다 쓴맛이 몸서리가 쳐 질 정도로 너무 강하게 느껴졌다.

쓴맛의 유능한 매니저들

- **소금**: 라피니 rapini (브로콜리 라베 broccoli rabe, 브로콜리 라브 broccoli raab로도 불리는 배추속 채소 – 옮긴이)처럼 씁싸래한 채소와 초콜릿, 자몽, 에스프레소는 모두 소금과 잘 어울린다. 입자가 크고 얇은 천일염을 쓰면 아삭아삭 씹히는 식감으로도 대비를 줄 수 있다. 재료의 범위를 확장해서 특별한 풍미를 입힌 소금을 쓰거나(61쪽 참고) 간장, 피쉬소스처럼 짠맛이 강한 양념을 써도 된다.

- **지방**: 올리브유, 향긋한 견과류 오일, 특별한 차의 향을 머금은 오일(244쪽 '훈제 오일 만들기' 참고), 구운

다시마 오일(114쪽 참고), 베이컨 기름이나 닭기름, 크림, 크렘 프레슈를 활용한다.

- 염장해서 건조한 햄이나 앤초비, 미소 된장, 평소에 즐겨 쓰는 식초의 감칠맛과 퀴퀴한 냄새, 신맛, 톡 쏘는 향도 쓴맛을 잘 보조한다.
- 단맛뿐만 아니라 달콤한 향도 쓴맛을 도울 수 있다. 계피, 정향, 소두구, 올스파이스, 회향과 같은 향신료나 타라곤, 박하, 바질 같은 허브는 쓴맛과 산뜻함, 과일 향, 단맛이 모두 느껴지는 음식(자몽이나 다크 캐러멜 등)이나 쓴맛과 짠맛이 함께 느껴지는 음식(바싹 구운 고기, 육수, 쌉싸래한 채소 등)에 곁들이기 좋다. 굳이 설탕을 쓰지 않아도 달콤한 향만으로도 쓴맛의 영향을 충분히 가라앉힐 수 있다.

🍴 로마 방식으로 잎채소의 쓴맛을 잡은 샐러드

| 에피타이저 또는 곁들임 요리로 2~4인분 |

로마의 지역 특산물 중에 길쭉하고 얇으면서 줄기가 긴 푼타렐레 Puntarelle 라는 치커리가 있다. 전통적으로 푼타렐레는 얇고 길게 썰어서 다른 잎채소와 함께 샐러드로 먹는다. 푼타렐레 샐러드에는 올리브유의 지방, 듬뿍 들어가는 소금, 시큼한 와인 식초, 퀴퀴한 냄새와 감칠맛이 나는 앤초비, 마늘의 독한 향까지, 쓴맛을 가리앉히는 재료가 잔뜩 들어간다. 이 드레싱은 푼타렐레뿐만 아니라 쓴맛이 나는 모든 생 잎채소와 잘 어울린다. 역시나 쓴맛이 나는 브로콜리 라브(라피니)를 살짝 볶거나 구워서 이 드레싱을 곁들여도 맛있다.

작은 마늘 한 톨과 **앤초비 두 덩어리**를 함께 으깬 다음 **와인 식초 1큰술(15ml)**을 넣고 잘 섞는다. **올리브유 3큰술(45ml)**을 넣고 잘 저어준다. **첨가물 없는 소금**, **바로 간 흑후추**로 간을 한다. 뚜껑을 꼭 닫아서 냉장고에 두면 최대 이틀까지 보관할 수 있다.

식물의 풍미가 강한 쓴맛

농부들과 식물 육종가들은 수 세기 동안 작물의 쓴맛을 줄일 방법을 고심했다. 하지만 입안에 은은하게 남는 쓴맛이 오히려 전체적인 맛을 더 좋게 만드는 채소도 있다. 그런 채소는 대체로 식물 특유의 풍미가 뚜렷하고 생생한 경향이 있다. 즉 잎의 향, 흙 내음, 풀냄새, 피망과 비슷한 향이 난다. 이처럼 식물의 고유한 풍미와 쓴맛이 어우러지는 채소는 식전에 생으로 먹으면 (쓴맛이 나는 채소로 구성한 샐러드 등으로) 입맛과 식욕을 돋운다. 식물의 풍미가 강하고 쌉싸래한 채소의 쓴맛을 즐기려면, 생으로 먹든 익혀서 먹든 다른 강한 풍미의 도움을 받아서 쓴맛을 가라앉혀야 한다.

여주는 즙이 많고 쓴맛이 더 강한 버전의 주키니 호박 같은 채소로, 호박씨 같은 큼직한 씨가 있다. 여주의 쓴맛은 주로 모모르디사인 momordicine 이라는 물질에서 나온다. 이 물질은 산란을 통해 번식하는 곤충을 퇴치하는 효과가 있다고 여겨지며, 당뇨, 암 등과 같은 질병 개선에 도움이 되는 것으로 밝혀졌다. 여주가 재배되는 아시아 전역(그리고 아프리카, 카리브해 지역도)에는 각 지역의 고유한 음식을 대표하는 풍미가 그대로 담긴 여주 요리도 많다. 여주가 들어가는 요리는 퀴퀴한 냄새와 감칠맛이 나는 피쉬소스나 발효한 검은콩, 향이 독한 마늘, 지방 함량이 높고 향긋한 코코넛 밀크, 매콤한 고추를 쓴맛 매니저로 활용할 수 있다. 모두 쓴맛과 아주 잘 어우러지는 풍미를 가진 재료들로, 여주뿐만 아니라 쓴맛이 나는 다른 채소에도 똑같이 활용할 수 있다.

유럽에는 치커리에 속하는 쌉싸래한 잎채소의 종류가 다양하다. 속이 촘촘하게 꽉 찬 앤다이브, 잎이 풍성한 에스카롤 escarole 과 프리세 frisée, 길쭉하고 아삭한 푼타렐레, 즙이 많은 라디치오 radicchio 등 이러한 잎채소의 쓴맛은 진하고 기름진 재료와도 잘 어울리고(엔다이브는 부드러운 유제품, 프리세는 베이컨과 베이컨에서 나오는 기름이 잘 맞다), 비네그레트처럼 시큼한 맛과도 잘 맞다. 또한 전체적으로 흙 내음이 나므로, 그와 대비되는 단맛이나 과일의 풍미를 곁들여도 잘 어울린다.

회향, 블러드오렌지, 갈색 버터를 곁들인 라디치오 샐러드
| 곁들임 요리나 식전 요리로 2인분 |

이 드레싱에는 라디치오의 쓴맛을 각기 다른 방향에서 부드럽게 만들고 보조하는 풍미를 내는 재료들이 들어간다. 블러드오렌지는 단맛과 신맛, 감귤류의 향을 제공하고, 올리브유는 과일의 향과 지방의 풍미를 더한다. 회향 씨앗은 아니스와 비슷한 달콤함을, 갈색 버터는 고소함과 맥아의 향을 더한다. 여기에 시큼하고 톡 쏘는 셰리 식초, 입자가 크고 얇은 소금, 송진 냄새가 강한 오레가노 잎을 추가하면 샐러드의 풍미가 분산되지 않고 더욱 강화된다.

좀 더 간단하게 만들려면, 블러드오렌지 대신 품질이 아주 좋은 일반 오렌지를 넣는다. 이때 오렌지 알맹이만 남기지 말고, 겉껍질만 벗겨내고 속껍질은 남긴 채로 알맹이를 분리해서 쓰면 된다. 드레싱 재료를 전부 블렌더에 넣고 분쇄하는 대신 절구에 전부 넣고 으깨면 준비 과정이 한결 더 간편해진다. 하지만 조금 고생스럽더라도 레시피에 제시한 방법을 그대로 따른다면 그만한 보람을 느낄 수 있을 것이다. 이 레시피처럼 여러 재료의 풍미가 오일에 담기도록 만들 때는 블렌더 용기를 뒤집어서 꽂는 형태의 소형 블렌더가 편리하다. 블렌더 용기에 묻어서 버리게 되는 재료가 너무 많아서 아깝다면, 재료를 레시피의 두세 배 분량으로 늘려 넉넉히 만들면 손실되는 양을 줄일 수 있다. 완성된 드레싱은 밀폐 용기에 담아 냉장고에 두면 최대 2주까지 보관할 수 있다.

샐러드를 만들기 몇 시간 전에 드레싱부터 만든다. 갈색 버터 만드는 방법은 '헤비크림으로 더 맛있게 만드는 갈색 버터'(286쪽 참고)를 참고하라. 고출력 블렌더 용기에 **과일 향이 나는 양질의 올리브유 1/4컵(60ml), 블러드오렌지 한 개 분량의 잘게 간 껍질 중 절반(약 1큰술 또는 5g), 회향 씨앗 1/4작은술(1g), 고체 상태의 갈색 버터 1큰술(15g)**을 넣고 고속으로 30초 정도, 회향 씨앗이 고운 입자가 될 때까지 분쇄한다. 올리브유에 각 재료의 풍미가 충분히 침출되도록 2~3시간 동안 그대로 둔다.

블러드오렌지 한 개를 겉껍질과 속껍질을 전부 제거하고 알맹이만 남긴다. 손질할 때는 평소에 주로 사용하지 않는 손으로 오렌지를 잡고, 오렌지에서 떨어지는 즙을 받을 수 있도록 아래에 볼을 받친다. 먼저 바깥 껍질을 모두 벗기고 알맹이 사이사이의 속껍질에 칼집을 넣어 알맹이만 웨지 모양으로 빼내서 볼에 담는다. 같은 방법으로 전체를 손질한다.

라디치오 한 통을 준비하고, 밑동을 자른 다음 잎을 한 장씩 떼어낸다. 잎을 손으로 찢어서 한입 크기보다 조금 더 큼직하게 다듬는다. 손질한 잎은 깨끗이 씻어서 물기를 제거하고 큰 볼에 담아둔다.

미리 만들어둔 드레싱의 3/4을 한 숟가락씩 라디치오 위에 골고루 뿌린다. 손이나 집게로 잎 하나하나에 드레싱이 얇게 묻도록 잎을 살살 뒤적인다. 남은 드레싱을 모두 넣어도 되지만, 바닥에 드레싱이 고여서 잎이 잠길 정도가 되면 안 되므로 상태를 봐가면서 필요하면 추가한다.

입자가 크고 얇은 천일염, 또는 바삭한 질감의 천일염을 듬뿍 집어 두 꼬집을 뿌리고 전체적으로 잘 섞는다. 잎마다 소금이 묻도록 균일하게 뿌려야 한다. 쓴맛과 함께 짠맛이 뚜렷하게 치고 올라오는 정도가 알맞다. **셰리 식초 1큰술(15ml, 또는 올리브유 등 드레싱을 만들 때 들어간 오일의 약 1/4 분량)**을 샐러드에 조심스럽게 뿌린다. 전체를 살살 섞은 다음 다시 맛을 본다. 식초도 잎마다 고루 묻어야 한다.

블러드오렌지 알맹이가 담긴 볼에 고인 즙부터 먼저 샐러드에 따르고, 그 위에 오렌지 알맹이를 하나씩 얹는다. **생 오레가노 잎 1작은술(1g)**을 추가해(선택 사항) 바로 먹는다.

녹차에는 카테킨이라는 천연 항산화물질이 함유되어 있다(쓴맛도 이 성분에서 나온다). 홍차와 우롱차의 찻잎은 녹차와 같은 종류의 잎을 둥글게 말고 물리적으로 힘을 가하는 과정을 거친다. 이 과정에서 효소에 의한 산화가 촉진되고, 카테킨에 반응이 일어나 주황색과 갈색빛 색소가 형성된다. 녹차는 잎을 열에 단시간 덖어서 그러한 효소의 활성을 없애므로 잎의 녹색과 항산화물질, 카테킨 특유의 쓴맛, 잎의 풋내와 신선

브로콜리 라브: 브로콜리 특유의 황 냄새, 진한 식물의 향, 씁쓸하고 달콤함

여주: 풀 향, 호박의 향, 신선함, 살짝 부드러운 풍미

엔다이브: 먹음직스러운 향, 약한 풋내

  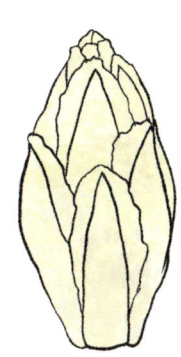

프리세: 풀 향, 풍성한 향

푼타렐레: 먹음직스러운 향, 풀 향, 나무 냄새

라디치오: 식물의 향, 풀 향, 흙 내음진한 식물의 향, 씁쓸하고 달콤함

차: 풀 향, 과일 향, 꽃 향, 허브와 맥아의 향

올리브: 피클의 풍미, 식물의 향, 톡 쏘는 향, 짠맛

한 향, 해초 느낌이 나는 풍미가 전부 보존된다. 녹차가 가진 이 식물의 풍미는 찻잎을 우리거나 요리에 사용해도(말차 분말의 형태로) 고스란히 느낄 수 있다.

올리브는 엄밀히 따지면 과일이지만, 약간 쓰고 단맛이 없어서 꼭 채소처럼 느껴진다. 일반적으로 우리가 접하는 통 올리브는 전부 발효되거나 소금에 절인 것이다. 올리브 열매와 잎, 올리브유의 쓴맛은 모두 올레우로페인^{oleuropein}이라는 폴리페놀에서 나온다. 쓴맛이 나는 분자는 인체에 유익한 생물활성 효과가 있는 경우가 많은데, 올레우로페인도 혈압을 낮추는 효과가 있으며 항산화 효과도 우수하다. 올리브 열매를 발효하면 올레우로페인이 부분적으로 분해되면서 쓴맛은 줄고 항산화 효과는 그대로 남는다. 또한 발효 과정에서 식물의 풍미가 강해지고 신맛을 내는 산이 형성되어 쓴맛의 균형이 조금 더 잡힌다.

과 즙에도 쓴맛을 내는 *나린긴*^{naringin}이라는 분자가 있어서 전체적으로 독특한 쓴맛이 난다. 자몽은 오래전부터 소금을 첨가해서 쓴맛을 가라앉히고 고유한 단맛을 더 또렷하게 만드는 방법이 활용됐다(이탈리아식 그레이하운드 칵테일을 만들어보면 이 효과를 확인할 수 있다. 124쪽 참고). 또는 치노토처럼 계피나 달콤한 향이 나는 향신료를 매니저로 활용해서 쓴맛을 가라앉히는 방법도 있는데, 자몽이 많이 쓰이는 다양한 티키^{tiki}(럼에 과일즙을 섞고 작은 우산이나 꽃으로 장식해서 열대지역의 느낌을 살린 칵테일을 통칭한다 – 옮긴이)에 실제로 이 방법이 많이 활용된다.

나린긴과 리모닌은 트리테르펜류 분자다. 감귤류 과일에는 향긋한 향을 내는 모노테르펜 분자가 아주 많고, 이것이 합체 로봇처럼 세 개씩 합쳐져서 트리테르펜이 되면 향은 사라지고 쓴맛이 난다.

과일의 쓴맛: 감귤류

거의 모든 감귤류는 중과피에 쓴맛이 나는 *리모닌*이라는 분자가 있다(감귤류 특유의 향을 내는 분자인 리모넨^{limonene}과 혼동하지 말아야 한다!). 감귤류의 향긋한 겉껍질과 즙이 많고 새콤달콤한 과육 사이에 형성되는 하얀 껍질인 중과피는 다 벗겨내고 먹는 경우가 많지만, 음식에 쓴맛과 신맛, 과일의 풍미를 낼 수 있는 훌륭한 재료다. 예를 들어 오렌지 마멀레이드에는 쓴맛이 강한 세비야오렌지의 껍질이 풍미와 함께 젤 형성에 필요한 펙틴을 제공한다. 마멀레이드에 들어가는 설탕이 이 쓴맛의 균형을 맞추는 한편, 껍질의 쓴맛이 전체적인 맛을 더욱 정교하게 만든다. 오렌지의 한 종류인 *치노토*^{chinotto}는 이 과일의 즙이 들어가는 쌉싸래한 탄산음료의 명칭이기도 하다. 이 음료에는 달콤한 향을 더하는 계피와 함께 쓴맛을 줄이는 향긋한 재료로 정향도 들어간다. 자몽과 포멜로는 중과피뿐만 아니라 과육

올리브유의 매콤함 혹은 '기침 나는 맛'

다양한 올리브유를 맛보면, 풍미가 강한 제품일수록 한 가지 공통적인 풍미가 느껴진다. 바로 '매콤함'이다. 더 정확히는 매운맛과 쓴맛에 다른 뭔가가 더해진 풍미인데, 이런 올리브유를 원액 그대로 삼키면 목에 간질간질한 자극이 느껴지기도 해서 '기침 나는 맛'이라고 표현하는 사람들도 있다. 그 자극 때문에 진짜 기침이 조금 나기 때문이다. 몇 년 전 미국 필라델피아에 있는 모넬 화학감각 연구소$^{Monell\ Chemical\ Senses\ Center}$(이름 그대로 맛과 냄새 연구에만 매진하는 곳이다. 나는 이 연구소의 열렬한 팬이다)에서는 화학적인 탐정이 되어 이 현상에 관해 조사를 벌였고, *올레오칸탈*^{oleocanthal}이라는 강력한 항산화물질이 그러한 풍미와 기침의 원인임을 밝혀냈다.

식물의 다양한 쓴맛: 약초, 허브, 견과류

쓴맛이 나는 약용식물은 구약성서에도(유대교 율법서에도) 나올 만큼 역사가 아주 깊다. 채소에서 나는 쓴맛이 신선하고 먹음직한 향과 풋내가 있다면, **약쑥**과 **서양톱풀**, 알프스 고산 지대에 자라는 **제네피**genepi 같은 약초나 타임, 세이지처럼 더 친숙한 허브의 쓴맛은 송진 냄새, 소나무 향, 향신료의 풍미가 합쳐진 느낌이다.

쓴맛을 내는 동시에 우리 몸에서 생물학적으로 작용하는 분자는 약용식물에 가장 많으므로, 식품과 약에 공통으로 쓰이는 물질도 이런 식물에 가장 많다. 중국 전통 의학에는 약용식물이 특히 많이 쓰인다. 감탕나무과holly 식물인 구수扣樹, Ilex kaushue 의 잎인 **고정차**苦丁茶, kudingcha도 그런 예다. 구수잎은 쓴맛이 강하고 사포닌과 폴리페놀이 가득하며, 차로 만들어 마시면 혈당을 낮추고 암세포를 없애는 데 도움이 된다고 한다.

이탈리아의 **아마로**로 대표되는 허브 향의 쌉쓰레한 술에는 **약쑥**, **용담**, **콰시아**quassia 를 비롯한 쓴맛 나는 허브와 그 외 다양한 식물이 재료로 쓰인다. 이탈리아에서는 약용식물을 약으로 활용하던 시절의 흔적이 지금까지 남아, 식후주라는 뜻의 **디제스티보**digestivo 로 아마로 한 잔을 식사 후에 꼭 마시는 사람들이 많다. 식후주에 함유된 쓴맛 성분의 상당수가 소화를 촉진하는 효과도 있으므로 이를 활용하는 것이다(쓴맛을 지각하면 소화가 촉진되기도 하고, 쓴맛 분자가 국지적으로 소화를 돕기도 한다). 식후주의 필요성과 별개로, 아마로는 어떤 식물로 만드느냐에 따라 전체적인 쓴맛의 풍미가 달라지므로 다양한 허브의 풍미와 쓴맛의 조합을 시험해보기에 아주 좋은 음료다. 재료에 따라 송진 냄새와 소나무의 향이 강해질 수도 있고, 쓴맛이 강해지고 단맛은 느껴지지 않을 수도 있다. 가령 감귤류의 향, 달콤한 향이 나는 허브와 향신료가 많이 들어가는 아마로는 더욱 활기차고 균형 잡힌 풍미가 느껴진다.

아마로 중에서도 향이 매우 강력한 **페르네**fernet 는 정향, 아니스의 풍미가 있는(쓴맛도 강하다) **언더버그**Underberg (43가지 허브로 만들어지는 쓴맛이 강한 식후주. 독일에서 생산되며 소화를 촉진하는 술로 알려졌다 – 옮긴이)보다도 쓴맛이 훨씬 강하게 느껴진다. 허브의 쓴맛을 경험하고 싶다면 캄파리로 시작할 것을 권한다. 또는 향신료의 향, 감귤류의 향과 콜라 느낌이 나는 **라마조티**Ramazzotti나 씁쓸한 아티초크 잎이 들어가는 술로 잘 알려진 **치나르**cynar 로 시작해보는 것도 좋다.

아마로가 별로라면, **홉**에서 느껴지는 허브의 쓴맛이 더 마음에 들 수도 있다. 일반적으로 홉이라 불리는 것은 홉 식물의 꽃이다. 맥주의 재료로 쓰이는 이 꽃에서는 송진 냄새와 함께 꽃내음과 감귤류의 향이 난다. 홉을 한참 끓이면 **후물론**humulone이라는 분자의 화학결합이 바뀌어 쓴맛이 훨씬 강한 **이소후물론**isohumulone이 된다. 이 후물론 분자들은 맥주의 부패를 방지하는 효과가 있다. 홉이 들어간 맥주를 어디서나 흔히 볼 수 있는 것도 이 효과 덕분이다. 15~16세기까지는 **그루트**gruit 라는 쓴맛 나는 허브 혼합물로 만드는 맥주가

감귤류의 중과피: 쓴맛, 옅은 감귤류의 향
광귤: 달콤한 오렌지 향, 신맛
자몽: 강렬한 과일 향, 신선함, 허브 향, 신맛

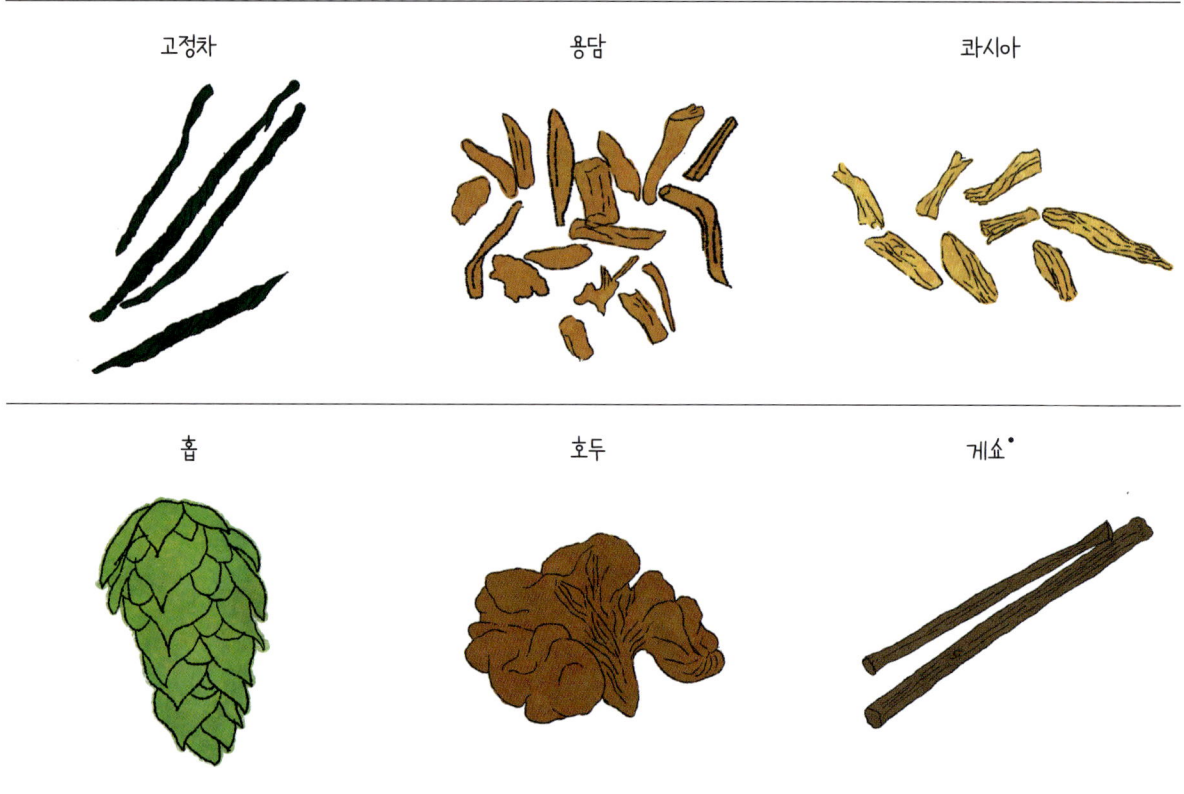

- 게쇼 gesho는 아프리카 지역의 게쇼갈매나무 줄기를 가리킨다. 홉과 비슷하게 이 줄기를 끓여 성분을 추출하고 다른 재료와 섞어 발효해서 음료를 만든다.

많았다. 주로 헤더 heather, 호어하운드 horehound, 애엽 mugwort, 서양톱풀, 습지 머틀 bog myrtle, 노간주나무 열매로 구성되었고, 지금도 그루트가 들어간 특별한 허브 맥주를 생산하는 수제 맥주 양조장들이 있다. 그러나 그루트에 포함되는 허브의 상당수는 이제 기침약 성분으로 더 많이 쓰인다.

호두의 떫은맛과 허브의 풍미가 있는 쓴맛은 항산화 작용을 하는 여러 페놀 분자에서 나온다(아몬드의 한 종류인 비터 아몬드 bitter almond의 쓴맛은 호두와 달리 시안화물이 포함된 아미그달린 amygdalin이라는 물질에서 나온다). 호두에는 메이플 시럽과 아주 흡사한 버터 향과 달콤한 풍미도 있어서 이 쓴맛을 상쇄한다. 호두만큼 맛이 풍부한 견과류는 많지만, 호두는 버터로 만들거나 정과, 쿠키로 만들면 헤이즐넛이나 피칸, 그 외 비슷한 다른 견과류보다 풍미가 강하고 쓴맛도 더 날카로워지는 특징이 있다.

🍴 호두 아마로 케이크

| 디저트로 4 ~ 8인분 분량 |

호두는 다른 여러 견과류에 비해 허브와 비슷한 쓴맛과 떫은맛이 강하다. 이 레시피에서는 단맛과 쓴맛이 모두 있는 아마로를 활용하여 호두의 쓴맛을 강화하는 동시에, 소금을 조금 넉넉하게 넣어서 쓴맛을 가라앉힌다. 아마로 케이크를 만들면 향신료를 넣은 것과 같은 부가적인 효과도 얻을 수 있다.

오븐을 170~180℃로 예열한다. 지름 23~24cm짜리 케이크 팬 안쪽 면에 버터를 바른다. 푸드프로세서에 **호두 세 컵과 1/3컵(총 400g), 옥수수 전분 3큰술(30g)**을 넣고 걸쭉한 반죽이 아닌 빵가루와 비슷한 질감이 되도록 분쇄한다.
핸드믹서나 스탠드 믹서와 함께 쓸 수 있는 큰 볼에 **큼직한 달걀 5개**를 깨뜨려서 넣고 **색이 옅은 갈색 설탕 1컵(200g), 라마조티**(또는 아베르나, 노니노 등 갈색이 나는 다른 달콤한 아마로) **3큰술(45ml), 베이킹파우더 1.5작은술(8g), 소금 1/2작은술(3g)**을 넣는다. 믹서로 전체가 옅은 노란색을 띠고 거품이 살짝 생길 때까지 6~8분간 섞는다.
다른 볼에 전분과 섞어서 분쇄한 호두를 모두 붓고, 믹서로 섞은 달걀 혼합물의 1/3을 붓는다. 휘젓지 말고 접듯이 섞는다(처음에는 절대 섞이지 않을 것처럼 보이지만, 인내심을 갖고 달걀 거품이 꺼지지 않도록 주의하면서 살살 섞어야 한다). 계속 섞으면서 달걀 혼합물을 1/3씩 추가한다.
반죽이 완성되면 버터를 발라둔 케이크 팬에 전부 붓고 오븐에 넣어 45분간 굽는다. 윗면이 매끈해지고 전체가 충분히 부풀어 오르면 이쑤시개로 가운데를 찔러본다. 너무 질퍽하지 않고 살짝 축축한 빵가루가 묻어나오면 완성이다. 오븐에서 팬을 꺼내고, 그대로 10~15분간 식힌 다음 망을 깔고 그 위에 팬을 조심스럽게 뒤집어서 케이크를 분리한다. 분리한 케이크는 망에 올린 채로 더 식힌다.
그대로 먹거나, 크렘 프레슈를 휘핑크림처럼 휘저어서 케이크 위에 올린 다음 입자가 넓적하고 큰 소금을 살짝 뿌려서 먹는다. 남은 케이크는 잘 포장하면 3~4일간 보관할 수 있다.

쓴맛으로 맛 내기:
노릇하게 익히기, 캐러멜화, 태우기

지금까지는 쓴맛이 나는 식재료를 음식에 조심스럽게 장신구처럼 추가하고 다른 맛들을 쓴맛의 매니저로 활용하는 법을 배웠다. 여기까지 잘 따라왔다면, 이제 기초반은 졸업하고 좀 더 전문적으로 쓴맛을 다뤄볼 차례다. 바로 요리에 쓴맛을 일부러 더하는 방법이다. 어디서부터 시작하면 좋을까? 사실 이 중급 기술은 너무 쉬워서 요리하다 보면 의도치 않게 하게 된다. 일부를 새카맣게 태우거나, 노릇하게 익히거나, 전체를 완전히 태우는 것이다.

음식에 강한 열이 가해지면, 연쇄적인 화학 반응이 일어나 새로운 냄새 분자들과 노릇한 색부터 시커먼 색을 내는 분자들, 그리고 가장 중요한 쓴맛 분자들이 생긴다. 열이 더욱 심하게 가해지면 바싹 타버린 숯덩이만 남지만, 노릇한 정도로만 굽거나 적당히 태워서 쓴맛을 섬세하게 내면 맛있는 음식이 된다. 식물의 열매를 볶아서 만드는 **초콜릿과 커피, 토스트, 그릴에 구운 빵과 구운 떡, 빵 밑바닥에 '표범 무늬'처럼 얼룩덜룩하게 탄 자국이 생기는 나폴리식 화덕 피자** 등 그런 음식은 수두룩하다. 음식을 노릇노릇하게 잘 익히고 탄 부분이 표면에만 생기도록 신중하게 조절하면, 쓴맛이 다른 맛들과 대비를 이루고 풍미가 깊어지면서 마치 특별한 양념을 한 것과 같은 효과가 생긴다. 수많은 버전의 멕시코식 살사는 토마토와 고추를 새카맣게 태우는 것부터 요리가 시작되며 필수 단계로 여겨진다. 베트남 쌀국수도 그와 같이 태운 양파와 생강으로 국물 맛을 낸다.

노릇하게 익히거나 캐러멜화하고 태우려면 탄수화물, 특히 당분이 어느 정도 있어야 잘된다(좀 더 깊이 들어가면 당분의 함량과 열을 가하는 시간에 따라 마이야르 반응을 통해 노릇하게 익거나, 캐러멜화가 일어나거나, 타거나 셋 중 한 가지가 주로 일어난다. 우리가 알아두어야 할 것은 모두 쓴맛이 생겨나는 현상이라는 점이다. 281쪽에 마이야르 반응에 관한 자세한 설명이 나온다). 당분이 많거나 단맛이 강한 재료와 음식은 금세 홀랑 타버리므로(쓴맛도 과해진다), 열을 가해서 쓴맛을 낼 때는 더욱 주의해서 지켜봐야 한다. 반대로 쌀을 포함한 곡류, 생감자, 커피/코코아 열매 등 단단한 곡물과 전분 함량이 높은 재료는 가열해서 색이 진해지고 쓴맛이 강해질수록 딱딱해지므로 맛을 내려고 굽거나 태우려면 미리 한 번 익히는 게 좋다(반숙 감자, 쌀밥, 빵을 굽는 등). 또는 다 구운 다음 단단해진 재료를 잘게 갈아서 사용한다(볶은 원두나 카카오 열매, 볶은 쌀이나 메밀처럼). 반으로 자른 양파, 리크나 고추, 토마토 등의 겉면을 태울 때는 묵직한 주물 팬이나 열원이 위나 아래에 있는 그릴에 올려서 강한 열을 가하거나, 토치로 표면에 바로 열을 가한다. 당근, 고구마 같은 단단한 채소는 한 번 익힌 다음에 같은 방법으로 겉면을 태우면 된다. 바나나, 살구, 복숭아의 겉면을 이와 같이 살짝 태우면 훈제한 듯한 향과 함께 쓴맛이 생긴다.

시도해보기

음식에 바싹 익힌 부분이 드문드문 생기도록 신경 써서 조리하면, 그 부분에서 나오는 쓴맛이 아주 매력적인 양념이 된다. 특히 기름진 맛, 단맛, 아삭한 식감의 신선한 맛, 감칠맛 등 원래 쓴맛의 균형을 잡는 매니저로 활용하는 풍미가 강한 음식에 이 방법을 적용하면, 쓴맛이 더더욱 빛이 난다. 가장 좋은 예가 마늘이다. 마늘이 타면 쓴맛이 불쾌할 정도로 강해지지만, 진한 돼지고기의 향과 기름기가 아주 많은 것이 특징인 돈코츠 라멘은 마늘을 일부러 새카맣게 태워서 만든 '마유'라는 마늘 기름으로 라멘의 부드럽고 강한 풍미의 균형을 맛있게 잡는다. **인스턴트커피**나 **진한 갈색 캐러멜**을 칠리나 향이 풍부하고 톡 쏘는 맛이 나는 각종 소스, 디저트에 1/4작은술씩 넣어서 쓴맛을 더하면 이 효과를 확인할 수 있다. 바싹 태운 대파 향 버터(239쪽 참고)를 양질의 사워도우 빵에 발라서 먹어보라. 또는 **손으로 찢은 빵을 진한 갈색이나 검은색이 돌 때까지 바싹 구워서 만든 빵가루**를 아삭한 샐러드나 그 외 다양한 채소, 아이스크림에 뿌리면 중요한 회의에 참석할 때 착용하는 뿔테안경처럼 가벼운 음식에 무게감이 생긴다.

매운맛

매운맛은 고통이다. 삶은 고통이라고 할 때의 그런 고통은 아니고, 통증을 유발한다는 의미다. 쓴맛을 즐기는 것이 긴장감이 감도는 다소 뒤틀린 애정이라면, 매운맛을 좋아하는 건 마조히즘과 다를 바가 없다. 규칙에 집착하는 내 성격상, 매운맛을 다섯 가지 기본적인 맛과 나란히 설명하기가 좀 망설여진다. 매운맛은 엄밀히 따지면 맛이 아니기 때문이다.

인체에는 매운맛을 감지하는 맛 수용체가 없다. 우리는 매운맛을 촉각으로 느낀다. 매운맛을 내는 분자는 촉각 수용체 중에서도 강한 열에 반응해서 뇌에 신호를 보내는 통각 수용체를 자극한다. 실제로는 온도가 전혀 상승하지 않아도 매운맛 분자는 마치 그런 것처럼 이 수용체를 활성화하여 신호를 보내게 만든다. 이렇게 발생하는 신호가 다른 냄새, 맛 신호와 만나서 우리가 매운맛으로 느끼는 특정한 풍미가 된다.

식물은 쓴맛 분자를 만드는 것과 비슷한 목적으로 매운맛 분자를 만든다. 즉 다른 생물들에게 쉽게 뜯어먹히지 않으려는 최후의 방어 전략이다. 이런 분자가 입안에 들어오면, 뇌로 신속하고 강한 신호가 전달된다. '세상에, 이게 뭐야? 입에서 내보내! 당장 뱉어! 이건 해로운 거야!' 매운맛 분자를 만드는 식물들에게는 참 안된 일이지만, 인간은 고통을 즐기는 마조히스트들이라 먹으면 위험할 수도 있음을 감지하면 내분비계에 엔도르핀이 콸콸 흐르기 시작한다. 그래서 그 식물을 그냥 먹는 것에 그치지 않고 비슷한 식물들까지 몽땅 찾아내서 재배하고, 음식에도 넣어서 먹는다.

매운 음식은 맛도 좋고 먹으면 기분도 좋아진다. 고추가 듬뿍 들어간 살사, 김치, 삼발^{sambal}(매운 고추에 말린 새우나 생선, 생강, 마늘, 양파 등 각종 채소와 라임즙, 설탕을 섞어서 만드는 인도네시아의 대표적인 소스 – 옮긴이), 빈달루^{vindaloo}(고추, 생강, 양파, 코코넛 밀크 등을 넣고 끓인 인도 고아 지역의 매운 커리 – 옮긴이), 머리가 띵할 만큼 매운 마파두부, 후추와 생강이 잔뜩 들어간 볶음 요리들, 무나 겨자, 와사비의 코가 뻥 뚫리는 매운맛까지, 우리가 가장 즐겨 먹는 수많은 음식의 중심에는 매운맛이 있다.

매운맛의 규칙

- 인체는 통각 수용체를 통해 매운맛을 느낀다. 따라서 매운맛은 엄밀히 따지면 미각이 아닌 촉각이다.
- 캡사이신^{capsaicin}을 비롯해 매운맛이 가장 강한 분자들은 매운 고추에 들어 있다. 흑후추, 생강, 쓰촨 후추, 그 외 여러 향신료에는 고추에 함유된 매운맛 분자들과 화학적으로 비슷하면서 매운맛은 덜한 분자들이 있다.
- 마늘, 양파, 일본 고추 냉이(흔히 와사비로 불리며, 우리나라 고유종인 참고추냉이와는 다른 식물이다 – 옮긴

이), 서양고추냉이(겨자무라고도 한다. 고추냉이와 같은 배추과 식물이나 세부 분류는 겨자무속으로 다르다-옮긴이), 겨자에는 공통적으로 황 냄새와 함께 날카로운 매운맛이 나는 분자들이 있다. 이 분자들은 휘발성이 강해서 눈, 코, 입을 자극한다.

- 매운맛이 나는 분자는 물보다 지방과 훨씬 잘 섞인다. 그래서 지방이나 기름을 많이 써서 조리하면 매운맛이 극대화된다.

매운맛 분자

식재료를 통틀어 가장 매운 것은 고추다. 고추는 식물 분류상 고추속capsicums에 속하며 이 분류에 포함된 고추가 다 매운 건 아니다. 그중에 매운맛이 나는 고추만 놓고 보면, 거의 안 매운 것부터 이건 식품이 아니라 화학무기로 분류해야 마땅하다는 생각이 들 만큼 어마어마하게 매운 것까지 다양하다. 고추의 매운맛은 얼마나 매운지와 상관없이 모두 캡사이신과 그 사촌 격인 캡사이시노이드capsaicinoid에서 나온다. 같은 양으로 비교하면 통각을 가장 강하게 자극하는 것은 캡사이시노이드다.

매운맛의 등급

얼마나 매운지를 이야기할 때, 대강 추측하기만 하는 게 아니라 스코빌 척도Scoville heat unit(줄여서 SHU)도 활용된다. "이 고추와 저 고추 중에 너무 매워서 세상이 반으로 접힌 것처럼 보일 만큼 정신을 혼미하게 만드는 건 어느 쪽일까?"와 같은 궁금증을 해소해 줄 수 있는 척도다.

기본적으로 스코빌 척도는 고추 한 개에 물을 몇 배로 섞어서 희석해야 매운맛이 느껴지지 않는지를 기준으로 매운맛의 정도를 정한다. 매운맛이 강한 고추일수록 더 많이 희석해야 한다는 원리다. 예를 들어 어떤 고추를 물과 1대 100으로 희석해야 매운맛이 느껴지지 않는다면 이 고추의 스코빌 척도는 100이 된다. 순수한 캡사이신은 중량당 SHU가 1,600만이다. 세상에서 가장 매운 고추(매운 고추에 푹 빠진 사람들이 더 매운 고추를 얻기 위해 직접 길러서 먹는 캐롤라이나 리퍼Carolina Reaper 같은 종류)는 스코빌 척도가 200~300만 SHU에 달한다. 그런 극단적인 경우를 제외하고, 하바네로 고추처럼 일반적으로 요리에 쓰는 아주 매운 고추의 스코빌 척도는 약 10만~30만 SHU다.

고추 외에 다른 매운 식재료에는 캡사이신과 구조가 비슷하고 매운맛은 그보다 약한 분자들이 함유되어 있다. 흑후추에 들어 있는 피페린piperine, 신선한 생강에 함유된 캡사이신과 비슷한 분자인 진저롤gingerol과 쇼가올shogaol이 그러한 분자다. 중국에서는 쓰촨 후추, 일본에서는 산쇼sansho 또는 산 후추mountain pepper, 한국에서는 초피(제피)라고 불리는(우리나라에서는 초피가 산초라고도 불리는데, 이는 일본어 산쇼가 유입되면서 혼동이 일어난 것이다. 초피와 산초는 식물의 종이 다르며, 추어탕 등에 향신료로 쓰이는 것은 초피다-옮긴이) 열매에는 매운맛과 함께 얼얼한 감각을 일으키는 하이드록시 알파 산쇼올hydroxy-alpha-sanshool이라는 분자가 있다. 이 분자가 일으키는 얼얼한 감각은 탄산이 혀에 닿았을 때의 느낌과 약간 비슷하지만, 그보다는 9볼트짜리 배터리를 혀로 핥은 것처럼 전기가 찌릿 통하는 느낌에 더 가깝다.

캡사이신, 피페린, 그와 비슷한 매운맛 분자들은 다른 대부분의 맛 분자와 마찬가지로 휘발성이 없다. 따라서 마늘 냄새처럼 분자가 코에 훅 들어오지 않고, 음식에 그대로 남아 있다(하지만 블렌더로 갈면 헤어스프레이의 아주 자잘한 물방울처럼 미세한 입자가 되어 공기 중에 떠다닐 수 있다. 하필 그때 주방에 들어온 운 나쁜 사람은 후추 스프레이 공격을 받은 듯한 경험을 할 수도 있다). 마늘, 일본 고추냉이, 서양고추냉이 등 겨자과(겨자과는 십자화과, 배추과로도 불린다 – 옮긴이)의 일부 식물과 양파에서는 전혀 다른 매운맛이 난다. 이러한 식물에서는 알리신allicin, 이소티오시안산알릴allyl isothiocyanate 등 황이 포함된 분자들이 만들어지며, 이 분자들은 공통적으로 맵고 휘발성이 있어서 향이 독하고 풍미가 강한 기체로 존재한다. 그 기체가 공기 중에 떠다니다가 눈에 들어오면 눈물이 나고 입으로 들어와 비강으로 올라가면 코 안쪽이 타는 듯한 느낌이 든다(태어나 처음 초밥을 처음 먹던 날, 아버지는 내게 일본 고추냉이를 먹을 때는 코 말고 입으로 숨을 쉬어야 공기가 코로 흐르지 않아서 덜 괴롭다고 알려주셨다).

맛을 내는 분자는 대부분 물에 잘 녹는다. 우리가 맛으로 그 분자들을 느끼는 것도 그런 특징 때문이다(맛 분자는 수분이 많은 식재료에 녹아 있고, 그 음식이 입에 들어오면 수분이 많은 침을 통해 미뢰와 만나게 된다). 그런데 매운맛을 내는 분자들, 특히 캡사이신을 비롯해 고추, 향신료에 들어 있는 여러 비슷한 분자들은 물보다 기름과 지방에 훨씬 잘 녹는다. 매운맛이 나는 재료를 물로 조리하거나 닭 육수처럼 물의 비중이 높은 요리에 넣으면 기름이나 지방이 많은 요리에 넣을 때보다 매운맛이 약하게 느껴지는 것도 매운맛 분자가 물보다 지방과 더 잘 결합하기 때문이다(이런 특성을 활용해서 맛을 추출하는 방법과 요리법이 235쪽부터 소개된다).

매운맛의 패턴

매운맛을 내는 재료는 깔끔하게 네 가지로 분류된다. 첫 번째는 매운맛이 엄청나게 강한 캡사이신이 함유된 고추, 두 번째는 캡사이신과 화학적으로 비슷하고 향도 풍부한 흑후추, 생강 등 매운 **향신료**, 세 번째는 톡 쏘는 얼얼한 매운맛이 나는 하이드록시 알파 산쇼올이 함유된 쓰촨 후추 등 초피나무속 식물의 열매, 네 번째는 휘발성 황 분자가 매운맛을 내는 마늘, 일본 고추냉이 등 부추속과 겨자과 식물이다.

이 네 가지는 각 분자에서 공통적으로 나타나는 특정한 매운맛이 있고, 같은 분류끼리는 향도 비슷한 경우가 많다. 화학적으로 비슷한 분자들은 특성도 비슷한 경향이 있으므로, 한 가지 분자가 어떻게 매운맛을 내는지 알면 같은 분류에 속한 다른 분자들도 작용 방식이 비슷하다고 추정할 수 있다. 예를 들어 생강은 식물의 뿌리라는 공통점이 있는 서양고추냉이나 양파와 비슷할 것 같지만, 생강의 매운맛 분자는 분자가 형성되는 방식과 휘발성 여부, 분자의 안정성, 매운 정도가 모두 흑후추와 훨씬 비슷하다. 이런 차이를 알면 요리할 때 좀 더 자신 있게 결정을 내릴 수 있다.

매운맛 순위

- **캡사이신:** 1,600만 SHU
- **캡사이시노이드:** 900만~1,500만 SHU
- **쇼가올(생강):** 150,000 SHU
- **피페린(흑후추):** 100,000 SHU
- **파라돌(paradol):** 100,000 SHU
- **진저롤(생강):** 80,000 SHU
- **알파 산쇼올(쓰촨 후추):** 80,000 SHU
- **진저론(Zingerone, 생강):** 50,000 SHU
- **하이드록시 알파 산쇼올(쓰촨 후추, 얼얼함):** 26,000 SHU

고추의 매운맛: 과일 향과 훈제 향, 식물의 향, 캡사이신이 어우러진 매운맛의 여왕

식재료 중에 가장 매운 것이 고추다(식물 분류상 고추속에 속하는 모든 종). 고추의 매운맛은 아주 강력한 수준부터 아주 약한 정도까지 천차만별이다. 고추는 지난 수백 년 전에 걸쳐 전 세계로 퍼져나갔고, 대부분의 나라에 고유한 토착종이 최소 한 가지는 있다. 새들의 통각 수용체는 캡사이신에 반응하지 않아서 고추를 얼마든지 마음껏 먹을 수 있으므로, 고추 씨앗이 먼 곳까지 퍼진 데에는 철새들의 몫이 컸을 것으로 추정된다.

대체로 붉은 고추나 노란 고추가 되기 전, 덜 익은 상태인 녹색 고추는 특이하게도 다 익은 고추보다 매운맛이 더 강하고 단맛은 덜하며, 식물 특유의 향이 강하다. 고추는 익히지 않았을 때 가장 맵고 즙도 많으므로, 고추의 매운맛이 필요한 음식에는 생고추를 아주 얇게 썰거나 잘게 다져서 마지막에 추가하면 맛있는 매운맛을 즐길 수 있다(음식을 한입 먹고, 고추를 한입 베어먹는 식으로 각자 입맛에 맞게 음식에 매운맛을 추가할 수 있도록 생고추가 통째로 나오는 식당도 있다). 고추를 발효해서 스리라차, 삼발 같은 되직한 반죽 같은 양념을 만들거나 묽은 핫소스로 만들면 맛있는 신맛이 더해져서 풍미가 더 깊어진다.

캡사이신

쇼가올

피페린

하이드록시 알파 산쇼올

분자별 촉각 수용체

캡사이신이 맵게 느껴지는 이유는, 세포막에 있는 이온 통로 중 일시적 수용체 전위transient receptor potential(줄여서 TRP)로 분류되는 두 가지 촉각 수용체를 화학적으로 활성화하기 때문이다. 촉각 수용체는 신기할 정도로 반응이 특이적이다. 예를 들어 열을 감지하는 촉각 수용체는 여러 종류가 있지만, 42.7℃ 이상일 때만 활성화되는 것도 있고 체온과 비슷한 37℃ 안팎에서만 활성화되는 종류도 있다. 매운맛과 관련된 가장 중요한 촉각 수용체인 TRPV1은 열(42.7℃ 이상)과 강한 산(종이에 손이 베인 상처에 레몬즙이 닿았을 때 같은)에 반응해서 뇌로 신호를 보내 통증과 뜨거운 감각을 일으킨다. TRPV1은 뜨거운 느낌, 혹은 '따뜻한 느낌'을 주는 수많은 분자에도 활성화되는데, 그중 가장 강력한 것이 캡사이신이다.

TRPV1이 열에 반응하는 수용체라면, TRPM8은 차가움을 감지하는 수용체다. 이 수용체도 TRPV1처럼 멘톨menthol, 장뇌camphor, 유칼립톨eucalyptol, 티몰thymol 등 실제로는 차갑지 않은 물질에도 반응한다. 박하와 비슷한 물질을 먹었을 때 시원하게 느껴지는 이유도 차가움을 감지하는 수용체가 반응해서 차가운 감각을 일으키기 때문이다.

또 다른 촉각 수용체인 TRPV3은 TRPV1과 TRPM8이 반응하는 온도의 중간 범위, 즉 인체가 가장 편안하게 느끼는 온도인 체온과 비슷한 온기에 반응한다. 계피와 정향의 특징적인 향을 내는 신남알데히드cinnamaldehyde와 오이게놀은 이 수용체를 활성화해서 따뜻한 감각을 일으킨다.

이 세 가지 촉각 수용체가 원래는 반응하지 말아야 하는 특정 분자에 부작용처럼 반응하는 것과 달리 매운맛 분자에 반응하는 것이 원래 정해진 기능인 촉각 수용체도 있다. 예를 들어 TRPA1은 이소티오시안산알릴과 알리신 등 마늘, 양파, 겨자, 서양고추냉이의 황이 포함된 여러 매운맛 분자에 광범위하게 반응한다. 그뿐만 아니라 신남알데히드, 테트라하이드로칸나비놀THC, 커큐민curcumin, 파라돌, 진저롤에도 활성화된다. 쓰촨 후추 등 초피나무속 식물의 열매에 함유된 하이드록시 알파 산쇼올은 앞서 나온 TRPV1을 활성화해서 뜨거운 감각을 일으키는데, 동시에 이와는 전혀 다른 촉각 수용체도 활성화한다. 팔뚝에 난 털에 닿을 듯 말 듯한 미세한 접촉에도 반응하는 아주 민감한 촉각 수용체가 바로 그것이다. 이 분자가 함유된 음식을 먹을 때 느끼는 특유의 얼얼한 감각은 이 촉각 수용체의 활성과 비활성 상태가 빠른 속도로 연이어 바뀌면서 발생한다.

🍴 향긋한 발효 고추 양념

| 약 450g(두 컵 정도) 분량 |

고추에 소금을 섞어서 발효하면, 사워크라우트(또는 요구르트)를 만들 때처럼 젖산발효가 일어나 신맛이 생긴다. 다양한 식물의 표면에는 야생 젖산균이 존재하므로, 이러한 식물에 소금을 조금 넣고 충분히 기다리면 톡 쏘는 젖산의 신맛과 함께 버터, 크림, 피클의 향이 생긴다.

이 양념은 잘 익은 양질의 신선한 고추로 만들어야 맛있다. 풍미가 좋은 고추일수록 좋다. 원하는 매운맛의 강도에 따라 스카치보닛scotch bonnets 고추나 할라피뇨, 카옌cayenne, 아지 아마릴로aji amarillo, 에스플레트Piment d'Espelettes 고추를 준비한다─. 좀 더 새로운 맛에 도전하고 싶다면 완전히 익지 않은 녹색 고추(초록색 할라피뇨나 포블라노 고추)로 만들어보라. 발효가 똑같이 잘되면서도 식물 특유의 풍미가 훨씬 강한 양념이 된다.

이 발효 고추 양념은 마요네즈와 섞어서 샌드위치에 발라서 먹어도 되고, 찍어 먹는 소스로도 좋다. 검은콩이나 다른 익힌 콩을 볶을 때 써도 좋고, 오일과 식초가 들어가는 샐러드 드레싱, 채소를 절이는 양념으로도 잘 어울린다. 특히 콜리플라워나 깍지 콩처럼 단단한 채소를 절일 때 쓰면 좋다. 올리브유나 녹인 버터와 섞어 농도를 묽게 만든 다음 방울토마토, 당근, 고구마에 발라서 구워 먹어도 맛있다.

발효 식품을 만들 때는 재료의 부피가 아닌 무게를 측정하고,

아히 돌체: 200SHU.
꽃, 과일, 식물의 풍미

아지 아마릴로: 40,000SH
감귤류, 꽃 향과 날카로운 매운맛

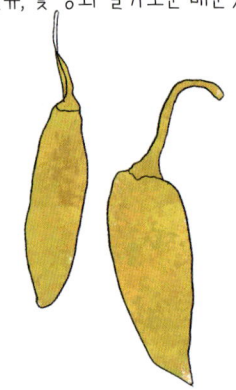

안초: 3,000SHU
과일 향, 단맛

아르볼: 30,000SHU
풀, 과일의 향, 훈제 향

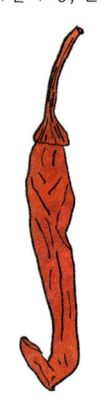

새눈고추: 200,000SHU
강한 매운맛, 식물의 풍미, 강한 매운맛

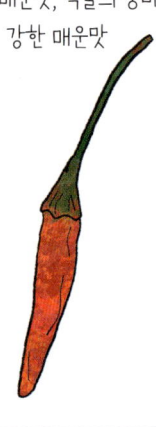

치폴레 모리타: 10,000SHU
훈제 향, 말린 과일 향

얼징탸오: 30,000SHU
과일 향, 진 풍미, 단맛

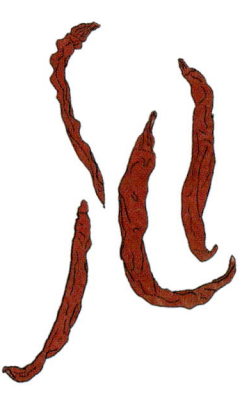

에스플레트: 4,000SHU
꽃, 과일의 향

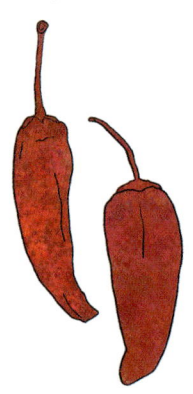

하늘고추: 30,000SHU
과일, 감귤류 향, 향긋함

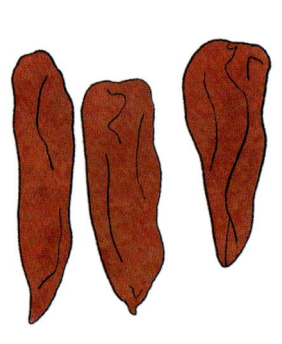

한국 고추: 1,000SHU
매운맛, 과일 향

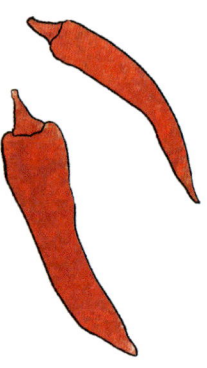

과히요: 5,000SHU

가죽 냄새, 흙 내음

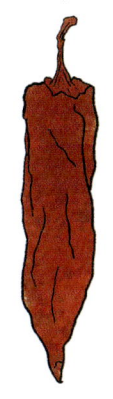

하바네로: 350,000SHU

꽃, 과일의 향, 퀴퀴한 냄새

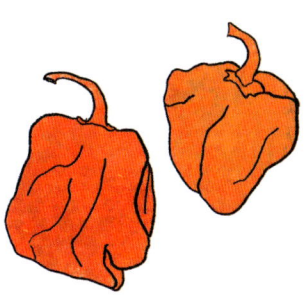

해치: 1,500SHU

산뜻함, 미세한 단맛, 식물 또는 흙 내음

매운 파프리카: 1,000SHU

매운맛, 흙 내음

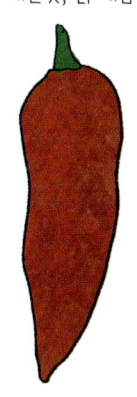

이치미 토가라시: 1,000SHU

과일 향, 송진 냄새

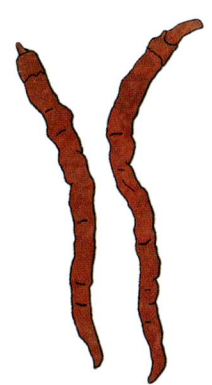

할라피뇨: 10,000SHU

식물과 과일의 향, 강한 매운맛

파시야: 10,000SHU

말린 과일 향, 옅은 흙 내음

포블라노: 2,000SHU

식물의 향

왁스 고추: 8,000SHU

단맛, 아삭함, 식물의 향

단위는 미터법을 쓸 것을 강력히 권장한다. 파운드나 온스 단위를 쓰는 것보다 각 재료의 비율을 훨씬 수월하게 정확히 맞출 수 있기 때문이다. 부피로는 각 재료의 비율을 제대로 맞출 수 없다.

양념을 발효하면 표면에 하얀 막이 생긴다. 해롭지 않은 효모이므로 그냥 걷어내면 된다. **가느다란 털 같은 곰팡이가 피거나, 불쾌한 썩은 냄새가 강하게 풍기면 전부 폐기해야 한다. 아깝더라도 나중에 후회하는 것보다는 안전을 최우선으로 챙겨야 한다.** 부패를 막으려면 공기와 닿지 않게 하는 것이 가장 중요하다. 표면을 비닐로 잘 덮기만 해도 공기 접촉을 차단할 수 있다.

용량이 700ml 이상이고 뚜껑이 있는 유리 또는 식품용 플라스틱 용기를 준비하고, 온수와 세제로 세척한다.

생고추 450g을 준비한다. 일회용 장갑을 착용하고, 고추의 꼭지를 떼어낸 다음 안쪽의 씨도 최대한 제거한다. 재료의 비율을 정확하게 맞출 수 있도록 손질한 고추의 무게를 g 단위로 측정한 다음 블렌더나 푸드프로세서에 담는다. 고추 무게의 **3%**(고추 무게가 400g이면 3%는 12g이다)에 해당하는 **요오드 무첨가 소금(고추 450g 기준 첨가물 없는 소금 15g 또는 1.5큰술)**을 넣고, 고추가 굵직한 조각이 되도록 분쇄한다.

분쇄한 고추를 미리 씻어둔 용기에 옮겨 담는다. 깨끗이 세척한 고무 주걱으로 양념 사이사이에 공기주머니가 생기지 않도록 꾹꾹 눌러가며 담는다. 표면에 비닐 한 장을 헐렁하게 덮고, 뚜껑을 살짝 올려두듯이 덮는다. 뚜껑을 꽉 닫으면 발효 과정에서 생기는 기체가 밖으로 빠져나가지 못해 터질 수도 있다. 시간이 지나면 양념에서 생긴 기체가 밀어내는 힘으로 비닐이 표면에서 벗겨질 수 있으므로 간간이 확인하고 다시 덮는다.

실온에서 2~5주간 발효한다. 일주일 후 깨끗한 숟가락으로 조금 떠서 맛을 본다. 연한 매운맛이 느껴지는지 확인하고, 애매하면 일주일 더 발효한 다음 다시 맛을 본다. 신맛이 더 강해지고 효모의 향은 줄면서 대체로 더욱 깔끔한 맛이 나야 한다. 시큼한 맛이 확 느껴지면 발효가 다 된 것이다. 완성된 고추 양념은 표면에 비닐을 덮어서 냉장고에 보관하고, 4~6주 이내로 모두 사용한다.

매운맛을 내는 간단한 방법

- 육류의 진한 풍미는 매운 양념으로 균형을 맞춘다. 초밥에는 일본 고추냉이를 살짝 얹고, 로스트비프에는 바로 간 아주 매운 서양고추냉이를 곁들인다. 삶거나 튀긴 닭고기는 고추의 풍미가 담긴 기름에 찍어 먹으면 맛있다. 핫도그에는 겨자씨가 씹히는 델리 머스터드가 잘 어울리고, 햄이나 삼겹살은 설탕에 절인 생강과 함께 먹는다.

- 고추의 범위를 넓히자. 한국 고추(맵고 살짝 과일 향이 난다), 매운 헝가리 파프리카(맵고 흙 내음이 난다), 멕시코 고추와 라임으로 만드는 고추 양념 타힌 Tajin(맵고 톡 쏘는 맛), 햇빛에 말린 고추를 발효한 터키의 우르파 비버 Urfa biber(초콜릿 향이 나는 진한 갈색의 매운 양념), 이탈리아 칼라브리아 지역에서 생산된 페퍼론치노 고춧가루(날카로운 매운맛, 산뜻함), 바스크 지역에서 난 에스플레트 고추(맵고 꽃 향이 난다) 등을 요리에 활용해보자.

- 말린 **멕시코 고추**를 성능 좋은 블렌더(또는 푸드프로세서)로 직접 갈아서 쓰면 시판 제품보다 품질이 훨씬 우수한 고춧가루가 된다. 대표적인 멕시코 고추로는 과히요 quajillo(적당한 매운맛, 흙 내음), 모리타 morita(맵고 훈제 향이 강하다), 안초 ancho(과일 향, 단맛, 비교적 부드러운 매운맛), 파시야 pasilla(매운맛, 말린 과일의 향) 등이 있다.

- 망고, 파인애플, 복숭아, 천도복숭아, 딸기, 오렌지, 파파야, 배, 사과 등 생과일에 매운맛이 나는 가루를 뿌려서 먹어보자. 직접 분쇄한 고춧가루도 좋고 바로 간 흑후추 가루를 한 번 정도 갈아서 뿌리거나 쓰촨 후추를 아주 살짝만 뿌려도 된다. 생강과 정향 분말을 섞어서 뿌려도 좋다.

- 매운 소스도 익숙한 틀에서 벗어나 다양하게 맛보자. 나는 산뜻한 매운맛과 신맛이 어우러진 루이지애나 크리스털 핫소스 Crystal hot sauce 제품과 플라이 바이 징 칠리 크리스프 Fly by Jing chili crisp (액상 소스가 아니

라 오일에 고춧가루와 아삭한 마늘이 섞여 있다), 고추와 발효한 과일이 들어가서 매운맛, 신맛, 과일 향이 모두 나는 멕시코의 샤모이 소스를 좋아한다.

고추의 다양성

오랜 역사에 걸쳐 고추가 대대로 재배된 곳이자 매운맛의 본고장인 멕시코에서는 음식에 엄청나게 다양한 (모양, 크기, 풍미, 매운 정도 모두) 고추가 쓰인다. (서로 연관된 생물 내에서 나타나는) 생물의 유전학적 다양성은 그 생물의 최초 발생지와 가까울수록 크다는 사실을 확실하게 보여주는 특성이다. 멕시코 고추를 요리에 쓸 때 유념할 점은, 같은 종의 고추라도 생고추와 말린 고추가 각각 다른 이름으로 불린다는 것이다. 예를 들어 포블라노 고추는 생고추일 때의 명칭이고, 이를 말리면 물라토^{mulato}, 또는 안초로 불린다. 미라솔 고추도 생고추일 때 그렇게 불리고 말리면 과히요라고 한다.

발효 고추 양념 활용 아이디어

✔ 구운 고추로 만들기
숯이나 나무로 불을 피울 수 있는 그릴이 있다면, 발효 고추 양념에 들어가는 생고추의 절반을 덜어서 그릴에 살짝 굽는다. 완전히 익히지 말고, 겉에 새카맣게 탄 부분이 조금 생길 정도로만 굽는다. 구운 고추는 식혀서 꼭지와 씨를 제거한 다음 나머지 과정은 동일하게 진행하면 된다.

✔ 훈제 향 불어넣기
치포틀 고추 등 훈연 건조한 고추 한두 개를 준비한다. 씨와 꼭지를 제거하고, 뜨거운 물에 담가 15분 정도 불린 다음 건져서 생고추와 섞어 발효 고추 양념을 만든다.

✔ 다양한 재료 추가하기
발효 고추 양념의 풍미를 더욱 풍성하게 만들고 싶다면, 수많은 요리에서 고추와 훌륭하게 어우러져 맛을 내는 각종 허브와 향신료, 마늘, 콩 발효 식품(한국 된장이나 일본 미소 된장)을 추가한다. 각각의 재료가 가진 풍미는 발효가 진행되는 동안 고추 양념과 부드럽게 섞인다. 발효 고추 양념 레시피에서 고추와 소금을 분쇄할 때 원하는 재료를 다음 분량만큼 추가해서 함께 분쇄하면 된다.

- 마늘 1~2톨
- 잘게 간 레몬이나 오렌지 껍질, 1큰술(15ml)
- 바로 간 생강, 1큰술(15ml)
- 올스파이스 열매 4~5개, 으깨서 넣을 것
- 생 오레가노 1큰술(15ml)이나 말린 오레가노 2작은술(5ml)
- 회향이나 커민 씨앗 2작은술(5g), 으깨서 넣을 것
- 황색, 또는 붉은색 미소 된장 2큰술(30ml)

고추는 속이 비어 있고 과육의 두께가 얇아서 말리기가 쉽고, 금방 마른다. 그래서 오래전부터 고추는 수확한 후에도 고유한 풍미가 오랫동안 보존되도록 말려서 보관했다. 게다가 고추를 말리면 가벼워져서 운송하기도 편리하다. 요리에 말린 고추를 넣는 방법은 몇 가지가 있다. 입자가 굵은 가루, 또는 고운 가루로 분쇄해서 써도 되고, 기름을 넉넉하게 넣고 바싹 튀겨서 쓰거나 고추를 불린 다음(먼저 구운 다음에 불리기도 한다) 갈아서 반죽 같은 질감으로 만들어 소스로 쓰거나 스튜에 넣는다. 고추를 말리면 오래 보관할 수 있을 뿐만 아니라 풍미도 더 진해지고 흙 내음, 꽃과 과일의 향, 가죽 느낌이 나는 냄새도 강해진다.

전체를 감싸는 매운맛과 훅 치고 들어오는 강렬한 매운맛

고추의 종류만큼 매운맛의 풍미를 좌우하는 요소가 있다. 바로 요리할 때 고추를(또는 매운맛이 나는 다른 재료를) 언제 넣느냐다.

예를 들어 오악사카식 몰레 네그로는 말린 고추를 굽고, 물에 불려서 퓌레로 만든 다음 그 퓌레를 뜨거운 기름에 튀기듯 익힌다. 거기에 과일, 견과류 등 다른 재료를 넣고 오랫동안 가열해서 반죽 같은 질감으로 만든 다음, 아무 고기나 추가해서 스튜를 완성한다. 굉장히 맵게 만들기도 하지만, 몰레 네그로의 매운맛은 햇볕에 달궈진 모래사장에 누워 있을 때 느끼는 열기와 비슷하다. 강렬하지만, 단번에 확 느껴지기보다는 처음에는 적당하게 느껴지다가 열기가 천천히 쌓여서 결국 견디기 힘들 만큼 강하게 느껴진다. 이처럼 매운맛을 내는 재료를 요리 초반부터 익히면 기름과 지방에 잘 녹는 매운맛 분자가 골고루 퍼져서 모든 재료에 스며들 시간이 충분히 생기므로, 매운맛이 요리 전체를 감싸고, 먹으면 먹을수록 서서히 더 맵게 느껴진다. 장시간 끓이는 찜 요리나 스튜, 커리는 매운맛이 나는 재료를 초반부터 넣고, 고기 표면에 고춧가루나 고추 양념을 문지르듯 미리 바른 다음에 익히면 이 같은 효과를 낼 수 있다. 고추기름이나 고추 버터(조금 뒤에 나온다!)를 활용하는 것도 좋은 방법이다(단, 앞서 네 가지로 분류한 매운맛 재료 중 양파나 마늘, 서양고추냉이 등 황이 포함된 재료에는 이 방법을 적용할 수 없다. 그러한 재료에 함유된 매운맛 분자는 휘발성이 있어서 가열하면 다른 재료에 골고루 스며드는 게 아니라 다 날아가고 분해된다).

이렇게 전체를 감싸는 매운맛이 아니라 단번에 훅 치고 들어오는 강렬한 매운맛을 원한다면, 요리 마지막에 소금을 살짝 뿌려서 간을 맞추듯이 고추를 마지막에 추가하면 된다. 생고추로 만든 신선한 살사를 마지막에 끼얹어서 매운 풍미를 확 끌어 올리는 것도 좋은 방법이다. 잘게 다진 새눈고추의 매운맛을 감칠맛과 퀴퀴한 냄새, 짠맛이 모두 있는 피쉬소스와 달콤한 갈색 종려당, 라임즙, 고수로 약간 가라앉힌 태국의 남 플라 프리크 nam pla prik 소스도 그와 같이 매운맛을 마무리도 더하는 재료로 활용할 수 있다. 음식을 다 완성한 다음 고춧가루를 살짝 뿌리거나 세라노 serrano 또는 하바네로 고추를 잘게 다져서, 또는 얇게 썰어서 요리에 조금 얹으면 혀 위에서 누군가 하이힐을 신고 조깅이라도 하는 듯한 날카롭고 얼얼한 매운맛을 더할 수 있다.

🍴 고추 버터
| 한 컵 분량 |

콩 요리나 칠리, 고기 스튜, 토마토소스나 토마토수프에 전체적으로 매운맛을 간단히 강화하려고 핫소스나 고춧가루를 넣으면 매운맛이 다른 재료의 맛들과 뚜렷하게 대비된다. 이런 효과를 원치 않을 때는 고추 버터가 제격이다. 고추 버터로 매운맛을 내면, 버터의 지방에 녹아 있던 캡사이신과 그 외 고추의 풍미를 내는 성분들이 음식에 골고루 스민다. 또한 버터를 녹이는 단계에 유지방이 갈색을 띠기 시작할 때까지 가열하면 매운맛과 함께 고소하고 포근한 풍미도 더할 수 있다.

말린 과히요 고추 2개, 말린 파시야 고추 2개를 약한 불에 직화로 굽는다. 살짝 갈색이 돌고 바삭해질 때까지 1~2분 정도 익힌다. 구운 고추는 꼭지를 제거하고 씨를 털어낸 다음 잘게 부순다.

작은 소스 팬에 **무염 버터 225g**을 넣고 중불로 가열한다. **구워서 잘게 부순 고추**를 넣고, **말린 우르파 비버 가루 1작은술(4g)**, **으깬 통 흑후추 6알**을 넣는다. **말려서 분쇄한 생강가루 1/2작은술(2g), 정향 가루 1/4작은술(1g)**도 넣고 잘 저어준다.

불을 끄고 뚜껑을 덮는다. 한 시간 이상 그대로 두고, 15분마다 젓는다. 버터가 굳기 시작하면 다시 불에 올려서 녹인다. 금속제 차 거름망 밑에 내열 그릇을 받치고, 전부 부어서 건더기를 걸러낸다. 그릇에 모인 버터가 어느 정도 식으면 따뜻할 때 뚜껑 있는 용기에 옮겨 담는다. 한 달 내로 모두 사용한다.

포근하고 향긋한 매운맛: 후추, 생강, 그 외 향신료

평소에 고통스러울 만큼 매운 음식을 찾아서 먹는 편도 아니고 주방에 요리 재료를 잘 갖추두는 사람이 아니라도, 거의 매 끼니에 매운맛을 먹고 있을 확률이 높

흑후추: 나무, 송진 냄새, 진한 향, 꽃 향

계피: 옅은 향, 독한 향, 나무와 송진 냄새, 고유한 향

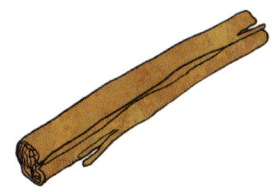

정향: 아주 달콤한 향, 송진 냄새, 훈제 향

큐벱 후추: 송진 냄새, 단맛, 나무 향

생강: 흙 내음, 강한 단맛, 감귤류 향

그레인 오브 파라다이스: 나무와 흙 내음, 매콤함, 유칼립투스 향

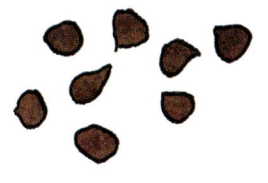

소두구: 나무와 꽃, 유칼립투스 향

필발: 나무 향, 전혀 달지 않음, 꽃 향

강황: 흙 내음, 송진 냄새

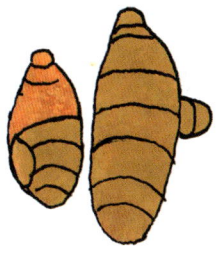

다. 흑후추를 떠올렸다면, 정답이다. 덩굴 식물인 후추(학명 *Piper nigrum*)의 열매를 말린 흑후추에는 피페린이 가득하며, (소금과 함께) 셀 수 없이 많은 요리에 마무리 양념으로 쓰인다.

유럽의 음식, 그리고 유럽의 영향을 받은 음식에 **흑후추**가 빠짐없이 들어가는 것은 음식을 지금보다 훨씬 맵게 만들던 과거의 흔적이다. 중세 시대에는 요리사들이 음식에 흑후추를 듬뿍 넣었을 뿐만 아니라 흑후추의 사촌 격인 다른 재료들로도 매운맛을 냈다. 특히 필발(긴 후추), 큐벱 후추cubeb pepper가 많이 쓰였고, 매운맛과 함께 향도 강한 생강과 매운맛은 그보다 덜하면서 포근하고 향기로운 계피, 정향, 소두구와 같은 향신료도 활용됐다. 흑후추는 그때부터 지금까지 디저트와 같은 단 음식을 제외한 각종 요리에 쓰이지만, 생강과 다른 향신료는 이제 주로 진저비어나 진저브레드처럼 달고 매운 음료나 디저트의 재료로 쓰인다.

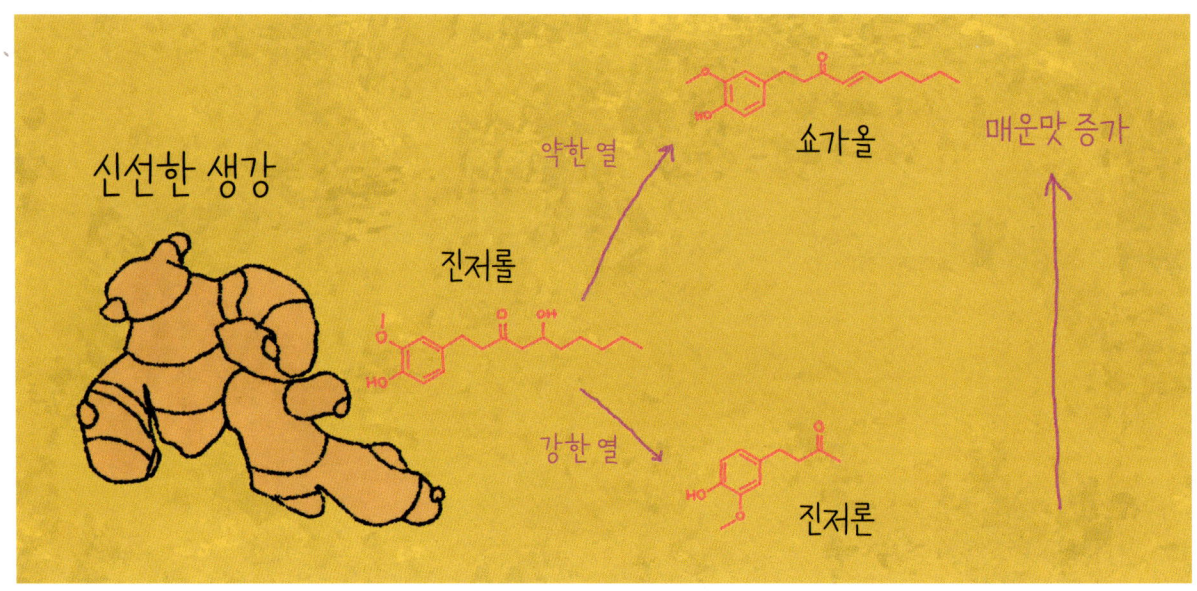

흑후추의 피페린 분자는 순수한 캡사이신과 비교하면 매운맛이 약 2,000배 약하다. 그러나 고추에 들어 있는 캡사이신의 농도보다 후추 열매에 포함된 피페린의 농도가 최대 100배 더 높다. 통후추를 잘못 씹었다가는 기침이 터지기 십상이고, 흑후추를 음식에 넣을 때 보통 곱게 갈아서 뿌리는 이유다. 생강의 매운맛은 진저롤, 쇼가올, 진저론 등 세 가지 분자에서 나오며 생강의 가공 방식, 또는 취급 방식에 따라 이 세 가지 중 한 가지의 비중이 높다.

익히지 않은 생강에는 매운맛이 흑후추에 든 피페린의 절반 정도 수준인 진저롤의 비중이 가장 크다. 생강에 열을 가하면 열의 강도에 따라 각기 다른 변화가 일어난다. 강한 열이 가해지면 진저롤이 진저론으로 바뀌는데, 진저론은 진저롤보다 매운맛이 더 약하고 달콤한 향이 난다. 반대로 약한 열을 천천히 가해서 생강의 수분을 없애고 분쇄하면, 매운맛이 진저롤보다 약 세 배 더 강한 쇼가올이 생긴다. 쇼가올은 강한 열이 가해지면(말린 생강이 들어간 쿠키를 뜨거운 오븐에서 구울 때처럼) 매운맛이 훨씬 약한 분자들로 바뀐다.

🍴 생강의 다채로운 매운맛 활용하기

생강으로 적당한 매운맛을 내고 싶다면, 매운맛의 강도가 중간인 진저롤이 가장 큰 비중을 차지하도록 생강을 생으로 넣고 가열하지 말아야 한다(또는 요리 마지막에 첨가한다). 생강의 매운맛은 부드럽게 줄이고 향을 더 활용하고 싶은 음식은 진저롤이 진저론으로 바뀌도록 생강에 열을 가해서 익히면 된다. 생강의 매운맛을 최대한 강화하고 싶은 음식에는 쇼가올이 큰 비중을 차지하도록 말린 생강을 쓴다(말린 생강을 너무 많이 넣는 바람에 매운맛이 과해진 경우에도 같은 원리로 열을 가하면 매운맛이 조금 줄어든다).

생강과 후추(흑후추, 큐벱 후추, 긴 후추)를 먹으면 맵고 뜨겁게 느껴지는 이유는, 이 재료들에 포함된 피페린, 진저롤 같은 분자들이 캡사이신처럼 통각 수용체인 TRPV1에 작용하기 때문이다. 생강에 소량 함유된 파라돌paradol이라는 매운맛 분자도 마찬가지다. 생강의 사촌쯤 되는 식물인 멜레게타Melegueta의 씨앗인 멜레게타 후추/그레인 오브 파라다이스Grains of Paradise에도 파라돌이 많다. 정향의 고유한 풍미를 내는 분자인 유게놀eugenol도 같은 방식으로 약한 통각을 일으킨다. 계피, 올스파이스, 정향, 핑크페퍼pink pepper, 생강의 친척인 강황, 갈랑갈galangal, 소두구, 향두구, 에티오피아 카다멈Ethiopian cardamom 등 수많은 향신료에는 캡사이신처럼 혀가 타는 듯한 매운맛까지는 아니라도 다른 촉각 수용체(TRPA1)에 작용해서 따끔따끔한 자극을 일으키는 여러 분자가 있다(다양한 종류의 카다멈에는 유칼립톨 분자가 다량 함유되어 있다. 송진 냄새와 매운 향이 나는 이 유칼립톨은 앞서 설명한 냉각 수용체 TRPM8을 활성화해서 차갑고 매운 감각을 유발한다). 심지어 오레가노, 타임 같은 일부 허브도 TRPA1 수용체에 작용한다.

🍴 포근하고 매콤한 탄산음료 시럽

매운 향신료는 음식에 매운맛을 내는 용도뿐만 아니라 복합적인 향을 불어 넣는 재료로도 많이 쓰인다. 평소에 맵고 향긋한 생강을 좋아한다면, 꽃 내음과 송진 냄새, 매운 향이 독할 정도로 강한 소두구나 핑크페퍼, 정향도 써보자. 이 시럽은 탄산수와 섞으면 진저비어와 비슷한 음료가 되고, 커피에 단맛을 더하는 재료로도 쓸 수 있다. 단단한 사과나 배를 얇게 잘라서 이 시럽을 듬뿍 뿌리고 10~15분간 두었다가 과일이 말랑해지면 아이스크림이나 크렘 프레슈를 끼얹어서 먹어도 맛있다.

소형 분쇄기에 **통 핑크페퍼 1큰술(6g), 통 정향 두 개, 깍지가 그대로 있는 소두구 10개**를 넣고 분쇄한다. 중간 크기 소스팬에 **물 한 컵(225ml), 설탕 한 컵(200g)**을 넣고, 분쇄한 향신료를 모두 부은 다음 가열한다. 끓기 시작하면 불을 끄고 뚜껑을 덮어서 2시간 동안 그대로 둔다.

식으면 향신료는 걸러내고 액체만 따로 담아서 냉장고에 보관한다. 최대 3~4주까지 보관할 수 있다.

탄산수 3/4컵(180ml)에 완성된 **시럽 4큰술(60ml)**을 섞으면 향긋하고 살짝 매콤한 탄산음료가 된다. 얼음과 **갓 짠 레몬즙**을 추가해서 바로 마신다.

혀를 마비시키는 얼얼하고 강렬한 매운맛: 쓰촨 후추와 그 외 재료들

중국 쓰촨성 지역, 특히 청두시와 충칭시는 매운 고추로 내는 매운맛의 중심지다. 때로는 이 지역의 음식들이 오로지 이 특징 하나로만 지나치게 압축된다는 인상을 받을 때도 있을 정도다. 쓰촨요리는 나만큼이나 풍미의 패턴을 중시한다. 전통적으로 전해 내려오는 기본적인 풍미의 원칙만 꼽아도 23가지 정도인데, 그중 상당 부분이 다양한 풍미를 나란히 함께 활용하는 방식이다(생선의 풍미가 나는 어향 소스도 그러한 예다. 생선 요리에 많이 쓰이는 이 소스는 발효한 붉은 고추의 매운맛과 발효한 콩의 짠맛과 감칠맛, 파, 마늘, 생강의 풍미가 두루 느껴진다). 쓰촨요리를 좋아하는 사람이라면 '혀가 얼얼할 정도로 맵다'는 뜻의 '마라麻辣, málà'라는 표현과 이름에 그 표현이 들어가는 음식을 알 것이다. 마라 요리는 매운 고추와 혀에 감각이 없어질 만큼 얼얼한 매운맛을 내는 화자오花椒, huājiāo, 또는 쓰촨 후추를 함께 써서 맛을 내는 게 핵심이다.

쓰촨 후추는 이름과 달리 흑후추 같은 후추과 식물이 아니라 귤속 식물과 더 가까운 초피나무속Zanthoxylum 식물의 작은 열매다. 감귤류 과일의 향과 꽃 향, 송진의 냄새가 나며, 매운맛 자체는 약한 편이다(전통적인 기준에서). 쓰촨 후추에는 '마라(얼얼하고 맵다)'의 마麻가 의미하는 '얼얼함', 사람들이 흔히 9볼트짜리 건전지 끝을 혀로 핥은 것처럼 전기가 찌릿 통하는 느낌이라고 표현하는 아주 강렬한 풍미가 있는데, 매운맛과 유사한 이 감각은 탄산음료를 마실 때처럼 짜릿짜릿하면서 밤에 자다가 갑자기 다리가 저릴 때처럼 아무 감각이 없는 느낌과도 비슷하다.

전기가 통하는 듯한 이 얼얼하고 따끔따끔한 감각은 산쇼올로 분류되는 분자들에서 나온다. 이 분자 집단을 이끄는 가장 대표적인 분자는 하이드록시 알파 산쇼올이다. 캡사이시노이드가 온도 변화가 없는데

화자오(쓰촨 후추):
찌릿한 감각, 레몬 향, 꽃과 솔향

초피:
찌릿한 감각, 유자와 자몽 향

도 촉각 수용체를 물리적으로 활성화해서 뜨거운 감각을 일으키는 것처럼, 산쇼올 분자들은 촉각 수용체에 작용해서 특유의 짜릿한 감각을 일으킨다. 그런데 하이드록시 알파 산쇼올은 이 물리적 자극을 일부 억제해서 감각이 없어진 듯한 얼얼함을 느끼게 하는 한편, 파리 한 마리가 피부에 닿는 것과 같은 아주 미세한 자극도 감지하는 민감한 촉각 수용체들이 활성과 비활성 상태를 빠르게 오가도록 만들어서 혀가 따끔따끔하고 찌릿한 감각도 일으킨다.

쓰촨 후추 외에도 일본의 산쇼 또는 산 후추, 한국의 초피, 수마트라의 안달리만Andaliman, 네팔의 티무르Timur 등, 서로 생물 분류상 가까운 초피나무속 여러 식물의 열매들도 산쇼올이 함유되어 있어 찌릿찌릿한 매운 풍미를 내는 향신료로 쓰인다. 쓰촨 후추가 유발하는 촉각의 효과가 핵심인 마라 양념과 달리 초피나 무속 열매의 향을 중심에 놓고 얼얼한 매운맛은 향에 부가되는 보너스처럼 활용하는 배합 향신료들도 있다. 중국의 대표적인 배합 향신료인 오향에는 쓰촨 후추가 팔각, 계피와 함께 쓰이고, 팝콘이나 밥에 뿌려 먹으면 잘 어울리는 일본의 시치미 토우라가시Shichimi togarashi에는 붉은 고추, 감귤류의 껍질, 참깨, 김, 생강과 함께 초피가 들어간다. 나는 일본 미야즈시(교토 북쪽)에 방문한 적이 있다. 일본인 동료의 안내로 시내를 구경하다가 식당에 들어갔는데, 그 동료는 우표만 한 자그마한 봉지를 하나 꺼내더니 자신이 즐겨 먹는 산쇼라며 구운 생선과 튀김에 뿌려주었다. 먹어보니 향긋하면서 맵고 혀가 따끔따끔한 풍미가 음식과 정말 잘 어울렸다. 튀기거나 살짝 구운 해산물, 구운 채소, 갓 튀긴 감자튀김에 가루로 분쇄한 초피나 쓰촨 후추를 아주 살짝 뿌려서 먹어보면 그런 풍미를 느낄 수 있다.

황 냄새와 코가 뻥 뚫리는 잠깐의 매운맛: 양파, 마늘, 겨자, 일본 고추냉이, 서양고추냉이

마늘, 겨자씨, 그리고 이들과 식물 분류상 가까운 서양고추냉이, 일본 고추냉이, 양파, 무의 매운맛은 그저 맵다고만 할 수 없는 뭔가가 더 있다. 이 재료들의 매운맛은 단숨에 훅 느껴지는 특성이 있고, 계속 먹다 보면 통각이 입안에만 머무르지 않고 머리 쪽으로 점점 올라가서 눈, 코, 부비강까지 퍼지는 게 느껴진다.

서양고추냉이: 흙 내음, 나무 향, 쓴맛

일본 고추냉이: 신선함, 강렬하게 톡 쏘는 향, 풀 향

양파: 날카로운 풍미, 약간 단맛

마늘: 진한 풍미, 날카로운 향, 맥아 향

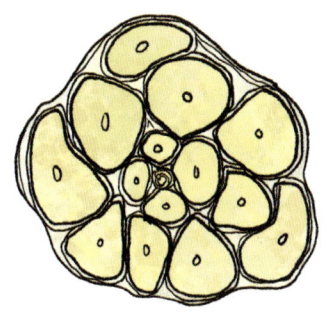

겨자씨: 흙 내음, 나무 향, 톡 쏘는 향

무: 달콤함, 흙냄새, 아삭함

이러한 매운맛의 핵심은 유황이다. 지옥에서 천벌을 내릴 때 쓰인다는 불과 유황의 그 유황 맞다. (마늘, 양파 등이 속한) 부추속 식물과 (겨자, 서양고추냉이, 일본 고추냉이, 무 등이 속한) 겨자과 식물에는 공통적으로 황이 포함된 맵고 휘발성 있는 분자들이 함유되어 있다. 이런 분자들은 기체 상태로 공기 중에 떠다니며 통각 수용체를 자극할 기회를 호시탐탐 노린다. 양파를 썰 때마다 눈물샘을 자극해서 눈물을 흘리게 만드는 프로펜사이얼 에스 옥사이드$^{propanethial-S-oxide}$도 그런 분자다. 마늘에는 황 두 개로 이루어진 알리신이, 무, 일본 고추냉이, 서양고추냉이 등 겨자과 식물에는 이소티오시안에이트^{isothiocyanate}가 그러한 기능을 한다.

고추의 캡사이신이 그렇듯 식물은 동물에게 뜯어먹히지 않으려고 이런 분자를 만들어낸다(식물의 이런 전략은 육식동물에 비해 초식동물에게는 잘 먹히지 않고 큰 위협도 안 되는 듯하지만, 식물에게는 애벌레, 반추동물, 채소를 먹는 인간이 다 똑같은 포식자다). 이 같은 휘발성 황 분자가 캡사이신과 다른 점은, 식물이 (아직 뜯어 먹히지 않고 멀쩡할 때는) 항상 보유하고 있지는 않다는 것이다. 두 성분을 각각 따로 두었다가 쓰기 직전에 섞으면 접착력이 생기는 에폭시 접착제처럼, 일본 고추냉이 뿌리나 마늘 등이 동물에게 잘근잘근 씹히거나, 기계로 분쇄되거나, 강판에 갈리거나, 다른 방식으로 파괴되면 그와 같이 각각 따로 저장되어 있던 두 성분이 혼합되어 휘발성 매운 분자가 생긴다. 이렇게 섞이는 성분 중 하나는 크기가 크고, 무겁고, 황이 다량 함유되어 있으며 특별한 향이 없는 분자이고(겨자과 식물은 글루코시놀레이트^{glucosinolate}, 부추속 식물은 알리인^{alliin}), 다른 하나는 이 분자들을 최루가스처럼 탈바꿈시키는 효소다(겨자과 식물은 마이로시네이즈^{myrosinase}, 부추속 식물은 알리네이스^{alliinase}). 식물학자들은 일촉즉발의 순간에 만들어지는 이 물질을 '겨자 오일 폭탄'이라고도 부른다(겨자과 식물에만 어울리는 이름이긴 하지만). 이 휘발성 황 분자는 영향이 너무 강력해서 식물에게도 해가 된다. 그러니 꼭 필요할 때가 아니면 미리 만들어두지 않는 게 당연하다.

식물이 위기에 처한 순간 합쳐져서 풍미 분자를 형성하는 그 두 성분의 양이 많을수록 매운맛도 강해진다. 부추속 식물과 겨자과 식물로 요리할 때, 이 특성을 잘 활용하면 원하는 풍미를 낼 수 있다. 매운맛을 최대한 끌어내고 싶다면 매운맛 분자를 만드는 두 성분이 최대한 많이 빠져나와서 합쳐질 수 있도록 재료를 잘게 분쇄하거나 절이는 게 좋다. 마늘을 갈면 통마늘보다 매운맛이 훨씬 강해지는 것도 바로 이런 특성에 있다. 매운맛을 내는 휘발성 황 분자는 효소의 작용으로 형성된다는 점도 고려해야 한다. 효소는 단백질이고, 단백질은 열이 가해지면 구조가 불안정해진다. 효소의 활성이 사라지면 매운맛 분자도 만들어지지 않는다는 소리다(80℃ 이상에서 잠깐만 가열해도 그렇게 된다). 즉 매운맛이 황 분자에서 나오는 식재료를 먼저 익힌 다음에 썰면, 매운맛은 거의 없고 부드러운 단맛이 주가 된다. 마늘 몇 통을 맨 윗부분만 얇게 잘라낸 후 포일로 전체를 감싸고, 올리브유를 조금 뿌려서 오븐에 넣어 200℃에서 30분 정도 구워서 먹어보라.

금방 사라지는 매운맛

고추냉이 뿌리를 직접 갈아서 내놓는 고급 일식 레스토랑들이 있다. 그저 손님에게 호화로운 경험을 제공하려는 의도보다는 고추냉이의 매운맛을 제대로 느끼게 하기 위한 절차다.

마늘, 양파 같은 부추속 식물과 일본 고추냉이, 서양고추냉이 같은 겨자과 식물의 황 분자는 매운맛이 아주 강하지만 지속 시간이 짧다. 황은 본질적으로 반응 속도가 빠르고, 구조적인 재배열을 거쳐 새로운 분자를 형성하므로 황 분자에서 나오는 매운맛에는 시간제한이 있다. 장점은? 마늘의 디알릴 디설파이드$^{diallyl\ disulfide}$처럼 황 분자로부터 새로 형성되는 분자들은 그저 맵기만 한 게 아니라 고유한 향을 낸다. 단점은? 일본 고추냉이는 뿌리를 강판에 대고 가는 그 순간부터 한 시간 내로 풍미가 거의 다 사라진다. 따라서 음식점에서 포장해 온 초밥과 함께 들어 있는 고추냉이는 진짜 일본 고추냉이가 아니라 겨자나 서양고추냉이(맛은 덜하고 매운맛은 더 오래간다)를 갈아서 일본 고추냉이의 상징과도 같은 녹색을 색소로 입힌, 가짜 고추냉이일 확률이 매우 높다.

CHAPTER 6

냄새

냄새의 분류와 각각의 풍미

와인의 풍미를 설명하는 표현들
감각을 연구하는 과학자들, 소믈리에들이 쓰는 표현

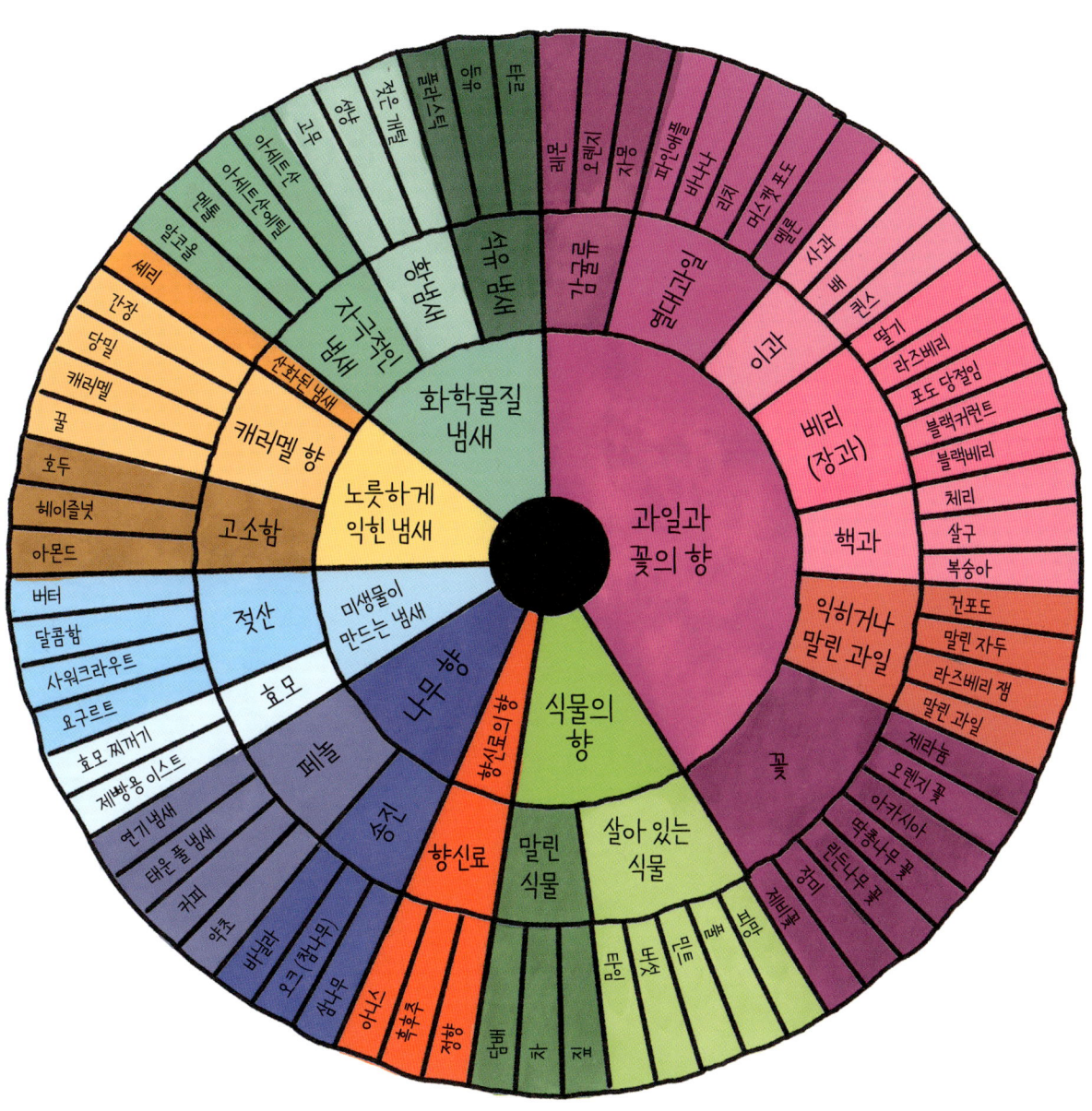

지금까지 쭉 살펴본 것처럼, 맛은 상당히 명확한 감각이다. 맛을 다섯 가지로 분류하고(짠맛, 신맛, 단맛, 감칠맛, 쓴맛) 각각의 감각, 그 감각을 일으키는 분자, 그러한 분자가 함유된 식재료를 분류하는 것 또한 아주 명확해서 다른 분류 방법을 만들거나 그럴 필요성을 떠올리는 게 오히려 이상하게 느껴질 정도다.

그러나 냄새로 넘어오면 그런 단순한 분류 체계의 사치를 더 이상 누릴 수 없음을 금세 깨닫게 된다. 와인이나 향수처럼 냄새가 중요한 많은 업계에서는 다른 어떤 분야보다 냄새에 관해 많은 이야기를 나눠야 하므로, 냄새를 표현하는 어휘나 분류가 꾸준히 개발됐다. 그런데도 냄새는 맛처럼 확실하고 보편적인 분류 체계가 없다. 냄새는 여러 분자가 제각기 발생시키는 신호가 섞여 있어서 도저히 축약할 수가 없을 정도로 다면적이다. 게다가 후각은 독특한 감각까지 포괄하는 유연성이 있고, 한계도 없는 듯하다. 우리가 어떤 냄새를 맡으면(퀸스, 치즈 조각 등), 뇌는 각각의 분자에서 나온 냄새를 종합하고 그중 몇 가지(전체가 아닌) 분자에서 나는 뚜렷한 냄새를 덧씌운다. 그것이 우리가 최종적으로 지각하는 냄새가 된다.

따라서 풍미를 패턴으로 이해하는 건 창의적인 방식이자 독창성이 무한대로 뻗어갈 가능성을(풍미는 이럴 가능성이 매우 크다) 제한하는 방식이기도 하다. 풍미를 연구하는 과학자들도 패턴을 보는 방식을 활용하며, 특히 풍미에서 냄새가 차지하는 부분을 연구할 때 더욱 그렇다. 즉 어떤 냄새와 풍미에서 출발해 그것이 우리 뇌에서 어떻게 지각되는지를 추적하는 동시에(상향식), 냄새로 나타나는 풍미의 패턴에서부터(지각) 시작해 내려오는(하향식) 양방향 탐구로 냄새라는 맛있는 혼돈을 파헤친다.

상향식 탐구는 잔뜩 쌓인 빨래 더미를 처리할 때처럼 특정한 풍미가 어떤 분자들로 이루어지는지 찾아가는 접근 방식이다. 셔츠와 양말을 조심스럽게 손빨래해야 하는 옷들과 분리하고 밝은색 옷들과 어두운색 옷들을 분리하듯이, 일단 그 풍미를 내는 냄새 분자들을 소그룹으로 묶은 다음 한 번에 한 묶음씩 냄새를 맡아본다. 각 소그룹의 냄새를 맡을 때는 어떤 냄새 분자가 포함되어 있고 그 분자가 얼마나 들어 있는지, 그 소그룹의 전체적인 냄새에서 그 분자의 냄새가 어떤 부분을 담당하는지를 기록한다. 어떤 과일에서 풍기는 제비꽃 향이나 부드러운 향이 정확히 어떤 분자에서 나온 것인지 찾고 싶을 때는 이런 방식이 유용하다. 어떤 분자에서 나온 향인지 알아내면, 그 분자가 포함된 다른 과일을 찾아볼 수도 있고 그 분자가 더 많이 생기도록 과일의 재배 방식이나 가공 방식을 바꿀 수도 있다.

패턴에 초점을 맞춰 풍미를 탐구하는 하향식 탐구는 풍미에 '제멋대로'인 부분이 있음을 전제로 한다. 실제로 수많은 냄새 분자가 동시에 후각 신호를 발생시키고 저마다 다른 수많은 냄새가 동시에 발생하며, 여러 후각 이미지가 생성되어 서로를 강화하기도 하고 압축하기도 하면서 전체적인 냄새를 나타내는 이미지를 형성한다. 식재료의 풍미는 우리가 구별할 수 있을 만큼 명확하게 다르기도 하지만 오레가노와 로즈메리를 한 묶음으로, 바질과 고수를 다른 묶음으로 분류할 수 있는 것처럼 차이점보다 비슷한 점이 좀 더 많은 것끼리 묶을 수도 있다. 하향식 탐구는 이런 제멋대로인 점들을 도저히 어떻게 할 수 없어서 "그냥 전부 다르다"라고 끝내버리거나 반대로 각각의 풍미를 구성 요소별로 하나하나를 비교하며 따지는 대신, 다변량 분석을 활용한다. '여러 일들이 전부 한꺼번에 일어나고 각 요소가 저마다 다른 정도로 변화하므로 한 가지 메커니즘으로 이를 설명하거나 더 작은 단위로 간단하게 구분하는 건 사실상 불가능하다'는 것을 토대로 하는 분석이다.

이 풍미와 저 풍미의 차이점을 몽땅 따지지 않으면서 이 혼란스럽고 제멋대로인 차이점을 정리하려면, 가

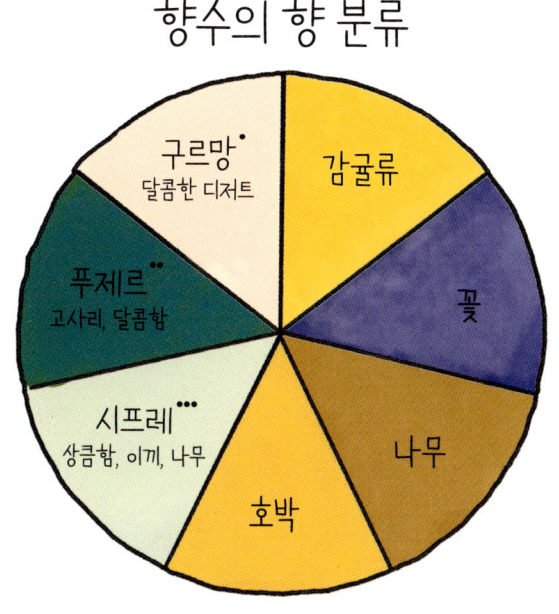

향수의 향 분류

- 구르망 gourmand : 미식가라는 뜻. 캐러멜, 아몬드, 꿀 등 특정한 음식이 떠오르는 향을 통칭한다.
- 푸제르 fougere : 양치식물이라는 뜻의 프랑스어지만, 양치식물이 실제로 성분으로 쓰인 향수가 아니라 '푸제르 로얄'이라 이름 붙여진 특정 향수와 비슷한 향을 일컫는다.
- 시프레 chypre : 키프로스 섬을 뜻하는 프랑스어. 푸제르와 같이 동명의 특정 향수 제품과 비슷한 계열의 향을 일컫는다.

장 혼란스럽고 제멋대로인 과학의 도움을 받을 필요가 있다. 바로 통계학이다. 통계라는 단어를 읽는 순간 "거짓말에는 세 가지 종류가 있다. 그냥 거짓말, 지독한 거짓말, 그리고 통계다"라는 말부터 떠올랐을지도 모르겠다. 또는 갑자기 우주선에서 지금 웜홀로 빨려 들어갈 확률은 정확히 90.437%라고 알려주는 로봇의 음성을 떠올렸을 수도 있다. 하지만 통계학에는 이처럼 복잡하고 혼돈 일색에다 제멋대로인 상황(다변량)을 받아들이고 분석하는 것이 주된 목표인 세부 분야가 있다.

> 우리가 알고 싶어 하는 흥미로운 세계 (물리적인 세계, 생물학적인 세계, 상상 속의 세계, 인간 세계)는 불가피하게도, 또한 즐겁게도 모두 본질적으로 다변량이다.
> ─ 에드워드 터프티 Edward Tufte 의 저서, 《정보의 구상 Envisioning Information》

데이터 시각화 분야의 선구자이자 내가 정말 좋아하는 통계학자 에드워드 터프티가 한 말이다. 음식에 관한 책에 갑자기 통계학자가 왜 나오냐고 생각할 수도 있다. 하지만 현실에서 나타나는 패턴을 찾아서 설명하는 것이 통계학의 핵심이므로, 패턴을 좋아하는 나로서는 자연히 관심이 많다. 게다가 통계학은 풍미를 이해하는 데도 굉장히 유용하다.

제멋대로인 풍미를 탐구할 때 식재료마다 나타나는 풍미의 차이를 50가지, 또는 100가지 정도 나열할 수도 있다. "이건 풋내가 나면서도 식물의 향이 두드러지고, 이것도 풋내가 나지만 식물 특유의 향보다는 풀 냄새에 더 가깝고, 이 세 번째 재료 역시 풋내가 나는데, 식물의 향은 첫 번째와 두 번째의 중간 정도이고 풋내는 박하 향에 훨씬 가깝군요"라는 식으로 말이다. 또는 특정한 식재료에 포함된 풍미 분자의 종류와 함량을 전부 밝혀내서 목록으로 쫙 정리할 수도 있다. 이런 방식은 특성이 50가지쯤 되는 어떤 복잡한 형태를 머릿속으로 그려보려는 것과 비슷하다. 이 분석을 전부 통계 모형에 맡기면 특정 식재료에 들어 있는 모든 분자에서 나타나는 차이, 또는 풍미의 특성과 특정 분류별 모든 차이점을 한 번에 비교할 수 있다. 통계 모형은 각 재료의 풍미에서 나타나는 패턴을 찾는데, 풍미에는 반복되는 패턴이 아주 많고 그중 몇 가지는 다른 풍미와의 차이에 75% 정도를 차지할 만큼 두드러진다는 것을 알려준다. 이러한 탐구는 화가가 자기 눈앞에 펼쳐진 현실의 광경 중에서 가장 중요하게 느끼는 것을 골라내고, 그 3차원의 광경을 2차원 평면으로 옮겨 그림으로 표현하는 것과 같다. 완성된 그림에는 현실이 불균형적으로 담긴다. 현실이 납작하게 압축되어 있고 아주 선명하지는 않은 해석이다. 신뢰도가 높은 통계 모형이 과학자들에게 제공하는 것도 기본적으로는 풍미의 2차원 지도다. 이 지도에는 각 식재료가 각각의 도시로 표시되어 있고, 풍미의 유사성과 차이점에 따라 도시별 거리가 정해진다. 동서남북 위치는 각 식재료의 풍미에서 가장 큼직한 부분을 차지하는 특성을 나타낸다.

이처럼 풍미의 패턴과 전체적인 경향성에 초점을 맞춰 풍미에 접근하는 과학자들의 방식을 빌리면, 풍미를 비교적 깔끔하게, 충분히 이해할 수 있는 말로 정리할 수 있다. 끝없는 비교 목록을 암기하거나, 어떤 차이가 있는지 비교에 비교를 거듭하고도 기껏해야 가장 혼탁하고 가장 의미 없는 특징만 골라내는 생고생을 하지 않아도 된다.

6장에서는 상향식과 하향식 탐구 전략을 모두 활용해서 냄새와 각 냄새의 풍미를 설명한다. 즉 특정 식재료가 가진 명확하고 개성 있는 풍미에 주목해서 그 풍미를 담당하는 주요 냄새 분자 몇 가지를 설명한다. 또한 여러 재료에서 나타나는 풍미의 관계를 파악할 수 있도록 광범위한(제멋대로인 부분을 어느 정도 정리한) 풍미 지도를 활용해 비슷한 것끼리 묶어서 살펴본다.

과일의 향

그득한 당분, 달콤함과 균형을 이루는 새콤함, 진한 향까지 과일의 특성에는 누구든 와서 마음껏 먹게 하려는 목적이 잘 드러난다. 인간이 먹을거리로 삼는 것들은 전부 우리에게 아무 관심이 없거나 절대 순순히 먹히지 않겠다는 적대감을 적극적으로 드러내는데, 과일은 오히려 먹어주기를 간절히 바란다. 열매 중심부의 씨앗 때문이다. 달콤하고 향기로운 과육을 맛있게 먹는 대신, 그 씨앗을 멀리 떨어진 곳으로 가져가 자원 경쟁에 시달리지 않는 곳에서 새로운 식물로 자라고 더 멀리 퍼질 수 있게 해달라는 것이다. 그러므로 과일의 향은 '여기 맛있는 게 있으니 얼른 와서 맛보라'고 알리는 식물의 무선 방송인 셈이다.

과일의 풍미

과일의 풍미는 "나를 따서 먹기만 하면, 당신들에게 (대체로) 필요한 성분을 얻을 수 있어"라고 알리는 특별한 신호다. 우리는 이런 과일을 가져다가 거의 버리는 부분 없이 익혀서 먹기도 하고, 샐러드나 음료에 넣어 생으로 먹기도 한다.

과일은 직접 먹어보면서 각자의 순수한 감각 경험으로 풍미를 탐구하기에 특히 유용한 재료다(재미도 있다). 과일은 음식을 맛보면서 풍미에 주의를 집중하는 습관을 들이기에 좋다. 이미 그런 습관을 들였다면 실력을 더욱 갈고닦는 데 활용하면 된다. 과일은 주방에서 땀 흘리며 고생할 필요 없이 맛있게 즐기면서 풍

E-2 헥세날
잎의 향, 풋내

헥실 부티레이트
풋내, 밀랍의 향, 과일 향

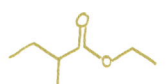
에틸-2-메틸부티레이트
베리, 풋사과, 파인애플 껍질 향

헥실 아세테이트
신선함, 사과, 배의 향

에틸 부티레이트
과일 향, 사과, 파인애플 향

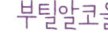
부틸알코올
바나나, 발효 식품의 향

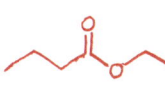
다마세논
잼, 익힌 사과, 라즈베리, 장미 향

미에 대한 감각을 키울 수 있다. 어떤 과일이든 상관없다. 맛을 보면서 어떤 다양한 풍미가 켜켜이 느껴지는지 주의를 기울이고, 과일의 풍미가 얼마나 다양할 수 있는지, 과일을 비슷한 풍미별로 어떻게 분류할 수 있을지 생각해보자. 모두 생과일과 과도만 있으면 경험하고 얻을 수 있는 지식이다.

과일의 풍미 경험하기

과일은 대체로 달콤하고 신맛도 약간 있다. 그러나 '과일의 풍미'는 분명 향의 영역이다. 과일의 풍미는 여러 겹, 여러 차원으로 이루어지며 변형도 많다. 어떤 과일이든 수많은 과일에서 공통적으로 나타나는 과일 특유의 풍미가 중심에 있고, 각각의 특별하고 고유한 풍미가 그 위에 얹혀 있다.

과일을 맛보며 풍미를 탐구할 때도 이런 특성을 고려해서 다음과 같은 질문을 스스로 던져볼 수 있다.

- 달콤하고 새콤한 일반적인 과일의 특징 외에, 더 복합적인 과일의 풍미가 있는가?
- 풍미가 산뜻한 편인가? 아니면 진한 편인가?
- 풍미가 강렬하게, 또는 또렷하게 느껴지는가? 아니면 부드럽고 전체적으로 감싸는 느낌인가?
- 가장 먼저 슬며시 느껴지는 풍미, 또는 금세 사라지는 풍미가 있는가? 그 아래, 더 깊은 바탕에는 어떤 풍미가 있는가?
- 꿀이나 잼과 비슷한 풍미가 있는가? 와인이나 크림, 사향의 느낌은?
- 향신료나 허브, 꽃의 특징은?

과일마다 이러한 특성이 다양하게 결합되어 풍미를 이룬다. 풋내와 부드러운 향이 나는 허니듀 멜론의 풍미는 진한 과즙의 향이 부드럽게 느껴지는 복숭아의 풍미와 다르다. 진한 향신료 향이 나는 체리의 풍미

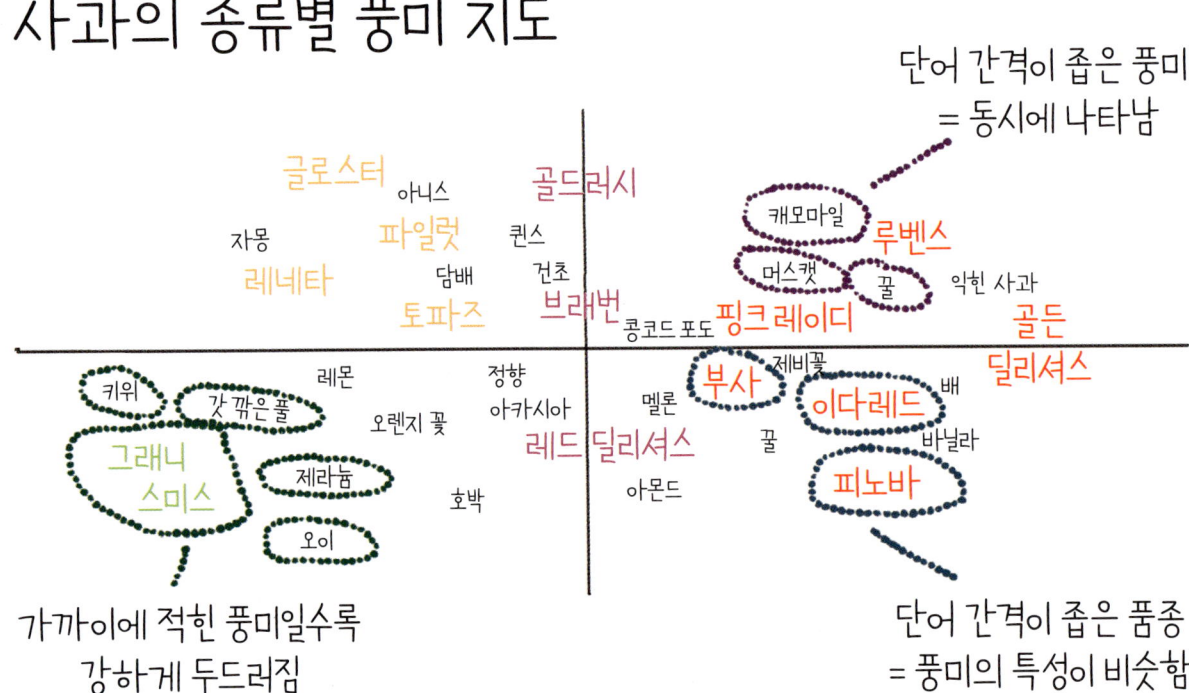

와 진한 꽃 내음이 나는 라즈베리의 풍미도 다르고, 먹음직스럽고 부드러우면서 신선한 오렌지의 풍미와 먹음직스럽고 날카로운 패션프루트의 풍미도 다르다.

과일의 향을 내는 분자

대다수 과일이 가진 가장 기본적인 과일의 풍미는 에틸 에스테르 ethyl esters 로 분류되는 여러 분자에서 나온다. 옷으로 치면 평범한 흰 티셔츠와 같은 이 에틸 에스테르가 적정 비율로 섞여 있으면, 우리는 "오, 그래, 이건 과일이야"라고 느낀다. 에틸 에스테르에 속하는 분자로는 데칸산에틸 ethyl decanoate 과 헥사논산에틸 ethyl hexanoate 등이 있다. 이와 달리 각 과일의 특별한 향을 내는 냄새 분자는 노르이소프레드 norisoprenoids (진한 풍미, 꿀과 꽃의 향), 복잡한 특성이 있는 에스테르(먹음직스러운 향과 배의 향), 락톤 lactone (부드러운 풍미, 복숭아의 향), 황화합물(강렬한 풍미, 열대과일의 향), 알데하이드(오렌지의 향, 멜론의 향, 풋내), 허브와 향신료, 감귤류의 향이 나는 테르펜과 페닐프로펜(183쪽 '식물의 화학 무기: 허브와 향신료의 풍미 분자'에 자세한 설명이 나온다) 등이 있다.

이 분자들은 형태도, 기능하는 방식도 전부 크게 다르지만, '과일의 풍미'를 낸다는 공통점이 있다. 향의 세부적인 결이나 드러나는 과정은 달라도 분명 그 점에서 서로 명확히 관계가 있다. 나는 오랜 시간 풍미를 전문적으로 연구하고도 어떻게 이런 다양한 감각을 과일의 풍미로 느끼는지 화학적으로 시원하게 설명할 수 없다. 이 분자들이 느껴지면 달콤한 과일이 연상되도록 인체가 학습되는 것일 수도 있다. 후각 망울에서 어떤 냄새 이미지(앞서 QR 코드에 비유했던 것)가 만들어지면 각종 과일의 풍미로 인식되는지는 아직 밝혀지지 않았다. 과일의 풍미를 내는 제각기 다른 분자를 인체가 비슷하게 느끼도록 진화했을 수도 있다.

과일의 풍미는 패턴을 중심으로, 즉 감각으로 느껴지는 패턴에 따라 정리하기가 매우 편리하다. '이런 게 과일의 풍미다'라고 요약할 수는 없어도, 에틸 에스테르나 노르이소프레드, 과일 향이 나는 테르펜 분자들에서 나는 향이 서로 비슷하면서도 다르다는 것을 느낄 수 있다. 이를 토대로 비슷한 풍미끼리 묶을 수 있다.

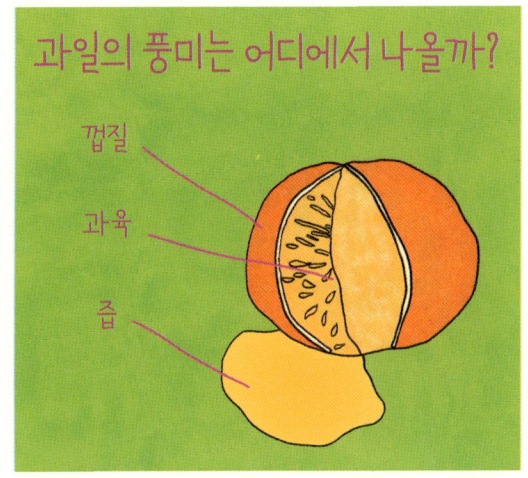

과일의 풍미를 즐기는 간단한 방법

과일의 풍미는 어디에서 나올까?
- 껍질
- 과육
- 즙

- 껍질을 잘게 갈아서 향신료로 활용한다. '신선한 과즙의 향: 감귤류'(162쪽), '사과 오렌지 사이더'(250쪽), '허브 소스'(211쪽)에 자세한 방법이 나와 있다.
- 과육에 설탕을 뿌리고 절여서 먹는다(95쪽 참고).
- 과육을 익혀서 잼이나 마멀레이드를 만든다(261쪽 참고).
- 소르베를 만든다. '쌉쌀한 자몽 소르베'(166쪽) 레시피를 참고하라.
- 즙을 내어 주스로 바로 마시거나, 즙을 졸여서 농축액을 만든다(233쪽 '과일 농축액 만들기' 참고). 시럽이나 농축액(169쪽 '패션프루트즙 시럽' 참고), 과즙으로 캐러멜을 만드는 방법도 있다(169쪽 '파인애플 캐러멜 소스' 참고).

과일의 향을 내는 분자

기본적인 과일 향 - 에스테르

에틸부티레이트

과일의 향, 사과, 파인애플 향

데칸산에틸

과일의 향, 사과, 포도, 밀랍의 향

에틸-2-메틸부티레이트

베리류, 풋사과, 파인애플 껍질의 향

고급스러운 향 - 에스테르

페네틸아세테이트

장미 느낌의 꽃내음, 꿀의 향

알릴 헥사노에이트

파인애플, 럼의 향, 먹음직스러운 향, 열대과일의 향

에틸데카다이에노에이트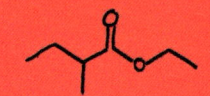
'배의 향이 나는 에스테르'

깔끔한 배 향, 풋내, 열대과일의 향

부드러운 풋내 - 알데하이드

Z-6-노네날

오이, 캔털루프 멜론, 식물의 향

2,6-디메틸-5-헵테날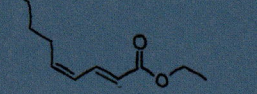

수박 껍질, 꽃, 밀랍의 향

데칸알

오렌지 껍질, 멜론, 꽃의 향

감귤류의 향, 먹음직스러운 향 - 테르펜

리모넨
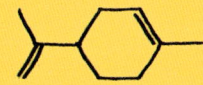
감귤류 특유의 향, 오렌지, 레몬의 향

시트랄
신선한 과즙의 향, 레몬 껍질, 레몬그라스의 향

누카톤
자몽, 꽃, 나무의 향

부드러운 과일 향 - 락톤

감마-데카락톤
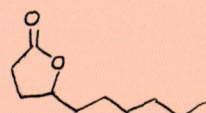
복숭아, 부드러운 코코넛의 향, 버터 향

감마-운데카락톤
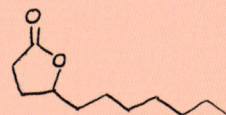
부드러운 복숭아 향, 견과류, 멜론의 향

델타-옥타락톤
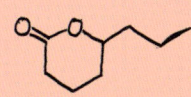
코코넛, 열대과일, 버터, 꽃의 향

포근하고 우아한 과일 향 - 노르이소프레노이드

다마세논
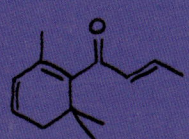
잼, 익힌 사과, 라즈베리, 장미의 향

베타-아이오논
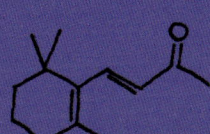
제비꽃, 진한 나무 향, 프리지어의 향

비티스피레인
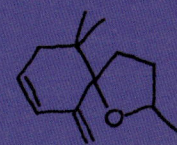
꽃, 과일, 나무, 유칼립투스의 향

강렬한 과일 향 - 황 분자

3-메르캅토헥사놀
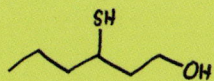
열대과일, 자몽, 커피의 향, 고기 냄새

1-p-멘틴-8-티올
강렬하고 자극적인 자몽의 향, 망고 향

3-메르캅토헥실-아세테이트
열대과일, 꽃의 향, 완두콩 냄새, 고소한 향, 황 냄새

아삭한 식감과 포근한 향: 사과를 포함한 이과

사과는 우리에게 참 친숙한 과일이다. 라틴어 학명으로도 그렇다(사과의 학명은 *Malus domestica*이고, 이를 우리말로 옮기면 '친숙한 사과'다 – 옮긴이). 식물 분류상으로는 장미과의 사과나무속이며, 사과를 비롯한 장미과 식물의 열매를 이과梨果, pomes 라고 한다(또는 과실의 구조에 따라 인과仁果라고도 한다 – 옮긴이). 이과는 대체로 단단한 중심부에 작은 씨앗이 있고, 그 부분을 아삭하고 즙이 많은 과육이 둘러싼 구조로 되어 있다. 사과를 포함한 이과에서 나는 과일의 풍미는 에틸 에스테르에서 나는 기본적인 과일의 향에 노르이소프레노이드의 일종인 베타다마세논과 같은 분자가 내는 향이 더해져서 더욱 풍성하게 느껴진다. 베타다마세논 등 노르이소프레노이드로 분류되는 분자들은 풍미 분자를 통틀어 가장 고급스러운 향이 난다. 베타다마세논의 향을 맡으면, 풍미가 세상에서 가장 그윽한 사과를 천천히 익혀서 얻은 황금빛 사과즙에 라즈베리와 럼을 섞고 팔로 산토palo santo 나무(유창목으로도 불린다. 향이 매우 좋고 수지의 함량이 높아 태우면 공기 정화 효과가 커서 향처럼 작게 깎아 태우는 제품으로 많이 쓰이는 나무 – 옮긴이)로 피운 불에 올려 졸이는 광경이 떠오른다. 사과에 함유된 베타다마세논의 양은 다른 분자였다면 아무 냄새도 나지 않을 만큼 극소량인데도 그토록 깊고 진한 향을 낸다. 고급스러운 파이프 담배의 향, 과일과 꽃, 나무가 어우러진 초자연적인 풍미가 그 분자에서 나온다. 베타다마세논이 함유된 와인은 풍미가 한층 진하고 과일의 향이 강하며 균형이 더욱 잘 잡힌 느낌이 든다. 장미에 함유되면 엄숙하면서 깊은 향을 내고, 사과에서는 풍미에 무게감을 더한다. 전반적으로 달콤한 과일 향을 내는 에틸 에스테르가 금세 잊히는 풍선껌의 향이라면, 베타다마세논의 향은 모차르트 오페라와 같다. 사과를 익히면 이 분자의 풍미가 더욱 큰 비중을 차지한다. 열이 가해지면서 가벼운 과일의 향은 날아가고, 생과일 상태에서는 냄새가 별로 없는 전구체 분자들로부터 베타다마세논이 형성된다.

사과에 정통한 전문가들은 지난 수백 년간 토착종부터 지역별로 많이 재배되는 종류, 특수한 품종까지 수많은 사과를 발굴해서 와인 만드는 포도처럼 그 다양한 사과들을 이리저리 조합해 엄청나게 다채롭고 미세한 풍미를 가진 사과들을 만들었다. 신선하고 배와 비슷한 풍미가 나는 애시메드 커넬Ashmead's Kernel, 꽃내음과 함께 달콤한 향이 나고 풍미의 균형을 잡는 강한 신맛이 나는 마쿤Macouns 도 그렇게 탄생한 사과들이다.

사과: 톡 쏘는 향, 기본적인 과일 향, 풋내, 장미 향과 담배 냄새

배: 톡 쏘는 향, 풋내, 날카로운 향, 멜론, 열대과일의 향

퀸스: 톡 쏘는 향, 향기로움, 꽃과 과일의 향, 캐러멜, 향신료의 향

콕스 오렌지 피핀 Cox's Orange Pippin 사과에서는 체리와 아니스의 향이 나고, 히든 로즈 Hidden Rose 사과에서는 딸기와 비슷한 달콤함이 느껴진다. 올리언스 레네트 Orleans Reinette 사과는 감귤류의 향과 견과류의 고소함이 느껴진다.

나무만큼 단단한 과일인 퀸스는 이과를 통틀어 향이 가장 고급스럽다. 사과와 배에서 층층이 느껴지는 기본적인 과일 향에 노르이소프레노이드 분자들의 강한 향기, 꽃과 과일의 향, 향신료의 느낌이 섞여서 복합적인 풍미가 나는데, 특이하게도 캐러멜에 들어 있는 분자도 포함되어 있어서 캐러멜 향도 난다. 또한 마르멜로 락톤에서 나오는 퀸스 특유의 고유한 풍미도 있다. 퀸스는 노르이소프레노이드 계열의 분자들을 잔뜩 만들어내는 능력이 매우 출중하다. 익히지 않은 퀸스에서는 그윽한 향기가 풍기고, 콩포트나 젤리 등으로 만들기 위해 익히면 향이 놀라울 정도로 진해진다. 어차피 퀸스는 그냥 생으로는 먹을 수 없을 만큼 단단한 과일이기도 하다.

배의 풍미도 사과처럼 에틸 에스테르가 큰 틀이지만, 배의 고유한 풍미를 내는 에스테르가 훨씬 많아서 더욱 강렬하고 복합적인 향이 난다. 바틀릿 배 Bartlett pears (윌리엄 봉 크레티앙 Williams Bon Chretien 이라고도 불리는 품종)의 경우 분자 사슬이 긴 에스테르, 특히 배에 함유된 가장 대표적인 에스테르인 에틸데카다이에노에이트가 많다. 에틸데카다이에노에이트는 깔끔하면서도 살짝 날카로운 배 특유의 향, 풋내, 은은한 멜론 향과 열대과일의 풍미를 내며, 사과의 향을 담당하는 에스테르 분자들과 차별화된 배의 특징적인 풍미에 큰 몫을 차지한다. 배에 다량 함유된 헥실아세테이트도 신선한 과일의 향과 풋내로 전체적인 과일의 향을 강화한다. 바틀릿 배의 파네신 farnesene 은 사과에 깊고 진한 풍미를 더하는 베타다마세논(앞서 모차르트 오페라에 비유한 풍미 분자)처럼 달콤한 향과 과일 향, 나무, 허브, 감귤류의 향을 불어 넣는다.

향으로 맛을 강화하는 법

어떤 풍미나 냄새에서 '달다'는 느낌을 받은 적이 있는가? 혀에 닿았을 때의 그 단맛이 아니라 캐러멜, 바닐라, 정말 잘 익은 딸기가 떠오르는 달콤한 인상을 받는 경우가 있는데, 이런 인상은 대부분 맛이 아닌 냄새에서 비롯된다. 냄새는 맛이 아닌데 어떻게 달게 느껴질까?

맛으로 당을 느끼지 않아도 풍미에서 달다는 인상을 받는 건 사탕, 페이스트리, 잘 익은 과일 등을 반복적으로 먹으면서 학습된 결과다. 뇌에서 바닐라 향과 단맛이 동시에 느껴지는 음식 등을 통해 특정한 향을 특정한 맛과 연결하는 학습이 이루어지면, 기억과 정황, 연상을 토대로 익숙한 패턴으로 인식하게 되어 단맛을 훨씬 강하게 느끼게 된다.

과학자들의 탐구를 통해 이런 사례가 계속 발견되고 있다. 수많은 과일을 비롯해 아몬드, 캐러멜, 바닐라, 솜사탕 등의 풍미는 설탕이 없어도 인체가 지각하는 단맛을 강화한다. 달게 느껴지는 향은 혀에 있는 단맛 수용체를 활성화해서 단맛을 강화하지는 않지만, 뇌가 지각하는 단맛을 증대시키는 건 분명하다. 이러한 풍미는 다양한 감각으로 전달되는 감각 신호와 기억이 합쳐져서 만들어진다.

향과 맛의 이 특별한 관계는 사탕이나 디저트에만 국한되지 않는다. 최근에는 치즈 냄새가 음식을 실제보다 훨씬 짜게 느껴지게 만든다는 사실이 밝혀졌다. 이론적으로는 자주 먹는 음식을 통해 뇌가 특정 냄새와 맛의 조합에 익숙해지면 냄새가 맛을 강화하고 맛이 냄새를 강화하는 이 현상이 어떤 조합으로든 일어날 수 있다. 맛과 냄새의 이 같은 연관 관계는 전적으로 학습되는 듯하다. 아몬드 향과 단맛을 동시에 경험할 만한 음식이 없는 등 특정한 냄새와 맛을 함께 경험한 적이 없는 사람, 또는 그런 문화에서는 그 냄새와 맛이 서로를 강화하는 현상도 나타나지 않는다.

이 연관성(즉 맛과 냄새가 서로를 강화해서 풍미에 막강한 영향을 주는 관계)은 음식 맛을 향상하는 데 도움이 되므로, 요리할 때 적극 활용할 것을 권장한다. 디저트

시도해보기

퀸스는 익혀서 먹을 수밖에 없지만(못 믿겠으면 생으로 한 입 먹어보고 어땠는지 꼭 말해주길 바란다), 그냥 먹어도 풍미가 좋은 사과와 배를 익히면 더욱 다채로운 풍미가 보너스로 생긴다. 과일을 연하게 익히는 아래 방법은 모든 이 과에 적용할 수 있다. 과일의 향에 캐러멜화로 생기는 향이 더해져서 요구르트나 케이크와도 아주 잘 어울리고, 익혀서 그냥 먹어도 맛있다. 너무 많이 익혀서 흐물흐물해졌다면 과일을 일부러 졸여서 만드는 소스처럼 쓰면 된다. 익힌 과일에 계피나 정향, 올스파이스, 소두구 분말을 살짝 뿌리면 맛이 더욱 좋아진다.

과일을 큼직하게 깍둑썰고 중간 크기의 팬이나 주물 냄비에 담는다.

	사과	배	퀸스
과일 하나당 설탕을 다음 분량만큼 넣는다.	0.5~1큰술	0.5큰술	3큰술
물을 다음 분량만큼 넣는다.	0	1큰술	1큰술
중불로 다음 시간만큼, 또는 과일이 연하게 익을 때까지 가열한다.	5분	5~10분	50~60분

과일을 반으로 자르고, 가운데 심을 제거한 후 중간 크기 오븐용 찜 그릇 또는 속이 깊은 오븐용 그릇에 담는다.

	사과	배	퀸스
과일 하나당 설탕을 다음 분량만큼 넣는다.	입맛대로. 비정제 설탕을 써보자.		2큰술
물을 다음 분량만큼 넣는다	0	0	반 컵, 또는 전체가 겨우 잠길 정도
오븐에 넣고 190°C로 다음 시간만큼, 또는 과일이 연해질 때까지 익힌다.	35~40분	25~40분	45~60분

를 만들었는데 단맛이 좀 부족한 듯하면, 설탕을 더 넣는 대신 과일이나 캐러멜화한 재료를 추가하면 충치 걱정을 조금 덜면서 단맛을 키울 수 있다. 마찬가지로 레모네이드 같은 시큼한 음료에 톡 쏘는 신맛을 강화하고 싶을 때는 레몬 껍질을 잘게 갈아서 넣으면 된다. 네그로니 칵테일의 쓴맛을 살짝 가라앉히고 싶지만 시럽을 넣고 싶지는 않다면, 오렌지 껍질이나 정향, 계피 등 '달콤한 향'이 나는 재료로 쓴맛을 누를 수 있다. 감칠맛을 키우고 싶을 때도 무작정 아무 피쉬소스나 넣기보다 향이 풍부하고 퀴퀴한 냄새가 나는 양질의 피쉬소스를 쓰면 감칠맛을 제대로 강화할 수 있다.

신선한 과즙의 향: 감귤류

레몬과 라임에서 갓 짜낸 즙에는 산뜻한 과일의 향과 신맛이 담겨 있다. 하지만 그건 다재다능한 감귤류(귤속 식물의 열매)가 가진 여러 풍미 중 일부일 뿐이다. 감귤류 과일들은 대부분 잡종교배와 합스부르크 가문 못지않은 종간 교배에서 나온 산물이며, 그 유명한 가문 사람들이 공통적으로 가진 '툭 튀어나온 턱'과 같은 감귤류만의 특징이 있다. 바로 신선하고 향긋한 테르펜 분자가 아주, 아주 많다는 점(183쪽 '식물의 화학 무기: 허브와 향신료의 풍미 분자'에 자세한 설명이 나온다), 껍질의 향이 놀랍도록 진하다는 점, 과육이 (대부분) 즙이 많고, 새콤하고, 향기롭다는 점이다.

감귤류의 가계도

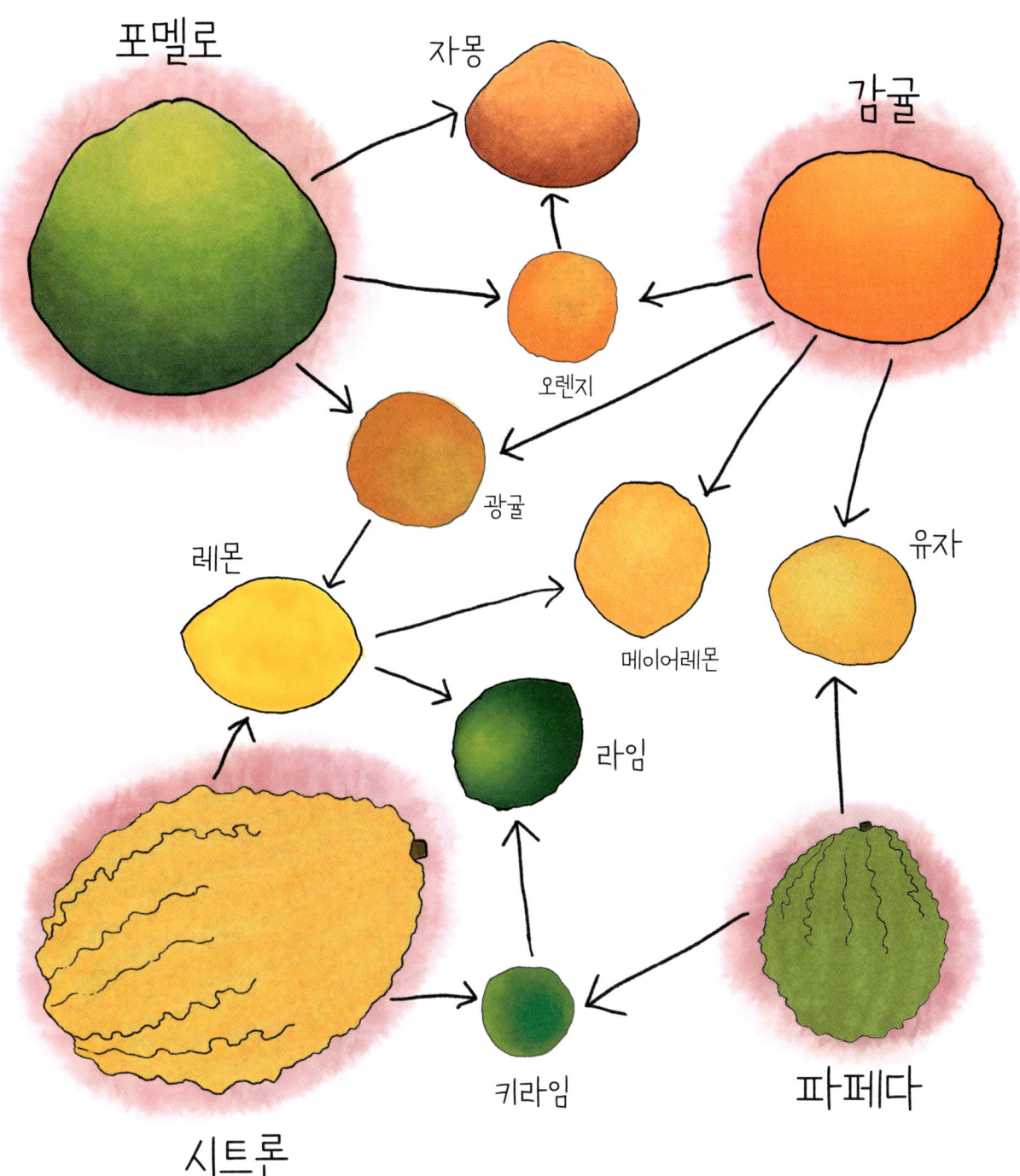

평소에 슈퍼마켓에서 주로 보는 감귤류가 레몬, 라임, 오렌지 정도라면(어쩌면 자몽까지), 그게 감귤류의 '기본' 종류라고 생각할 수도 있다. 음식에 많이 쓰이는 빈도로 보면 그렇기도 하지만, 오랜 역사에 걸쳐 복잡하게 얽힌 감귤류의 가계도로 따지면 그 과일들은 비교적 최근에 등장한 교잡종이다. 감귤류의 원생종은 감귤, 포멜로Pomelo, 시트론Citron, 파페다Papeda 네 가지로 추정된다. 감귤은 대부분 크기가 작고 달콤하며 맛이 오렌지와 비슷하다. 포멜로는 큼직하고 껍질이 녹색이며 중과피가 자몽만큼 두껍다. 에트로그Etrogs(약간 길쭉하고 겉이 울퉁불퉁한 노란색이다. 유대교에서 특정한 명절에 사용하는 과일로 잘 알려져 있다 - 옮긴이), '부처님의 손'이라고도 하는 불수감(열매가 나무에서 익는 동안 큰 꽃처럼 가늘고 긴 부분들로 가닥가닥 갈라진 손 같은 모양이 된다 - 옮긴이) 등이 포함된 시트론은 향긋하고 과즙은 적은 편이다. 파페다는 대체로 껍질에 주름이 많고 향긋하며 신맛과 쓴맛이 난다. 레몬, 라임, 오렌지, 자몽, 유자, 마크루트 라임makrut lime 등 현재 시중에 많이 유통되는 감귤류는 이러한 원생종을 한 가지 이상 교잡한 것이다.

일반적으로 냄새 분자는 음식에 거의 존재를 알 수 없을 만큼 극소량만 들어 있지만, 감귤류는 다르다. 감귤류의 껍질에는 냄새 분자가 꽉 차 있어서 엄청나게 신선하고 먹음직스러운 향이 나며, 과즙보다도 더 산뜻하다. 이는 껍질을 짜면 나오는 기름진 액체, 표면을 감싼 매끈한 막과 같은 가시적인 특징으로도 나타난다. 어떤 음식이든 감귤류의 껍질을 잘게 갈아 넣으면 맛이 좋아진다. 감귤류 껍질은 각종 음료와 칵테일에 껍질 그대로 넣기도 하고 즙을 짜서 넣기도 한다. 감귤류 껍질을 동량의 설탕에 절여서 풍미가 엄청나게 진한 올레오 사카럼oleosaccharum이라는 시럽으로 만들기도 한다. 재료를 절이는 양념, 빵이나 과자, 드레싱에도 감귤류 껍질을 가늘게 갈아서 섞는다. 감귤류 과일을 통째 소금에 절이거나, 마멀레이드를 만들거나, 당절임으로 만들기도 한다. 금귤처럼 작은 과일은 껍질까지 통째로 맛있게 즐긴다. 감귤류의 겉껍질과 속껍질을 다 벗겨내고 알맹이만 남기면, 신맛이 강한 종류는 신맛이 더욱 도드라지고 단맛이 강한 종류는 신선한 풍미를 즐길 수 있다.

거의 모든 감귤류에 *리모넨*이라는 분자가 있다. 이름과 달리 레몬 냄새가 아닌 감귤류의 일반적인 향, 오렌지와 비슷한 좋은 냄새가 나는 분자다.

레몬(가장 흔한 품종은 리스본 레몬Lisbon lemon이다)에는 리모넨과 더불어 여러 테르펜 분자가 레몬 특유의 향과 꽃 향, 솔향과 송진 냄새, 진한 나무 향, 라임의 향을 낸다. 레몬의 가장 고유한 향을 담당하는 *시트랄*은 레몬그라스의 핵심적인 풍미 분자이기도 하므로, 레몬그라스는 레몬의 대체 재료로도 손색이 없다. 메이어 레몬은 레몬의 일반적인 감귤류 향과 함께 향신료와 허브 향, 타임과 잎의 향, 살짝 산화된 감귤류의 냄새, 나무, 커민과 비슷한 풍미가 섞인 독특한 풍미가 있다.

라임의 원조인 키 라임은 미국의 슈퍼마켓에서 흔히 볼 수 있는 페르시아 라임보다 크기가 조금 작고 신맛은 더 강하다(소소한 정보를 하나 알려주자면, 19세기 풍 칵테일 만드는 법이라고 소개된 레시피에 라임이 재료에 있는 경우 키 라임을 써야 맛을 제대로 낼 수 있다). 라임에는 라일락과 오렌지꽃, 라벤더와 같은 꽃내음과 함께 나무, 송진, 후추의 향이 섞인 고유한 풍미가 있다. 필리핀이 원산지인 칼라만시(칼라몬딘calamondin으로 불리기도 한다)는 신맛이 아주 강하고 꽃 향도 굉장히 강하며 시트로넬라의 향이 난다. 표면이 울퉁불퉁하게 주름진 마크루트 라임과 그 잎은 이러한 칼라만시의 특성이 한층 더 강하게 나타난다.

감귤류는 세부 분류가 워낙 많고 복잡해서, 이름이 곧 분류명인 경우가 허다하다. 오렌지도 그렇다. 풍미가 달콤하고 산뜻한 발렌시아오렌지, 풍미가 그보

Part 2 · 풍미의 제2법칙

시트론: 과육이 적은 편.
신선하고 달콤한 레몬 향,
나무와 열대과일의 향

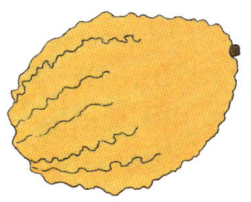

자몽: 새콤달콤하고 쌉쌀한 맛,
날카로운 향, 먹음직스러운 향, 송진 냄새,
신선한 꽃내음, 고유한 향

키 라임: 강한 신맛,
송진과 감귤류의 향, 라일락, 허브의 향

레몬: 신맛, 레몬그라스, 꽃, 솔향,
껍질에 오일이 풍부함, 산뜻한 향

라임: 강한 신맛, 산뜻한 솔향, 허브,
오렌지꽃을 우린 물의 향

감귤: 새콤달콤함, 오렌지 껍질과 같은 광택,
송진 냄새, 콩코드 포도의 향

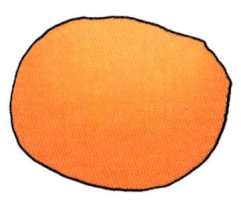

메이어 레몬: 새콤달콤한 레몬의 풍미,
진한 허브, 타임, 나무 향

파페다: 강한 신맛,
강렬한 꽃과 시트로넬라 향

포멜로: 새콤달콤하고 쓴맛,
날카로운 향, 송진 냄새, 꽃의 향,
먹음직스러운 자몽 향

광귤: 포근한 오렌지 향,
송진 냄새, 꽃 향

오렌지: 새콤달콤함, 산뜻함,
먹음직스러운 향, 꽃내음

유자: 신맛, 꽃 향, 송진 냄새, 타임,
과일의 향, 자몽의 향

다 부드럽고 깊으면서 과육이 분홍빛인 카라카라, 지극히 평범한 네이블오렌지, 베리류의 향이 느껴지는 블러드오렌지 등이 오렌지로 통칭된다. 오렌지는 감귤류를 통틀어 향이 가장 많이 활용되는 과일이다. 비터오렌지, 사워오렌지sour orange, 비가라데bigarade, 다이다이daidai, 치노토chinotto, 세비야오렌지 등 다양한 이름으로 불리는 광귤(학명 Citrus x aurantium)의 달콤하고 포근한 향이 담긴 껍질은 생으로나 말려서, 또는 당절임으로 만들어 음식에 맛을 더하는 재료로 활용한다. 영국의 정통 마멀레이드, 오리고기에 오렌지 소스를 곁들인 프랑스 요리, 벨기에의 밀맥주, 트리플 섹triple sec, 퀴라소curaçao 같은 리큐어, 칵테일 향료인 오렌지 비터스orange bitters, 향신료와 쓴맛, 오렌지 향이 느껴지는 이탈리아의 탄산음료 치노토는 모두 광귤 껍질로 풍미를 낸다.

　자몽은 쓴맛과 아주 독특한 향으로 다른 감귤류와 뚜렷하게 구분된다. 자몽의 향은 감귤류의 익숙한 향을 내는 테르펜 분자들도 큰 비중을 차지하지만, 날카로운 과즙의 향과 송진 냄새, 약간의 꽃 내음이 어우러진 자몽의 고유한 향은 특별한 테르펜 분자인 누카톤과 황 분자인 1-p-멘틴-8-티올에서 나온다. 인체는 황에 극히 민감하게 반응하므로, 우리가 원하든 원치 않든 황이 포함된 분자에서 나오는 풍미는 몇 배 더 강하게 느껴진다. 유자, 열대과일, 블랙커런트, 소비뇽 블랑 와인에서 과일의 풍미를 강하게 느끼는 것도 황 분자에 대한 그러한 반응에서 나온다. 자몽과 분류상 가까운 오로블랑코와 포멜로도 강한 송진 냄새와 꽃 향이 섞인 자몽의 풍미가 전체적인 풍미에서 큰 부분을 차지한다.

쌉쌀한 자몽 소르베

| 1L 분량 |

사르르 녹는 부드러운 냉동 디저트를 만들려면, 전체를 안정화하고 얼음 결정이 아주 작게 형성되도록 만들어야 한다. 이스크림은 단백질이 그 기능을 맡고, 변형되지 않은 가장 서순수한 소르베는 설탕으로 부드러운 질감을 얻는다. 물은 당 분자가 많이 녹아 있을수록 잘 얼지 않고 아주 낮은 온도에서도 반쯤 언 상태가 유지되므로 그 효과를 활용하는 것이다. 다음으로 소개하는 레시피는 설탕을 시럽으로 만들어서 자몽에 넣는다. 시럽을 만들 때 레몬즙을 조금 넣는데, 레몬에 함유된 구연산은 시럽에 함유된 자당 분자를 쪼개서 포도당과 과당으로 '되돌리므로' 당분의 결빙 방지 기능이 두 배로 강화된다. 자몽의 중과피도 조금 넣어서 쓴맛을 강조하는 동시에 중과피의 펙틴으로 더욱 부드러운 질감을 얻는다.

자몽은 과육이 붉은 종류를 써도 되고, 향이 더 강한 오로블랑코를 써도 된다. 오로블랑코는 엄밀히 따지면 자몽이 아니라 자몽과 포멜로의 교잡종, 즉 포멜로에서 나온 자몽을 원생종인 포멜로와 다시 역교배한 것이다.

먼저 시럽부터 만든다. 큰 소스 팬에 **백설탕 2컵(400g), 물 200ml(200g), 레몬 한 개 분량의 즙**을 넣는다. 중불~센불로 가열하면서 간간이 저어 설탕을 모두 녹인 다음 자글자글 약하게 끓는 상태로 20분 정도 더 끓인다(화력이 세면 물이 너무 많이 증발하므로 주의해야 한다).

시럽을 끓이는 동안 **작은 자몽 2개**를 깨끗이 씻고 겉껍질을 잘게 간다. 중과피도 벗겨내고 알맹이만 분리한다. 벗겨낸 중과피 중 자몽 1/4개 분량을 덜어서 물 2컵을 붓고 끓인다. 중과피가 물을 어느 정도 흡수해서 연하게 풀어지고 전체가 살짝 투명해질 때까지 8~10분간 끓인 다음 건져서 물기를 빼고 겉의 물기를 대강 제거한다.

디지털 저울에 블렌더 용기를 올리고 영점을 맞춘다. 데쳐서 물기를 제거한 자몽 중과피와 **레몬즙 30ml**, 자몽 2개에서 분리한 알맹이, 잘게 갈아 둔 자몽 껍질의 1/4을 블렌더 용기에 모두 담는다. 재료의 총무게가 약 450g이 되도록 맞추고, 시럽을 재료 총무게의 절반만큼 넣는다(약 225g). 블렌더 용기를 본체에 끼우고, 모든 재료가 고루 섞이도록 5~7분간 분쇄한다.

블렌더를 끄고 맛을 본다. 자몽의 향과 함께 단맛, 톡 쏘는 향이 느껴지고 쓴맛이 아주 강하면서 살짝 점성이 있어야 한다. 단맛이 부족하면(즉 쓴맛이나 신맛이 너무 강하면) 시럽을 1큰술씩 추가하면서 계속 맛을 본다. 신맛이 부족하면(또는 단맛은 적당하고 쓴맛이 너무 강하면), 레몬즙을 1큰술씩 추가하면서 계속 맛을 본다. 단맛과 신맛의 강도는 어떤 자몽을 쓰느냐에 따라 달라진다.

맛이 알맞게 맞춰지면, 냉동실에 4시간 이상 둔다. 아주 차가워진 상태에서 아이스크림 제조기에 모두 옮겨 담고 회전시키며 얼린다. 기기마다 사용법이 다르므로 잘 확인하고 작동시켜야 한다. 완성된 소르베는 냉동실에 두면 최대 한 달까지 보관할 수 있다.

진한 풍미와 나무의 향: 베리(장과)

딸기는 전체적인 풍미가 부분의 합보다 클 수 있음을 보여주는 훌륭한 예다. 사람들은 진짜 딸기의 향과 최대한 가까운 인공 딸기 향을 만들어내려고 오랫동안 집중적으로 연구해왔다. 이 목표를 달성하기가 어려운 이유 중 하나는 딸기의 향이 단순한 과일의 향만으로 이루어지지 않는다는 점이다. 이런 특성은 다른 과일에서도 많이 나타나지만, 딸기의 향은 풍미의 조합이 굉장히 독특하다. 일반적인 과일의 향을 내는 에틸 에스테르를 기본 골격으로 풋내와 파인애플의 향도 나고 치즈 향도 살짝 난다. 심지어 캐러멜 향도 난다.

베리류는 냄새를 집중해서 잘 맡아보면 미세한 향들이 풍미에 섞인 경우가 많다. 라즈베리에서는 일반적인 과일의 향과 함께 제비꽃의 향이 느껴지고(노르이소프레노이드의 일종인 아이오논의 향), 블랙베리에서는 과일의 향과 더불어 정향, 향신료, 나무, 바닐라 향이 느껴진다(오이게놀과 그 외 여러 분자의 향).

블랙베리는 내가 태어나 처음으로 직접 따서 바

블랙베리: 새콤달콤함, 붉은색 과일의 향, 정향, 나무, 바닐라 향

블랙커런트: 새콤달콤함, 잼의 향, 송진, 향신료의 향, 약한 황 냄새

블루베리: 새콤달콤함, 럼, 과일, 백합, 라일락, 향신료의 향, 풋내

라즈베리: 달콤함, 붉은색 과일의 향, 제비꽃, 장미, 재스민의 향, 진한 풍미

딸기: 달콤함, 붉은색 과일의 향, 파인애플, 캐러멜, 풀, 옅은 치즈 향

로 먹어본 과일이다. 버몬트주의 어느 깊은 숲속에서, 가시를 조심스럽게 피해 가면서 반들반들 윤기가 흐르는 블랙베리를 손가락으로 땄던 기억이 난다. 그때 느낀 나무 향이 감도는 진한 과일의 향, 달콤한 향신료의 풍미는 내 감각 기억에 그대로 새겨져서 이후 어떤 베리를 먹든 가장 근본적인 풍미로 떠오른다.

활기와 존재감이 뚜렷한 향: 열대과일

열대과일은 과일의 특성이 유독 강렬하게 느껴지는 종류가 많다. 코에 닿는 순간 온 정신을 사로잡을 정도인데, 맛있는 과일의 향이라는 점만 다를 뿐 강렬함으로 치면 양파나 마늘 냄새에 못지않다. 열대과일의 이런 향은 마늘, 양파, 자몽의 향과 마찬가지로 황 분자에서 나온다. 습도가 높은 열대 지역은 기후가 건조하고 서늘한 지역과 달리 곰팡이류가 자라기 쉬우므로 이처럼 강렬한 향이 항진균제와 같은 기능을 하는 것으로 보인다(앵무새의 화려한 깃털 색과 비슷하다. 앵무새는 서식지가 적도와 가까울수록 깃털 색이 더 밝고, 그런 밝은색을 내는 많은 색소는 깃털에 곰팡이가 생기지 않도록 화학적으로 보호한다. 알면 알수록 참 신기한 일들이 많다). 우리가 패션프루트, 구아바, 파인애플을 즐겨 먹는 주된 이유에도 열대과일의 이런 풍미가 큰 부분을 차지한다.

망고는 세부 종류마다 풍미와 형태가 엄청나게 다양하지만, 공통적으로 송진의 향이 느껴진다. 특히 껍질과 붙어 있는 과육에 그러한 특징이 있다. 망고의 풍미도 감귤류처럼 테르펜의 비중이 크다. 기본적인 과일의 향에 나무, 향신료, 소나무, 허브의 향도 나고, 먹음직스러운 향과 캐러멜의 향도 살짝 느껴진다.

바나나: 달콤함, 풀 향, 과하게 익은 과일의 향, 향신료와 꽃 향, 정향의 향

구아바: 새콤달콤함, 자몽 향, 황 냄새, 열대과일 향, 향신료, 꽃 향

망고: 달콤함, 송진, 라임과 감귤류, 태운 설탕, 라벤더, 나무의 향, 부드러운 풍미

패션프루트: 새콤달콤함, 강렬한 황 냄새와 열대과일 향, 배, 재스민의 향, 부드러운 풍미, 잎의 향

파인애플: 새콤달콤함, 잘 익은 과일과 럼의 향, 태운 설탕, 캐모마일, 부드러운 코코넛 향

🍴 열대과일의 활기찬 풍미를 살린 시럽과 소스

열대과일의 강한 신맛과 강렬한 향을 적극적으로 활용할 수 있는 두 가지 레시피를 소개한다. 열대과일만이 아니라 자몽, 사과, 라즈베리, 망고, 캔털루프 멜론 등 즙을 낼 수 있는 모든 과일에 적용할 수 있다. 즙을 낼 수 없는 바나나, 복숭아, 배도 묽게 으깨서 즙처럼 만들면 되는데, 대신 재료를 섞고 익히는 데 시간이 더 오래 걸리며 다른 과일로 만들 때처럼 뻑뻑하면서도 부드러운 질감은 얻을 수 없다. 직접 과일즙을 내지 않고 병에 담겨 판매되는 양질의 냉동, 또는 냉장 생과일 즙이나 퓌레 제품으로 만들어도 된다.

완성된 시럽과 소스는 아이스크림이나 소르베, 흑설탕 푸딩에 끼얹거나 뿌려 먹으면 맛있다. 차가운 차, 특히 차가운 녹차와 탄산수, 탄산음료, 칵테일에도 잘 어울린다.

✔ 패션프루트즙 시럽
| 약 한 컵(250ml) 분량 |

중간 크기 볼에 **패션프루트 8개(약 185g)**의 씨앗과 과즙, 과육을 전부 담는다. **백설탕 3/4컵(150g)**을 넣고 씨를 감싼 과육에서도 즙이 최대한 빠져나오도록 한 시간 동안 절인다. 체에 걸러서 시럽만 남긴다. 냉장고에 보관하면 최대 4일, 냉동고에 두면 더 오래 보관할 수 있다.

✔ 파인애플 캐러멜 소스
| 캐러멜 3/4컵 분량 |

캐러멜 소스는 설탕을 캐러멜화하고 지방과 액체를 넣어 묽힌 것이다. 이때 액체는 보통 물과 유제품이 사용되는데, 풍미가 좋은 다른 액체를 넣으면 어떨까? 이를테면 과일즙은? 이 레시피는 이런 생각에서 나왔다.

소스 팬에 **설탕 반 컵(100g)과 물 1큰술(15ml)**을 넣는다. 중불에 팬을 올리고 설탕이 녹아 투명한 시럽이 되고, 옅은 갈색이 돌기 시작할 때까지 끓인다. 갈색에서 10원짜리 동전 같은 구릿빛이 돌고 가느다란 연기가 피어오르면서 표면이 큰 거품이 끓어오르려고 하면 불을 끈다. 곧바로 **버터 2큰술(30g)**을 넣고 남은 열기로 거품이 올라오는 동안 계속 잘 저어서 버터를 골고루 섞는다. **헤비크림**(유지방이 36~40%인 생크림 – 옮긴이) **2큰술(30g)**을 추가하고 다시 가열하며 잘 저어서 섞고, 불을 끄고 식힌 다음 다시 잘 저어준다. 마지막으로 **생파인애플즙 3큰술(45ml)**을 넣고 섞는다. 맛을 보고, 필요하면 **소금을 조금 뿌려** 간을 맞춘다.

'바나나 맛'의 비밀

나는 어릴 때 바나나 맛 사탕이 진짜 바나나와 조금도 비슷하지 않은 게 늘 불만이었다. 바나나에서 풍기는 사향과 비슷한 부드러운 향은 "이게 진짜 바나나 맛이다"라고 고래고래 외치는 듯한 바나나의 뚜렷한 특징인데, 바나나 맛 사탕에는 그런 풍미가 전혀 없고 일반적인 과일의 풍미만 지나치게 강하게 느껴졌다.

바나나의 종류가 수십 가지이고 그 종류마다 풍미가 전부 다르며, 미국의 바나나 업계는 단일경작된 캐번디시 바나나 한 가지만 수입한다는 건 나중에야 알게 됐다.

늘 그런 건 아니었다. 바나나는 과거에도 단일경작되었지만, 그때는 재배된 품종은 캐번디시가 아닌 그로 미셸 Gros Michel 이었다. 나는 '큰 마이크'라고 부른다 (Gros Michel은 프랑스어로 '커다란 미셸'이라는 뜻이고, 미셸을 영어식으로 읽으면 마이클이 된다 – 옮긴이). 20세기 중반, 바나나에 곰팡이가 피는 병이 크게 돌면서 그로 미셸 바나나는 거의 다 사라졌고 그때부터 농부들은 캐번디시 바나나를 재배하기 시작했다. 바나나의 풍미는 과일의 향과 바나나 특유의 향을 내는 아세트산 이소아밀 isoamyl acetate 향이 큰 비중을 차지한다. 그렇다면 이 두 종류의 바나나 중 어느 쪽에 아세트산 이소아밀이 더 많을까? 바로 오래전 사라진 그로 미셸이다. 따라서 '바나나 맛'이 난다고 적혀 있지만 막상 먹어보면 평소에 먹던 바나나와 별로 비슷하지 않게 느끼는 이유는 그 식품의 맛이 옛날 바나나의 풍미와 닮았기 때문이다. 그로 미셸 바나나가 주로 재배되던 그 시절에는 바나나 사탕의 맛도 진짜 바나나와 좀 더 비슷하게 느껴졌으리라.

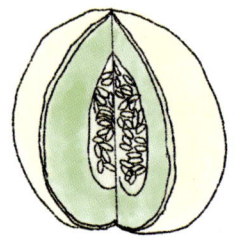

허니듀: 신선한 풋내, 고수 향, 부드러운 풍미, 꿀, 꽃, 장미의 향

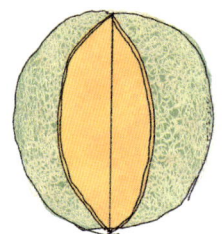

캔털루프: 럼과 과일 향, 꽃내음 제비꽃의 향, 부드러운 풍미, 오이, 체리와 마지팬의 향

수박: 풀과 식물의 향, 장미, 제비꽃의 향, 부드러운 풍미, 자두의 향

부드러운 사향의 향: 멜론

구내식당에서 디저트로 나오는 허니듀 멜론이나 캔털루프 멜론은 대체로 색깔부터 영 칙칙한 데다 아무 향도 없고 싱겁기만 하다. 먹어도 먹은 것 같지 않은 그런 멜론을 생각하면, 멜론이 매력적인 풍미가 여러 겹으로 가득 축적된 과일이라는 게 영 엉뚱한 소리처럼 들릴 수 있다. 하지만 진짜 맛있는 멜론은 그 자체만으로 풍미가 넘친다. 정말 맛있는 멜론 한 조각이 디저트로 나오는 음식점들도 있는데, 다른 건 아무것도 곁들이지 않은 그 한 조각을 얼마나 고대하게 되는지 모른다.

멜론의 학명은 쿠쿠미스 멜로*Cucumis melo*이다. 그런데 학명은 같아도 맛이 제각기 다른 변종이 많다(와인 원료로 쓰이는 포도(학명 비티스 비니페라*Vitis vinifera*)도 그렇다. 배추속 식물인 브라시카 올레라케아*Brassica oleracea*도 마찬가지로 케일, 방울양배추, 브로콜리 같은 다양한 변종이 있다). 멜론의 변종은 크게 둘로 나뉜다. 첫 번째는 껍질에 울퉁불퉁한 그물 무늬가 있고 과육이 보통 주황색인 머스크 멜론으로, 캔털루프, 샤랑테*charentais* 등이 여기에 속한다. 두 번째는 껍질이 매끈하고 과육은 주로 녹색을 띠며 부드러운 향이 나는 허니듀 멜론이다. 수박(학명 시트룰루스 라나투스*Citrullus lanatus*)은 멜론과 같은 박과(Cucurbitaceae)에 속하는 사촌지간이다. 오이, 호박, 박도 박과에 속한다(오이도 과육이 녹색이고 멜론과 비슷한 풍미가 난다).

멜론의 풍미는 가장 먼저 달콤함이 가득 느껴지고, 이어 신맛이 약간, 또는 적당히 나면서 에틸 에스테르에서 나는 일반적인 과일의 향이 느껴진다. 멜론에는 에틸 에스테르와 형태적으로 비슷한 특징이 있는 알데하이드 분자들도 있는데, 보통 '멜론' 하면 떠오르는 멜론 특유의 풍미는 대부분 이 알데하이드에서 나온다('감귤류'의 일반적인 특성이 리모넨에서 나오는 것처럼). 허니듀 멜론은 이런 고유한 풍미가 굉장히 강한 편이다. 그 외에도 노르이소프레노이드의 익숙하면서도 섬세하고 복잡한 과일과 꽃의 향, 페네틸 아세테이트*phenethyl acetate*의 꿀 냄새와 장미 느낌의 꽃 향, 장미 향, 장미수의 향이 정교하고 복잡하게 얽혀서 멜론의 풍미를 이룬다.

부드러운 향신료의 풍미: 핵과

체리, 자두, 천도복숭아, 복숭아, 살구는 새콤달콤한 맛과 향이 강하고, 기본적인 과일의 향에 부드러운 향과 꿀, 아몬드, 꽃, 향신료의 향이 섞인 풍미가 느껴진다는 공통점이 있다. 또한 모두 식물 분류상 벚나무속(학명 프루누스^{Prunus})에 속한 핵과다. 벚나무속 식물들은 서로서로 비슷한 부분이 많아서 교잡을 통해 맛있는 혼종이 대거 탄생했다. 몇 가지만 예를 들면(명칭만으로도 어떤 과일을 교잡했는지 알 수 있다) 플루오트^{pluot} (자두와 살구), 애프리움^{aprium} (살구와 자두), 피코툼^{peacotum} (복숭아, 자두, 살구), 체리콧^{cherrycot} (체리와 살구), 넥타콧^{nectacot} (천도복숭아와 살구), 피차린^{peacharine} (복숭아와 천도복숭아) 등이 있다.

복숭아와 천도복숭아에서 강하게 도드라지는 복숭아 특유의 부드러운 풍미는 락톤으로 분류되는 분자들에서 나온다. 모두 달콤하고 부드러운 향을 내는 분자들이라 이름과 참 잘 어울린다고 생각할 수 있지만(락톤의 lac은 젖당을 뜻하는 영어 단어 lactose의 앞부분과 같다), 이는 우연의 일치다(19세기 중반에 활동한 초기 유기화학자들이 젖산으로 락톤을 합성하는 방법을 찾아냈고, 우유에서 젖당이 발견된 건 그 뒤의 일이었다). 딸기, 코코넛, 참나무, 그리고 금목서 같은 꽃에서 나는 부드러운 향도 모두 락톤에서 나온다.

시도해보기

핵과의 풍미에는 옅은 향신료의 향이 포함되어 있어서 정향, 계피, 올스파이스와 아주 잘 어우러진다. 타임, 세이버리, 로즈메리처럼 송진의 향이 나는 허브도 핵과에 살짝 곁들이면 풍미가 기가 막히게 잘 어울린다. 조지아와 일본에는 각각 타라곤과 차조기를 핵과와 함께 활용한 음식들이 있는데, 그와 같이 풍미가 진하고 신선하면서 향기로운 허브도 핵과와 잘 맞다. 나는 빵을 만들 때도 핵과를 즐겨 쓴다. 케이크나 클라푸티^{clafoutis}

살구: 달콤함, 꿀, 흙 내음, 부드러운 풍미, 익힌 사과와 꽃, 마지팬의 향

체리: 새콤달콤함, 베리류 과일의 향, 자단나무, 정향, 꿀, 제비꽃, 마지팬의 향

그린게이지 자두: 자두의 진한 풍미, 와인의 향, 송진 냄새

천도복숭아: 달콤함, 먹음직스럽게 잘 익은 과일의 향, 부드러운 풍미, 꽃과 아몬드의 향

복숭아: 달콤함, 잘 익은 과일의 향, 부드러운 풍미, 꽃 내음, 풋내, 마지팬의 향

자두: 럼과 과일의 향, 딸기, 계피의 향, 버터 같은 부드러운 풍미, 꽃 향

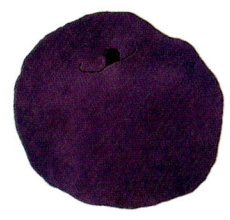

(달걀이 들어간 반죽에 체리와 베리류를 표면에 가득 얹고 케이크처럼 구워서 만드는 프랑스식 디저트-옮긴이) 재료로도 쓰고, 핵과를 파이 바닥에 깔거나 맨 위에 올려 바삭하게 굽기도 한다. 또는 시트는 생략하고 핵과를 얇게 썰어 페이스트리 반죽에 바로 올려서 갈레트 같은 케이크를 만들기도 한다.

아몬드도 벚나무속 식물로, 과육은 아직 덜 익은 녹색일 때만 먹는다(우리가 흔히 먹는 아몬드는 이 열매에 들어 있는 씨앗이다-옮긴이). 이란에서는 아몬드 열매의 과육을 그냥 소금에 찍어 먹거나 스튜로 끓여서 먹는다. 마지팬^{marzipan}(아몬드 가루와 설탕, 달걀흰자를 섞어서 만든 반죽. 그대로 먹기도 하고 케이크, 쿠키 등의 재료로도 쓰인다-옮긴이)의 대표적인 향으로 여겨지는 아몬드의 향은 체리에도 다량 함유된 *벤즈알데하이드*^{benzaldehyde}라는 분자에서 나온다. 마라스키노^{maraschino} 리큐어에 절인 체리 특유의 향도 바로 이 분자의 향이다. 나는 단맛이 강한 체리보다 사워체리를 더 좋아한다. 사워체리는 강한 신맛도 매력적이지만 과일의 풍미가 훨씬 진하고, 오이게놀도 있어서 정향과 향신료의 뚜렷한 풍미가 함께 느껴진다.

어느 모더니스트 시인의 아이스박스에 들어 있는 과일로 유명한 **자두**는(시인 윌리엄 카를로스 윌리엄스$^{William\ Carlos\ Williams}$의 유명한 시 'This Is Just to Say'에 나오는 내용이다-옮긴이) 각양각색의 음식에 쓰이고 풍미도 다채롭다. 유럽 전역에서 자두로 잼을 만들고, 케이크와 타르트를 구울 때도 넣고, 말려서도 먹고, 슬리보비츠^{slivovitz} 같은 브랜디로 증류해서도 마신다. 조지아에서는 짭조름하고 매콤한 트케말리^{tkemali} 소스와 타라곤, 양고기가 들어가는 차카풀리^{chakapuli}라는 스튜에 과일의 향이 풍부하고 시큼한 자두를 넣는다. 크기가 작고 달걀처럼 생긴 노란색 자두 품종인 **미라벨**^{Mirabelle}은 코코넛 풍미가 나는 자두로 유명한데, 이 향을 내는 분자도 락톤의 일종이다(복숭아의 고유한 향을 내는 락톤과는 다른 종류). 매실은 엄밀히 따지면 분류상 살구와 더 가깝지만, 자두의 식구처럼 여겨진다. 매실은 일본의 우메보시, 베트남의 시무오이$^{xi\ muỗi}$처럼 소금에 절여도 생과의 풋내에 가까운 과일 향과 꽃내음, 시큼한 맛이 그대로 남아 있다. 그린게이지 자두는 딱 적당히 익어서 껍질에서 광택이 날 때 맛보면, 리슬링 와인이 연상되는 엄청난 달콤함을 경험할 수 있다. 평생 이렇게 맛있는 과일은 처음이라는 소리가 절로 나올 것이다(이렇게 말하는 과일이 너무 많긴 하지만).

식물의 향

풋내, 흙과 땅의 냄새

식물의 풍미는 역설적인 면이 있다. 채소에도 분명 고유한 풍미를 내는 분자가 다채롭게 들어 있지만, 과일이나 허브처럼 "이게 채소의 향이다"라고 콕 집어 말할 수 있는 특징은 찾기 힘들다. 그래도 채소는 맛있는 식재료이고, 채소의 다양성은 화학적인 특징보다 질감이 더 크게 작용한다.

채소는 과일과 달리 뜯어 먹히기를 바라지 않는다. 그래서 질긴 셀룰로스와 딱딱한 전분처럼 생으로 먹기에 거추장스러운 특징이 있으므로, 가열해서 연하게 만드는 등 과일보다 좀 더 번거로운 처리 과정을 거쳐야 먹을 수 있는 종류가 많다.

생생한 풍미를 제대로 맛보려면 다른 재료나 드레싱을 꼭 곁들여야 하기도 한다. 우리가 채소를 먹을 때 느끼는 풍미는 식감이 연한지, 아삭한지, 시들한지, 익혀서 연해진 상태인지 등과 같은 질감에 크게 좌우된다.

채소에는 과일처럼 다른 생물의 관심을 잡아끄는 다양한 풍미가 없다. 채소는 과일처럼 누가 다가와서 먹어주기를 간절히 바라지 않는다는 사실을 생각하면 이 또한 당연한 특징이다. 채소에는 오히려 반대로 인간의 저녁 식탁에 순순히 오르지 않기 위한 전략이 광범위하게 발달했는데, 이는 한 단어로 요약할 수 있다. 바로 '풋내'다.

다채로운 식물 특유의 풍미

'풋내'는 식물 특유의 풍미 중에서 가장 강하게 두드러지는 향이다. 녹색 바나나처럼 덜 익은 과일에서 나는 냄새, 갓 깎은 잔디나 셀러리 줄기에서 나는 풀 냄새도 옅은 풋내에 해당한다.

식물의 이런 특징적인 풍미는 식물을 연구하는 과학자들이 녹색 잎 휘발성 물질로 분류하는 여러 냄새 분자에서 나온다. 그 분류에 속한 분자를 일일이 암기하기보다는 이런 물질이 생기는 과정을 알아두면 더 편리하다. 녹색 잎 휘발성 물질은 녹색 식물을 썰거나, 자르거나, 씹을 때 생긴다. 그러한 공격이 가해지면 식물은 다양한 분자를 잔뜩 만들어내기 시작하는데, 그 중심에 헥세날이라는 알데하이드 분자가 있다. 갓 깎은 풀에서 나는 냄새가 바로 헥세날의 대표적인 냄새다. 우리는 그런 풀 냄새를 활기차다고 느끼기도 하고 개인적인 추억에 잠기도 하지만, 그 냄새는 '포스에 큰 동요가 일어나 칼날 같은 수백만 잎들이 고통에 울부짖고 있다'는(영화 〈스타워즈〉에 나오는 유명한 대사를 변형

한 것이다 – 옮긴이) 식물의 메시지다. 녹색 잎 휘발성 물질은 이처럼 주변의 다른 식물들을 향해 지금 상황이 좋지 않고 대사 방식을 바꿔야 할 수도 있으니 대비하라는 경고로도 활용된다.

잎채소, 깍지 콩, 진한 녹색 피망을 데치거나 익히면 식물 특유의 풋내가 더 진한 풍미로 바뀌는데, 이는 향이 강하고 점성이 있는 *피라진*pyrazine이라는 질소 분자의 향이다.

식물이 처음 돋아나는 단단하고 편안한 땅을 연상케 하는 냄새도 식물 특유의 향에 포함된다. 피라진에서도 감자 껍질 냄새와 비슷한 흙 내음이 나고, 테르펜류 분자 중에는 (당근에서 나는 것과 같은) 나무 냄새가 나거나 (비트에 포함된 지오스민geosmin처럼) 진짜 흙의 냄새가 나는 종류가 있다. 마지막으로 살펴볼 식물 특유의 풍미는 겨자, 무, 양배추 등 배추속 채소에서 풍기는 살짝 날카로운 매콤한 향과 퀴퀴한 냄새로, 이러한 냄새는 황 분자에서 나온다.

땅의 풍미를 머금은 뿌리채소

흙 내음에 있어서 식물의 뿌리를 능가하는 건 없다.

모든 식물은 땅속에 작은 털 같은 뿌리를 길게 뻗어 물과 무기질을 빨아들인다. 일부 식물에는 그런 작은 뿌리 외에 주근(곧은 뿌리) 또는 구근(덩이 뿌리)이라고 하는 아주 큼직하고 커다랗게 부푼 뿌리가 있다. 식물은 기상 조건이 생존하기에 나빠질 때를 대비해, 땅속 저장기관인 이런 뿌리에 물과 탄수화물을 저장한다.

아삭한 당근의 희미한 꽃 내음과 나무 냄새, 감자에서 풍기는 지하 저장고에 들어온 듯한 기분 좋은 땅속의 느낌, 비트를 아무리 깨끗하게 닦아도 뚜렷하게 남아 있는 흙냄새가 뿌리채소의 흙 내음이다. 이 풍미의 중심에는 흙 내음과 풋내가 모두 나는 피라진이 있다. 피라진은 뿌리채소의 껍질에 가장 많고, 특히 감자가 대표적으로 그렇다. 뿌리채소의 껍질에서 풍기는 기분 좋은 흙의 풍미는 대부분 이 분자에서 나온다. 그러므로 뿌리채소를 요리에 껍질째 넣거나 껍질까지 다 먹으면, 껍질을 벗겼을 때보다 풍미가 더욱 강하게 남는다. 당근과 비트에는 몇 가지 특수한 테르펜 분자도 있어서 독특한 향도 함께 난다. 식물 특유의 이런 날 것 그대로의 흙냄새는 채소를 밭에서 방금 뽑아와서 한 부분도 버리지 않고 모두 찬찬히 음미하는 듯한 신선함을 느끼게 한다. 익힌 뿌리채소에서는 이 흙 내음이 연하고 묵직한 담요 같은 식감과 합쳐지면서 벽난로 앞에 걸어둔 양말처럼 포근하게 느껴진다.

식재료의 관점에서, 뿌리채소는 탄수화물의 특성에 따라 두 종류로 나뉜다. 종류별로 적절한 조리법도 다르고, 채소의 풍미가 바뀌는 과정에도 차이가 있다. 첫 번째는 **당분과 셀룰로스가 많은 뿌리채소다**(당근, 비트, 무 등). 이 분류의 채소들은 생으로 먹으면 달고 아삭하며 익히면, 특히 수분 없이 구우면 그 아삭함의 원천인 셀룰로스가 분해되어 밀도가 촘촘하고 부드러워진다. 또한 당분이 많아서 노릇하게 굽거나 캐러멜화해 먹기에도 좋다. 당근과 무는 향신료를 가득 묻히고 바싹 익혀 향신료를 껍질처럼 만들어서 먹으면 정말 맛있다(197쪽에 레시피가 나와 있다).

두 번째는 **전분 함량이 높은 뿌리채소다**(감자, 고구마 등). 이 분류의 채소들은 적절한 방법으로 충분히 익혀야 단단한 전분 입자가 포슬포슬하고 부드러워진다. 전분 함량이 높은 뿌리채소는 오븐으로 익히면 노릇하게 잘 익고 밀도가 아주 뻑뻑해진다. 오븐 외에 다른 방법으로 구워도 똑같이 노릇하게 잘 익고, 익은 후에도 밀도가 어느 정도 유지되어 단맛이 강한 뿌리채소처럼 물러지지 않는다. 물에 삶으면 식감이 부드러워지고 흙 내음이 연하게 남는다.

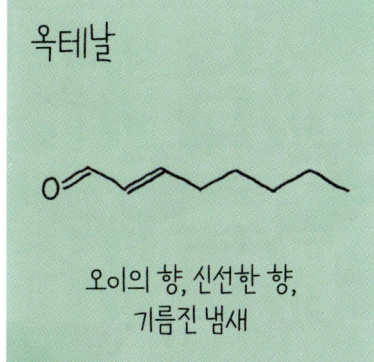

옥테날
오이의 향, 신선한 향,
기름진 냄새

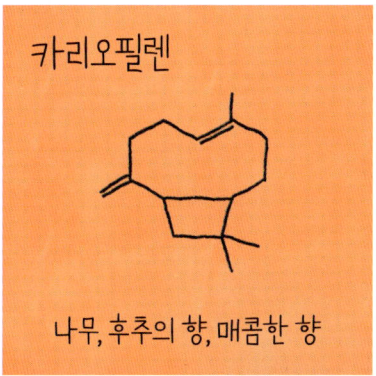

카리오필렌
나무, 후추의 향, 매콤한 향

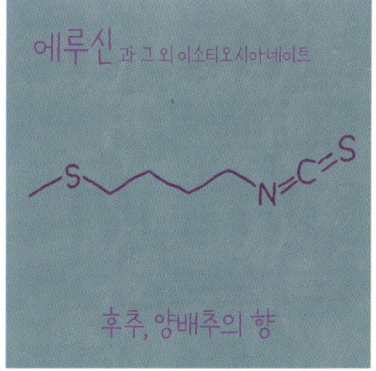

에루신 과 그 외 이소티오시아네이트
후추, 양배추의 향

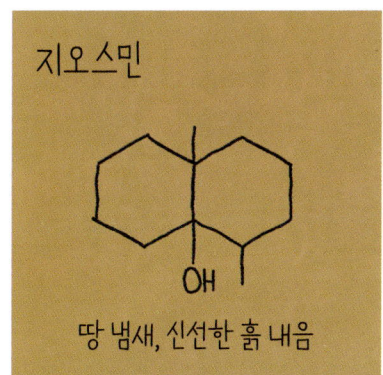

지오스민
땅 냄새, 신선한 흙 내음

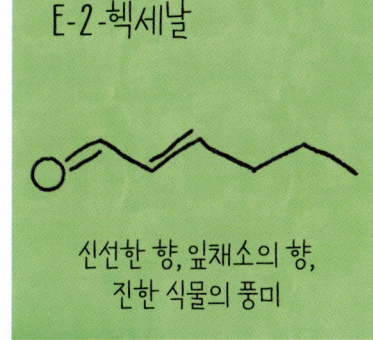

E-2-헥세날
신선한 향, 잎채소의 향,
진한 식물의 풍미

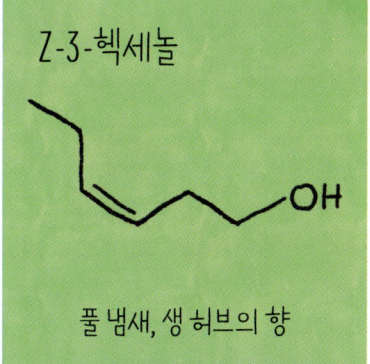

Z-3-헥세놀
풀 냄새, 생 허브의 향

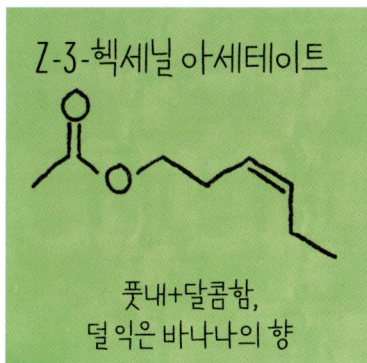

Z-3-헥세닐 아세테이트
풋내+달콤함,
덜 익은 바나나의 향

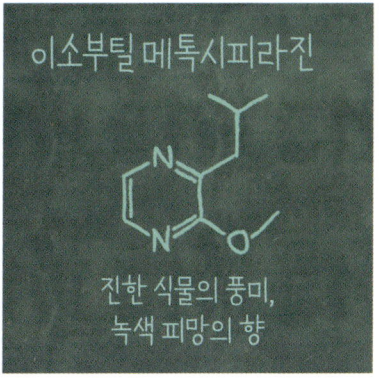

이소부틸 메톡시피라진
진한 식물의 풍미,
녹색 피망의 향

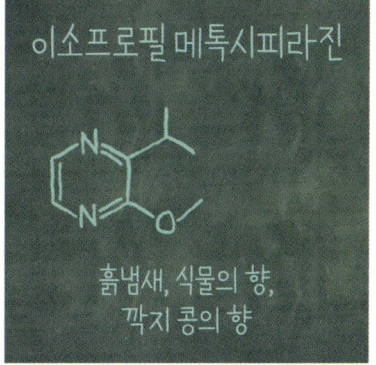

이소프로필 메톡시피라진
흙냄새, 식물의 향,
깍지 콩의 향

양상추: 풋내, 식물의 향, 나무 향

엔다이브: 옅은 풋내, 식물의 향, 쓴맛

루콜라: 풋내, 식물의 향, 후추, 매콤한 향

어린잎: 풋내, 식물의 향, 단맛

시금치: 진한 풋내, 식물의 향, 흙 내음, 약간 톡 쏘는 향

물냉이: 풋내, 식물의 향, 후추, 매콤한 향

쇠비름: 풋내, 식물의 향, 신선하고 톡 쏘는 향

라디치오: 식물의 향과 풋내, 나무 냄새, 쓴맛

양배추: 단맛, 풋내와 흙냄새, 황 냄새

명아주: 시금치의 느낌, 진한 식물의 향

케일: 진한 풋내, 식물의 향, 풍부한 향

콜라드 그린: 진한 풋내, 식물의 향, 풍부한 향

근대: 진한 풋내, 식물의 향, 흙 내음

겨자 잎: 풋내, 식물의 향, 후추 향

아마란스: 풋내, 식물의 향, 흙 내음

토란잎: 풋내, 식물의 향, 흙 내음

민들레 잎: 풋내, 식물의 향, 흙 내음, 쓴맛

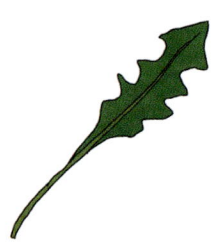

당근: 단맛, 흙 내음, 나무, 송진, 과일, 꽃의 향	비트: 식물의 향, 흙냄새, 과일 향, 단맛, 흙냄새	무: 풋내, 매운맛, 단맛, 황 냄새	순무: 흙냄새, 식물의 향, 매운맛, 달콤한 꽃 향	콜라비: 식물의 향, 풋내, 황, 브로콜리 냄새
		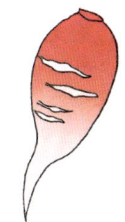	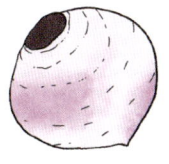	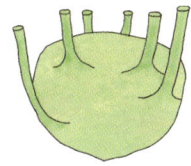
감자: 신선한 향, 땅과 흙냄새, 버섯 향, 향긋함	고구마: 신선한 향, 꽃, 꿀, 버섯, 맥아의 향	카사바: 연한 흙 내음, 고소한 향, 부드럽고 달콤한 풍미	자색고구마: 고소하고 달콤한 향, 맥아의 향, 부드러운 풍미	
	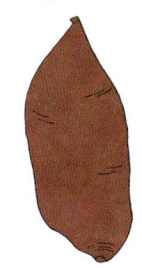	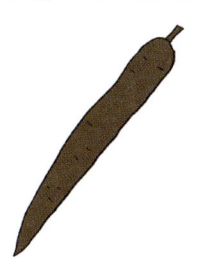		

풋내가 가득한 잎채소

잎채소의 풍미는 녹색 잎 휘발성 물질의 풀 냄새와 피라진의 진한 식물 향이 기본 틀이다. 전체적으로 식물 특유의 향과 옅은 흙냄새, 풋내가 풍미의 중심을 이루고 세부 종류별 풍미의 차이는 미미한 정도지만, 풍미에 개성이 뚜렷한 것도 있다. 잎채소의 풍미를 가장 크게 좌우하는 건 식감이다. 즉 여린 잎, 질긴 잎, 연하고 부드러운 잎, 아삭한 잎은 모두 풍미가 다르다. 엔다이브는 먹음직스러운 향과 옅은 풋내, 오이와 아몬드의 향이 나고, 쌉싸름하다. 어린잎은 아주 섬세하고 부드러운 풋내가 난다. 충분히 익혀서 연하게 만든 진한 녹색의 케일과 콜라드 그린에서는 황 냄새와 흙 내음이 나고, 겨자잎과 루콜라는 생생하고 매콤한 향, 연한 식감, 먹음직스러운 향이 특징이다. 양배추는 달콤하면서 퀴퀴한 향이 나고, 시금치에서는 흙 내음, 지방 냄새, 버섯의 향과 함께 생동감이 느껴진다.

잎채소는 재배 기간과 잎의 크기, 두께에 따라 생으로 먹는 게 더 맛있을 수도 있고 익혀 먹는 게 더 나을 수도 있다. 잎채소를 생으로 먹으면 더욱 신선한 풋내와 식물의 향을 즐길 수 있고, 익히면 풍미가 더 깊어지고 흙 내음이 강해지면서 묵직한 향이 난다. 양배추, 연한 겨자잎, 시금치처럼 생으로 먹으면 아삭하고 익히면 부드러워져서 어떻게 먹어도 맛있는 잎채소도 있다.

샐러드로 즐기는 생 잎채소

채소를 가장 단순하게 즐기는 방법은 신선한 잎채소를 익히지 않고 차갑게 먹는 것이다. 하지만 그때그때 구할 수 있는 종류를 다양하게 활용하고 여기에 샐러드에 관한 시대별 각종 요리 철학을 반영하면 이 단순한 방식도 맛있게 복잡해진다. 현대 미국의 정통 샐러드만 하더라도 양상추와 로메인 상추가 기본 재료인 시저 샐러드부터 프랑스, 캘리포니아, 이탈리아식 샐러드를 한 봉지에 담은 잎채소 모둠, 루콜라에 올리브유를 뿌려 먹는 샐러드까지 각양각색이다. 리틀잼Little Gem 상추에 '초록 여신green goddess' 드레싱을 곁들인 샐러드(양배추, 오이, 골파, 아보카도, 바질 등 다양한 녹색 채소에 마요네즈, 사워크림, 허브, 레몬즙, 올리브유 등을 섞은 걸쭉한 드레싱을 곁들이는 샐러드 - 옮긴이)도 있고, 여러 종류의 양배추를 잘게 썰어서 절인 콜슬로, 회향 뿌리, 푼타렐레, 비트 등 단단하고 향이 강한 다양한 채소를 얇게 깎아서 만드는 샐러드도 있다.

샐러드를 만들 때는 정해야 하는 것이 몇 가지 있다. 먼저 전체적인 풍미의 방향을 정한 다음, 여러 풍미를 나란히 배치할지 아니면 겹겹이 쌓을지 정한다. 한 가지 잎채소로만 만들 것인가, 몇 가지 잎채소를 섞어서 미세하게 다른 풍미가 여러 겹으로 쌓이게 할 것인가? 마지막으로, 가장 간소하면서도 매력적인 부가 재료를 정한다. 즉 채소의 맛을 강화하면서도 채소의 풍미에 최대한 방해가 되지 않는 드레싱을 선택한다. 이제 다양한 요리 철학이 반영된 샐러드와 예시를 함께 살펴보면서 샐러드를 맛있게 즐기는 법을 좀 더 파헤쳐보자.

이유는 알 수 없지만, 나는 유럽의 샐러드 문화가 비교적 최근에, 대충 계몽주의 시대쯤 등장했으리라고 추측했다. 그래서 유럽인들이 샐러드를 먹고 만든 역사가 르네상스 시대, 더 나아가 중세 시대까지 거슬러 올라가며 심지어 그 이전부터 시작됐을 수도 있다는 사실을 처음 알았을 때 얼마나 반갑고 놀랐는지 모른다. 사실 생각해보면 너무나 당연한 일이다. 대다수가 농사를 짓고 사는 농경 사회에서는 식생활에 계절 변화가 고스란히 반영된다. 추운 겨울을 지나고 신선한 잎채소가 돋아나는 계절이 오면 당연히 새로 난 잎채소를 실컷 먹었을 것이다. 아주 연한 잎채소를 얼마든지 구할 수 있고, 여러 가지를 섞어서 생으로 그냥 먹어도 맛이 좋다면 굳이 익혀서 먹을 이유가 있을까?

리처드 2세의 왕실 수석 요리사가 1390년에 쓴 요리책인 《요리의 방법 The Forme of Cury》에는 샐러드('살라트salat'라고 적혀 있다) 만드는 법이 이렇게 나와 있다. "채소는 손으로 잡고 살살 뽑아라." 그가 말하는 채소는 파슬리, 세이지, 마늘, 골파, 양파, 리크, 보리지borage, 민트, 파, 회향, 영채(가든 크레스), 쇠비름이다. 이어서 그 요리사는 생채소에 오일을 뿌려서 잘 섞고, 식초와 소금을 넣은 다음에 "바로 내라"고 지시한다. 유럽에서 최초로 기록된 이 샐러드 레시피는 그대로 샐러드를 만들어서 요즘 사람들에게 팔아도 무리가 없을 만큼 이질감이 없다. 또한 이 레시피를 보면 양상추(학명 락투카 사티바Lactuca sativa)가 샐러드의 필수적인 기본 재료가 아니며 다양한 잎채소의 풍미를 겹겹이 쌓는 방식이 샐러드의 DNA에 새겨져 있다는 것도 알 수 있다.

잎채소의 취급 및 보관 수칙

잎채소는 오래 두고 먹을 수 있는 식재료가 아니다. 연하고 섬세한 잎은 더욱 그렇다. 잎채소는 수분이 너무 많거나, 너무 적거나, 너무 따뜻하거나, 너무 차가운 곳에 보관하면 금세 시들고 산화되어 시커먼 곤죽처럼 되고 만다. 잎채소는 항상 살살 조심스럽게 다루고, 물기를 잘 말린 다음에 살짝 물기가 있는 키친타월로 감싸서 지퍼백이나 단단한 플라스틱 용기에 여유 있게 담아 보관하는 게 좋다. 그리고 최대한 빨리 먹자.

🍴 맛있고 간단한 양상추 샐러드용 드레싱과 기본 규칙

나는 비네그레트나 여러 재료를 혼합한 드레싱을 무척 좋아하지만, 실제로 가장 애용하는 건 지금 소개할 드레싱이다. 레시피라고 할 수도 없을 만큼 간단하다.

기본 원칙은, 가장 먼저 오일을 전체적으로 골고루 바르는 밑작업부터 마친 다음에 소금과 식초를 넣어야 한다는 것이다. 그래야 잎의 숨이 죽고 삼투 현상이 일어나는 것을 방지할 수 있다. 오일을 넉넉히 넣어서 채소에 오일의 풍미를 충분히 입힌 다음, 그 위에 소금을 넉넉하게 뿌리고 신맛으로 전체를 감싸면 풍미에 균형이 잡힌다. 나는 새콤한 음식을 좋아하는 편이지만, 샐러드의 맛을 해치는 가장 흔한 원인은 드레싱의 신맛이 너무 센 것이라고 생각한다. 이 책을 쓰려고 다양한 자료를 뒤지던 중, 우연히 자코모 카스텔베트로Giacomo Castelvetro라는 이탈리아인이 17세기 초 런던 사람들을 독자로 겨냥하고 쓴, 논문인지 요리책인지 모를 자료를 하나 발견했다. 《채식하는 맨발의 백작 부인The Barefoot Contessa Goes Plant Based》이라는 제목의 이 자료에서, 저자는 자신의 모국을 제외한 유럽 여러 나라가 채소를 다루는 방식에 너무 죄가 많다고 엄히 꾸짖고는 내가 전적으로 공감한 '샐러드의 신성한 원칙'을 제시한다. "샐러드에 소금을 아주 넉넉하게 쳐라. 그런 다음 오일을 넉넉하게 뿌리고, 식초는 아주 살짝만 뿌려라."

그가 이 책을 쓴 시대나 400여 년이 흐른 지금이나 샐러드의 원칙은 크게 바뀌지 않은 듯하다.

각자 형편이 닿는 선에서 가장 좋은 올리브유를 준비하고, 양상추(역시나 형편이 닿는 선에서 가장 좋은 것)에 전체적으로 뿌린다. 오일이 가늘게 졸졸 나오는 상태에서 두 바퀴 정도 휙 둘러준 다음, 잎을 뒤적이며 표면에 오일을 골고루 다 묻힌다. 잎이 너무 메말라 보이면 오일을 더 넣는다. 오일이 잘 묻어서 잎이 전체적으로 반짝거릴 정도로 뿌리되, 잎이 축축해지거나 처지고 볼 바닥에 오일이 고일 정도로 너무 과하게 뿌리지 않도록 주의한다. 잎을 한 조각 집어서 맛을 본다. 오일의 풍미가 두드러지고, 표면에 오일이 잘 묻어서 부드럽고 촉촉한 느낌이 들어야 한다. 여기까지 완성됐다면, 보통 **음식을 마무리할 때 뿌리는 입자가 아주 고운 소금**을 골고루 뿌린다(나는 입자가 크고 얇은 소금도 함께 쓴다). 계량하지 말고, 엄지와 검지로 적당히 집은 다음 일단 절반 정도를 전체적으로 뿌린 후 양상추를 뒤적이고 손가락에 남은 소금을 마저 뿌린다. 같은 방식으로 **흑후추도 5~6회 갈아서** 뿌린다. 이제 **식초를 넣을 차례**다. 나는 셰리 식초를 즐겨 쓰는데, 품질이 우수한 와인 식초도 좋고 레몬즙과 쌀 식초를 반반 섞어서 써도 좋다. 식초는 아주 드문드문 조금씩 뿌리고, 한 번 뿌릴 때마다 골고루 묻도록 잎을 뒤적인다. 스스로 적당하다고 생각하는 양보다 적게 넣어야 한다. 잎을 한 조각 집어서 맛을 보고, 상큼함이 부족하면 식초를 더 넣는다. 소금이 조금 더 필요할 수도 있다. 샐러드니까 완성되면 당연히 바로 먹어야 한다.

잎채소를 익혀서 먹는 다채로운 방법

잎채소를 익혀서 먹는 방법이 따로 있나 하는 생각이 들 수도 있다. "그냥 익혀서 먹으면 되지, 그걸 모르는 사람이 있나?" 하지만 잎채소를 샐러드로 먹을 때 어떤 종류를 선택해서 어떤 조합으로 먹느냐에 따라 풍미가 더욱 다채로워지듯이, 익혀서 먹을 때도 어떤 방법으로 잎의 숨을 죽이고 질긴 잎과 줄기를 연하게 만드는지에 따라 다양한 풍미를 즐길 수 있다. 게다가 잎채소를 익히면 풍미가 몇 배로 늘어난다. 열과 익히는 시간에 따라 새롭게 생겨나는 풍미도 있고, 채소와 함께 익히는 지방, 소금에 절인 육류, 부추속 채소들, 허브, 향신료 등 다양한 재료에서 나오는 풍미가 더해지기 때문이다(263쪽의 "단계적으로 풍미를 입힌 채소볶음"을 참고하기 바란다).

이탈리아 리구리아 지역에서는 주변에서 채취하거나 재배한 다양한 잎채소 모둠을 프레보기온prebogion이라고 한다. 계절마다 구성이 다양하지만, 루콜라, 근대/비트 잎, 보리지, 치커리, 민들레 잎, 야생 회향, 쐐기풀, 파슬리, 야생 라디치오, 시금치 같은 보편적인 잎채소와 함께 지역민들이 즐겨 먹는 램피온rampion, 양귀비 잎, 얼레지 잎, 그라탈링구아grattalingua ('버드아이brighteye'로도 불린다)의 잎, 핌피넬라pimpinella, 수리남떡갈나무 잎(아마라고amarago로도 불린다), 방가지똥(시서비타cicerbita),

장구채(실레네^{Silene}) 등도 들어간다. 이렇게 다양한 잎채소를 살짝 데쳐서 수프로 끓이기도 하고, 라비올리의 한 종류인 판소티^{pansotti}의 속을 채우는 재료로 활용한다.

그리스에서는 여러 가지 식용 야생 잎을 익힌 호르타^{horta}라는 음식이 있다(우리나라의 나물무침과 비슷하며, 기본적으로 잎을 데쳐서 올리브유, 생레몬즙, 소금을 뿌려서 다른 요리에 곁들여 먹는다 – 옮긴이). 호르타는 '잡초'라는 뜻으로, 가장 전형적인 호르타인 호르타 바스타$^{horta\ vasta}$는 민들레 잎으로 만든다. 엔다이브, 케이퍼 잎, 겨자 잎, 회향, 명아주, 야생 리크, 아욱, 치커리 등으로 만드는 호르타도 있는데, 과거에는 유럽 전역에서 식재료로 널리 쓰였으나 이제는 찾아보기 힘든 식물들이 쓰이기도 한다. 이란어로 '허브'를 뜻하는 사브지^{Sabzi}는 잎채소를 넣고 끓인 스튜인 고르메 사브지$^{ghormeh\ sabzi}$에 들어가는 익힌 채소를 뜻하기도 한다. 이 스튜는 당근과 가까운 허브인 파슬리, 고수를(당근, 파슬리, 고수는 분류상 모두 같은 미나리과다 – 옮긴이) 잎채소처럼 데친 다음 파와 약간 쓴맛이 나는 호로파^{fenugreek} 잎, 말린 라임으로 풍미를 겹겹이 더한다. 고기를 넣어 진한 감칠맛을 내기도 한다.

남아시아에는 잎채소에 버터와 각종 양념을 넣고 연하게 익힌 사그^{saag}라는 향긋한 음식이 있다. 사그는 굉장히 다양하게 변형되며, 그대로 먹기도 하고 파니르(치즈)나 양고기가 들어간 스튜, 찜 요리에 소스로 쓰이기도 한다. 펀자브의 대표적인 음식인 사슨 다 사그$^{Sarson\ ka\ saag}$는 사슨(겨자 잎)이 핵심 재료이며(시금치, 명아주를 함께 넣기도 한다) 여기에 기 버터, 양파, 생강, 마늘, 고추를 넣고 끓여서 만든다. 옥수수가루를 조금 넣어서 더 뻑뻑하게 만들기도 한다.

카리브 지역의 칼랄루^{Callaloo}는 특정한 잎채소(지역에 따라 아마란스, 또는 토란잎)와 그 잎채소를 넣고 다양한 방식으로 끓인 스튜를 모두 일컫는다. 자메이카에서는 주로 녹색 아마란스 잎(이곳에서는 칼랄루로 불린다)으로 만든 요리를 칼랄루라고 한다. 잎을 데쳐서 끓인 스튜의 일종이며, 토마토, 양파, 스카치보닛 고추, 오일이 양념으로 쓰이기도 한다. 트리니다드에서 칼랄루는 다신^{dasheen}으로도 불리는 토란의 잎을 가리킨다. 트리니다드식 칼랄루 요리에는 오크라, 매운 고추, 코코넛밀크, 양파, 마늘, 호박이 들어간다.

잎채소를 맛있게 익히는 요령

레시피만 봐서는 잎채소를 어떻게 익히는 게 가장 좋은지 정확하게 알 수 없다. 요리에 쓰는 잎의 종류와 잎이 가진 풍미, 질감에 따라 적절하게 익히는 방법도 달라지기 때문이다. 내가 쓰는 케일과 여러분이 요리에 쓰는 케일, 다른 사람들이 쓰는 케일은 전부 다를 수 있다는 의미다.

나는 잎이 얼마나 연하거나 질긴지, 풍미가 얼마나 강한지를 기준으로 익히는 방법을 정한다. 억센 잎, 식물 특유의 향이 강하고 진하거나 쓴맛이 나는 잎(다 자란 콜라드 그린, 근대, 케일)은 익힐 때 물의 도움을 받는 게 좋다. 뜨거운 물로 익히면 열이 훨씬 잘 전달되어 잎이 전체적으로 연해지고, 동시에 풍미도 약간 희석된다. '물의 도움을 받는다'는 것은 구체적으로 물을 끓여 증기를 충분히 내서 잎을 찌거나, 물에 소금을 넣고 끓인 후 잎을 담가 잠깐 데치고 건져내라는 의미다.

잎채소는 잎이 연할수록 (시금치와 어린 케일, 겨자 잎, 연한 비트 잎처럼) 식물 특유의 흙 내음이 약하다. 이런 잎채소는 요리 도중에 바로 넣어도 된다. 음식을 한창 뜨겁게 끓일 때 바로 넣으면, 특히 세척 후 잎에 물이 묻어 있는 그대로 넣으면 더 빨리 숨이 죽는다.

시도해보기

나는 파스타를 만들 때도 익힌 잎채소를 즐겨 활용한다. 잎채소가 들어간 파스타는 언뜻 라비올리가 다 터진 것처럼 보이기도 하는데, 최대한 간편하게 만드는 방법을 소개한다.

먼저 냄비에 물을 담고 소금을 넉넉히 넣은 다음 팔팔 끓여 잎채소를 데친다. 잎의 숨이 죽으면 곧바로 건져낸 다음 그 물에 바로 파스타를 넣고 삶는다. 면이 익는 동안 팬에 케이싱(겉껍질)을 벗기고 잘게 자른 소시지를 노릇하게 굽고, 소시지가 다 익으면 크렘 프레슈를 한 컵 정도 넣어 눌어붙은 조각을 싹싹 긁어낸다.

데쳐서 물기를 뺀 잎채소를 넣고, 전부 골고루 섞는다. 계속 저으면서 끓이다가 파스타가 다 익으면 건져서 소시지와 잎채소를 볶던 팬에 넣는다(농도가 너무 뻑뻑하면 파스타 삶은 물을 조금 넣는다).

취향에 따라 소스에 회향 씨앗을 잘게 부숴서 넣거나, 다진 마늘 또는 으깬 마늘을 추가해도 된다. 레몬즙, 식초, 요구르트에서 분리한 유청을 조금 넣어도 좋고, 단단한 치즈를 갈아서 뿌리거나 말린 올리브 가루(234쪽에 레시피가 나와 있다)를 뿌려 먹어도 맛있다.

식물의 방어 전략이 만든 강렬한 풍미

향신료와 허브의 다채로운 풍미, 그리고 이 두 가지가 음식에 주는 영향은 과일의 풍미만큼 흥미진진하고 매력적이다. 향신료와 허브에는 송진 냄새, 풋내, 달지 않은 향긋함, 포근함, 달콤함, 신선함, 과일의 향, 버터 향, 꽃의 향과 더불어 정향의 향, 흑후추의 향, 박하 향, 타임의 향, 계피 향처럼 향신료와 허브의 이름 그대로 표현하는 것 외에 더 적당한 표현을 찾기가 힘든 풍미가 있다. 향신료와 허브의 풍미에서 느껴지는 분위기, 풍미의 방향은 사방으로 끝없이 펼쳐진 풍경처럼 드넓다.

향신료와 허브의 풍미는 음식의 전체적인 풍미에 중심이 되기에는 너무 강렬해서 주로 다른 재료의 풍미를 더 훌륭하게 꾸미고, 장식하고, 맛을 더하고, 강화하는 역할을 맡는다. 이 기능은 음식에서 아주 뚜렷하게 드러난다. 향신료와 허브의 풍미는 마치 하나의 문장文章처럼 특정한 음식과 그 음식이 처음 탄생한 곳의 고유한 음식 문화를 대표하기도 한다. 마살라 몇 스푼, 향신료의 풍미가 달콤한 쪽인지 달지 않은 향긋함인지의 여부, 페스토에 들어간 바질의 종류, 구운 돼지고기 요리에서 허브의 '송진 냄새'가 차지하는 비중 등, 향신료와 허브는 적은 양만으로도 깊고 복잡한 풍미를 낸다. 아주 단순한 요리에서도 마찬가지다.

향신료와 허브의 풍미 지도

요리할 때 허브와 향신료를 어떤 종류든 각자 입맛에 맞는 걸로 듬뿍 쓰는 습관만 들여도 음식의 맛이 훨씬 좋아진다. 허브와 향신료를 음식에 가장 손쉽게 활용하는 방법은 과일의 풍미를 음식에 활용하는 방법과 같다. 즉 자신이 어떤 풍미를 좋아하는지 직접 탐색하고 찾아보면서 자신만의 풍미 카탈로그를 만들면 유용하다. 다양한 허브와 향신료를 맛보고 풍미에 주의를 기울이면, 특정 음식에 잘 어울릴만한 것이 곧잘 떠오르고, 실패할 일도 없다. 파스타에 박하 잎을 올려서 마무리하는 것, 과일에 오레가노를 곁들이는 것, 쇼트브레드 쿠키에 셀러리 씨앗이나 강황을 넣는 것, 닭구이에 올스파이스를 쓰고 소시지에 차조기를 곁들이는 것은 미국의 일반적인 요리책에서 흔히 볼 수 있는 조합이 아니지만, 모두 굉장한 풍미를 낼 수 있는 방법이다(게다가 지구상 어딘가에서 누군가는 이런 조합으로 음식을 맛있게 잘 만든 적이 분명히 있을 것이다). 내가 생각하기에 음식의 주재료가 무엇이든 아무 허브나 향신료와 조합해도 맛이 없을 수가 없다.

허브와 향신료를 계속 하나로 묶어서 이야기하는 이유가 있다. 둘 다 음식의 맛을 돋우는 재료이기 때문이기도 하지만, 음식을 먹을 때 가만히 주의를 기울여보면 거의 모든 음식에서 허브나 향신료의 풍미가 최소 한 가지는 느껴진다는 공통점도 있기 때문이다. 또한 분자 수준에서는 허브와 향신료에 뚜렷한 차이가 없다. 둘 다 다양한 풍미 분자가 복잡하게 포함되어 있는데, 서로 겹치는 분자가 많고, 풍미의 차이가 '같은 주제의 변주곡' 정도인 경우도 아주 많다. 허브와 향신료를 하나씩 살펴보면 각각의 풍미는 전부 다르고 그중에는 풍미가 크게 다른 경우도 있지만, 전반적으로 볼 때 허브와 향신료의 풍미를 구분하는 경계는 흐릿하다.

나는 향신료와 허브의 풍미를 지도로 그려서 기억한다. 6장 첫 부분에서 과학자들이 풍미를 어떻게 연구하는지 설명하면서 소개한 풍미 지도와 비슷한 방식이다. 허브와 향신료에서 나타나는 풍미는 은하의 무수한 우주 먼지가 몇몇 주요 성운을 이루는 것처럼 대략적으로 묶을 수 있다. 허브와 향신료의 풍미를 나타낸 별자리 지도에서 그와 같이 묶이는 주요 풍미는 다음과 같다.

- **달지 않고 향기로운 향신료**(흑후추, 고수 씨앗)
- **흙냄새와 풍부한 향이 나는 향신료**(커민, 사프란)
- **포근하고 달콤한 향신료**(정향, 계피)
- **잎이 연하고 향긋한 허브**(바질, 스피어민트)
- **잎이 부드럽고 풋내가 강한 허브**(고수 잎, 딜)
- **송진 냄새와 강한 향이 나는 허브**(오레가노, 세이지)

자주 만드는 요리에 약간 색다른 풍미로 변화를 주고 싶을 때, 머릿속에만 있는 풍미를 음식에 어떻게 담아낼지 고민될 때, 허브와 향신료의 풍미를 좀 더 정교하게 섞어서 활용하고 싶을 때 나는 이 묶음, 혹은 분류부터 떠올린다. 활용법은 이렇게 생각하면 쉽다. 이 여섯 가지 분류 중 한 가지를 고르고 그 테두리 안에 포함되는 종류를 요리 도중에 즉석에서 활용하거나, 섞거나, 혼합하면 음식의 풍미에 익숙한 범위를 벗어나지 않으면서 미세한 변화를 줄 수 있다. 그와 달리 서로 분류가 다른 재료들을 섞어서 사용하면, 음식의 풍미에 더욱 과감하고 복합적인 변화를 줄 수 있다. 즉 원래 잎이 연하고 향긋한 허브가 들어가는 음식에 잎이 부드럽고 풋내가 강한 허브를 쓰거나, 아예 허브를 빼고 흙냄새와 풍성한 향이 나는 향신료나 포근하고 달콤한 향신료로 대체할 수도 있다.

식물의 화학 무기: 허브와 향신료의 풍미 분자

허브와 향신료의 풍미 분자 중 아주 큰 비중을 차지하는 두 가지 냄새 분자가 있다. 바로 *테르펜*과 *페닐프로펜*으로 분류되는 분자들이다. 앞서 감귤류의 풍미를 설명할 때도 나온 분자들로, 감귤류 외에 다른 과일과 채소의 풍미에도 작게 영향을 준다. 하지만 같은 테르펜과 페닐프로펜이라도 식물에 포함된 분자들은 과일 향을 내는 분자들보다 쓴맛과 매운맛을 내는 분자들과 훨씬 비슷하다. 식물이 스스로 방어하기 위한 일종의 화학 무기로 만드는 분자들이기 때문이다.

우리가 좋아하는 허브와 향신료의 풍미는(정향과 바질의 풍미, 타라곤의 감초 향이 감도는 풍미, 커민의 나무와 송진 냄새가 나는 풍미 등) 거의 다 비슷한 목적으로 진화했다. 식물이 계속 살아남고, 다른 생물보다 우위를 점하도록 만드는 것이다. 그러한 목적으로 생겨난 풍미 분자 중에는 식물을 잘근잘근 씹어대는 성가신 곤충과 초식 동물을 쫓아내거나 죽이는 것도 있고, 식물에 파고드는 곰팡이 등 환경의 위협 요소를 물리치는 것도 있고, 식물이 다른 식물과의 경쟁에서 이기고 우세해질 수 있도록 도와주는 것도 있다.

이런 분자들에서 나오는 허브와 향신료의 풍미가 왜 우리에게는 매력적으로 느껴질까? 이런 의문이 든다면, 세상이 인간 중심으로 돌아가지 않는다는 겸손함

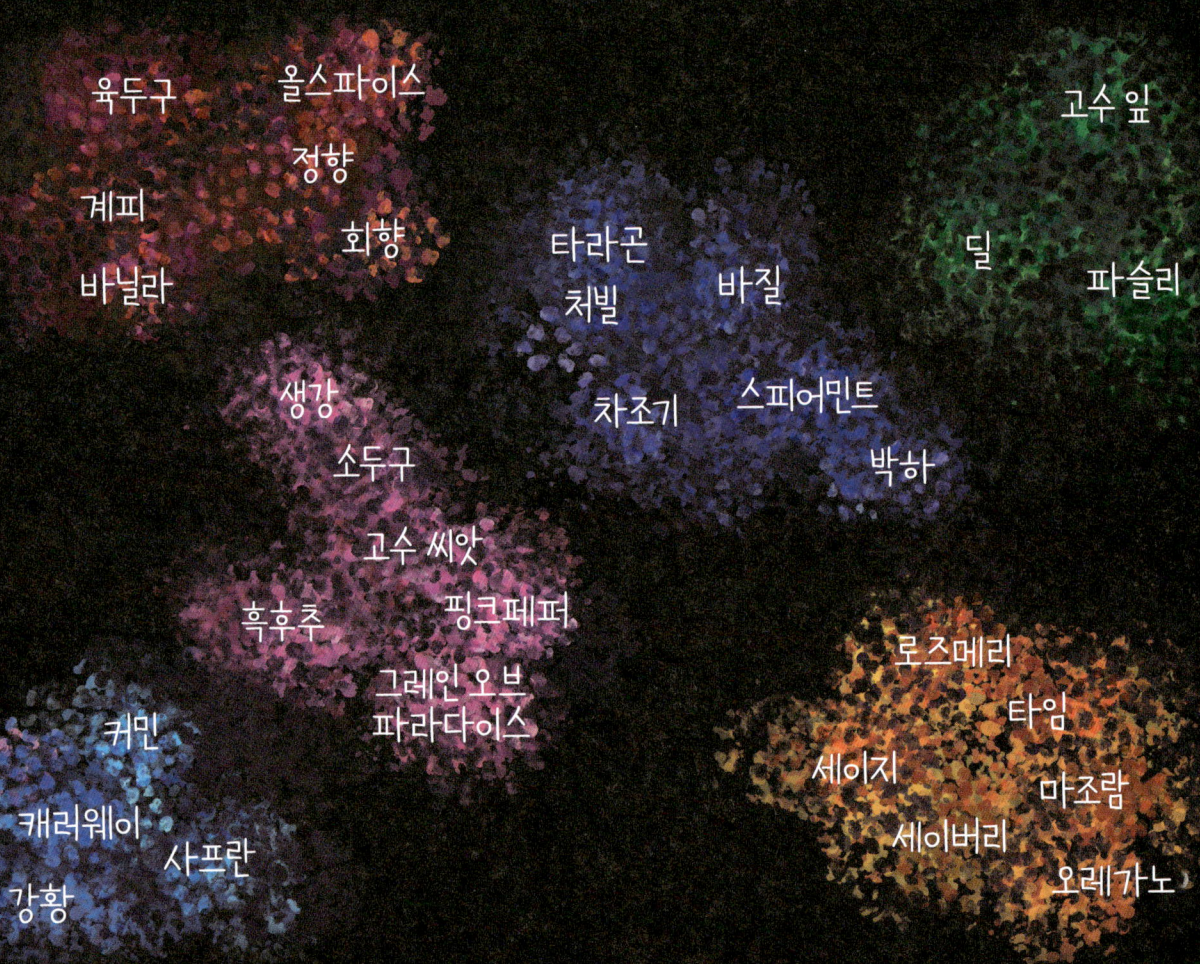

허브와 향신료의 풍미 분자는 처음에 어떻게 생겨났을까?

허브와 향신료의 풍미 분자는 식물의 2차 대사산물이다. 즉 식물의 생존에 꼭 물질이 아니라 있으면 편리한 물질이다. 식물의 2차 대사산물은 이미 만들어진 지극히 평범한 것의 용도를 변경하고, 재활용해서 더욱 복잡하고, 독특하고, 멋진 무언가로 탈바꿈하는 자연의 솜씨가 얼마나 뛰어난지 잘 보여준다.

허브와 향신료에 함유된 풍미 분자의 거의 절반이 테르펜으로 분류된다. 생물이 최초로 만들어낸(대략 25억 년 전) 2차 대사산물 중 하나인 *이소프렌* isoprene 이 장난감 블록처럼 이리저리 합쳐지면 이 테르펜 분자들이 된다. 이소프렌으로 형성되는 다양한 *이소프레노이드* isoprenoid 는 세포막을 강화하고, 피부 탄력을 유지하고, 대마에서는 향정신성 물질로 작용하는 등 여러 기능을 한다. 토마토와 해바라기의 색을 내는 물질도 이소프레노이드의 하나다. (이소프레노이드 중에서도 테르펜 분자들은) 허브, 향신료, 꽃, 감귤류, 상록수에서 향과 풍미를 낸다.

허브와 향신료의 또 다른 주요 풍미 분자인 페닐프로펜은 약 5억 년 전, 식물이 물을 벗어나 처음으로 육지에서 자라기 시작할 때 식물의 생화학적 공장에서 처음 생산됐다. 식물이 땅에서 자라려면 꼿꼿하게 서 있어야 하고(물에서는 부력의 도움을 받았다) 강렬한 자외선으로부터 스스로 보호할 방법도 찾아야 했다(자외선을 걸러주는 수면이 없으므로). 이 새로운 과제를 해결하기 위해, 식물은 단백질의 재료로 대거 생산하던 *페닐알라닌*이라는 아미노산을 재구성해서 새롭게 조립하기 시작했다. 나무의 단단하고 튼튼한 몸통을 구성하는 *리그닌* lignin, 항산화 작용을 하는 폴리페놀, 우리가 맛있다고 느끼는 딜, 아니스, 계피, 바질의 풍미 분자들은 바로 그렇게 탄생했다.

딜아피올 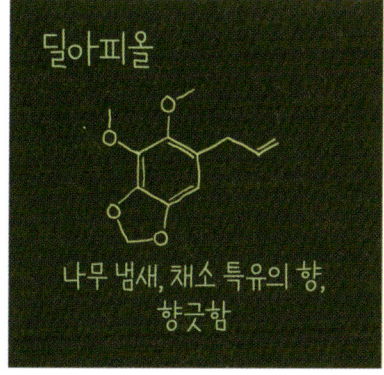 나무 냄새, 채소 특유의 향, 향긋함	**아피올** 풋내, 파슬리와 허브의 향	**아네톨** 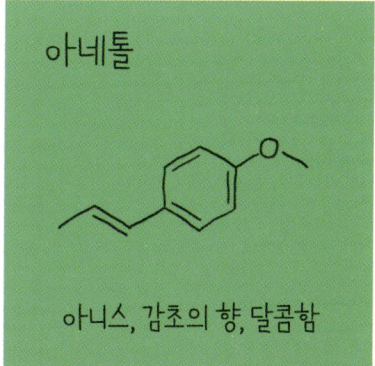 아니스, 감초의 향, 달콤함
에스트라골 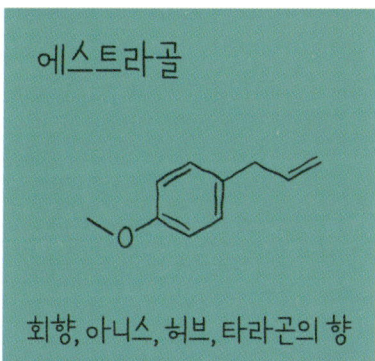 회향, 아니스, 허브, 타라곤의 향	**오이게놀** 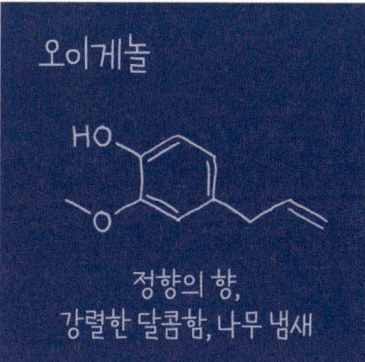 정향의 향, 강렬한 달콤함, 나무 냄새	**미리스티신** 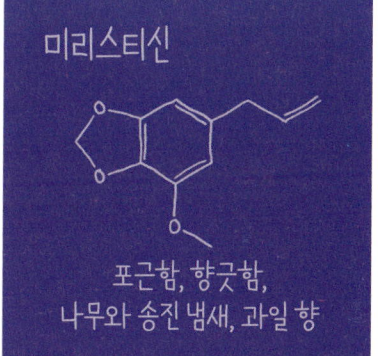 포근함, 향긋함, 나무와 송진 냄새, 과일 향
엘레미신 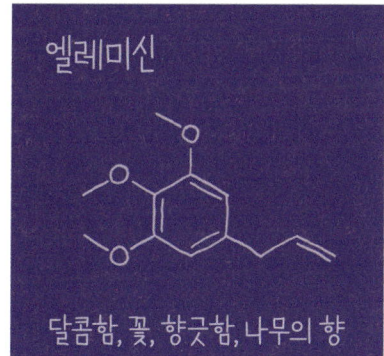 달콤함, 꽃, 향긋함, 나무의 향	**벤즈알데하이드*** 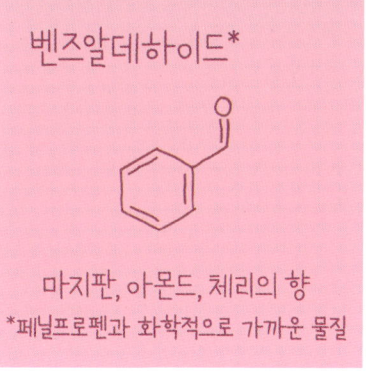 마지판, 아몬드, 체리의 향 *페닐프로펜과 화학적으로 가까운 물질	**신남알데하이드*** 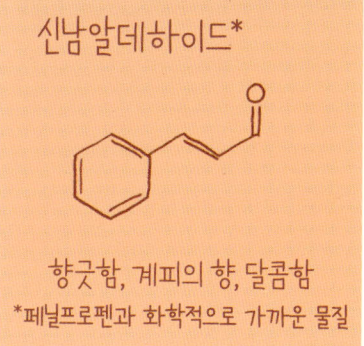 향긋함, 계피의 향, 달콤함 *페닐프로펜과 화학적으로 가까운 물질

을 되찾을 필요가 있다. 우리는 오이게놀 분자에서 나오는 정향의 특징적인 풍미를 좋아하지만, 정향의 입장에서는 우리가 그 향을 좋아하건 말건 아무 관심도 없다. 오이게놀을 비롯한 허브와 향신료의 풍미 분자들은 인간이 지구상에 처음 등장하기도 전인 수억 년 전부터 식물의 생태학적, 진화적 경쟁에 큰 영향을 주었을 것으로 추정된다. 인간은 식물이 이미 오랜 옛날부터 이런 분자를 만들며 살던 세상에 뒤늦게 나타났다. 게다가 쓴맛 분자의 상당수가 그렇듯, 곤충과 진균류에게는 큰 해를 입히는 식물 분자가 인체에서는 소량 노출되면 오히려 약효(항염증, 항균 작용 등)를 발휘하는 경우가 많으므로, 자연히 인간은 식물에 이런 분자가 소량 함유되어 있어도 알아채도록(그리고 즐기도록) 적응했다. 이 분자들이 처음 생겨난 목적을 용케 피할 줄 아는 존재가 된 것이다.

테르펜과 페닐프로펜은 맛 분자들을 '신맛 분자'나 '단맛 분자'로 나누듯이 깔끔하게 구분할 수 없다. 사람의 생김새로 치면 곱슬머리, 주근깨, 턱에 옴폭 팬 부분처럼 그 둘을 구분하는 물리적 특징이 몇 가지 있긴 하지만, 그것만으로는 테르펜과 페닐프로펜 분자들에서 생기는 풍미를 다 설명할 수 없다. 풍미 분자마다 어떤 세세한 차이가 있는지 전부 따지다가는 정신이 혼미해질 수 있으므로, 나는 그보다 풍미의 패턴에 주목한다.

내가 느끼기에 테르펜의 전반적인 풍미는 베르너 헤어초크 감독의 영화들과 비슷하고, 페닐프로펜의 풍미는 조지 밀러 감독의 영화들과 닮았다. 조지 밀러 감독의 작품은 10여 편 정도인데, 이 작품들에서 가장 눈에 띄는 특징은 상반된 두 가지 분위기로 나뉜다는 것이다. 용감무쌍한 양치기 돼지가 영웅의 여정을 밟아나가는 〈꼬마 돼지 베이브〉와 디스토피아와 폭력이 난무하는 오페라풍 이야기로 그린 〈매드맥스〉 시리즈는 모두 이 감독의 손에서 나왔다. 페닐프로펜으로 분류되는 분자들도 이처럼 양분된다. 정향의 고유한 향을 내는 오이게놀과 아니스의 향을 내는 에스트라골처럼 포근함과 친근함, 달콤함이 가득한 향을 내는 분자가 있는가 하면, 그와 정반대로 식물 특유의 향을 내는 딜아피올과 나무 냄새가 나는 사프롤safrole처럼 달콤함이라곤 전혀 느껴지지 않는 강렬한 향을 내는 분자도 있다.

베르너 헤어초크 감독의 영화는 51편이다(단편 15편, 오페라 18편을 제외한 숫자다). 테르펜도 이처럼 일일이 다 기억하기 힘들 만큼 많은데다 하나하나가 복잡하고 다면적이며, 상당수가 형태와 특성이 판이하다. 헤어초크 감독의 필모그래피는 〈피츠카랄도Fitzcarraldo〉, 〈아귀레, 신의 분노Aguirre, the Wrath of God〉처럼 방대한 역사를 그린 대서사시부터 공포 영화인 〈노스페라투Nosferatu the Vampyre〉, 다큐멘터리 〈그리즐리 맨Grizzly Man〉, 〈잊혀진 꿈의 동굴Cave of Forgotten Dreams〉까지 매우 다채롭다.

하지만 헤어초크 감독의 이 모든 영화에는 반복되는 모티프가 있다. 배우 클라우스 킨스키Klaus Kinski가 그의 영화에 늘 등장한다는 점, 자연을 통제하려는 인간의 어리석음을 보여준다는 점, 바이에른 말씨와 LA 말씨가 섞인 독특한 어투가 느껴지는 감독의 내레이션이 들어간다는 점이다. 이러한 공통 분모는 그가 만든 다채로운 영화를 "그래, 헤르초크 감독답구나("그래, 테르펜의 풍미구나")"라고 생각하게 한다. 테프펜은 나무 냄새, 감귤류의 향부터 꽃, 허브, 향신료의 향, 송진 냄새, 달콤함, 자극적인 향, 깊은 향까지 광범위한 풍미를 내며, 테르펜으로 분류되는 수천 가지 분자들은 대체로 이 수많은 풍미 중 몇 가지를 동시에 낸다. 가령 (감귤류, 생강, 딜에 함유된) 리모넨에서는 감귤류 특유의 향과 함께 꽃 향이 나고, (소두구, 바질에 있는) 시네올은 송진 냄새가 나면서도 향긋하다. 그리고 (흑후추와 세이지에 있는) 미르센myrcene에서는 나무 향도 나고 송진 냄새도 난다. 테르펜 분자들의 풍미는 서로 비슷하다기보다 공통적인 패턴, 혹은 분위기가 있다고 하는 게 정확하다.

향신료

향신료는 모든 식재료를 통틀어 향이 가장 강력하고 풍미도 가장 많다. 보통 수백만 개의 음식 분자 중에 풍미를 내는 분자가 몇 개만 섞여 있어도 풍미가 나는데, 향신료는 차원이 다르다. 예를 들어 정향은 총 중량의 약 20%가 향을 내는 분자다. 일반적인 수준의 20만 배 정도에 이르는 엄청난 풍미를 내는 것이다.

식물의 특정한 부분이 '향신료'로 불리게 된 것도, 그 부분에서 향으로 발생하는 풍미가 어마어마하기 때문이다. 우리는 식물의 씨앗, 꽃봉오리, 열매, 씨앗이 담긴 꼬투리, 뿌리, 나무껍질 등 테르펜과 페닐프로펜이 가득해서 풍미가 강한 부분을 말려서(생으로 쓰는 허브는 제외하고) 향신료로 활용한다. 생강, 갈랑갈, 녹색 고수 씨앗처럼 생으로 써도 풍미가 놀랍도록 좋은 향신료도 있다.

향신료 지도

향신료의 풍미는 지형으로 치면 다채롭고 험준하다. 하지만 숲에서 길을 잃었을 때 물줄기만 따라가면 밖으로 나갈 수 있듯이, 이 광활한 향신료 속에서 방향을 찾을 수 있는 확실한 전략이 있다. 다양한 향신료를 유심히 맛보면, 허브가 떠오르는 풍미가 있다는 점이다. 갓 빻은 커민에서는 타임과 같은 강렬한 송진 냄새가 나고, 정향에서는 올스파이스와 바질의 향이 난다. 흑

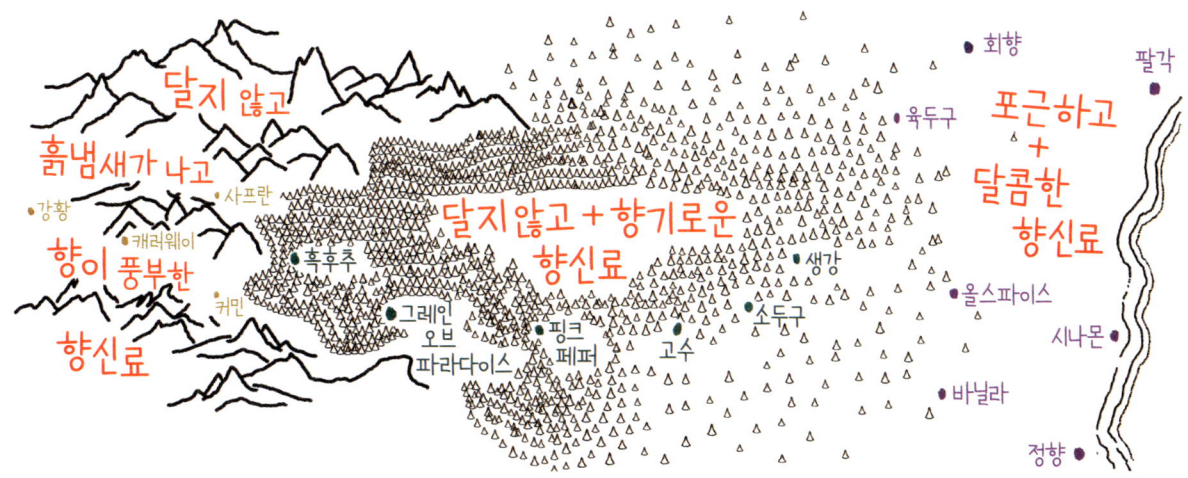

후추에는 옅은 로즈메리의 풍미가 숨어 있다. 향신료가 허브와 다른 점은 달콤한 향이나 흙냄새가 더 강한 경향이 있고 식물 특유의 향은 별로 없다는 점이다.

향신료의 풍미 패턴을 지도로 그리면, 완만하고 연속적인 지형 변화가 뚜렷하게 나타난다. 풍미 지도의 서쪽에는 산맥과 고원 지대가 있고, 그 동쪽으로 숲과 초원이 이어지다가 동쪽 끝에 해변이 나온다. 가장 서쪽에는 달지 않고, 흙냄새가 나고, 향이 풍부한 향신료들이 자리한다. 지도 가운데 부분에는 달지 않고 향기로운 향신료들이 있으며 동쪽 끝에는 포근한 느낌의 달콤한 향신료가 있다. 서쪽과 중앙부의 향신료에 포함된 풍미 분자들은 대부분 테르펜이고, 동쪽의 향신료들은 달콤한 향을 내는 페닐프로펜의 비중이 더 크다.

실제 지도에 가볼 만한 곳이 점으로 표시되어 있듯이, 향신료 지도에도 각각의 향신료가 점으로 표시되어 있다. 지도상에서 가까이 있다고 해서 풍미가 똑같다고 할 수는 없고, 지역색처럼 비슷한 점이 더 많다고 보면 된다. 서로 멀리 떨어져 있을수록 차이점도 더 많다.

흙냄새가 나고 향이 풍부한 향신료

단맛이 전혀 없는 와인을 건조하다고 표현하는데, 향신료 중에도 그와 같이 달콤함이 전혀 없고 흙냄새나 나무의 향이 풍부하게 나는 종류가 있다. 이러한 풍미는 테르펜 중에서도 가장 깊고 그윽한 향이 나는 분자들에서 나온다.

가장 좋은 예가 커민이다. 육류나 채소 요리에 커민을 활용하면, 향신료의 존재감이 음식의 전체적인 풍미에서 확실하게 도드라지면서도 육류나 채소의 풍미와 대비되기보다는 그 재료들의 풍부한 향이나 흙 내음 속에 같은 결로 섞인다. 달콤한 느낌 없이 나무, 송진, 흙의 향이 나는 향신료는 커민 외에도 많다. 이런 향신료들은 고기나 채소의 표면에 묻혀서 바싹 구워 껍질처럼 만들어서 먹어도 아주 맛있고 찜 요리와도 잘 어울린다. 쌀이나 파로로 밥을 지을 때, 소스가 자작한 리소토를 만들 때 넣으면 곡물이 가진 흙 내음이 더욱 탄탄해진다.

커민의 풍미 분자는 대부분 테르펜이다. 특히 맨 처음 느껴지는 향의 특성에 달콤함이나 부드러움이 없는 테르펜 분자들이 주를 이룬다. 이름부터 커민의 풍미 분자임을 알 수 있는 *커민알데하이드*^{cuminaldehyde}는 매콤한 향과 함께 허브의 향, 식물의 싱그러운 향이 나며 커민 특유의 고유한 향을 뚜렷하게 드러낸다. *1,3-메탄디엔-7-알*$^{1,3\text{-}menthadien\text{-}7\text{-}al}$과 *감마 테르피넨*$^{gamma\text{-}terpinene}$의 기름진 향과 과일의 향은 풍미를 부드럽게 만들고, 향이 아주 풍부한 테르펜으로 꼽히는 *피넨*(송진, 나무, 소나무의 향), *미르센*(나무, 셀러리, 후추 향), *사이멘*^{cymene}(산화된 레몬, 커민 특유의 향, 오레가노 향)은 한층 더 풍성한 향을 불어 넣는다.

커민은 분류상 당근과 같은 과이고 캐러웨이와도 가깝다(세 가지 모두 미나리과 식물이다 – 옮긴이). 캐러웨이는 유대인들이 고유한 방식으로 만드는 진한 흑색의 호밀빵인 품퍼니켈^{pumpernickel}, 사워크라우트, 향이 그윽하고 풍부한 술인 아쿠아비트^{aquavit}(스칸디나비아 지역에서 생산되는 유서 깊은 증류주 – 옮긴이)의 자극적이고 풍부한 향을 내는 향신료다. 커민과 캐러웨이에는 송진 냄새가 나는 몇 가지 테르펜이 공통적으로 들어 있으나, 캐러웨이의 주요한 풍미 분자는 *카르본*^{carvone}이다. 카르본은 두 가지 거울상 이성질체(분자의 형태가 우리 왼손과 오른손처럼 서로 거울상이라는 의미다 – 옮긴이)로 나뉘며, 그중 '+카르본'은 캐러웨이의 고유한 향이 도플갱어처럼 똑같이 나면서도 미세한 박하 향이 나고, '–카르본'은 스피어민트의 특징적인 풍미가 느껴진다(다른 사람과 마주 서서 악수할 때, 내 오른손과 더 가까이에 있고 서로 거울상인 상대방의 왼손을 잡는 것보다 상대방의

사프란: 꿀, 식물, 담배, 맥아의 향, 흙과 꽃의 향

커민: 달지 않은 향, 나무의 향, 풍성한 향, 송진과 흙냄새

캐러웨이: 맨 처음 느껴지는 송진 냄새, 향긋함, 살짝 스치는 박하 향

강황: 셀러리의 향, 흙 내음, 풀냄새

셀러리 씨앗: 셀러리의 향, 흙 내음, 풀냄새

오른손을 맞잡는 것이 더 수월하다. 같은 원리로, 카르본의 거울상 이성질체도 인체의 냄새 수용체와 결합하는 방식이 약간 다르다).

강황은 달지 않고 향이 풍부한 향신료들의 공통적인 풍미 패턴과 더불어 흙냄새가 뚜렷하며 톡 쏘는 향이 있다. 똑같이 땅속에서 자라는 뿌리인 생강과 비슷한 꽃내음도 기저에 깔려 있다. 이란과 그 인근 국가들, 남아시아 지역의 쌀 요리에 가장 널리 쓰이는 향신료인 **사프란**은 흙과 꽃의 향이 진하다. 달콤함은 전혀 없고 향이 풍부한 향신료 중에서는 달콤함과 가장 근접한 풍미가 있다(꽃의 암술대가 향신료로 쓰이므로 그럴 만도 하다). 이와 함께 사프란에는 역시나 이름에서부터 사프란의 냄새 분자임을 알 수 있는 *사프라날*^{safran-al}의 매콤한 향과 나무 냄새, 송진과 풀 냄새, 향긋한 담배의 풍미도 있다.

달지 않고 향기로운 향신료

향신료 가운데서도 특히나 향이 복합적이고, 취하는 느낌이 들 정도로 자극적이면서 생동감이 가득한 향기로움이 풍미의 핵심인 향신료들이 있다. 이러한 향신료는 달콤한 향이나 풍성한 향이 와락 느껴지기보다는 달콤하기도 하고, 흙냄새도 나고, 감귤류의 향과 나무의 향, 송진 냄새가 두루 섞인 풍미가 주로 느껴진다. 이 분류에 속하는 향신료에는 흙냄새가 나면서 향이 풍부한 향신료처럼 테르펜이 잔뜩 함유되어 있다. 세부 종류로는 향이 묵직한 것부터 가벼운 것, 과일 향이 나는 것까지 다양하다.

말린 고수 씨앗(영어 명칭인 코리앤더^{coriander}로도 많이 불린다. 열매를 말려 거의 씨앗만 남은 것이 향신료로 쓰인다 – 옮긴이)이 대표적인 예다. 고수 씨앗의 풍미는 옅은 송진 냄새(테르펜 분자인 *피넨*과 *테르피넨*의 향)를 바탕으로 그와 상반되는 *리날룰*, *게라니올*^{geraniol}의 달콤한 꽃 향, 장미 향이 느껴지다가 뚜렷한 오렌지 향과 감귤류의 향으로 마무리된다. 또한 고수의 잎과 마찬가지로 고수 씨앗에서도 오렌지의 반지르르한 껍질에서 나는 향이 느껴지는 *데세날*^{decenal}, 트랜스-2-도데세날^{trans-2-dodecenal} 등 알데하이드의 향이 고유한 풍미에 한 부분을 차지한다. 말린 고수 씨앗을 커민처럼 향이 묵직한 향신료나 계피와 함께 쓰면 풍미가 전체적으로 가벼워지고 감귤류 껍질의 반들반들한 껍질에서 나는 향이 구름처럼 감도는 느낌이 든다.

흑후추는 어느 주방에나 있을 정도로 너무 보편적인 향신료라 복합적이고 향기로운 풍미가 오히려 간과되기 쉽다. 우리가 요리를 마무리하며 흑후추를 뿌릴 때마다 흑후추의 풍미에 바탕이 되는 나무와 송

고수: 포근한 오렌지 향, 꽃 향, 옅은 송진 냄새	흑후추: 나무와 송진 냄새, 진한 풍미, 꽃 향	필발: 나무 냄새, 달지 않은 향, 꽃 향	큐벱 후추: 송진 냄새, 달콤한 향, 나무 향

그레인 오브 파라다이스: 나무와 흙냄새, 매콤한 향, 유칼립투스의 향	핑크페퍼: 산뜻한 베리 향, 꽃 향, 매콤한 향	생강: 흙냄새, 날카로운 달콤함, 감귤류 향	녹색 소두구: 나무, 꽃, 유칼립투스의 향

검은 소두구: 나무 향, 훈제 향, 유칼립투스의 향	코러리마 korarima: 흙냄새, 달콤하고 매콤한 향, 유칼립투스의 향	갈랑갈: 감귤류의 향, 솔향, 날카로운 꽃 향

진 냄새(피넨, 미르센, 카리오필렌의 향), 그 위에 얹힌 오렌지와 라일락 느낌의 과일과 꽃의 향(리모넨, 리날롤, 알파 테르피네올 alpha-terpineol 의 향), 그리고 "내가 바로 흑후추다"라고 정확히 알려주며 흑후추의 핵심 풍미를 책임지는 특별한 테르펜인 로툰돈의 향이 음식에 듬뿍 입혀진다. 흑후추의 풍미는 흙냄새가 나면서 향이 풍부한 향신료로 분류하기에는 다소 가볍고 독특한 면이 있지만, 달콤함이 없고 향기로운 분류 중에서는 그쪽과 가장 가깝다. 주방의 기본 향신료 자리를 언제나 흑후추만 꿰찬 건 아니었다. 과거에는 필발, 큐벱 후추, 그레인 오브 파라다이스도 지금의 흑후추처럼 음식에 나무 느낌의 향긋하고 매콤한 향을 불어 넣는 향신료로 널리 쓰였고 향에서 느껴지는 달콤함과 송진 냄새의 강도는 제각기 달랐다. 이제 이 향신료들은 구하기

가 힘들어졌고 파는 곳을 알아야만 구할 수 있다.

같은 생강과의 사촌지간과 같은 생강과 소두구는 전반적으로 향기롭고, 향이 달지 않은 동시에 나무 느낌이 나는 매콤한 향이 느껴지고 꽃의 달콤한 향도 섞여 있다. 소두구의 주요한 풍미 분자는 가장 많이 함유된 유칼립톨이라는 테르펜이다. 유칼립톨은 향이 풍부하고 묵직하며 유칼립투스와 박하의 향도 느껴진다. 하지만 전체적인 풍미를 무겁게 만들지는 않는다. 향신료가 들어가는 차나 커피, 페이스트리, 뱅쇼 등 달콤한 향이 나는 음식에 소두구를 사용하면 레몬 껍질의 향, 베르가모트, 라벤더의 향, 차의 향, 나무 향이 섞인 장미 향을 강렬하게 뿜어내며 존재감이 단연 돋보인다. 생강의 풍미도 소두구처럼 레몬 껍질의 향이 가장 먼저 느껴지며(시트랄이라는 테르펜의 향), 흙냄새와 날카로운 향, 달콤함, 약간의 송진 냄새도 층층이 느껴진다.

포근하고 달콤한 향신료

향기로운 향신료 중에도 달콤한 향이 전체적인 풍미에서 중요한 부분을 차지하는 종류가 있지만, 진짜 달콤한 향신료들의 향과 비교하면 그 달콤함은 아무것도 아니다.

포근하고 달콤한 풍미를 내는 향신료는 대부분 향이 강렬하고 또렷한 풍미 분자 한 가지가 전체 풍미를 좌우한다. 정향과 올스파이스에서는 정향의 고유한 향을 확실하게 내면서 송진과 훈제 향이 옅게 감도는 오이게놀이 그런 기능을 한다. 계피의 풍미는 발삼 향

정향: 강렬한 달콤함, 송진 냄새, 훈제 향

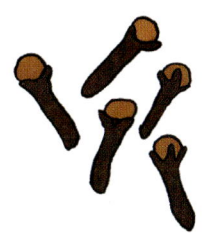

계피: 나무와 발삼의 향, 계피의 고유한 향, 과일 향

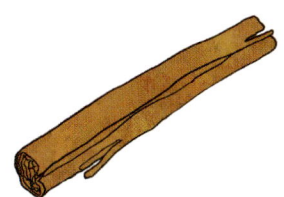

팔각: 달콤한 향, 감초 향, 나무 냄새

바닐라: 달콤한 향, 부드러운 풍미, 꽃과 과일의 향

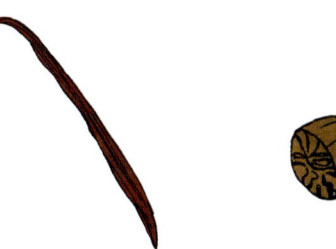

육두구: 송진 냄새, 달콤한 향, 나무 향, 매콤함, 후추 향

올스파이스: 달콤한 향, 정향의 향, 나무 향

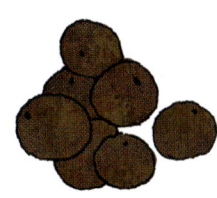

회향 씨앗: 감초 냄새, 풋내, 감귤류의 향

과 나무 냄새가 나는 *신남알데히드*에서 나오고, 팔각과 회향 씨앗의 풍미는 강한 감초 향이 나는 *아네톨*이 핵심이다. 바닐라의 풍미는 부드러운 꽃 향을 내는 *바닐린*vanillin이, 육두구의 풍미는 달콤한 향과 후추 향이 나는 *미리스티신*이 담당한다.

향이 포근하고 달콤한 향신료에도 테르펜이 몇 가지 포함되어 있지만, 이 분류의 가장 특징적인 향은 대부분 페닐프로펜에서 나온다. 불에 던져 넣은 나무에서 피어오르는 연기에서도 이러한 향신료들과 비슷한 달콤하면서도 매콤한 향이 나는데, 이는 나무에 들어 있는 리그닌이 페닐프로펜과 같은 생산 라인에서 같은 부품으로 만들어지고 단지 훨씬 크게 만들어진다는 차이밖에 없기 때문이다. 리그닌이 열에 분해되면 정향의 향이 나는 오이게놀과 바닐라 향이 나는 바닐린이 주요 산물로 생겨난다.

달콤한 향신료의 '달콤한 향'에는 흥미로운 특징이 있다. 일반적으로 이런 달콤한 향은 꼭 단맛처럼 느껴지는데, 그 이유는 아네톨, 오이게놀, 신남알데히드 등 달콤한 향이 나는 분자들이 실제로 인체의 단맛 수용체를 자극해서 단맛을 일으키기 때문이다. 이렇게 달콤한 향이 나는 향신료, 특히 정향, 바닐라, 계피, 육두구 등은 일부러 아주 달게 만든 음식들과 아주 잘 어울린다. 아이스크림과 바닐라, 비스코티와 회향 씨앗, 호박파이와 올스파이스와 정향, 시나몬 빵과 계피의 조합을 떠올려보라. 그래서 이 향신료들의 향을 맡으면 자연히 디저트부터 떠오를 수도 있다.

하지만 이 향신료들은 육류, 채소 요리 등에 풍성한 풍미를 내는 용도로도 쓰인다. 흙냄새가 강하거나 향기로운 특징이 두드러지는 향신료와 함께 사용하면 더욱 빛을 발한다. 예를 들어 저크 치킨jerk chicken (닭의 겉면에 각종 향신료가 들어간 양념을 바르고 약불에 오래 익히는 닭요리. 닭고기의 수분을 거의 없애서 육포jerk와 비슷한 식감이 된다는 의미가 담긴 이름이다 – 옮긴이)에 쓰이는 올스파이스, 가람 마살라에 들어가는 정향이 바로 그런 예다. 마찬가지로 커민과 계피를 조금씩 섞어서 쇠고기나 양고기 표면에 문질러 바른 다음에 굽거나 찜 요리로 만들면 두 향신료의 향이 고기의 다양한 풍미와 어우러지면서 달콤한 디저트는 전혀 떠오르지 않는, 활기찬 풍미가 생긴다.

혼합 향신료

위에서 예로 든 커민과 계피의 조합은 풍미 지도상 양극단에 있는 향신료를 함께 쓰는 것인데, 그런 효과가 그 두 가지의 조합에서만 나오는 건 아니다. 커민과 계피가 합쳐질 때 생기는 생동감 넘치는 풍미는 다양한 향신료를 정교하게 조합할 때 생기는 미세한 풍미의 중요성을 보여주는 좋은 예이고, 모든 향신료는 향이 강하고 복합적이므로 몇 가지를 섞어서 쓰거나 한꺼번에 분쇄해서 쓰면, 훨씬 좋은 풍미를 얻을 수 있다.

나는 개인적으로 향신료를 다양하게 혼합하는 게 정말 재밌다. 향신료를 섞어서 쓸 때는 우선 어떤 향신료든 풍미가 아주 다면적이라는 사실을 기억해야 한다. 그리고 너무 정밀하고 엄격하게 접근하기보다는, 크루아상이나 바클라바 반죽을 접고 또 접어서 무수한 겹을 만들듯 각각의 향신료가 가진 풍미를 한 겹 한 겹 쌓는다고 생각하는 게 좋다.

커민, 흑후추, 캐러웨이처럼 달콤함과는 거리가 먼 향신료를 '디저트 전용'으로 여겨질 만큼 달콤한 향이 강한 계피, 정향, 생강 같은 향신료와 함께 쓰면, 풍미에 거부하기 힘든 매력과 활기가 생기고 전체적인 풍미가 한껏 향상된다. 전 세계 수많은 나라와 음식 문화에서 아주 오래전부터 각종 향신료를 다양한 원칙에 따라 다양한 비율로 혼합해서 수많은 음식에 활용해왔다. 특정 문화권에서 서로 잘 어울린다, 또는 전혀 안 어울린다고 여겨지는 향신료 조합이 정반대로 여겨지고 쓰이는 음식이 세계 어딘가에 반드시 있을 정도다. 그중 가장 중요하고 상징적인 몇 가지 예를 함께 살펴보면서 어떤 풍미가 담겨 있는지, 그와 같이 조합된 풍미가 음식에 어떻게 쓰이는지 알아보자.

'매운 혼합 향신료'라는 뜻의 가람 마살라는 인도 북부 지역에서 수많은 요리에 쓰이는 주요한 향신료다. 가람 마살라는 매운 풍미가 있지만 고추가 들어 있지는 않고, 계피와 정향의 포근하고 달콤한 풍미와 흑후추의 달지 않은 향, 나무 냄새, 매콤한 향이 풍미를 구성한다. 가람 마살라에는 그 외에도 검은 소두구나 녹색 소두구, 커민, 고수 씨앗, 계피 나무의 잎이 주로 함께 들어가며, 장미 꽃잎과 육계, 회향을 섞기도 한다. 이 모든 재료를 수분 없이 불에 한꺼번에 덖은 다음, 바로 분쇄해서 음식을 먹기 직전에 넣는다.

차에 넣는 혼합 향신료인 **차이 마살라**^{Chai Masala}, 또는 카르하^{karha}는 소두구와 생강만 들어가기도 하고 흑후추, 정향, 계피, 팔각, 회향, 고수 씨앗, 장미 꽃잎, 육두구가 포함되기도 한다. 마살라 차이^{masala chai}(차이 마살라와 홍차 잎을 함께 끓인 차 – 옮긴이)는 기본적으로 이 향신료와 함께 단맛을 내는 재료와 우유도 함께 넣어서 끓인다. 먼저 물에 찻잎과 향신료를 넣고 끓이다가 우유를 추가하면, 우유의 지방과 단백질 성분 덕분에 향신료의 풍미가 더 많이 추출된다. 소말리아식 콰훼^{qahwe}(커피)에도 보통 향신료가 들어가는데, 특히 소두구와 계피가 많이 쓰인다. 콰훼도 마살라 차이를 끓이는 일부 방식처럼 차의 재료(커피, 소두구, 계피, 설탕)를 물이 아닌 데운 우유에 바로 넣고 끓인다. 이렇게 하면 풍미와 달콤한 향이 더욱 진해진다. 예멘의 유대인 공동체에서 많이 쓰이는 혼합 향신료 **하와이즈**^{hawaij}는 크게 두 종류로 나뉜다. 첫 번째인 향이 풍부한 하와이즈는 주로 강황(이 하와이즈가 주황색인 이유다), 커민, 고수 씨앗, 흑후추, 소두구가 기본적으로 들어가며 여기에 니겔라^{nigella}(검은 커민), 사프란, 캐러웨이가 추가되기도 한다. 풍미가 풍부한 다른 혼합 향신료들과 마찬가지로 이 하와이즈도 육류와 채소를 구울 때 표면에 묻혀서 바삭한 껍질처럼 만드는 용도나 그 외 양념으로 많이 쓰이고, 스튜와 수프의 맛을 내는 재료로도 활용된다. 두 번째, 달콤한 향이 나는 커피용 하와이즈는 소두구와 생강을 중심으로 계피, 정향, 육두구, 회향이 들어가고 감귤류 껍질도 많이 추가된다. 문화 인류학자인 클라우디아 로덴^{Claudia Roden}은 예멘의 주요 항구 도시인 아덴에서 이 두 가지 하와이즈의 다양한 레시피를 수집했다. 로덴이 제시한 향이 풍부한 아덴식 하와이즈는 고수 씨앗과 커민, 소두구, 흑후추로 구성된다. 또한 (우유 없이 우려내는) 달콤한(커피용) 아덴식 하와이즈에는 계피, 정향, 소두구가 들어가며 커피에 넣을 때는 생강을 추가한다.

아랍어로 '향신료'라는 뜻인 **바하라트**^{baharat}('꽃이 피다'라는 뜻의 페르시아어 *바하르*^{bahār}에서 유래한 표현인데, 넓은 의미에서는 이 본래의 뜻과도 일치한다)는 중동 전역에서 각종 쌀 요리와 육류 요리에 양념으로도 쓰이고(케밥처럼 고기 표면에 발라서 굽거나 스튜에 넣는 등) 오일과 섞어 찍어 먹는 소스의 재료로도 쓰인다(헤이즐넛과 각종 향신료가 들어가는 두카^{duqqah}, 타임, 수막, 참깨가 들어가는 자타르처럼). 바하라트에는 보통 흑후추, 커민, 고수 씨앗, 계피, 정향, 육두구, 소두구가 들어가지만, 국가와 지역마다 세부적인 구성에는 큰 차이가 있다. 예를 들어 터키의 바하라트는 대체로 단맛은 거의 없고 박하 향이 나는 편이고, 페르시아만 지역의 바하라트에는 말린 라임과 사프란이 많이 들어간다. 튀니지에서는 대부분 계피, 장미 꽃잎, 흑후추를 넣는다. 올스파이스, 매운 고추나 달콤한 고추, 월계수 잎을 넣어서 만드는 바하라트도 있다. 나는 바하라트를 '7가지 향신료 분말'이라고 설명한 글을 읽은 적이 있는데, 이 숫자를 반드시 채워야 하는 건 아니다.

라스 엘 하누트^{Ras el hanout}는 '가게의 머리'라는 뜻처

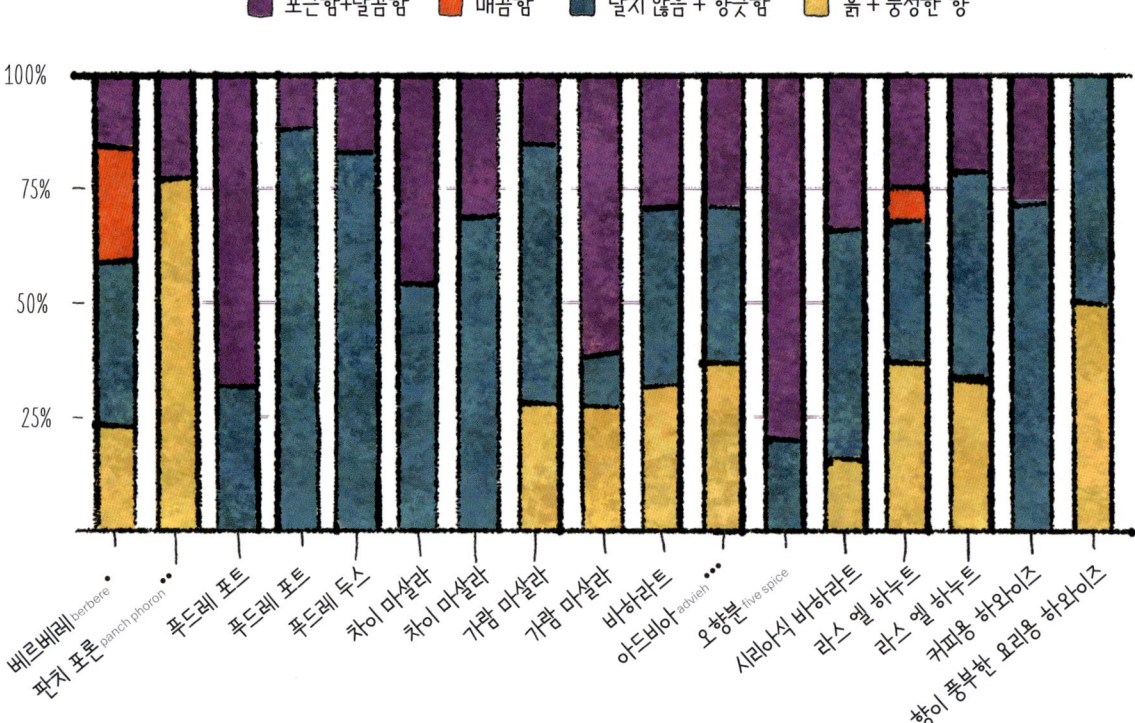

- 마늘, 생강, 에티오피아 바질, 매운 고춧가루 등이 들어가는 에티오피아의 혼합 향신료.
- •• 호로파, 커민, 겨자 씨앗, 회향, 검은 커민 등으로 구성되는 인도의 혼합 향신료.
- ••• 이란의 쌀 요리에 많이 쓰이는 혼합 향신료. 장미 꽃잎, 계피, 흑후추, 정향 등이 들어간다.

럼 이름에서부터 일류의 느낌이 물씬 풍기는 혼합 향신료다. 여러 권의 요리책을 쓴 폴라 월퍼트 Paula Wolfert 는 라스 엘 하누트가 한 가게에서 파는 가장 좋은 향신료를 혼합한 '최상품'이라고 표현했다. 모로코를 포함한 북아프리카 요리에 특히 많이 쓰이며, 수많은 향신료로 구성된다. 시중에 판매되는 라스 엘 하누트는 10가지 향신료가 배합된 것부터 19가지, 26가지, 50가지 향신료로 구성되는 제품까지 다양한 종류가 있다. 대체로 꽃 향이 나고 향긋하면서 달콤함이 느껴지는 라스 엘 하누트는 생강, 녹색 소두구, 육두구, 계피, 정향, 흑후추, 강황, 카옌 고추, 메이스 mace(말린 육두구 껍질), 올스파이스 등의 혼합 향신료를 기본으로 장미 꽃잎과 오리스 orris(붓꽃 뿌리), 고수 씨앗, 라벤더가 들어가는 경우가 많다. 검은 커민, 검은 소두구, 큐벱 후추, 그레인 오브 파라다이스, 필발 등 원산지 외에는 구하기 힘든 향신료가 들어가기도 한다(하지만 잘 찾아보면 이런 향신료를 취급하는 상점이 있을 수도 있고, 온라인에서도 구입할 수 있다). 사프란, 마늘, 커민, 아니스, 겨자 씨앗, 오렌지 껍질, 회향 씨앗도 라스 엘 하누트의 재료로 많이 쓰인다. 라스 엘 하누트는 스튜와 소스가 자작한 요리에 널리 쓰이며, 특히 양고기나 사냥한 고기처럼 풍미가 강한 육류 요리에 많이 활용된다.

중세 유럽의 정통 혼합 향신료였던 푸드르 두스 poudre douce, 푸드르 피네 poudre fine, 푸드르 포트 poudre fort, 푸드르 롱바르 poudre Lombard 등은(모두 프랑스어로, 푸드르는 '가루', 두스는 '달콤한', 피네는 '미세한', 포트는 '강한, 자극적인',

롬바르드는 이탈리아 롬바르디아 지역을 뜻한다 – 옮긴이) 주로 4~5가지 향신료로 구성되었다(지금의 유럽을 생각하면 생뚱맞게 느껴질 수 있지만, 18세기경까지만 해도 유럽의 부유층은 당시 대다수가 그랬고 지금도 분별 있는 사람이라면 모두가 그렇듯 음식의 풍미를 풍성하게 해주는 향신료에 관심이 많았다). 주된 구성은 보통 정향과 여러 종류의 후추(흑후추, 그레인 오브 파라다이스, 필발), 생강, 계피, 육두구, 월계수 잎이었다. 《파리의 살림살이 Le Ménagier de Paris》라는 책에는('훌륭한 가정주부가 되는 법'을 안내하는 14세기 책이다. 각종 요리법과 함께 매 키우는 법, 벼룩 없애는 법 등이 담겨 있다) 푸드르 피네가 생강, 계피, 정향, 그레인 오브 파라다이스, 설탕을 섞은 향신료라는 설명이 나온다. 이탈리아의 다른 요리책에서는('어떤 음식에든 넣을 수 있는 고급 향신료'에 관한 책) 푸드르 피네에 이 재료들과 함께 사프란이 들어간다고 나와 있다. 이 이탈리아 책에는 푸드르 두스(달콤한 향이 나는 혼합 향신료)에 생강, 계피, 정향, 월계수 잎이 들어간다는 설명도 있다.

코트르 에피스 quatre épices('네 가지 향신료'라는 뜻)는 후추, 정향, 육두구, 계피를 혼합한 프랑스의 향신료다. 중세 시대에 향이 '달콤한' 향신료와 향이 풍성한 향신료를 섞어서 쓰던 것에서 전해 내려온 것으로 추정된다. 코트르 에피스는 테린 terrine(고기, 생선, 채소를 반죽처럼 만들어서 질그릇에 담고 오븐에 구운 다음 차갑게 먹는 프랑스의 전통적인 음식 – 옮긴이)과 사냥한 동물로 만드는 요리, 스튜에 양념으로 많이 쓰인다.

'요리사만큼이나 다양한 버전이 있다'는 표현은 음식에 관한 책마다 식상할 정도로 많이 쓰이지만, 혼합 향신료에는 그것만큼 딱 맞는 표현도 없다. 혼합 향신료에 유일무이하고 완벽한 원형이 있는 경우는 거의 없다. 즉 '원조 하와이즈'나 '원조 바하라트' 같은 건 없다는 의미다(누군가 그런 주장을 한다면, 먼저 시비를 거는 것이나 다름없다). 하와이즈의 정의, 풍미의 패턴에는 모두 무궁무진한 버전과 변형이 있고 그 다양한 버전들 모두 하와이즈로 불린다(가람 마살라, 바하라트, 라스 엘 하누트 등 다른 혼합 향신료도 마찬가지다). 버전별 차이는 대부분 국가별로 나타나지만, 동네마다 미세하게 다른 차이도 있다. 북아프리카부터 페르시아만, 터키에 이르는 방대한 지역에서 쓰이는 바하라트도 지역에 따라 말린 박하나 계피, 장미 꽃잎 같은 특정 재료가 잔뜩 들어가기도 한다. 또한 가정에서 혼합 향신료를 직접 배합해서 쓰는 경우는 흔치 않으므로 지역별로 향신료를 생산하거나 포장해서 파는 업체의 취향도 각 지역에서 판매되는 혼합 향신료의 특성에 큰 영향을 준다.

이런 특징을 고려해서 요리에 그때그때 잘 맞는 혼합 향신료를 선택하려면, 풍미의 패턴에 주목하지 않을 수 없다. 아래에 소개한 레시피 중 일부는 바하라트나 하와이즈처럼 흙냄새부터 달콤한 향까지 향신료에서 얻을 수 있는 다양한 풍미가 두루 담긴 혼합 향신료의 특징을 살리는 것이 핵심이고, '향긋한 호박파이(198쪽 레시피 참고)'는 그와 달리 향신료의 풍미 지도상 중간 지역에 있는, 달지 않고 향기로운 향신료를 중점적으로 사용한다. 달지 않고 향기로운 향신료는 보통 차나 커피에 많이 쓰이고 호박파이 같은 디저트에는 풍미 지도의 오른쪽에 자리한 포근하고 달콤한 향신료가 많이 쓰이지만, 이 레시피는 색다른 시도를 해보았다. 더불어 그레인 오브 파라다이스나 코러리마 korarima (에티오피아 소두구) 등 다른 향신료들에 비해 덜 알려진 맛있는 향신료도 활용한다.

향신료로 맛을 낸 구운 당근

| 곁들임 요리로 4~6인분, 주요리로 2인분 |

당근의 흙 내음과 달콤함을 맛있게 즐길 수 있는 레시피를 소개한다. 우연히도 당근은 흙냄새가 강한 커민, 캐러웨이, 셀러리 씨앗과 분류상으로도 가깝다. 이 세 가지 향신료에 또

다른 친척뻘인 고수 씨앗과 회향을 추가해서 풍미를 전반적으로 살짝 가볍고 달콤하게 만들고, 당근만큼 유명한 주황색 뿌리채소인 강황을 더해서 흙냄새와 매콤한 향으로 풍미를 정돈한다. 당근이 다 구워질 즈음에 향신료가 약간 탈 수도 있는데, 탄 맛이 살짝 더해지면 풍미가 오히려 더 깊어지고 향상된다.

먼저 혼합 향신료를 만든다. **커민 씨앗 1큰술(6g), 캐러웨이 씨앗 2작은술(6g), 셀러리 씨앗 1작은술(2g), 고수 씨앗 2작은술(4g), 회향 씨앗 1작은술(2g)**을 소형 분쇄기에 넣고 잘게 분쇄한다. 고수 씨앗이 잘 분쇄되었는지 꼭 확인해야 한다. 다 갈고 나서 **강황 가루 1작은술(3g)**을 추가한다.

오븐을 200℃로 예열하고, 큰 오븐 팬에 포일이나 유산지를 깐다.

껍질 벗긴 **당근 약 900g**을 준비한다. 큼직하게 썰어서 큰 볼에 모두 담고 **녹인 버터 3큰술(42g), 첨가물 없는 소금 1/2작은술(3g)**, 앞서 만든 혼합 향신료 1.5큰술(12g)을 넣어 골고루 묻힌다. 당근 표면에 묻은 향신료가 너무 적은 듯하면 혼합 향신료를 좀 더 추가해서 골고루 묻히되, 당근 조각 전체가 향신료에 완전히 덮일 만큼 과하게 묻히지 말아야 한다.

당근을 오븐 팬에 붓고 겹치지 않도록 넓게 펼친다. 알루미늄 포일로 윗면을 전체적으로 덮고 내부가 어느 정도 밀폐되도록 팬 가장자리마다 포일을 잘 접어서 고정한다.

팬을 오븐에 넣고 15분간 익힌 다음 한쪽 모서리의 포일을 들어 올리고 당근의 상태를 확인한다. 김이 나고 수분이 촉촉하게 맺혀 있지만 완전히 익지는 않은 정도가 적당하다. 거의 생당근에 가까우면 포일을 다시 덮어서 5~10분간 더 굽는다.

당근이 적당히 익으면, 포일을 벗기고 팬을 다시 오븐에 넣어 230℃에서 15분간 더 굽는다. 당근이 물렁물렁해지고 형태가 살짝 무너지면서 겉이 마르고 노릇해질 때까지 구우면 된다. 생당근에 가까운 색이면 5~10분 더 굽는다. 팬을 오븐에서 꺼내고 당근을 그릇에 담는다.

그대로 먹어도 맛있지만, 간단한 소스를 만들어서 곁들이면 더 맛있다 (소스에도 당근과 분류상 가까운 재료가 들어간다). **일반 플레인요거트 3/4컵(175g)**에 딜을 작게 한 줌 정도 (잘게 다져서) 넣고, **고수 잎**도 (잘게 다져서) **작게 한 줌** 추가한 다음 **천일염 1/2작은술(3g)**을 넣고 잘 섞는다. 소스는 먹기 직전에 만든다.

접시에 허브가 들어간 요거트 소스를 듬뿍 떠서 가운데 툭, 떨어뜨리듯이 담은 다음 그 위에 구운 당근을 올리면 보기 좋은 상차림이 된다.

향긋한 호박파이
| 디저트로 6~8인분 |

호박파이에는 일반적으로 계피, 육두구, 생강, 정향이 들어가고 가끔 올스파이스도 추가된다. 계피, 육두구, 정향, 생강은 중세와 르네상스 시대 유럽에서 달콤한 음식과 달지 않고 향긋한 음식에 모두 듬뿍 쓰이던 향신료 계의 네 가지 슈퍼스타였다. 호박파이를 만들 때, 그레인 오브 파라다이스나 큐벱 후추처럼 1300년 무렵 파리나 피렌체에서 많이 쓰였으나 지금은 거의 쓰이지 않는 향신료를 써보면 어떨까? 이 레시피는 이런 생각에서 출발했고 결과는 대만족이었다. 그레인 오브 파라다이스와 큐벱 후추는 둘 다 향이 진하고 올스파이스, 흑후추의 향이 비슷한 부분도 있지만 송진 냄새가 조금 더 신선한 편이다.

과거에서 온 그 두 가지 향신료와 함께, 두 가지 소두구도 들어간다. 코러라마(에티오피아 소두구)와 녹색 소두구다. 이렇게 조합한 향신료는 전체적으로 달콤함은 덜하고, 매우 향긋하고, 흙 내음이 나고, 향긋한 호박 커스터드의 향도 나서 얇고 노릇하게 구운 파이 껍질과 아주 잘 어우러진다.

이 레시피에 나오는 향신료를 구할 수 없다면, 대체 재료로 실험을 해보는 것도 좋다. 향신료의 풍미 지도에서 중간 지역에 해당하는 달지 않고 향긋한 향신료 중 흑후추, 검은 소두구를 쓰거나 녹색 소두구의 양을 더 늘린다. 달콤한 향을 강화하고 싶다면 팔각, 올스파이스, 회향 씨앗이 좋은 후보다.

먼저 약 23~24cm 크기의 팬에 **파이 껍질**부터 굽는다. 반죽을 밀대로 잘 펴서 파이 팬에 깔고 바삭하게 만든다. 껍질이 완성되면, 오븐을 175℃로 예열한다.

소형 분쇄기나 성능 좋은 블렌더에 **소두구 씨앗**(꼬투리는 제외) **2작은술(4g), 코러리마 씨앗 1작은술(2g), 큐벱 후추 1작은술(2g), 그레인 오브 파라다이스 1/2작은술(1g)**을 넣고 분쇄한다.

큰 소스 팬에 분쇄한 향신료를 모두 담고, **헤비크림 한 컵과 1/4컵(총 300ml)**을 붓는다. 중불로 가열하다가 끓기 직전에 불을 끄고 (뚜껑을 덮어) 향신료가 침출되도록 30분간 둔다. 큰 볼에 식힌 크림과 향신료를 전부 붓고, **호박 퓌레 400g**(통조림 제품을 써도 되고 직접 호박을 구워서 으깨서 써도 된다)을 넣은 다음 잘 젓는다. 계속 휘저으면서 중간중간 **달걀 3개, 진한 갈색 설탕 한 컵(200g), 소금 1작은술(4g)**을 넣는다.

미리 구워둔 파이 껍질에 전부 붓고, 예열한 오븐에 넣어 30~45분간 굽는다. 파이 가운데를 살짝 건드렸을 때 출렁이지 않고 가장자리가 단단하면 완성이다. 오븐에서 꺼내 실온에 두었다가 식으면 먹는다. 3일 내로 모두 먹어야 한다.

다채로운 향신료를 곁들인 겨울무 구이

| 곁들임 요리로 4~6인분, 주요리로 2인분 |

이 레시피는 '향신료로 맛을 낸 구운 당근'(197쪽 레시피 참고)과 조리 과정과 풍미의 패턴이 비슷하지만, 여기서는 풍미 지도의 세 지역에 속하는 향신료를 모두 골고루 쓰는 데 더욱 주력한다는 차이가 있다.

겨울에 나는 큼직한(감자와 비슷하다) 방울 무는 생으로 먹으면 크기가 작은 붉은색 방울 무처럼 수분이 많고 단단하면서 아삭하지만, 익히면 식감이 아주 보들보들하게 연하고 촉촉해진다. 입안에서 사르르 녹을 만큼 보드랍게 익은 무에 향신료를 묻혀서 구우면, 살짝 타서 바삭해진 향신료가 붙은 부분이 정말 맛있다.

먼저 혼합 향신료부터 만든다. **커민 씨앗 1.5작은술(3g), 계피 분말 2작은술(4g), 흑후추 1작은술(3g), 소두구 씨앗 1.5작은술**(2g, 꼬투리 2~3개 정도에서 분리한 양), **바로 간 육두구 1작은술(2g), 피멘톤** pimentón (훈제 파프리카) **1큰술(6g)**을 소형 분쇄기로 잘게 간다. 오븐을 220℃로 예열한다.

겨울에 재배된 방울 무 900g을 준비하고 깨끗이 씻어서 껍질을 얇게 벗긴다(다양한 종류의 녹색 무, 보라색 작은 무, 속이 붉은 '수박 무'나 '레드 미트 red meat ' 무(겉은 우리나라에서 흔히 보는 무처럼 흰색에 옅은 녹색을 띠고 속은 비트처럼 붉은 둥근 무 – 옮긴이), 큼직한 보라색 '블루 미트 blue meat ' 무, 자그마한 무, '중국장미' china rose ' 무(당근처럼 길쭉하며 겉은 붉고 속은 하얀 무 – 옮긴이) 등 여러 종류를 섞어서 만들어도 된다). 무는 검지나 중지 정도 크기로 썬다. 모서리가 각지지 않도록 둥글게 깎아낸다. 나는 무를 통째 놓고 브이(V) 자를 그리듯 대각선으로 두 번 잘라 가운데 세모 모양 조각 하나와 양쪽에 두 조각이 나오도록 자른다. 이렇게 직각이 나오지 않도록 불규칙한 모양으로 자르면, 볼에 한꺼번에 담아서 양념을 묻힐 때 골고루 묻히기가 더 수월하다.

손질한 무에 **양질의 올리브유 2~3큰술(30~45ml)**을 넣고 골고루 버무린다(다른 식용유로 대체해도 되지만, 일반 식물유보다는 땅콩유로 대체하는 게 좋다). **첨가물이 들어가지 않은 소금을 두 꼬집 크게** 집어서 넣고, 분쇄한 혼합 향신료 1큰술(3g)도 넣은 후 잘 버무린다(필요하면 오일이나 향신료를 조금 더 추가해서 무 표면에 골고루 묻힌다. 오일이 너무 많아서 걸쭉해지거나, 가루가 무 표면 전체에 덮이지 않아야 한다).

테두리가 있는 오븐 팬에 무를 모두 붓고 겹치지 않게 펼친다. 예열한 오븐에 팬을 넣고 35~45분간 굽는다. 20분이 지나면 팬을 꺼내서 안쪽과 바깥쪽이 바뀌도록 돌려서 다시 넣는다. 중간중간 무가 얼마나 익었는지 확인한다. 사용하는 오븐의 온도에 따라 바닥만 너무 빨리 익고 윗부분은 노릇하지 않을 수 있는데, 이런 경우 팬을 꺼내서 무를 전체적으로 뒤적여서 섞는다. 무가 처음보다 크기가 조금 줄고, 가운데가 말랑하고, 겉이 노릇하게 익고 표면에 묻은 향신료는 진한 갈색이 되어 점점이 붙어 있으면 완성이다. 볼이나 접시에 담아서 바로 먹는다. 레몬즙을 휙 두르거나, 석류 농축액을 살짝 뿌려서 먹어도 맛있다.

향신료는 왜 으깨고 갈아서 써야 할까

음식이 나오면, 엄청나게 큰 그라인더를 들고 테이블로 다가와서 손님이 막 한술 뜨려는 음식 위에 후추를 바로 갈아서 뿌려주는 전담 직원이 있는 음식점들이 있다. 이런 서비스는 농담 소재로 하도 많이 언급되어서, 이제는 허세가 심한 음식점을 묘사할 때 이런 예를 들었다가는 개그에 정성이 부족하다고 욕을 먹거나 농담 수준이 어린애만도 못하다는 모욕까지 당할 정도다. 하지만 이런 서비스가 왜 생겼는지는 모두가 알고 있다(향신료를 요리에 제대로 활용하려면 반드시 으깨거나 분쇄해야 한다는 것이다).

사과나 포도를 떠올려보자. 과일의 색이 전부 껍질

에 집중되어 있고, 껍질의 진한 색이 과육에는 없다. 그와 달리 살구와 당근은 껍질과 과육의 색이 비교적 비슷하다. 향신료의 풍미 분자는 살구와 당근의 색처럼 분포한다. 즉 한곳에 집중되어 있지 않고 안과 밖에 모두 골고루 분산되어 있다.

그러므로 향신료의 풍미를 전부 활용하려면, 속에 있는 풍미 분자도 밖으로 나올 수 있게 해야 한다. 방법은 둘 중 하나다. 음식에 향신료를 통째 넣고 속에 든 풍미 분자가 전부 배어 나오도록 한참 기다리거나, 향신료를 부수고, 으깨고, 갈아서 속에 든 풍미 분자를 단시간에 꺼내는 것이다.

시간이 급박하거나, 음식의 질감을 아주 섬세하게 신경 쓸 필요가 없을 때는 향신료를 부수고 으깨는 방법이 알맞다. 이 방법으로 향신료를 음식에 더하면 간간이 씹히는 향신료 조각이 특별한 식감을 더하고, 음식을 먹다가 우연히 씹힌 향신료에서 강한 향이 폭발하는 재미도 생긴다. 스테이크 오 푸아브르 steak au poivre (후추 스테이크)는 고기 표면에 묻은 굵은 후추 조각을 씹을 때마다 후추의 압도적인 풍미가 와락 느껴지는 것이 묘미다. 이 방법(즉 반쯤 으깨진 굵은 향신료 조각이 음식에 붙어 있게 만드는 것)은 다른 스테이크나 구이, 닭이 통째로 들어가는 요리, 구운 채소에도 확장해서 적용할 수 있다.

소스나 요리 전체에 향신료의 풍미가 단시간에 퍼지도록 만들어야 하거나 호박파이, 다양한 과일 파이, 커리와 비슷한 스튜, 찜 요리처럼 전체적으로 부드러운 식감이 유지되어야 하는 요리에 향신료로 풍미를 낼 때는 향신료를 미세한 가루로 넣는 것이 적절하다.

그렇다면 궁금해진다. 향신료는 언제 갈아서 넣어야 할까? 향신료는 분쇄하자마자 풍미 분자가 금세 확산한다. 서서히 퍼져나가는 이 풍미 분자는 음식에 닿을 수도 있고, 허공에 다 날아갈 수도 있다. 나는 향신료를 보통 분쇄되지 않은 것으로 사서(최고급 제품만 고집하지는 않는다), 한 번에 몇 숟가락 정도만 미리 갈아두고 2주 내로 모두 사용한다. 향신료를 분쇄할 때는 아주 미세한 가루로 만드는 경우 커피 원두를 가는 그라인더를 사용하고, 적당히 거친 입자로 갈 때는 묵직한 절구를 쓴다. 비타믹스 Vitamix, 뉴트리뷸렛 Nutribullet 같은 성능 좋은 블렌더가 있으면 그때그때 필요한 크기의 입자로 분쇄할 수 있다(단, 커민 등 일부 향신료는 기기의 플라스틱 용기에 흠집을 낼 수 있으므로 주의해야 한다). 계피와 강황, 정향은 내가 직접 갈아서 아주 보드라운 가루로 만드는 게 불가능하다는 사실을 깨달았다. 그래서 그냥 굵게 분쇄해서 쓰거나, 아예 고운 분말로 된 제품을 사서 쓴다.

허브

내가 음식을 먹고 "와, 마음에 든다"는 감상을 넘어서 "우와, 이거 진짜 맛있다!"라고 처음 느낀 건 네 살쯤이었다. 치킨 수프가 너무 뜨거워서 식히고 있는데, 부모님 중 한 분이 《훌륭한 미각을 위한 요리책 The Silver Palate Cookbook》에 적힌 대로 미리 만들어 얼려 두었던 고수 페스토를 한 덩어리 꺼내오셔서는 내 수프에 넣어주셨다. 그러자 수프가 먹기 좋게 식었을 뿐만 아니라, 신선한 풀과 과일의 향, 향기로운 풋내가 확 느껴졌다. 그 생생한 향은 수프 그릇 밖으로도 흘러나오고 한 입 떠먹으면 입안에서도 활짝 피어났다. 피아노 건반 위를 날아가듯 흐르는 손가락처럼, 그 약간의 허브가 오래 푹 끓인 수프에 역동적인 활기를 더했다.

그때부터 나는 허브와 허브의 풍미, 허브로 음식에 맛을 내는 모든 방법에 푹 빠졌다. 양념에 포함된 오레가노, 처트니에 넣는 고수, 돼지고기 요리에 넣는 세이지나 박하 한 줄기처럼 허브는 요리에 생기를 불어넣기도 하고, 복잡한 풍미를 만들어서 음식을 풍성하게 만들고 기름진 느낌을 싹 거둬내기도 한다. 허브가 들어간 음식에는 트랙을 거뜬히 완주하고도 남을 듯한 생기가 넘친다.

나는 허브가 들어가는 각종 소스에 각별한 관심이 있다. 어린 시절 고수가 수프에 일으킨 변화처럼 허브로 풍미가 확 바뀌는 즐거움을 허브 소스에서도 느낄 수 있기 때문이기도 하고, 요리사로서 풍미의 패턴을 폭넓게 실험하기 좋은 음식이기 때문이기도 하다.

허브 소스 중에 페스토만 해도 그렇다. 제노바식 페스토는 모든 페스토를 대표하는 상징으로 여겨질 정도로 매력적이고, 이 페스토에 관한 일만 전담하는 전문가 협의체도 있다. 제노바식 페스토의 공식 레시피는 유럽연합의 원산지 명칭 보호 제도 Protected Designation of Origin (줄여서 PDO. 농산물, 치즈, 그 외 유럽에서 생산되는 농업 생산품의 환경에 대한 법적 인증이다)로 관리되며 제노바 바질과 엑스트라 버진 올리브유(주로 이탈리아 리구리아 지역에서 생산된 PDO 제품), PDO 인증을 받은 파르미지아노 레지아노 치즈와 페코리노 치즈, 지중해 지역에서 생산된 잣, 마늘, 소금으로 만든다.

굳이 제노바 바질을 쓰는 건 자국 농산물이 최고라는 그 나라 사람들의 맹목적인 믿음 때문이 아니라, 이 바질에 아주 독특한 풍미가 있기 때문이다. 제노바 바질은 허브 특유의 향과 송진의 냄새가 강하고 풋내, 꽃 내음, 매콤한 풍미가 있다. 또한 다른 대부분의 바질 품종과 달리 타라곤과 감초의 향이 나지 않는다. 나는 제노바 바질의 풍미를 개인적으로 좋아하기도 하지만, 그와 별개로 음식의 풍미에 그만큼 세심하게 신경 쓰고 이 재료를 써야만 제대로 된 풍미가 난다고 자신 있게 선언하는 것도 정말 대단한 일이라고 생각한다.

제노바식 페스토의 레시피가 기록된 최초의 자

료는 1863년에 나온 조반니 바티스타 라토^{Giovanni Battista Ratto}의 책 《제노바의 요리^{La Cucina Genovese}》다. 실용성에 조금 더 중점을 둔 이 요리책에 실린 페스토 레시피는 현대의 공식 레시피와 매우 비슷하면서도 몇 가지 눈에 띄는 차이가 있다(아래에 기울임체로 표시한 부분).

마늘 한 톨과 바질을 준비한다. *바질이 없으면 마조람과 파슬리로 대체한다.* 네덜란드산 치즈와 파르메산 치즈를 갈아서 바질과 섞고, 버터를 조금 추가한 후 절구로 꼼꼼하게 찧는다. 재료가 전부 섞여 걸쭉해지면, 품질 좋은 오일을 넉넉히 넣어서 덩어리를 풀어준다.

제노바 바질이 들어가지 않는 제노바식 페스토라니? 게다가 라토가 제시한 대체 재료는 아주 흥미롭다. 내가 느끼기에 파슬리나 마조람의 맛은 바질과 별로 비슷하지 않다. 하지만 시야를 조금 넓혀서 이 각각의 허브에 담긴 풍미를 전체적으로 살펴보면, 파슬리는 풋내와 식물 특유의 풍미, 약간의 꽃내음, 매콤함이 있고 마조람은 허브 특유의 향과 송진 냄새가 강하다. 라토 역시 바질의 풍미를 전체적으로 보고, 풍미의 패턴이 비슷한 대체 재료를 제시한 것이다.

레시피는 문화적으로 중요하고 상징적인 음식을 이해하는 데 도움이 되지만, 꼭 상징적인 음식만 먹어야 할 이유는 없고, 그런 음식만 맛이 좋은 것도 아니다. 나는 맛없는 재료들로 엄격히 정해진 '올바른' 방식을 지켜서 만든 음식보다 그때그때 구할 수 있는 가장 맛있는 양질의 재료를 잘 활용한 음식이 좋다. 우리도 라토처럼 허브의 풍미를 전체적으로 둘러보면서 어떤 패턴이 있는지 알아보자.

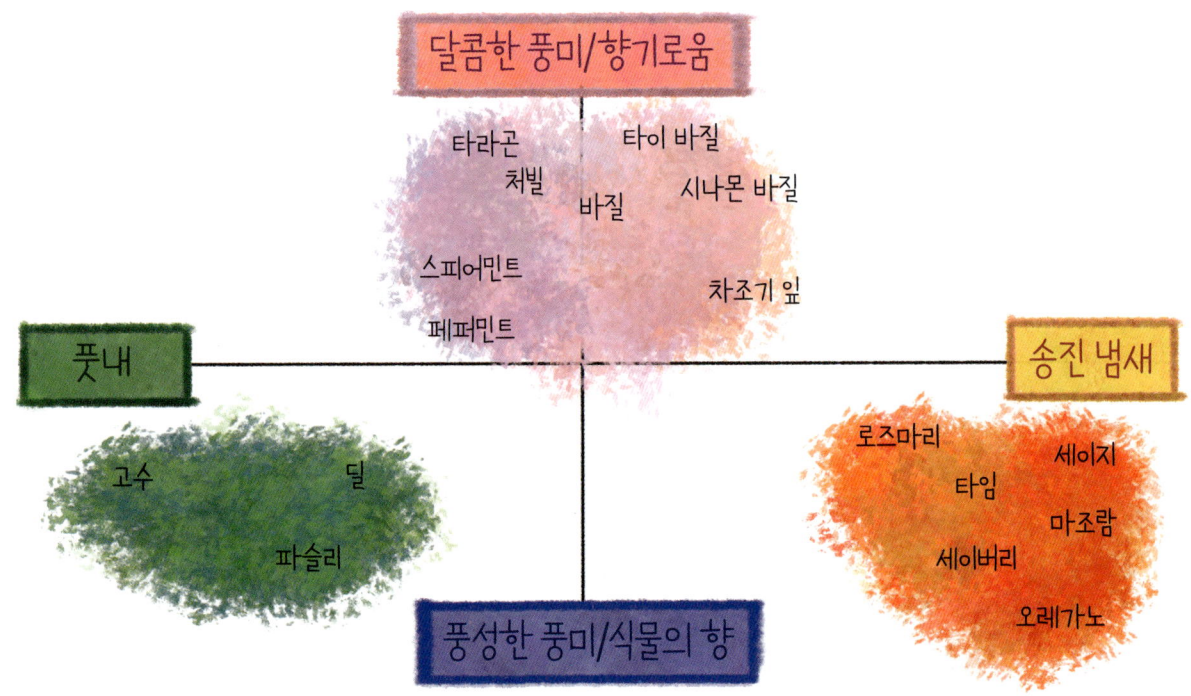

허브의 풍미 지도

앞서 다양한 향신료의 풍미를 흙냄새가 진한 종류와 향기로운 종류, 달콤한 향이 나는 종류로 구분하고 이를 지도로 나타낸다면 지형이 부드럽게 이어지는 풍경이 된다고 했는데, 허브의 풍미도 그와 같이 구분할 수 있다. 허브의 경우, 풋내와 식물 특유의 향이 아주 강한 종류(풀이 무성하고 숲이 있는 서쪽 해안)와 송진 냄새가 강한 종류(동쪽의 건조하고 기온이 높은 관목지)가 각각 지도의 양 끝에 있다. 고수와 파슬리(풋내, 식물 특유의 향), 타임과 오레가노(송진의 향)가 이 두 지역의 대표적인 허브다. 풍미 분자도 같은 패턴을 따른다. 풋내가 강한 허브는 향이 풍성한 페닐프로펜의 비중이 크고, 송진 냄새가 강한 허브는 향이 강렬한 테르펜이 많다. 이 양극단의 중간쯤에는 테르펜과 페닐프로펜이 둘 다 적지 않게 함유된 허브들이 있다. 이 중간 지역의 허브에는 동쪽 지역의 허브만큼 향이 강하지 않고 달콤한 향을 내는 테르펜과 달콤하고 매콤한 향을 내는 페닐프로펜이 들어 있다. 바질, 타라곤, 스피어민트 등이 이 중간 지역의 대표적인 허브들이다.

그런데 허브의 풍미는 향신료와 달리 동쪽과 서쪽으로만 구분해서는 충분히 설명할 수 없다. 파슬리와 고수는 둘 다 풋내가 강하지만 풍미의 무게감에 차이가 있다. 버터의 향이 느껴지는 세이지와 향의 개성이 뚜렷한 오레가노도 그렇다. 이런 차이를 설명하려면, 허브의 풍미 지도는 남쪽과 북쪽으로도 구분할 필요가 있다. 동서 방향으로 풋내가 강한 허브와 송진 냄새가 강한 허브가 양 끝에 있다면, 그런 특징과 별개로 풍미가 묵직하고 풍부한 종류와 풍미가 가볍고 좀 더 자극적이면서 달콤함도 살짝 느껴지는 종류로도 나눌 수 있다. 풍미가 풍성하고 식물 특유의 향이 강한 파슬리와 풍미가 그보다 산뜻한 고수를 그와 같이 남북으로 나눌 수 있다. 풍미가 강렬하고 식물 특유의 향이 강한 페퍼민트와 풍미가 그보다 가볍고 달콤한 느낌이 있는 스피어민트도 마찬가지다. 송진 냄새가 강하고 풍미가 풍성한 오레가노와 풍미가 가볍고 달콤하면서도 송진 냄새가 나는 로즈메리도 그 기준으로 나뉜다.

이렇게 묶으면, 각각의 허브에 어떤 풍미가 있는지 일일이 파악하는 것보다 더 수월하게 기억할 수 있다. 허브마다 풍미를 다 기억해야 하는 정신적인 고단함도 크게 줄일 수 있다.

예를 들어 차조기를 요리에 한 번도 써본 적이 없고 어떤 허브인지 잘 모르더라도, 같은 그룹에 어떤 허브들이 있는지 알면 허브 특유의 풍미가 강하고, 잎이 연하고, 향기로울 것이라고 짐작할 수 있다. 정확히 무슨 맛인지는 몰라도 한 그룹으로 묶인 다른 허브들의 특성을 토대로 향이 강하고, 달콤함이 느껴지는 식물의 향과 약간 매콤한 느낌도 있으리라고 예상할 수 있다. 실제로 차조기는 향이 강하고 감귤류의 향과 허브의 특징적인 향이 있으며 커민과 비슷한 매콤한 향도 난다.

풍미를 이렇게 지도로 기억하면, 요리하다가 즉흥성을 발휘해야 할 때 필요한 결정을 신속하게 내리는 데도 도움이 된다. 레시피에 적힌 허브가 없을 때 풍미 지도에서 같은 그룹으로 묶인 허브 중에 익숙한 것으로 대체할 수도 있고 좀 더 과감하게 지도상에서 멀찍이 떨어진 다른 그룹의 허브를 넣어볼 수도 있다. 각기 다른 그룹으로 분류된 허브를 섞어서 각 그룹이 내는 풍미의 균형을 맞추거나, 특정 그룹의 풍미가 더욱 드러나게 만들 수도 있다.

송진 냄새가 나는 강한 풍미의 허브

건조하고, 덥고, 햇빛이 강한 환경에서 자라는 식물은 어떤 방향으로 진화할까? 식물이 풍미가 가득한 테르펜을 처음 최대치로 만들어내기 시작한 건 자외선이 맹렬하게 쏟아져 대기가 건조하고, 굶주린 초식동물과 곤충들이 식물을 보는 족족 뜯어먹는 환경에서 살아 남기 위해서였다. 그러한 환경에 사는 식물은 테르펜이 그득 들어차서 오레가노, 타임, 로즈메리처럼 식물 특유의 향이 강하고 송진 냄새가 뚜렷한 특징이 있다.

이처럼 풍미가 강한 허브는 음식에도 조금씩만 쓰는 게 좋다. 구운 고기, 굽거나 살짝 볶은 채소, 생채소 샐러드에 살짝 흩뿌리는 정도로 넣고, 치미추리 chimichurri (파슬리, 오레가노, 마늘, 식초, 양파, 올리브유 등을 생으로 넣어 가열하지 않고 만드는 아르헨티나의 대표적인 소스. 주로 구운 고기에 곁들여서 먹는다 – 옮긴이)나 살사 베르데 salsa verde 같은 소스에도 조금만 넣는다. 이런 허브가 들어가면 음식에 소나무 숲을 거니는 듯한 흙과 상록수의 나무 향, 차분한 풍미가 더해진다.

풍미가 강한 허브는 풍미가 부드러운 허브와 달리 가열해도 그 특성이 잘 유지되므로, 허브가 열과 닿아 최상의 풍미가 파괴될 수도 있다는 걱정을 할 필요 없이 기름을 뜨겁게 달군 팬에 바로 넣어도 되고 장시간 푹 삶거나 끓이는 요리에 처음부터 넣어도 된다. 풍미가 강하고 송진 냄새가 나는 이 허브들은 대부분 잎이 질기고 표면이 반들반들하다. 그래서 잎이 연한 허브처럼 쉽게 산화되거나 숨이 죽지 않으므로, 거칠게 다루어도 되고 아주 잘게 다지거나 손가락으로 짓이겨서 풍미를 뽑아내도 된다.

송진 냄새가 나는 강한 풍미의 허브는 원산지가 지중해 주변 지역인 것이 많다. 그리스, 프로방스, 이탈리아를 비롯한 그 지역의 수많은 요리에서 그런 허브가 풍미의 핵심이 된 것도 자연스러운 결과다.

오레가노는 이 분류를 통틀어 가히 '밤의 여왕'이라고 꼽을 만한 허브다. 오레가노에 함유된 카바크롤 carvacrol 은 장뇌의 향과 훈제 향, 약 냄새와 비슷한 향을 내고 사이멘과 테르피넨은 향신료의 향과 나무 냄새, 솔향을 낸다. 타임은 카바크롤보다 풍미가 조금 가볍고 달콤한 티몰의 향과 함께 리날룰의 꽃 향이 난다. 세이버리는 풍미가 가벼운 여름 세이버리와 무거운 겨울 세이버리로 나뉜다. 타임과 오레가노에 함유된 풍미 분자의 상당수가 세이버리에도 들어 있어서 전체적으로 그 둘을 합친 듯한 풍미가 난다. 오레가노의 순한 버전이라 할 수 있는 마조람은 매콤하면서 달콤한 향과 함께 유칼립투스, 장뇌의 풍미가 좀 더 또렷하다. 멕시코 오레가노는 오레가노에도 함유된 카바크롤의 깊은 풍미, 사이멘의 나무와 감귤류 향과 더불어 유칼립톨에서 신선한 송진 냄새도 난다. 그래서 전체적인 풍미는 오레가노보다 버베나와 훨씬 비슷하다. 에티오피아에서 많이 쓰이는 허브인 코서러트 ethiopian koseret (에티오피아 고원 지대를 비롯해 아프리카 전역 야생에서 자라는 허브. 약초로도 쓰인다 – 옮긴이)도 기본적으로 타임과 오레가노의 풍미 위에 리날룰의 꽃내음과 제라니알 geranial 의 레몬 향이 진하게 더해진 풍미가 난다. 에파조테 epazote (멕시코, 과테말라가 원산지이며 약용으로도 쓰이는 허브 – 옮긴이)는 흙, 소나무 냄새와 함께 크레오소트 creosote (보존료, 방부제, 살균제로 많이 쓰이는 물질 – 옮긴이)와 비슷한 송진 냄새가 나지만, 콩 요리 등에 넣어 오래 끓이면 향이 부드러워지면서 더욱 매력적인 풍미가 난다. 세이지에는 피넨, 유칼립톨, 장뇌가 함유되어 유칼립투스와 비슷한 송진 냄새가 나는 한편(오레가노와 타임과 비슷한 진한 약 냄새도 살짝 느껴진다), 투존 thujone 의 달콤한 향, 버터 향, 삼나무의 향도 난다. 로즈메리는 보르네올 borneol 의 먼지 냄새, 흙냄새와 함께 피넨과 유칼립톨의 깔끔한 솔향, 로툰돈의 포근하고 진한 흑후추 향이 느껴진다.

마조람: 매콤하면서 달콤한 향, 유칼립투스 향

오레가노: 진한 송진과 목재 냄새, 약 냄새, 타르 냄새

로즈메리: 먼지와 흙냄새, 나무 냄새, 솔향, 진한 흑후추 향

세이지: 솔향, 버터, 삼나무 향

세이버리: 흙 내음, 약 냄새, 짙은 풍미, 꽃 향

타임: 흙 내음, 달콤한 향, 꽃과 나무 향

송진 냄새가 강한 허브의 손쉬운 활용법

- 송진 냄새가 강한 허브는 고기의 풍미가 나는 재료와 잘 어울린다. 고기는 물론이고 버섯도 포함된다. 좋은 품질의 오일이나 버터를 넉넉하게 두르고 버섯을 볶을 때, 처음부터 타임 가지 몇 개를 함께 볶다가(로즈메리 가지와 으깬 마늘을 추가해도 된다) 타임 잎이 버터, 버섯과 하나로 섞이면 남은 가지를 제거한다. 볶다 보면 잎이 대부분 알아서 가지에서 떨어져 나온다. 로즈메리, 세이지, 그 외 잎이 큰 허브는 잎이 타임만큼 가지와 쉽게 분리되지 않는다는 차이는 있으나 같은 방식으로 고기나 버섯에 풍미를 낼 수 있다.

- 송진 냄새가 강한 허브는 신중하게 잘 쓰면 과일의 풍미를 멋지게 보완한다. 과일로 잼, 콩포트, 즙을 만들 때 넣어도 잘 어울린다. 허브를 아주 잘게 다져서 생과일에 조금만 뿌려서 먹어도 맛있다. 타임은 천도복숭아, 자두, 자몽과 잘 어울리고 로즈메리는 살구, 블랙베리와 잘 맞는다. 세이지는 사과, 배, 파인애플과, 오레가노는 딸기, 체리와 잘 맞는다.

- 송진 냄새가 강한 허브는 말려도 본연의 풍미가 거의 그대로 남아 있다. 나는 오레가노나 타임, 세이버리, 마조람이 바로 다 쓰지 못할 만큼 많으면 철망에 유산지를 깔고 그 위에 펼쳐서 2~3일간 말린다. 이렇게 직접 말리면 시중에 판매하는 말린 허브 제품보다 풍미가 훨씬 좋다.

- 흰 빵에 마요네즈를 바르고 토마토에 타임, 여름 세이버리, 마조람을 곁들여 샌드위치로 만들어서 먹으면 맛있다.

잎이 연하고 향기로운 허브

송진 냄새가 나는 강한 풍미의 허브와 식물 특유의 향, 풋내가 나는 허브 사이에는 풍미가 깊고, 섬세하고, 생생한 패턴이 뚜렷하게 나타나는 허브들이 있다. 바질, 스피어민트, 차조기 등, 이 분류에 속하는 허브들은 테르펜의 꽃 향과 송진 냄새, 나무 냄새, 감귤류의 향과 함께 페닐프로펜의 부드럽고, 연하고, 달콤한 향이 난다. 어떤 음식이든 이 분류의 허브가 들어가면 부드럽고 달콤한 향, 꽃 향, 매콤함과 생생하면서 향긋한 복합적인 풍미가 생긴다. 이 허브들은 공통적으로 잎이 연하고, 허브 특유의 향긋함이 있다.

공식 레시피까지 있는 페스토의 재료인 제노바 바질이 그와 같이 상징적인 지위를 갖게 된 풍미(매콤한 향과 나무 향을 중심으로 식물 특유의 향과 송진 냄새가 살짝 나고 달콤한 꽃내음, 감귤류의 향이 전체를 감싸는 풍미)의 바탕에는 유칼립투스 향이 나는 *시네올*, 꽃 향과 달콤한 향을 내는 *리날룰*, 풋내와 감귤류의 향, 나무 향을 내는 *오시멘*^{ocimene} 등의 테르펜과 포근한 정향의 풍미를 내는 페닐프로펜 오이게놀이 있다. 스위트 바질$^{sweet\ basil,}$ (보통 '바질'이라고 하면 이 품종을 가리킨다)은 제노바 바질의 풍미와 더불어 페닐프로펜인 *에스트라골*, *아네톨*의 감초, 아니스, 회향의 풍미가 뚜렷하게 느껴진다(에스트라골은 타라곤과 처빌의 주요 풍미 분자이기도 하다. 처빌은 풍미가 좀 더 가볍고 섬세하다). 그 외 다른 바질은 스위트 바질의 풍미 중 한 가지가 강하게 증폭되어 나타나는 특징이 있다. 타이 바질$^{thai\ basil}$의 경우 감초와 아니스의 풍미가 강하고, 홀리 바질$^{holy\ basil}$ (툴시^{tulsi}로도 불린다)은 송진 냄새와 정향, 향신료의 향이 강하다.

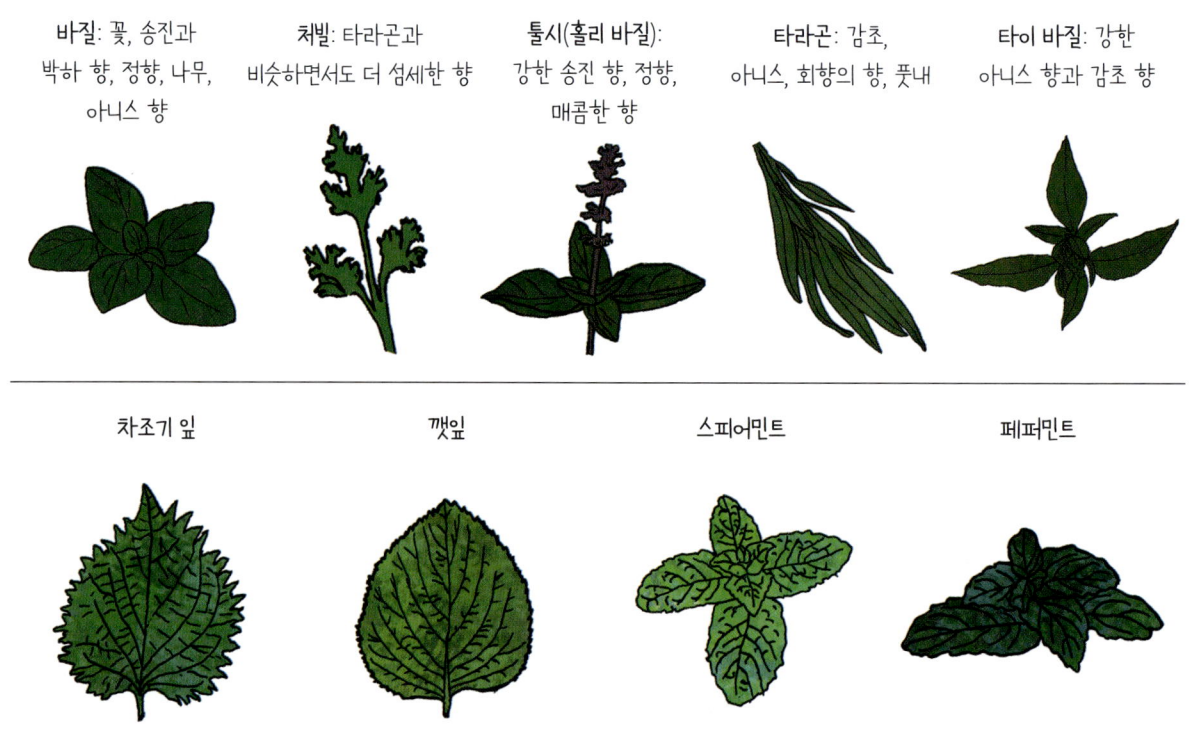

바질: 꽃, 송진과 박하 향, 정향, 나무, 아니스 향

처빌: 타라곤과 비슷하면서도 더 섬세한 향

툴시(홀리 바질): 강한 송진 향, 정향, 매콤한 향

타라곤: 감초, 아니스, 회향의 향, 풋내

타이 바질: 강한 아니스 향과 감초 향

차조기 잎

깻잎

스피어민트

페퍼민트

시나몬 바질cinnamon basil은 계피의 향을 내는 핵심 분자인 *신남알데히드*가 함유되어 있어서 계피 특유의 향이 난다. 신남알데히드는 화학적으로 페닐프로펜과 가까운 분자다.

차조기 잎과 자매뻘인 들깨의 잎(깻잎)은 식물 분류상 바질의 사촌이다. 차조기의 풍미는 달콤하면서 매콤하고 차분한 바질의 풍미 패턴을 재해석해 편곡한 음악처럼 느껴진다. 테르펜 분자인 *페릴알데히드*perillaldehyde가 커민과 비슷한 향신료의 향을 내고, 카리오필렌의 건조한 나무 향도 난다. *헥세날, 페닐아세트알데히드*와 같은 알데히드에서 나는 오이와 비슷한 풋내와 꽃 향, 인동덩굴의 향도 있다.

박하의 풍미는 박하 향이라고 밖에 달리 더 정확하게 표현할 말이 없을 만큼 고유한 특징이 있다. 다른 박하보다 향이 가볍고 더 달콤한 스피어민트의 풍미는 테르펜인 *카르본*에서 나오는데, 이 카르본 분자는 형태가 서로 거울상인(왼손과 오른손처럼) 두 종류로 나뉜다. 스피어민트의 풍미는 박하의 고유한 향, 상쾌한 향과 더불어 맥아 향, 캐러웨이의 향도 희미하게 느껴진다. 여기에 *리모넨*의 산뜻한 감귤류 향, 오렌지의 풍미도 있다. 다른 박하들은 달콤한 향이 덜하고 풍미가 강하며 진한 송진 냄새, 식물 특유의 향, 풋내가 동시에 느껴지기도 한다. 페퍼민트의 풍성한 박하 향은 테르펜 중에서도 향이 강하고 시원한 *멘톨*과 허브의 고유한 향, 송진 냄새가 나는 *이소풀레곤*isopulegone에서 나온다. 박하에 함유된 냄새 분자들은 시원하고 상쾌한 듯한 느낌을 자아내는 게 아니라 차가운 온도를 감지하는 인체의 촉각 수용체에 작용해서 실제로 시원한 감각을 일으킨다.

잎이 연하고 향긋한 이 허브들은 공통적으로 잎이 넓적하고 부드럽다. 그래서 요리에 잎째 넣어도 되고, 대강 큼직하게 썰어서 넣거나 그릇 바닥에 깔기에도 좋다. 풍미가 너무 강해서 아주 소량만 써야 하는 세이지나 오레가노와 달리, 잎을 잔뜩 넣어 되직한 반죽처럼 만들어도 된다.

이 분류의 허브는 아주 신선한 것으로 골라 조심스럽게 다루고 음식이 완성되기 직전에 다른 재료들과 섞으면 고유한 풍미를 최상으로 즐길 수 있다. 음식에 이 허브로 신선하고 풍부한 풍미를 가득 불어넣고 싶다면 그런 요건이 잘 지켜져야 한다. 방금 만든 뜨끈뜨끈한 페스토 소스 파스타나 나폴리 피자에 바질을 조심스럽게 올려서 마무리하면, 풍성한 꽃내음과 정향의 향, 달콤한 감귤류의 향과 함께 유칼립투스의 향도 살짝 스치는 듯한 풍미를 낼 수 있다. 차조기로 생선회 한 조각을 감싸서 먹거나 매실장아찌를 발효할 때 차조기를 함께 넣어서 풍미를 추출하면, 신선하고 쌉싸래한 박하의 향이 또렷하게 느껴지는 동시에 말린 커민의 진한 향, 부드러운 레몬 향과 생생한 풍미, 사향과 나무 향, 향신료의 향을 모두 느낄 수 있다. 민트 줄렙mint julep 칵테일에 들어가는 스피어민트는 시원하고 상쾌한 느낌과 함께 부드러운 오렌지의 향, 맥아의 향, 나무통에 오래 숙성된 버번 같은 달콤한 바닐라 향을 한껏 고조시킨다.

잎이 연하고 향기로운 허브를 샐러드 같은 채소 요리에 넣으면 독보적인 광채가 반짝인다. 채소의 풋내와 양상추의 풍미 속에서 허브 잎이 씹히면 박하, 아니스, 레몬, 커민의 향과 꽃내음, 매콤한 향이 훅 느껴진다. 쌀, 흙냄새가 강한 곡물, 감자처럼 전분이 많은 재료로 만든 뜨거운 요리와 육수, 수프, 스튜를 먹기 직전에 넣어도(다른 재료의 풍미와 잘 섞이지 않는 페퍼민트는 제외하고) 풍미가 잘 어우러진다.

시도해보기

토마토와 바질은 너무나 오랫동안 찰떡궁합으로 사랑받아서, 엄청나게 맛이 좋지 않은 이상 뻔한 맛으로 치부되곤 한다. 토마토는 성격으로 치면 외향형이며, 잎이 연하고 향기로운 허브는 전부 토마토와 아주 잘 맞다. 타라곤, 차조기, 홀리 바질은 물론이고 생 스피어민트도 양을 소량으로 조절하면 잘 어울린다. 연하고 향기로운 허브를 아무거나 아주 신선한 것으로 준비하고, 맛있는 토마토를 얇게 썬 다음 그 위에 잎을 손으로 대강 뜯어서 올린 다음 함께 먹어보라. 아주 맛있을 것이다.

잎이 부드럽고 풋내가 나는 허브

'풋내'는 대부분 풍미를 은유적으로 나타내는 표현이지만, '식물의 향'에 관한 설명에도 나왔듯이(173쪽 참고) 갓 깎은 잔디나 덜 익은 바나나, 피망의 향을 직접적으로 나타내는 표현이기도 하다. 허브의 풍미 지도에서 송진 냄새가 나는 종류의 반대쪽 끝에는 풋내가 강하고 식물의 향과 신선한 허브의 풍미가 강한 종류가 있다. 당근과 같은 미나리과인 딜, 파슬리, 고수에서 가장 두드러지게 나타나는 이 독특한 풍미는 허브 리큐어인 샤르트뢰즈, 숲, 브리티시 레이싱 그린^{British racing green} 색상과 공통점이 있다. 바로 다양한 구성요소가 합쳐진 결과물이라는 점이다.

내게 딜의 풍미는 동유럽 출신 이민 2세대였던 할머니, 할아버지 댁에서 연어와 사워크림, 감자, 오이에 곁들여진 풍성한 향으로 각인되어 있다. 풋풋하면서 향긋하고, 향이 풍부하면서도 달콤해서 마치 천 개의 얼굴을 가진 것처럼 느껴지는 딜의 풍미는 식물 특유의 향이 나는 여러 페닐프로펜과 테르펜에서 나온다. 딜의 풍미는 곧 풋내와 허브 특유의 향이 강한 허브들의 공통적인 풍미이기도 하다. 딜의 이름이 그대로 들어간 *딜아피올*은 딜의 풋내와 나무 냄새, 매콤한 향을 담당하고, *미리스티신*은 포근한 육두구의 향을 낸다. 테르펜 분자인 *알파 펠란드렌*^{alphaphellandrene}과 카르본은 풋내를 더욱 강하게 만드는 한편 박하의 풍미를 더하고, *리모넨*의 감귤류의 향과 달콤한 향이 전체를 감싼다. 파슬리는 풀 향이 강하지 않아서 허브인데도 잎채소처럼 쓰이는 경우가 많다. 신선한 탑불레^{tabbouleh} 샐러드에는 파슬리가 쿠스쿠스^{couscous}와 거의 동량으로

파슬리: 식물의 향, 진한 풋내, 육두구 같은 매콤한 향, 라임의 향

딜: 풋내, 나무 냄새, 식물 특유의 향, 박하 향, 매콤함

고수: 강력한 풀 냄새와 풋내, 자극적인 꽃 향, 부드러운 풍미

잔뜩 들어가고, 구운 골수 요리처럼 아주 무거운 요리에 파슬리 잎만으로 만든 샐러드를 곁들여서 신선함을 더하기도 한다. 파슬리에도 딜처럼 포근하고 매콤한 향을 내는 미리스티신과 식물 특유의 향을 내는 아피올(둘 다 페닐프로펜)이 함유되어 있다. *베타 펠란드렌* beta-phellandrene 같은 테르펜 분자가 파슬리의 풋내를 강화하고, *테르피놀렌* terpinolene 은 신선한 향, 라임의 향, 나무의 풍미를 낸다. 파슬리에서 나는 여러 겹의 풍미에서 마지막 층을 장식하는 향은 고수 씨앗에도 함유된 알데하이드인 *데세날*의 (과일의 향, 밀랍 냄새가 섞인) 풋내다. 허브의 풍미를 통틀어 풋내가 가장 강한(더 정확히는 풋내가 가장 먼저 느껴지는) 고수의 풍미를 이해하려면 먼저 알데하이드가 무엇인지부터 알아야 한다. 알데하이드는 식물의 지방 분자가 효소의 작용으로 분해될 때 생겨나며, 대체로 풋내와 감귤류의 풍미가 있지만 버섯의 향이나 비누 냄새, 금속 냄새가 강하게 느껴지기도 한다. 이 비누와 금속 냄새 때문에 고수라면 질색하는 사람들이 많은데, 이런 반응을 보이는 사람들은 알데하이드를 감지하는 냄새 수용체가 남들보다 많아 알데하이드의 풍미에 더 민감하게 반응하는 경향이 있다. 고수의 풍미에 느끼는 거부감은 후천적인 학습의 영향도 있다. 식물의 지방이 분해될 때 알데하이드가 생겨나듯이 비누에서도 같은 과정으로 알데하이드가 만들어지므로, 이 물질의 향을 대부분 비누를 통해 경험한 사람은 비누에서 주로 맡던 냄새가 먹는 음식에서 풍기면 불쾌할 수 있다. 고수에는 알데하이드 중에서도 *데칸알* decanal, *데세날*, *도데칸알* dodecanal 이 다량 함유되어 있다(이름이 헷갈릴 정도로 비슷하게 붙여진 건 화학자들만 열광하고 그 외에는 다 질색하는 명명 규칙 탓이다). 고수를 좋아하는 사람들은 이러한 알데하이드에서 나는 풋내와 꽃내음, 오렌지 껍질의 향, 부드러운 멜론의 향을 맛있는 향으로 느낀다. 오렌지 껍질과 멜론에도 비슷한 경로로 만들어지는 알데하이드가 있다.

풍미 분자의 비상

타이 바질의 고유한 풍미를 느낄 수 있는 가장 대표적인 예가 뜨거운 쇠고기 쌀국수에 생잎을 넣는 것이다. 이때 주방에서 그릇에 바질까지 담아서 내지 않고 쌀국수를 먹기 직전에 넣어야 바질의 달콤함과 매콤함, 아니스의 향을 쌀국수를 한 입 먹을 때마다 풍성하게 느낄 수 있다. 타이 바질의 이 풍미는, 잎을 국물에 넣으면 기체로 떠오르는 가벼운 냄새 분자에서 비롯된다. 이 분자들이 공기 중으로 떠올라 비강으로 들어오면, 냄새를 느끼게 된다.

화학자들은 이처럼 온도가 낮을 때는 고체나 액체로 머물고 온도가 높아지면 기체로 바뀌는 성질을 휘발성이라고 한다. 분자가 움직이는 특성을 조금만 알면, 이 휘발성을 요리에 활용할 수 있다.

국물이 있는 뜨거운 음식에 허브를 넣으면 수분이 많은 국물과 허브에 함유된 냄새 분자 사이에서 약한 반발력이 생긴다. 냄새 분자는 아주 작고 가벼운 기름 분자라고 생각하면 된다. 즉 물과 잘 섞이지 않는다. 물과 기름을 아무리 섞으려고 해도 수면에 기름이 계속 떠오르듯이, 냄새 분자도 국물과 섞이지 않고 표면에 떠 있다가 기체가 되어 떠오른다.

이처럼 풍미가 있는 식재료를 물, 또는 육수나 차처럼 물이 대부분인 액체에 넣고 섞으면(또는 반대로 풍미 재료에 물을 뿌리면), 풍미 분자가 기체가 되어 두둥실 떠오른다. 저녁 식사를 마치고 즐기는 음료에서도 이와 같은 원리가 활용되는 것을 볼 수 있다. 스카치위스키에 물을 조금 섞어서 마시는 것은 괜히 허세를 떠는 게 아니라 위스키의 포함된 냄새 분자가 빠져나와서 냄새로 더 많이 느낄 수 있도록 만드는 과정이다.

쌀국수에 넣는 생바질의 풍미에서 알 수 있는 또 한 가지 사실은 온도가 높을수록 휘발성이 증가한다는 것이다. 물이나 물이 대부분인 재료가 뜨거울수록 풍미 재료의 향을 더 많이, 더 진하게 느낄 수 있다. 쌀국수를 먹기 직전에 허브를 넣어야 하는 이유도 그래야 풍미 재료의 향을 내는 분자가 고온에 바로 증발하기 때문이다. 음식을 다 먹어갈 때쯤이면 처음 먹기 시작할 때 느낀 풍미는 거의 다 사라진다. 이런 특성은 향이 아닌 맛을 내는 용도로 넣는다고 여겨지는 식재료를 통해 드러나기도 한다. 음식을 가열하면서 레몬즙을 넣으면 신맛이 흐릿하고 밋밋해지는 것도 그런 예다. 레몬즙의 신맛이 없어져서가 아니라 레몬의 풍미를 구성하는 요소 중 냄새 분자가 사라진 결과다.

좀 더 세부적인 분류: 향긋하고 강한 향을 가진 허브들

'허브 특유의 향과 섬세하고 향기로운 풍미'로 분류하기에는 풍미가 훨씬 강한 허브들이 있다. 극히 신선하고 박하의 느낌이 강한 페퍼민트, 아니스와 감초 향이 강렬한 타이 바질이 그런 경우다. 그렇다고 송진 냄새가 나는 건 아니고 솔향이 나는 것도 아니므로 오레가노, 세이지와 함께 묶을 수는 없다. 이처럼 향기로우면서도 풍미가 진한 허브는 보통 음식을 마무리하는 고명으로 활용되며, 풍미가 진하지 않은 허브보다 적은 양을 넣는다. 잎을 잔뜩 으깨서 페스토처럼 되직한 반죽처럼 만드는 바질과 쌀국수에 한 줌 정도 잎째 넣는 바질은 바로 이런 특성으로 구분된다. 향기롭고 풍미가 강한 이 새로운 세부 분류 안에서도 풍미가 유독 더 강해서 생잎으로 쓸 때는 아주 조금만 써야 하는 것들이 있다. 즙이 많고 음식을 마무리할 때 넣는 허브로 많이 활용되는 **소엽풀**(베트남어로 응오옴ngo om)이 그런 예다. 레몬과 딜, 커민의 풍미가 강한 이 허브는 생선 요리, 샐러드, 쌀밥과 곡물 요리와 잘 어울린다. 쌀국수에 넣는 타이 바질처럼 타코에 넣어서 먹는 **파파로**Pápalo 라는 허브도 먹기 전에 잎을 몇 장만 고명으로 올려도 뜨거운 음식과 닿으면서 진한 향이 뿜어져 나온다. 파파로의 풍미는 꽃과 풀의 자극적인 향, 묵직한 향, 나무 냄새, 매콤함, 흙냄새, 달콤한 향이 섞여 있다. 파파로, 타라곤과 같은 국화과인 **천수국(메리골드)**의 자그마한 어린잎도 허브로 쓰인다. 천수국속을 뜻하는 라틴어 학명인 *타게테스*Tagetes 라고 불리는 천수국의 어린잎은 비트 샐러드나 베리류에 가지 몇 개 정도만 넣어도 자극적인 향과 오렌지 향, 풀 냄새가 난다. 같은 천수국속인 **만수국아재비**(와카타이huacatay, 페루 검은 민트로도 불린다)는 그와 비슷한 풍미에 박하 향과 감초의 향이 난다. **레몬 버베나** 역시 비슷한 풍미에 레몬그라스, 레몬 껍질의 향이 강하게 난다.

소엽풀(응오옴)

잎이 부드럽고 풋내가 나는 허브의 손쉬운 활용법

- 고명으로 쓸 때는 원하는 만큼 마음껏 넣어도 된다. 잎채소와 비슷하게 생각해도 된다. 한 움큼 다져서 쌀이나 쿠스쿠스, 파로 등 곡물 요리에 넣어 탑불레와 비슷한 샐러드처럼 만들면 무조건 맛있다. 옥수수, 삶은 감자, 아보카도, 호박, 호박과 같은 박과 과일인 멜론과도 잘 어울리고, 각종 샐러드에 드레싱을 다 뿌린 다음 얹듯이 추가해서 먹어도 맛있다.

- (썰어서) 뜨거운 음식에 넣어 먹는다. 먹기 직전에 넣어야 잎이 음식의 열기에 숨이 살짝 죽으면서 뭉게뭉게 피어나는 신선한 향을 느낄 수 있다. 뜨거운 닭고기 수프에는 딜이나 고수가 잘 어울리고, 쇠고기 찜이나 흰콩 요리에는 파슬리가 제격이다.

- 다양한 허브 소스로 만든다(214쪽 레시피 참고). 가장 먼저 고수 페스토부터 만들어보자(바로 이어서 나온다).

🍴 고수 페스토

|한 컵~한 컵 반 정도 분량|

내가 어린 시절에 맛본 고수 페스토를 나름대로 변형한 레시피다. 작은 얼음 틀에 담아서 얼려 두었다가 뜨거운 닭고기 수프나 토마토수프, 파스타 소스, 구운 채소에 추가하면 편리하다.

고수 한 단을 다듬어서(깨끗이 씻고 물기를 말린 후 많이 두꺼운 줄기는 버리고 적당히 얇은 줄기만 남긴다) 성능 좋은 블렌더에 넣는다**(총 90g정도). 풀냄새가 나고 향이 산뜻한 올리브유 3/4컵(180ml), 잘게 간 레몬 껍질 넉넉하게 1/2작은술(1g), 소금 1/2작은술(3g), 마늘 반 톨**을 넣고 분쇄한다.

블렌더로 갈 때 중간중간 작동을 멈추고 고무 주걱으로 벽에 붙은 반죽을 아래로 밀어준다. 잎이 잘게 갈려 전체가 부드러운 반죽이 되고 오일과 완전히 혼합되어 되직하게 흘러내리는 질감으로 만든다. 너무 뻑뻑해서 덩어리가 생기면 올리브유를 아주 조금씩 추가한다. 완성되면 블렌더를 끄고, 바로 먹지 않고 보관하는 경우 색이 유지되도록 레몬즙을 추가한다. 2~3일 내에 모두 먹거나, 얼음 틀에 넣고 얼린 다음 냉동고용 지퍼백에 분리해서 담는다. 비닐 내부의 공기를 밀어서 빼낸 다음 냉동 보관하면 3~4개월까지 두고 쓸 수 있다. 바로 먹는 경우, **레몬즙 1큰술(15ml)**(대략 레몬 반 개 분량)을 넣고 맛을 본다. 필요에 따라 소금이나 레몬즙을 추가한다

허브 소스

음식에 허브의 풍미를 활용하는 팁을 한 가지 꼽는다면, 허브를 많이 넣어야 한다는 것이다("더 듬뿍 넣어라," "더 다양한 허브를 써라," "더 많은 음식에 허브를 넣어라"라는 의미가 모두 함축된 말이다). 그다음으로 요긴한 두 번째 방법이 허브 소스를 활용하는 것이다. 음식에 허브 소스를 넣으면 섬세한 풍미를 잔뜩 더할 수 있는데, 심지어 만드는 방법도 놀랄 만큼 간단하다. 허브 소스는 풍미의 패턴을 파악해서 요리에 그 패턴을 그때그때 적절하게 활용하는 원리가 축약된 음식이기도 하다. 기본적인 방법을 알면 음식이 맛있어지고, 어지간해서는 망치지 않는다. 허브 소스는 추상적인 아이디어로만 존재하는 풍미를 직관적인 방식으로 실현하는 귀중한 방법이기도 하다.

조반니의 요리책이 나온 1863년보다 더 먼 과거로 거슬러 올라가 페스토의 역사를 추적하면, 로마 시대에 페스토의 더 윗대 조상과도 같은 소스가 나온다. 모레툼^{moretum}이라는 이 소스는 허브와 치즈, 마늘 세 가지 재료를 기반으로 다른 허브의 풍미를 추가해서 만드는데, 이 추가되는 풍미에 따라 매우 다양하게 변형됐다. 시인 베르길리우스는 《일리아드》의 열혈 팬으로서 그 열띤 관심을 글로 표현하거나 단테의 작품에 등장하느라 바쁘게 지내던 와중에 시간을 쪼개서 허브 소스에 관한 운문 형식의 기록을 남겼다. 그가 남긴 허브 소스 레시피에는 통마늘과 파슬리, 소금, 짠맛이 강한 경성 치즈, 올리브유, 소량의 식초와 함께 향이 풍부한 고수 씨앗도 아주 조금 들어간다(루^{rue}라는 허브도 첨가되는데, 독성이 강하므로 쓰면 안 된다). 로마 시대의 농학자 콜루멜라^{Columella}는 이보다 훨씬 호화로운 모레툼 소스 레시피를 제시했다. 세이버리, 박하, 루, 고수, 파슬리, 골파, 파의 잎 부분, 루콜라, 타임, 개박하(캣닙), 생치즈 또는 짠맛이 강한 치즈, 후추를 전부 절구에 넣고 으깬 다음 오일을 뿌려서 완성하는 콜루멜라의 모레툼은 바질이나 파슬리와 마조람을 함께 써서 '풋내와 송진 냄새, 허브 특유의 향'을 얻는 허브 소스의 고급 버전이라고 할 수 있다.

다시 현대로 돌아와 허브 소스를 둘러보면, 꽤 다양한 소스들이 눈에 들어온다. 예를 들어 아주 진한 고기 스튜인 볼리토 미스토$^{bollito\ misto}$에 모스타르다^{mostarda}(설탕에 절인 과일과 겨자, 각종 향신료를 넣고 만드는 이탈리아의 달콤하고 매운 양념 또는 소스-옮긴이)와 함께 곁들일 소스로 처음 만들어진 에밀리아로마냐식 살사 베르데는 주로 파슬리, 마늘, 케이퍼, 앤초비, 올리브유, 식초, 겨자를 섞어서 만든다. 프랑스의 피스투^{pistou}는 제

노바 페스토의 기본 재료인 바질, 마늘, 올리브유를 그대로 쓰면서 견과류와 치즈는 뺀 간소한 버전의 페스토로, 외출하기 직전에 치렁치렁 걸친 장신구 중 하나를 빼고 나가는 듯한 미니멀리즘이 느껴진다. 단맛이 없고 피스투보다 더욱 간소화된 그레몰라타와 페르시야드 persillade (프랑스식 파슬리 소스. persil은 프랑스어로 파슬리를 뜻한다 - 옮긴이)에는 보통 잘게 다진 파슬리와 마늘, 잘게 간 감귤류의 껍질이 들어간다. 프랑크푸르트에는 그뤼네 조제 Grune Sosse 라는 허브 소스가 있다. 주로 햇감자나 생선 요리에 곁들이며 독일 음식의 특성이 잘 살아 있는 이 소스에는 수영, 처빌, 골파, 파슬리, 물냉이, 술오이풀, 보리지까지 일곱 가지 허브가 들어가며, 페스토나 모레툼처럼 치즈와 오일을 넣는 대신 크렘 프레슈나 아주 묽은 발효유를 넣는다. 체에 친 삶은 달걀도 들어간다.

아르헨티나와 우루과이의 치미추리 소스는 마조람과 파슬리를 써도 된다고 선언한 조반니 바티스타 라토의 페스토 레시피와 비슷한 부분이 있고, 파슬리, 오레가노, 마늘, 올리브유, 식초를 섞은 후 고추를 추가해서 톡 쏘는 매운맛을 낸다. 북아프리카의 허브 소스인 체르물라 chermoula 에는 고수, 마늘, 레몬, 오일과 함께 커민이 들어간다. 때때로 절인 레몬과 사프란, 고추, 파프리카, 파슬리 또는 앤초비처럼 소금에 절인 생선을 넣기도 한다. 예멘의 사하위크 sahawiq (비스바스 bisbas,

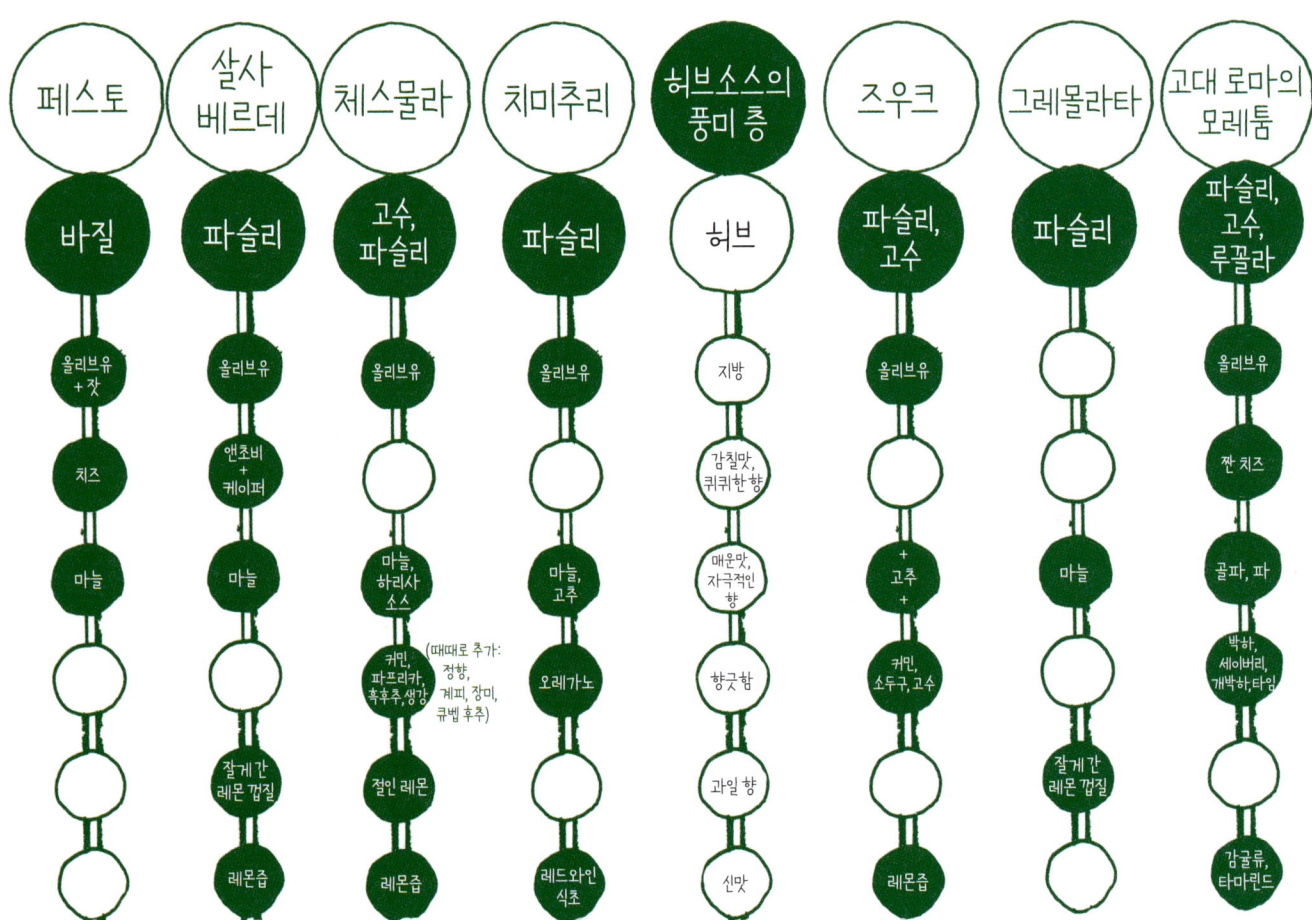

즈우크^{zhug}라고도 한다)에는 고추가 더 많이 들어가며 일반적으로 고수, 마늘, 검은 커민이 쓰인다. 토마토, 청어, 캐러웨이, 치즈가 추가되기도 한다.

이 모든 소스를 조사하면서, 나는 '허브가 들어간 소스'라는 것 외에 또 다른 공통 패턴을 발견했다. 파슬리나 고수처럼 풋내가 강한 허브 또는 바질처럼 향기로운 허브가 소스의 중심에 있고 다양한 형태의 지방이 들어가며 그 위에 다른 풍미가 층층이 더해진다는 점이다. 마늘이나 고추처럼 자극적인 향이나 매콤한 풍미가 추가되기도 하고 커민, 레몬, 송진 냄새가 강한 오레가노 같은 재료를 더해서 전체적인 향을 강화하기도 한다. 치즈, 앤초비 등 감칠맛과 쿠쿠한 냄새를 추가하기도 하고, 식초나 레몬즙 등으로 신맛을 더하기도 한다. 허브 소스의 풍미는 매우 유연해서, 이 여러 층의 풍미 중 몇 가지가 아예 빠져도 맛이 훌륭하다.

허브 소스를 만들 때는 이 기본 틀(허브-지방-자극적인 향-감칠맛-신맛) 안에서 풍미의 패턴을 정하면 된다. 살사 베르데처럼 파슬리, 오일, 마늘, 케이퍼, 앤초비, 식초로 그 기본 틀을 채워도 되고, 체르물라 소스처럼 고수와 커민, 오일, 마늘, 절임 레몬으로 각각을 채울 수도 있다(체르물라에는 사프란, 고추, 파프리카, 염장 생선이 추가되기도 한다). 기본 틀에서 허브에 해당하는 칸을 박하, 타라곤, 파슬리로 채우거나 파슬리는 아예 빼도 되고, 식초 대신 겨자를 써도 된다.

🍴 고수, 파슬리, 타라곤이 들어간 살사 베르데
| 약 두 컵 분량 |

내가 15년째 활용 중인 살사 베르데 레시피를 소개한다. 타라곤에서 나는 감초의 향이 고수, 파슬리의 향과 섞이는 풍미가 정말 매력적이며, 바싹 구워 고기 맛이 나는 잎새버섯에 곁들이면 특히 맛있다.

고수 한 단을 다듬어서(깨끗이 씻어 물기를 제거하고 너무 두꺼운 줄기는 제거한다). 성능 좋은 블렌더에 넣는다(대략 90g). **잎이 납작한 파슬리 한 단**(깨끗이 씻어 물기를 제거하고 줄기가 가는 것만 남긴다. 대략 90g), **타라곤 작은 뭉치로 한 단**(10g, 잎만 뜯어서 사용하고 줄기는 버린다), **풀냄새가 나는 산뜻한 풍미의 엑스트라 버진 올리브유 1컵**(240ml), **디종 머스터드 1큰술**(15ml), **염장 앤초비 두 덩어리**, **케이퍼 1큰술**(12g), **레몬즙 1큰술**(15ml)(레몬 반 개 분량), **껍질 벗긴 마늘 한 톨**, **천일염 1작은술**(6g), **잘게 간 흑후추 1/2작은술**(1g)을 추가하고 전부 분쇄한다(솔직히 고백하면, 나는 전부 눈대중으로 넣고 일단 분쇄한 다음 마지막에 맛을 조정한다). 블렌더를 중간 강도에서 높은 강도로 맞추고 잘게 갈린 허브의 잎이 기름과 섞여 유화되도록 만든다. 적당히 흘러내리는 되직한 농도로 맞춘다. 필요하면 올리브유를 한 번에 조금씩 추가해서 묽힌다. 맛을 보고 소금, 흑후추, 레몬즙을 원하는 만큼 추가한다. 냉장고에 두면 2~3일, 냉동고에 두면 3~4개월 보관할 수 있다.

🍴 잎새버섯 구이와 고수, 파슬리, 타라곤이 들어간 살사 베르데
| 전채 요리로 2~4인분, 가벼운 주요리로 2인분 |

우리는 버섯을 채소처럼 먹지만, 사실 버섯은 식물이 아니라 균류다(정말이다). 채소는(과일도 마찬가지) 세포벽을 유지하는 물질이 펙틴이라서 가열하면 흐물흐물해지고 무너지지만, 균류의 세포벽은 키틴^{chitin}이다. 따라서 일반적인 요리에서는 무너지지 않는다는 것이 버섯의 장점이다. 버섯을 익히면 세포벽이 아니라 공기만 있던 세포 내 공간이 무너지면서 식감이 연하고 쫄깃해지고, 오래 익혀도 채소처럼 곤죽이 되지 않는다. 버섯을 익히면 고기와 비슷한 식감이 되는 것도 이런 특징 때문이다.

이 레시피에는 **한 덩어리로 자란 버섯**이 총 **두 덩어리**, 무게로는 **225g 정도** 들어간다. 잎새버섯보다 더 신선하고 상태가 좋은 느타리버섯이나 새송이버섯이 있다면 그것으로 대체해도 된다.

바닥이 두꺼운 팬이나 볶음 요리용 팬(재질은 스테인리스, 구리, 주철 모두 괜찮다) 두 개를 중불~센불로 가열한다. 팬이 뜨거워지면 각각 **올리브유를 2큰술**(30ml)씩 넣고, **소금도 한 꼬집**(1g)씩 팬 바닥에 뿌린다. **잎새버섯**을 팬 하나에 **한 덩어**

리씩, 갓이 아래로 가도록 세워서 기름 위에 올리고 살짝 누른다(주걱으로 눌러도 되고, 묵직한 그릴용 누르개나 일반 요리용 누르개를 써도 된다).

'꽃잎' 같은 버섯 갓 부분이 대부분 노릇하고 바삭해지도록 3~4분간 굽는다. 누르개를 치우고, 밑동이 아래로 가도록 뒤집는다. 그 상태로 살짝 누르면서 밑동을 갓과 비슷한 정도로 굽는다. 버섯 전체가 연하게 익을 때까지 3~5분간 굽는다. 팬에서 꺼낸 버섯을 키친타월 위에 올려 기름을 제거한다. **입자가 넓적하고 큰 소금이나 천일염**을 뿌리고, **흑후추**를 바로 갈아서 뿌린다.

접시 두 개에 **고수, 파슬리, 타라곤이 들어간 살사 베르데**를 각각 **1/4컵**씩 숟가락으로 떠서 담는다. 그 옆에 구운 버섯을 줄기가 소스에 닿도록 담는다. 바로 먹는다.

나만의 허브 소스 만들기

허브 소스의 재료를 몽땅 새롭게 바꿔야 자신만의 소스가 되는 건 아니다. 처음에는 변화의 폭을 기본 레시피에 자신이 좋아하는 재료를 한두 가지 추가하거나 기존 재료를 더 좋아하는 다른 재료로 바꾸는 정도로 제한하고, 맛이 어떻게 달라지는지 확인하는 것으로 시작하자. 참고할 만한 아이디어 몇 가지를 소개한다.

허브
- 기본 재료: 바질, 파슬리, 고수
- 변형 아이디어: 스피어민트, 딜, 타라곤, 차조기 등 풍미가 비슷한(즉 풋내가 강한 종류, 또는 향긋하고 풍미가 섬세한 종류) 다른 허브로 대체한다.
- 식물의 풍미를 조금 더 강화하기: 루콜라, 회향, 아주 연한 당근 줄기, 풋마늘, 파, 살짝 익힌 리크를 추가한다.
- 향이 강한 허브로 풍미의 범위 넓히기: 향이 강한 허브로 전체적인 향을 강화하거나, 세이지, 로즈메리, 마늘 등 여러 재료의 풍미가 농축된 포르케타^{porchetta} (통 돼지고기에 다양한 허브와 향신료를 뿌리고 돌돌 말아서 굽는 이탈리아 음식 - 옮긴이) 양념처럼 향이 강한 허브를 허브의 풍미가 아주 짙게 농축된 양념처럼 활용한다. 타임, 오레가노, 세이지, 레몬밤, 천수국의 어린잎, 처빌, 파파로, 레몬 버베너 모두 이와 같이 활용할 수 있다.

지방
- 기본 재료: 올리브유, 잣
- 변형 아이디어: 견과류 오일로 대체하거나, 올리브유와 견과류 오일을 절반씩 쓰거나, 오일과 함께 견과류를 통째 넣는다. 피스타치오, 호두, 헤이즐넛, 아몬드, 참깨, 해바라기씨 모두 좋은 대체 재료다. 따뜻한 소스가 필요한 경우 크림, 요구르트, 크렘 프레슈, 슈말츠^{schmaltz} (닭이나 거위의 지방을 정제한 기름 - 옮긴이), 라르도^{lardo} (돼지 껍질에 붙은 지방층을 허브, 향신료를 넣고 염장, 훈연한 이탈리아 음식 - 옮긴이), 갈색 버터로 대체한다.

신맛
- 기본 재료: 와인 식초, 레몬
- 변형 아이디어: 시큼한 말린 과일(사워체리나 살구 등), 패션프루트, 덜 익은 핵과, 오렌지, 자몽, 사과처럼 톡 쏘는 향이 있는 과일, 남은 피클 국물, 매실장아찌, 요구르트 유청, 잘게 다진 김치, 절인 레몬 등 젖산발효한 식품으로 대체한다.

향긋한 풍미
- 기본 재료: 커민, 마조람, 오레가노를 소량 추가해서 향을 강화한다.
- 변형 아이디어: 라벤더, 장미, 감귤류 과일의 껍질, 계피, 올스파이스, 회향 씨앗, 생강, 정향, 소두구, 핑크페퍼, 캐러웨이, 로즈메리를 쓴다.

톡 쏘는 풍미

- 기본 재료: 마늘, 고추.
- 변형 아이디어: 양파나 샬럿을 생으로 넣거나 튀겨서 넣는다. 또는 생고추나 훈연한 고추, 생강, 쓰촨 후추, 겨자 씨앗을 넣는다.

감칠맛과 퀴퀴한 향

- 기본 재료: 파르메산 치즈 등 경성 치즈, 앤초비
- 변형 아이디어: 말린 가리비, 보타르가 등 숙성된 해산물이나 미소 된장, 간장, 소금에 절인 검은콩 같은 발효 콩, 프로슈토 자투리, 엔두야^{nduja} (붉은 고추를 넣어 맵고 붉은색이 나는 이탈리아 칼라브리아 지역의 정통 소시지 - 옮긴이), 코파^{coppa} (염장, 건조해서 아주 얇게 썰어 먹는 이탈리아 햄. 돼지 다리가 아닌 목 부위로 만든다 - 옮긴이) 같은 숙성된 고기나 샤퀴테리로 대체한다.
- 감칠맛과 퀴퀴한 향 강화하기: 굴, 가리비 등의 해산물을 생으로 넣는다. 무엇을 얼마나 넣을지는 전적으로 여러분의 모험심에 달려 있다. 단골 해산물 가게가 있다면, 주인장과 의논하는 것도 좋은 방법이다.

허브 소스 변형 아이디어
풍미의 층 활용하기

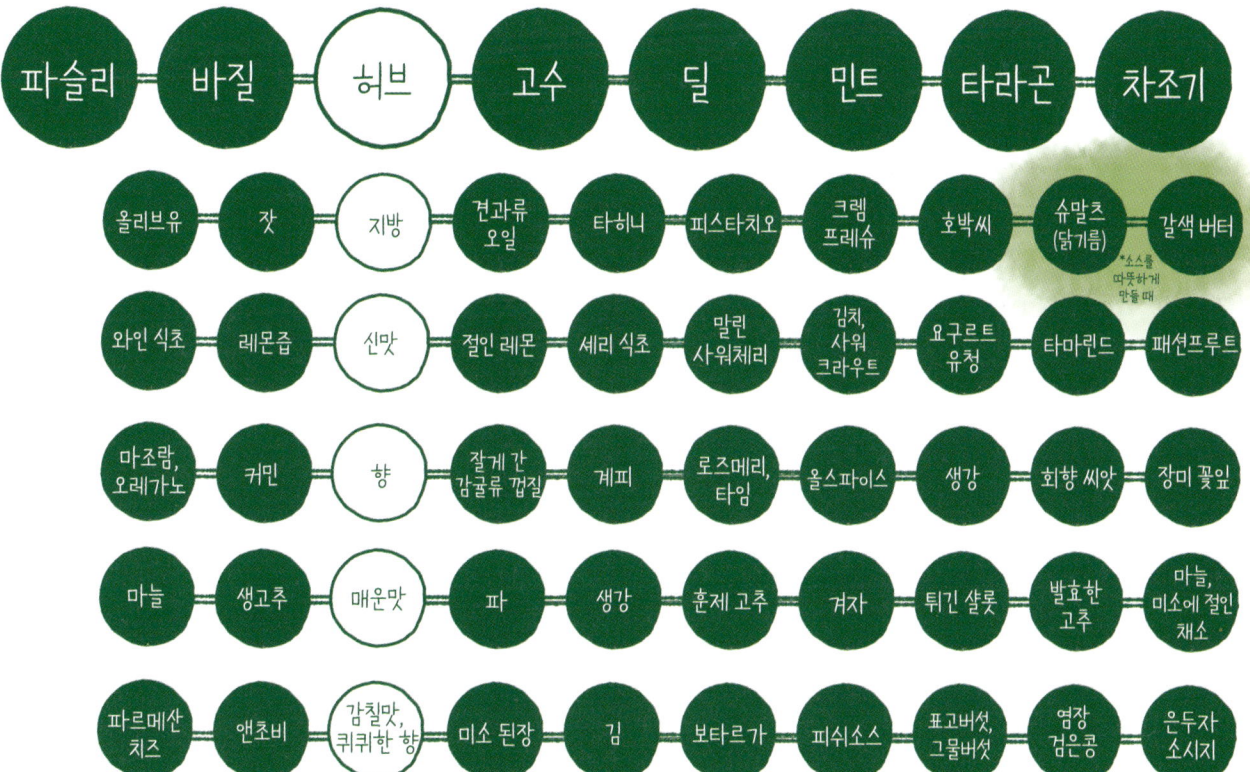

향긋한 허브 된장 양념

| 약 두 컵 분량 |

이 허브 양념의 풍미 패턴은 제노바식 페스토와 겹치는 부분이 많다. 즉 페스토와 똑같이 향긋한 허브 향과 짠맛, 감칠맛, 자극적인 마늘 향, 견과류의 풍미를 모두 느낄 수 있고, 이 양념만의 고유한 풍미도 있다. 고수와 타라곤은 풋내와 아니스의 향을 더하고, 타히니는 잣보다 더 묵직한 풍미를 낸다. 레몬즙은 신맛을 더하고 미소 된장은 먼 친척뻘인 파르메산 치즈와는 전혀 다른, 발효 식품 특유의 퀴퀴한 향과 감칠맛을 낸다.

완성된 양념은 현미밥이나 구운 뿌리채소(당근, 감자, 고구마 등), 생선, 조개류 요리에 곁들인다.

살짝 눌러 담았을 때 약 한 컵 분량(12g)의 바질잎을 블렌더나 절구에 넣는다. 고수 잎과 잎 바로 아래 가는 줄기도 살짝 눌러 담은 3/4컵(9g) 분량, 마찬가지 방법으로 담은 타라곤 잎 1/4컵(7g)도 넣는다. 마늘 한 톨, 메이어 레몬을 넣은 미소 된장(313쪽에 레시피가 나온다. 시판 연한 미소 된장 1/3컵에 레몬 한 개 분량의 껍질을 잘게 갈아서 섞은 것으로 대체해도 된다) **1/3컵(100g), 타히니 2작은술(10g), 포도씨유 반 컵(113g), 레몬즙 1큰술(15g)을 넣고** 전부 부드럽게 섞이도록 분쇄하거나 찧는다. 농도를 보고, 필요하면 오일을 추가해서 부드럽게 풀어준다. 맛을 본 다음 소금이나 레몬즙을 추가한다. 뚜껑을 꼭 닫아서 냉장고에 보관하고 3~4일 이내에 모두 쓴다.

자유로운 조합으로 허브 소스 만들기

나는 허브 소스의 기본 패턴을 유지하면서 풍미를 조금 더 확장할 방법을 찾고 싶어서 내 머릿속에 팬톤 카탈로그처럼 저장된 풍미 카탈로그를 뒤적였다. 다양한 허브의 향을 느낄 수 있어 평소 즐겨 만드는 살사 베르데가 먼저 떠올랐고, 허브와 퀴퀴한 냄새가 나는 치즈를 합쳐서 만드는 페스토처럼 식물 재료에 퀴퀴한 향을 더하면 좋겠다는 생각도 들었다. 페스토에 들어가는 잣처럼, 소스에 견과류를 넣으면 질감과 풍미가 좋아지는 경우가 많다는 점도 활용하면 좋을 것 같았다. 몰레 네그로에서도 견과류가 붉은 고추와 함께 그와 같은 기능을 하고, 로메스코romesco 소스에는 헤이즐넛, 무함마라muhammara 소스에는 호두가 들어간다. 톡 쏘는 향이 나는 과일도 허브 소스와 풍미가 잘 어울린다(다양한 몰레 소스에 들어가는 건포도와 그 외 과일들, 로메스코 소스에 넣는 토마토, 무함마라 소스에 넣는 석류 농축액 등). 이런 관점에서 보면 파, 콜리플라워에 많이 곁들여 먹는 케이퍼와 건포도 소스도 허브 소스와 닮은 부분이 있다(퀴퀴한 향을 내는 재료도 들어간다).

이 모든 생각을 종합해, 나는 이런 결론을 내렸다. "몇 가지 허브에 견과류나 씨앗을 넣고, 톡 쏘는 향은 말린 과일로 얻되 식초를 조금 추가해서 보완하고, 마늘도 넣고, 퀴퀴한 향과 짠맛은 식물 재료로 얻는 허브 소스를 만들자." 아래 레시피들은 이 결론에 따라 풍미의 균형이 잘 맞을 때까지 여러 차례 시행착오를 겪어서 완성했다.

살구, 올리브, 호박씨를 넣은 허브 소스

이 소스는 구운 생선, 간단한 콩 요리, 그리고 갈비나 돼지 목살처럼 쫄깃한 고기와 잘 어울린다. 소스를 조금 묽혀서 바싹 구운 브로콜리나 콜리플라워에 듬뿍 뿌려 먹어도 맛있다.

올리브유는 과일 향이나 풀 냄새가 나는 종류가 잘 맞다(매콤하거나 향이 묵직한 종류 말고). 양질의 호박씨 오일이 있다면, 올리브유의 분량 중 일부나 전체를 대체해도 된다.

성능 좋은 블렌더에 **질 좋은 엑스트라 버진 올리브유 반 컵(118ml), 잎이 납작한 파슬리 한 컵과 1/4컵(총 15g), 바질 한 컵과 2/3컵(총 20g), 로즈메리 잎 1.5작은술(1g), 호박씨 2큰술(20g), 말린 살구 3큰술(30g), 마늘 2작은술(5g), 카스텔베트라노**castelvetrano **올리브를 숟가락에 수북하게 담아서 1큰술(14g)**(다른 양질의 연한 올리브로 대체해도 된다)**, 쌀 식초 1/2작은술(2ml), 천일염 작게 한 꼬집(1g)을 넣고** 분쇄한다. 분쇄 강도를 '강'으로 맞추고, 고체가 전부 분쇄되어 전체적으로 부드러운 반죽이 될 때까지 분쇄한다. 농도가 너무 빽빽하면 올리브유를 한 번에 조금씩 추가해서 풀어준다.

맛을 보고, 필요하면 식초와 소금을 추가한다. 냉장고에 보관하고 3~4일 내로 다 먹는다.

🍴 딜, 체리, 피스타치오를 넣은 허브 소스

| 약 3/4컵 분량 |

앞서 소개한 허브 소스의 기본 패턴을 그대로 유지하면서 재료를 조금 바꾸면, 풍미가 비슷하면서도 전혀 다른 소스가 된다. 올리브유의 일부나 전체를 피스타치오 오일로 대체하면 풍미가 한층 더 좋아진다.

성능 좋은 블렌더에 **질 좋은 엑스트라 버진 올리브유 반 컵(118ml), 딜 1/3컵(10g), 타임 잎 1작은술(1g), 파슬리 3/4컵(15g), 말린 사워체리 1큰술과 1작은술(총 12g), 피스타치오 1.5큰술(14g), 마늘 1.5작은술(4g), 케이퍼 1.5작은술(6g), 셰리 식초 1/2작은술(2ml), 천일염 작게 한 꼬집(1g)**을 넣고 분쇄한다. 분쇄 강도를 '강'으로 맞추고, 고체가 전부 분쇄되어 전체적으로 부드러운 반죽이 될 때까지 분쇄한다. 농도가 너무 뻑뻑하면 올리브유를 한 번에 조금씩 추가해서 풀어준다.

맛을 보고, 필요하면 식초와 소금을 추가한다. 냉장고에 보관하고 3~4일 내로 다 먹는다.

고기의 향

스테이크의 풍미는 어디에서 나올까

생고기에는 대부분 아주 미묘하고 섬세한 풍미가 있다. 쇠고기 타르타르나 카르파초carpaccio (육류나 생선을 아주 얇게 포를 떠서 접시에 깔고 소스를 약간 뿌린 이탈리아 전채 요리 - 옮긴이), 양고기 킵베 나이예kibbeh nayeh (생 양고기를 잘게 다지고 생허브, 향신료를 넣어서 만드는 레바논 요리 - 옮긴이), 회, 초밥 같은 음식만 보더라도 생고기의 풍미가 얼마나 맛있는지 알 수 있다. 그러나 생고기의 풍미는 익힌 고기에서 나는 '고기의 풍미'와는 확연히 다르다. 구운 닭고기나 쇠고기를 떠올려보면, 고기가 노릇하게 익는 과정에서 수많은 풍미가 생긴다는 사실을 분명하게 알 수 있다('노릇하게 구운 음식의 풍미: 마이야르 반응', 281쪽에 자세한 내용이 있다). 게다가 노릇하게 굽지 않고 다른 방법으로 익힌 육류도(삶은 닭고기 등) 생고기보다 풍미가 강하다. 따라서 생고기에 함유된 어떤 물질과 고기를 다루는 특정한 방식이 합쳐질 때 고기 특유의 풍미가 생긴다는 것을 짐작할 수 있다.

1950년대에 이런 호기심을 느낀 육류 과학자들은 고기에서 나는 이 특유의 풍미에 어떤 비밀이 있는지 파헤쳐보기로 했다. 스테이크를 가져다가 물질을 혼합하고, 물로 추출하고, 여과하는 기술을 동원해서 스테이크에 들어 있는 모든 분자를 분리하고 화학적인 특성이 비슷한 분자끼리 분류하고 나니, 멀쩡했던 고기가 열심히 주무르고 씻어낸 근섬유 덩어리와 거기서 씻겨 나온 액체로 나뉘었다. 풍미는커녕 옅은 피 비린내가 나는 붉고 투명한 액체였다. 과학자들은 '쇠고기 섬유질로만 만든 햄버거 패티'가 될 게 뻔한 그 섬유질 덩어리와 액체를 각각 익혀보기로 했다. 둘 중 하나에서 고기 특유의 풍미가 날까? 아니면 함께 익혀야만 고기의 풍미가 생길까?

회색빛이 도는 질퍽한 섬유질 덩어리를 동그랗게 뭉쳐서 칙칙한 색의 작은 미트볼로 만들어 석쇠에 굽자, 노릇하게 익지도 않았고 고기의 풍미도 전혀 나지 않았다. 불에 닿자 쪼그라들고 바싹 말라버릴 뿐이었다. 다음으로 과학자들은 고기에서 씻겨 나온 불그스름한 액체도 가열했다. 딱히 '쇠고기'라고 할만한 형체도 없고 그저 쇠고기 성분이 좀 녹아 있는 물일 뿐인 액체는 온도가 점점 올라가자 끓기 시작했는데, 끓으면서 조금씩 졸아들자 약간 갈색빛이 돌더니 콩소메consommé (고기를 오래 끓인 육수를 거르고 불순물을 제거한 맑은 국물 - 옮긴이) 냄새가 났다. 계속 끓일수록 쇠고기 육수 냄새가 더 진해졌고, 수분이 다 날아가고 남은 물질에서는 구운 고기의 냄새가 났을 뿐만 아니라 정말 희한하게도 육즙이 가득한, 잘 구운 스테이크 냄새까지 솔솔 풍겼다.

고기의 풍미에도 패턴이 있다. 전체 무게의 대부분은 아무 풍미가 없고 스펀지와 비슷한 독특한 질감의 덩어리가 차지하며 이것이 액체(맛있는 부분)에 잠겨 있다. 고기를 고기답게 만드는 풍미 물질은 물이 대부분인 이 액체에 아주 조금 용해되어 있다.

고기의 풍미는 전체가 부분의 합보다 크다. 고기 특유의 풍미를 내는 물질들은 열과 만나야 존재감이 뚜렷하게 드러나고 생고기에 녹아 있던, 풍미가 별로 없던 다른 여러 분자도 함께 활성화된다. 고기에는 아무 맛도 없는 희끄무레한 근섬유 덩어리와 풍미가 있는 약간의 액체를 합친 것으로는 다 설명할 수 없는 더 풍성한 풍미가 있다. 그렇게 두 부분으로 나누면 설명하기에는 편하지만, 고기의 특별한 풍미는 그 풍미에 구조와 질감을 제공하는 근섬유까지 모두 함께 놓고 봐야만 제대로 이해할 수 있다.

고기의 풍미 분자

고기의 풍미를 구분하려면, 냄새로 느끼는 다른 어떤 풍미보다 추론이 많이 동원되어야 한다. 또한 확실하게 구분할 수 있을 때까지는 안내를 받아 가며 훈련해야 한다. 화학자들은 생고기에 가득한 풍미 분자를 '전구체'라고 부른다. 전구체는 그 상태에서는 별로 특별할 게 없지만, 조건이 맞아떨어지면 다른 분자로 변한다. 생고기를 맛보거나 냄새를 맡아보면 고기의 풍미를 느낄 수 없는 이유다. 그러나 그 생고기가 어떤 동물에서 나왔고 어떻게 만들어졌는지를 알면, 고기의 색, 수분 함량, 동물의 사육 방식과 나이, 먹이에 관한 정보를 실마리로 삼아 풍미를 극대화할 방법을 찾을 수 있다.

고기를 액체와 그 액체에 잠긴 스펀지 같은 덩어리로 나눌 때, 덩어리 부분에는 고기의 형태를 유지하는 섬유 단백질 외에 다른 단백질들도 있다. 그중 하나가 *미오글로빈*myoglobin이다. 헤모글로빈hemoglobin과 비슷한 이름에서 짐작할 수 있듯이 미오글로빈은 산소를 운반하는 단백질이다. 헤모글로빈이 혈액에 산소를 운반한다면, 미오글로빈은 근육 안에서 산소를 운반한다. 산소는 미오글로빈의 중심에 있는 작은 철 원자에 붙들려 있는데, 온도가 일정 수준 이상 올라가면 이 철과 산소가 함께 작용해서 근육세포의 세포막에 있는 *지방산*을 분해한다. 그 결과 근육세포 안에 있던, 우리가 냄새로 맡을 수 있는 작은 분자들이 세포 밖으로 방출된다. 적색육은 백색육보다 미오글로빈이 많으므로(그래서 색이 붉다!) 고기를 익히면 풍미가 생겨나는 반응도 백색육보다 적색육에서 더 많이 일어난다.

고기를 가열하면, 육즙에 있는 여러 효소가 활성화되어 주변에 떠다니는 단백질과 아미노산을 분해한다. 이 작용으로도 우리가 냄새로 감지할 수 있는 작은 분자가 생긴다. 아미노산 중에 황이 포함된 *메티오닌*과 *시스테인*이 이와 같이 분해되면 황이 있는 냄새 분자가 생기고, 이 분자들은 마늘이나 열대과일에 함유된 풍미 분자처럼 강하고 진한 냄새를 낸다. 이런 분자가 극소량만 있어도 고기 특유의 풍미가 느껴진다.

고기를 가열할 때 일어나는 이러한 반응은 동물의 근육이 형성되는 방식과 근육의 구성요소에 따라 달라진다. 어떤 동물에서 얻은 고기인지에 따라서도 다르고(닭고기, 쇠고기, 양고기의 풍미가 제각기 다른 이유다), 동물의 먹이도 큰 영향을 준다. 식물을 먹고 자란 동물과 곡물을 먹이로 삼은 동물은 체내에 형성되는 지방산의 종류가 다르다. 따라서 고기를 가열했을 때 미오글로빈의 철과 산소가 근육세포의 지방산을 분해하는 과정도 달라진다. 풀을 자유롭게 뜯어 먹으며 자란 동물, 풀을 먹이로 공급받으며 사육된 동물, 옥수수를 사료로 공급받으며 사육된 동물에서 얻은 식육의 풍미가

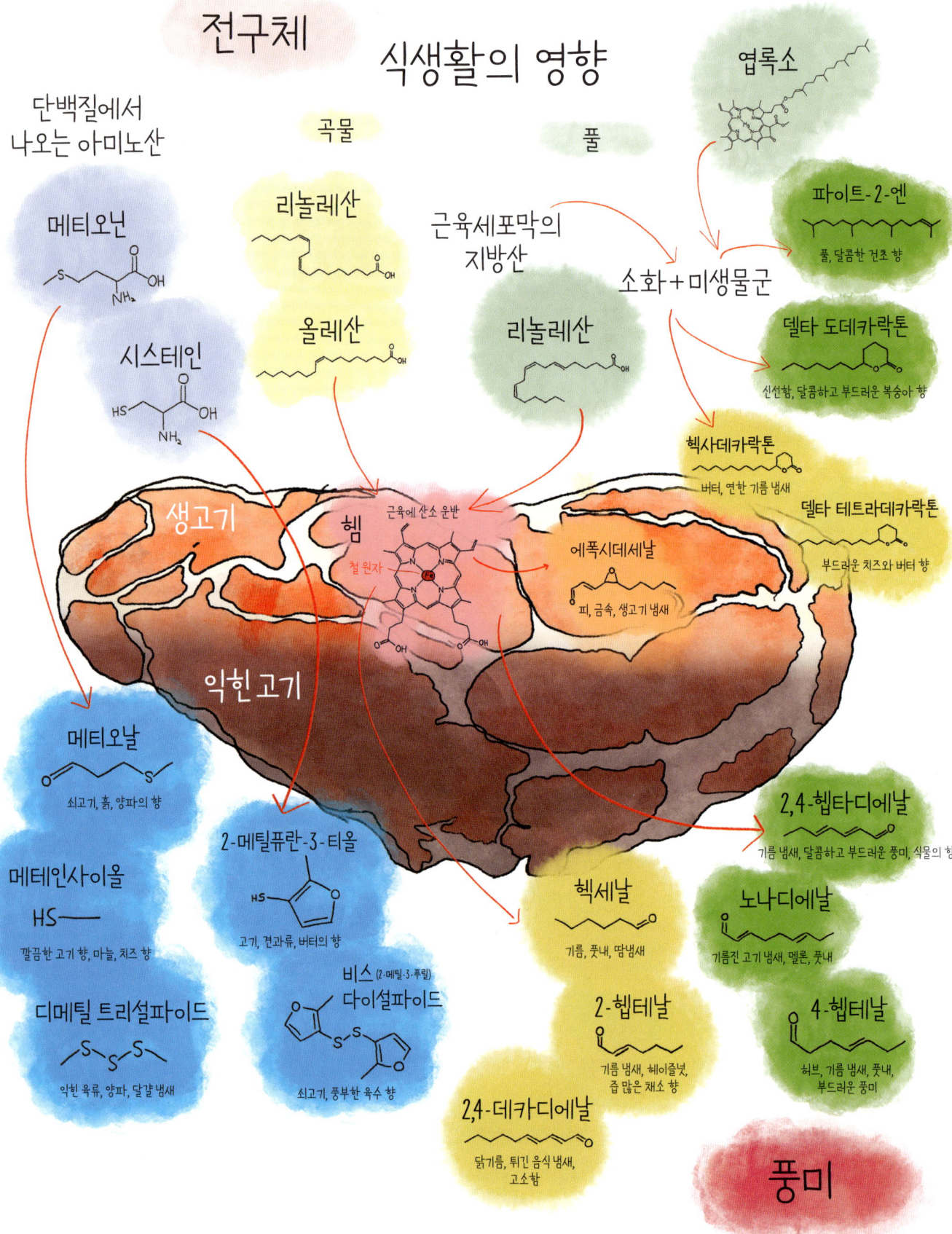

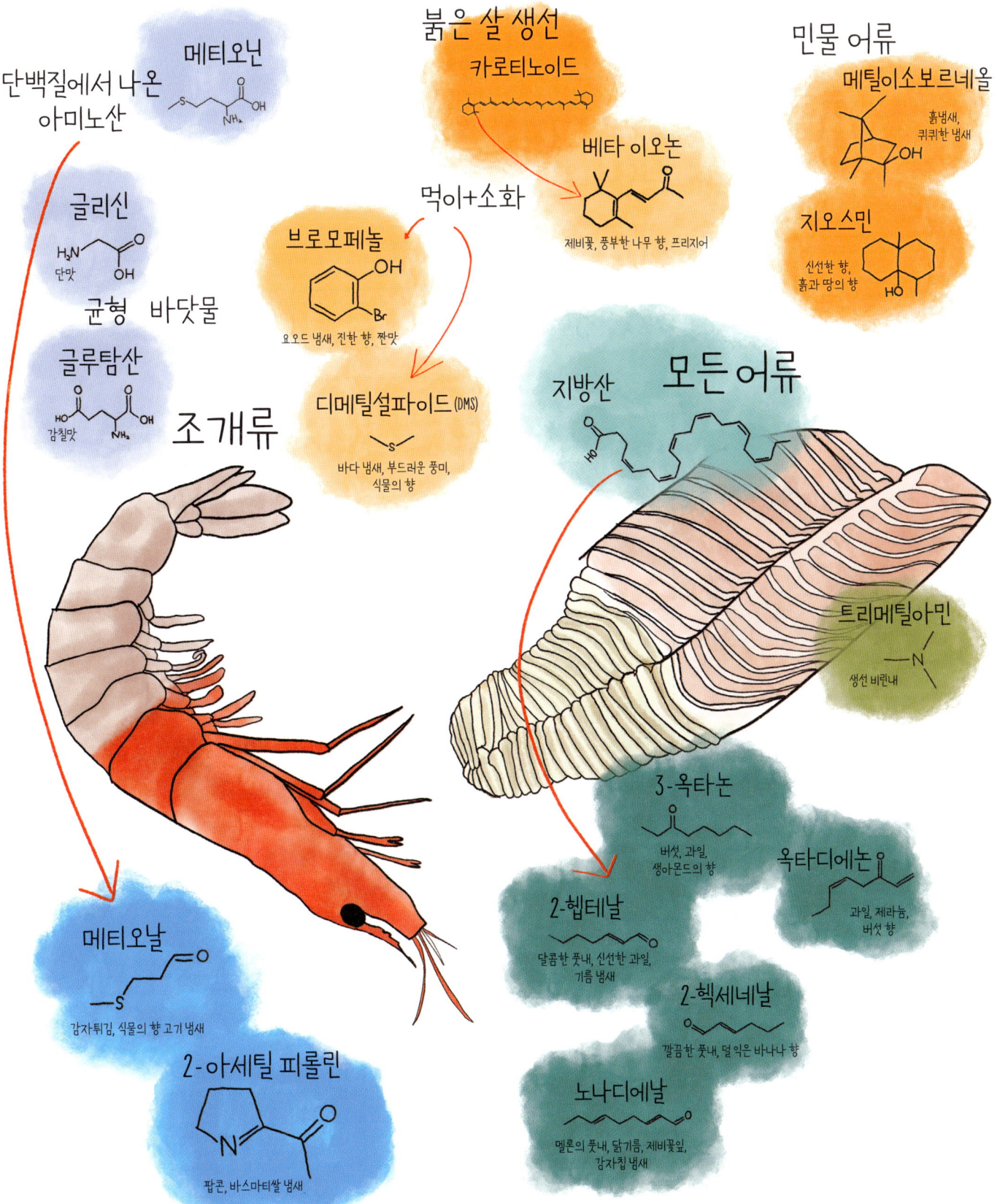

전부 다른 이유다. 근육 내부와 주변에 축적되는 지방도 고기의 풍미에 영향을 준다. 고기의 지방은 풍미 분자로 분해되는 부분일 뿐만 아니라, 물에 잘 녹지 않는 다른 풍미 분자와 전구체의 저장고이기도 하다. 동물이 먹은 식물에 함유된 냄새 분자도 지방에 저장된다(우리는 먹은 음식 그 자체라는 말도 이런 특성에서 나온 것이다).

고기를 계속 가열해서 온도가 더 오르면, 효소 반응이 중단된다. 그리고 열이 가장 강하게 닿는 고기 표면에서는 *유리된 당류*와 *유리된 아미노산*의 마이야르 반응이 일어난다. 고기가 노릇하게 구워졌을 때 나는 특유의 풍미가 생겨나는 반응으로, 구운 닭고기와 쇠고기의 풍미가 전혀 다른 것에서 알 수 있듯이 이 풍미의 세부적인 특징도 고기의 종류에 따라 다르다.

물고기와 해산물의 풍미

이번 장에서 말하는 '고기'에는 생선과 해산물까지 넓게 포함된다. 생선의 풍미가 특별한 이유는 생선의 근육이 특별하기 때문이다. 물고기의 근육에는 포유류, 조류와는 다른 물질들이 용해되어 있다. 바다에 사는 물고기는 아미노산을 비롯해 질소가 포함된 다양한 분자를 활용하여 염도가 높은 해수에서도 생체 세포의 균형을 유지한다. 조개류는 아미노산 중에서도 *글리신*과 *글루탐산*이 이 기능을 담당한다. 조개류에서 단맛(글리신)과 감칠맛(글루탐산)이 나는 이유다. 어류와 조개류가 살아가는 수생 환경의 염도가 높을수록 세포 균형을 유지하는 데 필요한 아미노산도 많아지므로, 자연히 단맛과 감칠맛도 더 강해진다. 염도가 아주 높은 만에서 잡은 굴과 대합조개의 맛이 강과 바다가 만나는 유역에서 잡은 것과 다른 이유도 여기에 있다.

어류는 육지에 사는 동물보다 *불포화지방*이 많다. 불포화지방은 포화지방과 다른 방식으로 산화된다. 어류의 지방산은 스테이크에 포함된 지방산처럼 화학적으로 산화되기도 하고, 효소에 분해되기도 한다. 어류의 지방산이 효소에 분해되면 풋내와 함께 때로는 쇠 냄새도 나는 특정 분자가 생긴다(고수, 잎채소, 멜론 등 특정 식품에 함유된 알데하이드).

참치처럼 살이 붉은색인 생선은 다른 어류보다 바닷속에서 움직이는 강도가 훨씬 커서 근육에 산소를 공급하는 미오글로빈도 더 많다(포유동물에서 얻는 육류의 색이 붉은 이유와 같다). 따라서 붉은 살 생선을 익히면, 살의 색이 옅은 생선을 익힐 때보다 고기 특유의 풍미도 더 많이 난다.

생선과 해산물도 먹이에 따라 생체에 용해되어 있는 분자가 다르고 그에 따라 풍미도 달라진다. 예를 들어 조류와 해조류에는 바다 냄새가 나는 *브로모페놀*bromophenol이 있고, 메기처럼 강바닥에 서식하는 어류에는 흙냄새가 나는 *지오스민*이 있다. 살이 주황색인 어류는 먹이를 통해 섭취한 *카로티노이드*에서 그 독특한 색을 얻는다. 카로티노이드가 분해되면 *노르이소프레노이드*가 생기기도 한다(앞서 사과와 퀸스의 풍미를 설명할 때 풍성하고 그윽한 과일, 꽃, 고급 담배의 향을 내는 분자로 소개했다. 160쪽 참고).

어류의 생체에서 폐기물로 만들어지는 질소 화합물은 근육 주변에 남아 있으면 맛을 떨어뜨린다. 이 물질 자체는 풍미가 특별히 강하지 않지만, 어류가 죽으면 시시각각 분해되어 생선 비린내의 주범이 되는 분자들(*트리메틸아민*trimethylamine)이 생기고 암모니아 냄새가 나기 시작한다. 이런 이유에서 생선은 진열대에 머문 시간이 너무 길지 않고 온도가 아주 차갑게 유지되도록 꼼꼼하게 잘 관리하는 곳에서 사야 한다. 생선을 사케나 감귤류가 포함된 양념에 재워둔다고 해서 그런 재료의 향이 단순히 더해지는 게 아닌 이유도 여기에 있다. 휘발성 질소 화합물은 산과 반응성이 높아서 사케나 과일과 만나면 살짝 변형되어 물에 더 찰싹 들러붙는다. 공기 중에 떠다니다가 물에 남은 이 화합물의 존재를 우리는 냄새로 느끼게 된다.

고기 맛을 온전히 내기 위한 취급 방법

음식의 풍미는 주재료를 어떻게 조리하느냐에 따라 강화되거나, 변하거나, 희석될 수 있다. 데치기, 자글자글 끓이기, 팔팔 끓이기는 공통적으로 재료를 물에 넣어서 익히는 방법이므로, 자연적으로 늘 유지되는 물질 균형에 따라 재료에 포함된 풍미 분자 중 일부는 물로 흘러나오고 물도 재료 내부로 들어가서 결과적으로 풍미가 약간 희석된다. 중국 하이난식 닭고기 요리(생강, 간장, 고추 등으로 양념한 물에 닭을 삶고, 그 육수와 닭기름을 첨가해 지은 쌀밥에 청경채 등 채소와 함께 먹는 음식 – 옮긴이), 태국의 카오만가이 khao man gai (하이난식 닭고기 요리의 태국 버전으로도 불리는 음식으로, 식초, 고추가 들어간 소스에 닭고기를 찍어 먹는다는 차이가 있다 – 옮긴이)처럼 닭을 통째로 삶아서 쓰고 그 과정에서 나오는 닭 육수도 요리에 활용하는 음식에서는 이러한 조리법이 요리의 핵심이 된다.

그와 달리 수분 없이 강한 열로 재료를 익히거나 구워서 재료의 수분을 증발시키는 조리법은 재료의 풍미를 강화할 뿐만 아니라 마이야르 반응과 열분해를 일으켜(275쪽 '열분해: 그슬리기와 태우기' 참고) 풍미를 변화시킨다. 등갈비를 오븐에서 고온에 굽거나, 당근을 갈색이 나도록 구울 때 일어나는 일들이다.

그래서 가끔 나도 모르게 '건열 조리+노릇하게 익히기=풍미'를 당연한 공식처럼 생각할 때가 있는데, 이런 조리법으로 음식의 풍미가 좋아지는 건 사실이지만 모든 단순한 규칙에는 공통적인 맹점이 있다. 그게 유일한 사실은 아니라는 점이다. 재료를 삶거나 굽는 양극단 사이에, 조리할 때 물을 더하지도 않고 재료의 수분을 날리지도 않고 재료가 가진 수분만 십분 활용하는 방법도 있다. 고기를 이렇게 조리하면 풍미 분자를 잃을 염려가 없고, 노릇하게 굽지 않아도 전구체 상태에 머무르던 분자들을 풍미 분자로 전환해서 풍미를 강화할 수 있다.

익힐 재료가 담긴 그릇을 밀봉하거나 거의 밀봉 상태로 만들어서 열을 가하면, 이처럼 삶기와 바싹 굽기 사이의 평형 지점에 수월하게 도달할 수 있다. 양고기를 천천히 익혀서 고기가 가진 수분으로만 촉촉하게 익히거나, 당근이 가진 수분만으로 찌듯이 익히는 것도 이 조리법의 예다. 보통 재료를 이렇게 장시간 저온에서 익히면 열이 지속적으로 유독 많이 닿는 부분이 생길 수밖에 없고, 이는 보너스 풍미가 된다. 그 부분만 약간 노릇하게 익으면 전체적으로 연한 육질과 순수한 풍미에 복잡한 풍미가 더해져서 먹기에 편안하면서도 한층 더 맛있는 음식이 된다.

앙 파피요트 en papillote 처럼 재료를 유산지에 감싸거나 진흙, 밀가루 반죽, 커다란 잎사귀, 해초, 이 용도로 제작된 특수한 주머니에 담아서 익힌 다양한 요리들, 땅속에 파묻은 용기나 구덩이에 재료를 넣고 장시간 익히는 음식은 모두 이 원리를 활용한다. 멕시코의 양고기 바르바코아 lamb barbacoa (땅을 파서 만든 화덕에 고기를 아가베 잎으로 감싼 고기를 저온에서 익히는 것이 정통 방식이다 – 옮긴이), 카브리토 cabrito (바르바코아와 비슷한 방식으로 만든 어린 염소 구이 – 옮긴이), 코치니타 피빌 cochinita pibil (돼지고기를 바르바코아와 비슷한 방식으로 익혀 토착 식물에서 추출한 붉은 색소로 색을 입힌 멕시코 음식 – 옮긴이) 등이 그런 예다. 가정에서도 주물 냄비에 재료를 담아 냄비와 크기가 딱 맞는 묵직한 뚜껑을 덮고 가열하거나 오븐에 넣을 수 있는 속이 깊은 그릇, 또는 일반 오븐용 그릇에 재료를 담아 포일을 단단히 잘 덮어서 익히는 것만으로도 재료의 수분을 잘 보존해서 그 수분만으로 익힐 수 있다.

🍴 고기의 풍미를 높이는 저온 조리법

재료를 익히는 데 필요한 수분을 재료 자체의 수분으로 얻는 조리법은 잎채소나 뿌리채소, 방울양배추는 물론이고 질긴 고기에도 적용할 수 있다. 이 레시피에서는 쇠고기와 양고기를 그와 같이 익히는 방법을 소개하지만, 단단하고 질긴 돼지고기에도 활용할 수 있다. 아직 내가 직접 시도해보지는 않았으나 다른 포유동물 고기를 익힐 때도 활용할 수 있을 것이다. 고기는 양지, 갈비, 윗등심, 소꼬리, 사태, 우둔살, 목심 등 연결조직이 많이 포함된 질긴 부위로 준비한다. 큼직한 덩어리로 한두 개 정도면 적당하다. '스튜용 고기'라면 어느 부위건 상관없다. 고기를 큰 덩어리로 구할 수 없으면 작게 손질된 고기로 만들어도 된다. 그 경우 고기의 양을 450~680g으로 잡으면 된다.

오븐을 135℃로 예열한다. **쇠고기나 양고기(부위는 위의 설명 참고) 1~1.5kg에 첨가물 없는 소금을 조금 뿌리고, 흑후추도 바로 갈아서** 살짝 뿌린다. 막상 고기를 보면 불에 지글지글 굽거나, 고기에 향을 더해줄 각종 재료와 함께 큰 냄비에 담아 푹 끓이고 싶더라도 참아야 한다. 그렇게 하면 우리가 하려는 것과는 전혀 다른 요리가 된다.

주물 냄비에 고기를 담고, 냄비와 크기가 딱 맞는 뚜껑을 덮는다. 뚜껑이 똑바로 덮이지 않으면 김이 밖으로 새어 나와 고기가 말라버리므로, 신경 써서 잘 덮어야 한다.

냄비를 오븐에 넣고 2~3시간 정도 익힌다. 첫 90분이 지나면 뚜껑을 열고 액체가 전혀 보이지 않으면 물을 조금 추가한다. 고기가 노릇하지도 않고 완전히 다 익지 않은 것처럼 보이지만 결이 조금씩 분리되고 잘 썰리는 정도로 익으면 된다. 그런 상태가 되면, 뚜껑을 열고 냄비를 다시 오븐에 넣는다. 온도를 175℃로 높이고, 고기에 살짝 갈색이 돌 때까지 10~15분간 더 익힌다.

고기를 오븐에서 꺼내 큼직하게 썬다. 고수, 파슬리, 타라곤이 들어간 살사 베르데(213쪽에 레시피가 있다)를 곁들이거나 살짝 익힌 방울토마토와 요구르트 유청으로 만든 소스(86쪽 참고)를 곁들이면 더욱 맛있다.

✔ 버터, 양파, 향신료 추가하기

고기의 풍미를 높이는 저온 조리법으로 고기를 오븐에서 익힐 때 껍질이 노란색이거나 흰색인 **양파 반 개(얇게 썰어서), 좋아하는 혼합 향신료 1큰술(8g), 버터 3큰술(42g)을** 냄비에 추가한다.

✔ 저온에 익힌 고기와 허브 페이스트

고기의 풍미를 높이는 저온 조리법으로 고기를 익힌다. 다 익은 고기는 냄비에서 꺼내(냄비에 고인 기름, 육즙과 분리한다) 실온에서 한 시간 동안 식힌 다음 냉장고에 넣고 완전히 차갑게 만든다.

냉장고에 둔 고기를 꺼내 큰 볼에 담는다. **고수, 파슬리, 타라곤이 들어간 살사 베르데**(213쪽)나 **향긋한 허브 된장 양념**(216쪽), **또는 고수 페스토**(211쪽) **한 컵~한 컵 반을** 붓고 고기를 뒤적이며 골고루 묻힌다.

묵직한 주물 팬이나 스테인리스스틸 팬을 가스레인지에 올리고 센불에 달군다. 후드 등 환기 설비를 작동시킨다. 팬이 아주 뜨겁게 달궈지면, 고기를 팬에 올린다(흘러내리는 소스는 볼에 털고 고기만 담는다). 4~5분간 한 면을 굽고, 뒤집어서 굽는다. 고기가 노릇해지고 겉에 묻은 허브 소스가 바삭한 껍질처럼 될 때까지 익히면 된다. 고기가 속까지 따뜻해지도록 익히고 싶어도 겉이 탈 만큼 과하게 익히면 안 된다(가스레인지 대신 그릴을 아주 뜨겁게 달군 후 한 면당 3~5분씩 구워도 된다).

뜨거울 때 얇게 썰거나 잘게 찢어서 바로 먹는다.

PART 3

풍미의 제3법칙

"풍미는 농축하고, 추출하고, 불어넣을 수 있다"

석류 농축액과 아몬드 밀크, 고추기름의 공통점은 무엇일까? 모두 변화의 산물이라는 것이다. 즉 원재료의 물리적인 형태와 함께 풍미도 바뀐 결과물이다. 원재료인 석류 열매를 쪼개고, 즙을 짜내고, 끓여서 만드는 석류 농축액에는 열매가 가진 모든 풍미가 집약되고 농축된다. 아몬드 밀크는 원재료인 아몬드를 물과 함께 분쇄해서 지방, 단백질, 아몬드의 풍미를 추출하고, 풍미가 없는 고형 성분은 제거해서 만든다. 고추기름도 말린 고추를 따끈한 오일에 푹 담가서 고추에 차곡차곡 촘촘히 쌓인 매운맛 분자와 향을 내는 분자를 마치 단단히 짜인 직물을 풀어 헤치듯 뽑아내서 넓게 펼친다.

이 세 가지 예는 풍미 분자를 영리하게 한데 모으고, 분리하고, 옮기면 **풍미를 농축하고, 추출하고, 불어 넣을 수 있다**는 풍미의 세 번째 법칙을 잘 보여준다.

재료를 오래 끓여서 만드는 소스, 차와 커피, 재료를 압착해서 얻는 각종 즙, 구이 요리 후 팬에 액체를 조금 부어 부스러기를 녹여낸 소스까지, 우리가 주방에서 활용하는 가장 기본적인 몇 가지 조리법은 이 세 번째 풍미의 법칙과 맞닿아 있다. "이 재료는 풍미가 참 마음에 드는데 요리에 쓰기가 불편해[더 되직하거나, 농도가 더 짙거나, 더 묽거나, 더 부드러우면 좋겠어]. 석류를 과일 말고 소스처럼 부어서 쓸 수는 없을까? 아몬드를 마실 수는 없나? 이 고추가 액체라면 다른 음식에 뿌릴 수 있을 텐데." 이런 아쉬움을 느낄 때 바로 그런 조리법을 활용할 수 있다. 화학적인 지식을 조금만 갖추면 이 모든 아쉬움을 해결하고 훨씬 더 많은 것을 할 수 있다.

재료의 물리적인 형태와 풍미의 관계

올리브나 레몬처럼 풍미가 가득한 재료를 성능이 아주 좋은 현미경으로 아무리 크게 확대해서 들여다봐도, 올리브를 올리브답게, 레몬을 레몬답게 만드는 특정한 부분이 눈에 보이지는 않는다. 그저 다양한 종류의 분자로 이루어진 스펀지 같은 구조만 보일 뿐이다.

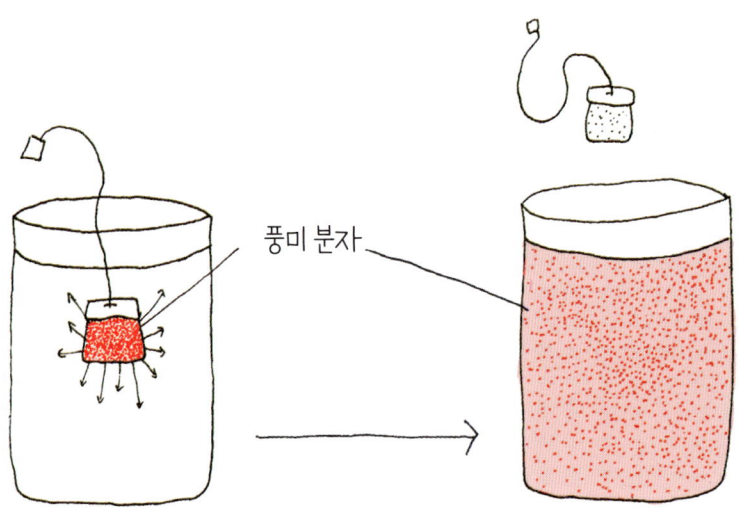

풍미는 농축하고, 추출하고, 불어넣을 수 있다

셀룰로스(식이섬유)나 단백질 같은 단단한 분자는 얼기설기 연결된 망 같은 형태를 구성하고, 그 사이사이 주머니 같은 공간을 차지한 액체는 대부분이 물이고 오일이나 지방은 조금 있다. 하지만 현미경 배율을 최대치로 올려도 풍미 분자는 보이지 않는다. 스펀지 같은 구조, 또는 곳곳에 채워진 물이나 오일에 다 녹아 있기 때문이다.

인체 감각에 주는 영향으로 본다면, 풍미 분자는 '작지만 강하다'는 표현이 딱 어울린다. 풍미 분자는 아주 극소량만으로도 엄청난 풍미를 낸다. 우리는 대부분 설탕이 채 1%도 안 되는 낮은 농도로 들어 있어도 단맛을 느낀다. 단맛은 우리가 가장 덜 민감하게 반응하는 맛인데도 그 정도다. 흑후추와 녹색 피망의 풍미를 내는 분자처럼 인체가 극히 민감하게 반응하는 분자는 몇 숟가락만 있어도 올림픽 수영 경기장을 가득 채운 물만큼 엄청난 양이 있는 것처럼 강렬하게 느껴진다.

풍미는 특정한 재료의 신비한 특성이 아니라, 그 재료에 들어 있는 성분에서 나온다. 또한 음식의 구성 성분은 거의 다 풍미가 없다. 섬유질이나 단백질 같은 단단한 물질이든, 수분이 대부분인 액체든, 지방이든 다 마찬가지다.

이렇듯 멀찍이 떨어져서 풍미 분자가 음식에서 차지하는 비율을 보면, 음식에 풍미를 내려는 시도가 캐시미어와 폴리에스터가 섞인 옷감에서 캐시미어만 뽑아내려는 것처럼 헛수고로 느껴질 수도 있다. 하지만 식품은(풍미도) 분자로 되어 있으므로 분자의 관점에서 보면 그 한계를 얼마든지 극복할 수 있다. 분자의 세상에서는 화학의 힘을 빌리면 고체, 물, 지방, 어딘가에 용해된 풍미 분자 등 서로 종류가 다른 성분들을 아주 쉽게 분리할 수 있다.

풍미의 제3법칙 핵심 내용

- 대부분의 요리법은 기본적으로 '원하는 풍미 분자를 선택적으로 옮기는' 기술이다.

- '풍미 분자를 선택적으로 옮기는' 방법은 말리기, 졸이기, 구이 요리 후 팬에 남은 부스러기 녹이기, 오일과 버터에 특정한 풍미 불어넣기, 착즙, 차와 커피, 다시나 닭 육수 끓이기, 견과류나 곡물로 우유 만들기, 증류주나 특정한 풍미를 불어넣은 술 만들기 등으로 활용된다.

- 무엇이 풍미 분자인지 알고 그 분자의 특성을 알면, 풍미 분자를 한데 모아서 원하는 곳으로 옮기는 일도 수월해진다.

- 풍미가 없는 부분(섬유질, 펄프, 물)을 제거하면 풍미가 농축된다.

- 특정한 풍미를 추출할 수 있고, 그 풍미를 지방, 물, 알코올 등 추출한 재료와 전혀 다른 음식에 불어 넣을 수도 있다.

- 분자는 활발하게 돌아다니며 다른 분자와도 잘 섞인다. 따라서 어떤 풍미를 추출해서 다른 곳에 옮기고 싶다면, 풍미 분자가 그 새로운 곳과 일정 시간 접촉하도록 만들어주기만 하면 된다.

- 용해는 서로 비슷한 물질 사이에서 일어난다. 서로 더 많이 이끌리는 분자들이 있다.

- 기름과 지방은 냄새 분자와 매운맛 분자를 잘 붙잡아둔다.

- 물은 맛 분자는 잘 붙잡아두지만, 냄새 분자를 붙잡는 능력은 그저 그런 수준이다.

Chapter 7
풍미의 농축

현미경 관찰로 돌아가서 몇 가지 식재료를 좀 더 살펴보자. 고기 한 덩이를 현미경으로 관찰하면, 스펀지 같은 구조의 근섬유 단백질이 철, 아미노산이 많은 액체에 푹 잠겨 있다. 레몬을 현미경으로 들여다보면 속은 스펀지 같은 섬유질 구조가 산도가 높은 레몬즙에 잠겨 있고, 표면은 광택 나는 스펀지 같은 구조가 향기로운 오일에 잠겨 있다. 심지어 바싹 말라 조금만 힘을 가해도 쉽게 분쇄되는 커피 원두도, 현미경으로 관찰하면 스펀지 같은 구조가 향과 쓴맛을 내는 오일에 잠겨 있다.

음식에 들어가는 재료는 대부분 기본적으로 이처럼 풍미가 없는 스펀지 같은 구조가 풍미 분자가 가득한 액체에 잠겨 있다. 그러므로 음식에 풍미를 내는 가장 유용한 방법은 풍미가 없는 부분을 제거하고 그 재료가 원래 가진 맛있는 풍미만 남기는 것이다. 현미경 상에서 액체에 푹 잠긴 스펀지처럼 보이는 재료의 풍미를 얻으려면, 풍미가 없는 그 구조에서 풍미가 있는 액체를 짜내면 된다.

레몬즙을 짜서 음식에 넣는 것도 바로 그와 같이 풍미가 없는 단단한 부분에서 풍미가 가득한 액체를 분리하는 것이다. 또한 손으로 짜는 것보다 더 큰 힘을 가하면 어떤 과일이나 채소든 같은 방식으로 풍미를 얻을 수 있다. 견과류나 씨앗을 압착한 오일과 올리브유 역시 같은 원리로 각 재료의 지방을 분리한 것이다. 반대로 재료의 단단한 부분에 풍미가 있고 액체는 수분이 대부분이라 풍미가 없다면, 액체를 제거하면 된다. 가열해서 졸인 음식, 농축액, 파프리카 분말(파프리카의 수분을 제거하고 분쇄한 것)처럼 재료를 말려서 어디든 뿌릴 수 있는 분말로 만든 것에는 모두 재료의 풍미가 농축되어 있다.

즙 내기와 압착

재료에 강한 힘을 가해서 짜내면 가장 간단하게 풍미를 추출하고, 농축할 수 있을 뿐만 아니라 풍미만 정제해서 얻을 수 있다. 손으로 짜거나, 으깨거나, 착즙해서 액체를 분리하는 것 모두 포함된다.

현미경으로 들여다보면 세부 구조에 큼직한 주머니 같은 부분이 있고(구멍이 숭숭 난 수세미처럼) 액체가 그 안에 담겨 있어서 손으로 짜기만 해도 액체가 흘러나오는 재료들도 있다. 감귤류가 대표적이다. 감귤류를 짜면 전혀 다른 두 가지 풍미를 얻을 수 있다.

과육을 짜면 새콤달콤한 즙이 생기고, 바깥 껍질(제스트zest, 플라베도flavedo 라고도 한다)을 짜면 향이 강렬한 오일이 나온다. 그러므로 감귤류의 풍미를 전부 알뜰하게 활용하려면 먼저 껍질을 벗기거나 껍질을 잘게 갈아서 오일 성분에 녹아 있는 풍미를 얻는다. 껍질은 요리에 바로 쓰거나 나중에 활용할 수 있도록 얼려두면 된다. 그런 다음에 과육에서 즙을 짜서 요리를 휙 둘러 마무리하거나 소스에 넣는 등 다양하게 활용한다. '신맛'(68쪽)에 관한 부분에 감귤류의 즙을 음식에 활용하는 방법들이 나와 있다.

자세히 들여다보면 똑같이 풍미가 가득한 액체에 스펀지 같은 구조가 잠겨 있어도, 풍미가 있는 부분과 없는 부분을 분리하려면 좀 더 많은 기술이 필요한 재료들도 있다. 인류가 필요한 도구를 뚝딱 만들 줄 아는 존재로 진화해서 참 다행이라는 생각이 드는 대목이다.

그런 재료들에서 풍미를 얻는 데 주로 쓰이는 도구는 블렌더와 주스기다. 감귤류 외에 모든 과일과 채소는 스펀지 같은 구조 사이사이에 주머니 같은 부분이 있고 거기에 풍미를 머금은 액체가 고여 있지만, 주머니가 아주 작아서 더 잘게 잘라야 열 수 있다. 블렌더는 여러 개의 칼날이 분당 수천 번 재료를 자르고, 주스기는 블렌더와 같은 방식으로 재료를 자른 다음 기계 내부의 체나 여과기에 강한 힘으로 눌러서 즙만 짜낸다. 그냥 먹어도 맛있는 과일(당근처럼 전분 함량이 낮은 채소도), 특히 식감이 아삭한 과일을 주스기에 넣으면 놀랍도록 맛있는 즙이 나온다. 복숭아나 바나나처럼 과육이 연한 과일의 경우, 액체와 결합한 펙틴이 많아서 아무리 으깨거나 분쇄해도 묽은 액체가 아닌 부드러운 퓌레가 되지만, 맛은 똑같이 좋다. 요리에 쓰려는 용도에 따라 적합한 과일을 선택해서 즙을 내면 된다.

즙으로 짜낸 풍미는 바로 마시며 음미해도 좋고, 수프나 찜 요리에 와인 대신(톡 쏘는 향과 풍미를 더하는 재료로) 넣어도 좋다. 한 단계 더 나아가 즙을 가열해서 졸이면 과일 농축액이 된다(233쪽 레시피 참고). 설탕을 첨가하고 가열해서 과일 캐러멜 소스를 만들거나(274쪽 레시피 참고) 시럽으로 만들 수도 있다(169쪽 레시피 참고).

즙이 대량으로 필요하다면

농업이나 산업 규모로 과일을 대량 가공할 때는 블렌더나 주스기가 아닌 과일을 으깨는 다른 기술이 필요하다. 예를 들어 와인용 포도, 사이더용 사과와 배, 브랜디와 오드비eau de vie(포도 외에 다른 과일을 증류하고 숙성 과정은 거치지 않는 브랜디-옮긴이)에 들어가는 체리, 라즈베리 등의 과일은 모두 압착기로 으깨서 즙을 짜낸다. 구식 압착기는 통 내부에서 달린 나사 같은 장치를 수동으로 돌려서 압력을 발생시켰고, 최근에는 물의 힘으로 팽창하는 블래더bladder라는 장치로 즙을 짜낸다.

풍미 농축하기

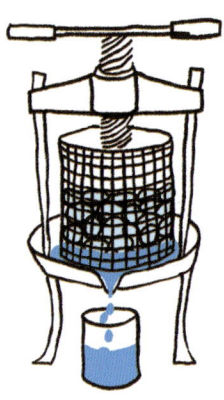

풍미가 없는
단단한 부분 제거하기

풍미가 없는 수분 제거하기

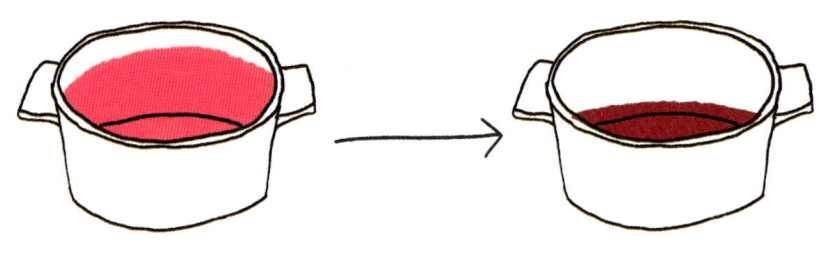

끓이기
졸이기
과일 농축액 만들기

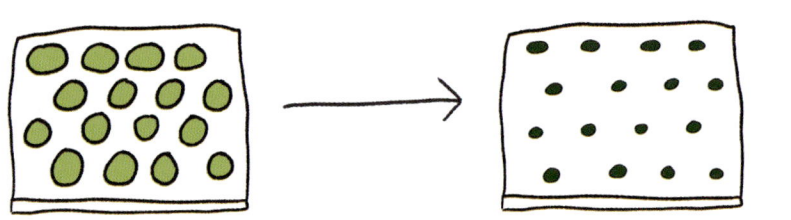

건조

시도해보기

- 블렌더나 푸드프로세서는 있지만 주스기는 없다면, 과일에 물을 조금 섞어서 분쇄한 다음 과육을 걸러내면 멕시코식 아구아 프레스카를 만들 수 있다.
- 특히 허니듀 멜론이나 캔털루프 멜론, 수박, 사과, 파인애플, 식용대황, 셀러리, 포도, 체리, 라즈베리, 블루베리 등 즙이 풍부하고 섬유질은 적은 과일에 잘 맞는 레시피다.
- 블렌더나 푸드프로세서에 큼직하게 썬 과일 3컵과 물 2/3컵을 넣는다. 완전히 잘게 갈지 말고 과일 덩어리가 보일 정도의 퓌레로 만든다. 체에 면포를 두세 겹 깔고, 액체를 받을 수 있는 큰 볼이나 통 위에 체를 올린다. 퓌레를 면포에 조심스럽게 붓는다. 이때 액체가 면포 밖으로 흐르지 않도록, 네 모서리를 가운데로 모아서 쥔다. 다 붓고 나면 모아 쥔 모서리를 돌돌 말아 한 가닥으로 만들고 퓌레가 담긴 부분을 살짝 눌러서 즙을 더 짜내거나 즙이 자연히 다 빠지도록 그 상태로 몇 시간 동안 둔다.
- 토마토도 같은 방법으로 맑은 즙을 짜낼 수 있다. 아주 잘 익은 토마토를 적당히 작게 잘라서 분쇄기에 넣고 물을 추가해서 위와 같은 방법대로 즙을 짜면 된다(짜낸 즙은 바로 마시거나, 샐러드드레싱에 넣거나, 파스타를 마무리할 때 휙 둘러도 된다).
- 여러 과일을 함께 갈아서 즙을 내도 된다(허니듀 멜론과 청포도, 체리와 식용대황 등). 이때 과육이 연한 과일(바나나, 딸기, 복숭아 등)은 소량만 넣고, 생강이나 다른 단단한 향신료, 허브와 함께 분쇄하는 것도 좋은 방법이다. 감귤류를 껍질까지 통째 썰어서 동량의 물을 넣고 분쇄한 다음, 즙을 내고 설탕을 추가하면 레모네이드와 비슷한, 신맛과 쓴맛이 모두 담긴 향긋한 음료가 된다.

풍미의 농축 ❶ 강한 열로 수분 제거하기

풍미가 액체 부분이 아닌 스펀지 같은 구조에 담겨 있을 때, 단단한 부분과 액체를 분리하는 것만이 그 풍미를 추출하고 진하게 만드는 유일한 방법은 아니다. 대부분의 식재료는 자연 그대로의 상태와 같이 수분의 비중이 크다(총부피의 30~85%).

물에 풍미가 없는 건 분명하므로, 재료의 수분을 제거하는 것도 풍미를 매우 효율적으로 농축하는 방법이다. 수분을 없애면 풍미 분자만 남아 농축된다. 재료의 수분을 없애는 방법은 여러 가지가 있다. 건포도, 말린 토마토나 파프리카처럼 재료를 햇볕에 말려 건조하는 것, 육수와 각종 소스처럼 오래 끓여서 수분을 증발시키는 것, 석류 농축액, 포도 페크메즈, 끓인 사이더처럼 물이 아닌 과일즙을 오래 끓여서 농축액을 만드는 것 등 친숙한 방법들이 포함된다.

끓이기

재료의 수분을 가장 빨리 제거하는 방법은 끓이는 것이다. 당연한 소리지만 이 방법은 액체의 풍미를 농축할 때 쓸 수 있다. 풍미를 진하게 만들고 싶은 액체를 냄비에 담고, 거품이 보글보글 올라올 때까지 가열하기만 하면 수분이 빠르게 증발한다. 단, 냄새 분자는 휘발성이므로 풍미에 영향을 주는 냄새 분자도 일부 함께 사라진다. 특히 냄새를 맡았을 때 가장 먼저 느껴지는 산뜻하고 옅은 향부터 증발한다. 그러나 남아 있는 냄새 분자도 많고, 단맛, 신맛, 감칠맛, 매운맛 등 (휘발성이 없는) 맛 분자가 내는 풍미는 크게 강화된다. 이때 쓴맛, 짠맛, 떫은맛(타닌의 맛이 아주 강한 레드와인을 한 모금 마셨을 때 혀로 키친타월을 핥은 것처럼 느껴지는 그런 맛)도 함께 강화되므로 주의해야 한다.

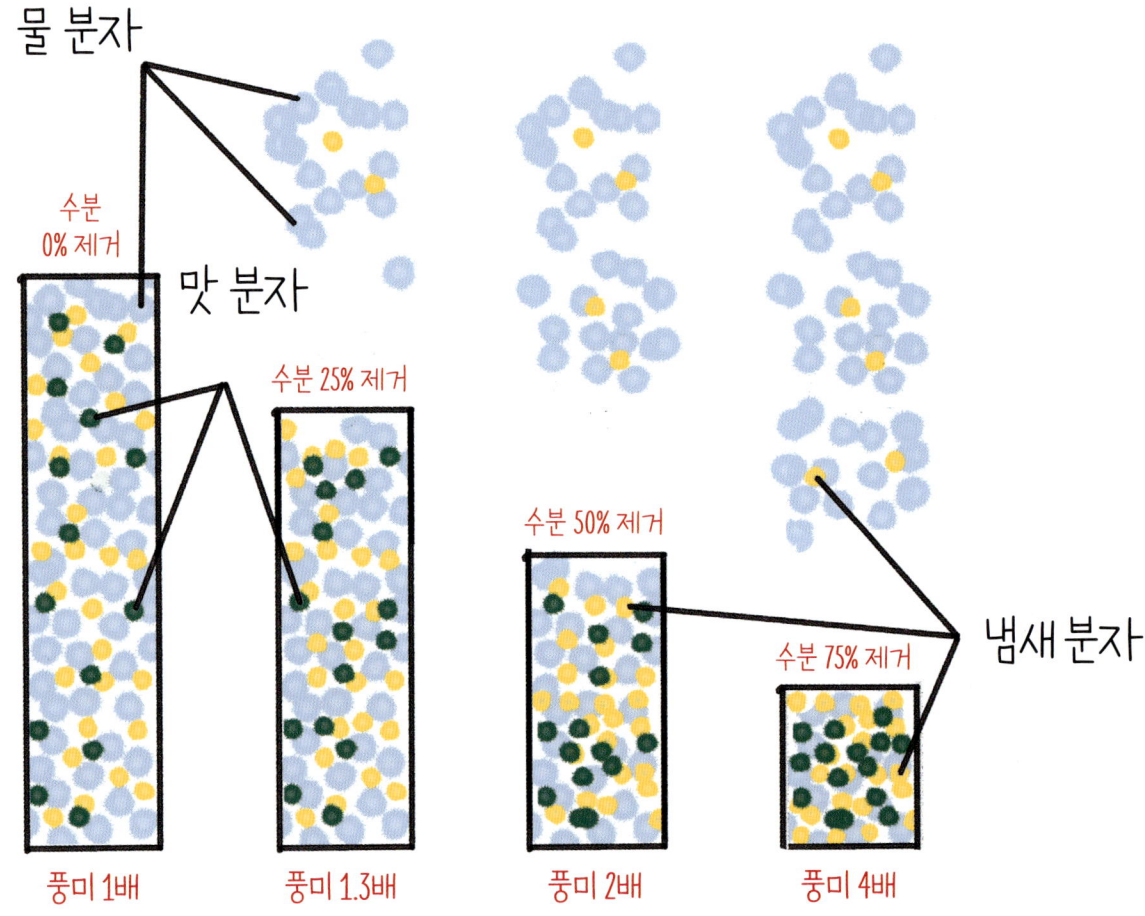

과일의 수분 제거하기

과일 농축액의 특성은 과일 조각을 배율이 아주 높은 돋보기로 살펴본 모습과 비슷한 점이 있다. 사과, 포도, 석류 등을 농축한 액체는 각 과일의 특징이 뚜렷하게 드러나지는 않지만, 세부적인 풍미, 특히 맛에서 나오는 풍미가 극도로 강하다. 과일 농축액에는 입안 전체를 코팅하듯 덮는 뻑뻑하고 부드러운 질감에 또렷한 단맛과 함께 입안 가득 침이 고이는 수준을 넘어 이가 덜덜 떨릴 정도로 강한 신맛이 담겨 있다.

문화적으로 각양각색의 소스가 등장했던 고대 로마에서 포도는 특히 중요한 소스 재료였다. 포도즙을

끓이고 졸여서 풍미를 농축한 음식들

- **과일즙:** 석류 농축액
- **과일 퓌레:** 사과 버터, 멤브리요^{membrillo}, 퀸스 페이스트), 토마토 페이스트
- **식물의 수액:** 메이플 시럽, 수수 시럽
- **알코올:** 졸인 와인
- **육수:** 두 배로 진한 육수, 데미글라스 소스, 졸인 육수

끓여서 수분을 증발시키고 산과 당분, 타닌, 그 외 풍미가 있는 부분만 남긴 포도 농축액도 사바와 데프루툼^{defrutum}, 두 종류가 있었다. 한 가지로는 부족했던 모양이다(사바는 포도즙을 처음 부피의 3분의 1이 되도록 졸인 것이고 데프루툼은 절반으로 졸인 것이다 – 옮긴이). 둘 다 농도가 시럽과 비슷하고, 단맛과 신맛이 모두 강했다. 고대 로마인들은 이 포도 농축액에 발효한 피쉬소스인 가룸^{garum}, 남플라$^{nam\,pla}$(태국의 정통 피쉬소스 – 옮긴이), 콜라투라^{colatura}(주로 앤초비로 만드는 이탈리아의 피쉬소스 – 옮긴이)와 비슷한 소스를 섞어 짠맛, 감칠맛, 신맛, 퀴퀴한 맛이 모두 나는 오에노가룸^{oenogarum}이라는 소스를 만들어서 지금의 케첩처럼 활용했다.

이탈리아인들은 지금도 사바나 빈코토를 고대와 거의 비슷한 방식으로 쓰지만, 오늘날 가장 많이 쓰이는 과일 농축액은 석류 농축액인 듯하다. 그냥 먹어도 새콤달콤한 맛이 진한 석류는 농축액으로 만들면 그 맛이 더욱 강해진다. 석류 농축액은 이란, 터키, 캅카스 지역의 수많은 요리에 쓰인다(주로 고기가 들어간 스튜의 진한 풍미를 누르는 역할을 한다). 포도와 석류 외에 무화과, 자두, 오디, 사과로 만든 맛있는 농축액도 요리에 두루 쓰인다.

🍴 과일 농축액 만들기

과일 농축액을 망치는 두 가지 요인은 과도한 펙틴과 과도한 열이다. 풀처럼 세포를 결합하는 물질인 펙틴은 모든 과일에 어느 정도 함유되어 있지만, 유독 많은 과일이 있다. 그런 과일은 수분을 제거하려고 졸이면 젤 같은 구조가 형성되어 농축액이 아닌 젤리나 잼, 과일 치즈가 된다. 또한 과일즙을 너무 센불로 가열하면 증발 속도가 빨라지고 갈색화가 촉진되어 아주 이상한 맛이 난다. 조리 시간을 단축해 효율을 챙기는 건 좋지만, 그 대가로 맛을 잃는다면 그다지 좋은 거래가 아니다.

과일 농축액은 새콤달콤한 과일의 묽은 즙을 수분의 4분의 3이 증발할 때까지 천천히, 인내심을 갖고 약불로 가열하면 완성된다. 애플 사이더, 포도즙, 석류즙은 모두 전통적인 과일 농축액의 재료이고, 그 외에 체리즙이나 토마토를 갈아서 걸러낸 즙, 너무 되직하지 않은 살구즙으로도 만들 수 있다. 비트즙과 당근즙도 농축액을 만들기에 좋은 재료다. 어떤 즙이든 오래 졸이면 신맛이 강해지는데, 비트와 당근즙도 예외가 아니다. 당도가 높은 즙을 졸이면 농축액의 단맛도 훨씬 강해진다. 호박즙과 고구마즙으로도 농축액을 만들 수 있으나, 즙 제품을 구하기 힘들면 직접 즙을 내서 끓여야 한다.

먼저 큰 소스 팬에 **과일즙 두 컵(475ml)**을 담고 약불~중불로 가열한다. 즙이 끓으려고 할 때 불을 약하게 줄이고, 끓어오르는 거품이 보일 듯 말 듯할 정도로 끓인다. 즙이 팬 바닥에 눌어붙지 않도록 간간이 저으면서 처음 부피의 4분의 3 정도가 증발하고 반 컵 정도만 남을 때까지 졸인다. 불을 끄고, 고무 주걱으로 전부 긁어서 플라스틱이나 유리 용기에 담아 보관한다(뚜껑을 꼭 닫고 냉장고에 두면 1개월까지 보관할 수 있다). 완성된 농축액은 샐러드에 넣거나(식초 대신 쓰면 된다), 양념이나 찜 요리에도 활용할 수 있다. 아이스크림에 뿌려 먹거나 탄산수와 섞어 음료로 마셔도 되고 타히니, 요구르트에 곁들여도 맛있다. 고추, 콜리플라워, 호박 등의 채소 요리에 가벼운 소스로 쓰기에도 좋다.

🍴 비트와 체리의 혼합 농축액

신맛이 강한 체리즙과 단맛이 엄청나게 강한 비트즙을 섞어서 농축액을 만들면, 시큼하면서도 흙 내음이 나는 단맛과 산뜻한 맛이 느껴진다. 나는 이 혼합 농축액을 만들 때 비트즙을 직접 만들어서 쓰기도 하고 시판 비트즙과 체리즙을 따로 사서 넣기도 한다. 몇 년 전부터는 슈퍼마켓 농산물 코너에서 비트와 다른 과일이 섞인 즙을 판매하기도 하는데, 그런 제품으로 만들어도 된다.

비트즙 한 컵과 1/3컵(총 315ml), 체리즙 2/3컵(160ml)(시판 제품을 사서 쓰는 경우 무가당 사워체리즙이 좋다)을 섞어 위의 과일 농축액 레시피대로 만들면 된다.

풍미의 농축 ❷ 저온 건조

과일과 같은 단단한 재료(라즈베리, 껍질을 벗기고 얇게 자른 감귤류, 토마토, 복숭아, 망고 등)는 약한 열을 더 오래 가해서 수분을 제거하는 방법으로도 풍미를 농축할 수 있다. 같은 방법으로 수분을 일부만 제거하면, 쫄깃한 식감과 진한 풍미를 함께 얻을 수도 있다. 그 좋은 예가 껍질을 벗긴 일본산 감을 반건조해서 식감이 연하고 쫄깃한 호시가키 hoshigaki (일본어로 '말린 감'이라는 뜻이며 그냥은 먹을 수 없을 만큼 떫은 하치야 Hachiya 라는 품종의 감으로 만든다. 공기가 잘 통하는 곳에 끈으로 매달아서 말리는 등 우리나라 곶감과 비슷한 방법으로 만든다 – 옮긴이)다. 재료의 수분이 거의 다 날아가고 부스러지는 상태가 될 때까지 말린 후 (입자가 거칠거나 고운) 가루로 빻아서 쓰기도 한다. 이렇게 말려서 분말로 만들면 풍미가 장기간 보존되며, 음식에 솔솔 뿌릴 수 있으므로 풍미를 정확하고 확실하게 조절할 수 있다(가장 대표적인 예가 고춧가루, 파프리카 가루이고 김치 가루, 올리브 가루, 절인 감귤류를 분쇄한 가루도 있다).

말린 올리브 가루
| 약 한 컵 분량 |

올리브를 말리면 퀴퀴한 냄새와 짭짤한 맛, 감칠맛 등 올리브 특유의 다채로운 풍미가 전부 강화된다. 올리브를 말려서 가루로 만들어두면 어떤 요리든 간편하게 뿌려서 올리브의 풍미를 더할 수 있다. 잘게 썬 올리브를 넣으면 다른 재료의 풍미와 확연히 대조되는 뚜렷한 풍미를 낼 수 있는 반면에 올리브 가루는 음식에 진한 올리브의 풍미를 베일처럼 씌운다. 둘 중 어느 쪽이 더 낫다고 단정할 수는 없고, 요리에 따라 더 어울리는 방법을 선택하면 된다. 나는 선택지가 넓은 게 좋다. 내가 추천하는 올리브 가루 활용법은 토마토나 버터가 듬뿍 들어간 파스타 소스에 뿌리거나, BLT 샌드위치나 참치샌드위치를 만들 때 빵 한쪽에 마요네즈를 바르고 그 위에 뿌리는 것이다. 데친 브로콜리나 깍지콩, 피자와도 잘 어울린다. 시금치나 케일을 마늘과 함께 익힐 때, 고기 종류와 상관없이 주물 냄비로 찜 요리를 할 때도 넣어보라.

만드는 양은 각자 알아서 정하면 된다. 평소 요리할 때 올리브를 얼마나 많이 쓰느냐에 따라 최대한 많이 만들어두거나 쓸 만큼만 만든다. 올리브 가루는 크기가 작고, 맛이 진하고, 씨가 제거된 올리브로 만드는 게 가장 좋다. 칼라마타 kalamata, 니수아즈 niçoise, 아르베키나 arbequina 올리브나 검은 올리브가 좋고, 수확 후 건조한 것이나 염장 후 오일에 절인 것 아무거나 괜찮다. 어떤 올리브든 구하기 쉬운 것으로 만들어도 된다.

물기를 충분히 제거한 올리브 1.5컵(200g)을 준비한다. 표면의 물기를 키친타월로 살짝 두드려 닦아낸다. 테두리가 있는 오븐 팬에 유산지를 깔고 올리브를 넓게 펼친다.

팬을 오븐에 넣고 온도를 90~95℃로 맞춘다. 올리브의 수분이 완전히 날아가고 잘 부스러지는 상태가 될 때까지 가열하되, 겉이 노릇하게 익지 않도록 60~90분마다 상태를 확인한다. 오븐의 공기 순환율에 따라 완전히 건조되기까지 2~8시간이 걸린다. 오븐을 작동하지 않고 팬만 넣은 후 오븐 문을 완전히 닫은 채로 하룻밤 동안 천천히 말려도 된다.

다 건조한 올리브는 열을 식힌 다음 푸드프로세서로 굵게 분쇄한다(또는 블렌더로 한 번에 조금씩 여러 번 분쇄해도 된다). 분쇄하기 전 푸드프로세서나 블렌더 용기에 물기가 없는지 반드시 확인하자. 완성된 가루는 습기가 닿으면 스펀지처럼 빨아들이므로 주의해서 보관한다. 용기 뚜껑을 꼭 닫고 빛이 닿지 않는 실온에 두고 4개월 내로 모두 사용한다.

Chapter 8
풍미 추출하기, 불어넣기

쓰고 남은 버터를 꼼꼼히 포장하지 않거나 별생각 없이 치즈, 마늘과 같은 용기에 담아서 냉장고에 넣어두었다가 그 버터를 다시 쓰려고 꺼내면, 치즈, 마늘, 냉장고 냄새가 잔뜩 배어 있다. 이 달갑지 않은 변화는 음식의 풍미가 얼마나 잘 추출되는지를 보여준다. 풍미 분자는 기회가 주어지기만 하면 원래 있던 곳(마늘, 치즈 등)에서 빠져나와 다른 곳으로 옮겨간다.

커피 원두나 닭 뼈를 그냥 씹어먹는 건 딱히 음식을 맛있게 즐기는 방법이라고 할 수 없지만, 원두와 닭 뼈에 담긴 풍미를 물로 추출하면 각각 에스프레소와 닭 육수라는 맛있는 음식이 생긴다. 풍미를 즐기는 아주 영리

풍미 분자의 이동

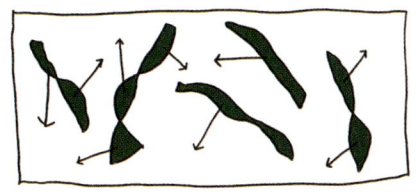

그리고

하고 기발한 방법이다.

풍미를 추출하는 것과 불어넣는 것의 주된 차이는 주체를 무엇으로 보느냐다. 즉 기계론적인 동전의 양면과 같다. 예를 들어 커피 원두로 커피 한 잔을 만드는 것은 원두의 향과 맛, 색소 분자를 뜨거운 물로 추출한다고 할 수도 있고, 원두의 이런 요소들이 뜨거운 물에 침출된다고 할 수도 있다. 어느 쪽이든 풍미 분자가 이동한다는 건 똑같다.

풍미 분자의 선택적인 이동

식재료는 거의 다 풍미 분자를 추출하거나 침출할 수 있다. 그러나 특정한 조건이 갖춰지면, 풍미 분자가 더 효과적으로 이동한다.

이유는 잘 모르겠지만, 내 생각에 미국 전체를 통틀어 뉴잉글랜드인들, 그중에서도 보스턴 사람들은 맛있는 아이스크림에 대한 기준이 극히 높고 애정도 엄청난 듯하다. 그중 한 사람인 나도 여름방학이 되면, 우리 지역의 또래들 대다수가 그랬듯 아이스크림을 실컷 먹으려고 아이스크림 가게에서 일했다. 그 시절 나는 특히 커피아이스크림에 푹 빠져 있었는데, 내가 일한 가게에서는 일반 커피아이스크림과 화이트 커피아이스크림 두 가지를 직접 만들어서 판매했다. 갈색과 진갈색이 섞인(커피에 우유를 조금 섞은 색) 일반 커피아이스크림은 커피를 아주 진하게 내려서 식힌 다음 베이스 아이스크림에 섞어서 만들었다. 화이트 커피아이스크림은 색은 그보다 훨씬 연한 베이지색이었지만 커피의 풍미와 쓴맛이 더 깊고 강했다. 이 화이트 버전은 커피 원두를 크림에 담가두었다가, 그 크림을 아이스크림과 섞어서 만들었다.

무엇이 달랐을까? 일반 커피아이스크림에는 물이 포함된 커피가 재료로 쓰였다. 원두의 여러 분자를 물로 추출하면, 커피의 향을 내는 일부 분자와 함께 화학적으로 물과 친화력이 큰 쓴맛, 신맛 분자도 많이 딸려 나온다. 그와 달리 원두의 풍미 분자를 크림으로 추출하면 그런 맛 분자가 덜 추출되고, 그 크림을 넣어서 만든 아이스크림도 쓴맛과 신맛이 덜하다. 냄새 분자는 화학적으로 물보다 지방과 친화력이 훨씬 크므로 향을 더 많이 내고 싶다면 크림(지방)으로 추출하는 게 좋다. 이처럼 풍미 분자마다 화학적인 친화성이 다르므로, 풍미 분자를 추출한 음식이나 재료의 전반적인 풍미도 추출하려는 분자의 화학적인 성질에 따라 달라진다.

서로 친해야 추출도 잘 된다: 간단 요약

	물(극성)	지방(비극성)
냄새 분자(비극성)	추출이 잘 안됨	추출이 아주 잘됨
맛 분자(극성)	추출이 아주 잘됨	추출이 거의 안 됨

서로 친해야 추출도 잘 된다: 친수성과 소수성

풍미를 추출하거나 불어넣을 때는 몇 가지 간단한 규칙만 기억하면 된다.

첫 번째 규칙은 '서로 친해야 잘 섞인다'는 것이다. 지방 분자와 물 분자는 성질이 전혀 다르다. 화학자들은 지방과 물이 잘 섞이지 않는 성질을 소수성疏水性이라고 한다. 비네그레트 드레싱을 만들면 오일과 물이 분리되는 것도 이런 성질 때문이다.

냄새 분자는 구조가 물보다 지방과 훨씬 비슷하므로 소수성이 약간 나타난다. 따라서 물로는 잘 추출되지 않고 지방과 오일에 훨씬 많이 추출된다.

소금, 설탕, 산과 같은 맛 분자는 구조가 물과 더 비슷하므로 친수성이 있고 물에 아주 잘 녹는다(그리고 지방에는 잘 녹지 않는다).

극성과 비극성

물 분자는 극성이고, 지방은 비극성이다. 극성 분자는 친수성이라 물과 잘 섞이고, 비극성 분자는 소수성이라 지방과 잘 섞인다. 모든 분자는 전자에 둘러싸여 있다. 날씨가 건조하면 머리카락과 집에 깔아둔 러그에서 정전기가 일어나 서로 들러붙고 만지면 찌릿한 느낌이 드는 것도 물체의 전하 때문에 일어나는 현상이다. 분자를 둘러싼 전자를 담요라고 한다면, 극성은 방금 자고 일어난 이부자리처럼 이불과 요가 한쪽으로 마구 쏠린 것 같은 상태 즉 전자가 불균일하게 분포해서 전하를 띄는 것이다. 이러한 극성 분자는 양극과 음극이 있는 자석처럼 다른 극성 분자를 끌어당겨 결합한다. 그러므로 극성은 '전자가 불균일하게 분포해 전자 층의 일부는 양전하, 일부는 음전하인 상태'를 간단히 줄인 말이라고 할 수 있다. 비극성은 깔끔하고 가지런하게 잘 정돈된 이부자리 같은 상태, 즉 전자가 불균일하게 분포한 부분이 없어서 전하를 띄지 않는다. 지방 분자는 바로 이런 상태다. 비극성 분자도 다른 비극성 분자와 결합할 수 있지만 극성 분자들 간의 결합보다 결합력이 훨씬 약하고 방향성도 없다. 극성 분자와 비극성 분자는 각각 자석과 벨크로라고 생각하면 편리하다. 자석은 자석끼리, 벨크로는 벨크로끼리 붙을 수 있지만 자석과 벨크로는 붙지 않는다.

냄새 분자의 기름진 포옹: 지방을 이용한 추출과 침출

로코코 양식이 절정에 달한 시기에, 향수 제조자들은 재스민, 월하향, 치자꽃 등에서 풍기는 극히 섬세한 향을 냉침법enfleurage으로 추출했다. 나무로 틀을 짠 유리판에 질 좋은 지방을 얇게 깔고, 그 위에 꽃을 송이째로 또는 꽃잎만 꾹 눌러 꽂아서 향이 지방으로 침출되도록 만드는 방식이었다. 꽃이 만개하는 시기에는 향수 제작소에 이런 나무 틀이 높이 쌓여 있었다. 향기가 다 빠져나온 꽃은 제거하고 새로운 꽃을 다시 꽂는 식으로, 판 전체에 꽃의 향기 분자를 서서히 가득 채웠다.

지방은 냄새 분자를 매우 효과적으로 추출한다.

음식에 들어 있는 풍미 분자든, 향수에 들어가는 향 분자든 마찬가지다. 지방과 냄새 분자는 비극성이라는 공통점이 있기 때문이기도 하지만, 지방 분자는 표면적이 넓어서 냄새 분자를 빙 둘러싼다. 이는 냄새 분자가 다른 데로 가지 못하게 만드는 효과가 있다.

이처럼 냄새 분자는 지방과 결합하므로, 냄새 분자가 내는 풍미도 지방에 담긴다. 묽게 끓인 맛있는 수프가 아직 뜨거울 때 파슬리 오일을 몇 방울 떨어뜨리거나, 면 요리를 먹기 직전에 큼직한 고추 조각이 섞인 빨간 고추기름을 조금 뿌리면 그런 사실을 확실하게 알 수 있다. 마찬가지로 버터를 바싹 태운 파와 섞으면 특별한 풍미가 버터 전체에 스미고, 이렇게 만든 버터를 빵에 바르면 그 향이 빵 전체에 퍼진다. 모두 지방에 담긴 특별한 풍미의 효과다.

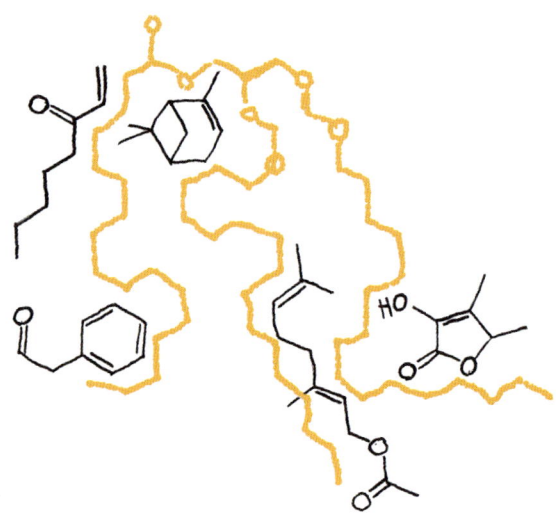

지방을 이용한 풍미 추출

풍미를 머금은 컴파운드 버터

브르타뉴는 명실공히 프랑스에서 버터에 가장 진심인 지역이다. 식품 역사가인 앨런 데이비드슨 Alan Davidson 은 브르타뉴산 치즈가 프랑스 다른 지역에서 생산된 치즈보다 유독 맛이 없는 이유는 이 지역 낙농장에서 나오는 원유原乳가 전부 치즈가 아닌 버터 만드는 크림의 원료로 쓰이기 때문이라고 설명했다. 장 이브 보르디에 JeanYves Bordier 의 유명한 버터도 브르타뉴에서 탄생했다. 많은 이들이 사랑하는 보르디에의 버터는 염도가 세 가지이며(무염, 반 가염, 가염), 버터가 반쯤 굳은 상태에서 유자나 바닐라빈, 라즈베리, 에스플레트 고추, 메밀 등을 섞어 단단하게 굳힌 컴파운드 버터 compound butter 다. 나는 특히 해초가 들어간 버터를 가장 좋아하는데 신선한 바다 내음이 나며 중독성이 강하다. 버터는 그냥도 맛있지만 이렇게 풍미를 더해도 맛있는 식재료가 된다. 지방은 향을 내는 분자를 최면이라도 건 것처럼 끌어당기는 힘이 있어서, 버터와 풍미 재료를 섞으면 그저 콕콕 박힌 장식에 그치지 않고 버터 덩어리 전체에 향이 가득해진다.

컴파운드 버터의 매력 포인트는 세 가지다. 맛있는 버터, 그 버터에 추가된 풍미를 즐길 수 있고 그 특별한 풍미를 좀 더 농축된 버전으로 즐길 수 있다는 점이다. 가장 많이 알려진 컴파운드 버터는 마늘과 파슬리가 들어간 뵈르 아 라 부기뇽 beurre à la bourguignonne (부르고뉴 버터)이다. 제품에 따라 버터 곳곳에 녹색이 점점이 보이는 것도 있고 아예 전체가 초록색인 것도 있는 등 색이 다양하다. 가장 정통적인 에스카르고 escargot 요리법은 이 버터를 녹여 달팽이 집 안쪽과 주변에 바른 다음에 굽는 것이다. 스테이크를 구울 때 큼직한 덩어리를 고기 위에 얹어서 소스처럼 곁들이는 컴파운드 버터인 카페 드 파리 버터^{café de paris butter}는 말랑한 버터에 송진 냄새와 풋내가 나는 잎이 연한 허브, 케이퍼, 골파, 커리 분말, 부추속 채소들, 겨자, 앤초비나 우스터 소스를 넣고 섞은 후 길쭉한 통나무 모양으로 굳혀서 만든다. 사실 나는 버터에 다른 재료의 풍미를 불어 넣는 것의 잠재성을 잘 이해하지 못했는데, 보르디에 버터를 접하고 생각이 완전히 바뀌었다.

컴파운드 버터는 버터가 물과 오일이 섞인 유제(에멀전)라는 점을 십분 활용한다. 구조적으로 완전히 안정적이지도 않고 불안정하지도 않은 이런 물질은 말랑말랑하고 변형이 가능하다(과학자들은 이런 성질을 '가소성'이라고 한다). 버터를 실온에 두면 부드럽고 말랑해지면서도 형태가 그대로 유지되는 것도 이런 성질 때문이다(그러나 녹아서 흘러내리면 원래 형태로 되돌릴 수 없다. 물과 지방이 섞인 구조가 무너지면 다시 고체로 만들어도 이전처럼 매끄럽고 유연한 질감이 아닌 군데군데 덩어리가 생긴다). 컴파운드 버터를 가장 맛있게 먹는 방법은 말랑할 때 빵에 발라 먹거나, 차가울 때 단단한 조각을 잘라 갓 완성된 요리에 얹어서 먹는 것이다. 그러면 음식의 열로 반쯤 녹아 흘러내리면서 부드러운 소스가 된다.

계피 라임 버터

| 약 한 컵 분량 |

이 버터는 모든 종류의 구운 고기는 물론 아귀, 황새치 같은 생선구이와도 잘 어울린다.

품질이 아주 좋은 무염 버터 약 225g을 말랑하게 녹여 중간 크기, 또는 큰 볼에 담는다. **잘게 간 라임 껍질 1.5큰술(12g), 계피 분말 2.5작은술(6g)을 넣고 입자가 고운 천일염을 0.5작은술(2.5g) 정도 평평하게 떠서** 넣는다. 골고루 섞은 후, 랩을 깔고 볼의 내용물을 전부 붓는다. 랩으로 감싸 돌돌 말아서 길쭉한 원통 모양으로 만든다.

꼼꼼하게 잘 감싸서 냉장고에 넣고 차갑게 굳힌다. 계속 냉장고에 보관하고 3주 내로 모두 먹는다.

카카오닙스 레몬 버터

| 약 한 컵 분량 |

이 버터를 풍미가 진한 브리오슈나 할라^{challah}(유대인들이 안식일 등 유대교 명절에 먹는 빵 – 옮긴이)에 곁들이면 평범한 빵이 달콤하면서 짭짜름한 디저트로 변신한다. 여름 호박, 겨울 호박과도 아주 잘 어울린다.

품질이 아주 좋은 무염 버터(가능하면 풀을 먹고 자란 소의 우유로 만든 발효 버터로!) **약 225g을 말랑하게 녹여서 중간 크기, 또는 큰 볼에 담는다. 코코아닙스는 살짝 볶아서 분쇄한 것으로 2큰술(20g) 넣는다. 입자가 고운 천일염을 숟가락에 평평하게 0.5작은술(2.5g) 떠서 넣고, 잘게 간 레몬 껍질 3g**(중간 크기 레몬 한 개 정도 분량)도 넣는다. 골고루 섞은 후, 랩을 깔고 볼의 내용물을 전부 붓는다. 랩으로 감싸 돌돌 말아서 길쭉한 원통 모양으로 만든다.

꼼꼼하게 잘 감싸서 냉장고에 넣고 차갑게 굳힌다. 계속 냉장고에 보관하고 3주 내로 모두 먹는다.

바싹 태운 대파 향 버터

| 약 한 컵과 1/4컵 분량 |

이 버터는 파와 버터를 섞어서 함께 태우는 게 아니라 파만 따로 태워서 만든다. 그러면 숯 향과 함께 바싹 구운 달콤한 양파의 풍미가 담긴 버터가 된다. 이 버터는 모든 빵과 잘 어울리지만, 특히 사워도우 빵이나 덴마크식 호밀빵에 곁들이면 맛있다. 새우와도 잘 어울린다.

작은 대파, 또는 중간 크기 대파 10~12뿌리를 준비한다. 바깥 껍질을 벗기고, 마르거나 너무 질긴 잎은 잘라낸다. 오븐 팬에 겹치지 않도록 담는다.

그릴을 켜고, 10분 정도 센불로 달궈서 전체를 아주 뜨겁게 만든다. 파가 담긴 오븐 팬을 열원과 30cm쯤 떨어진 칸에 끼운다. 잘 지켜보면서 1~5분 정도 굽다가 파의 겉이 검게 타기 시작하면 팬을 꺼내서 파를 뒤집는다. 다시 팬을 넣고 같은 방법으로 굽는다. 다 구운 파는 적당히 잘게 썬다.

볼에 잘게 썬 파를 모두 담고, **품질이 아주 좋은 무염 버터 약 225g을 말랑하게 녹여서 담는다. 입자가 고운 천일염을 숟가락에 평평하게 담아 0.5작은술(2.5g) 정도, 또는 입맛에 맞게 넣는다.** 랩을 깔고 볼의 내용물을 전부 붓는다. 랩으로 감싸 돌돌 말아서 길쭉한 원통 모양으로 만든다.
꼼꼼하게 잘 감싸서 냉장고에 넣고 차갑게 굳힌다. 계속 냉장고에 보관하고 일주일 내로 모두 먹는다.

풍미를 머금은 오일과 지방: 템퍼링, 고추기름 등

남아시아 지역에서는 요리의 첫 단계나 마지막 단계에 뜨겁게 달군 오일이나 기 버터에 향신료를 넣어 단시간에 풍미를 침출하는 방법이 많이 쓰인다. 이런 조리법, 또는 이렇게 만든 음식은 템퍼링tempering, 타드카tadka, 차운크chhaunk, 바가라baghaara 등 다양하게 불린다. 향신료는 아주 고운 입자로 분쇄해도 향을 내는 분자가 입자 하나하나에 담겨 있다가 서서히 방출되는데, 지방과 만나면 그러한 분자를 더 쉽게 추출할 수 있다. 따라서 템퍼링을 활용하면 향신료와 향신료의 향을 머금은 오일의 향과 열기, 색이 음식에 더 빠른 속도로 고루 퍼져서 그냥 향신료만 넣을 때보다 전체를 더 크게 감싸는 풍미가 생긴다.

    템퍼링으로 요리를 시작하는 경우, 향신료의 일부나 전체를 먼저 뜨겁게 달군 지방에 넣은 다음에 양파, 마늘, 생강, 액체 재료, 채소나 고기를 넣으면 된다. 이렇게 하면 풍미를 머금은 오일이 뒤이어 넣는 재료의 겉면을 감싸므로 요리 전체에 풍미가 더 효과적으로 퍼진다. 식재료는 대부분 수분이 많고 요리에 들어가는 소스도 마찬가지이므로(물, 요구르트, 토마토, 재료에서 나오는 수분 등) 템퍼링을 통해 오일에 먼저 풍미를 불어 넣으면, 수분이 많은 음식에 향신료를 추가하는 것보다 음식의 풍미가 훨씬 더 깊고 균일해진다.

    반대로 템퍼링을 음식이 완성된 후에 끼얹는 소스나 마무리 재료처럼 활용할 수도 있다. 깨끗한 팬에 오일이나 기 버터를 달군 다음 각종 향신료를 넣어 풍미를 추출한 뒤, 그 오일을 완성된 음식에 추가하는 것이다. 뜨거운 오일에 담긴 풍미가 들어가면서 음식의 향이 크게 향상되고, 한 입 먹을 때마다 그 풍미부터 느껴진다. 고춧가루, 커리나무의 잎, 소두구 같은 향신료나 겨자씨, 생강, 커민, 호로파, 참깨, 캐슈너트 등이 섞인 혼합 향신료 모두 이렇게 활용할 수 있다. 향신료 외에 음식에 풍미와 질감을 더할 수 있는 다른 재료에도 이 방법을 적용할 수 있다.

    냄새 분자가 지방과 만나면 잘 섞이는 성질을 활용해서 특별한 풍미가 추가된 오일도 만들 수 있다. 오일에 풍미 재료를 섞은 다음 풍미가 일부 추출된 재료를 걸러내지 않고 요리에 사용하면 풍미와 함께 그 재료의 식감도 더할 수 있다. 액상 오일과 건더기가 많은 소스의 중간쯤에 있는, 풍미가 깊고 기름진 소스가 되는 것이다. 실제로 전 세계 수많은 요리사가 이런 방법으로 재료의 풍미를 추출하고 요리에도 활용한다. 고추기름, 오일에 큼직한 고추 조각이 섞인 고추 양념, 생강과 대파로 향을 낸 기름, 살사 마차salsa macha(구운 고추, 마늘, 땅콩, 참깨 등 씹히는 재료가 가득 들어간 멕시코식 살사 – 옮긴이) 등이 그런 예다.

    내가 좋아하는 풍미와 식재료를 합쳐서 만든, 걸쭉하고 씹는 맛이 있는 몇 가지 소스 혹은 양념 레시피를 소개한다. 음식의 풍미를 더욱 강조하거나 대조되는 풍미를 추가하고 싶을 때 활용할 수 있으며, 특히 음식에 고추의 화끈한 매운맛이나 향신료의 향, 감귤류 껍질의 풍미를 더하고 싶을 때 요긴하다. 집을 나서기 직전에 마지막으로 향수를 허공에 뿌리고 그쪽으로 걸어가면서 몸 전체에 향을 입히는 것처럼, 요리 마지막 단계에 풍미를 한번 입히고 싶을 때도 이 오일이 제격이다.

🍴 고추, 박하, 참깨 향을 머금은 오일
| 약 2/3컵 분량 |

이 오일은 양고기, 후무스, 구운 가지에 곁들이면 정말 맛있다.

중간 크기 소스 팬에 **포도씨유 3/4컵(180ml)**을 붓고 중불로 가열한다. 기름이 끓으면 연기가 나기 전에 **참깨 9큰술(80g)과 우르파 고춧가루 3큰술(20g)**을 넣고 참깨가 살짝 갈색이 되도록 1~3분간 튀긴다. 재료를 건질 때 쓰는 구멍 뚫린 숟가락으로 참깨와 고춧가루를 건져서 산성 재료와 닿아도 반응하지 않는 금속제 볼에 담는다(알루미늄, 구리, 스테인리스가 아닌 재질의 조리도구는 표면에서 금속이 방출되어 음식과 반응할 수 있고, 특히 산성 재료와 반응해서 음식의 맛과 색이 변하기 쉽다 - 옮긴이).

건더기를 다 건져낸 기름에 **박하잎 2.5컵(30g)**을 통째로 넣고 5초 정도만 두었다가 구멍 뚫린 숟가락으로 바로 건져 볼로 옮긴다. 불을 끄고, 아직 뜨거운 기름에 **커민 1작은술과 3/4작은술(총 4g), 계피 분말 1작은술과 3/4작은술(총 4g), 굵게 다진 마늘 두 톨**을 넣는다. 마늘이 익고, 갈색으로 변하기 전에 앞서 팬에 담긴 내용물을 전부 볼에 붓는다.

기름이 아주 뜨겁지 않을 정도로 식으면 **양질의 올리브유 1/4컵(60ml), 잘게 다진 박하잎 1/4컵(10g)**을 넣는다.

냉장고에 보관하고 2~3일 내로 모두 사용한다.

매운맛의 특별한 차이

냄새 분자는 오일에 잘 섞이지만, 맛 분자는 물과 같은 극성이므로 대부분 오일과는 잘 섞이지 않는다. 그러나 매운맛 분자는 예외다. 매운맛은 맛이 아니라 촉각(통각)이고 그 감각이 (진짜) 미각, 후각을 동반한다는 점에서 이미 예외적이지만, 고추에 함유된 캡사이신, 흑후추의 피페린 같은 매운맛 분자들은 비극성이라 지방과 주 잘 섞인다. 이런 매운맛 분자들은 크기도 큰 편이며, 냄새 분자들과 달리 날지 못하는 덩치 큰 새들처럼 휘발성이 없다.

멕시코 베라크루스에서 탄생한 살사 마차는 대부분의 살사보다 훨씬 기름지고, 풍미가 진하고, 되직하다. 기본적으로 말린 고추(과히요, 안초, 훈연한 모리타 고추나 크기가 작고 매운 아르볼 고추chile de árbol)를 다량의 오일에 푹 재우듯이 섞은 양념이며, 땅콩, 참깨가 추가되기도 하고 식초나 오렌지즙 같은 산성 재료도 들어간다. 완성된 살사 마차는 층이 두 개로 나뉜다. 풍미가 강한 재료들과 견과류가 섞인 건더기는 가라앉고, 진한 적갈색 오일은 그 위에 떠 있다. 전체적인 질감과 신맛, 짠맛을 내는 성분은 전부 뻑뻑한 아래층에 가라앉고, 오일 층에는 천천히 태운 향신료와 견과류, 마늘, 고추에서 나온 향이 가득하다. 살사 마차는 쓰촨식 **고추 양념**과 공통점이 아주 많다. 이 고추 양념도 얼징탸오二荊条 고추 등 향이 좋은 말린 고추와 쓰촨 후추, 마늘, 샬럿을 뜨거운 기름에 익히고 건더기를 그대로 남겨서 씹히는 맛이 있고, 향이 극히 진하며 맵다. 완성된 음식에 얹는 용도보다는 달걀을 구울 때나 찜이나 소스를 만드는 첫 단계로 양파를 볶을 때 등 다양한 요리에 기본 양념으로 쓰인다. 홍요우紅油 로도 불리는 쓰촨식 고추기름에는 고추 양념에 향을 내는 재료의 일부가 동일하게 쓰이고 생강, 팔각, 고수도 들어간다. 고추기름은 고추 양념과 달리 건더기가 없다. 먼저 고추를 제외한 재료를 뜨겁게 달군 기름에 넣어 풍미를 우려내고, 건더기를 걸러낸 기름을 말려서 분쇄한 고추와 혀를 얼얼하게 만드는 쓰촨 후추 위에 바로 부어서 만든다. **생강·파 기름**은 향긋하면서도 고추가 들어간 기름처럼 입에 불이 나듯 맵지 않고 자극적인 풍미도 덜하다. 삶은 닭고기(전통적인 짝꿍이다), 구운 닭고기에 모두 잘 어울린다. 만드는 방법은 생강과 파를 각각 잘게 다지고 소금으로 간을 하고, 그 위에 뜨거운 오일을 부으면 된다. 기름과 닿자마자 생강과 파의 풍미가 침출되는 동시에 생강과 파는 흐물흐물해져서 전체적으로 잼과 비슷한 콩피confit (저온의 지방 또는 기름에 식재료를 푹 담가 장시간 익힌 다양한 음식을 가리킨다 - 옮긴이) 같은 질감이 된다.

시간, 온도, 표면적

풍미를 추출하거나 불어 넣는 것은 기본적으로 풍미 분자가 한 곳에서 다른 곳으로 이동하는 것이다. 군사 작전실에서 거대한 지도에 자그마한 배와 보병대 모형을 놓고 이리저리 밀면서 적절한 위치에 배치하는 것과 비슷하다. 냄새 분자가 지방과 아주 잘 섞인다는 점을 활용해서 기름을 용매로 삼아 냄새 분자의 풍미를 끌어내는 방법 말고도 원하는 풍미를 최대한 끌어내는 방법이 몇 가지 더 있다.

첫 번째는 **시간**을 활용하는 것이다. 분자의 이동은 자연적으로 일어나는 분자의 움직임에 의존한다. 이 움직임은 아기들이 특별한 목적 없이 허공에 허우적대는 팔다리의 움직임과 비슷하므로 분자가 이 무작위적인 움직임을 통해 우리가 원하는 쪽으로 가기까지는 (즉 확산하기까지는) 어느 정도 시간이 걸린다. 오래 기다릴수록, 원하는 곳에 닿는 분자도 많아진다.

두 번째는 **온도**를 활용하는 방법이다. 열은 분자가 움직이고 마찰하면서 발생한다. 따라서 온도는 분자의 움직임이 얼마나 빠른지를 나타내는 척도가 된다. 열이 많고 온도가 높을수록 분자는 더 빨리 움직인다는 의미다. 따라서 열을 가하면 분자가 확산하는 데 걸리는 시간이 줄어든다.

시간과 온도의 영향은 맞교환 방식으로 나타난다. 어떤 재료에 담긴 풍미를 얻으려고 열을 가하면 더 신속하게 풍미를 얻을 수 있지만, 노릇하게 익거나, 타거나, 산화(튀김 요리에 쓴 기름을 다시 쓰면 페인트 같은 냄새가 나는 이유다) 등 풍미가 변할 가능성도 커진다. 저온에서 추출하면 풍미 분자를 좀 더 부드럽게 끌어낼 수 있지만 원하는 풍미를 얻으려면 더 오래 기다려야 한다.

원두에서 커피를 어떻게 추출하는지 생각해보라. 보통 원두 알갱이에 물을 붓기보다는 원두를 잘게 갈아서 가루로 만든 다음에 물을 붓는다. 풍미를 추출하는 세 번째 방법은 이처럼 **표면적**을 활용하는 것이다. 원두에 담긴 풍미 분자들은 물과 직접 닿아야만 침출되며, 깊숙이 묻힌 풍미 분자가 자연적인 움직임으로 표면까지 나와야 그 풍미를 얻을 수 있다. 원두를 반으로 쪼개면 원래 원두의 중심부였던 부분이 밖으로 드러나 표면이 되므로 그 주변의 풍미 분자들이 표면까지 나오는 시간도 단축된다. 원두를 더 잘게 분쇄할수록, 작은 조각 하나하나에 담긴 풍미 분자와 표면까지의 거리는 더욱 짧아지고 표면으로 빠져나오는 풍미 분자도 훨씬 많아진다. 그래서 원두를 가루로 분쇄해서 물을 부으면 더 많은 풍미 분자를 더 단시간에 추출할 수 있다. 이 원리는 원두뿐만 아니라 모든 재료에 적용된다. 재료를 더 잘게 부술수록(절구나 분쇄기, 블렌더 등으로) 그 안에 든 풍미는 더 빨리, 더 남김없이 침출된다.

🍴 모리타 고추, 올스파이스, 오렌지가 들어간 고추 양념

| 1.5~2컵 분량 |

과일과 향신료, 훈연한 고추의 향을 모두 느낄 수 있는 고추 양념을 만들어보자. 건더기를 큼직하게 남겨서 씹히는 맛이 있는 양념으로 만들어도 되고, 푸드프로세서로 갈아서 건더기를 모래알 정도로 만들거나 아예 반죽처럼 만들어서 사용해도 된다. 이 양념은 쌀, 돼지고기, 아스파라거스 요리에 곁들이면 잘 어울리고, 구운 고구마에 요구르트를 조금 얹은 다음 곁들여도 맛있다.

중간 크기 소스 팬에 **땅콩유 한 컵**(240ml)을 붓고 중불로 가열한다. 기름이 끓기 시작하면 연기가 나기 전에 **말려서 씨를 제거하고 잘게 부순 모리타 고추 4큰술**(25g)을 넣고 바삭해질 때까지 1~3분간 튀긴다. 고추가 너무 진한 갈색으로 익기 전에 구멍 뚫린 숟가락으로 건져서 내열성 금속제 볼로 옮긴다. 고추를 건져낸 기름에 **얇게 썬 샬럿 한 컵**(100g)을 두 번 나눠서 튀긴다. 샬럿을 넣자마자 잔거품이 일면서 바로 튀겨지도록 기름 온도를 잘 맞춰야 한다. 튀기면서 계속 젓는다. 수분이 날아가고 노릇한 갈색을 띠면서 바삭해지면 구멍 뚫린 숟가락으로 건져 고추가 담겨 있는 볼로 옮긴다.

튀긴 고추와 샬럿이 담긴 볼에 **잘게 다진 피칸 13큰술**(100g),

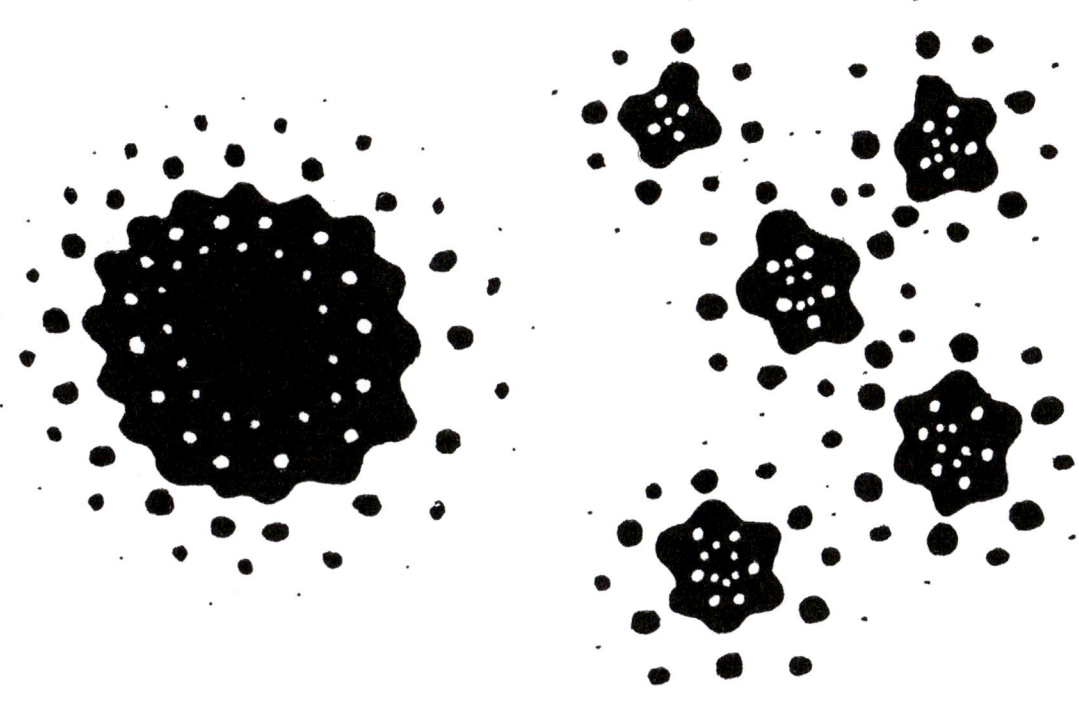

다진 마늘 1큰술(8g), 올스파이스 열매 8개(살짝 부순 것), 커민 씨앗 1작은술(2.5g)을 넣는다. 그 위에 뜨거운 기름을 붓는다. 모든 재료가 잠깐 지글지글 익다가 곧 잠잠해진다. 기름이 조금 식고 볼에 손을 겨우 댈 수 있을 정도로 아직 뜨거울 때, **잘게 간 오렌지 껍질 3큰술(25g)**을 넣는다. 뚜껑을 덮어서 냉장고에 보관하고 2주 내로 모두 사용한다.

절인 고추, 앤초비, 세이지, 아몬드 오일

| 약 한 컵과 3/4컵 분량 |

부드럽게 매운맛, 톡 쏘는 향, 퀴퀴한 냄새가 특징인 이 오일은 피자나 간단한 재료로 만든 파스타에 곁들이면 정말 맛있다. 중간 크기 소스 팬에 **포도씨유 3/4컵(180ml)**을 붓고 중불로 가열한다. 기름이 끓기 시작하면 연기가 나기 전에 **굵게 다진 아몬드 1/3컵(45g)**을 넣고 노릇한 갈색이 되도록 2~5분간 튀긴다. 구멍 뚫린 숟가락으로 아몬드를 건져낸다.
아몬드를 모두 건져낸 기름에 **세이지 잎 3/4컵(15g)**을 넣고 잎이 바삭해질 때까지 1~3분간 튀긴다. 너무 진한 갈색이 되지 않도록 주의해야 한다. 튀긴 잎도 구멍 뚫린 숟가락으로 건져낸다.
같은 기름에 **앤초비 두 덩어리**를 넣고 튀기다가 약간 부스러질 정도로 익으면 **마늘 5톨을 잘게 다져서** 넣는다. 계속 튀기다가 마늘이 연하게 익으면 불을 중불~약불로 줄인다. **발효한 절인 고추를 건져(잘게 다져서) 한 컵과 2큰술(총 225g)** 분량을 기름에 넣는다. 고추, 마늘, 앤초비, 기름이 모두 어우러지고 고추가 아주 연하게 익을 때까지 가열한다. **좋은 품질의 레드와인 식초나 셰리 식초 2큰술(30ml)**을 넣고, 거품이 보글보글 올라오면 15초 정도 그대로 두었다가 불을 끈다.
산성 재료와 반응하지 않는 금속제 볼에 기름과 익힌 재료를 전부 붓는다. 앞서 건져낸 세이지 잎과 아몬드도 넣고, **양질의 올리브유 1/4컵(60ml)**을 추가한다. 전부 잘 섞는다.
냉장고에 보관하고 2주 내로 모두 사용한다. 건더기를 걸러내지 않는 경우, 만든 직후에 다 써야 한다.

딜, 대파, 헤이즐넛 오일

| 약 2컵 분량 |

이 오일은 닭 요리나 만두, 간단한 닭구이, 콜리플라워나 햇감자 요리와 아주 잘 어울린다.

중간 크기 소스 팬에 **포도씨유 3/4컵(180ml)**을 붓고 중불로 가열한다. 기름이 끓기 시작하면 연기가 나기 전에 **다진 헤이즐넛 9큰술(80g)**과 **다진 대파 2.5컵(120g)**을 넣는다. 헤이즐넛이 약간 갈색을 띠고 대파가 약간 바삭해질 때까지 1~3분간 튀긴다. 불을 끄고, **회향 씨앗 2큰술(15g)을 바로 분쇄**해서 넣는다.

산성 재료와 반응하지 않는 금속제 볼에 **잘게 다진 딜 잎 3컵과 1/3컵(총 100g), 다진 마늘 1.5작은술(4g)**을 넣고 **흑후추를 10~20회 갈아서** 넣는다. 헤이즐넛, 대파, 회향 씨앗을 넣은 오일이 아직 뜨거울 때 볼에 붓는다. 딜의 숨이 죽고 마늘이 익으면 그대로 식힌다. 볼에 손을 댈 수 있고 적당히 따뜻한 정도로 식으면, **양질의 올리브유 1/4컵(60ml), 레몬즙 1큰술(15ml)**을 넣는다.

밀폐용기에 담아 냉장고에 보관하고 일주일 내로 모두 사용한다. 건더기를 걸러내지 않는 경우, 만든 직후에 다 써야 한다.

건더기 없이 풍미만 남긴 맑은 기름

풍미가 진한 액상 오일은 풍미의 추출, 재료를 걸러내는 단계에 더 많은 노력이 필요하다는 점에서 컴파운드 버터나 다른 재료의 풍미를 불어 넣은 지방, 오일에서 한 단계 더 나아간 것이라고 할 수 있다. 기본적으로는 나무틀이 있는 유리판만 없을 뿐 앞서 향수 제조법으로 소개한 냉침법과 동일하다. 풍미만 진하게 녹은 순수한 액상 기름은 어떤 재료와도 간편하게 혼합할 수 있고, 음식에 휙 두르기만 해도 풍미를 편리하게 더할 수 있다. 또한 식감에 영향을 주지 않고, 쓴맛이나 불쾌한 맛도 거의 나지 않는다. 향이 나는 재료는 거의 다 오일로 향을 추출할 수 있다. 그대로는 너무 딱딱해서 먹기 힘든 커피 열매를 볶아서 원두로 만들고 커피를 추출하는 것처럼, 풍미가 좋지만 질감의 특성상 그대로는 먹기 힘들거나 풍미를 얻기 힘든 재료는 이처럼 오일로 풍미를 추출하는 방법이 적합하다. 이 원리를 활용하면 훈연기가 없어도 훈제한 듯한 향을 낼 수 있다.

훈제 오일 만들기

나는 훈제 음식 특유의 풍미를 정말 좋아한다. 문제는 주방에 환기 설비가 있어도 없는 거나 다름없는 도심의 비좁은 아파트에 살면서 연기를 피우는 건 불가능하다는 것이다. 이 레시피는 침실에 설치된 연기 감지기가 주방에서 나는 연기에도 반응하는 원룸형 아파트에 살던 시절, 집에서 훈제는커녕 연기가 나는 음식은 일절 만들지 못할 때 개발했다.

어릴 때 우리 아버지가 거의 매일 마시던 홍차인 정산소종正山小種(랍상소우총이라고도 한다)은 중국 푸젠성이 원산지다. 소나무로 불을 피운 연기에 찻잎을 말려서 만들며, 차를 우리면 아주 진한 훈제 향과 함께 허브와 퀸스의 향도 살짝 느껴진다(퀸스에 함유된 노르이소프레노이드 분자들의 일부가 이 홍차에도 들어 있다. 160쪽 참고). 차에 함유된 타닌과 떫고 쓴맛을 내는 성분은 오일에 잘 녹지 않으므로, 정산소종의 풍미를 오일로 추출하면 향이 나는 분자만 대부분 추출될 것 같다는 생각이 들었다.

정말 그런지 직접 만들어보니, 불을 피워서 훈제한 음식 특유의 향이 진하게 나고 풍미의 균형도 아주 좋은 오일이 되었다. 타르타르 같은 생고기나 염장한 육류, 토마토 샐러드와도 잘 어울리지만, 나는 콩피를 만들 때나 기름에 재료를 익히는 요리에 훈제 향을 더하고 싶을 때도 이 오일을 쓴다.

찻잎과 오일의 양은 각자 필요에 맞게 줄이거나 늘리면 된다. 나는 부피를 기준으로 찻잎과 오일이 8대 1의 비율일 때가 딱 마음에 든다. 풍미가 더 진하게 농축된 오일을 만들고 싶다면 냉침법의 원리를 적용하자. 즉 기름에 찻잎을 담가 향을 우려낸 다음, 잎을 제거하고 그 기름에 다시 새 찻잎을 담가서 우려내면 된다. 좀 더 실험 정신을 발휘해보고 싶다면 포도씨유와 참기름을 섞거나 달콤하고 색이 연한 올리브유, 풍미가 진하고 색도 진한 녹색인 호박씨 오일 등 다양한 풍미의 오일을 써보자.

정산소종 찻잎을 준비한다(티백이 아닌 잎차). **찻잎 부피의 8배에 해당하는 포도씨유나 양질의 카놀라유를 찾잎과 함께** 블렌더로 분쇄한다. 잎이 잘게 갈릴 때까지 분쇄한 후 냉장고에 이틀간 둔다. 면포나 깨끗한 행주(기름에 젖어도 괜찮은 것)로 찻잎을 걸러낸다. 완성된 기름은 냉장고에 보관하고 2개월 내로 모두 사용한다. 냉동실에 보관하면 기간에 제한 없이 쓸 수 있다.

| 참고용 비율 |
- 기름 한 컵당 찻잎을 숟가락에 수북이 2큰술 넣는다.
- 기름 750ml(일반적인 와인 한 병)당 찻잎 6~7큰술을 넣는다.
- 기름 약 1L당 찻잎을 숟가락에 수북이 8~9큰술 넣는다.

훈제 오일로 저온 조리한 생선

훈제 오일과 저온 조리법만 있으면 화재 탐지기가 울릴 염려 없이 훈제 향이 그윽하고 촉촉한 단백질 요리를 만들 수 있다. 이 레시피는 훈제하지 않고 훈제 연어를 만드는 방법이며 고등어, 참치 등 다른 생선에도 적용할 수 있다. 홍합, 북극 곤들매기, 대구나 넙치 같은 흰살생선, 새우도 가능하다.

물이 계속 순환하면서 온도가 일정하게 유지되는 요리용 항온 수조가 있으면(아노바^{Anova} 제품 등), 기름을 적게 사용하면서 더 맛있는 생선 요리를 만들 수 있다(이런 조리도구가 없어도 일반 냄비와 온도계, 예리한 두 눈으로 대체할 수 있다).

훈제 오일 대신 특유의 향이 강한 올리브유, 마늘과 타임 오일, 라스 엘 하누트의 풍미를 머금은 오일 등 풍미가 진한 다른 오일을 써도 된다. 양파를 구운 기름, 심지어 오리 기름 같은 동물성 지방 등 평소에 많이 쓰는 오일도 좋다.

뼈를 발라낸 큼직한 생선 살을 원하는 양만큼 준비하고(한 끼 식사로는 1인당 170~255g 정도가 적당하다), 요리하기 한 시간 전쯤 냉장고에서 꺼내서 생선을 익힐 팬에 담아 실온과 같은 온도로 만든다. **소금과 후추도 속까지 스미도록 미리 뿌린다.**

✔ 가스레인지나 오븐을 이용한 저온 조리

생선을 구울 팬은 생선 살이 최대한 겹치지 않으면서도 비어 있는 공간이 거의 없는 크기가 좋다. 팬을 클수록 기름이 많이 들어가기 때문이다. 타원형 주물 냄비나 오븐에도 넣을 수 있는 깊은 파이용 팬, 깊은 프라이팬을 써도 된다.

오븐을 75~80℃로 예열한다(최저 온도가 90℃라면 거기에 맞춘다). 너무 넓지 않은 주물 냄비에 **훈제 오일**(244쪽 참고) **945ml**를 붓고 가열한다. 요리용 온도계로 확인하면서 냄비나 팬 전체가 달궈지고 기름 온도가 50~52℃가 될 때까지 가열한다(오븐에 넣으면 알아서 냄비도 달궈지지만, 가스레인지를 쓰는 경우 아주 약한 불로 가열해야 한다).

기름이 적정 온도가 되면 생선을 넣고 20분간 익힌다. 전체적으로 다 익되, 살이 불투명해지고 단단해지기 전에 건져야 한다. 바로 먹지 않고 보관하는 경우, 밀봉 포장해서 냉동실에 두고 6개월 내로 다 먹는다. 냉동해둔 생선은 같은 방법으로 기름에 저온으로 익혀서 먹는다. 바로 먹는 경우 키친타월로 살짝 두드려 기름을 닦아낸다.

✔ 항온 순환 수조를 이용한 저온 조리

수조가 있으면 기기에 딸린 플라스틱 용기에 물을 채우고 물 순환 장치를 작동시켜 물 온도를 50~52℃로 맞춘다. 수조가 없으면 큰 냄비에 물을 담고 가열하면서 온도계로 수온을 확인한다. 냉동실용 지퍼락이나 진공 포장기용 비닐에 생선을 겹치지 않게 넣고, **훈제 오일 한 컵(200g)**을 붓는다.

챔버식 진공 포장기가 아닌 푸드세이버^{FoodSaver} 제품 같은 일반 진공 포장기는 기계가 비닐 내부의 액체까지 빨아들이므로 물기가 있는 재료는 밀봉하기가 어렵다. 지퍼락을 이용하는 경우, 입구를 95% 닫고 손톱만큼 틈을 남겨서 비닐 내부의 공기를 밀어서 빼낸다. 그 상태로 생선이 담긴 비닐을 물이 담긴 냄비나 수조로 가져가서 길게 세워 입구가 열린 쪽을 손으로 쥐고 반대쪽 끝만 물에 담근다. 그대로 천천히 물에 밀어 넣으면 내부의 공기가 지퍼가 열린 틈으로 더 빠져나온다. 열린 부분이 물에 닿기 직전에 재빨리 지퍼를 완전히 닫으면 내부의 공기를 최대한 제거할 수 있다.

비닐에 담긴 생선을 35분간, 또는 전체적으로 다 익되 살이 불투명해지지 않을 정도로 익힌다. 적당히 익으면 비닐을 제거하고, 위에 설명한 것처럼 냉동 보관하거나 바로 먹는다.

풍미 좋은 오일을 만드는 기본적인 방법

- 허브, 향신료 등 풍미를 침출할 재료를 선택한다.
- 특별한 향이 없는 오일에 선택한 재료를 무게 기준 5대 2의 비율로 섞는다.
- 오일과 풍미 재료를 블렌더에 함께 넣고 분쇄한다.
- 용기에 옮겨 담고, 산소가 닿지 않도록 밀봉한다.
- 1~2시간 정도 적당히 따뜻한 온도에 두었다가(뒤에 자세한 방법과 온도에 관한 설명이 나온다) 냉장고나 빛이 들지 않는 서늘한 곳에 두고 1~2일간 풍미를 더 추출한다.
- 풍미 재료를 걸러낸다. 체에 아주 깨끗하고 얇은 키친타월을 걸치고 한 번 걸러낸 다음 커피 필터로 한 번 더 거르면 필터가 막힐 염려 없이 풍미 재료를 수월하게 제거할 수 있다.

풍미 좋은 오일 만들기: 상세 가이드

오일에는 마음에 드는 향과 풍미를 재료의 질감과 상관없이 담아낼 수 있다(훈제 향이 나는 차의 풍미를 오일에 불어 넣는 것처럼). 오일과 합쳐진 풍미는 반듯하게 펼쳐진 담요처럼 오일에 부드럽게 퍼진다.

　　　레시피대로 요리하면 세세한 부분까지 정해져 있어서 창의력을 발휘하기 힘들지만, 때로는 그런 제약이 요리의 전체적인 개념과 요리 기법을 가장 확실하게 이해하는 길이 되기도 한다. 요리사인 나는 어떤 레시피의 핵심을 파악하고 나면 변화를 어디까지 줄 수 있는지 정하려고 한다. 레시피의 테두리를 벗어나서 재료의 폭을 최대한 넓힌다면 무엇에 주의해야 하고 어떤 부분을 조정해야 하는지 찾는 것이다. 오일로 다른 재료의 풍미를 추출하는 것은 그런 확장성을 시험하기에 아주 좋다. 풍미 좋은 오일을 만들 때 지켜야 하는 몇 가지 기준을 지키면서 각자가 선호하는 방식, 또는 지금 가진 재료에 맞게 조정해보면, 자신에게 가장 알맞고 마음에 드는 길을 찾을 수 있다.

　　　오일에 불어넣고 싶은 풍미가 어떤 형태의 재료에 담겨 있든, 지금부터 설명할 내용이 그 풍미를 가져올 방법을 찾는 좋은 출발점이자 가이드가 되기를 바란다. 오일이 꺼끌꺼끌한 질감이 되는 건 원치 않는다면 향신료와 허브를 풍미 재료로 쓰는 게 좋다. 오일로 침출하면 수분과 효소의 작용으로 재료가 빠르게 산화해서 눅눅한 풍미가 생길 걱정을 하지 않아도 되므로, 허브의 가장 신선한 풍미를 고스란히 가져올 수 있다. 허브의 풍미가 담긴 오일의 선명하고 또렷한 녹색과 영롱한 투명함, 깔끔한 향은 음식에 뿌려보면 확실하게 드러난다. 각종 허브를 분쇄한 허브 소스와는 다른 매력이 있고, (냉장고나 냉동고에 보관하면) 오래 즐길 수 있다는 장점도 있다. 나는 장미 꽃잎의 향을 오일로 추출하기도 하고, 참나무 조각이나 랍스터 껍질, 다시마를 구워서(113쪽 참고) 그 풍미를 오일에 담아 요리에 활용한다.

　　　딜, 소나무, 무화과잎의 풍미를 가득 머금은 오일을 육수나 음료, 아이스크림에 몇 방울 떨어뜨리면 이런 허브를 잎째 곁들일 때와는 차원이 다른 풍미를 경험할 수 있다. 오일에 녹은 풍미는 혼자 도드라지거나 강한 느낌보다는 음식의 전체적인 풍미 중 하나인 것처럼 스며든다. 요리 마지막에 참기름을 두르는 것과 참깨를 뿌리는 것의 차이와 같다.

　　　내가 소개하는 레시피는 특정 재료에 맞춰져 있지만, 오일에 풍미를 잘 담아낼 수 있는 공통적인 팁은 이렇다. 재료가 가진 풍미를 오일로 최대한 가져오려면, 오일의 양을 (무게 기준) 재료의 두 배에서 다섯 배로 맞춘다. 풍미를 가져올 재료는 잘게 분쇄해서 오일과 접촉하는 표면적을 넓히고, 재료와 오일을 섞은 후에는 잘 휘저어서 추출 속도를 높인다. 오일은 산소와 닿지 않도록 입구가 좁은 용기에 담아서 밀봉하거

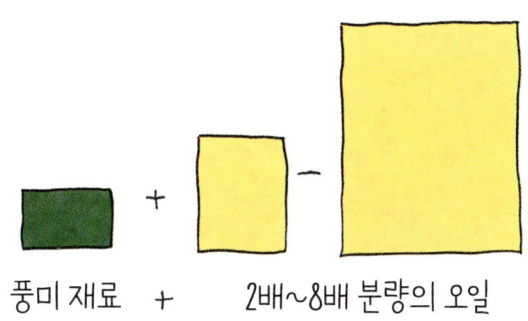

풍미 재료 + 2배~8배 분량의 오일

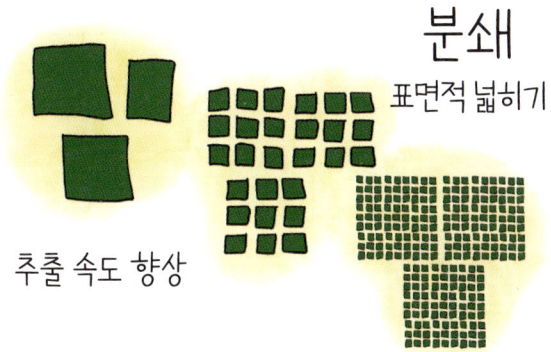

분쇄
표면적 넓히기
추출 속도 향상

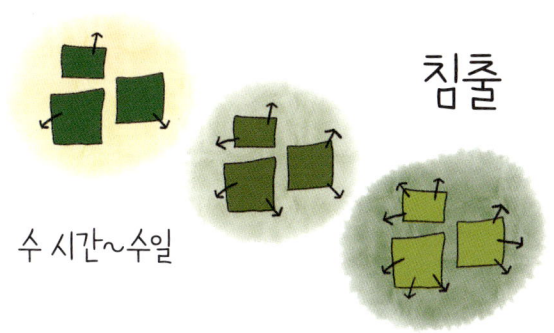

침출
수 시간~수일

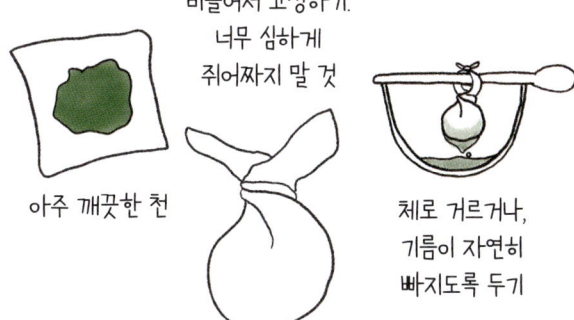

비틀어서 고정하기.
너무 심하게
쥐어짜지 말 것
아주 깨끗한 천
체로 거르거나,
기름이 자연히
빠지도록 두기

나 입구에 비닐을 팽팽하게 당겨 씌운다. 풍미가 추출되는 동안에는 한두 시간 정도 따뜻한 곳에 둔다. 나는 보통 하루나 이틀간 추출하고, 그 뒤에는 계속 냉장고에 보관한다.

풋내가 나는 연한 허브, 또는 향기로운 허브의 풍미가 담긴 오일: 살짝 데치기, 저온 유지

허브는 잎이 연하고 잘 으깨지므로 표면적을 최대한 넓혀서 풍미를 추출하기에 좋은 재료다. 잎이 연할수록, 또한 잎을 더 잘게 분쇄하고 짓이길수록 잎의 세포에 담긴 물질들도 더 많이 흘러나온다. 이때 풋내(처음에는 방금 깎은 풀 냄새가 나다가 시간이 지나면 어제쯤 깎은 풀 냄새로 바뀐다)와 산화된 냄새를 만드는 효소들까지 오일로 옮겨오지 않으려면(이런 냄새는 없는 게 좋다), 허브를 끓는 물에 잠깐 데쳐서 그러한 효소의 활성을 없애면 된다.

이 추출 방식은 딜, 파슬리처럼 잎이 연하고 풋내가 나는 허브나 바질, 타라곤, 박하, 차조기, 처빌, 레몬 버베너 등 잎이 부드럽고 향기로운 허브에 가장 알맞다(풋내가 나는 잎이 연한 허브와 향기로운 허브에 관한 설명은 206쪽과 208쪽에 자세히 나와 있다). 송진 냄새가 나는 허브의 풍미를 오일로 침출하는 방법은 바로 뒤에 나온다.

큰 볼에 **얼음물**을 미리 준비하고, 큰 냄비에 물을 끓인다. 물이 끓으면 **잎이 연하고 풋내가 나는 허브** 또는 **향기로운 허브**를 넣고 물에 푹 잠기도록 해서 30초간 데친 후(녹색이 선명해질 때까지만 두어야 하며 잎이 익어버리거나 숨이 죽으면 안 된다) 재빨리 건져서 곧바로 얼음물에 넣어 잔열을 없앤다. 열기가 빠진 허브는 키친타월로 살살 물기를 닦아낸다. 오일과 섞어야 하므로 물기를 최대한 없앤다.

허브 무게를 재고, 그 두 배 분량의 오일을 허브와 섞어 분쇄해서 퓌레로 만든다. 지퍼백에 담고 손으로 밀어내서 비닐 내부의 공기를 제거하거나, 뚜껑 있는 용기에 옮겨 담은 후 입구에 비닐을 덮는다. 그대로 냉장고에 넣고 하룻밤 동안 침출한 다음 잎을 걸러내고 오일만 밀폐 용기로 옮긴다. 냉장고에 보관하면 최대 2주, 냉동 보관하면 1년까지 두고 사용할 수 있다.

🍴 송진 냄새가 강한 허브의 풍미가 담긴 오일: 가열

잎이 억센 허브(로즈메리, 오레가노, 세이지, 타임, 마조람)는 더 강한 힘과 더 높은 온도로 처리해도 된다. 재료에 열을 가하면 추출 속도를 높일 수 있으므로 산화가 일어나 눅눅한 냄새가 생길 가능성을 크게 줄일 수 있다.

송진 냄새가 나는 허브의 무게를 재고, 그 두 배 분량의 오일을 섞어 분쇄해서 퓌레로 만든다. 지퍼백에 담고 손으로 밀어내서 비닐 내부의 공기를 제거하거나, 뚜껑 있는 용기에 옮겨 담은 후 입구에 비닐을 덮는다. 항온 수조가 있으면 80~90℃로 맞추고, 없으면 냄비에 물을 끓이면서 온도계로 수온을 확인하며 같은 온도로 맞춘다. 물이 적정 온도가 되면 불을 끄고 퓌레가 담긴 지퍼백이나 밀폐용기를 넣어 1~2시간 동안 두었다가 냉장고로 둔다. 하룻밤 동안 침출한 다음 잎을 걸러내고 오일만 밀폐용기로 옮긴다. 냉장고에 보관하면 최대 2주, 냉동 보관하면 1년까지 두고 사용할 수 있다.

🍴 광택이 나고 향이 강한 잎의 풍미가 담긴 오일

향이 좋고 광택이 나는 잎(솔잎, 라임잎, 무화과잎, 블랙커런트 잎, 월계수 잎, 커리나무 잎, 아보카도 잎, 복숭아잎, 파촐리잎, 심지어 유기 재배된 고품질 건조도 풍미 재료가 될 수 있다)에는 매우 특별한 풍미가 있지만, 그 풍미가 담긴 '잎 오일'을 만들고 싶어도, 잎이 워낙 질기고 억세서 풍미를 추출하기가 쉽지 않을 수 있다. 유별난 입맛이라고 할지도 모르지만, 무화과잎의 풍미가 담긴 오일만 하더라도 공들여 뽑아낸 허브 향과 과일의 향, 부드러운 풍미가 얼마나 매혹적인지 모른다. 특히 판나코타에 살짝 뿌리거나 진이 들어간 술, 아이스티에 무화과잎 오일을 두어 방울 떨어뜨리면 정말 잘 어울린다(오일이므로 음료와 섞이지 않아서 마시는 내내 오일의 존재감이 뚜렷한데, 꼭 촉각처럼 느껴져서 아주 매력적이다).

풍미를 추출할 잎의 무게를 측정하고, 그 두 배 분량의 **오일**과 함께 성능 좋은 블렌더에 넣고 분쇄한다. 두꺼운 지퍼백에 옮겨 담고 비닐 내부의 공기를 손으로 밀어내서 제거하거나, 뚜껑이 있는 용기에 담고 비닐로 입구를 팽팽하게 덮는다. 냄비에 온수나 찬물을 채우고 끓이면서 온도계로 수온을 60℃에 맞춘다. 적정 온도가 되면 잎과 오일 혼합물이 담긴 지퍼백이나 냄비에 넣고 한 시간 정도 두었다가 냉장고로 옮긴다. 하룻밤 동안 침출한 다음 잎을 걸러내고 오일만 밀폐 용기로 옮긴다. 냉장고에 보관하면 최대 2주, 냉동 보관하면 1년까지 두고 사용할 수 있다.

🍴 향신료의 풍미가 담긴 오일

밀도가 높은 말린 향신료(흑후추, 생강, 커민, 캐러웨이, 정향, 계피, 올스파이스, 소두구, 핑크페퍼 등)는 잎보다 더 많은 열을 견딜 수 있다. 실온이나 그보다 약간 따뜻한 온도에서 풍미를 천천히 침출해도 되지만, 나는 성질이 급해서 주로 뜨겁게 달군 오일로 추출한다. 가람 마살라, 라스 엘 하누트, 아드비아, 시치미 토우라가시처럼 여러 향신료가 섞인 혼합 향신료도 같은 방법으로 풍미를 추출할 수 있다. 향신료는 허브보다 수분이 훨씬 적어서 함께 분쇄하면 반죽 같은 질감이 아닌 기름이 잔뜩 묻은 모래와 비슷해지므로, 오일을 더 넉넉하게 넣는 게 좋다.

풍미를 추출할 향신료의 무게를 측정한다. 중간 크기 냄비에 그 4배 분량의 **오일**을 붓고 중불~센불로 가열한다. 오일이 끓거나 연기가 나기 전, 충분히 뜨거워졌을 때 불을 끄고 준비한 향신료를 넣는다. 냄비 뚜껑을 덮고 그대로 1~2시간 침출한 다음, 건더기를 걸러내고 오일만 밀폐용기에 옮겨 담는다. 냉장고에 보관하면 최대 2주, 냉동 보관하면 1년까지 두고 사용할 수 있다.

🍴 부추속 채소, 고추, 버섯의 풍미가 담긴 오일

양파, 샬럿, 리크, 대파, 마늘, 말린 고추와 생고추, 버섯에도 추출할 만한 풍미가 아주 많다. 이러한 재료에서 풍미를 추출하는 방법은 크게 두 가지다. 첫 번째는 저온에서 부드럽고 비교적 깔끔한 풍미를 얻는 것이고, 두 번째는 재료를 노릇하게 익혀서 구운 음식 특유의 맛있는 풍미를 추출하는 것이다. 풍미를 추출하려는 **부추속 채소**나 **고추**, **버섯**의 무게를 측정한다. 그 2~3배 분량의 **오일**과 섞어서 분쇄한 후, 전부 주물 냄비에 담아 가스레인지로 가열한다. 온도계를 활용해서 1~2시간 동안 90~95℃를 유지하거나(부드러운 풍미를 추출하는 방법), 120~135℃로 4~8시간 가열한다(노릇하게 구울 때 생기는 풍미를 추출하는 방법. 재료의 색이 각자 마음에 드는 정도로 적당히 진해지면 불을 끄고 냄비에서 꺼낸다).

뜨거운 열기가 가실 정도로만 식혀서 건더기를 걸러내고 오일만 밀폐용기에 담는다. 냉장고에 보관하면 최대 2주, 냉동 보관하면 1년까지 두고 사용할 수 있다.

풍미 재료의 범위를 더 넓혀보자: 차, 해조류, 나무

꽃, 차, 식용 홍조류(덜스)나 김 같은 해조류의 진하고 은은하게 달콤한 냄새 분자를 오일로 추출하면, 같은 재료를 장미수, 에센셜오일로 만든 것이나 우려낸 차, 미소 된장국이나 샐러드에 들어간 해조류와는 확연히 다른 풍미를 느낄 수 있다. 중동과 남아시아 지역에서 즐겨 마시는 음료 농축액인 샤르바트 sharbat 에는 백단향처럼 흙 내음이 나는 향긋한 목재나 베티베르 vetiver (쿠스 khus 로도 불린다) 풀도 향을 내는 재료로 많이 쓰인다. 달콤한 나무의 풍미는 레드와인이나 위스키에서 진하게 느껴지는 오크 향과 비슷하다. 재료의 폭을 크게 넓힌 오일이 영 생뚱맞게 느껴질 수도 있지만, 언젠가 노간주나무 조각에서 취할 듯 좋은 향을 맡거나, 감귤류 나무가 만개하는 계절에 진한 꽃 내음을 맡았을 때 이 향을 어떻게 하면 음식에 넣을 수 있을지부터 고민하는 이들이 더 많아지기를 바란다.

🍴 꽃, 차, 해조류의 풍미가 담긴 오일

장미, 서양 딱총나무꽃(엘더베리), 라벤더, 재스민, 오렌지꽃, 목서의 꽃, 목련, 아카시아꽃, 우롱차, 정산소종, 버터나 꽃의 향이 나는 녹차, 김, 식용 홍조류의 풍미를 오일에 담아보자. **생생한 꽃잎 한 가지만** 풍미 재료로 쓰거나, **해조류나 차, 말린 꽃잎과 혼합해서** 풍미를 추출해도 된다. 풍미를 가져올 재료의 무게를 측정하고 그 4~5배 분량의 **오일**과 섞어서 분쇄한 다음 실온에 일주일간 두거나, 주물 냄비에 담아 가스레인지로 가열하면서 온도계로 50℃에 맞춰 2~3시간 동안 가열한다. 건더기를 걸러내고 오일만 밀폐용기에 담는다. 냉장고에 보관하면 최대 2주, 냉동 보관하면 1년까지 두고 사용할 수 있다.

🍴 나무의 풍미가 담긴 오일

삼나무, 참나무, 레드우드, 노간주나무, 벚나무 목재와 껍질, 블랙커런트 나무, 백단향, 메스키트 mesquite 나무 등 식품용 목재나 붓꽃 뿌리, 감초, 베티베르, 소나무 향이 강한 유향나무의 수지나 감람나무 수지(프랑킨센스), 몰약나무 수지, 바닐라 향이 나는 안식향나무의 수지(벤조인), 꽃내음이 나는 때죽나무 수지의 풍미도 오일에 담을 수 있다.

목재에서 **톱밥**을 깎아내거나 도끼로 쳐서 **작은 나무 조각**을 떼어낸다. 무게를 측정하고, 그 4~5배 분량의 **오일**과 섞어 내열성 용기에 담는다. 오븐 온도를 80℃로 맞추고(최저 온도가 그보다 높으면 설정할 수 있는 최저 온도로 맞춘다) 6~8시간 동안 가열한다. 나무 조각은 걸러내고 오일만 밀폐용기에 담는다. 냉장고에 보관하면 최대 2주, 냉동 보관하면 1년까지 두고 사용할 수 있다.

물을 이용한 풍미 추출

염, 산, 당, 탄수화물, 유리 아미노산, 무기질을 비롯한 모든 극성 분자는 물에 가장 잘 녹는다. 바꿔 말하면, 짠맛, 단맛, 신맛 등 맛에서 나오는 풍미는 물로 추출하는 것이 가장 효과적이라는 의미다. 비극성인 냄새 분자는 지방에 비해 물에는 잘 녹지 않지만, "잘 녹지 않는다"는 건 "아예 녹지 않는다"는 뜻이 아니다. 박하 향이 가득한 허브차, 향긋한 커피, 닭고기 향이 진한 치킨 수프를 떠올려보면 쉽게 알 수 있다.

엄밀히 따지면 극성인 물과 비극성인 냄새 분자는 서로 잘 섞이지 않는다. 그러나 자연에는 무질서가 증가하는 방향으로 나아가는 강력한 흐름도 있고, 극성과 비극성을 그렇게 철저하게 나누는 건 자연을 지나치게 질서정연한 시각으로 보는 것이다. 비극성인 냄새 분자는 물과 완전히 섞이지는 않아도 조금은 섞인다. 또한 냄새 분자는 극소량만 있어도 향을 충분히 느낄 수 있을 만큼 영향이 강력하다. 예를 들어 바닐라의 고유한 향을 내는 분자인 바닐린은 물에 1리터당 6~7g밖에 녹지 않아서 농도가 1%도 채 안 되지만(소금은 물 1리터당 최대 360g까지 녹고 설탕은 물의 두 배까지도 녹는다), 물 1L에 바닐린이 7g만 있어도 우리가 물에 섞인 바닐린을 냄새로 느낄 수 있는 최소 농도의 약 7만 배에 해당한다. 냄새 분자가 "물에 잘 안 녹는다"고 해도, 풍미에 주는 영향은 상당하다. 바닐린뿐만 아니라 다른 수많은 냄새 분자도 마찬가지다. 그러므로 물을 이용하면 맛을 잔뜩 추출할 수 있고(신맛, 단맛, 짠맛, 감칠맛, 쓴맛), **향도 부드럽게 추출할 수 있다**(과일, 허브, 향신료, 감귤류의 향 등).

물로 단시간에 풍미 추출하기

물로 풍미를 추출할 때는 열의 도움을 받는 경우가 많다. 대표적으로 커피와 차가 그렇다. 그와 달리 실온에서 보통 하룻밤 정도 두고 장시간에 걸쳐 풍미를 추출하는 '저온 추출'도 있다. 재료의 표면적을 넓히는 것도 단시간에 물로 풍미를 추출하는 방법이다. 풍미를 얻고 싶은 재료를 넉넉하게 준비해서 강력한 블렌더로 몇 분간 분쇄하는 것으로, 용매 대비 풍미 재료의 비율 즉, 추출 비율이 높을수록 훨씬 더 많은 풍미를 뽑아낼 수 있고 풍미 재료를 블렌더로 분쇄하면 재료의 접촉면이 늘어나서 용매와 더 빨리 섞인다.

나는 허브의 풍미를 단시간에 추출할 때 물 대신 즙을 활용해서 허브의 신선한 풍미에 색다른 풍미를 더한다. 허브의 풍미를 즙에 불어 넣으면, 탄산음료보다 덜 달면서 향은 더 풍부한 음료가 된다.

고수 잎, 고추, 레몬 타임, 노간주나무 열매, 고수 씨앗, 소두구, 그 외에 어떤 재료든 풍미를 추출할 때는 재료가 가진 풍미를 몽땅 추출하는 것보다는 신속하고 효과적으로 풍미를 얻는 데 중점을 두어야 한다. 재료를 분쇄해서 단시간에 풍미를 추출하는 방식은 저온 추출을 고속으로 진행하는 것과 비슷한데, 이때 아래 레시피와 같이 물이 아닌 주스를 이용하면 재료가 가진 풍미를 전부 완전하게 추출하기보다는 주스가 이미 전체적인 풍미를 대부분 형성한 상태에서 풍미 재료가 가진 향을 추가하여 전체적인 향이 풍성해진다(풍미 재료의 기본적인 향을 충분히 가져오되 즙의 타닌, 신맛과 균형을 이루는 정도로 추출한다).

🍴 사과 오렌지 사이더

| 2~4인분 |

오렌지의 풍미, 특히 오렌지 껍질의 풍미는 사과의 풍미와 합쳐지면 서로를 보완하며 아주 잘 어우러진다. 이 점을 활용해서, 두 과일의 풍미에 올스파이스의 향을 더한 사이더를 만들어보자. 풍미가 좋은 사과(구할 수 있다면 마쿤이나 콕스 오렌지 피핀 품종으로) 즙으로 직접 만든 애플 사이더를 쓰면 더욱 맛있게 만들 수 있다. 사과 껍질에도 풍미 분자가 많으므로 껍질까지 함께 즙을 내야 한다.

성능 좋은 블렌더에 **좋은 품질의 애플 사이더 945ml, 잘게 간 오렌지 껍질(오렌지 2개 분량), 올스파이스 열매 6개**를 넣고 중~강 강도로 3~5분간 분쇄한다. 건더기를 걸러내고 차갑게 만든다. 밀폐용기에 담아 냉장고에 보관하고 일주일 내에 모두 마신다.

| 변형 아이디어 |

타임 잎, 스피어민트, 노간주나무 열매, 또는 식물 대신 흑후추나 올스파이스, 소두구 등 달콤한 향이 나는 향신료를 오렌지 껍질과 비슷한 비율로 애플 사이더와 섞어도 맛있는 음료가 된다. 사이더 대신 레모네이드나 라임에이드로도 만들어보자.

싱그럽고 싱싱한 주스

|약 3컵 분량|

싱그러운 풍미가 가득한 오이와 허니듀 멜론의 수분으로 풋내가 극히 강한 허브의 싱그러움과 싱싱함을 추출한 주스를 만들어보자. 블렌더로 재료를 갈아서 풍미 분자의 이동 속도를 높이고, 두 재료가 만나는 흥미로운 시간을 짧게 끝낸다. 그리고 걸러내면 완성이다.

'싱그럽고 싱싱한 주스'라는 이름에서 예상되는 풍미를 진하게 느낄 수 있는 주스다.

이 레시피에서 허브의 풍미를 얻는 단계와 물 대신 용매로 활용할 즙을 내는 단계에는 각기 다른 추출법이 활용된다. 231쪽 '시도해보기'에 멜론의 즙을 내는 방법이 자세히 나와 있다.

껍질을 벗기지 않은 오이 900g을 준비한다. 깨끗이 씻어서 반으로 자른다. **작은 허니듀 멜론 한 개(900g)**의 껍질을 제거하고 과육을 깍둑썰어서 **675g**을 맞춘다. 주스기에 오이와 멜론을 넣고 각각 즙을 낸 다음(또는 푸드프로세서로 분쇄한 후 체에 면포를 깔고 그 위에 부어서 걸러낸다) 하나로 합친다.

큰 블렌더 용기에 오이, 멜론즙을 모두 붓는다. **고수, 파슬리, 딜**(셋 다 잎과 가느다란 가지를 모두 사용한다)을 각각 **3/4컵(50g)**씩 넣고, **라임 반 개 분량의 껍질을 얇게 갈아서** 추가한다. 고속으로 3분간 분쇄하고, 촘촘한 체로 건더기를 걸러낸다. 주스의 맛을 보고 입맛에 따라 **라임 1~2개 분량의 즙을** 추가한다. 차갑게 만들어서 마신다. 밀폐용기에 담아 냉장고에 보관하고 1~2일 이내에 모두 마신다.

견과류 우유의 비밀

카페에서 우유 대신 선택할 수 있는 식물성 우유는 보통 두유, 아몬드유, 귀리유 등 세 가지 정도이고 드물게 코코넛유나 마카다미아유, 피스타치오유를 제공하는 곳도 있다. 전부 이름에 '유'가 붙어 있지만 진짜 '우유', 즉 소의 젖은 당연히 아니다. 이러한 대체유는 견과류와 곡물의 크림 같은 불투명한 성분(대부분 지방, 단백질, 전분이다)을 물로 추출한 것이다.

견과류, 대두와 같은 콩류, 귀리 같은 곡물에 함유된 지방과 가열되지 않은 전분은 여러 단백질과 마찬가지로 물에 녹지 않는다. 우리가 마시는 견과류 우유도 이러한 성분을 물로 추출하긴 하지만, 물에 녹아 있는 양은 극히 적고 정확히는 녹아 있다기보다 부유 상태다. 즉 물에 안 녹는 아주 작은 물질들이 떠 있다. 소에서 짠 우유가 불투명하고 부드러운 것도 단백질과 지방이 그와 같은 부유 상태이기 때문이다.

견과류와 곡물 우유는 히피보다 역사가 깊다. 중세 유럽에는 아랍에서 배운 방법대로 아몬드유를 만들어서 다양한 금식 기간에 우유 대신 활용했고, 아랍의 요리사들은 그보다 훨씬 더 오랜 옛날부터 아몬드유를 만들었다. 고대 로마에서는 보리차가 활력을 얻는 음료로 인기가 많았고, 멕시코와 메소아메리카 문명이 발달한 중앙아메리카 지역에서는 익힌 옥수수나 생옥수수를 잘게 분쇄해서 우유 같은 음료를 만들었다.

땅콩유

|약 6컵 분량|

다른 견과류나 씨앗으로도 이 레시피와 같은 방법으로 우유를 만들 수 있다(호박씨, 아몬드, 헤이즐넛, 캐슈너트로도 만들어보자. 단, 호두는 속껍질이 매우 떫으므로 우유 재료로는 별로 좋지 않다). 메밀, 쌀, 구운 옥수수 알갱이 등 곡물로도 만들 수 있는데, 이 경우 재료를 분쇄할 때 넣는 물의 온도가 65°C를 크게 웃돌지 않도록 주의해야 한다(그렇지 않으면 전분이 몽땅 젤처럼 변해서 음료가 아니라 풀이 된다!).

블렌더에 **구운 무염 땅콩 두 컵(280g)**과 **아주 뜨거운 물 6컵(1420ml)**을 넣는다. 알갱이가 고르게 분쇄되어 옅은 갈색의 묽은 반죽이 될 때까지 고속으로 간다.

둥근 체나 깔때기 모양의 체 위에 면포나 더러워져도 되는 깨끗한 행주를 네 겹으로 깐다. 체 아래에 튼튼하고 큼직한 저장 용기나 파스타 냄비, 육수용 큰 냄비를 놓고 체가 흔들리지 않도록 잘 고정한다.

면포에 분쇄한 땅콩 반죽을 붓고 액체가 체 아래로 빠져나오도록 5~10분간 그대로 두었다가, 면포의 네 귀퉁이를 가운데로 모아서 쥐고 반죽을 둥글게 뭉쳐 꽉 비틀어 짠다. 액체가 최대한 다 빠져나오고, 면포 안에는 물기 없는 땅콩 반죽만 남을 때까지 계속해서 힘껏 짠다. 짜낸 땅콩유는 밀폐용기에 담아 냉장고에 보관하고 3~4일 이내에 모두 사용한다.

| 변형 아이디어 |
아몬드유에 데메라라 설탕을 같은 부피만큼 넣고 아주 약한 불로 가열하면서 설탕을 다 녹이면, 아몬드 시럽이 된다(시럽을 만들 때 오렌지꽃의 향을 추출한 물과 아몬드 추출물을 넣기도 한다). 오르자^{orgeat}로도 불리는 이 아몬드 시럽은 마이타이 등 여러 칵테일에 필수 재료로 들어간다.

호박씨유, 땅콩유, 참깨유, 피칸유로 만든 시럽도 아주 맛있다. 설탕 분량의 절반은 백설탕, 절반은 풍미가 좋은 비정제 설탕으로 넣는 것도 좋은 방법이다(97쪽 참고).

식초, 알코올 등으로 풍미 추출하기

나는 식사를 푸짐하게 한 날이면 이탈리아의 노인들처럼 소화에 도움이 되는 아마로를 한 잔 마시곤 한다. 아마로(이탈리아어로 '쓰다'는 뜻이다)는 맛도 좋고 속을 편안하게 해주는 효과도 있는데, 그보다 허브, 향신료, 감귤류 과일 등 수많은 풍미가 층층이 느껴진다는 점이 더욱 매력적이다. 아마로의 세부 종류도 쓴맛 재료가 무엇인지보다 다양한 풍미의 균형과 구성에 따라 나뉜다. 가령 페르네는 송진 냄새가 강하고 독한 편이고, 알프스 지역의 아마로에서는 솔향과 향신료의 달콤한 향, 강한 오렌지 향, 식용대황 뿌리의 향이 난다.

아마로의 이런 강렬한 풍미를 즐길 수 있는 건 다 알코올의 추출력 덕분이다. 알코올은 물과 잘 섞이며 아무리 독한 술이라도 60%는 물이다. 냄새 분자는 비극성이라 물보다 지방과 더 잘 섞이지만, 알코올과도 잘 섞인다. 앞서도 설명했듯이 극성과 비극성은 흑백으로 나뉘는 게 아니라 넓은 스펙트럼이라고 보는 게 더 정확하다. 알코올은 그 중간쯤에 자리해서 극성과 양극성이 모두 있다. 따라서 물과도 잘 섞이는 동시에, 물로 비극성 냄새 분자를 더 많이 추출할 수 있도록 도와준다.

어느 팀에서든 뛸 수 있는 분자들

알코올의 이런 특성은 구조에서 비롯된다. 알코올에는 극성인 부분과 비극성인 부분이 모두 있어서, 극성이 서로 다른 분자들 사이에서 중재자가 될 수 있다. 알코올뿐만 아니라 식초에 함유된 아세트산, 당류 등 식품에 들어 있는 분자 중에는 그와 같이 중재자로 기능하는 분자들이 몇 가지 있다. 이런 분자들은 극성인 부분과 비극성인 부분이 모두 있고 전체적인 극성은 중간이다. 물에 이런 분자가 섞여 있으면, 풍미 분자를 물로만 추출할 때보다 더 수월하게 끌어내고, 보유하고, 더 많이 얻을 수 있다. 먼저 달콤한 설탕부터 살펴보자.

설탕을 이용한 달콤하고 강력한 풍미 추출

설탕 분자는 비극성인 부분이 중심에 있고 그 주변을 극성인 부분이 군데군데 둘러싼 구조로 되어 있다. 따라서 설탕이 섞인 물은 그냥 물보다 풍미 분자를 더 안정적으로 추출하고 더 강하게 붙들 수 있으므로, 물에 설탕을 추가해서 풍미를 추출하면 물로만 추출할 때보다 풍미가 더 진해진다. 18세기와 19세기에 기록된 펀치^{punch}(술이나 주스, 탄산수에 과일, 시럽, 얼음 등을 섞어

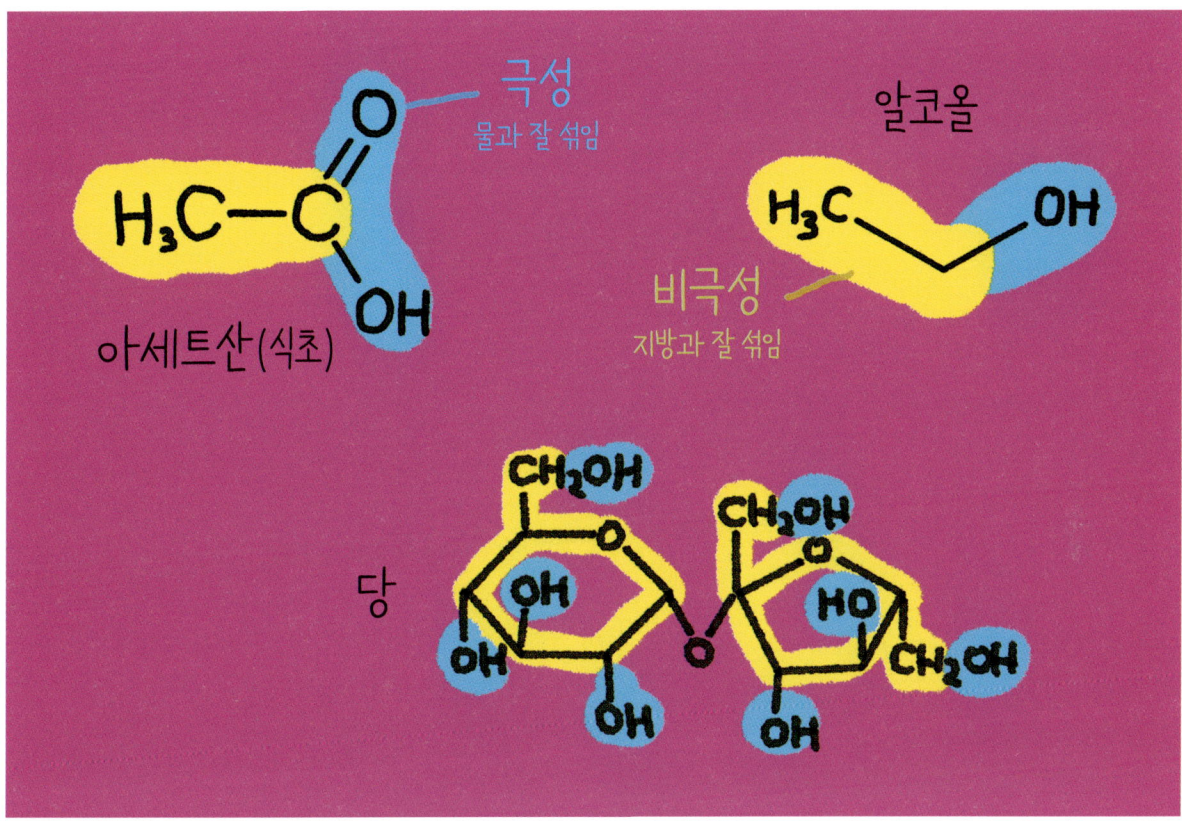

차갑게 마시는 음료 – 옮긴이) 레시피에 많이 언급되는 올레오 사카럼도 그런 특성을 활용해서 만드는 시럽이다. 올레오 사카럼은 '오일설탕'이라는 뜻의 변칙 라틴어인데, 이 명칭은 레몬 등 감귤류 과일의 껍질에 가득한 향 분자를 얻는 독특한 추출법과 관련이 있다. 올레오 사카럼을 만드는 방법은, 먼저 감귤류의 껍질을 길쭉하게 벗겨내고, 과립 설탕을 섞어(과일 껍질보다 조금 적은 부피로) 조물조물 무친 다음 적게는 몇 시간, 길게는 반나절 그대로 둔다. 그러면 감귤류 껍질의 향긋한 오일 성분과 함께 수분이 조금 흘러나와 설탕과 섞이면서 감귤류의 진한 풍미가 담긴 시럽이 된다. 이렇게 만든 올레오 사카럼은 여러 사람이 나눠 마시는 펀치나 개별 음료에 풍미를 강화하는 재료로 활용할 수 있다.

다른 과일들, 특히 베리류와 핵과에 과립 설탕을 뿌리고 몇 시간 동안 절여도 수분이 더 많다는 차이가 있을 뿐 똑같이 시럽이 생긴다. 삼투 현상이 일어나(66쪽 설명 참고) 재료의 분자가 밖으로 빠져나오고, 설탕 분자가 향을 내는 분자를 꽉 붙드는 덕분에 시럽에 풍미 분자가 가득 채워진다.

🍴 허브 향이 담긴 진한 설탕 시럽
| 약 두 컵과 2/3컵 또는 3컵 분량(600ml) |

재료의 풍미를 설탕이 섞인 물로 추출하는 게 더 효과적이라면, 설탕을 물 중량의 3분의 2만큼 섞은 진한 시럽에는 풍미 분자를 더욱 그득하게 채울 수 있다. 풍미를 추출하고 싶은 허브나 꽃, 설탕, 물의 무게를 적정 비율로 준비하고, 물을 끓여서 전부 넣기만 하면 된다. 풍미를 얻을 식물 재료는 열

과 닿는 즉시 숨이 죽고 산화가 중단되면서 풍미 분자의 침출 속도가 빨라진다. 열의 강도는 설탕이 다 녹을 정도면 충분하다. 향이 없는 진한 설탕 시럽이 필요할 때는 같은 방법으로 허브나 꽃만 빼고 만들면 된다. 재료의 비율은 **허브 한 컵 정도(헐렁하게 담을 것, 무게로는 60g)**에 **설탕 3컵(600g), 끓는 물 1.5컵(350g)**이 적당하다. 나는 하루 동안 냉장고에 넣어두고 풍미를 침출한 후 시럽만 걸러서 밀폐용기에 보관한다. 냉장고에 보관하면 최대 3개월까지 사용할 수 있다.

| 변형 아이디어 |

재료의 비율은 허브의 양에 맞춰서 자유롭게 조정할 수 있다. 설탕의 양은 허브의 2~3배 부피로 잡고, 물은 설탕의 절반만큼 넣으면 된다. 설탕 시럽을 이용한 추출은 레몬 버베나, 서양 딱총나무 꽃, 다양한 야생화나 바질, 차조기, 박하 등 잎이 연하고 섬세한 식물뿐만 아니라 가지에 달린 타임 잎, 말린 고추, 말린 향신료처럼 단단한 재료의 풍미를 얻기에도 좋은 방법이다. 완성된 시럽은 과일에 뿌려 먹거나 과일을 절일 때도 활용할 수 있다. 탄산수, 커피, 아이스티, 레모네이드에 곁들여도 좋다.

식초로 풍미 침출하기

물과 잘 섞이지 않는 비극성 분자도 녹여내는 식초의 능력은 청소할 때 한껏 드러난다. 찐득한 바닥, 커피 찌꺼기 등 지저분하고 잘 지워지지 않는 때는 기름기가 있는 비극성 분자로 이루어지는데, 식초에 함유된 아세트산과 닿으면 금세 떨어지고 싹 지워진다.

슈럽^{shrub}(설탕으로 단맛을 내서 탄산음료처럼 마실 수 있는 맛있는 식초), 식초에 절인 양파 등 다양한 초절임, 특정한 재료의 풍미가 진하게 담긴 각종 식초는 모두 그와 같은 식초의 특성을 활용해서 맛을 낸 식품이다. 내 어머니는 해마다 타라곤 식초를 담그시는데, 화이트와인 식초를 여러 병 준비하고 병마다 타라곤 가지를 한 움큼씩 넣어두기만 하면 감초 향이 나는 은은하고 풍부한 풍미의 타라곤 식초가 된다. 라즈베리, 감귤류 과일, 무화과, 흑후추, 망고, 월계수 잎, 생강, 고추, 바닐라도 식초로 풍미를 추출하기에 좋은 재료들이다.

식초로 다른 재료의 풍미를 추출하면 한 번에 두 가지 식재료가 생긴다. 예를 들어 말린 과일이나 버섯, 장미 꽃잎을 식초에 담가두면, 통통하게 불어난 초절임과 함께 그 재료의 풍미가 가득 담긴 식초가 생긴다.

타라곤 살구 식초
| 약 두 컵 분량 |

연이어 소개할 두 가지 식초는 샐러드나 채소에 드레싱으로 쓰기에도 좋고, 구이 요리 후에 남는 부스러기에 액체를 부어 소스를 만드는 용도로도 알맞다. 뵈르 블랑을 만들 때 써도 된다. 또한 이 식초에 동량의 설탕을 넣고 탄산수(또는 저렴하고 가벼운 스파클링와인) 한 잔당 30~60ml를 섞으면 시럽이 된다. 식초에 풍미를 제공한 과일은 잘게 썰어서 보리밥이나 파로로 지은 밥, 푹 삶은 고기 등에 새콤달콤한 양념처럼 곁들이면 잘 어울린다.

큰 유리병에 **생타라곤잎 한 컵(25g), 말린 살구 15개(약 70g), 화이트와인 식초 두 컵과 1/4컵(총 500ml)**을 넣는다. 빛이 들지 않는 서늘한 곳에 2~4주간 둔다(일주일에 한 번씩 맛을 보고 풍미가 얼마나 우러났는지 확인한다). 완성되면 식초만 걸러서 빛이 들지 않는 실온에 두고 6개월 내로 모두 사용한다.

'체리 플러스' 식초
| 약 두 컵 분량 |

살구의 사촌 격인 체리는 일반적인 과일의 패턴과 함께 계피의 향이 있어서 향신료처럼 느껴지기도 하는데, 실제로 체리에 함유된 풍미 분자 중 일부는 계피에도 들어 있다. 그 두 가지를 함께 써서 풍미를 강화한 식초를 만들어보자.

큰 유리병에 **말린 체리 한 컵과 1큰술(총 150g), 사이공 계피 1작은술과 3/4작은술(총 4g), 레드와인 식초 2컵과 1/4컵(총 500ml)**을 모두 담는다. 빛이 들지 않는 서늘한 곳에 2~4주간 둔다(일주일에 한 번씩 맛을 보고 풍미가 얼마나 우러났는지 확인한다). 완성되면 식초만 걸러서 빛이 들지 않는 실온에 두고 6개월 내로 모두 사용한다.

알코올로 풍미 추출하기

알코올은 비극성 풍미 분자를 거의 지방만큼 잘 붙든다. 게다가 알코올은 지방과 전혀 다른 장점이 있다. 풍미를 추출한 알코올은 바로 마실 수 있다는 점, 또한 알코올은 물과도 아주 잘 섞이므로 물에 알코올이 섞이면 유기물의 용해도가 크게 높아지고 용해된 상태로 계속 머무른다는 점이다.

물에 알코올을 섞으면, 냄새 분자를 그냥 물로만 추출할 때보다 훨씬 더 많이 추출할 수 있다. 와인처럼 알코올의 비중이 적든, 리큐어처럼 알코올 도수가 더 높든 마찬가지다. 냄새 분자들이 알코올과 결합해서 그대로 머무르기 때문이다.

알코올의 이러한 특성은 먼 옛날부터 의학적으로 활용됐다. 약초나 식물의 뿌리에 함유된 약용 성분을 마실 수 있는 형태로 만들면 환자가 그 성분을 훨씬 수월하게 얻을 수 있다. 또한 물에 알코올을 섞어서 추출하면 물로만 추출할 때보다 그런 성분을 더 많이, 더 손쉽게 모을 수 있다. 알코올의 추출력은 약효가 있는 분자든 풍미가 있는 분자든, 약효와 풍미가 다 있는 분자든 가리지 않는다. 따라서 약용 성분이 담긴 팅크과 와인을 만들 때는 각각의 필수 성분뿐만 아니라 풍미 분자도 자연히 함께 추출된다.

알코올로 약용 성분을 추출하려다가(원래 목적) 풍미 분자가 자연히 함께 추출되는(우연한 결과) 이 재미있는 특성으로 인해, 특정한 재료의 풍미를 알코올로 추출한 와인과 약용 성분을 알코올로 추출한 팅크의 경계는 오래전부터 늘 불분명했다.

현대에 들어서는 알코올로 약용 성분을 추출한 팅크나 탕약과 별도로, 맥주(말린 홉과 나무통에 숙성하는 과정을 통해 풍미를 얻는다), 와인(베르무트), 독한 주류(칵테일에 넣는 비터, 팅크, 각종 리큐어) 등 알코올을 특별한 풍미를 추출하는 용도로도 많이 활용한다.

🍴 커피와 땅콩의 풍미가 담긴 럼과 칵테일

커피와 숙성한 럼은 칵테일에 함께 들어가는 경우가 많다. 커피에는 원두를 볶을 때 캐러멜화가 일어나면서 생기는 풍미가 있는데, 럼은 그 풍미를 강화하고 돋보이게 만드는 동시에 커피와 럼의 공통적인 풍미인 과일의 향을 강화한다. 커피는 알코올과 만나면 단시간에 쓴맛이 생기므로(쓴맛을 내는 분자도 알코올처럼 분자 구조상 극성인 부분과 비극성인 부분이 모두 있다), 커피의 풍미를 담은 럼은 허브의 향을 불어넣은 아마로나 베르무트보다 단시간에 만들 수 있다.

✔ 커피 럼

| 대략 750ml 한 병 분량 |

볶은 지 얼마 안 된 신선한 원두 225g을 준비한다. 원두는 중배전 또는 강배전 원두를 쓰는 게 좋다(원두의 볶은 정도를 배전도 焙煎度 라고 하며, 볶은 정도가 약한 것부터 차례로 약배전, 중배전, 강배전 원두로 나눈다 – 옮긴이). 신선하지 않은 원두를 쓰면 불쾌한 냄새까지 알코올에 함께 추출된다.

원두를 굵은 입자로 분쇄하고, **색이 진한 럼(다크 럼) 750ml 한 병**과 섞는다. 주변에서 구할 수 있는 종류와 각자의 지갑 형편에 따라 마이어스 Myer's, 고슬링 Goslings, 푸서스 Pusser's 브랜드나 플랜테이션 Plantation 브랜드의 다크 럼 또는 O.F.T.D. 럼 Old Fashioned Traditional Dark rum (정통 방식으로 만든 다크 럼)을 사용하면 좋다.

커피와 섞은 럼은 하룻밤, 또는 최대 24시간 그대로 두었다가 원두를 걸러낸다. 약하게 볶은 에티오피아 원두(신선한 블루베리의 향이 난다)와 스미스 앤 크로스 Smith and Cross 또는 제이 레이 앤 네퓨 J Wray and Nephew 의 자메이카 럼, 플랜테이션의 파인애플 럼으로 만들면 과일 향이 한층 더 강한 커피 럼이 된다. 원두를 걸러낸 럼은 다시 병에 다시 담아서 빛이 들지 않는 실온에 두면 최대 6개월까지 두고 마실 수 있다.

✔ 땅콩 러시안 칵테일

| 한 잔 분량 |

화이트 러시안 White Russian 은 누구나 좋아하는 칵테일이다(럼에 커피, 설탕을 섞은 리큐어인 칼루아와 보드카를 섞고 크림이나 우유를 더한 칵테일 – 옮긴이). 하지만 보드카와 칼루아의 달콤하고 부드러운 풍미, 볶은 원두의 향만으로 만족하기에는 더 맛있는 칵테일로 업그레이드할 수 있는 구석이 많다. 가령 양질의

커피를 쓰고 그 커피의 풍미를 다크 럼으로 추출하고, 땅콩의 풍미를 물로 추출한 부드러운 땅콩유와 섞으면 아주 흥미로운 풍미가 생긴다. 심지어 모든 재료가 식물성이다! 땅콩유 대신 아몬드, 피스타치오, 참깨 등 직접 만든 다른 견과류 우유로 만들면 풍미가 한층 더 부드러워진다.

앞서 소개한 **커피 럼 60ml에 진한 일반 설탕 시럽(253쪽에 만드는 법이 나와 있다) 30ml**를 섞는다. 위스키 잔이나 작은 물잔에 큰 얼음 한 개, 또는 일반적인 크기의 얼음 3~4개를 담고 시럽과 섞은 럼을 붓는다. 그 위에 **땅콩유(251쪽 참고) 60ml**를 붓는다.

시나몬 위스키

| 일반적인 750ml 한 병 분량 |

달콤하고 시나몬 향이 나는 불 드 푀 Boule de Feu 라는 유명한 위스키가 있다. 시중에 판매되는 불 드 푀는 산업적으로 생산되는 주류 중에 가장 허세 없이 맛이 괜찮은 술로 꼽을 만하다고 생각한다. 이 레시피는 그런 제품을 '개량'하려고 개발한 건 아니고, 그저 계피의 풍미가 담긴 위스키를 직접 만들어서 즐기고 싶을 때 활용하면 된다. 완성된 시나몬 위스키는 단맛과 향신료의 향이 복합적으로 녹아 있으므로 차게 만들어서 이것만 홀짝여도 좋고, 트리플 섹이나 샤르트뢰즈 Chartreuse 같은 리큐어가 들어가는 술에 대체 재료로 활용하면 포근한 향신료의 풍미를 뚜렷하게 더할 수 있다.

이 레시피는 오로지 위스키와 향신료의 풍미만 활용하고 풍미를 강화하는 다른 비법은 없으므로, 계량스푼 대신 저울로 향신료의 무게를 정확히 측정하면 만들 때마다 일정한 결과물을 얻을 수 있다.

약 1리터짜리 유리병, 또는 플라스틱을 제외한 다른 재질의 용기를 비슷한 용량으로 준비한다. **리튼하우스** Rittenhouse **브랜드의 호밀 위스키**(또는 비슷한 다른 위스키) **750ml 한 병**을 준비한 용기에 모두 붓고, **사이공 계피 45g, 실론 계피 30g, 정향 5개, 회향 씨앗 15g, 캐러웨이 씨앗 5g, 삼나무나 참나무 톱밥 3g**을 넣는다. 뚜껑을 덮고 2~3주간 서늘하고 어두운 곳에 두었다가 향신료를 모두 걸러내고 **데메라라 설탕 100g**을 넣는다. 유리병에 담아(깔때기로 위스키병에 다시 담아도 된다) 빛이 들지 않는 실온에 두면 최대 6개월까지 보관할 수 있다.

증발과 휘발성을 이용한 풍미 추출

요리에서 특정 재료의 풍미를 추출할 때는 대부분 고체 재료가 가진 풍미를 액체로 추출하거나(차를 우릴 때처럼), 풍미를 얻을 고체 재료를 다른 고체와 가까이에 두고 풍미가 옮겨가도록 만든다(컴파운드 버터처럼). 하지만 고체, 액체 외에 물질의 또 다른 형태인 증기(풍미 추출의 관점에서 기체와 증기는 화학적으로 동일한 물질이다)에도 몇 가지 희한하고 흥미로운 방식으로 다른 재료의 풍미를 담을 수 있다.

위스키를 포함한 증류주의 생산 방식은 증기로 풍미를 추출하는 대표적인 예다. 증류주는 맥주, 와인처럼 알코올의 함량이 비교적 낮은 알코올 혼합물로 만든다. 알코올 분자와 냄새 분자는 휘발성이 있어서 가만히 두어도 쉽게 기체가 되는데(애초에 우리가 냄새를 맡을 수 있는 이유다. 냄새 분자가 기체의 형태로 콧속으로 들어와야만 냄새를 맡을 수 있다!), 알코올 농도가 낮은 혼합물에 열을 가하면 휘발성 알코올 분자와 냄새 분자가 가득한 증기가 생긴다. 이 증기를 모아서 응결시켜 다시 액체로 만들면 처음 가열한 혼합물보다 알코올과 풍미 분자가 더 많아진다. 휘발성 분자는 그와 같이 술을 만드는 것 외에도, 액체나 고체에 용해되어 있을 때와 마찬가지로 다른 재료로 확산할 수 있고 추출하거나 다른 재료에 불어넣을 수도 있다. 풍미 분자를 기체로 추출하면, 맛 분자는 거의 딸려오지 않는다. 휘발성 풍미 분자의 이런 특성에 다소 독특하지만 효과적인 두어 가지 팁을 잘 활용하면, 강렬한 향이 돋보이는 깔끔한 풍미를 얻을 수 있다.

나는 유명한 이탈리아 요리사 줄리아노 부잘리 Giuliano Bugialli 가 이탈리아의 지역별 음식에 관해 쓴 책에서 신기한 증류법을 발견했다. 술 위에 풍미 재료를 매달아두고 기체 상태의 풍미 분자를 아주, 아주 느리게 추출하는 증류법으로, 이탈리아의 정통 리큐어인 리몬첼로 limoncello 와 비슷한 감귤 리큐어 레시피에 그와 같은 방법이 나와 있었다. 리몬첼로를 만드는 일반적인 방식(레몬 껍질을 벗겨서 알코올 도수가 높은 술에 장시간 담가두는 것)과 달리 큼직한 병이나 도자기 그릇에 술을 붓고 면포에 감귤 몇 개를 꽁꽁 싸서 술이 담긴 그릇 위에, 귤과 술이 닿지 않도록 허공에 매달아두라는 것이다! 부잘리는 그 상태로 몇 달간 기다리면, 알 수 없는 마법이 일어나 감귤의 풍미가 술로 옮겨가며, 술에 풍미가 충분히 담기면 매달아둔 귤을 치우고 술을 희석한 후 단맛을 내서 마시면 된다고 했다.

나는 이게 정말 가능한 일인지 확인해보기로 결심했다. 메이어 레몬 세 개와 면포, 튼튼한 실, 증류주인 에버클리어Everclear(뒷부분에서도 저자가 여러 차례 언급하는 증류주로, 도수가 95%다. 우리나라에서 이 제품뿐만 아니라 이러한 고농도의 주류는 일반 소비자에게 판매되지 않는다-옮긴이)를 준비하고, 술이 담긴 그릇 위에 레몬을 조심스럽게 매달았다. 며칠이 지나자, 술이 밝은 노란색을 띠기 시작했다. 2주가 지난 뒤에 술을 조금 떠서 맛을 보자 진하고 깊은 레몬의 향이 났다. 심지어 레몬을 직접 베어 먹는 것보다도 향이 강했다.

어떻게 된 일일까? 병에 레몬(또는 감귤이나 향이 진한 다른 것)을 넣고 입구를 닫아두면, 휘발성이 있는 풍미 분자가 병 안을 채운다. 병에 증기가 채워지는 것처럼 내부가 향긋한 기체로 가득 채워지는 것이다. 그 병에 다른 재료를 함께 넣어두면, 그 재료에도 향이 흠뻑 밴다. 이때 병에 알코올이 담겨 있으면, 비극성 분자를 추출하는 알코올의 탁월한 기능이 발휘된다. 알코올의 추출력은 냄새 분자가 가득한 레몬 껍질과 직접 접촉할 때나 냄새 분자로 가득한 공기와 접촉할 때나 똑같이 발휘된다. 레몬이 술에 전혀 닿지 않아도, 알코올은 FM 신호를 잡아내는 라디오처럼 공기 중에 떠 있는 냄새 분자를 붙든다.

이 추출법의 한 가지 단점은 증발과 확산, 용해까지 여러 단계가 반복해서 일어나야 하므로 속도가 느려서 인내심을 갖고 기다려야 한다는 것이다. 하지만 느린 대신 간편하고 쉽다. 또한 불법 장비로 증류주를 만드는 위험을 무릅쓰지 않고도(집에서 증류주를 직접 만드는 사람들은 그런 장비를 많이 쓴다) 저렴한 도구들로 증류 과정을 제대로 거친 술과 비슷한 풍미를 낼 수 있다. 또한 휘발성이 없는 쓴맛, 떫은맛 분자는 거의 추출되지 않으므로 술에서 그런 맛이 날 위험성도 적다. 나는 카카오닙스, 자몽 껍질, 소두구, 갓 볶은 신선한 원두, 노간주나무 열매, 고수 잎도 레몬이나 귤처럼 술 위에 매달아두는 방식으로 풍미를 추출해보았는데, 전부 깔끔하고 진한 풍미를 얻을 수 있었다. 흑후추의 풍미를 같은 방식으로 추출하면 포근한 향, 매콤한 향과 더불어 후추를 음식에 갈아서 넣을 때는 느끼기 힘든 향긋하고 섬세한 풍미가 뚜렷하게 느껴진다.

🍴 비접촉식 풍미 추출법으로 만드는 메이어 레몬 리큐어

| 약 750ml |

이 레시피는 메이어 레몬뿐만 아니라 풍미가 좋은 다른 재료에도 적용할 수 있다. 자그마한 자몽이나 라임, 유자, 감귤도 좋고 핑크페퍼나 흑후추 몇 줌, 고수 잎, 오렌지 껍질, 회향 씨앗, 올스파이스로도 시도해보자. 또는 다양한 재료를 섞어서 실험해도 재미있을 것이다. 최종 완성되는 리큐어의 알코올 농도는 진과 비슷한 약 40~45%이다. 당도는 시중에 판매되는 일반적인 리큐어나 리몬첼로와 비슷하다.

술 위에 레몬을 매달아서 풍미를 어느 정도 추출한 후 새것으로 바꿔서 계속 추출하면 아주 진한 풍미를 얻을 수 있다. 단, 이렇게 하면 향이 진하다 못해 너무 강해서 비누처럼 느껴질 수 있으므로 수시로(한 달에 한 번 정도) 맛을 보고 확인해야 한다.

밀폐할 수 있는 입구가 넓은 1.5~2L 용량의 유리병과 가로세로 약 18cm 크기의 모슬린 천 또는 면포, 요리용 실을 준비한다.

알코올 도수가 95%인 에버클리어(또는 도수가 아주 높은 정제 주정) 325ml를 준비한 병에 붓는다. 병의 20%밖에 채워지지 않지만, 그래야 기체가 떠다닐 여유 공간이 충분히 생긴다. 면포를 반으로 접어 정사각형으로 만든다. **메이어 레몬 세 개**를 깨끗이 씻고, 물기를 닦아낸 뒤 천 중앙에 놓는다. 네 귀퉁이를 위로 모아서 느슨하게 잡고 요리용 실로 묶는다. 실이 풀려서 레몬이 아래로 떨어지지 않도록 잘 묶는다. 매듭 위로 면포가 45cm 정도 남아야 매달 수 있다.

레몬이 담긴 면포를 술이 담긴 병으로 가져가서, 천에 감싸인 레몬만 하나씩 병 안으로 조심스럽게 집어넣는다. 실로 묶인 부분을 꽉 잡고, 천에 담긴 레몬을 하나씩 안으로 넣으면 된다. 한 다발로 묶인 천 윗부분은 병 바깥으로 빼고 병뚜껑을 닫는다. 매듭이 아래로 떨어지지 않도록 뚜껑으로 단단히 고정한다. 술 위에 레몬이 면포에 감싸진 상태로 매달려 있도록 만든다.

아무도 손대지 않을 만한 곳, 직사광선이 닿지 않는 곳에 두 달간 그대로 둔다. 두 달 후에 뚜껑을 열고 숟가락으로 술을 조금 떠서 물과 50대 50으로 섞어 맛을 본다(에버클리어는 꼭 희석해서 맛을 봐야 한다! 도수가 너무 높아서 그냥 마시면 사포로 목을 긁는 느낌이 든다). 풍미가 만족스러우면 그대로 완성하고, 인내심이 허락하면 2~4개월 더 둔다. 오래 침출할수록 풍미가 진해진다.

풍미가 충분히 추출되었다고 판단되면, 뚜껑을 열고 레몬이 담긴 주머니를 빼낸다. 술은 큰 계량컵에 전부 붓고 양을 확인한다. 위쪽이 레몬 주머니로 막혀 있었어도 증발이 일어나 처음 부은 양보다 줄어든다. 추출 후 남은 술이 250ml 이상이면 **정수 325ml**(처음 병에 부은 술의 양)와 **백설탕 125~200g**을 섞어 최종 알코올 도수를 40~45%로 만든다. 추출 후 남은 술의 양이 250ml보다 적으면 물 275ml와 백설탕 100~170g을 섞는다. 완성된 술은 뚜껑 있는 병에 담고, 뚜껑을 꽉 닫아서 냉장고에 보관하면 최대 1년까지 두고 마실 수 있다.

| 변형 아이디어 |

물 900ml(또는 풍미 추출이 완료된 술 부피의 2.75배), **설탕**은 입맛에 따라 225~350g(총부피의 20~30%)을 넣고 최종 알코올 도수를 25%로 만들면 더욱 편하게 마실 수 있다. 이렇게 희석하면 칵테일 재료로 쓰거나 케이크 만들 때 시트를 적시는 재료로도 활용할 수 있다.

추출의 기본 원리 폭넓게 활용하기

풍미 분자를 추출하거나 다른 재료에 불어 넣고 옮기는 메커니즘은 단순하면서도 용도가 무궁무진하다. 또한 각각의 차이를 잘 활용하면 요리에 선택의 범위가 넓어진다. 과일즙을 끓여서 농축액을 만들거나 오일에 향신료의 향을 담아낼 때처럼 꼭 계획적으로 접근할 필요도 없다. 분자는 원래 끊임없이 꼼지락대며 돌아다니고, 주변에 공간이 있기만 하면 퍼져 나가는 경향이 있다. 따라서 여러 식재료를 함께 두기만 해도 풍미 분자는 늘 이리저리 이동한다. 오래 푹 끓인 음식을 다음 날 다시 데워서 먹으면 훨씬 더 맛있는 이유 중 하나도 하루가 지나는 동안 각 재료에 있던 풍미 분자가 밖으로 흘러나와 한데 섞이기 때문이다.

풍미를 추출하는 여러 방법을 알아두면 분자가 어디로 어떻게 이동하는지 상세히 알게 된다는 장점도 있지만, "오늘은 풍미를 추출해서 요리에 활용하겠어"라고 미리 계획을 세우지 않아도 언제든 요리 도중에 원하는 풍미를 얻는 나침반으로 활용할 수도 있다는 것도 큰 장점이다. 각 재료에 담긴 풍미 분자는 가까이 있기만 해도 한데 섞인다는 것을 알고 나면 원하는 풍미를 얻기 위해 특정한 재료들을 일부러 함께 둘 수도 있고, 그런 일이 일어나지 않도록 철저히 분리할 수도 있다. 또한 추출의 기본 원리를 알면 특정 재료에 꽁꽁 묶인 풍미 분자를 풀어 헤쳐서 끄집어내거나, 풍미 분자를 그 분자가 담겨 있는 물질과 분리해서 따로 얻고 싶을 때도(예를 들어 큰 덩어리로 된 향신료에서 향만 얻거나 팬에 닭을 구운 후 남은 육즙과 부스러기 등 건더기는 버리고 그 풍미만 얻고 싶을 때) 레시피를 조금 우회하거나 변경하는 것만으로 원하는 결과를 얻을 수 있다.

어떤 요리든 거의 예외 없이 재료의 풍미를 추출할 기회가 있다. 그러한 기회를 잘 알아볼 줄 알면, 크게 힘들이지 않고도 풍미가 추출되는 원리를 다양하게 활용해서 풍미 분자를 얻는 '간편한 풍미 추출'이 가능해진다.

'공기를 통한' 풍미 추출

지방과 기름은 다른 물질의 풍미를 효과적으로 추출하는 기능이 단연 으뜸이므로, 먼 옛날부터 세계 곳곳에서 그러한 용도로 활용됐다. 향이 좋은 재료를 액상 지방에 푹 담그고 절이는 방식, 또는 재스민, 장미 등 약하고 섬세한 꽃을 필름처럼 얇게 바른 반고형 지방에 꽂아서 향을 얻는 냉침법이 주로 널리 쓰였다(237쪽 설명 참고).

먼 옛날 페르시아와 메소포타미아에서는 그와 다른 방법으로 재스민이나 다른 특별한 재료의 향을 추출했다. 지금도 인도의 일부 업체에서 활용하는 이 기법은 감귤류를 술 위에 매달아서 풍미를 추출하는 것과 비슷하게, 기체 형태의 풍미 분자를 추출한다. 냉침법의 먼 조상뻘이기도 한 이 특별한 추출법에는 씨앗이 활용된다. 유리나 도자기 용기에 통참깨나 아몬드를 담고, 향을 얻고자 하는 꽃잎도 함께 담은 다음 뚜껑을 덮어둔다. 그대로 하루 정도 두면 꽃잎의 귀중한 휘발성 분자가 서서히 빠져나와 주변 공기로 확산하고, 가까이에 있는 씨앗에도 닿아서 씨앗의 지방에 용해되어 머무른다. 지방은 풍미 분자를 깨진 독에 붓는 물처럼 한도 끝도 없이 흡수하므로, 꽃잎 한 장에 담긴 풍미 분자는 극소량이라도 씨앗 하나에는 그런 분자를 가득 담을 수 있다. 이 방식으로 향수를 만드는 사람들은 주기적으로 병에 담은 오래된 꽃잎을 새로운 꽃잎을 교체해서 씨앗이나 견과류에 향이 그득그득 채워지도록 만든다. 씨앗의 지방에 향 분자가 포화될 때까지, 풍미 재료를 그와 같이 계속 교체한다.

씨앗이 꽃잎의 풍미를 잔뜩 머금으면, 액상 오일로 짜내서 향수로 만든다.

이 추출법은 현대에 들어 각 가정에서 값비싼 재료의 향을 알뜰하게 활용하는 방법으로도 쓰인다. 예를 들어 바닐라빈을 설탕통에 꽂아두면 향기로운 분자가 기체 상태로 흘러나와 설탕 알갱이 사이사이의 미세한 공기 틈을 파고들어서, 자연스레 바닐라 향이 가득한 설탕이 된다. 같은 원리로 송로버섯을 쌀통에 보관하는 사람들이 많다. 물에 빠뜨리는 바람에 어떻게 해도 물기가 다 빠지지 않아서 제대로 작동하지 않는 스마트폰을 쌀통에 넣어두면 물기가 싹 제거되어 멀쩡해지는데, 쌀은 송로버섯 향도 그런 기세로 끌어당긴다. 향긋한 식재료의 향을 이렇게 활용하지 않고 버린다고 해서 낭비라고 하기에는 무리가 있지만, 씨앗이나 다른 식재료로 기체 상태의 풍미 분자를 붙잡는 이 방식을 잘 활용하면 흩어져 사라지는 좋은 향을 냉침법과 비슷하게 붙잡아서 활용할 수 있다. 이 추출법은 현대에 들어 각 가정에서 값비싼 재료의 향을 알뜰하게 활용하는 방법으로도 쓰인다. 예를 들어 바닐라빈을 설탕통에 꽂아두면 향기로운 분자가 기체 상태로 흘러나와 설탕 알갱이 사이사이의 미세한 공기 틈을 파고들어서, 자연스레 바닐라 향이 가득한 설탕이 된다. 같은 원리로 송로버섯을 쌀통에 보관하는 사람들이 많다. 물에 빠뜨리는 바람에 어떻게 해도 물기가 다 빠지지 않아서 제대로 작동하지 않는 스마트폰을 쌀통에 넣어두면 물기가 싹 제거되어 멀쩡해지는데, 쌀은 송로버섯 향도 그런 기세로 끌어당긴다. 향긋한 식재료의 향을 이렇게 활용하지 않고 버린다고 해서 낭비라고 하기에는 무리가 있지만, 냉침법과 비슷한 이런 방식으로 흩어져 사라지는 좋은 향을 붙잡아서 활용할 수 있다.

🍴 버터, 양파, 토마토의 풍미를 추출해서 만드는 마르셀라식 토마토소스

이탈리아에서 태어난 요리사이자 요리책 저자 마르셀라 하잔Marcella Hazan은 이탈리아 요리를 변형되지 않은 정통 방식 그대로 영국과 미국에 널리 알리는 데 일조한 인물이다. 하잔의 요리 스타일이 고스란히 담긴 이 토마토소스는 2010년대에 요리 블로그와 웹 사이트들에서 새롭게 화제가 된 적이 있다. 그 여러 이유 중 하나는 이 소스가 스프레차투라sprezzatura (과도한 노력이나 의도 없이 자연스럽게 좋은 결과를 얻는 능력, 또는 그런 방식을 일컫는다 - 옮긴이)의 좋은 예라고 여겨졌기 때문이다. 즉 고기를 다섯 가지쯤 넣거나 여섯 시간 정도 끓이지도 않고 단 세 가지 재료로(소금까지 재료로 친다면 네 가지) 한 시간 이내에 완성할 수 있는, 간편하고 맛있는 정통 이탈리아식 토마토소스다.

최소한의 재료에서 풍미를 듬뿍 추출한다는 점도 이 소스의 장점이다. 사등분한 흰 양파를 토마토, 버터와 함께 익혀서 토마토와 버터에서 각각 추출된 풍미가 서로 섞이고, 양파의 풍미 분자도 토마토와 버터에 스미도록 만든다. 그런 다음 양파는 제거한다. 양파의 풍미만 쓰는 것이다.

워낙 간단한 요리라 필요할 때 뚝딱 만들 수 있지만, 나는 한 번에 많이 만들어서 얼려둔다. **아주 잘 익은 양질의 신선한 토마토**를 으깨서 즙 포함 **네 컵(900g)** 분량(또는 캔에 포장된 품질이 우수한 토마토 800g)을 큰 소스 팬 또는 주물 냄비에 담는다. **버터도 품질이 좋은 것으로 12큰술(170g) 넣고, 흰 양파 두 개**(껍질 벗기고 사등분한 것), **천일염이나 첨가물 없는 소금 1작은술**(무게로는 각각 6g, 3g)도 넣는다. 뚜껑을 덮지 말고 중불로 가열하다가, 끓기 시작하면 뚜껑을 덮고 45분간 끓인다. 이 정도 끓이면 재료가 전부 어우러지고 양은 조금 줄어들지만, 아주 장시간 익히는 것은 아니므로 재료의 신선한 풍미가 남아 더욱 맛있는 소스가 된다. 조리 시간은 다양할 수 있으나 농도가 약간 되직해지고 양파가 투명해지는 정도로만 끓여야 가장 맛있다. 되직하다 못해 뻑뻑해지고 진한 붉은 색이 날 때까지 너무 오래 끓이면 신선한 풍미보다 푹 끓인 음식 특유의 풍미가 도드라진다.

구멍 뚫린 숟가락으로 양파를 건져낸다. 맛을 보고 소금으로 간을 맞춘다.

바로 먹거나, 식혀서 밀폐용기에 담아 냉동 보관한다. 최대 3개월까지 보관할 수 있다. 한 번에 많이 만들어두는 경우, 파스타 소스로는 700~900g, 피자 소스로는 약 1.4kg(아래 변형 아이디어에 소개한 피자 6개 분량) 정도가 적당하다.

| 변형 아이디어 |

마르셀라식 토마토소스는 산뜻하고 신선한 피자 소스로도 제격이다. 모차렐라 치즈에 신선한 크림을 넣은 부라타burrata 치즈나 스트라치아텔라stracciatella 치즈를 넣고 피자를 만들면, 치즈와 토마토소스가 만나 더더욱 맛있어진다.

피자 반죽 680g을 기준으로 부라타 치즈나 스트라치아텔라 치즈 450g, 위의 레시피로 만든 토마토소스 약 700g이면 넉넉한 크기의 맛있는 피자 3개를 만들 수 있다.

일상적으로 활용되는 간편한 풍미 추출법

- 토마토, 양파, 버터를 함께 익혀서 파스타 소스를 만든다.
- 고기나 채소를 양념에 재운다.
- 곡물을 익히거나 파스타를 삶을 때 물에 소금을 넣어서 익는 동안 간이 배도록 한다. 재료를 물에 익히는 경우, 풍미가 좋은 물에 익히면(육수, 토마토퓌레를 섞은 물, 다양한 향신료나 허브를 넣은 물 등) 재료에 풍미가 훨씬 깊이 밴다.
- 닭이나 생선을 데치거나 찔 때 풍미가 있는 액체나 찻잎을 우린 물, 허브가 추가된 물을 이용한다.
- 케일이나 콜라드 그린 같은 억센 잎채소는 족발처럼 풍미가 강한 재료를 푹 익힐 때 함께 넣는다.
- 콩을 익힐 때 월계수 잎이나 다른 허브를 넣는다.
- 수프가 아직 뜨거울 때 파르메산 치즈를 바로 갈아서 뿌린다.
- 육수를 끓일 때 여러 가지 신선한 허브를 듬뿍 넣어서 풍미를 강화한다.

🍴 정향과 올스파이스의 풍미가 담긴 마멀레이드

나는 과일과 향신료의 풍미를 한꺼번에 느낄 수 있는 음식을 아주 좋아한다. 하지만 그런 음식은 분쇄한 향신료의 꺼끌꺼끌한 입자가 과일의 연하고 말랑말랑한 식감을 즐기는 데 방해가 되는 경우가 많다. 그런데 몇 년 전, 이런 단점이 전혀 느껴지지 않는 음식과 우연히 만났다. 치즈 몇 가지와 함께 나온 절인 오렌지였는데, 마멀레이드처럼 달콤하면서 농도는 그보다 묽고, 자극적이지만 중독성 있는 새콤함과 통째로 넣은 정향의 풍미가 그윽했다. 정향은 통째 넣어서 먹을 때 순가락으로 쉽게 골라낼 수 있고, 그전까지 오렌지와 계속 접촉하며 전체적으로 시간이 갈수록 더 향긋해지고 풍미가 진하게 침출되어 포근한 향신료의 향이 가득했다. 평생 먹고 싶은 그런 맛이었다.

그래서 나도 직접 만들어보기로 했다. 처음에는 오렌지를 와인 식초와 함께 익힌 다음 설탕을 추가했는데, 처참한 실패로 끝났다. 재료를 과하게 익혀서인지 묘한 맛이 났다. 2차 시도에서는 마멀레이드 만들 때와 비슷하게 해보기로 하고, 재료를 가열할 때 처음부터 향신료를 넣었다(풍미가 오렌지에 잘 침투되도록). 식초는 특별한 향이 없는 투명한 백식초를 쓰고, 오렌지의 신선한 풍미가 잘 유지되도록 식초를 마지막에 넣되 오렌지 속까지 침투할 정도의 시간은 두었다. 그리고 올스파이스를 추가해서 정향과 함께 전체적으로 한층 더 부드러운 향신료의 풍미가 나도록 했다.

결과는 완벽했다. 이 마멀레이드는 그냥 떠먹기만 해도 맛있지만, 치즈 특히 체더치즈, 블루치즈나 겉껍질이 흰색인 다양한 치즈와의 궁합이 환상적이다. 돼지고기, 오리고기 같은 육류에 곁들이면 새콤하고 짜릿한 풍미를 더한다.

모든 재료의 풍미가 제대로 섞이려면 며칠이 걸린다. 그러므로 이 마멀레이드를 꼭 써야 할 일이 생기면 최소 3일 전에 미리 만들어두는 게 좋다.

풍미가 비슷한 다른 재료들로 선택의 폭을 넓혀서 실험해보는 것도 좋다. 일반 오렌지 대신 블러드 오렌지나 발렌시아 오렌지를 쓰고 올스파이스와 정향 대신 소두구를 넣으면 더욱 상큼하고 신맛이 강한 마멀레이드가 된다. 계피, 얇게 썬 생강, 핑크페퍼, 회향 씨앗, 소두구, 흑후추 등 달콤한 향의 향신료(193쪽 설명 참고)나 반대로 달지 않고 향기로운 향신료(191쪽 참고)를 쓰는 등 다양하게 시도해보자.

중간 크기, 또는 큼직한 네이블오렌지 한 개를 깨끗이 씻어서 3mm 정도 두께로 얇게 썬다(양쪽 끝부분의 조각 몇 개는 두께가 6mm 정도가 되어도 괜찮지만, 너무 두꺼우면 식감이 좋지 않으므로 되도록 얇게 썬다). 동그란 오렌지 조각을 먼저 세로로 길게 절반으로 자른 다음, 직각으로 한 번 더 잘라서 부채꼴 모양으로 네 조각을 낸다. 이렇게 손질을 마친 오렌지의 총무게를 기준으로 대략 250g을 맞춘다.

큰 소스 팬에 손질한 오렌지를 모두 담는다. 팬 높이가 재료보다 최소 3배는 더 높아야 한다. **물 250g**을 붓는다. 오렌지가 겨우 잠길 정도면 된다.

오렌지가 색이 투명해지고 흐늘흐늘하게 익으면서 물이 거의 다 증발할 때까지 약불~중불로 40~50분간 끓인다. 물이 끓거나, 증발 속도가 너무 빠르면 불을 줄인다. 남은 물은 옅은 오렌지색을 띠고 약간 걸쭉해진다.

오렌지를 익히는 동안 **올스파이스 열매 5개**와 **정향 5개**를 절구로 찧어서 굵직한 입자로 만든다.

졸인 오렌지에 **백설탕 300g**과 으깬 올스파이스, 정향을 넣고, 팬 바닥에 물이 조금 남아 있는 채로 약불~중불로 한 시간 정도 끓인다. 전체적으로 너무 빨리 끓거나 재료가 바닥에 눌어붙기 시작하면 불을 더 줄인다. 이 단계에서 오렌지의 풍미가 침출되어 설탕과 섞이고 향신료의 풍미도 침출되어 함께 섞인다. 또한 물이 증발하고 설탕과 오렌지의 펙틴, 산 성분이 합쳐져 젤 구조가 형성된다. 끓이는 동안 온도계로 확인하고 109℃ 정도가 유지되도록 불을 조절한다. 일반적인 잼 만드는 온도보다 조금 높게 잡는 이유는 뒤에 마멀레이드를 희석하는 단계가 남아 있기 때문이다.

오렌지와 설탕이 고루 섞이고 전체적인 농도와 점도, 온도가 모두 적절하다고 판단되면 불을 끄고 뚜껑 있는 내열성 용기로 옮겨 담는다(뚜껑이 없는 내열성 용기에 담고 비닐로 덮어도 된다). **투명한 증류 백식초 3큰술과 1작은술(총 50ml)**을 넣고 잘 저은 다음, 아세트산이 많이 증발하지 않도록 바로 뚜껑을 덮는다.

실온에서 식힌 후, 유리로 된 밀폐용기에 숟가락으로 떠서 옮겨 담는다. 냉장고에 두면 최대 6개월까지 보관할 수 있다.

고기의 풍미 추출: 디글레이징과 팬 소스

고기를 오븐이나 팬에서 고온으로 굽거나 살짝 볶으면, 처음에는 고기의 풍미가 나는 육즙이 밖으로 흘러나온다(219쪽에서 설명했듯이, 고기는 특별한 풍미가 거의 없는 단백질 네트워크가 수분에 잠겨 있다. 이 수분에는 그 상태로는 풍미가 강하지 않은 분자들과 전구체가 가득하다. 열이 가해지면 이 분자들로부터 고기 특유의 풍미가 생긴다). 단백질에 열이 더 가해지면 고기의 맛이 나기 시작하고, 계속 익히면 겉면이 노릇해진다. 노릇하게 익은 육즙도 고기 겉면을 감싸고, 팬에도 고인다(281쪽에서 노릇하게 구울 때 생기는 풍미에 관해 자세히 설명한다). 다 굽고 나면, 풍미 좋은 구운 고기와 함께 프라이팬에는 고기를 굽는 과정에서 나온 부스러기가 남는다. 프랑스에서 공부한 요리사들은 이를 퐁^{fond}이라고 부른다.

팬에 남은 잔여물을 보고 설거지가 힘들어지겠다는 생각부터 들 수도 있지만, 그냥 긁어내서 버린다면 고기를 구운 후 자연스레 생긴 가장 맛있는 풍미도 버리게 된다. 이 자투리를 한데 모으기만 하면 그 풍미를 음식에 담아낼 수 있다.

음식을 굽고 남은 자투리에 수분이 있는 액체를 붓고 가열해서 그 안에 담긴 풍미를 추출하는 것을 디글레이징^{deglazing}이라고 한다. 고기를 다 굽고 팬에 와인을 반 컵 정도 넣어 가열하면, 와인이 부글부글 끓으면서 고기 부스러기에 담긴 풍미가 용해되어 추출된다. 그 상태로 팬 바닥에 눌어붙은 부분이 잘 떨어지도록 살살 긁어내기만 하면 끝이다(구운 고기나 고기에 곁들이는 채소에 소스처럼 끼얹어서 먹는다).

이와 같은 디글레이징의 원리로 다양한 소스를 만들 수 있다. 와인 대신 육수, 헤비크림, 프렘 프레슈, 애플 사이더, 체리즙, 풍미가 좋은 식초로 퐁을 녹이면 제각기 다른 소스가 된다. 액체를 붓고 끓일 때 잘게 간 흑후추나 커민, 고수 씨앗을 한 꼬집 정도 넣어서 풍미를 함께 침출한 다음, 소스가 완성되면 향신료를 걸러내는 방법도 있다. 소스의 농도는 각자 마음에 드는 정도로 맞추고, 불을 끈 다음에 겨자나 감귤류의 즙, 잘게 다진 생 허브, 케이퍼 등 추가 재료를 조금 넣고 잘 저어준다.

전통적인 육즙 소스(그레이비^{gravy})도 기본적으로는 이러한 팬 소스 중 하나다. 육즙 소스는 고기를 다 구운 팬에 육수를 붓고 자투리 고기의 풍미를 추출한 다음, 밀가루를 넣어 되직하게 만든 것이다. 나는 팬에 아무것도 굽지 않고 육수로만 이 소스를 만들어보려고 한 적이 있는데(육수는 기본적으로 풍미가 진하므로 맛은 나쁘지 않았다), 육즙 소스라기보다 약간 젤처럼 변한 육수일 뿐임을 깨달았다. 그 뒤부터는 반드시 먼저 팬에 고기를 구운 다음에 그 부스러기를 녹여서 소스를 만드는 절차를 철저히 지키고, 남들에게도 꼭 그래야 한다고 앞장서서 알린다. 추수감사절 만찬처럼 구운 고기로 거하게 한 상 차려낼 일이 있을 때, 나는 부위 별로 손질해서 판매하는 닭고기(다리, 날개, 등 부위 등 뭐든 구할 수 있는 걸로)를 몇 kg 사서 굽는다. 용도는 딱 하나, 닭고기의 풍미를 얻는 것이다. 그래서 닭을 전부 오븐 팬에 담고, 고기가 익기 시작하면 칼끝으로 닭고기 곳곳을 찔러서 육즙이 최대한 많이 흘러나오게 만든다. 그대로 한참 익힌 다음 오븐에서 팬을 꺼내 고기를 전부 뒤집고 같은 방법으로 칼집을 내가며 또 한참 익힌다. 다 구워진 닭은 먹고 싶은 마음이 전혀 들지 않는 메마른 몰골이 되는데, 이렇게 바싹 구힌 닭 뼈와 살코기는 따로 두었다가 닭 육수를 낼 때 쓰면 된다. 오븐 팬에 가득 고인 노릇노릇한 갈색의 찐득한 퐁은 물을 조금 부어 녹여서 전부 소스 팬에 모으고, 너무 싱겁지 않을 정도로 졸인다. 닭고기의 풍미가 고스란히 담긴, 작은 용기 하나 정도 분량의 이 황금빛 소스는 그야말로 완벽한 오스마조메(18세기 표현, 106쪽 참고)다. 이것만 있으면, 입안 가득 침이 절로 고이는 진한 감칠맛이 일품인 육즙 소스(또는 감칠맛이 중요한 모든 소스, 찜 요리, 콩 요리 등)를 만들 수 있다.

지방이 많은 재료에 풍미를 최대한 담기

쿠키를 만들 때는 버터를 말랑말랑하게 녹여 크림처럼 휘저어서 넣고, 뵈프 부르기뇽boeuf bourguignon은 돼지고기 기름 조각을 가열해서 기름을 내는 것으로 요리가 시작된다. 스튜나 볶음 요리를 할 때도 먼저 기름을 달구고 마늘과 양파부터 익힌다. 지방은 음식에 다른 재료로는 대체할 수 없는 진한 풍미와 질감을 제공할 뿐만 아니라, 지방으로 익힌 재료는 노릇하게 익고 풍미도 더욱 풍성해진다. 지방에 풍미가 가득하면 요리 전체에 그 풍미가 구석구석 퍼진다. 게다가 지방은 냄새 분자만 있으면 꽉 붙는 성질이 있으므로, 고추기름처럼 특별한 풍미를 미리 불어넣지 않아도 요리 도중에 우연히 만난 풍미 분자를 단단히 붙잡는다.

훈제 오일, 허브의 풍미가 담긴 오일, 컴파운드 버터 등 지방에 풍미를 불어넣는 모든 방법은 요리하면서 지방이 많은 재료에 풍미를 담는 방법으로도 활용할 수 있다.

앞서 인도 요리에 풍미를 내는 방법으로 소개한 템퍼링(240쪽 설명 참고)처럼, 요리할 때 향이 풍부한 재료와 지방이 많은 재료부터 만나게 한 다음에 다른 재료를 추가하면 냄새 분자가 밖으로 나와서 지방으로 이동할 시간이 생긴다. 수분이 있는 재료를 그다음에 넣으면, 풍미 분자가 채워진 지방을 통해 풍미가 고루 퍼진다. 이렇게 만든 음식은 향이 좋은 재료를 수분이 많은 재료와 먼저 섞을 때보다 풍미가 한층 고르고 풍성해진다.

지방이 많은 재료와 향이 좋은 재료가 쓰이는 모든 요리는 지방에 풍미를 가득 담는 용도로 활용할 수 있다. 그렇게 하면 지방이 머금은 풍미가 요리 전체에 포근한 담요를 두르듯 구석구석 퍼진다. 요리할 때 이 두 가지 재료를 먼저 만나게 하면 이런 효과를 얻을 수 있다.

풍미 추출 기회를 잘 노리자

요리할 때 각 재료를 언제, 어떻게 섞느냐에 따라 그럭저럭 괜찮은 요리가 될 수도 있고 풍미가 층층이 쌓여 오랫동안 진하게 느껴지는 맛있는 요리가 될 수도 있다. 그러므로 요리할 때마다 이것부터 생각하자. 요리에 지방이 들어간다면, 기왕이면 풍미가 더 좋은 지방을 쓰면 어떨까? 지방에 풍미를 더 많이 불어 넣으려면 어떻게 해야 할까? 지방과 향이 좋은 재료부터 먼저 섞으면, 지방은 냄새 분자를 추출하는 특별한 능력을 한껏 발휘한다.

단계적으로 풍미를 입힌 채소볶음
| 곁들임 요리로 2~4인분 |

이 레시피에서는 초반에 재료를 볶을 때 향신료의 달콤한 향과 매운맛, 노릇하게 잘 익은 음식의 고소한 향, 캐러멜화로 생기는 향, 짭짜름한 감칠맛을 기름지고 걸쭉한 반죽 형태로 먼저 만들어서 그 안에 풍미를 대부분 담는다. 뜨겁게 달궈진 기름이 짭짤하고 달콤한 맛이 나는 자잘한 재료와 섞이면 재료의 풍미가 지방으로 층층이 옅게, 부드럽게 스민다. 닭고기나 생선을 데치거나 구운 다음에도 이와 같은 방법으로 부스러기를 녹여서 소스를 만들자. 익힌 곡물이나 죽에 그 소스를 숟가락으로 떠서 끼얹으면 풍미가 한층 강화된다. 잎채소를 찔 때도 같은 방법으로 풍미를 낼 수 있다.

프라이팬이나 작은 소스 팬에 **버터 3큰술(50g)**을 넣고 중불로 가열한다. 버터가 녹아서 거품이 생기고 우윳빛 덩어리 주변에 액체가 고이는 과정을 잘 지켜보다가, 황금빛이 도는 갈색으로 변하기 시작하면 곧바로 **얇게 채 썬 붉은 양파 1/4컵(60g)**을 넣고(중간 크기 양파 반 개 정도의 분량) 뚜껑을 덮는다. 양파가 연해지면서 수분이 나오면, 그 수분으로 양파를 계속 익힌다. 더 가열하면 양파가 서서히 갈색으로 바뀐다.

오일에 절인 앤초비 세 덩어리를 건져서 길이대로 얇게 썰고, 양파에서 약간 갈색이 돌기 시작하면 넣는다. 그대로 몇 분간 익히다가 앤초비가 살짝 오그라들기 시작하면 **마늘 세 톨을 잘게 다져서** 넣고 **우르파 고춧가루 2작은술(4g)**, 회향 씨앗 통으로 1작은술(2.5g), 커민 씨앗 1작은술(2.5g)을 넣는다. 5분 정도 약한 불로 익히면서 마늘이 타지 않는지 잘 지켜본다.

겨자 잎이나 콜라드 그린, 케일을 450g 준비하고, **굵은 줄기를 제거한 후 적당한 크기로 잘게 썰어서** 넣는다. 이어 **소금 1작은술(6g), 물 1/4컵(60ml)**을 추가한다. 전체를 뒤적이면서 잘 섞은 후, 뚜껑을 덮고 약불~중불로 익힌다. 잎의 숨이 죽고 연해지면 완성이다. 다시 전체를 뒤적여서 잘 섞은 다음 그릇에 담아 바로 먹는다.

지방에 풍미부터 담고 요리 시작하기

치즈 후추 파스타(카초 에 페페)는 먼저 버터나 올리브유를 뜨겁게 달구고 분쇄한 후추를 섞어 1분간 풍미를 침출한 다음에 뒤이은 단계를 진행한다. 비네그레트를 만들 때도 마찬가지다. 먼저 허브를 오일과 섞어서 분쇄하거나 으깨고 풍미가 침출되도록 15~30분간 두고, 기다리는 동안 샐러드에 들어갈 잎채소를 씻고 준비한다. 브라우니를 만들 때는? 버터를 녹일 때 달콤한 향이 나는 향신료를 넣는다. 다음의 표에 풍미 재료와 지방이 함께 쓰이는 다양한 요리별로 지방에 풍미를 담는 시점과 요리 단계를 간단히 정리했다. 수분이 많은 재료는 표에 적힌 단계에서 풍미부터 추출한 다음에 넣어야 한다.

요리	풍미 재료	지방	풍미 추출 단계
치즈 후추 파스타	흑후추	버터/올리브유	버터를 녹이고 흑후추를 넣은 다음 치즈, 파스타를 넣는다.
칠리 콘 카르네	고추, 커민, 계피, 올스파이스	오일	오일에 향신료를 바로 넣는다.
녹인 버터가 들어가는 쿠키	잘게 간 레몬 껍질, 소두구	버터	버터를 녹이고, 풍미를 침출한 후에 식힌다.
브라우니	생강, 흑후추, 계피	버터	버터를 녹여 풍미를 침출한 후에 식힌다.
호박파이	생강, 계피, 정향, 올스파이스	크림	크림을 약한 불로 가열한 후 향신료를 넣고 30분간 풍미를 추출한다.
아이스크림	생강, 차, 커피, 커피 원두, 민트, 바질, 레몬 버베너, 얇게 깎은 오렌지 껍질, 핑크페퍼, 회향 씨앗, 소두구	크림	크림에 풍미 재료를 넣고 가스레인지로 가열하며 저어준다. 온도를 뜨겁지만 끓지 않는 70℃ 정도로 유지한다. 불을 끄고 풍미가 계속 추출되도록 2~8시간 동안 둔다.
커리	각종 향신료, 생강, 마늘	기 버터	마늘, 양파, 생강을 기름에 튀긴 다음에 고기, 채소, 콩을 넣고 익힌다.
버터를 녹이고 휘저어서 넣는 쿠키	각종 향신료, 얇게 깎은 감귤류 껍질, 허브, 라벤더, 장미, 딱총나무 꽃	버터	하루 전 버터, 설탕, 향신료/허브를 크림과 섞어서 밤새 풍미를 추출한다. 주방 조리대에 올려두고 실온에서 추출해도 되고, 냉장고에 넣어두어도 된다.
비네그레트	타임, 타라곤, 오레가노, 파슬리, 딜, 붉은 고추/고춧가루, 회향 씨앗, 커민, 캐러웨이, 회향	오일	허브와 오일을 블렌더에 넣고 몇 분간 분쇄한 후 30분간 그대로 둔다.
콩 요리	월계수 잎, 로즈메리, 커민, 고추, 타임, 멕시코 오레가노, 마늘	오일	풍미 재료를 기름에 튀기거나 담가서 풍미를 추출한 다음에 콩과 물을 넣고 콩을 익힌다.
일본식 커리	고수, 커민, 호로파, 소두구, 흑후추, 회향 씨앗, 계피, 정향, 팔각, 얇게 깎은 오렌지 껍질, 강황, 고춧가루, 육두구, 생강	오일	오일을 달구고 향신료와 섞은 다음에 루를 만든다.
모든 찜 요리	마늘, 월계수 잎, 타임, 오레가노, 흑후추, 로즈메리, 얇게 깎은 감귤류 껍질, 회향 씨앗, 앤초비	버터/오일	오일을 달굴 때부터 풍미 재료를 넣는다. 구워서 익히는 재료가 있는 경우에는 구운 다음에 풍미 재료를 넣고 풍미를 추출한다.

PART 4

풍미의 제4법칙

"풍미는 만들어낼 수 있고 변화시킬 수 있다"

풍미를 만들고 변화시키는 핵심 규칙

- 새로운 분자가 생기면, 새로운 풍미가 생긴다.
- 요리 과정의 많은 부분에서 열 또는 발효로 음식에 분자가 새로 만들어지거나, 바뀐다.
- 열은 설탕, 유제품, 육류, 채소, 밀가루 반죽 등에 캐러멜화, 태우기, 훈제, 구운 음식의 풍미를 만드는 좋은 방법이다.
- 열은 음식의 분자를 뒤흔들고, 쪼개고, 분자끼리 반응시켜서 새로운 풍미를 만든다.
- 발효는 채소, 유제품, 곡물, 콩 등에 신맛, 감칠맛, 퀴퀴한 냄새, 달콤한 풍미를 만드는 좋은 방법이다.
- 발효는 곧 미생물이다. 세균, 효모, 곰팡이의 발효로 음식에 새로운 분자가 생긴다.
- 미생물은 당, 알코올, 전분, 단백질 등 음식에 함유된 한 가지 분자를 에너지원으로 이용하고 산, 당류, 유리 아미노산 등의 새로운 분자를 부산물로 내놓는다.
- 요구르트, 코셔 피클, 간장, 김치 등 발효 식품은 대부분 음식을 오래 보존하기 위한 목적으로 처음 만들어졌고, 풍미는 발효 과정에서 덤으로 생긴다.
- 음식을 실패 없이 맛있게 만들려면, 원하는 풍미를 낼 분자가 포함된 식재료를 그 풍미가 생길 수 있도록 다루어야 한다.

중세 시대에 가장 실력이 좋은 연금술사는 금이 아닌 물질을 금으로 바꾸는 크리소포에이아^{chrysopoeia}도 가능하다고 여겨졌다는데, 나는 설탕을 가열해서 캐러멜화하거나 버터를 가열해서 노란색이 갈색으로 변하는 것을 볼 때면 꼭 중세의 연금술사가 된 기분이 든다. 단순하고 지극히 평범한 식재료도 딱 알맞은 조건으로 요리하면 눈에 보이지 않는 변화가 일어나 깊고 복합적인 풍미가 생겨난다. 정말 독특하고, 때로는 신비하게까지 느껴지는 변화다. 이 변화를 시적으로 묘사할 수도 있겠지만, 분자 수준에서 얼마든지 설명할 수 있고 우리에게는 그게 더 유용하다. 풍미를 만드는 건 팬에 재료를 넣고(뭔가를 바꾸려면 일단 팬에 담는 게 첫 단계다) 진짜 연금술처럼 물질의 원자를 바꾸는 게 아니라, 설탕이나 버터에 이미 들어 있고 특별한 풍미가 없는 지루한 분자를 쪼개고 재배열해서 훨씬 더 깊고 복잡한 풍미가 나는 새로운 분자를 만드는 일이다.

풍미는 만들어낼 수 있고 변화시킬 수 있다

설탕 × 열 = 새로운 풍미 분자

우리는 그와 같은 풍미의 변화를 일상적으로 접한다. 양배추를 소금에 절이고 몇 주가 지나면, 짠맛만 나는 게 아니라 톡 쏘는 풍미와 이전까지 전혀 없던 신맛도 나는 사워크라우트가 된다. 전분 함량이 높은 고구마를 약불에 천천히 구우면 입에서 살살 녹는 단맛이 생긴다. 미소 된장이나 피쉬소스의 엄청나게 깊고 진한 감칠맛은 대두와 앤초비에 들어 있던, 특별한 맛이 없는 단백질에서 생겨난다. 모두 풍미를 화학적으로 정점까지 끌어 올리는 것, 즉 원래 있던 분자를 변화시키고 새로운 분자를 만들어서 얻는 풍미다. 이 과정을 자세히 들여다보자.

분자의 결합: 분자는 쪼개지고 다시 합쳐진다

풍미 분자도 다른 모든 분자처럼 탄소, 수소, 산소, 질소, 황과 같은 원자 여러 개가 특정한 배열로 합쳐진 구조로 되어 있다. 원자가 서로 합쳐지는 것을 결합이라고 하며, 분자에 따라 이 결합이 매우 단단해서 구조가 오랫동안 그대로 유지되기도 하지만, 영원히 아무 변화도 겪지 않는 분자는 없다. 분자의 구조에서 결합의 강도는 용접보다는 매듭과 더 비슷하다. 매듭이 꽉 묶이고 복잡해서 풀기 어려울 수는 있어도, 대부분 적당한 곳을 파고들거나 힘을 주면 금세 느슨해지고 풀린다. 분자의 결합이 매듭처럼 풀린 말단은 새로운 매듭이 쉽게 형성되는 특징이 있다. 즉 결합이 풀려서 생긴 조각들끼리 다시 결합해서 새로운 분자가 되고, 그 결과 새로운 풍미가 생길 수 있다.

잠재적 풍미와 풍미의 잠재성

처음부터 풍미가 있는 재료나 음식이 있다. 허브, 향신료, 레몬, 고추, 소금 등 풍미 분자가 아주 많은 음식은 먹자마자 풍미가 느껴진다.

반면 밀가루나 쌀밥, 대두, 익히지 않은 닭고기는 맛이 썩 좋은 편은 아닌데, 밀가루로 구운 빵이나 밥과 대두를 발효한 음식들, 구운 닭고기는 전혀 다른 풍미가 생긴다. 텅 비어 있던 풍미가 구운 빵의 고소한 풍미로 채워지고, 대두를 발효해서 미소 된장을 만들면 진한 감칠맛과 퀴퀴한 냄새로 이루어진 풍미가 생긴다. 노릇하게 잘 구운 닭고기도 깊고 만족스러운 풍미가 생긴다. 그러므로 이러한 음식은 화학적인 구조에 풍미가 잠재되어 있었다고 할 수 있다. 이런 재료나 음식은 매듭을 풀 때처럼 적절한 지점을 찾아 파고들어서 풍미가 풀려나오도록 만들어야 풍미가 생긴다.

이처럼 처음에는 풍미가 별로 없지만 가능성이 잠재되어 있고 조건이 잘 맞으면 풍미를 만드는 분자들이 있다. 이런 분자들이 포함된 식재료는 당장은 풍미가 크지 않아도 많은 가능성을 품고 있다. 그 잠재된 풍미를 실제 풍미로 바꾸는 기본적인 방법은 그렇게 많지 않다. 그러나 풍미가 잠자고 있는 분자들의 특성, 그 분자에서 바뀔 수 있는 부분, 그 변화를 촉진하려면 꼭 알아야 하는 화학적인 규칙과 조건 등 풍미를 깨우는 다양한 방법들을 알아두면, 풍미가 잠재된 재료가 있을 때 그것으로 풍미를 낼 방법을 더 수월하게 찾아낼 수 있다.

풍미를 만드는 두 가지 방법

새로운 풍미 분자를 만드는 방법은 크게 두 가지다. 첫 번째는 열, 효소 등으로 분자의 결합을 끊고 새로운 결합을 만드는 화학적인 방법이고, 두 번째는 다른 생물(주로 세균을 비롯한 미생물)이 풍미 분자를 만들도록 유도하는 생물학적인 방법이다. 음식을 노릇하게 익히는 것, 캐러멜화, 새카맣게 태우기, 훈제 등 우리가 보통 기본적인 '요리' 과정으로 생각하는 일들은 화학적으로 풍미를 만드는 방법에 해당한다. 그리고 코셔 피클, 김치, 맥주, 와인, 요구르트, 사워도우, 간장처럼 발효를 통해 풍미가 좋은 음식을 만드는 것은 생물학적으로 풍미를 만드는 방법에 속한다.

풍미가 잠자는 물질	풍미를 만드는 수단	변화 과정	잠재적 풍미	풍미가 생긴 음식 예시
설탕	열	캐러멜화	톡 쏘는 맛, 쓴맛, 솜사탕, 캐러멜, 태운 설탕	캐러멜
설탕, 탄수화물, 단백질	열	태우기, 새카맣게 태우기(열분해)	탄 맛, 심하게 익은 맛, 구운 음식의 풍미	새카맣게 태운 양파, 태운 계피
나무, 탄수화물	열	연소/훈제	훈제 향	바비큐, 베이컨, 훈제 파프리카, 찻잎으로 훈제한 오리고기
설탕, 아미노산	열	마이야르 반응	노릇하게 구운 음식의 향, 바싹 구운 음식의 향, 토피, 갈색 버터	구운 고기, 빵 껍질, 토스트, 커피, 초콜릿, 갈색 버터, '캐러멜화한' 양파
전분	열, 효소/균류	전분 분해	단맛	맥아, 고구마, 아마자케, 누룩
당류	젖산균	젖산발효	신맛, 피클의 향, 부드러운 풍미	사워크라우트, 김치, 요구르트, 크렘 프레슈, 발효 빵
알코올	초산균	초산발효(식초)	식초의 풍미, 신맛, 자극적인 향	와인 식초, 발사믹 식초, 쌀 식초, 애플 사이더 식초
단백질	균류, 일부 세균	단백질 가수분해(단백질을 아미노산으로 분해), 감칠맛이 생기는 발효	감칠맛, 퀴퀴한 향	미소 된장, 된장, 간장, 피쉬소스, 가룸

Chapter 9
열과 풍미

분자의 세계에서 열은 곧 움직임이다. 분자는 에너지가 많을수록 공간에서 더 빠르게 진동하거나 부딪히고, 온도도 높아진다. 열이 일정 수준을 넘어가면 분자의 상태가 전환된다. 움직임이 아주 격해져서 구조상 가장 약한 부분이 끊어지기 시작하는 것이다. 흥분한 말이 너무 심하게 날뛰다가 자기 몸에 걸린 고삐에 발이 걸려 넘어지는 것, 지진에 마구 흔들리던 집이 어느 순간 폭삭 무너지는 것과 비슷하다. 온도가 아주 높아도 구조가 계속 유지되던 풍미 분자가 열에너지의 증가로 분자 구조가 무너지는 상태로 전환되면, 풍미에 대대적인 변화가 생긴다. 당이 분해되고(캐러멜화), 커다란 분자의 구조적 결합이 끊어져 작은 조각으로 나뉘고(새카맣게 태우기, 훈제), 분자끼리 세게 부딪쳐 한데 엉키고 완전히 새로운 분자가 형성되는(마이야르 반응) 일들이 일어난다.

캐러멜화: 황금빛 액체의 풍미

흔하디흔한 백설탕과 열원만 있으면 새로운 풍미가 있는 새로운 분자를 가장 간단하게 만들 수 있다.

설탕을 냄비에 넣고 열을 가하면 하얗고 균일한 결정이 사라지고 투명한 액체가 된다. 그 상태에서 계속 열을 가하면, 솜사탕이나 사탕 가게에서 나는 익숙한 냄새가 난다. 곧이어 투명한 액체에 짚처럼 누르스름한 색이 군데군데 나타나는데, 이것이 캐러멜화의 시작을 알리는 첫 번째 시각적 단서다. 계속 가열하면 이 누런 색이 점점 짙어져 진한 황금빛이 되고, 버터스카치 사탕과 크렘 브륄레가 떠오르는 좀 더 진한 향이 솔솔 풍긴다. 과감하게 더 가열하면서 변화를 잘 지켜보면, 거의 타버릴 즈음에 진한 갈색을 띠며 달콤하고 쌉싸름한 기분 좋은 향과 당밀 또는 거의 새카맣게 태운 토피 사탕과 비슷한 강렬한 향이 나는 캐러멜이 생긴다(그다음에는 어떻게 되나 보려고 계속 가열하는 사람들이 분명히 있을 텐데, 미리 알려주자면 캐러멜이 다 타고 전부 분해되어 시커먼 숯덩어리가 된다. 음식의 일부나 전체가 새카맣게 타는 이 상태에 관해서는 이후 이어지는 내용에서 다시 설명한다).

눈으로 보고 냄새로도 느낄 수 있는 이 모든 변화는 열에 의한 설탕의 화학적인 분해(열분해) 과정이다. 일반적으로 설탕 분자는 작은 육각형 또는 오각형 모

캐러멜의 풍미 분자들

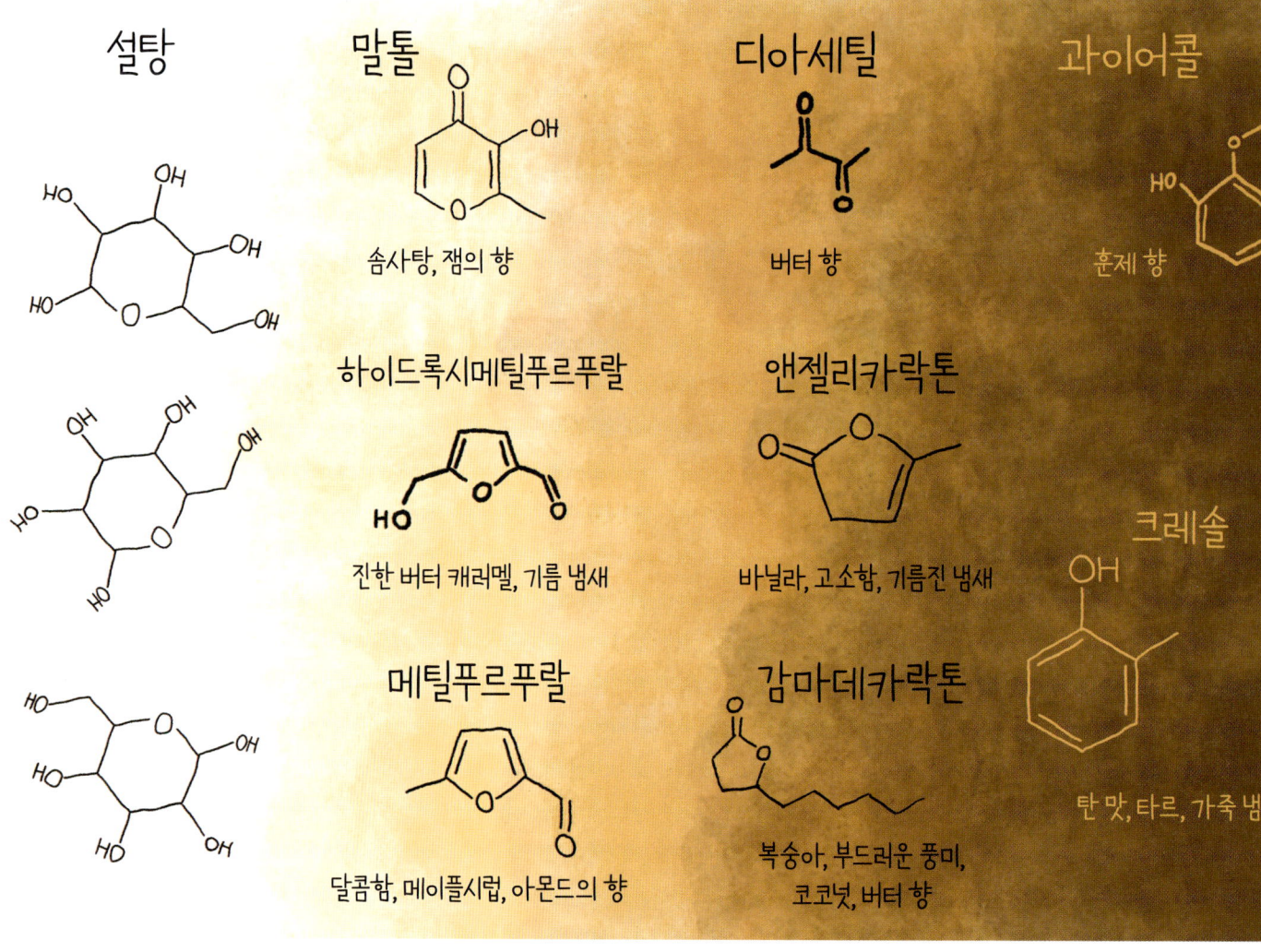

양의 기초단위가 길고 촘촘하게 연결되어 있다. 여기에 열이 가해지면(즉 분자의 움직임이 거세지면), 자동차가 도로를 이탈해서 마구잡이로 달리다 사이드미러가 부서지는 듯 분자의 구조를 유지하던 결합들이 풀리고, 끊어져서 분자의 작은 일부가 잘려 나간다.

결합이 끊어진 곳에는 점착성 말단이 생기고, 결합이 끊어져 훤히 드러난 점착성 말단이 생긴 다른 분자가 가까이에 있으면 이 말단끼리 붙어서 두 분자가 엉킨다. 녹은 설탕에서 색 변화가 나타나기도 전부터 '달콤한' 향이 솔솔 풍기는 것도, 캐러멜화가 시작될 때 이렇게 분자끼리 엉켜서 작고, 가볍고, 휘발성이 있는 냄새 분자가 생기기 때문이다. 탄 냄새와 과일 향을 내는 이소말톨isomaltol, 달콤하고 부드러운 풍미가 나는 감마 헥사락톤gammahexalactone, 견과류의 고소함과 바닐라 향이 나는 5-메틸-2-푸르푸랄5-methyl-2-furfural 등, 캐러멜화 초기에 형성되는 이 냄새 분자들은 자당(백설탕)의 분해로 생긴 결과물답게 육각형이나 오각형인 부분이 남아 있다. 캐러멜화가 시작된 후에도 열에너지가 계속 제공되면, 분자끼리 서로 달라붙고 다시 떨어지는 과정이 반복되다가 점점 더 복잡하고, 무겁고, 탄 냄새가 더 강한 분자가 형성된다. 또한 멜라노이딘mela-noidin이라는 큼직한 색소 분자도 생겨서 캐러멜 특유의 향과 쌉싸름한 맛이 난다. 원래 자당 분자 하나에는 22개의 수소 원자가 있는데, 열분해 과정에서 상당수가 떨어져 나가서 신맛을 내는 수소 이온이 된다. 캐러멜을 오래 가열할수록 톡 쏘는 신맛이 나는 이유다.

내 입에 딱 맞는 캐러멜 찾기

약간 쌉싸름해서 커피와 비슷하게 느껴지고 색도 아주 진한 캐러멜을 좋아하는 사람도 있는가 하면(매사추세츠주 케임브리지에 있는 토스카니니Toscanini 라는 아이스크림 가게에는 내가 정말 좋아하는 '태운 캐러멜' 맛 아이스크림이 있다. 당밀 아이스크림이라고 해도 좋을 만큼 색이 아주 진하다) 맛이 깔끔하고 향이 미세한, 옅은 색 캐러멜을 더 좋아하는 사람도 있다. 진짜 캐러멜이라는 건 없으니 각자 입맛에 맞는 걸로 즐기면 된다. 자신이 어느 정도로 진한 캐러멜 맛을 좋아하는지 찾아보고 싶다면, 집에서 직접 설탕을 녹여 캐러멜을 만들면서 맛을 보는 게 가장 좋은 방법이다(반드시 충분히 식힌 다음에 맛을 봐야 한다).

나는 이런 실험을 할 때 가스레인지와 가까운 주방 수납장 문에 점착식 메모지를 내 눈높이로 붙여두고 가까이에 필기구도 가져다 놓는다. 그리고 맛을 볼 때마다 기억해둘 정보를 바로바로 기록한다. 캐러멜의 색과 풍미가 딱 좋은 상태일 때, 높은 온도에서도 쓸 수 있는 내열성 식품 온도계로 온도가 몇 도인지 측정해서 기록해두면 자신이 어떤 농도의 캐러멜을 좋아하는지 훨씬 정확하게 파악할 수 있다. 가장 마음에 드는 캐러멜이 만들어지는 '온도'를 알게 되는 것이다.

캐러멜의 진한 정도를 온도별로 나누면 대강 다음과 같다.

- **연한 캐러멜, 165~170°C**: 옅은 금색, 짚과 비슷한 갈색. 달콤함, 옅은 캐러멜 향, 섬세한 풍미
- **적당히 진한 캐러멜, 175~180°C**: 금빛이 도는 갈색, 호박색, 깊은 캐러멜 향. 토피 사탕의 향, 강한 신맛
- **가장 진한 캐러멜, 190~200°C**: 진갈색, 진한 캐러멜 향, 커피처럼 아주 쌉싸름한 맛, 훈제 향과 비슷한 풍미

설탕으로 캐러멜 만들기

| 캐러멜 한 컵 분량 |

캐러멜화한 설탕은 그대로 먹기보다는 다른 요리에 맛을 더하고 강렬한 풍미를 부여하는 양념처럼 쓰거나 다른 음식(캐러멜 소스 등)을 만드는 밑 재료로 쓰기에 적합하다. 그런 점에서는 5장의 '단맛'에서 자세히 설명한 갈색 설탕(96쪽 참고), 비정제 설탕(97쪽 참고)과 비슷하다. 캐러멜화한 설탕은 설탕

을 넣는 여러 음식에 대체 재료로도 사용할 수 있다(찜 요리나 콩 요리, 시럽, 음료 등).

설탕을 캐러멜화하면 처음에는 액상이다가 식으면서 점차 단단하게 굳는다. 따라서 어딘가에 붓거나 끼얹어야 한다면 아직 뜨거울 때 써야 한다. 캐러멜 푸딩, 또는 재료를 층층이 쌓은 다음 마지막에 전체를 뒤집어서 완성하는 케이크처럼 그릇이나 팬에 캐러멜화한 설탕부터 까는 경우도 그런 예다. 얇게 썬 오렌지, 배, 자몽, 사과에 캐러멜화한 설탕을 뜨거울 때 휙 두르면, 캐러멜이 식으면서 표면은 바삭해지고 뜨거운 부분은 과일과 섞여 맛있는 소스가 된다. 베트남식 캐러멜 소스인 느억 마우 nước màu 는 짠맛, 감칠맛, 퀴퀴한 냄새가 나는 피쉬소스와 함께 돼지고기찜 등 장시간 푹 익혀서 향이 풍성한 요리에 단맛과 풍미를 더하는 재료로 많이 쓰인다.

캐러멜이 굳으면 유리처럼 표면이 매끈해지는데, 캐러멜화가 진행되는 과정에서 분자가 너무 조밀하게 연결되면 표면이 그와 같이 평평하고 바삭해지는 대신 작은 알갱이가 생긴다. 나는 이런 현상을 막기 위해, 설탕이 열에 녹아 고체에서 액체로 바뀌는 동안 분자가 더 원활하게 움직이도록 물을 조금 넣는다. 물 대신 옥수수 시럽이나 레몬즙을 조금 추가해도 캐러멜화 반응에 자당 분자가 아닌 다른 분자가 끼어들게 되므로 결정화를 막는 데 도움이 된다.

작은 소스 팬에 **설탕 한 컵(200g)**, **물 3큰술(45ml)**을 넣는다. 중불로 가열하면서 설탕 입자를 모두 녹인다. 결정화가 일어나지 않도록 물에 적신 요리용 붓으로 팬 가장자리에 남은 설탕을 가운데로 쓸어 모은다. 설탕이 녹은 액체가 금빛이 도는 갈색으로 변하기 시작하면 불을 약불에 가깝게 줄인다. 캐러멜은 순식간에 적정 온도를 넘어서 타버리므로 잘 지켜봐야 한다.

🍴 꿀로 캐러멜 만들기

| 1/3컵에서 반 컵 분량(약 100ml) |

꿀로도 백설탕처럼 캐러멜을 만들 수 있다. 꿀을 캐러멜화하면, 꿀에 담긴 식물의 풍미와 톡 쏘는 향, 발효로 생기는 복잡한 풍미가 옅게 더해져서 한층 더 흥미로운 맛이 난다. 캐러멜화한 꿀은 캐러멜이나 캐러멜시럽 대신 써도 되고, 칵테일에 단맛을 내는 재료로 써도 된다. 복숭아나 사과, 페이스트리에 광택을 내려고 바르는 재료나 고명으로도 활용하기 좋다.

꿀 반 컵(120ml)을 소스 팬에 담고 중불에서 가열한다. 꿀은 온도가 올라가면 점점 묽어진다. 계속 가열하다가 끓기 시작하면 잘 저어준다. 몇 분 더 끓이면 색이 진해지기 시작하는데, 그대로 4~5분 더 끓이다가 색이 살짝 짙어지면 바로 불을 꺼야 한다. 그렇지 않으면 금세 타버린다.

🍴 캐러멜시럽

| 약 1.5컵 분량 |

럼이나 위스키가 들어가는 칵테일, 아이스커피, 레모네이드의 풍미를 높여줄 시럽을 소개한다. 샐러드드레싱이나 각종 소스에 넣으면 단맛과 고소한 향이 신맛의 균형을 잡아준다. 앞서 소개한 '설탕으로 캐러멜 만들기' 레시피대로 만들다가, 마음에 드는 캐러멜이 됐을 때(273쪽 '내 입에 딱 맞는 캐러멜 찾기' 참고) **물 한 컵(240ml)**을 붓는다. 약불로 가열하면서 잘 젓는다. 냉장고에 보관하고 3~4개월 내로 모두 사용한다.

🍴 꿀 캐러멜시럽

(위에 나온) **꿀로 캐러멜 만들기** 레시피대로 캐러멜을 만든 다음, 완성되면 **물 1/4컵과 2큰술(총 90ml)**을 넣는다. 약불로 가열하면서 잘 젓는다. 냉장고에 보관하고 3~4개월 내로 모두 사용한다.

🍴 과일즙으로 캐러멜시럽 만들기

169쪽에서 소개한 '파인애플 캐러멜 소스'처럼, 캐러멜시럽에 물 대신 풍미가 있는 액체를 넣으면 어떨까? 위에 나온 다양한 시럽 레시피에서 물 대신 오렌지즙, 애플 사이더, 자몽즙, 체리즙, 파인애플즙을 넣으면 과일의 풍미가 담긴 캐러멜시럽이나 꿀 캐러멜시럽을 만들 수 있다.

🍴 캐러멜 소스

| 한 컵과 1/4컵 분량(약 300ml) |

정통 소스의 하나인 캐러멜 소스는 풍미가 복합적이지만 만

들기는 쉽다. 아이스크림이나 빵을 작게 잘라서 만드는 푸딩에 끼얹으면 정말 맛있고, 초콜릿이나 베리, 사과와 비슷한 과일로 만든 음식과도 잘 어울린다.

'설탕으로 캐러멜 만들기' 레시피대로 설탕을 녹여 캐러멜로 만들고, 마음에 드는 캐러멜이 되면(273쪽 '내 입에 딱 맞는 캐러멜 찾기' 참고) **헤비크림 반 컵(120ml)**을 넣는다. 뜨거운 캐러멜에 크림을 넣으면 거품이 세게 일어나고 부분적으로 굳는다. 중불로 계속 끓이다가 전체가 부드럽게 잘 섞이면 불을 끄고 **무염 버터 3큰술(45g)**을 넣는다(발효 버터를 넣으면 더욱 맛있다). 맛을 보고 소금으로 간을 맞춘다. 연한 캐러멜과 적당히 진한 캐러멜은 소금을 덜 넣는 게 좋고, 진한 캐러멜은 소금을 조금 더 넣는 게 좋다. 연한 캐러멜과 적당히 진한 캐러멜은 **입자가 고운 천일염**을 1/4~1/2작은술(1~2g) 정도 넣어 맛의 균형이 미세하게 잡는 게 잘 어울리고, 진한 캐러멜에는 3/4~1작은술(3~4g) 넣어서 짠맛이 확 도드라지도록 완성하는 게 좋다. 따뜻할 때 바로 먹는다.

태우기, 그슬리기, 연기로 풍미 만들기

고추를 새카맣게 태워서 껍질을 벗겨내면, 기분 좋은 풍미가 느껴진다. 캐서롤을 만들다가 오븐에서 너무 오래 익히는 바람에 일부가 까맣게 타버렸을 때도 그런 풍미가 생긴다.

앞서 살펴본 캐러멜화는 열에 의해 분자 구조가 끊어지는 열분해인데, 이를 의도적으로 더 진행하면 타버린 고추나 캐서롤에서 나는 특별한 풍미가 생긴다(의도치 않게 음식을 태워도 같은 풍미가 생기지만, 그런 경우는 제외하기로 하자).

열분해: 그슬리기와 태우기

음식이나 재료에 열을 집중적으로 가해서 태우거나 그슬리다가 전부 홀랑 다 타기 전에 가열을 중단하면, 새카맣게 탄 부분에서 쓴맛이 나는 진한 풍미가 생긴다.

열분해는 음식과 재료를 속속들이 헤집어 불에 탄 풍미를 새로 만들어내는, 파괴적인 창조의 한 방식이다. 음식의 겉면만 일부러 얇게 그슬리거나 극히 일부만 태우면, 부주의로 음식이 타버리는 경우와 달리 복잡하고 매력적인 풍미가 생긴다. 몰레 네그로와 베트남식 쌀국수 국물도 양파와 마늘, 또는 양파와 생강의

> **채소 표면에 불맛 내는 법**
>
> 파프리카와 가지는 표면을 그슬리면 일석삼조의 효과를 얻을 수 있다. 우선 탄 음식 특유의 풍미가 생기고, 껍질이 헐거워져서 쉽게 벗겨낼 수 있고, 겉면을 태우는 동안 안쪽도 일부나 전체가 자연스레 익는다. 이렇게 익혀서 샌드위치나 파스타, 찍어 먹는 소스에 넣거나 샐러드, 쌀밥 등 곡물을 익힌 요리에 활용해보라. 열원이 아래에 있는 그릴에서는 중불에서 센불로 굽고, 오븐처럼 열원이 위에 있는 기구에서는 약불로 굽는다. 수시로 뒤집어주고 겉이 대부분 새카맣게 변하면 바로 꺼내야 속까지 홀랑 타지 않는다. 겉을 태운 가지는 보통 속만 파내서 쓰고, 고추 종류는 뜨거울 때 지퍼백이나 종이봉투에 넣어 입구를 닫고 10분 정도 두면 고추에서 나온 증기로 껍질이 자연히 분리되므로 조심스럽게 벗겨내면 된다.

겉면을 그슬린 다음에 다른 재료를 추가해서 푹 끓이거나 육수를 만드는 식으로 이런 열분해를 요리의 첫 단계에 활용한다. 양파나 가지, 또는 고추의 겉면을 까맣게 태우면 탄 음식 특유의 풍미가 생기고, 이 새로운 풍미는 다른 재료들과 섞여도 사라지지 않고 남는다.

나무의 향과 불맛의 만남: 커다란 분자가 분해될 때 생기는 풍미

불에 태운 풍미 중에서도 최고는 단단한 목질의 식물 재료를 태울 때 생긴다. 통나무, 나뭇가지, 나무껍질, 향신료, 쌀, 찻잎(찻잎으로 훈연한 오리 요리 등) 등을 태울 때 생기는 아주 친근한 향, 훈제의 풍미는 목질(또는 나무와 비슷한)의 구조를 이루는 커다란 분자가 분해되면서 생긴다.

불의 풍미를 입힌 계피

불에 탄 풍미를 낼 때는 재료를 천천히 가열해서 전체적으로 골고루 익히는 것과는 정반대로, 재료가 속까지 전부 익기 전에 겉면만 충분히 태우는 것이 관건이다. 계피를 그렇게 태우면, 신선한 풍미가 어느 정도 유지되면서 불의 풍미가 더해진다. 단, 통계피만 이와 같이 풍미를 입힐 수 있다. 계피 분말을 이렇게 가열했다가는 홀랑 다 타고 쓴맛만 난다.

물기 없는 묵직한 팬을 아주 센불로 가열한다. **길쭉한 통계피, 또는 통계피를 굵직하게 분쇄한 것이나 계피 조각**을 한 움큼 팬에 넣는다. 한 면을 익히다가, 계피에서 조금씩 연기가 나기 시작하고 군데군데 아주 진한 갈색 또는 검은색 점이 생기면 뒤집어서 익힌다.

✔ 불맛 나는 계피 시럽

| 대략 한 컵과 2/3컵(375ml) 분량 |

레모네이드나 라임에이드, 위스키나 럼이 들어가는 칵테일, 차가운 호지차(녹찻잎을 볶은 일본식 녹차)에 단맛을 더할 때 이 시럽을 쓰면 불맛과 향긋함을 동시에 더할 수 있다. 얇게 썬 자몽, 또는 속껍질까지 전부 제거한 자몽 과육에 뿌려 먹

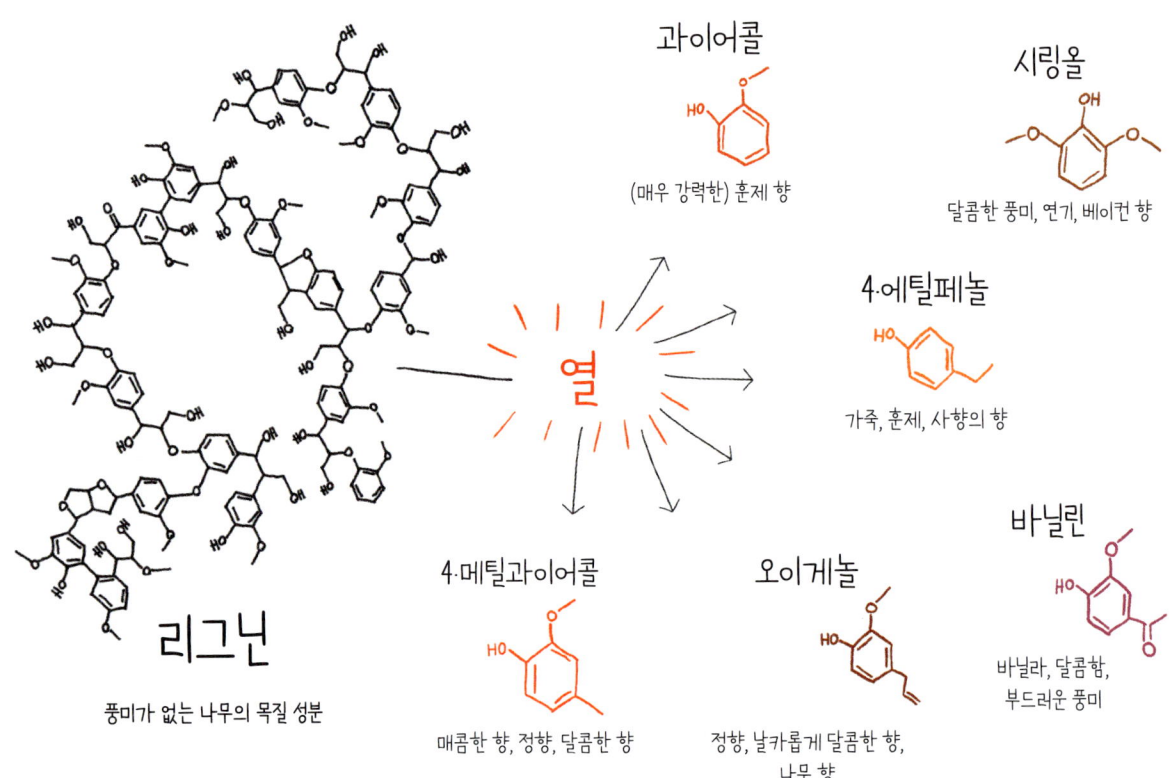

리그닌 — 풍미가 없는 나무의 목질 성분

과이어콜 — (매우 강력한) 훈제 향

시링올 — 달콤한 풍미, 연기, 베이컨 향

4-에틸페놀 — 가죽, 훈제, 사향의 향

4-메틸과이어콜 — 매콤한 향, 정향, 달콤한 향

오이게놀 — 정향, 날카롭게 달콤한 향, 나무 향

바닐린 — 바닐라, 달콤함, 부드러운 풍미

어도 맛있다.

중간 크기 소스 팬에 **불의 풍미를 입힌 계피 3~4개(약 15g)를 넣고 설탕 한 컵과 1/4컵(총 250g), 물 한 컵(225ml)을** 추가해서 끓인다. 물이 끓으면 불을 끄고, 풍미가 우러나도록 한 시간 동안 두었다가 계피는 건져낸다. 냉장고에 보관하고 3~4개월 내로 모두 사용한다.

목질 식물의 단단한 구조는 헤미셀룰로스 hemicellulose, 셀룰로스 cellulose, 리그닌 등 크기가 아주 큰 분자들로 구성된다. 설탕 분자보다 작게는 수백 배, 많게는 수천 배 더 큰 이러한 분자들은 더 작은 하위 단위가 모여서 형성된다.

헤미셀룰로스와 셀룰로스는 전분처럼 당이 길게 연결된 사슬인데, 전분보다 이 사슬이 훨씬 길다. 리그닌은 아주 매력적인 분자다. 복합 분자이지만 탄수화물, 단백질, 무기질, 지방 중 어느 쪽도 아니며 비슷한 분자들이 무작위로 결합해서 만들어진다(체계적이지는 않고 전분이나 셀룰로스처럼 똑같은 단위체가 연결되지도 않는다). 이는 생화학적으로 굉장히 희한한 특성이다. 또한 리그닌이 만들어지는 경로는 정향의 향을 내는 분자인 오이게놀 같은 페닐프로펜류의 향 분자가 만들어지는 생합성 경로와 일부가 겹친다(183쪽 '식물의 화학 무기: 허브와 향신료의 풍미 분자' 참고). 화학적으로는 여러 페놀 잔기(곁사슬)와 메톡시벤젠 잔기의 교차 결합으로 형성된, 크고 곁가지가 많은 분자이며, 강하고 단단하게 연결된 탄소 고리들과 산소 원자가 서로 엮여 있다. 리그닌은 유연한 잎과는 다른 단단한 목질을 만들고, 일부 균류를 제외하면 거의 모든 생물이 리그닌을 소화하지 못하므로 거대한 나무가 썩지 않도록 보호하는 기능도 한다(나무가 리그닌을 만들어내기 시작한 후 약 1억 년간은 완전히 썩지 않은 나무들이 온 땅에 널려 있었다. 균류가 리그닌을 분해하는 효소를 만들어내기 시작한 후에야 이렇게 온 세상에 널려 있던 나무가 분해되어, 바이오매스로 존재하던 탄소가 자연에서 순환되기 시작했다).

리그닌, 셀룰로스, 헤미셀룰로스가 불에 탈 때(즉 나무가 탈 때) 생기는 분자들은 각각 분자의 구조적 특성에 따라 독특한 풍미가 난다. 따라서 나무가 타는 냄새로 타기 전 목질의 특성을 알 수 있다. 리그닌은 매콤한 향과 바닐라 향, 전형적인 '연기'의 향이 나고, (당 분자로 구성된) 셀룰로스는 고온에서 캐러멜화가 일어날 때의 향과 달콤한 향, 캐러멜의 향, 빵 굽는 향이 난다.

나무가 타면 일반적으로 헤미셀룰로스가 가장 먼저 분해되기 시작하고 온도가 더 높아지면 셀룰로스와 리그닌이 차례로 분해된다. 와인과 위스키를 담아 숙성하는 커다란 나무통을 제작하는 사람들은 통이 거의 완성되면 큰 화로에 불을 피우고 통 안쪽 면에 불을 쬐어 열분해를 유도한다. 통 '굽기'라고 불리는 이 단계에서는 불의 온도와 굽는 시간으로 풍미의 특성을 조절한다. 스카치위스키의 양조 과정을 연구한 화학자들도 이와 비슷한 현상을 발견했다. 위스키 양조에 쓰이는 보리맥아는 토탄을 태운 불로 말리는데, 토탄은 늪에 떨어진 식물이 부분적으로 썩으면서 형성된다. 연구 결과에 따르면, 맥아를 건조할 때 어떤 식물로 만들어진 토탄을 썼는지에 따라 위스키에 오래 남는 풍미가 생기고 그 풍미는 맛으로도 느낄 수 있다. 목질이 많은 토탄과 잎의 비중이 더 큰 토탄은 불에 탈 때 피어오르는 연기의 화학적인 성질이 다르며, 전자로 말린 보리맥아가 들어간 위스키는 연기의 향이 더 강하고 후자로 말린 보리맥아로 만든 위스키는 맥아와 캐러멜의 풍미가 더 강하게 느껴진다.

연기는 재료의 겉을 그슬리는 것에서 한 단계 더 나아간, 풍미를 만드는 또 다른 방법이다. 좀 더 자세히 살펴보자.

불꽃의 풍미

모닥불에 마시멜로를 구워서 먹을 때 정확히 불 어느 부분에 집어넣고 구워야 하고 골고루 노릇하게 익히려면 언제 불에서 빼내야 하는지까지 세세하게 신경 쓰는 사람들이 있다. 반대로 마시멜로 꼬치를 몽땅 한꺼번에 불 속에 집어넣고는 표면에 불이 붙어 쫄깃한 불덩어리가 되면, 그제야 꺼내서 후후 불어 마시멜로에 붙은 불을 끄고는 연기의 향을 머금은 바삭한 껍질을 맛있게 뜯어 먹는 사람들도 있다.

음식에 그와 같이 불을 붙이면, 열분해(태우기)에 산소가 더해진(그리고 태울 때보다 더 많은 열도 더해진) 연소의 영역과 더욱 가까워진다. 나무로 불을 피울 때, 열이 일정 수준 이상 높아지면 산소와 격렬한 반응이 일어나면서 환한 빛이 나고 불꽃이 피어오른다. 연소의 대표적인 특징인 에너지의 방출이 일어나는 것이다. 열분해와 연소, 즉 음식의 겉을 그슬리는 것과 불을 붙이는 것은 엄연히 다른 것이지만, 음식에 연기의 풍미와 불에 탄 풍미를 만들어낼 수 있는 상호 보완적인 방법으로 활용할 수 있다. 둘 다 열로 화학적인 변화를 일으켜 풍미를 만들어낸다는 공통점이 있으나, 연소는 반응에 산소가 추가되어 화학 반응의 경로가 달라지므로 불에 그슬릴 때와는 다른 풍미가 생긴다. 이런 차이를 알면, 연소와 겉을 그슬리는 방식을 필요에 따라 활용할 수 있다(참나무 장작으로 불을 피우고 몇 시간에 걸쳐 익히는 통 양지머리 바비큐와 그릴에 납작한 삼나무 판을 올리고 그 위에 생선을 올려 연기가 피어오르고 기름이 번들댈 때까지 익히는 생선구이의 차이처럼). 연소는 특정한 물질이(나무, 쌀, 찻잎, 허브 가지, 지방 등) 불에 타 없어지는 과정에서 연기가 생기고, 그 과정에서 생기는 풍미 분자가 파프리카, 치즈, 연어 등으로 옮겨가게 만든다는 점에서 겉만 그슬리는 방식보다 파괴적이고, 소모적이다.

연기의 풍미

연기는 무언가에(나무 등) 열과 산소가 공급되어 열분해나 연소가 시작되고 그 반응이 완전히 끝나기 전(재와 이산화탄소만 남는 단계)에 발생한다. 그러므로 연기는 물질의 불완전한 분해를 나타내는 지표라고도 할 수 있다. 연기에는 한 가지 물질이 아닌, 아직 분해가 진행 중일 때 발생하는 수많은 물질이 섞여 있다. 이는 혈액과 비슷한 특징이다(불균질 혼합물). 나무에 열이 가해지면 휘발성 분자들과 수증기가 발생한다. 구체적으로는 셀룰로스나 리그닌이 분해되면서 발생하는 휘발성 분자들, 일산화탄소를 비롯한 기체들, 탄화된 작은 입자들이 전부 섞여서 냄새로도 뚜렷하게 느껴지고 산성도도 높은 뿌연 연기가 형성된다.

이론적으로 나무가 완벽한 효율로 불에 탄다고 가정하면, 즉 나무를 구성하는 분자 하나하나와 반응할 만큼의 산소만 정확히 존재한다면 이산화탄소와 수증기만 발생하겠지만, 당연히 그런 일은 없다. 요리에서는 바비큐나 훈제 연어처럼 연기가 음식에 불어 넣는 맛있는 풍미를 얻으려고 일부러 산소가 부족한 조건에서 불을 피우기도 한다. 바비큐는 고온 훈제의 대표적인 방식이다. 연기가 발생하도록 불을 피우고, 위로 뭉게뭉게 피어오르는 연기가 양지머리, 목심 같은 질긴 고기에 침투하는 동시에 연기를 피우는 열로 수 시간에 걸쳐 고기를 천천히 익혀서 질긴 연결조직이 풀어지게 만든다. '고온' 훈제라고 했지만, 그릴이나 활활 타고 있는 불로 바로 익히는 방식과 비교하면 재료를 익히는 온도가 훨씬 낮다. **저온 훈제**는 훈제 연어를 만드는 정통 방식이다. 불을 피워서 연기를 발생시키는 것까지는 고온 훈제와 같지만 연기의 온도가 훨씬 낮다. 따라서 연기가 연어에 침투하기만 할 뿐 연어를 익히지는 않으므로 염장된 연어의 섬세한 질감이 그대로 유지된다. 나무 대신 향이 좋은 다른 재료로 불을 피워서 연기를 내는 저온 훈제 방식이 뒤에 소개된다.

열분해와 연소는 둘 다 연기를 발생시킨다. 비좁은 아파트에서 스테이크를 바짝 굽다가 화재경보기가 울려서 혼쭐이 난 적이 있다면 누구나 아는 사실이다(절대 내 얘기가 아니다!). 일반적으로 연기는 고온에서 열분해가 일어날 때(크기가 큰 분자가 다량 분해되어 휘발성 분자, 공중에 떠다니는 물질로 쪼개지려면 엄청난 에너지가 필요하므로), 그리고 산소가 부족한 조건에서 연소가 일어날 때 발생한다.

불로 얻을 수 있는 세 가지 풍미

1. 연소 없이 그슬리기: 재료나 음식의 겉면만 타도록 조심스럽게 열분해를 유도하면, 새카맣게 탄 부분 안쪽에 불에 그슬린 풍미가 생긴다.

- **화학 반응:** 열분해
- **예시:** 겉을 불에 그슬린 양파, 태운 가지, 불에 그슬린 고추, 굽다가 살짝 탄 부분이 생긴 빵 반죽, 불의 풍미가 있는 향신료

2. 연기의 향 불어넣기: 태우면 풍미가 생기는 재료로 불을 피우고, 거의 완성됐거나 요리가 완전히 끝난 음식을 불 가까이에 두면 연기의 풍미가 음식에 스민다.

- **화학 반응:** 저온 연소, 열분해
- **예시:** 둔가르dhungar, 티안옵tian op, 찻잎을 태워 연기를 입힌 오리 요리, 가스 그릴에 넣는 나무 칩, 총처럼 생긴 훈연기, 저온 훈제 연어

3. 연기를 입히면서 익히기: 불을 피우고 음식이나 식재료를 그 위에 올리거나 불 속에 집어넣고 익힌다. 또는 나무가 타면서 나는 연기가 음식에 스밀 수 있는 위치에 재료나 음식을 두고, 연기를 입히는 동시에 열로 서서히 익힌다.

- **화학 반응:** 고온 연소
- **예시:** 바비큐, 고온 훈제

연기는 뭔가가 타고 있을 때, 완전히 다 타기 전에 발생한다. 다시 말해 불에 타지 않은 부분이 충분히 남아 있고 일부가 불에 타고 있을 때 연기가 피어난다. 향이 그윽한 목재나 허브 가지, 향신료 등 특정한 풍미가 있는 물질로 불을 피우면, 풍미 분자의 일부가 타지 않고 남아 연기에 섞이면서 향을 피운 듯한 복잡한 냄새가 난다. 불로 익히는 식재료 자체에서 연기가 발생하는 경우도 있다. '구운 고기'의 전형적인 풍미, 특히 숯불에 구운 고기 특유의 풍미는 고기에 함유된 지방 분자가 연소와 열분해를 거칠 때 생긴다. 숯은 기본적으로 나무를 미리 열분해하여 연소 효율을 높인 것이므로, 숯 자체에서는 연기가 덜 발생한다. 숯에 태워서 고기를 익히면, 고기의 지방이 녹아 숯에 떨어지면서 연기가 나고, 그 연기가 고스란히 고기에 스민다. 아주 깔끔하다!

둔가르는 요리가 거의 끝나갈 때 다양한 재료를 태워서 생긴 연기의 풍미를 음식에 양념처럼 입히는 인도의 요리법이다. 작은 종지나 속을 제거하고 둥근 그릇처럼 만든 양파에 기 버터를 담고, 경우에 따라 향신료도 함께 담아서 완성된 요리 위에 매달거나 음식 한가운데에 놓은 다음 뜨겁게 달군 숯을 기 버터 옆에 놓고 그릇 전체를 뚜껑으로 덮는다. 숯의 열기로 기 버터에서 피어나는 연기가 음식에 스미면서 풍미를 더하는 것이다. 태국의 향초인 티안옵도 화학적인 원리는 둔가르와 비슷하지만, 버터가 아닌 왁스에 향신료를 섞어서 만든 특수한 초가 쓰인다는 차이가 있다. 이 향초를 음식(주로 디저트) 가까이에 두고 불을 붙였다가 불어서 끌 때 발생하는 연기를 음식과 함께 가둬서, 향이 음식에 스미도록 한다.

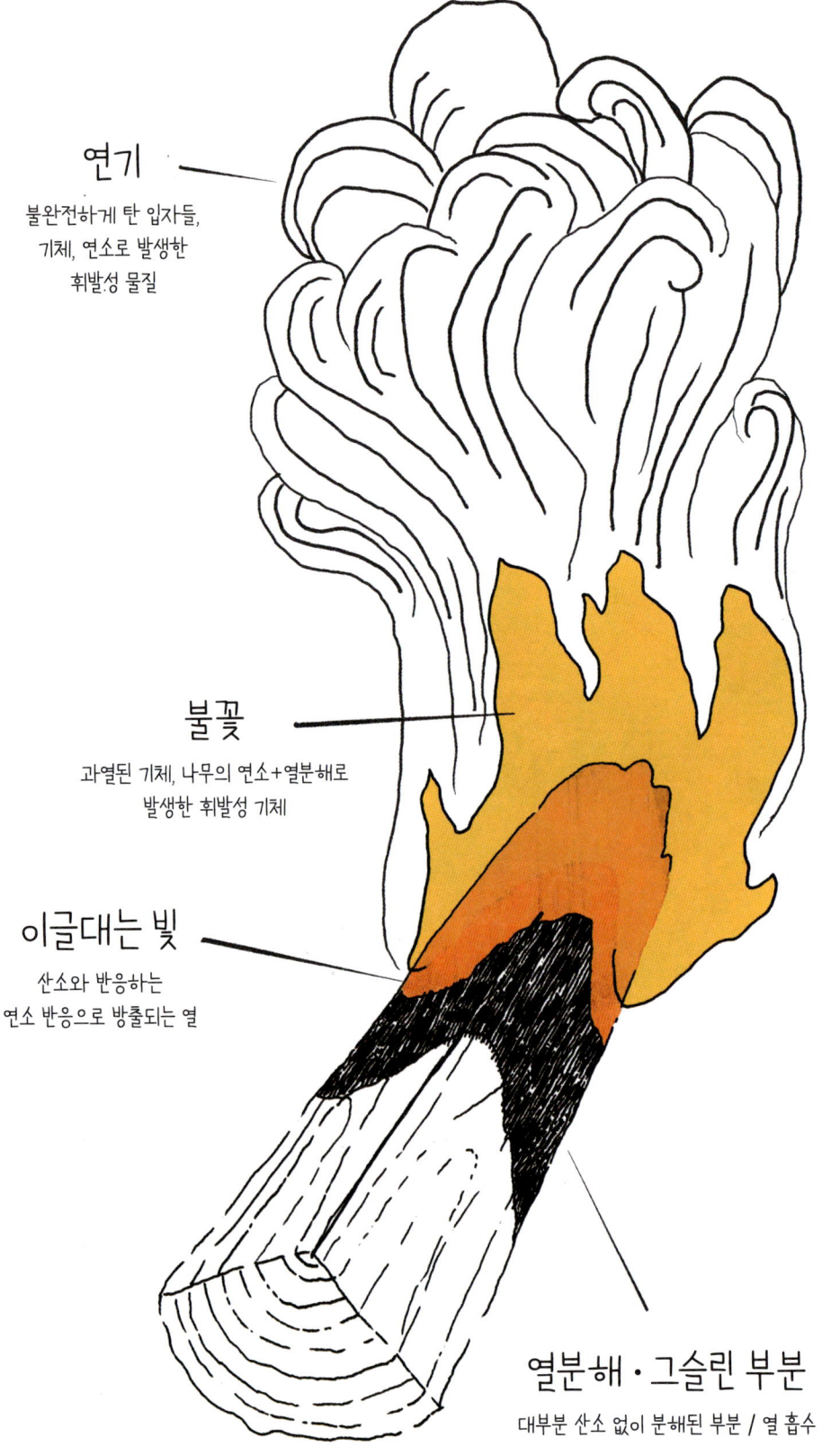

노릇하게 구운 음식의 풍미: 마이야르 반응

캐러멜의 복잡한 풍미는 단일 분자로 이루어진 비교적 순수한 물질인 설탕에서 나온다. 캐러멜화가 일어나면 분자가 조각조각 분해되고 재배열되어 이전과 전혀 다른 새로운 풍미와 색이 생긴다. 재료의 겉면을 그슬리거나 연기의 풍미를 입히는 방식도 분자가 분해되면서 새로운 풍미가 생긴다는 공통점이 있다. 그런데 이보다 조금 더 복잡한 과정을 거쳐서 풍미를 만드는, 아주 흥미로운 방법이 있다.

구운 빵의 향, 노릇하게 잘 익은 스테이크의 향, 콜리플라워를 가장자리에 황갈색이 돌 때까지 바짝 익힐 때 나는 향, 갈색 버터의 중독성 있는 고소한 향, 구운 견과류의 고소함은 마이야르 반응이라는 복잡한 화학 반응에서 나온다. 이 현상을 처음 발견한 프랑스의 화학자 루이 카미유 마이야르 Louis Camille Maillard 의 이름을 그대로 따온 이 마이야르 반응은 아미노산(단백질의 기초단위)과 당분 사이에서 일어나며, 음식의 풍미가 생기는 모든 과정 중 가장 복잡하고, 연구도 가장 많이 이루어졌다.

여러 성분이 모여서 풍미를 만들면, 설탕 한 가지만 있을 때보다 분해된 분자가 재배열되는 가짓수도 늘어난다. 새로운 레고 세트가 추가로 생기면 원래 있던 레고와 합쳐서 더 많은 것을 만들 수 있는 것과 같다. 게다가 마이야르 반응의 재료인 당과 아미노산이 둘 다 함유된 식재료는 정말 많다. 따라서 다양한 강도로 노릇하게 굽거나 익힌 음식에서 풍기는 수많은 풍미가 마이야르 반응과 관련이 있다. 반응 조건이 엄격히 통제된 실험실에서 딱 한 가지 당과 딱 한 가지 아미노산으로만 마이야르 반응이 일어나도 풍미와 색을 내는 화합물 수백 가지가 생긴다. 아미노산은 20가지이고 음식에 포함된 당류는 10여 가지이므로, 마이야르 반응이 일어나면 순식간에 아주 복잡한 풍미가 생겨난다.

마이야르 반응으로 풍미가 생기는 다양한 음식들

구운 빵, 커피, 초콜릿, 갈색 버터, 버터스카치와 토피 사탕, 캐러멜화한 양파('캐러멜화'라고 하지만 사실 풍미는 마이야르 반응에서 나온다), 구운 쇠고기, 구운 닭고기, 구운 채소, 맥아와 맥주, 간장, 미소 된장, 된장, 구운 머랭, 구운 마시멜로, 타디그 tahdig (이란식 누룽지) 등 냄비 바닥에 '눌어붙은' 곡물이나 일부러 눌러서 구운 곡물

마이야르 반응에 관여하는 분자들

마이야르 반응에도 당이 들어가므로, 당의 캐러멜화로 생기는 탄소, 수소, 산소가 포함된 여러 풍미 분자는 음식이 노릇하게 익을 때 마이야르 반응으로 생기는 풍미에도 중요한 역할을 한다. 여기에 마이야르 반응의 두 번째 핵심 재료인 아미노산이 캐러멜화로 생기는 단순한 풍미와는 다른, 복잡하고 차별화된 풍미를 불어 넣는다. 총 20가지 아미노산에는 모두 질소 원자가 최소 하나는 포함되어 있고, 시스테인, 메티오닌 두 아미노산에는 퀴퀴한 냄새가 나는 황 원자도 있다. '풍미'를 내는 원자가 다양할수록 다양한 조합과 형태의 분자가 새로 만들어질 수 있다. 그러므로 마이야르 반응은 새로운 분자와 새로운 풍미가 보장되는 반응이라고 할 수 있다.

질소가 있으면 피라진으로 분류되는 분자들이 형성되는 조건이 갖춰진다. 캐러멜화와 마이야르 반응이 일어나면 공통적으로 오각형 고리에 탄소와 산소가 결합한 푸라노이드 furanoids 가 형성되는데, 푸라노이드 분자의 산소를 질소로 바꾸면 피라진과 약간 비슷한 형태가 된다. 푸라노이드와 그 외 산소가 포함된 분자들은 캐러멜과 비슷한 느낌의 달콤한 향과 버터, 과

일의 향을 내고, 피라진처럼 질소가 포함된 휘발성 분자들은 구운 음식, 구운 빵, 견과류의 향과 팝콘 냄새를 낸다. 시스테인과 메티오닌에서 나온 황 분자가 포함된 풍미 분자들은 구운 음식의 향이 더 강하고 향이 풍성한 고기의 풍미와 함께 식물 특유의 향, 커피와 비슷한 향을 내기도 한다.

마이야르 반응에 관한 일문일답

Q. 마이야르 반응과 캐러멜화는 둘 다 음식이 갈색으로 변하고, 반응이 일어나려면 당이 있어야 하며 풍미도 비슷하다. 그렇다면 이 두 반응은 무엇이 다를까?

A. 풍미가 다르다. 마이야르 반응은 아미노산이 있어야 일어나므로, 마이야르 반응으로 생기는 풍미 분자에는 질소와 황이 추가되어 구운 음식, 구운 빵, 고기의 향과 커피와 비슷한 풍미가 훨씬 많이 생긴다. 또한 마이야르 반응은 캐러멜화보다 훨씬 적은 에너지로도 반응이 시작된다. 캐러멜화 반응에서는 강한 에너지로 분자 구조가 분해되지만, 마이야르 반응에서는 두 가지 분자가 반응하여 재배열되는 정도에 그친다. 캐러멜화는 온도가 165℃ 이상이 되어야 반응이 시작되는 반면 마이야르 반응은 120℃ 정도에서도 천천히 진행되며 135~165℃ 사이에서 가장 강하게, 가장 빠른 속도로 진행된다.

Q. 마이야르 반응의 필수 요소는 무엇인가?

A. 유리 아미노산, 당, 적당한 열, 그리고 충분한 인내심이다. 백설탕(자당)은 사실 마이야르 반응에 썩 유용한 재료는 아니다. 자당은 포도당과 과당이 결합된 구조상 아미노산이 가까이 다가와서 마이야르 반응이 시작되기가 어렵다. 과일, 옥수수 시럽, 꿀, 아가베 시럽, 옥수수 설탕(덱스트로스)이나 포도당 시럽에는 과당과 포도당이 각각 따로 포함되어 있으므로 마이야르 반응에 활용하기에 아주 좋다. 보리 맥아나 맥아 분말에 포함된 엿당, 유제품에 함유된 젖당도 자당보다 마이야르 반응이 훨씬 쉽게 일어난다.

Q. 마이야르 반응의 장점은 무엇인가?

A. 마이야르 반응은 아미노산과 적절한 당만 있으면 일단 일어난다. 온도가 반드시 135℃에 이르지 않아도 된다. 육수를 끓이거나 찜 요리를 할 때도 마이야르 반응이 수 시간에 걸쳐 천천히 일어나고, 간장, 미소 된장, 발사믹 식초, 심지어 몇몇 햄 등 오랜 숙성을 거쳐 색이 갈색으로 변하는 다양한 식품도 수개월이나 수년에 걸쳐 마이야르 반응이 아주 느리게 일어난다.

단, 마이야르 반응을 극대화하고 싶다면 몇 가지 조건이 충족되어야 한다.

- **반응 온도가 120℃ 이상일 것**(앞서 설명한 내용)
- **수분이 없는 환경, 재료 표면에 물기가 없어야 함**
- **염기성 환경**(즉 산성이 아닌 환경)

Q. 수분이 없는 환경에서 마이야르 반응이 더 잘 일어나는 이유는 무엇인가?

A. 물은 열을 흡수하는 능력이 아주 뛰어나기 때문이다. 냄비에 물을 담아 가스레인지에서 센불로 가열할 때를 생각해보면 쉽게 알 수 있다. 요리할 때 물이 포함된 무언가에 많은 열을 가하면, 물이 끓어서 다 증발하기 전까지는 전체의 온도가 물의 끓는점(100℃) 이상으로 오르지 않는다. 120℃ 이하에서는 마이야르 반응이 아주 천천히 일어나므로, 열을 흡수하는 수분이 다 사라져야 비로소 노릇하게 익는다. 게다가 마이야르 반응으로 생기는 변화를 분자 수준에서 살펴보면, 여러 분자에서 산소와 수소가 떨어져 나와서 물 분자로 방출되는 경우가 많다. 그렇지 않아도 수분이 많은데 물 분자가 새로 만들어지는 이런 상황은, 집에 먹을 게 산더미인데도 아이는 맥도날드에 가자고 조르고

포도당과 아민이 만나 마이야르 반응이 일어나는 과정 : 마이야르 반응으로 생기는 몇 가지 분자와 풍미

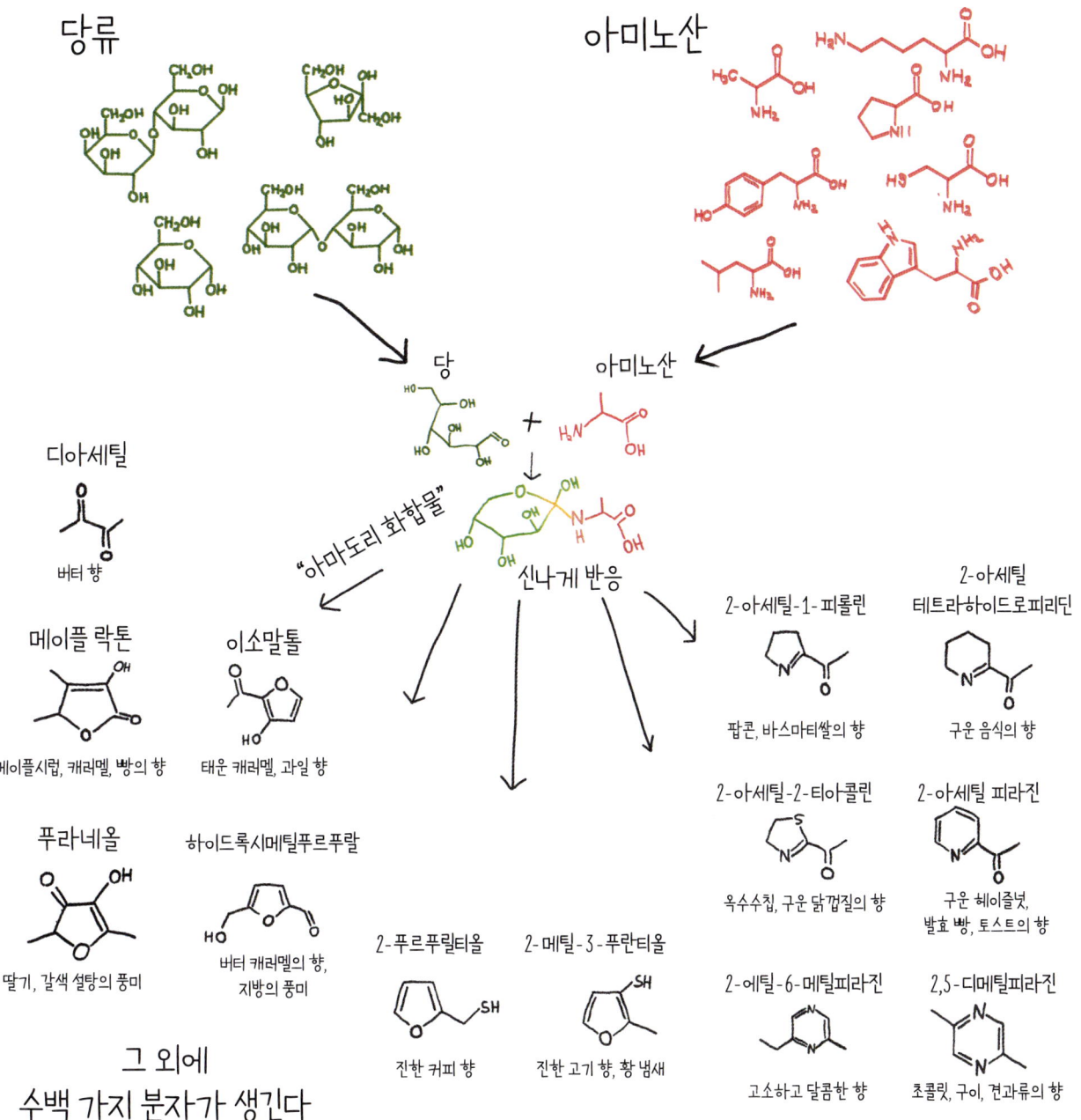

엄마(화학 반응)는 아이를 말리면서 옥신각신하는 상황과 같다. 이미 잔뜩 가지고 있는 것이 더 만들어진다면 원하는 반응에 도움이 될 리가 없다. 따라서 주변에 물 분자가 없을수록, 다른 분자들과 함께 물 분자도 새로 생기는 마이야르 반응도 훨씬 쉽게 일어난다.

고기를 굽다가 표면에 육즙이 흥건하게 고이거나, 팬 하나에 재료를 잔뜩 담아서 조리하거나, 테두리가 너무 높은 그릇이나 팬으로 재료를 익히는 경우처럼 조리 환경이나 재료 자체에 수분이 많으면 마이야르 반응은 느리게 일어난다. 프라이팬에 생선 토막을 한가득 채워서 굽거나, 테두리가 아주 높은 오븐 팬에 닭을 담아서 굽는 경우도 마찬가지다. 이런 환경에서는 열이 가해지면서 수분이 증발하는 속도보다 더 빠른 속도로 더 많은 수분이 생긴다. 또는 재료 내부와 주변에 물기가 잔뜩 고여서 굽히는 게 아니라 부분적으로 찜이 되고 골고루 노릇하게 익지도 않는다. 그러므로 노릇하게 굽고 싶은 재료는 표면의 물기를 확실하게 없애야 한다. 굽기 전에 키친타월로 표면을 두드려 닦는 것도 좋은 방법이다. 노릇노릇하고 바삭바삭한 껍질이 생명인 북경식 오리 구이는 오리고기를 자연 건조해서 껍질을 균질하게 말린 다음에 굽는다. 스테이크를 굽거나 다른 구이 요리를 할 때, 가금육을 통째 구울 때도 같은 원리를 활용하자. 가령 굽기 전날, 그릇에 담아 뚜껑을 덮지 말고 주변에 충분한 여유 공간을 확보한 상태로 냉장고에 하룻밤 넣어두자. 마르셀라 하잔처럼 각종 도구를 요리에 기발하게 활용하는 요리사들은 재료를 굽기 직전에 헤어드라이어로 수분을 단시간에 제거하기도 한다.

Q. 염기성 환경은 왜 마이야르 반응에 도움이 되는가?
A. 염기성(알칼리성)은 산성과 반대다. 산성은 유리 수소 이온이 가득 있는 상태, 알칼리성은 수소 이온이 극히 적은 상태라고 생각하면 된다. 베이킹소다, 토르티야의 재료인 마사^{masa}(옥수수 가루)를 닉스타말화(염기성 용액에 옥수수를 끓여서 껍질을 제거하는 것 – 옮긴이)할 때 쓰이는 수산화칼슘, 비누 만들 때 쓰이는 수산화나트륨은 모두 알칼리성 물질이다. 산성과 염기성이 마이야르 반응에 주는 영향은 아미노산과 관련이 있다. 아미노산의 '아미노^{amino}'에 해당하는 부분(아미노기)인 질소 원자에는 당 분자와 만나면 마이야르 반응을 시작할 수 있는 여분의 전자가 있다. 산성 환경에는 수소 이온이 많으므로, 질소 원자가 넘쳐나는 수소 이온을 붙잡느라 바빠서 당과 만나 마이야르 반응이 일어날 확률이 낮아진다. 반대로 수소 이온이 없는 염기성 환경에서는 더 많은 질소가 당과 만나기만 하면 반응할 태세가 되어 있다.

이런 화학적인 특성은 요리에 직접적으로 활용되기도 한다. 예를 들어 프레첼은 전통적으로 가성소다(수산화나트륨)를 섞은 물에 반죽을 푹 담갔다가 굽는다. 이렇게 하면 반죽의 아미노산이 마이야르 반응에 최대한 동원되어 프레첼의 상징인 진한 갈색과 맥아의 향, 고소한 풍미가 수월하게 생긴다. 월병을 만들 때도 염기성 물이 사용되고, 피단^{pidan}으로 불리는 중국의 삭힌 오리알도 염기성 소금물에 오리알을 담가두거나 감싸서 만든다. 그 상태로 숙성하면 알이 서서히 갈색을 띠고 흰자가 젤처럼 변한다.

수산화나트륨, 수산화칼슘 같은 염기성 물질은 부식성이 위험할 정도로 강하다. 그에 비해 염기성이 훨씬 약한 베이킹소다도 조금만 과하게 쓰면 음식에 쓴맛, 비누 맛, 비린내 같은 불쾌한 냄새가 난다. 양파를 캐러멜화할 때 등 마이야르 반응을 유도할 때 시간을 단축하려고 실험 정신을 발휘해서 베이킹소다를 첨가하는 이들도 있다. 하지만 산성 재료를 추가하거나 넣지 않는 식으로 산성도를 조절하는 것이 염기성 환경의 영향에 관한 지식을 더 현명하게 활용하는 것이라고 생각한다. 노릇노릇하게 익히고 싶은 음식은 마이야르 반응이 원활히, 충분하게 일어나기 전까지 산성 재료와 닿지 않게 하고, 오랜 시간 익히는 요리는 반대로 식초, 와인, 요구르트 유청, 과일즙 등 요리의 풍미와 잘 맞는 산성 재료를 조금 추가하면 너무 과하게 익지 않도록 방지할 수 있다.

Q. (아미노산과 당이 함유되어 있고 산성이 너무 강하지 않은 재료, 수분이 너무 많지 않은 재료를 제외하고) 마이야르 반응을 적극적으로 활용할 수 있는 재료는 또 어떤 게 있을까?
A. 카카오 열매, 커피 열매(생두), 견과류, 씨앗, 곡물의 알맹이를 꼽을 수 있다. 이런 재료들을 뜨거운 공기가 연속으로 공급되는 조건에서 볶거나(원두 볶는 장비가 바로 이런 기능을 한다), 오븐에 넣고 익히면서 잘 지켜보고 수시로 섞어주면 갓 구운 원두와 카카오 열매, 아몬드, 참깨, 헤이즐넛, 호두를 아주 맛있게 만들 수 있다.

 곡물, 곡물로 만든 반죽도 마이야르 반응에 적합한 재료다. 반죽을 부풀릴 때 습도가 높은 환경에 두었다가 고온의 건조한 환경에서 구우면, 껍질이 적당한 두께로 노릇하게 익은 빵을 만들 수 있다. 앞서 프레첼을 만들 때 가성소다가 활용된다고 설명했는데, 크루아상이나 페이스트리, 파이 등을 구울 때 표면에 버터, 우유, 달걀을 섞은 물을 바르면 아미노산이 추가되어 더욱 노릇하게 구워진다.

 동물 단백질, 특히 포유동물과 조류의 고기도 마이야르 반응을 유도하기에 좋은 재료다. 앞서 '고기의 향: 스테이크의 풍미는 어디에서 나올까?'(218쪽)에서 설명했듯이 고기는 스펀지 같은 구조가 풍미 분자, 그리고 풍미 분자의 전구체가 가득한 액체에 잠겨 있는데, 그 분자들에는 아미노산과 당류도 포함되어 있다(221쪽의 그림에 나와 있듯이 조개류는 아미노산이 더 많으므로, 마이야르 반응으로 노릇하게 굽기에 더더욱 적합하다). 고기를 팬이나 오븐에 구웠을 때 표면에 형성되는 노릇하고 바삭바삭한 껍질은, 고기 표면과 가까운 육즙에서 수분이 빠른 속도로 증발하고 마이야르 반응이 일어난 결과다. 육류 표면을 공기 중에 말리거나, 건식 염지로 마이야르 반응을 촉진할 수 있다. 즉 고기에 소금을 치고 뚜껑을 덮지 않은 채로 냉장고에 두는 것이다. 이렇게 하면 아미노산과 당이 포함된 고기 내부의 육즙이 삼투 현상에 의해 고기 표면으로 더 많이 이동한다. 그 상태로 익히면 물이 증발한 후 표면에 그런 분자가 더 많이 남아서 더욱 노릇노릇하게 굽힌다.

 버터와 유제품도 마이야르 반응에 알맞다. 유제품은 단백질과 유리 아미노산, 당이 한가득 들어 있으므로 흡사 마이야르 반응을 위해 태어난 식품 같다.

유제품의 마이야르 반응: 갈색 버터의 경이로운 풍미

내가 어렸을 때, 1990년대에 한창 유행한 저지방 식단에 관심이 많으셨던 우리 부모님은 요리에 버터를 많이 사용하지 않았는데, 특히 어머니는 간호사 출신에다 건강 관리에 매우 민감하셨는데, 그런 어머니가 내 열여섯 살 생일에 처음으로 고급 프랑스 음식점에 데려가 주셨다. 풀을 먹인 빳빳한 테이블보가 덮인 테이블에는 묵직한 은제 식기와 함께 음료 종류별로 쓰임새가 다른 잔들이 여럿 놓여 있었다. 예절을 극도로 중시하셨던 우리 할머니는 그해 여름에 내가 그 식당에 가기 몇 주 전부터 식사 예절을 알려주셨다.

 그 생일맞이 식사에서 내게 가장 강렬한 인상을 준 것은, 프랑스어로 뵈르 누아제트$^{beurre\ noisette}$라고 하는 갈색 버터였다. 가리비 위에 얹혀 나온 갈색 버터는 녹아서 액체가 되어 있었고, 레몬이 약간 섞여서 농도가 묽어진 상태에서 케이퍼 몇 개가 더해져 더욱 복잡한 맛이 났다. 버터 맛이 분명하면서도 구운 음식의 매혹적인 향이 나고, 팝콘 같으면서도 풍미가 훨씬 깊었다. 커피 같으면서도 더 달콤하고, 토피 사탕 같으면서도 향이 훨씬 풍부했다. 접시까지 싹싹 핥아먹고 싶은 유혹을 겨우 참으며, 나는 이 맛의 정체를 반드시 알아내리라고 머릿속에 메모를 해두었다. 집에 돌아와 줄리아 차일드가 쓴《프랑스 요리의 기술》의 옛날 판본을 뒤져보니 이런 설명이 나왔다.

> 제대로 만든 갈색 버터 소스는 견과류와 같은 고소한 향과 맛이 일품이다. 뵈르 누아제트라는 명칭은 어쩐지 시적이고 어둡게 느껴지기도 하지만, 이 소스는 어둠과는 거리가 멀다. 버터에 열을 가하면 우유의 고형 성분이 금빛이 도는 견과류의 색('누아제트')을 띠다가, 점차 금빛을 띠는 갈색('누아')으로 바뀐다. 거기서 더 가열하면 시커먼 색으로 변하고 탄 맛과 쓴맛이 난다.

나중에야 나는 이 설명이 마이야르 반응을 완벽히 요약한 내용임을 깨달았고, 얼마나 반가웠는지 모른다. 쿠키, 파스타나 구운 채소에 곁들이는 간단한 소스 등 유제품과 마이야르 반응의 조합치고 풍미가 더 향상되지 않는 경우는 찾기 힘들다.

헤비크림으로 더 맛있게 만드는 갈색 버터

| 3/4컵(200g) 분량 |

갈색 버터를 크림으로 만들다니? 갈색 버터의 풍미는 우유의 고형분인 단백질, 당류, 무기질, 유리 아미노산에서 나온다. 버터를 만들 때 이 고형분은 액체(버터밀크)와 함께 많이 씻겨 나가고, 완성된 버터에는 얼마 남지 않는다. 우유로 버터를 만드는 전체 과정으로 보면, 헤비 크림은 버터의 바로 전 단계다. 즉 헤비크림에서 우유의 고형분이 다량 함유된 묽은 버터밀크를 제거하고 지방을 응고시키면 버터가 된다. 갈색 버터의 풍미가 우유의 고형분에서 나온다면, 고형분이 많을수록 그 고유한 풍미도 당연히 더 진해진다. 아래 방법대로 인내심과 성실함을 발휘한다면, 거친 모래와 비슷한 질감의 갈점색 버터 입자를 한가득 얻을 수 있다. 헤비크림으로 만든 갈색 버터는 고형분이 약 15%, 지방은 85%다. 15%는 일반 버터로 만든 갈색 버터보다 고형분이 다섯 배 정도 많은 수준이다.

이 레시피는 크림 500ml가 기준이지만, 이 양을 정확히 지킬 필요는 없다. 그러나 가열하면 줄어드는 양을 고려해서 크림의 양이 최소 한 컵은 되어야 한다. 완성된 갈색 버터는 냉장고에 보관하면 사용 기한이 무한대이므로, 미래의 나에게 주는 선물이라고 생각하고 한 번에 왕창 만들어두는 게 좋다. 만들어두면 쿠키는 물론이고 간단한 파스타 소스나 구운 채소에 곁들일 소스 등 다양한 요리에 고소하고 달콤한 풍미, 풍부한 향과 깊이를 더할 수 있다. 으깬 감자, 고기 종류와 상관없이 모든 찜 요리와도 잘 어울린다. 파이나 크럼블에 넣을 과일을 졸일 때, 씁쓸한 라디치오 샐러드(126쪽에 레시피가 나와 있다)에도 한 숟가락 넣어보라.

산성 재료와 반응하지 않는 중간 크기의 묵직한 소스 팬에 **헤비크림 500ml**를 붓고 중불 또는 중불~센불로 가열한다. 거품이 약하게 올라오는 정도로 끓이면서 표면에 생기는 막은 저어서 녹이고, 팬 가장자리에 크림이 굳으면 떼어내서 섞는다. 팬 바닥에 크림이 눌어붙으면 탈 수 있으므로 바닥까지 골고루 젓는다.

크림이 끓고 수분이 증발하면, 농도가 점점 짙어지면서 소스와 비슷해진다. 더 끓이면 작은 지방 덩어리끼리 합쳐지고 유화된 상태가 깨지기 시작하는데, 그로부터 얼마 지나지 않아 우유와 물이 섞인 걸쭉하고 찐득한 덩어리는 가라앉고 버터의 지방은 떠오른다. 가스레인지의 화력, 화구의 크기, 냄비의 재질, 냄비 지름(크림을 끓일 때 표면적이 넓을수록 증발 속도도 빠르다)에 따라 10~20분 내로 그와 같은 변화가 일어난다. 불을 약불~중불로 낮추고 계속 끓인다. 고형분에서 수분이 충분히 제거되면, 과립이 형성되기 시작한다. 알갱이끼리 너무 많이 들러붙지 않도록 잘 저어주면서 계속 가열한다. 과립에서 나는 향과 노르스름한 정도를 면밀히 주시하다가, 딱 만족스러운 상태일 때 불을 꺼야 한다. 과립에서 황금빛이 돌면 아주 섬세하고 달콤한 버터의 풍미가 난다. 나는 색이 그보다 몇 단계 더 진한 불그스름한 헤이즐넛 색을 띠고 풍미가 더욱 풍성해질 때까지 가열한다. 불을 끈 후에도 버터가 잔열을 전부 흡수해 계속 익을 수 있으므로, 이를 고려해서 적당한 시점에 좀 더 일찍 불을 꺼야 한다. 완성된 갈색 버터는 밀폐가 가능한 내열 유리 용기나 세라믹 용기에 담고, 완전히 식힌 다음에 뚜껑을 닫는다. 냉장고에 보관하고 6개월 내로 모두 사용한다.

갈색 버터를 만들고 싶긴 한데 설명이 너무 길어서 읽기 귀찮은 분들을 위해 간단하게 요약하면, 헤비크림을 소스 팬에 붓고 약불로 계속 끓여서 졸여라. 가라앉은 고형분이 진한 금빛을 띨 때까지 가열하되, 타지 않게 주의하라.

🍴 토피 소스
| 한 컵과 1/4컵(총 300ml) 분량 |

토피 사탕은 기본적으로 버터와 설탕을 가열해서 마이야르 반응을 유도한 후, 크림으로 희석한 것이다. 설탕(자당)은 마이야르 반응을 일으키기에 썩 좋은 재료가 아니지만 열을 가하면 부분적으로 포도당, 과당으로 '되돌아간다'. 포도당과 과당이 각각 따로 있으면, 마이야르 반응이 잘 일어난다.

이 소스는 버터에서 나오는 아미노산과 당의 마이야르 반응을 유도하므로, 캐러멜이나 캐러멜에 버터를 섞은 것보다 훨씬 고소하고 깊은 풍미가 생긴다. 또한 갈색 버터만 쓸 때보다 달콤하고, 캐러멜의 향도 더 진하다. 나는 이 토피 소스를 아이스크림이나 빵으로 만든 푸딩에 끼얹는 용도로 가장 많이 활용한다. 구운 디저트나 크림 같은 부드러운 디저트라면 대부분 잘 어울린다.

중간 크기의 소스 팬에 **설탕 반 컵(100g)**, **무염 버터 8큰술(120g)**을 담고 중불 또는 중불~센불로 가열한다. 설탕이 다 녹아서 버터와 섞이고, 적당한 갈색을 띠다가 진한 갈색이 돌기 시작하면 불을 끈다. 그리고 **헤비크림 반 컵(120ml)**, **입자가 고운 천일염 1/2작은술(2g)**을 넣고 휘젓는다. 바로 먹거나 밀폐용기에 담아 냉장고에 보관하고 1~2일 내로 모두 먹는다. 다시 먹을 때는 살짝 데운다.

Chapter 10
발효와 풍미

인류는 먼 옛날부터 발효 음식을 먹었다. 심지어 지금으로부터 400만~700만 년 전, 침팬지에서 인류의 조상이 갈라져 나오기 전부터 먹기 시작됐다는 유전학적인 증거도 있으므로 인간으로 진화하기도 전에 발효 음식을 먹고 살았을 가능성도 있다. 음식을 발효해서 먹으면 소화가 더 잘 되고, 에너지도 더 수월하게 얻을 수 있다. 또한 그냥 두면 고작 몇 시간에서 며칠 정도 보관할 수 있는 식량도 발효하면 수주에서 수개월까지 두고 먹을 수 있다. 그래서 인류의 식생활에서는 발효하지 않는 식재료를 찾기가 더 힘들다. 수확하거나 사냥한 채소와 고기는 발효하면 더 쉽게, 더 오랫동안 저장하고, 잘 익은 과일은 술을 빚어 더 오래 즐긴다. 금세 상하는 액상 유제품도 발효해서 단백질이 풍부하고 영양이 농축된 요구르트와 치즈로 만들고, 너무 단단해서 그냥은 먹기가 힘든 곡물은 빵과 맥주로 만들어서 먹는다. 전 세계 모든 문화권에는 그 지역의 동물, 식물, 계절 특성이 반영된, 오랜 전통의 고유한 발효 식품들이 있다. 피쉬소스와 생선 페이스트, 와인, 사워크라우트, 코셔 피클, 김치, 파오차이, 간장, 치즈, 요구르트, 맥주, 사이더, 빵 등 각 지역의 수많은 발효 식품에서 나타나는 풍미의 특성이 그 지역의 식생활과 문화적 정체성의 중심이 되는 경우가 많다.

발효는 (아주 이론적으로 설명하면) 특정한 생화학 반응(산소 없이 특정 분자를 분해하여 에너지를 만드는 과정)이며, 젖산균과 빵 만들 때 쓰는 효모 등 일부 미생물이 이 반응을 일으킬 수 있다. 요리에서나 일상생활에서 발효는 젖산균과 빵 발효에 쓰이는 효모뿐만 아니라 초산균, 음식에 활용되는 각종 곰팡이, 콤부차에 쓰이는 스코비SCOBY(세균과 효모의 공생 배양물)와 같은 여러 종의 혼합 미생물 등 살아 있는 미생물의 도움을 받아 음식을 가공하는 수단으로 광범위하게 활용된다. 미생물이 음식에서 생장하고, 그로 인해 우리가 먹을 수 있는 변화가 생긴 음식은 전부 발효 식품이다.

음식을 발효하면 노릇하게 익히거나 훈제할 때처럼 새로운(그리고 맛이 좋은) 분자가 생긴다. 특히 신맛이 나는 산, 감칠맛이 나는 유리 아미노산이 주를 이룬다. 미생물이 만들어내는 수많은 이차 대사산물도 식물의 대사산물처럼 음식의 풍미에 많은 영향을 준다. 식물보다 만들어지는 양은 작지만, 발효로 생기는 이차 대사산물은 과일과 와인의 풍미를 내기도 하고 빵 냄새와 효모의 향을 내기도 한다. 꽃 향, 고소한 향, 부드러운 풍미, 절인 음식 특유의 풍미를 내는 것도 있다.

발효 미생물	미생물의 발효 원료	발효의 결과물
효모 학명: 사카로미세스 세레비시아 Saccharomyces cerevisiae	당류	에틸알코올(알코올) 이산화탄소(거품) $O=C=O$
초산균 학명: 아세토박터 파스퇴리아누스 Acetobacter pasteurianus 글루코노박터 옥시단스 Gluconobacter oxydans	에틸알코올 산소 O_2	아세트산(식초) 신맛 + 톡 쏘는 향
젖산균 학명: 페디오코커스 에시디락티시 Pediococcus acidilactici 락티플랜티바실러스 플란타룸 Lactiplantibacillus plantarum 류코노스톡 메센테로이데스 Leuconostoc mesenteroides 락토코커스 락티스 Lactococcus lactis	당류 염 가끔(채소, 과일)	젖산 깔끔한 신맛
곰팡이 누룩곰팡이 Aspergillus oryzae 간장국균 Aspergillus sojae 리조푸스 올리고스포러스 Rhizopus oligosporus	전분 단백질	당류 단맛 아미노산 감칠맛 + 효소
곰팡이 효소 효모 초산균 젖산균	당류 전분 단백질 염 (대두+소금+균주)	젖산 아미노산 에틸알코올 아세트산 (+그 외 발효로 생기는 수많은 풍미)

발효하면 어떤 풍미가 생길까?

발효할 수 있는 재료	발효되는 물질	발효 담당자	발효 식품	발효로 생기는 풍미
싹을 틔운 곡물, 과일	당	효모	맥주, 와인, 사이더, 사케 등 알코올음료	알코올, 이산화탄소의 거품, 과일의 풍미, 와인의 풍미
와인, 맥주 등 알코올음료	에탄올(알코올)	초산균	식초, 콤부차(효모가 당을 알코올로 바꾸는 단계부터 선행되어야 한다.*)	톡 쏘는 자극적인 향의 아세트산
과일, 채소, 유제품, 곡물	당	젖산균	코셔 피클, 사워크라우트, 김치, 파오차이 등 젖산발효로 만드는 절임 식품. 요구르트, 크렘 프레슈, 치즈, 케피르 등 젖산발효로 만드는 유제품. 발효 빵, 크바스 kvass**, 이들리 idli*** 등 젖산발효로 만드는 빵과 곡물 음료	깔끔하고 강한 젖산 발효한 음식 특유의 깔끔한 신맛, 버터의 향, 부드러운 풍미, 절인 음식 특유의 풍미
쌀을 포함한 곡물, 대두	전분, 단백질	누룩곰팡이, 리조푸스 Rhizopus 곰팡이, 바실러스 Bacillus 균	코지, 메주, 누룩, 국균 麴菌, qu 등 발효 균주	단맛, 유리 아미노산의 감칠맛, 고소한 맛, 퀴퀴한 냄새
코지, 메주, 발효 균주, 대두를 포함한 콩류	당류	젖산균, 염분 환경에 내성이 있는 특수한 효모	미소 된장, 간장, 된장, 두반장, 두치/염장 검은콩	톡 쏘는 젖산의 향, 맥아의 향, 노릇하게 익은 음식의 풍미, 퀴퀴한 냄새
대두	단백질	바실러스균, 리조푸스 곰팡이	낫토, 청국장, 템페 등 염기성(발효 과정에서 산성 물질이 생기지 않는) 발효 식품	짭짜름한 맛, 치즈와 비슷한 퀴퀴한 냄새

- • 콤부차는 앞서 본문에 나온 공생 배양물 SCOBY, 즉 효모와 세균의 혼합 배양물로 만든다. 효모가 먼저 당을 알코올로 발효하면, 배양물에 포함된 세균이 그 알코올을 아세트산과 다른 산으로 발효해서 콤부차가 된다.
- •• 크바스는 호밀빵, 보리, 비트 등을 발효한 동유럽 지역의 정통 음료다.
- ••• 이들리는 인도 남부에서 백미를 쪄서 만드는 빵으로, 우리나라의 증편과 비슷하다.

우리는 발효 과정에서 일어나는 변화와 새로 생기는 풍미에 직접적으로 개입할 수 있다. 예를 들어 재료를 멸균하고 멸균된 환경에서 발효를 진행하거나, 발효 균주를 정제해서 한 가지 종류만 선택하는 식으로 변화의 과정을 엄격히 통제할 수도 있다. 이는 공장의 생산라인에서 똑같은 부품을 조립해 똑같은 제품을 만드는 것과 비슷한 방식이므로, 최종 결과물의 다양성이나 개성은 포기해야 한다. 즉 깜짝 놀랄 만한 결과는 기대하기 힘들다.

나는 발효를 나와 여러 미생물이 힘을 합쳐 풍미를 만들어내는 공동 작업이라고 생각한다. 우리의 손, 주변의 표면을 포함한 생활 환경, 특히 식재료의 표면에는 언제든 발효에 동참할 태세가 되어 있는 미생물이 잔뜩 있다. 젖산균, 효모, 곰팡이 등 이러한 미생물은 모두 숙련된 발효 장인이다. 저마다 보유한 기술도 다르고 그 기술을 발휘하는 환경도 다르다. 일할 수 있는 환경과 도구, 재료가 갖춰지면 여러 미생물이 발효에 참여한다. 또한 이 미생물들이 일할 수 있도록 알맞은 발효 조건을 갖추고 발효할 원료를 제공하기만 하면, 발효를 주도하는 미생물들이 전체적인 과정을 알아서 관리할 뿐만 아니라 음식을 부패시키는 해로운 미생물도 물리친다. 알맞은 발효 조건을 맞춘다는 것은 발효할 음식에 소금을 일정량 추가하고, 공기가 닿지 않게 하고, 당류나 알코올, 전분 등 발효할 원료를 선택해서 공급하는 것을 말한다. 발효 미생물들이 일하는 방식은 다소 특이하기도 하고 뭐가 어디까지 진행됐는지 파악하기도 쉽지 않다. 맞춰야 하는 요건이 유별나기도 하다. 하지만 발효에 있어서는 그들이 전문가다. 그러니 다 필요한 과정이겠거니, 생각하고 그들이 알아서 하도록 맡겨두면, 기가 막힌 풍미가 생긴다.

식초 만들기: 알코올을 톡 쏘는 신맛으로

전 세계 대부분의 나라, 지역에는 음식에 주로 사용하는 몇 가지 식초가 정해져 있다. 포도로 만든 식초, 곡물의 향이 강한 맥아 식초, 쌀 식초, 발사믹 식초, 흑미 식초부터 아카스^{akasu}(일본의 초밥 양념에 쓰이는 식초), 바나나나 코코넛, 구아버, 사탕수수로 만드는 식초 등 종류도 다양하다. 식초가 이처럼 광범위하게 쓰이게 된 데에는 아주 간단하게 만들 수 있다는 점도 큰 몫을 했다. 알코올이 함유된 음료를 일정 시간 가만히 두기만 해도 식초가 된다.

식초를 만드는 주체는 초산균이다(AAB$^{acetic\ acid\ bacteria}$라고도 부른다). 초산균이 알코올(구체적으로는 에탄올로도 불리는 에틸알코올)과 산소를 먹고 아세트산(초산)을 만들어낸 것이 식초다. 초산균이라는 이름에 그 기능이 고스란히 담겨 있다. 초산균은 이 일을 효과적으로 해낼 수 있는 몇 가지 특성이 있다. 첫 번째는 다른 대부분의 미생물과 달리 알코올이 가득한 환경에서도 생존할 수 있다는 것이고, 두 번째는 초산균이 만들어내는 아세트산이 다른 미생물들에게는 이중고로 작용한다는 것이다. 아세트산이 생기면 산성 환경이 되어 대부분의 미생물은 살기가 힘들어지는데, 아세트산은 내재적 독성까지 있어서 주변을 어슬렁대는 미생물을 모두 없앤다. 초산균의 세 번째 특징은 주변 환경에 넘쳐난다는 점이다. 각종 표면, 초파리의 발에도 있고 공기 중에도 초산균이 떠다닌다. 알코올음료가 담긴 병이 그냥 열려 있기만 해도 식초가 만들어지는 건 시간문제일 뿐이다.

공식으로 요약하면 이렇다. 알코올＋초산균＋산소＝식초. 초산균은 이러한 특징 때문에 와인이나 맥주, 벌꿀 술을 만드는 사람들에게 엄청난 골칫거리가 되었지만, 식초 만드는 사람들에게는 반갑고 어울리기 좋은 친구다.

미생물은 어디에나 있다

이런 사실에 깜짝 놀라 기겁하는 사람들도 있지만, 세균을 비롯한 미생물은 탁자 위나 과일, 양배추 잎사귀, 우유를 얻는 소의 젖, 우리 손 등 온 사방에 거의 어디에나 존재한다. 깨끗해 보이는 표면도 예외가 아니다. 고농도 알코올이나 표백제로 멸균한 직후가 아닌 이상, 기본적으로 어디든 미생물이 있다. 이 미생물들은 대부분 우리에게 해가 되지 않으며, 오히려 도움이 되기도 한다.

우리 주변의 미생물은 가만히 내버려두면 과일, 채소, 우유 통 등 어디든 들어와서 먹을 수 있는 건 다 먹는다. 그 과정에서 발효가 일어나는 것이므로, 사실상 발효는 유기물이 자연적으로 맞이하는 최후다. 우리 기준에서 이 과정이 마음에 들지 않으면 발효가 아니라 '부패(상했다)'라고 한다. 우리 주변에 미생물이 가득한 것이나, 이들이 하는 일들은 다 불가피하다. 이를 계획적으로 잘 활용하면 상한 우유 대신 요구르트와 치즈를, 상한 양배추 대신 사워크라우트를, 상한 와인 대신 식초를 얻을 수 있다.

🍴 와인 식초

| 증발 속도에 따라 5~6컵(1~1.5L) 분량 |

시중에 판매되는 와인 식초는 대체로 그리 좋은 원료로 만들지 않는다. 사실 역사적으로 늘 그랬다. 와인이기만 하면 품질과 상관없이 '와인'으로 판매할 수 있고, 어떤 와인으로든 식초를 만들 수 있으므로 당연히 저품질 와인으로 식초를 만드는 게 경제적이다(수익이 더 많이 남는다). 그러므로 보통 가정에서 사다 마시는 와인으로 식초를 직접 만들면, 상점에서 파는 와인 식초보다 훨씬 품질이 우수하다. 색이 아주 진하고 맛이 강한 레드 와인, 진한 풍미에 버터 향이 나는 화이트 와인, 살짝 달콤한 로제 와인, 주황빛이 도는 펫낫 petnat 와인 등 어떤 와인이든 식초로 만들면 그 와인의 특별한 개성 중 일부가 식초에도 담긴다.

어떤 와인으로든 식초를 만들 수 있으므로, 이 레시피는 엄격히 지키기보다는 적당히 참고해서 활용하기를 바란다. 신맛이 우리가 보통 식초에 기대하는 수준(4~7%)이 되려면, 경험법칙상 알코올 농도가 약 8%인 와인으로 만들면 된다. 와인의 알코올 도수는 대부분 11~15%이므로, 조금 희석해서 만들면 좀 더 일정한 결과가 나오고 맛도 만족스럽다.

발효를 담당할 초산균은 저온 살균하지 않은 식초로 공급한다. 브래그 Bragg 브랜드의 애플 사이더 식초 등 시판 비저온살균 식초나 기존에 쓰던 와인 식초를 활용하면 된다.

식초를 만들 때는 와인이 담긴 병을 깨끗한 행주 등 천으로 덮어두어야 초산균이 제대로 일할 수 있다. 천으로 덮어야 공기가 통하면서도 먼지나 초파리 같은 원치 않는 물질은 들어가지 않는다.

1.8~2L 용량의 유리병을 세제와 온수로 깨끗이 세척하고 말린다. 이 레시피에서 만드는 양을 기준으로 하면 병이 반쯤 채워지지만, 액체와 병 입구 사이에 여유 공간이 있어야 공기와 충분히 접촉할 수 있다. 병에 각자 선택한 **750ml짜리 와인 한 병(약 3컵과 1/3컵)**을 모두 붓고 **정수나 깨끗한 수돗물 두 컵(475ml)**을 붓는다. (알코올 도수가 11% 정도인 와인으로 만드는 경우, 물양을 300밀리미터 또는 한 컵과 1/4컵 정도로 줄인다.)

저온살균하지 않은 식초 한 컵과 1/4컵(300ml)을 추가한다 (브래그 애플 사이더 식초, 또는 집에서 만든 식초 등). 액체에 공기가 고루 섞이도록 충분히 저어준 다음, 먼지와 초파리가 들어가지 않도록 병 입구에 깨끗한 행주를 덮고 끈으로 묶어 단단히 고정한다.

병을 빛이 들지 않는 따뜻한 장소에 둔다. 2주 후부터 깨끗한 숟가락으로 맛을 본다. 2~3개월이 지나면 맛을 보자마자 입이 절로 오그라들 만큼 시큼해야 한다. 초반에는 아세톤 같은 냄새가 나는데, 사람으로 따지면 질풍노도 사춘기 시절에 접어들어서 그렇다. 발효가 더 진행되면 그런 냄새는 차차 가라앉는다. 발효 중에 곰팡이가 발견되면 전부 버려야 한다. '식초 선충'이라고도 불리는 무척추동물이 나타날 수도 있는데, 보기에는 징그럽지만 해롭지는 않다. 미국 식품의약품청(FDA)이 식초 생산업체에 제공하는 지침에도 식초 선충이 생기면 완제품에 들어가지 않게 걸러내라는 내용이 있다. 걸러내고 쓸지, 그냥 버릴지는 각자의 선택에 맡긴다.

충분히 발효되어 식초가 완성되면, 보관할 병이나 유리 용기로 옮겨 담는다. 완성된 식초는 공기와 닿지 않는 게 좋으므로, 병에 최대한 가득 채운다. 뚜껑을 꽉 닫고 보관하면서 바로 사용해도 되고, 맛이 더 부드러워지도록 어두운 곳에 두고 수개월에서 1년 정도 더 숙성해도 된다. 식초를 계속 직접 만들어서 쓸 계획이라면, 한 컵을 덜어서 따로 보관해 두었다가 다음에 새로 식초를 만들 때 초산균을 공급하는 용도로 사용한다.

지역마다 그 지역 사람들이 많이 마시는 술이 있고, 보통 그 지역의 대표적인 식초는 그 술로 빚는다.

또한 그 식초는 그 지역의 요리가 가진 신맛의 풍미에 큰 틀이 된다. 가령 쌀로 담근 술을 많이 마시는 지역에서는 쌀 식초를 많이 쓰고, 애플 사이더를 만드는 지역에서는 사이더 식초를 주로 쓴다. 레드 와인 생산지에서는 음식에도 와인 식초가 많이 쓰인다. 제각기 고유한 향에서 생기는 풍미가 있지만, 어떤 식초든 공통적으로 아세트산이 들어 있으므로 코가 뻥 뚫리는 아주 또렷하고, 신선하고, 자극적으로 시큼한 향이 난다.

술로 빚은 식초는 원료로 쓰인 술의 풍미가 은은하게 살아 있으면서 퀴퀴한 냄새는 더 강하다. 과일주로 만든 식초는 과일의 향이 어느 정도 남아 있고, 맥아로 만든 술로 빚은 식초에서는 맥아의 풍미가 느껴진다. 달콤한 술로 만든 식초에는 단맛이 남아 있다. 그러므로 샐러드나 채소에 뿌릴 드레싱에 넣을 식초, 수프를 끓일 때 마지막에 휙 한 번 두르는 식초, 팬에 재료를 구운 다음 자투리를 녹여 맛있는 소스를 만들 식초 등 용도에 따라 원료로 쓰인 술의 풍미를 고려해서 선택하면 편리하다.

포터 맥주로 식초 만들기
| 증발 속도에 따라 3~4컵(3/4~1L) 분량 |

우리 집에서 피시앤칩스를 먹을 때는 무조건 시중에 판매하는 맥아 식초를 곁들인다(내 남편이 영국에서 자랐기 때문에, 이 전통적인 조합을 고수한다). 나도 풍미가 좋은 맥주로 만든 맥아 식초의 진한 맥아 향과 신맛, 견과류 같은 고소함, 단맛을 점점 좋아하게 되었다. 무엇보다 구운 맥아의 풍미와 뒷맛으로 남는 달콤함이 신맛의 균형을 잡아주는, 발사믹 식초와 비슷한 특징이 아주 마음에 든다.

맥아 식초는 홉 특유의 쓴맛과 약간 눅눅한 향 때문에 마음에 드는 풍미를 내기가 쉽지 않으므로, 홉의 풍미가 너무 강하지 않은 맥주로 만들 것을 추천한다. '하이 그래비티 high-gravity' 양조법(달고 도수가 높은 술을 만드는 방식)으로 만든 포터 맥주와 밀크 스타우트 milk stout(이름처럼 우유가 아니라 젖당을 추가한 맥주로, 젖당은 효모가 알코올로 분해하지 못하므로 완성된 맥주에 그대로 남아 단맛과 부드러운 맛을 낸다 - 옮긴이)에는 진한 색이 날 때까지 익힌 맥아가 재료로 사용된다. 따라서 그런 맥주를 식초로 만들면 그 진한 풍미와 맥주를 마실 때 첫맛부터 느껴지는 놀랍도록 섬세한 홉의 향이 식초에서도 느껴진다. 밸러스트 포인트 빅토리 앳 시 Ballast Point Victory at Sea, 스톤 커피 밀크 스타우트 Stone Coffee Milk Stout, 이블 트윈 이븐 모어 지저스 Evil Twin Even More Jesus, 노스코스트 브라더 델로니어스 North Coast Brother Thelonious(엄밀히 따지면 이 맥주는 포터가 아니라 벨기에식 독한 에일이다) 등이 그런 맥주에 해당한다.

1.8~2L 용량의 유리병을 세제와 온수로 깨끗이 세척하고 말린다. 이 레시피에서 만드는 양을 기준으로 하면 병이 반쯤 채워지지만, 액체와 병 입구 사이에 여유 공간이 있어야 공기와 충분히 접촉할 수 있다.

하이 그래비티 양조법으로 만든 살짝 달콤한(위의 설명 참고) **포터 맥주나 밀크 스타우트 350ml 두 병**을 개봉해서 준비한 병에 모두 붓는다. 이러한 맥주는 대부분 알코올 도수가 10~12%로 높은 편이므로 식초를 만들 때는 희석하는 게 좋다. 일단 표면의 거품이 다 가라앉을 때까지 저어주고, 총량이 대략 700ml가 되는지 확인한다. 여기에 **정수나 깨끗한 수돗물 3/4컵과 1큰술(총 200ml)**을 붓고, **저온살균하지 않은 식초 3/4컵(165ml)**를 추가한다(브래그 애플 사이더 식초나 집에서 만든 식초 등).

모두 유리병에 붓고, 먼지와 초파리가 들어가지 않도록 병 입구에 깨끗한 행주를 덮고 끈으로 묶어 단단히 고정한다. 병을 빛이 들지 않는 따뜻한 장소에 둔다. 2주 후부터 깨끗한 숟가락으로 맛을 본다. 2~3개월이 지나면 맛을 보자마자 입이 절로 오그라들 만큼 시큼해야 한다. 식초가 완성되면, 뚜껑을 꽉 닫고 빛이 들지 않는 곳에 보관한다. 1년 이상 그대로 두고 쓸 수 있다.

식초는 알코올 발효 음료가 자연적으로 맞이하는 최후, 또는 죽지 않고 지속되는 사후의 삶이다. 하지만 조금 발칙한 상상력을 발휘한다면(나는 자주 그러는 편이다), 알코올과 초산균, 산소, 그리고 시간이라는 조건만 충족되면 어쨌든 식초는 만들어진다는 것을 알 수 있다. "어떤 술로 만들어야 내가 원하는 풍미가 담긴 식초가 될까?"를 고민할 필요 없이, 알코올은 없지만 마음에 쏙 드는 음료가 있다면, 알코올을 8% 농도로 추가해서 식초를 만들면 된다.

이런 식의 결론은, '나는 과학자인가, 요리사인가? 아무려면 어때, 둘 다 하지 뭐'라는 사고의 흐름에 따라 내가 지금의 나로 살게 된 사고방식과도 일치한다. 실험적인 요리를 선보이던 미국 남부의 훌륭한 레스토랑 맥크레이디스McCrady's는 2010년대 초에 문화적 상징이 된 식재료들을 요리에 활용하는 색다른 시도를 이어갔는데, 그중에는 '마운틴듀 식초'로 다양한 음식을 만드는 실험도 있었다. 내가 코펜하겐의 노르딕 푸드 랩에서 처음 일을 시작한 것도 비슷한 시기였다. 한창 연구 논문을 준비하던 때였고 논문에 담을 내용을 대략적인 틀만 정한 채로 그곳에서 화학적인 지식을 제공하게 되었는데, 뜻밖에도 노르딕 푸드 랩에서 개발한 식초 만드는 법을 배우게 되었다. 셀러리즙과 솔잎차, 딱총나무꽃 시럽으로 만드는 식초였다. 그 내용으로 논문의 상당 부분을 채울 수 있었을 뿐만 아니라, 여러 사람과 공유할 만한 굉장한 기술을 배웠다는 것이 내게는 더 중요한 성과였다. 최종 결과물(식초)이 만들어지는 방식(식초의 경우 알코올과 풍미가 있는 재료들)의 패턴을 읽고, 그 패턴을 흥미롭게 변형해서 활용할 수 있음을 배운 너무나도 유용한 경험이었다.

목시 콜라(또는 뭐든 좋아하는 음료)로 식초 만들기

| 증발 속도에 따라 3.5~4컵(1L) 분량 |

허브와 감귤류의 향이 나면서 약간 씁싸래한 목시 콜라Moxie Cola로 식초를 만들면, 발사믹 식초의 느낌이 나면서도 그와는 전혀 다른, 놀랍도록 맛있고 복잡한 풍미가 생긴다. 목시 콜라는 미국 메인주의 대표적인 음료라 뉴잉글랜드에서 성장기를 보낸 내게는 늘 친숙했지만, 성인이 된 후에야 이 음료의 진가를 제대로 알게 됐다. 목시 콜라는 아마로 중에서도 노니노Amaro Nonino의 탄산음료 버전이라고도 할 수 있다.

술이 아닌 음료로 식초를 만들 때는 알코올을 정확한 양만큼 추가하는 게 관건이므로, ABV로 표기된 알코올 도수에 따라 추가할 양을 계산해야 한다. 식초의 원료가 될 음료의 풍미를 최대한 살리려면 알코올 도수가 95%인 에버클리어를 넣는 게 좋다. 라벨에도 적혀 있듯이 알코올 함량이 95%이므로, 아주 소량만 넣어도 최종 알코올의 농도를 8%로 맞출 수 있다. 알코올 도수가 40~75%인 술은 알코올 외에 나머지 25~60%는 물이므로, 음료와 섞어서 최종 알코올 농도를 8%로 만들려면 도수가 95%인 술보다 더 많이 넣어야 한다. 나는 이 경우 일부러 풍미가 강한 술을 선택해서, 음료의 풍미가 희석되는 만큼 술의 풍미가 추가되도록 만든다.

아래 레시피는 최종 완성되는 식초의 양을 약 1L로 잡아서 알코올 농도를 8%로 맞추려면 술을 얼마나 첨가해야 하는지 비교적 간단하게 계산할 수 있다. 다음 계산 예를 참고하기 바란다. 어떤 술을 재료로 선택하건, 라벨에 적힌 알코올 도수를 기준으로 계산하면 된다.

- **에버클리어**, 95% ABV: 90ml
- **알코올 도수가 높은 럼**('제이 레이 앤 네퓨' 등), 63~69% ABV: 140ml
- **'해군용' 럼**('스미스 앤 크로스' 제품 등), 54~57% ABV: 170ml
- **4년 이상 숙성한 호밀 위스키 또는 버번위스키**, 50% ABV: 190ml
- **일반 위스키 또는 브랜디**, 40% ABV: 250ml

각 재료의 비율이 잘 맞고 초산균이 공급되기만 하면, 어떤 음료나 액체, 술로도 식초를 만들 수 있다. 나는 셀러리즙과 솔잎차, 당근즙, 회향 즙, 희석한 딱총나무꽃 시럽 등 북유럽에서 일할 때 처음 접한 재료로도 식초를 만들었다.

1.8~2L 용량의 유리병을 세제와 온수로 깨끗이 세척하고 말린다. 이 레시피에서 만드는 양을 기준으로 하면 병이 반쯤 채워지지만, 액체와 병 입구 사이에 여유 공간이 있어야 공기와 충분히 접촉할 수 있다.

큰 볼에 **목시 콜라 3컵과 1/4컵, 총 775ml**(캔 3개, 또는 20온스짜리 병 포장 제품 두 병을 개봉하면 약간 남는다)를 붓고 거품이 가라앉을 때까지 저어준다. **비저온살균 식초 225ml**를 추가하고(브래그 애플 사이더 식초나 집에서 만든 식초), **에버클리어 90ml** 또는 알코올 도수가 그보다 낮고 풍미는 더 강한 술을 적정량 섞어서 최종 알코올 농도를 8%로 만든다(위의 설명 참고). 모두 유리병에 붓고, 먼지와 초파리가 들어가지 않도록 병 입구에 깨끗한 행주를 덮고 끈으로 묶어 단단히 고정한다. 병을 빛이 들지 않는 따뜻한 장소에 둔다. 2주 후부터 깨끗한 숟가락으로 맛을 본다. 2~3개월이 지나면 맛을 보자마자 입이 절로 오그라들 만큼 시큼해야 한다. 식초가 완성되면, 뚜껑을 꽉 닫고 빛이 들지 않는 곳에 보관한다. 1년 이상 그대로 두고 쓸 수 있다.

진과 블랙베리로 식초 만들기
| 약 2.5~3컵(600~700ml) 분량 |

이 식초는 레몬과 블랙베리가 들어가는 리큐어인 크렘 드 뮈르 crème de mûre 와 진을 섞어서 만드는 브램블 bramble 이라는 칵테일에서 영감을 얻었다. 향신료의 향과 함께 노간주나무 열매의 향, 블랙베리의 아주 복잡한 풍미가 진하게 느껴지는 칵테일이다.

나는 이 식초를 블랙베리 등 베리류의 맛을 강화하고 싶은 요리나 쓴맛이 강한 잎채소로 샐러드를 만들 때 활용한다.

재료비를 생각하면 다소 사치스러운 식초라, 잘 익은 블랙베리를 쉽게 구할 수 있는 제철에 만드는 게 가장 좋다. 블랙베리의 상태가 영 별로라면 입맛에 맞는 다른 잘 익은 과일로 대체하고, 알코올도 그 과일에 맞게 바꾸면 된다. 복숭아는 버번, 멜론은 테킬라, 선골드 Sun Gold 품종의 토마토는 호밀 위스키와 잘 어울린다. 과즙이 많지 않은 과일을 쓸 때는 과육까지 으깨서 쓰지 말고 주스기로 즙만 짜서 쓰는 게 좋다.

이 레시피에는 고형 성분이 포함되므로 발효가 진행되는 동안 전체적인 상태를 더욱 잘 살펴야 한다. 특히 발효 초반에 곰팡이가 생기거나 표면에 주름 같은 막을 형성하는 효모가 증식하는지를 주의 깊게 확인해야 한다. 곰팡이가 생기면 전체를 다 폐기하고, 표면에 하얀 효모 막이 생기면 다 거둬내야 한다. 과일은 900g 기준이지만, 그만한 양을 구하기 힘들면 450g으로 줄여서 만들어도 된다(과일의 양이 최소 그 정도는 되어야 하므로 그 이하로 줄이는 건 권하지 않는다). 과일을 으깼을 때 즙이 충분히 나오지 않으면 물 한 컵(240ml)을 추가해서 묽히고, 추가하는 물 한 컵당 진 3큰술(45ml), 비저온살균 식초 3큰술(45ml)도 추가한다.

1.8~2L 용량의 유리병을 세제와 온수로 깨끗이 세척하고 말린다. 이 레시피에서 만드는 양을 기준으로 하면 병이 반쯤 채워지지만, 액체와 병 입구 사이에 여유 공간이 있어야 공기와 충분히 접촉할 수 있다.

큰 볼에 **완전히 익어서 말랑말랑한 블랙베리 900g**을 담고, 감자 으깨는 도구로 으깬다. 너무 세게 짓눌러서 퓌레로 만들지 말고 알갱이가 톡톡 터지는 정도로만 누른다. 껍질과 과육을 분리하지 않고 모두 쓴다. **알코올 도수가 약 45%인 양질의 진 3/4컵(175ml)**을 붓고(탱커레이 Tanqueray 나 봄베이 사파이어 Bombay Sapphire 등) 초산균을 공급할 **비저온살균 식초 2/3컵(165ml)**을 추가한다(브래그 애플 사이더 식초나 집에서 만든 식초 등).

모두 유리병에 붓고, 병 입구에 깨끗한 행주를 덮고 끈으로 묶어 단단히 고정한 후 빛이 들지 않는 따뜻한 장소에 둔다. 발효 첫 주에는 표면이 마르지 않도록 이틀에 한 번씩 깨끗한 숟가락으로 전체를 잘 저어준다. 발효 2주차가 끝날 무렵부터 (깨끗한 숟가락으로) 맛을 본다. 2~3개월 내로 식초가 완성되어야 하며, 채반이나 체로 건더기를 걸러내고 사용한다. 뚜껑을 꽉 닫고 빛이 들지 않는 곳에 보관한다. 1년 이상 그대로 두고 쓸 수 있다.

젖산발효: 소량의 당을 톡 쏘는 신맛으로

껍질 벗긴 오이, 배추, 돼지고기, 우유는 금세 상하지만 각각 피클, 김치, 젖산 발효한 염장 소시지, 요구르트와 치즈로 만들어서 잘 보관하면 수개월, 심지어 수년까지도 두고 먹을 수 있다. 요구르트, 발효 빵, 피클, 김치 등 다양한 절임음식, 신맛이 아주 강한 음식은 젖산발효한 음식인 경우가 많다. 톡 쏘는 신맛이 나는데 식초는 분명 아니고, 식용대황도 아니고, 새콤한 과일과도 다른 시큼함이 느껴진다면 젖산발효로 생긴 신맛일 가능성이 크다.

젖산균이 당분을 먹고 젖산을 만드는 것을 젖산발효라고 한다(영어로는 lactic fermentation 또는 lactofermentation이라고 쓰지만 다 같은 말이다). 젖산균은 당이 필요하고, 젖산발효는 이 필요성에 전적으로 의존한다. 채소, 과일, 유제품, 곡류, 빵 반죽, 심지어 일부 육류 등 우리가 별로 달지 않다고 느끼는 식품도 당이 있기만 하면 발효의 원료가 될 수 있다. 젖산도 아세트산처럼 신맛이 나지만, 자극적인 신맛은 아니며 무난하고 깔끔한 신맛에 가깝다.

한 가지 멋지고 놀라운 사실은, 젖산균은 젖산을 주된 대사산물로 만들어내도록 진화했고 이 젖산은 대부분의 다른 미생물에게(음식을 상하게 만드는 미생물을 포함해서) 해로운 영향을 주지만 인간은 젖산을 먹어도 아무 이상이 없을 뿐만 아니라 심지어 맛있다고 느낀다는 것이다. 또한 젖산균은 다른 미생물은 생존하지 못하는 염도에서도 살 수 있는 종류가 많다. 그러므로 피클 등 각종 채소를 발효한 음식처럼 재료를 소금에 절여서 시큼한 젖산이 생기도록 발효하면 해로운 균을 이중으로 차단할 수 있다.

크렘 프레슈: 발효 유제품의 깔끔한 신맛

특수한 도구가 없어도, 또한 발효 온도를 칼같이 정확하게 지키지 않아도 젖산발효로 생기는 풍미를 손쉽게 맛보는 방법이 있다. 크렘 프레슈를 만들어보는 것이다. 내 생각에 크렘 프레슈는 젖산발효한 유제품를 통틀어 가장 맛있고 만든 보람도 가장 크게 느낄 수 있는 음식이다. 하룻밤에 걸쳐 천천히 발효한 크렘 프레슈는 시중에 파는 제품보다 훨씬 맛있다. 또한 원할 때 발효를 중단시킬 수 있으므로 신맛을 각자 입맛에 맞게 맞출 수 있다.

식품업체들은 크렘 프레슈를 생산할 때 순수한 젖산균을 따로 배양해서 첨가한다. 가정에서는 젖산발효한 다른 유제품을 소량 첨가하는 것이 가장 간단하다. 시중에 파는 크렘 프레슈를 조금 첨가해도 되지만, 나는 맛이 더 좋아지도록 버터밀크와 케피르를 첨가하기도 한다.

기존에 만들어 놓은 크렘 프레슈를 새로운 크렘 프레슈를 만들 때 소량 섞어서 발효하는 것과 같은 발효 방식을 백슬로핑backslopping이라고 한다(slop은 찌꺼기라는 뜻이 있으므로, 이전에 발효한 것에서 남은 찌꺼기, 또는 자투리를 새로운 발효에 다시 쓴다는 의미다 - 옮긴이). 전통적으로 맥주, 식초, 미소 된장 등을 새로 발효할 때는 이런 식으로 균주를 '접종'한다. 즉 발효가 잘된 음식(크렘 프레슈, 식초 등)을 일부 남겨 두었다가 새로운 발효를 할 때 섞어서 이전 발효에 사용된 미생물이 다시 발효를 진행하도록 만드는 것이다.

🍴 크렘 프레슈

| 두 컵(450ml) 분량 |

크렘 프레슈를 만들려면 이미 만들어진 크렘 프레슈가 필요하므로, 크렘 프레슈를 만들 계획이 있다면 이전에 쓰던 것을 2큰술만 따로 덜어두자. 기존의 크렘 프레슈에 들어 있는 젖산균에게 젖당을 새로 공급하면 젖산균이 이 새로운 먹이를 먹고 분해해서 젖산을 만들고, 산성도가 높아지면서 유단백 일부가 분해되어 뻑뻑한 크림이 된다. 그렇게 되기까지 따뜻한 실온(25℃)에서는 하룻밤 정도 걸리고 온도에 따라 두어 시간이 더 걸릴 수도 있다. 온도가 18℃인 환경에서는 40시간 정도 두어야 크렘 프레슈가 완성된다. 발효 균주를 공급할 크렘 프레슈를 구하기 힘들다면 버터밀크나 케피르로 대체해도 된다.

뚜껑이 있는 큰 유리병과 뚜껑을 모두 세제와 온수로 깨끗이 세척하고 말린다. 손잡이가 긴 깨끗한 숟가락으로 **시판 크렘 프레슈 2큰술(30g)**을 떠서 준비한 유리병에 넣는다. **헤비크림 반 컵(120ml)**을 붓고 크렘프레슈가 크림과 완전히 섞여서 희석되도록 잘 저어준 다음 **헤비크림 1.5컵(360ml)**을 추가

한다. 다시 잘 저은 다음 뚜껑을 얹듯이 헐렁하게 덮는다. 병을 빛이 닿지 않고 살짝 온기가 있는 주방 한쪽에 둔다.

다음 날 아침에 깨끗한 숟가락으로 맛을 본다. 사워크림처럼 톡 쏘는 맛이 나고, 농도가 뻑뻑해야 한다. 아직 그런 상태가 아니면 다시 뚜껑을 얹고 8시간 이상 더 발효한다. 노르스름한 유청과 분리된 커다란 덩어리가 형성되고 치즈와 비슷한 독한 냄새가 풍기면, 발효가 과하게 된 것이므로 먹지 말고 버려야 한다. 완성된 크렘 프레슈는 뚜껑 있는 용기에 옮겨 담고 냉장고에 두면 최대 일주일까지 보관할 수 있다.

크렘 프레슈 활용법

- 골파를 조금 다져 넣고 감자칩에 곁들인다(캐비아를 추가하면 더욱 맛있다).
- 프라이팬에 닭을 다 굽고 부스러기를 녹여 소스를 만들 때 크렘 프레슈와 육수를 조금 부어서 끓인다.
- 프라이팬에 샬럿 2개를 다져서 넣고 케이퍼 3큰술, 버터 1큰술을 넣어 볶은 다음 크렘 프레슈 220~230g을 추가해서 팬에 눌어붙은 부스러기를 녹여가며 끓이면 파스타 소스가 된다.
- 으깬 감자에 크렘 프레슈와 버터를 넣고 섞는다.
- 연어를 살짝 데치고 식힌 다음 크렘 프레슈를 듬뿍 얹고, 잘게 다진 딜을 솔솔 뿌린다.
- 구운 방울양배추, 또는 구워서 식힌 당근에 크렘 프레슈와 씨가 그대로 남아 있는 머스터드를 동량으로 섞어 곁들인다.
- 크렘 프레슈로 휘핑크림을 만들면 더 진하고 살짝 새콤한 크림이 된다.
- 크렘 프레슈로 휘핑크림을 만든 후 지방이 응축되어 알갱이가 생길 때까지 계속 휘저은 다음 액체를 걸러낸다. 알갱이는 발효 버터(시중에 판매하는 발효 버터보다 더 금방 부패하므로 빨리 먹어야 한다), 걸러낸 액체는 맛있는 버터밀크다.

피클과 절임류: 과일과 채소에 시큼한 풍미 만들기

젖산발효한 음식은 새콤한 맛과 절인 음식 특유의 풍미, 식욕을 한껏 돋우는 뛰어난 맛으로 전 세계 수많은 음식 문화에 굳건히 뿌리내렸다. 최근 들어 톡 쏘는 젖산발효 식품의 가능성에 주목하는 요리사들이 더욱 많아지면서, 젖산발효에 쓰인 적이 없는 새로운 재료에도 적용할 수 있는 보편적인 발효 규칙도 마련되고 있다.

양배추, 겨자잎, 순무, 고추, 오이, 덜 익은 자두, 가지, 덜 익은 녹색 토마토 같은 단단한 채소와 당분이 적은 과일 같은 젖산발효의 단골 재료들은 젖산의 새콤한 맛을 쉽게 얻을 수 있고 발효로 생긴 새로운 맛이 잘 보존된다. 그 외에도 당분이 적은 재료는 모두 특별한 양념을 하듯 젖산발효로 신맛과 복잡한 풍미를 더할 수 있다. 하지만 젖산발효를 직접 시도하기 전에 반드시 안전 정보부터 숙지해야 한다.

소금물, 물, 압력

짭짜름한 젖산발효 식품은 수분이 많은 채소와 소금, 가볍게 주무르는 정도의 힘만 있으면 가장 간단하게 만들 수 있다. 대표적인 예가 사워크라우트다. 양배추를 잘게 채 썰고, 소금을 뿌리고, 수분 가득한 양배추의 세포에 소금이 침투하도록 양배추를 손에 꼭 쥐었다가 놓는 동작을 반복하며 가볍게 주무르고 힘을 가한다. 소금의 작용으로 삼투 현상이 일어나 양배추에서 물이 흘러나오면 빳빳하던 양배추가 흐늘흐늘해지고 소금 섞인 물이 고인다. 젖산균은 양배추를 감싼 이 소금물을 통해 순환하면서 물을 소비하고 증식하며 발효를 진행한다. 소금물은 부패를 일으키는 세균이 접근하지 못하도록 막는 동시에 공기를 차단해서 곰팡이도 방지한다.

그와 달리 소금을 녹인 물을 다양한 재료에 붓는 방식의 젖산발효도 있다. 코셔 피클, 동치미, 물김치, 쓰촨식 양배추절임 또는 겨자잎으로 담그는 파오차이 등이 그런 예다. 이런 음식에는 마늘, 고수, 고추, 생강 등의 부재료가 양념으로 추가되기도 한다. 일반적으로 이렇게 소금물을 따로 만들어서 재료에 부으면 발효가 더 빨리 진행된다. 또한 수분 활성이 증가하고 재료의 당분이 희석되므로, 소금만 뿌려서 '재료에서 나온 물로 소금물이 자체 형성되는' 방식의 발효에 비해 퀴퀴한 냄새가 섞인 신맛이 덜하다. 재료 자체에서 빠져나오는 수분이 적어서 아삭한 식감이 강화된다는 특징도 있으므로 무, 배추, 깍지 콩 등 아삭아삭한 채소와 잘 맞는다. 나는 이런 식감의 차이와 채소 자체의 맛을 고려해서 (아주 대략적으로 나누자면) 맛이 강한 채소는 소금물을 붓는 방식으로 발효하고, 맛이 약한 채소는 소금만 쳐서 발효한다.

일본의 절임 음식인 츠케모노처럼 발효 전이나 발효 중에 재료에 압력을 가해서 물기를 짜내거나 공기 중에 수분을 말리는 방식의 젖산발효도 있다. 이렇게 하면 재료의 식감이 더 단단해지고 신맛이 더 강해지기도 한다. 교토의 지역 특산물인 스구키^{suguki}는 목제 통에 다양한 종류의 순무를 담고 기다란 막대에 돌이 여러 개 매달린 텐빈^{tenbin}이라는 도구로 눌러서 발효하는 전통적인 방식으로 만든다. 완성된 스구키는 생 순무나 익힌 순무와 전혀 다른, 촘촘하고 고기처럼 쫀득한 식감이 생긴다. 일본식 매실장아찌인 우메보시는 (자두, 살구와 같은 핵과의 일종인) 매실을 소금에 절여서 만드는데, 보통 발효가 진행되는 동안 무거운 추로 계속 눌러두고 신맛이 나기 시작하면 수분을 반쯤 말린다. 그래서 완성된 장아찌는 밀도가 높고 식감이 잼처럼 쫀쫀하다.

젖산발효 레시피와 재료에 관한 주의 사항

- 소금이나 누룩곰팡이속 균류, 또는 코지(309쪽에서 자세히 설명한다)가 들어가는 발효 식품을 만들 때는 재료를 부피가 아닌 무게로만 측정하는 게 좋다. 발효 식품의 안전성은 소금의 농도에 큰 영향을 받는데, 무게를 기준으로 하면 소금의 적정 농도를 가장 정확하고 간편하게 맞출 수 있다. 내가 제공하는 발효 식품의 레시피는 물 외에 어떤 재료도 넣는 양을 부피로 제시하지 않는다(물은 부피와 무게가 같으므로 g과 ml 단위 중 무엇을 쓰건 상관없다).

- 발효에 통달한 전문가들은 부피로도 재료의 양을 잘 맞추고 심지어 눈대중으로 각 재료를 넣어도 맛있고 안전한 음식을 만들어낸다. 하지만 우리는 일대일 수업을 하는 게 아니므로, 발효 식품을 만들 때는 재료의 양을 무게로 측정하라고 권장하는 게 내가 할 수 있는 최선이다. 나는 주로 g과 kg 단위로 무게를 잰다. 무게를 1g 단위로 측정할 수 있는 저렴한 디지털 저울 하나만 있으면 충분하다.

- 이렇게 하는 이유는 몇 가지 안전 문제 때문이다. 발효는 식품을 안전하게 보존하는 방법으로 오랫동안 활용되었지만, 상할 위험성이 늘 따라다닌다. 여러분 자신은 물론이고 여러분이 만든 음식을 먹는 모든 사람의 안전을 위해서도 안심하고 먹을 수 있는 음식을 만들어야 한다. 그러려면 발효 상태를 엄격히 판단하고, 상한 징후가 나타나지 않는지(아래에 설명이 나온다) 주의 깊게 살펴야 한다. 안전이 조금이라도 의심되면 일단 조심하는 편이 낫다. 먹지도 말고, 남들에게 주지도 말아야 한다. 이 책에서 나오는 레시피를 참고해서 여러분 각자가 만드는 음식을 안전하게 만들 책임은 모두 여러분에게 있다. 식품 안전에 관해 의구심이 들거나, 더 자세한 지침이 필요하면 각 대학의 식품과학 연구소나 농업기술원에서 제공하는 자료를 참고하기 바란다. 미국의 경우 연방 농무부가 운영하는 국립 가정 식품 보존 센터(nchfp.

- uga.edu)에서도 식품 안전 자료를 제공한다.
- 발효 식품을 만들 때는 손을 비누로 씻고 음식을 담을 용기도 모두 세제와 온수로 깨끗이 씻어야 한다. 농산물은 신선하고 품질이 좋은 것으로 준비하고, 물로 깨끗이 씻어서 사용하자.
- 우리 코와 눈은 발효 식품의 안전을 지키는 가장 정확한 도구다. 곰팡이가 생기지 않았는지, 아주 불쾌한 냄새가 나지 않는지 잘 살피자. 발효 과정에서 표면에 효모가 만든 하얀 막이 생기는 경우가 많은데, 이는 해가 되지 않으므로 거둬내거나 숟가락으로 떠내면 된다. 곰팡이는 흰색, 녹색, 검은색, 때로는 주황색을 띠고 털처럼 부슬부슬한 부분이 뚜렷하게 나타난다. 이런 곰팡이가 아주 작은 점 크기로 한두 개 정도 생기면, 깨끗한 숟가락으로 떠내고 그 주변 반경 약 1인치 범위까지 함께 제거하면 대체로 괜찮다. 떠낸 다음에는 표면을 고르게 정리하고, 그쪽에 소금을 조금 더 뿌리자. 곰팡이가 그보다 많이, 더 넓게 생겼다면 전부 다 버려야 한다. 소금물을 따로 만들어 재료에 붓는 방식의 젖산발효는 (유익한) 균이 증식해서 액체가 뿌옇게 흐려질 수 있는데, 이는 곰팡이가 아니므로 괜찮다. 발효할 때 재료가 소금물에 완전히 잠기게 하는 것이 곰팡이를 가장 확실하게 막는 방법이다.
- 일반적으로 발효가 시작되면 첫 3~10일까지는 옅은 황 냄새가 나는 등(특히 양배추, 순무, 마늘이 재료로 들어간 경우) 아주 이상한 맛과 냄새가 나는데, 이것만으로는 무조건 상했다고 할 수 없다. 2주 정도는 지나야 뭐가 잘못됐는지 제대로 판단할 수 있다.
- 발효 초반에는 소금물이 흐릿해질 수도 있으나 시간이 지나면 대부분 다시 맑아진다. 이런 변화가 나타나지 않으면 냄새와 맛으로(당연히 냄새부터 맡아보고 맛을 봐야 한다!) 상한 조짐이 있는지 확인한다.
- 아주 지독한 황 냄새, 쓰고 버린 기저귀 냄새, 썩은 음식 냄새 같은 극히 불쾌한 이취가 나면, 맛을 보지 말고 전부 버려야 한다.
- 애매하지만 어쩐지 의심이 된다면, 그냥 버려라. 고작 음식 하나에 스스로 실험동물이 되지는 말자. 음식보다 건강이 훨씬 더 소중하다.

발효 용기와 도구

- 좋은 풍미를 얻고 부패를 막으면서 채소를 발효하는 가장 확실한 방법은 소금물에 재료가 완전히 잠기도록 만드는 것이다. 염도가 높고 산성도도 높은 액체는 음식을 상하게 만드는 미생물을 대부분 차단한다. 또한 발효 중인 재료가 액체에 잠겨 있으면 산소와의 접촉도 차단되므로 산화반응(갈변, 물러짐, 색이 거무스름하게 변하는 원인)과 곰팡이(누구도 원치 않는 결과)도 막을 수 있다.
- 젖산발효에 활용할 수 있는 용기는 매우 다양한데, 통에 담긴 재료가 소금물에 완전히 잠길 수 있도록 디자인된 것을 선택하는 게 가장 좋다. 예를 들어 바깥 뚜껑과 별도로 평평한 추나 속 뚜껑이 있어서 채소가 소금물에 잠겨 있도록 위에서 눌러주는 구조로 된 통을 사용한다. 전통적인 세라믹 항아리나 발효 용기에 통 크기와 딱 맞는 세라믹 추가 함께 들어 있는 제품도 있다. 용기에 딸린 추가 없으면, 입구가 넓은 용기에 사용할 수 있는 유리 추를 인터넷으로 구매해도 된다. 과거에 시약병으로 많이 쓰인, 뚜껑까지 유리로 된 용기는 음식을 발효하는 용도로는 적합하지 않다. 커다란 유리 용기는 기본적으로 무겁고 깨지기 쉬운 데다, 유리 뚜껑을 들어 올렸다가 내려놓는 과정에서 가장자리가 살짝 깨지면 유리 조각이 안으로 들어갈 수 있고 음식에 섞여도 찾기 어렵다. 미국에는 이젠ejen이라는 한국산 밀폐용기가 판매된다. 나는 음식점에서 쓸 발효 식품을 대량으로 만들 때 이 밀폐용기를 여러 번 요긴하게 활용했다. 고무 패킹이 달린 속뚜껑이 있어서 재료가 액체에 잠겨 있

발효 용기와 추 활용법

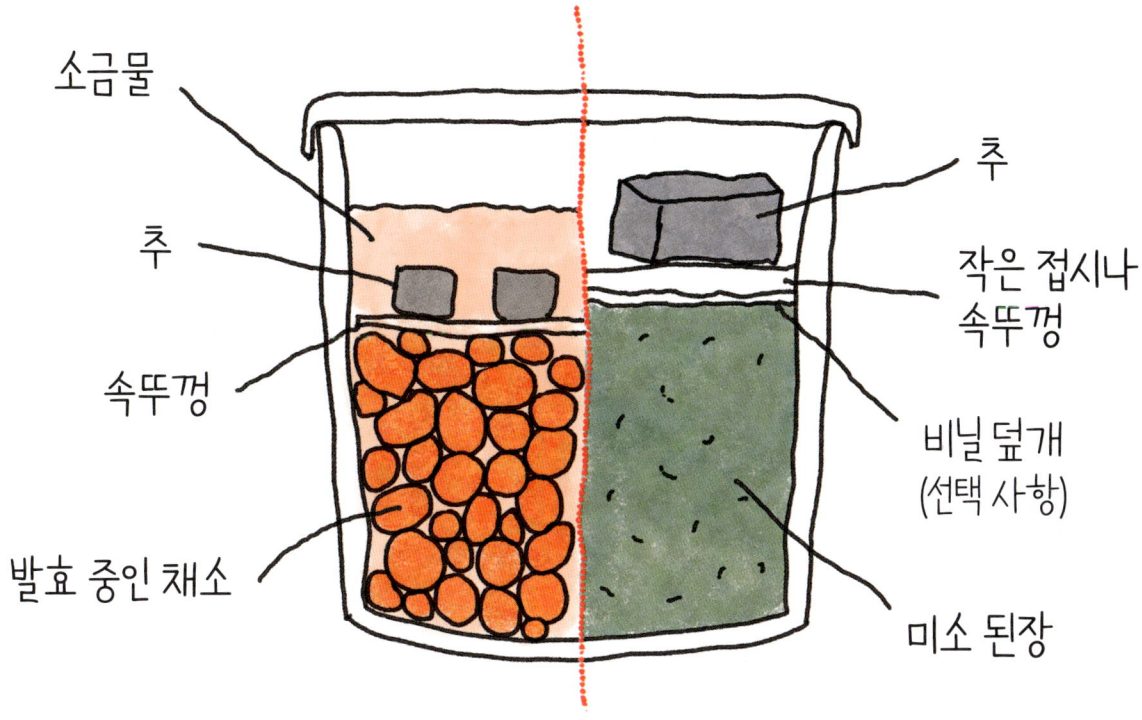

젖산 발효   미소 된장 발효

다양한 발효 용기

파오차이용 유리 용기

식품용 플라스틱 양동이

유리 추

작은 화강암 조각

사워크라우트용 세라믹 용기
추

밀폐 가능한 속뚜껑
밀폐 용기

공기 밀폐
유리병

도록 눌러주며, 특히 공기가 통하도록 헐렁하게 잠기는 바깥 뚜껑이 따로 있어서 편리하다.

- 젖산발효가 진행되면 이산화탄소가 발생하므로, 이것이 용기의 밖으로 빠져나갈 수 있도록 바깥 뚜껑은 헐렁하게 닫아야 한다. 발효 용기 중에는 한 방향으로만 열리는 밸브나 에어록이 달려 있어서 공기의 유입은 차단하고 내부에서 발생한 이산화탄소만 밖으로 내보내는 것도 있다. 발효 용기는 저렴한 제품부터 수백 달러짜리 제품까지 가격으로만 나누어도 종류가 엄청나게 다양하다. 가장 저렴하게 발효 음식을 만드는 방법은, 입구가 넓은 식품용 유리 용기에 발효할 재료를 담고 지퍼백 두 장을 겹쳐 물이나 소금물을 채워서 추 대신 재료 위에 올려두는 것이다(302쪽 참고).

🍴 고추장아찌
| 고추 450g과 절임액 3~6컵 분량 |

고추를 소금물에 담가서 발효하면, 풍미가 아주 강한 '향긋한 발효 고추 양념'(137쪽 참고)보다 가볍고, 산뜻하고, 더 생생한 풍미가 생긴다. 나는 대체로 매운맛이 부드럽고 향이 좋은 아히 돌체 고추로 이 장아찌를 담근다. 또는 카리브해 지역에서 요리에 양념으로 많이 쓰이는 각종 고추에 하바네로 고추를 두어 개 추가해서 만들기도 한다. 어떤 고추든 상관없으므로(발효 용기에 들어가는 적당한 크기이기만 하면), 풍미가 가장 좋은 것으로 준비하면 된다.

2L 용량의 발효 용기와 뚜껑, 추를 준비한다(위의 '발효 용기와 도구' 참고). 사용할 도구는 모두 세제와 온수로 모두 깨끗이 세척한다.

큰 냄비에 **물 1.9L**를 붓고 첨가물 없는 소금이나 천일염 등 **요오드가 첨가되지 않은 소금 95g**을 넣어 5% 농도의 소금물을 만든다. 약불~중불로 소금이 다 녹을 때까지 가열하고, 실온에서 식힌다.

생고추 450g을 깨끗이 씻고 꼭지와 씨를 제거한 후 발효 용기에 모두 담는다. 소금물을 병 입구에서 2~5cm 정도 아래까지 붓는다. 준비한 소금물을 다 붓지 않아도 된다. 병 아래에 큰 그릇을 받치고 소금물을 부으면, 붓다가 조금 흘러도 다시 모아서 사용할 수 있다. 고추가 소금물에 잠겨 있도록 위에 추를 놓는다. 바깥 뚜껑은 안에서 발생하는 기체가 빠져나갈 수 있도록 헐겁게 닫는다.

용기를 빛이 닿지 않는 실온, 또는 실온보다 조금 서늘한 곳에 둔다. 발효가 시작되면 거품이 생기고 소금물이 뿌옇게 변하기 시작하는데, 모두 젖산균이 활약 중이라는 좋은 징후다. 곰팡이나 효모가 생기지 않았는지 매일 확인하고, 효모 막이 보이면 걷어낸다. 곰팡이가 아주 작은 점보다 크게 생기면 전부 버려야 한다(299쪽 '젖산발효 레시피와 재료에 관한 주의 사항' 참고).

7~10일 후, 또는 거품이 더 이상 생기지 않고 액체가 뿌옇게 변하면 깨끗한 숟가락으로 고추 하나를 건져서 맛을 본다. 식감이 약간 연해지고, 톡 쏘는 맛이 나야 한다. 맛이 덜 들거나 효모 냄새가 강한 경우, 또는 신맛이 나긴 하지만 충분하지 않으면 며칠 더 두고 이틀에 한 번씩 맛을 본다. 부드럽게 톡 쏘는 신맛이 나면 완성이다.

완성된 장아찌는 고추가 계속 소금물에 잠겨 있도록 담아서 뚜껑을 꼭 닫고 냉장고에 보관한다. 최대 6개월까지 두고 먹을 수 있다.

🍴 고추장아찌 국물로 매운 소스 만들기
| 약 2컵 분량 |

고추장아찌는 국물도 고추 못지않게 맛이 좋다. 고추를 다 건져 먹고 남은 국물을 버리지 말고 채소나 해산물 요리에 양념으로 활용하면 시큼하고 짭짜름하면서 살짝 매운맛을 더할 수 있다. 매운 소스는 매운맛과 함께 향도 좋고 톡 쏘는 신맛, 깊은 풍미가 느껴져야 맛있는데, 고추장아찌 국물을 활용하면 가볍고, 짭짜름하면서 맛있는 매운 소스를 만들 수 있다.

블렌더에 **고추장아찌 국물 3/4컵과 1큰술(총 200ml)**을 붓는다. **물기를 제거한 고추장아찌 2컵(300g), 백식초 2큰술(30ml)**도 넣고 잘게 분쇄한다. 맛을 보고, 필요하면 식초를 추가한다. 밀폐용기에 옮겨 담아 냉장고에 보관하면 4~6개월까지 두고 먹을 수 있다.

유즈 코쇼와 비슷한 오렌지 고추 양념
| 한 컵 분량 |

유즈 코쇼는 소금에 절인 고추를 잘게 갈고 감귤류 중에서도 향이 아주 강한 유자 껍질을 잔뜩 갈아 넣어서 발효한 짙고 매운 일본식 소스다. 맵고 짭짜름하면서 감귤류 과일의 풍미가 놀랍도록 진하게 느껴져서 생으로 먹는 해산물이나 구운 해산물, 튀김에 조금 곁들이면 음식의 맛이 확 살아난다. 국물 요리, 구운 쇠고기와도 잘 어울린다.

이 레시피는 고추장아찌가 많이 남았을 때 "좀 더 신선하고 상큼하게 먹을 방법이 없을까?"를 고민하다가 유즈 코쇼에서 아이디어를 얻어서 만들었다. 아스파라거스나 브로콜리 라베를 살짝 태우듯 바싹 구워 이 고추 양념을 곁들이면 정말 맛있다. 또는 마요네즈와 섞어서 치킨샐러드 샌드위치나 BLT 샌드위치를 만들 때 소스로 활용해도 좋고, 루콜라나 아삭한 로메인 상추 샐러드에 드레싱처럼 조금씩 얹어가며 먹어도 아주 잘 어울린다.

블렌더나 푸드프로세서에 **수분을 제거한 고추장아찌(303쪽에 레시피가 있다) 3/4컵(120g), 잘게 간 오렌지 껍질 1큰술과 1작은술(총 10g), 갓 짠 오렌지즙 1/4컵과 1큰술(총 70ml), 레몬즙 1큰술(15ml)**을 넣고 분쇄한다.

분쇄하는 동안 상태를 잘 지켜보고 완전히 액체가 되기 전에, 아직 굵직한 조각이 보일 때 멈춘다. 전체적으로 뻑뻑하고 액체는 약간 고여 있는 정도의 농도여야 한다. 맛을 보고 레몬즙을 더 넣거나(신맛을 더 강화하고 싶으면) 오렌지즙을 추가한다(단맛을 더하거나 신맛/짠맛의 균형을 잡아야 할 때). 완성되면 용기에 빈 곳이 거의 남지 않도록 최대한 채워서 담는다. 뚜껑을 꼭 닫아서 냉장고에 보관하면 최대 6개월까지 두고 먹을 수 있다.

가지로 만드는 두 가지 젖산발효 식품

앞서 '소금물, 물, 압력'(298쪽)에서 설명했듯이, 젖산발효에서는 발효할 때 수분의 양이나 채소를 누르는 힘 같은 단순한 변수가 완성된 음식의 풍미와 식감에 영향을 준다. 그래서 가지로 똑같이 젖산발효를 진행하면서 이러한 차이를 탐구할 수 있는 두 가지 레시피를 준비했다. 하나는 소금물에 가지를 담가서 촉촉한 장아찌를 만드는 방법이고, 다른 하나는 가지가 발효되는 동안 압력을 가해서 고기처럼 쫄깃한 식감을 내는 방법이다. 이 두 번째 방법은 가지처럼 질감이 스펀지 같은 채소와 순무, 무 같은 채소에 활용하기 좋다.

소금물과 향긋한 향신료를 넣고 발효한 가지피클
| 대략 2~2.5컵 분량 |

먼저 소금물을 활용해서 시큼하고, 향이 풍성하면서 흙 내음이 살짝 도는 가지피클을 만들어보자. 간편하게 집어 먹기에도 좋아서 나는 과자처럼 꺼내먹기도 하고, 렌틸콩이나 병아리콩이 들어간 스튜, 고기나 쌀 요리, 구운 닭고기에 곁들이기도 한다.

가지는 큰 것보다 작은 것이 대체로 풍미가 더 좋고 스펀지 같은 질감도 덜하다. 크기에 비해 묵직하고, 껍질이 얇고, 표면에 멍이나 연한 반점 같은 상처가 없는 것으로 고르자. 껍질이 두꺼우면 피클이 완성된 후에도 그대로 남아서 질겨지므로, 처음부터 벗기고 만드는 게 좋다. 가지의 양은 원하는 만큼 조정해도 되지만 소금물의 양은 반드시 재료가 전부 잠길 정도로 넉넉하게 만들어야 한다. 또한 소금물의 농도는 양과 상관없이 5%가 유지되어야 한다. 이 레시피에는 흑마늘이 들어가는데, 주변에서 구하기 힘들면 온라인으로 구매하거나 그냥 빼고 만들어도 된다.

2L 용량의 뚜껑 있는 발효 용기와 추를 준비한다(300쪽의 '발효 용기와 도구' 참고). 사용할 도구는 모두 세제와 온수로 깨끗이 세척한다.

큰 냄비에 **물 1.4L**를 붓고, 첨가물 없는 소금이나 천일염 등 **요오드가 첨가되지 않은 소금 70g**을 넣어 5% 농도의 소금물을 만든다. 소금이 다 녹을 때까지 약불~중불로 가열하고 실온에서 식힌다.

크기가 작거나 중간 정도인 가지 2~3개(240~300g)를 깨끗이 씻고 **사방 2.5cm 크기로 썬다.** 발효 용기에 모두 담고, **마늘 한 톨을 다져서** 넣는다. **흑마늘 분말 2작은술(7g)**이나 **통흑마늘 2톨, 살짝 으깬 고수 씨앗도 수북하게 담아서 1큰술(4g)** 넣는다. **통 커민 2작은술(5g), 터키산 우르파 바이버 고춧가루 또는 과히요 고추, 안초 고추 등 적당히 매운 고추를 말려서 빻은 고춧가루 1/2작은술(1g)도 넣는다.

소금물을 붓다가 흘릴 수 있으므로, 발효 용기 아래에 테두리가 있는 오븐 팬이나 큰 접시를 깔고 소금물을 붓는다. 가지가 물에 완전히 잠기도록 위에 추를 올리고, 통 뚜껑을 닫는다. 발효가 진행되면서 발생하는 가스가 빠져나갈 수 있는 장치가 되어 있는 뚜껑이 아니라면 꼭 닫지 말고 헐렁하게 닫아야 한다. 용기를 빛이 닿지 않는 실온, 또는 실온보다 조금 서늘한 곳에 둔다. 발효가 시작되면 거품이 생기고 소금물이 뿌옇게 변하기 시작하는데, 모두 젖산균이 활약 중이라는 좋은 징후다. 곰팡이나 효모가 생기지 않았는지 매일 확인하고, 효모 막이 보이면 걷어낸다. 곰팡이가 아주 작은 점보다 크게 생기면 전부 버려야 한다(299쪽 '젖산발효 레시피에 관한 주의 사항' 참고). 가지 껍질의 색이 빠져나와서 액체가 보랏빛을 띠는 갈색으로 변하는 건 괜찮다.

거품이 잠잠해지면(발효 온도, 가지에 함유된 당분, 발효에 관여하는 미생물군에 따라 3~7일이 소요되며 그보다 조금 더 걸릴 수도 있다) 깨끗한 숟가락으로 하나를 건져서 맛을 본다. 적당히 씹히는 맛이 있고 전체적으로 기분 좋게 새콤하고 짭짜름해야 한다. 맛이 덜 들거나 애매하면 며칠 더 둔다. 완성된 피클은 뚜껑을 꽉 닫아서 냉장고에 보관하고 2~3개월 내로 다 먹는다(다른 피클과 마찬가지로 국물에 잠긴 상태로 보관해야 한다).

✔ 젖산발효와 채소의 범위 넓히기

가지피클 레시피는 앞서 소개한 고추장아찌와 똑같이 만들면서 풍미를 내는 재료를 추가한 것인데, 그 두 가지 레시피를 기본 틀로 삼아 다양한 채소를 젖산발효할 수 있다. 깍지콩이나 녹색 또는 흰색 아스파라거스, 오크라, 자루째로 작게 토막 낸 생옥수수, 당근(길쭉하게 썰어서), 방울양배추(반으로 자르거나 사등분해서), 배추나 양배추(밑동까지 세로로 길게 자른 다음 발효 용기에 맞는 크기로 작게 손질해서), 콜리플라워의 꽃송이 부분, 살짝 덜 익은 방울토마토, 무, 작은 순무, 램프 ramp(야생 리크, 산마늘이라고 불리는 채소. 쪽파와 비슷하게 생겼으나 잎이 훨씬 넓다 – 옮긴이)의 뿌리 부분 등도 젖산발효에 좋은 재료다. 풍미를 더하고 싶거나 자신이 좋아하는 풍미를 찾고 싶다면, 우선 풍미가 진한 재료부터 추가하자. 즉 마늘, 잘게 간 감귤류 껍질, 향이 달지 않고 향긋한 향신료나 흙 내음이 나는 향신료(190쪽 참고), 혼합 향신료(194쪽 설명 참고), 타임, 민트, 딜, 타라곤, 차조기, 고수 같은 허브를 원하는 만큼 넣거나 2L짜리 발효 용기 하나당 2작은술 정도 넣는다. 과일만 젖산발효하면 효모 특유의 냄새가 매우 강해지는 경향이 있으므로, 과일은 채소에 소량 추가해서 함께 발효하는 것도 좋은 방법이다. 사과나 배를 깍둑썰어서 넣거나 블랙베리, 크랜베리, 말린 체리를 넣어도 좋고 일반 레몬이나 메이어 레몬, 오렌지를 큼직하게 썰어서 넣어도 좋다(향신료나 허브를 얼마나 넣어야 할지 잘 모르겠으면, 우선 2L짜리 용기 하나당 작게 한 줌 정도, 또는 약 15g 넣으면 된다).

🍴 가지 햄

| 170~200g 분량 |

나는 몇 년 전에 교츠케모노(교토 지역의 전통 장아찌) 만드는 법을 배우려고 교토에 머문 적이 있다. 그곳에서 수 세대째 이 장아찌를 생산해온 무라카미 쥬 혼텐 Murakami Jyu Honten 이라는 업체의 도움으로 여러 가지를 배웠는데, 그중에서도 순무를 발효하는 동안 계속 눌러서 고기처럼 쫄깃한 식감으로 만드는 장아찌(스구키)가 정말 마음에 들었다. 그리고 그 독특한 식감에 살루미 salumi (돼지고기를 통째 염장, 양념하고 건조해서 숙성한 이탈리아의 다양한 식육 제품 전체를 일컫는다. 우리에게 익숙한 '살라미'도 살루미의 한 종류다 – 옮긴이)의 풍미를 결합하면 좋겠다는 생각이 들었다. 특히 마늘과 각종 향신료를 넣고 훈제한 '가바굴 gabagool'이 딱 어울릴 것 같았다(돼지고기를 통으로 염장해서 만드는 이탈리아식 햄인 카포콜로 cappocollo, 간단히 코파 coppa 라고도 부르는 이 햄은 과거 미국 필라델피아, 뉴저지, 뉴욕 사람들이 '가바굴'이라고 불렀는데, 그대로 명칭으로 굳혀졌다). 나는 가바굴을 얇고 길쭉하게 썰어서 간식처럼 그냥 집어 먹기도 하고 파스타에도 넣는다. 또는 가늘게 채 썰어서 염장 돼지고기가 들어가는 요리에 고명처럼 올리기도 한다.

이 레시피에서는 먼저 가지를 얇게 썰고 소금을 뿌린 후 지퍼백에 담고 위에서 계속 누르며 발효한 다음, 양념을 하고 발효 용기로 옮겨 담아 마무리한다. 1차 발효에서 재료를 누르는 도구로는 돌이나 자갈을 식기세척기에 넣고 돌리거나 수세미로 박박 문질러 씻어서 써도 되고, 800g짜리 토마토 캔, 수 kg 단위로 포장된 소금, 커다란 주물 냄비, 벽돌을 활용해도 된다. 2차 발효에서는 발효 용기의 형태에 맞는 추를 비닐에 담아서 쓰거나, 양념 후 가지를 옮겨 담은 용기째로 1차 발효를 진행한 큰 통이나 용기에 넣고 처음에 썼던 추로 다시 누른다. 이 레시피는 가지가 몇 개만 들어가지만, 재료의 양은 원하는 만큼 양을 늘려서 된다.

✓ 가지 썰기, 염장하기, 누르기

크기가 작거나 중간 정도인 가지 2~3개를 깨끗이 씻고 양쪽 끝을 잘라낸 다음 2cm 정도, 최대한 일정한 두께로 얇게 썬다. 손질 후 가지의 무게를 쟀을 때 총 225~250g이어야 한다. 유리나 스테인리스스틸, 플라스틱 볼에 모두 담고, 첨가물 없는 소금이나 천일염 등 **요오드가 첨가되지 않은 소금을 가지 무게의 4% 분량**으로 계량해서 골고루 뿌린다(가지가 250g이면 소금 10g). 깨끗한 손으로 전체를 뒤적이며 소금을 골고루 묻힌다. 소금양이 많지 않으므로, 가지에 다 묻지 않고 일부에만 묻는다.

냉동실용 지퍼백에 소금을 묻힌 가지를 담고 가지에서 나온 물도 최대한 전부 옮겨 담는다. 지퍼백을 바닥에 깔고 가지를 한 겹으로 평평하게 담은 다음, 그 위에 다시 한 겹을 올리는 식으로 담는다. 지퍼백 하나에 최대 두 겹까지만 넣고, 가지가 남으면 새 지퍼백에 같은 방식으로 담는다. 가지가 무너지지 않도록 조심스럽게 지퍼백 내부의 공기를 최대한 빼낸 다음, 내부에 있는 공기를 완전히 제거하기 위해 큰 통이나 냄비에 물을 채우고 가지가 담긴 지퍼백을 지퍼 부분이 위로 오도록 잡고 지퍼를 제외한 아랫부분만 물에 담근다. 물의 압력으로 지퍼백 내부의 공기가 빠지도록 물 바깥의 지퍼를 조금만 열고, 물속에서 손으로 눌러 남은 공기를 더 빼낸 다음 지퍼를 잠근다. 이 방법 대신 진공 포장기로 포장해도 된다.

테두리가 있는 오븐 팬을 꺼내거나, 테두리 없는 팬에 철제망을 올린다. 팬이나 철제망 위에 가지가 담긴 지퍼백을 올리고 그 위에 다른 오븐 팬을 하나 더 올린 후 2~4.5kg짜리 추를 올린다(위의 설명 참고). 그대로 실온에 이틀간 둔다.

✓ 양념하기, 2차 발효

2L 용량의 뚜껑 있는 발효 용기와 추를 준비한다(300쪽 '발효 용기와 도구' 참고). '모자'처럼 가지 위에 올려서 추를 놓을 속 뚜껑도 필요하다. 작은 접시나 시판 요구르트 용기 뚜껑도 좋고, 깨끗하게 씻은 양배추나 콜라드잎 몇 장을 써도 된다. 발효 용기와 뚜껑, 추 등 모든 도구를 세제와 온수로 세척한다. 가지를 지퍼백에 담아 이틀간 추로 누르면 가지가 납작해지면서 수분이 빠져나와 소금물이 생긴다. 지퍼백 안에 고인 이 소금물을 큰 볼에 따라내고, **훈제 파프리카 1큰술(10g)과 마늘 2톨을 다져서** 넣는다. **으깬 회향 씨앗 1작은술(3g)**, **훈제 고추나 모리타 고추**(또는 과히요, 페페론치노 등 풍미가 좋은 다른 말린 고추)를 빻은 **가루 1/2작은술(1g)**도 넣고 잘 섞는다. 지퍼백에 담긴 가지를 전부 볼에 붓고 양념에 골고루 버무린다. 양념한 가지를 발효 용기에 겹겹이 담고, 속 뚜껑('모자')을 맨 위에 덮은 다음 그 위에 1.5~2.5kg 정도의 추를 올린다. 먼지나 벌레, 곰팡이 포자가 들어가지 못하도록 발효 용기 뚜껑을 헐겁게 닫거나 깨끗한 행주를 뚜껑 대신 덮은 후 끈으로 묶는다.

4~6일간 발효를 진행하면서 매일 상태를 확인한다. 가지가 액체에 모두 잠겨 있는지 살펴보고, 효모가 생기거나 작은 점 같은 곰팡이가 보이면 제거한다.

4~6일이 지난 후 깨끗한 숟가락이나 포크로 가지를 한 조각 건져서 맛을 본다. 짭짜름하고 새콤하면 완성이다. 맛이 아직 약하거나 맛이 덜 든 것 같으면 그대로 며칠 더 발효시킨다. 완성되면 가지의 조직이 아주 촘촘해지고 매콤하면서 톡 쏘는 짠맛이 난다. 일부를 덜어서 잘 드는 칼로 아주 얇게(1cm 미만) 썰어서 먹는다. 밀폐 용기에 담아 냉장고에 보관하고, 3개월 내로 모두 먹는다.

소금물은 (거의 무엇으로든) 대체할 수 있다

젖산발효에 쓰이는 소금물을 다른 관점에서 생각해보자. '소금물'은 물론 '소금이 들어 있는 물'이지만, 젖산발효에서는 '소금이 일정 농도로 들어 있고, 발효하려는 재료가 공기와 접촉하지 않도록 전체를 감싸는 물질'이라고 보는 게 더 정확하다. 따라서 이 기능을 할 수 있다면 반드시 '물'이나 '액체'가 아니어도 된다. 일본에서는 '소금물' 대신 사케의 지게미로 발효할 채소를 두툼하게 감싸거나(이렇게 만든 음식을 카스즈케 또는 나라즈케라고 한다), 현미 된장 또는 미소 된장에 감싸서 (각각 누가즈케, 미소즈케) 맛있는 채소 장아찌(츠케모노)를 만들기도 한다. 채소를 액체에 담가서 발효하는 게 아니라 풍미가 그득한 양념에 파묻어서 발효하는 것이다. 이렇게 하면 소금과 함께 그 양념에 함유된 풍미도 전부 재료에 스며들고, 젖산 발효한 음식을 더 맛있게 만드는 특정 미생물의 생장이 촉진되기도 한다. 소금물을 무엇으로 대체하느냐에 따라 장아찌에 독특한 풍미가 생긴다.

마늘 된장장아찌

| 마늘 향이 밴 미소 된장 2컵, 마늘장아찌 150g 분량 |

짠맛과 퀴퀴한 냄새, 감칠맛이 가득한 미소 된장을 채소의 젖산발효에 쓰이는 '소금물' 대신 사용하면 된장장아찌(마늘 미소즈케)가 된다. 나는 주로 마늘로 된장장아찌를 만드는데, 한 번의 발효로 마늘의 향이 밴 고소한 미소 된장과 진한 풍미에 짭짜름하고 감칠맛이 나는 마늘장아찌까지 두 가지가 동시에 생긴다는 게 좋다. 된장에 절인 마늘장아찌는 얇게 썰어서 그냥 먹거나 치즈와 함께 먹어도 맛있고, 마요네즈나 비네그레트에 섞어도 좋다. 채소를 볶을 때, 고기를 구울 때 첨가하면 음식의 풍미가 더 좋아진다. 마늘의 향이 깊게 밴 미소 된장은 각종 요리에서 절임 양념이나 재료 표면에 바르는 양념으로 쓰거나 드레싱 재료로도 알맞다. 쌀 식초와 섞으면 채소나 구운 고기에 곁들이는 양념으로도 일품이다.

미소 된장은 짠맛이 중간 정도인 붉은색(아카) 미소나 황색(신슈) 미소, 보리로 만든(무기) 미소로 준비하면 된다. 소금과 설탕은 10g씩 들어간다. 온스보다 g 단위로 측정하는 게 훨씬 편리하다.

1L 용량의 뚜껑 있는 발효 용기를 준비한다(300쪽 '발효 용기와 도구' 참고). 사용할 도구는 모두 세제와 온수로 세척한다.

깨끗한 볼에 **미소 된장 450g**, 첨가물 없는 소금이나 천일염 등 **아이오딘이 첨가되지 않은 소금 10g, 갈색 설탕 10g**을 넣고 잘 섞어서 된장 양념을 만든다. 완성된 양념을 발효 용기 바닥에 1cm 두께로 깐다. **마늘 3~4통에서 마늘을 떼어내고, 껍질을 벗겨** 손질한 다음 양념에 너무 붙지 않게 한 겹으로 깐다. 숟가락이나 얇은 고무 주걱으로 그 위에 된장 양념을 한 겹 추가하면서 마늘 사이사이 공간을 채우고 덮는다. 그 위에 같은 방법으로 마늘을 심고, 다시 된장 양념을 올린다. 양념이 맨 위에 1.5cm 두께로 올릴 만한 양이 남을 때까지 계속 마늘과 양념을 쌓는다. 마지막 양념까지 쌓은 후, 비닐 한 장을 덮고 손으로 살짝 눌러서 사이사이에 생긴 공기를 없앤다. 비닐을 된장 양념과 밀착되도록 눌러서 그대로 두고, 가스가 생기면 빠져나갈 수 있도록 발효 용기 뚜껑을 헐렁하게 닫거나 걸쳐둔다.

실온에서 1개월간 발효하고, 깨끗한 숟가락으로 마늘을 하나 건져서 맛을 본다. 마늘에서 갈색이 돌고 양념이 충분히 배야 한다. 마늘이 너무 하얗거나 단단하면 한 달 더 발효한다. 발효된 콩과 비슷한 냄새가 나고, 구운 마늘의 향도 살짝 느껴지면 완성이다. 마늘이 상한 듯한 냄새나 다른 이취가 나고 마늘 표면이 과도하게 미끈거리거나 녹색 또는 검은색 곰팡이가 보이면 전부 버리고 처음부터 다시 만들어야 한다.

완성되면 마늘과 된장이 합쳐진 상태 그대로 뚜껑을 꼭 닫아서 냉장고에 보관한다. 1년 내로 모두 먹는다.

감칠맛 만들기: 균류를 이용한 발효

감칠맛은 기본적인 맛의 하나인데도 자연에서는 놀라울 정도로 찾기 힘들다. 다시마 같은 해조류나 토마토, 표고버섯, 조개류 등 원래 감칠맛이 강한 재료는 몇 가지에 불과하므로, 그런 재료를 쓰지 않는 한 감칠맛은 만들어내야 하는 맛이다. 그러려면 음식의 단백질 분자를 아미노산으로 분해할 방법을 찾아야 한다.

한 가지 확실한 방법은 효소의 힘을 빌리는 것이다. 효소는 기능이 굉장히 특이적인 단백질이다. 즉 특정 기능이나 작용을 한 가지만 수행하는데, 단백질 분해는 (이름 그대로) 단백질 분해효소가 담당한다. 영화에서 범죄를 계획하는 일당들이 자물쇠 따는 솜씨가 기가 막힌 사람, 또는 도주 차량을 운전할 적임자를 찾아내서 가담시키는 것처럼(굉장히 현실적인 전략이다), 우리는 단백질 분해효소가 필요하므로 어딜 가야 이 효소를 찾을 수 있는지부터 알아야 한다.

살아 있는 세포는 거의 다 단백질 분해효소를 만든다. 단백질을 만들 때 이미 만들어진 단백질을 재활용해야 하는 경우가 간간이 있기 때문이다. 그러므로 돼지 다리를 통째 염장하고 숙성해서 햄을 만들거나, 커다란 원반 모양으로 빚은 파르메산 치즈를 가만히 두고 오랫동안 숙성하는 것은 이 다재다능한 단백질 분해효소가 일을 처리할 시간을 주는 것이다.

쐐기풀, 카르둔^{cardoon} (아티초크와 같은 국화과 키나라속 식물. 보라색 꽃이 피며 줄기 부분이 식재료로 많이 쓰인다 - 옮긴이), 파인애플, 무화과, 파파야처럼 단백질 분해효소를 유독 많이 만드는 식물들이 있다. (단백질인 젤라틴을 넣고) 젤리를 직접 만들 때 이런 식물을 별도 처리 없이 재료로 쓰면 다 망치기 일쑤다.

단백질을 먹고 분해해서 활용하는 동물의 소화관에도 단백질 분해효소가 많다. 인간은 이를 다소 징그럽고 잔인할 만큼 효율적으로 활용해서 음식을 만든다. 우유를 굳혀서 치즈를 만드는 것도 그렇고(송아지의 몸에서 만들어지는 단백질 분해효소를 이용한다), 태국의 남플라나 베트남의 느억맘$^{nước\ mắm}$, 필리핀의 바구옹^{bagoong}, 고대 로마의 가룸 같은 피쉬소스와 페이스트는 생선이나 갑각류를 잘게 갈고 소금을 듬뿍 넣어서, 생선과 갑각류의 위장과 소화액에 있는 효소로 생체가 분해되도록 만든 결과물이다.

누룩곰팡이, 간장국균, 페니실리움 로크포르티$^{Penicillium\ roquefortii}$, 리조푸스 올리고포러스 같은 곰팡이나 고초균과 같은 세균처럼 단백질 분해 실력이 아주 탁월한 미생물도 있다. 단백질 분해효소가 잔뜩 필요하거나 감칠맛을 단시간에 만들어야 할 때, 단백질 함량이 높은 식물로 깔끔한 감칠맛을 내고 싶을 때는 이들의 도움을 받아야 한다.

단백질을 분해하는 미생물

발효에 가장 많이 쓰이는 미생물(젖산균, 효모, 초산균)의 도움을 받는 것은 가까운 낙농장에서 우리 집 채소밭에 필요한 거름을 거저 얻어오는 것과 비슷하다. 우리에게 필요한 건 젖산, 알코올, 아세트산인데, 마침 운 좋게도 그 물질들을 부산물로 만들어내는 미생물이 있어서 도움을 받는 것이다. 게다가 우리가 원하는 그 물질들은 발효 미생물들에게도 이롭다. 젖산, 알코올, 아세트산은 우리 기준에서 음식을 상하게 만드는 해로운 미생물을 가까이 오지 못하게 만드는데, 발효 미생물의 기준에서는 이 물질들이 먹이 경쟁을 벌여야 하는 상대를 물리친다. 또한 우리가 얻는 물질은 발효 미생물들에게는 별로 중요하지 않은 노폐물이다.

감칠맛을 만드는 건 발효로 유리 글루탐산염을 만드는 것이고, 이는 비유하자면 벽을 쌓다가 벽돌이 부족해서 어느 벽돌 공장에 침입해 벽돌을 좀 훔쳐다가 벽을 완성하는 것과도 같다. 유리 글루탐산염은 미생물이 자신들에게 필요한 단백질의 재료로 쓰려고 이미 만들어진 단백질을 아미노산으로 분해하는 과정에서 생긴다. 우리는 이런 유리 아미노산을 자신들에게 필요한 양보다 더 많이 만들어내는 미생물을 활용해서 음식에 감칠맛을 낸다. 미생물이 우리와 상관없이 자신들에게 필요해서 만드는 유리 아미노산을 가져다 쓰는 셈이다.

미소 된장이나 피쉬소스 같은 발효 식품은 처음부터 풍미가 좋아서 만들기 시작한 게 아니라, 단백질 함량이 높은 식재료를 오래 보존할 방법을 찾다가 좋은 풍미가 생기는 뜻밖의 부차적인 결과가 따라온 것으로 추정된다. 재료에 소금을 치고 발효했더니 오랫동안 상하지 않게 보존할 수 있었고, 풍미는 그 과정에서 보너스로 따라오는 것이었는데 나중에는 그 풍미를 얻는 것이 음식을 계속 발효하는 주된 이유가 된 것이다.

음식을 오래 보관하려는 목적으로 쓰이던 발효는 이제 수많은 식재료에 적용되고 있다. 우리는 가장 적합한 미생물을 쓰고, 미생물이 잘 분해할 수 있는 단백질원도 선택하고, 물과 소금도 발효가 일어날 수 있는 비율로 공급해서 짧게는 몇 주에서 몇 개월, 심지어 몇 년간 단백질이 서서히 분해되도록 기다리는 계획적이고 수고스러운 과정을 거쳐 유리 글루탐산염이 가득한 음식을 만든다. 그 시간 동안 다른 수많은 생물학적, 화학적인 반응도 일어나서 감칠맛과 더불어 다른 풍미 분자들도 생겨난다. 구운 빵과 캐러멜의 풍미, 퀴퀴한 냄새, 치즈 냄새, 견과류 같은 고소한 향, 심지어 과일이나 꽃의 향이 나기도 한다.

그 좋은 예가 대두와 (주로) 쌀에 소금을 넣고 발효해서 향이 진하고 풍미가 깊은 페이스트로 만드는

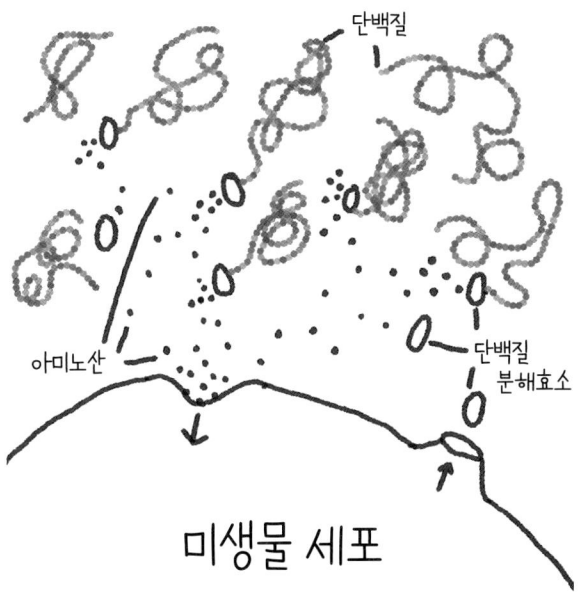

미소 된장이다. 총 두 단계로 나뉘는 발효 과정이 모두 끝나고 미소 된장이 완성되기까지는 짧게는 3주, 길게는 2년이 걸린다. 첫 단계에서는 쌀을 익혀서(때때로 보리나 대두를 쓰기도 한다) 누룩곰팡이(*황국균*) 포자를 접종하고, 곰팡이가 잘 자랄 수 있도록 이틀 정도 따뜻하고 습한 공간에 둔다. 이 짧은 발효는 투자로 치면 인덱스 펀드에 비교적 소액을 투자해서 나중에 복리 이자처럼 잔뜩 불릴 풍미를 준비하는 단계다. 누룩곰팡이는 진한 밤의 향, 꽃의 향과 함께 과일과 버섯의 향이 느껴지기도 하는 고유한 냄새 분자를 만드는데, 우리가 주목하는 건 이 곰팡이가 가진 효소다. 누룩곰팡이에는 감칠맛을 내려면 꼭 필요한 단백질 분해효소뿐만 아니라 전분을 크기가 더 작은 당으로 분해하는 아밀라아제도 있다.

두 번째 단계에서는 익힌 쌀에 누룩곰팡이를 접종해서 만든 *코지*(*누룩*)에 대두, 소금과 약간의 물을 섞는다. 곰팡이는 산소가 있어야 증식하므로 누룩에 포함된 누룩곰팡이는 이제 발효에 직접적으로 관여하지 못하지만, 누룩곰팡이의 효소는 흡사 버려진 공장에 남아 있는 기계들처럼 계속 작용한다. 누룩곰팡이에서 나온 아밀라아제, 단백질 분해효소는 대두의 탄수화물과 단백질을 각각 천천히 분해하는 한편, 쌀의 전분 분자로부터 당분을 추출한다. 여기서부터 첫 단계의 짧은 발효와는 전적으로 다른 두 번째 발효가 본격적으로 시작된다. 누룩곰팡이에서 나온 효소들은 수주에서 수개월에 걸쳐 계속해서 단백질과 전분을 분해하고, 세균과 효모는 이전까지 접근할 수 없었던 당분을 먹이로 삼아 새로운 풍미 분자를 만들어낸다.

미소 된장의 풍미는 누룩과 대두의 비율, 수분량, 소금의 양 같은 비교적 단순한 조건만 바꾸어도 놀랍도록 광범위하게 바뀐다. 예를 들어 가장 역사가 깊고 색도 가장 짙은 일본 나고야의 핫쇼 미소는 풍미가 굉장히 진하고 풍성하며 진갈색이 나는데, 만들 때 소금

은 최대한 많이 넣고 쌀은 최대한 적게 넣는다(엄밀히는 쌀을 전혀 쓰지 않고 누룩곰팡이를 대두에 배양해서 코지를 만든다). 교토 지역의 사이쿄 미소는 모든 면에서 그와 정반대다. 달콤하고 색도 옅은 이 미소 된장은 쌀을 대두보다 두 배 더 많이 넣고 소금은 더 적게 쓰며, 발효 기간도 짧다(몇 주 정도). 그래서 재료에 포함된 당분의 상당 부분이 발효되지 않고 그대로 남아 단맛이 나고, 꽃의 향과 밤의 풍미가 느껴진다. 이 양극단 사이에 사이쿄 미소보다 좀 더 오래 발효해서 색은 똑같이 옅어도 풍미가 좀 더 풍성한 미소 된장도 있고, 노르스름한 색을 띠는 미소 된장과 더 오래 발효한 붉은색 미소 된장 등이 다양하게 있다.

나는 일본에 머물며 미소 된장 만드는 법을 배우고 연구하기도 했지만, 처음 제조법을 배운 곳은 덴마크였다. 친구이자 당시 노마 레스토랑의 연구개발 책임자였던 라스 윌리엄스^{Lars Williams}는 '미소 된장에서 대두는 어떤 역할을 할까?'라는 질문을 던졌다. 대두가 식물 단백질을 얻는 주된 원료라면, 다른 것으로 대체할 수도 있을까? 함께 조사를 벌인 끝에, 우리는 덴마크에서 나는 콩과 식물 중 단백질 함량이 가장 높은 것은 덴마크산 노란 완두라는 사실을 알아냈다. 그래서 이 완두와 덴마크산 보리로 코지를 만들어 된장을 만들었고, 결과는 성공이었다. 된장 특유의 퀴퀴한 냄새와 감칠맛, 톡 쏘는 향이 나는 이 미소(완두로 만들었으니 '완소'라고 해야 할까)는 지금도 노마에서 양념으로 쓰인다. 우리의 이 시도를 계기로 다른 요리사들도 이전까지 한 번도 쓰인 적 없는 각 지역의 식재료를 정통 방식으로 발효하는 일에 관심을 기울이기 시작했다. 미소 된장을 직접 만들어보면 감칠맛이 무엇인지 알게 될 뿐만 아니라 자신의 입맛에 꼭 맞는 감칠맛을 찾을 수 있다. 또한 다른 지역에서는 쓰이지 않는 재료를 발효해서 뜻밖의 맛있는 풍미를 얻을 수도 있다.

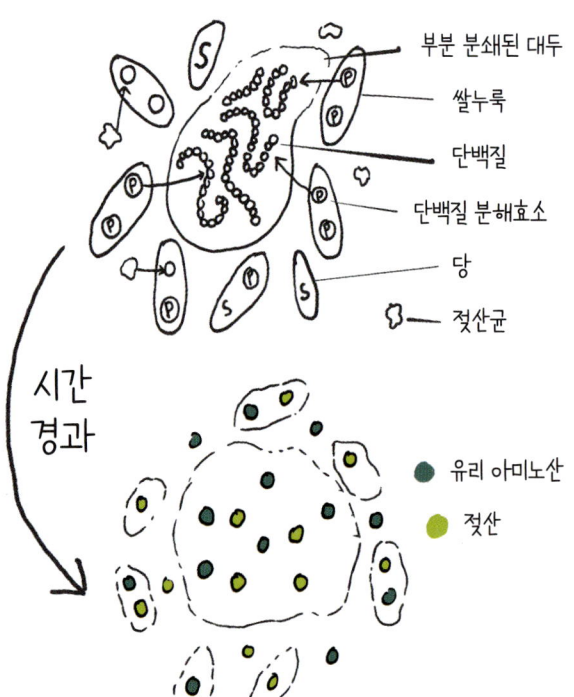

🍴 호박씨로 만드는 미소 된장

| 수분의 증발량에 따라 미소 된장 약 5컵 분량 |

호박씨는 그 자체로 이미 풍미가 풍성하고, 버터와 비슷한 느낌이 있다. 미소 된장에 대두 대신 넣을 수 있는 재료는 많지만, 나는 호박씨가 가장 마음에 든다. 호박씨는 대두처럼 단백질 함량이 높고(중량의 최대 30%), 미소 된장으로 만들면 서아프리카의 감칠맛 좋은 양념인 오기리^{ogiri}와 비슷한 풍미가 난다. 오기리는 주로 기름을 짜내는 씨앗을 발효하고 숙성해서 만든다.

호박씨로 만드는 미소 된장은 달고 색이 옅은 미소 된장의 재료 비율을 기본 토대로 삼아 단시간에 완성해서 바로 쓸 수 있다. 숙성 기간이 짧은 만큼 풍미가 산뜻하고 과일의 향, 신선한 견과류의 향이 난다. 코지는 건조된 상태로 판매되는 제품을 사용한다. 내가 즐겨 쓰는 미야코 코지^{Miyako koji}는 미국에서 온라인으로 쉽게 구매할 수 있고 파인애플 향이 난다.

앞서도 언급했듯이 나는 발효 식품을 만들 때 부피가 아닌 무게를 기준으로 하고, g 단위를 쓴다. 발효 식품의 안전은 각 재료의 비율에 큰 영향을 받는다. 특히 소금의 양이 정확해야 한다. 약 2L 용량의 뚜껑 있는 발효 용기와 추를 준비한다(300쪽 '발효 용기와 도구' 참고). 사용할 도구는 모두 세제와 온수로 깨끗이 세척한다.

블렌더나 푸드프로세서에 **건조 코지 400g**을 넣고 굵게 갈아서 큰 볼에 붓는다. 이어서 블렌더로 **양질의 생호박씨 525g**을 분쇄한다. 전체적으로 거친 가루가 되고 1/4 정도는 씨앗이 거의 그대로 남아 있거나 큰 덩어리로 남아 있는 정도가 되면 멈추고, 누룩이 담긴 볼에 붓는다. 손으로 골고루 섞는다(라텍스 장갑이나 니트릴 장갑을 착용해도 되지만, 손을 깨끗이 씻고 맨손으로 섞어도 된다).

정수나 깨끗한 수돗물 400ml를 계량해서 조금씩 나눠서 부을 수 있는 용기에 담는다. 누룩과 호박씨가 섞인 볼에 물을 조금씩 부어가면서 반죽한다. 반죽은 한 덩어리로 뭉쳐지고 손으로 꽉 쥐어도 부스러기가 떨어지지 않을 정도의 질감이어야 하며, 손가락 사이로 질척하게 흘러나올 정도로 물기가 많으면 안 된다. 반죽이 적당한 상태가 되면, 첨가물 없는 소금이나 천일염 등 **요오드가 첨가되지 않은 소금 70g**을 넣고 손으로 골고루 잘 섞는다. 반죽에 들어간 물이 400ml에 크게 못 미치거나 훌쩍 넘었다면, 소금을 넣기 전에 반죽의 무게를 측정하고 소금을 무게의 5%만큼 계량해서 넣어야 한다(반죽 무게를 20으로 나누면 5%에 해당하는 양이 된다).

소금을 섞은 반죽을 발효 용기에 꾹꾹 눌러가며 담는다. 사이사이에, 또한 바닥에 빈 공기층이 생기지 않도록 주의한다. 다 담은 후 랩이나 비닐로 표면을 덮고, 속 뚜껑이 있으면 그것도 덮는다. 속 뚜껑이 없으면 용기 크기에 맞는 작은 접시나 원반 모양의 플라스틱으로 대체한다. 그 위에 무게가 900g~1.4kg 정도의 추를 올린다(작은 돌멩이, 벽돌 등을 작은 통에 담아서 추를 대체해도 된다).

용기를 따뜻한 장소(32℃가 가장 좋다)에 두고 2주 반~3주 동안 발효한다. 온도가 그보다 낮은 곳은 발효 기간도 조금 더 길게 잡는다. 수분이 많아지고 색이 연한 갈색을 띠면서 과일 향, 캐러멜 향과 함께 살짝 퀴퀴한 냄새가 나면 완성이다. 완성된 미소 된장은 표면에 비닐이나 유산지를 한 겹 덮고 냉장고에 보관하면 최대 6개월까지 두고 먹을 수 있다. 지퍼백에 납작하게 담아서 냉동 보관해도 된다.

대두를 발효해 만드는 된장은 어디에서 유래했을까?

반죽 질감에 감칠맛이 진한 대두 발효 양념은 기원전 200년경에 등장한 중국의 장(醬, jiang)에서 유래했다. 중국 당나라 초기(7세기경)에 불교의 전파와 함께 장 담그는 법이 이웃 나라들로 전해지며 한국은 된장, 일본은 미소 된장이 생겨났다. 일본에서는 미소 된장을 만들기 약 1천 년 전부터 게, 사슴고기, 잉어, 오징어 등 수산물과 육류를 여러 고유한 기법으로 발효해서 된장과 비슷한 감칠맛이 나는 히시오(hishio)라는 음식을 만들었다(히시오를 만들 때는 미생물 배양 균주가 사용되거나, 오징어를 삭힌 진한 액젓인 이시리(ishiri) 등에 함유된 단백질 분해 효소가 활용됐다. 일본 노토반도에서는 지금도 이시리가 생산된다).

🍽 쌀과 대두로 만드는 달고 연한 미소 된장

| 수분의 증발량에 따라 미소 된장 약 5컵 분량 |

나는 이 미소 된장을 주로 짧게 숙성해서 단맛이 강할 때 쓰지만, 최대 3개월까지 더 오래 숙성하면 풍미가 더 깊어지므로 그렇게 만들어도 된다. 실험 정신을 발휘하고 싶다면 대두를 병아리콩(또는 강낭콩이나 양질의 핀토콩 등 다른 콩)으로 대체해서 만들어보라. 당연한 소리지만 이렇게 품질이 우수한 말린 콩을(미국의 경우 랜초 고도(Rancho Gordo) 같은 업체에서 판매하는 토착종 콩 같은) 삶아서 된장을 만들면, 대량 생산된 말린 콩이나 통조림 콩으로 만들 때보다 풍미가 몇 배나 더 깊어진다. 전체적인 과정은 앞서 소개한 '호박씨로 만드는 미소 된장' 레시피와 동일하다. **건조 코지 400g**을 분쇄하고, 호박씨 대신 **불려서 삶은 다음 식힌 대두 800g**과 섞는다. **콩 삶은 물**은 버리지 말고 누룩과 콩을 반죽할 때 정수나 수돗물 대신 사용한다. 물은 반죽이 한 덩어리로 뭉쳐지고 손으로 꽉 쥐어도 부스러기가 떨어지지 않을 정도만 추가한다. 반죽이 손가락 사이로 질척하게 흘러나올 정도로 물기가 많으면 안 된다. 삶은 콩은 수분이 많으므로, 호박씨로 만들 때와 달리 반죽에 들어가는 물은 200g 정도면 충분하다. 대두와 물의 양이 각

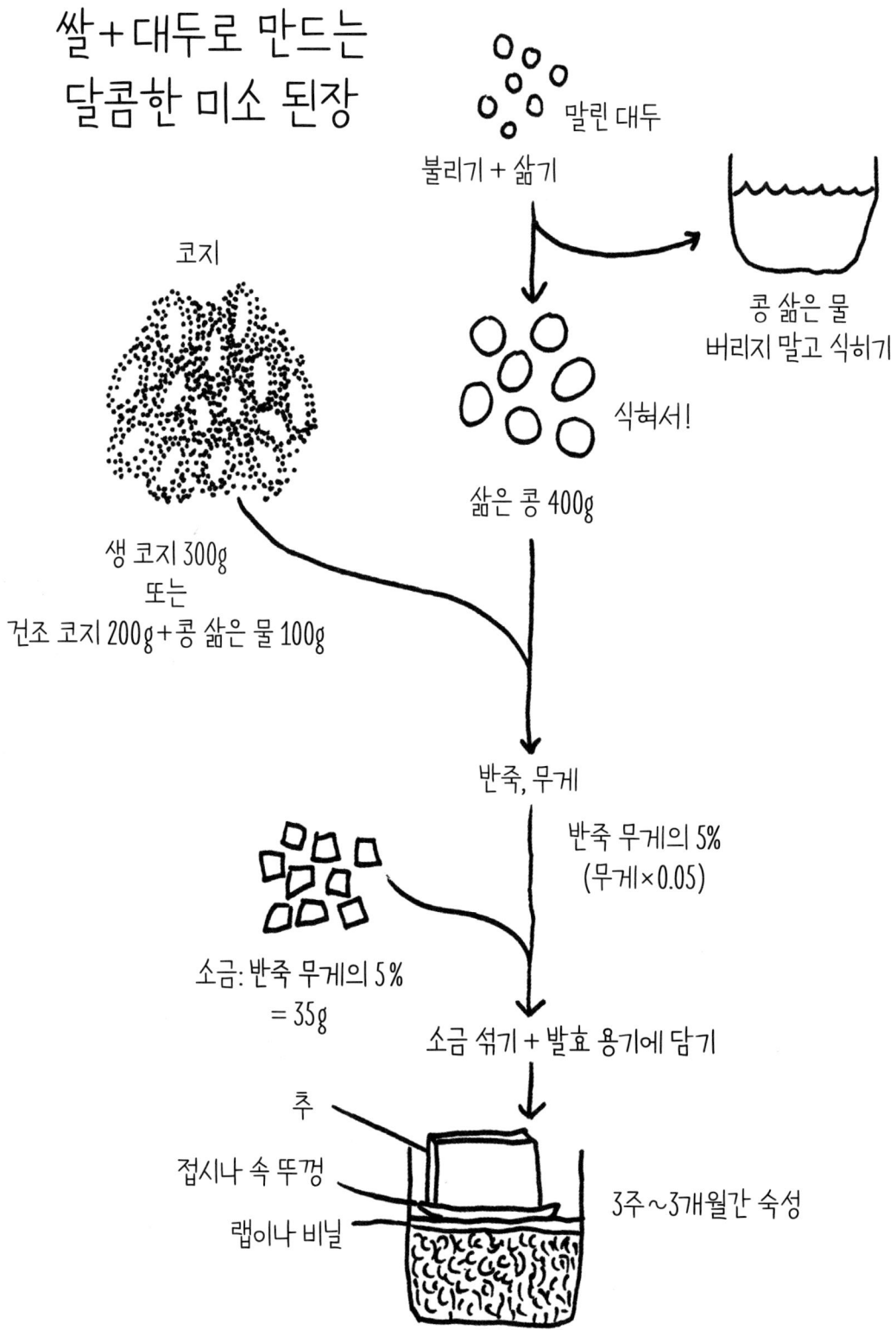

각 정확히 800g, 200g이면 소금은 70g을 넣는다. 또는 반죽의 무게를 측정해서 5%(반죽 무게를 20으로 나눈 값)에 해당하는 양을 계량해서 넣는다. 소금을 섞은 반죽은 따뜻하고 어두운 곳에 둔다. 3주간 가만히 두었다가 상태를 확인한다. 재료끼리 결합력이 높아져서 한 덩어리로 뭉치고, 색이 연한 갈색을 띠면서 표면에 찐득하고 누런색 액체가 소량 고이면 맛을 본다. 약간 톡 쏘는 맛과 감칠맛이 나고 캐러멜의 향이 은은하게 느껴지면 완성이다. 맛이 아직 덜 든 것 같으면 일주일 더 두었다가 다시 맛을 본다. 만족스러운 맛이 날 때까지 같은 방식으로 상태를 확인하고 맛을 본다.

완성된 미소 된장은 표면에 비닐이나 유산지를 한 겹 덮고 냉장고에 보관하면 최대 6개월까지 두고 먹을 수 있다. 지퍼백에 납작하게 담아서 냉동 보관해도 된다.

메이어 레몬을 넣은 미소 된장

일본의 된장은 절인 채소를 넣은 나메미소, 히시오, 생강과 초피를 넣은 킨잔지 미소, 교토 지역의 유자 미소 등 누룩과 대두에 다양한 풍미 재료를 추가한 다양한 종류가 있다.

미소 된장 중에서도 단맛이 강하고 색이 옅은 미소를 만들 때, 발효할 반죽을 만드는 단계에서 메이어 레몬의 껍질을 잘게 갈아 추가하면 시간이 흐를수록 케이크처럼 달콤하고 그윽한 향이 생긴다. 이처럼 향을 내는 재료를 발효 전에 넣을 때와 다 완성된 된장으로 음식을 만들 때 추가할 때의 풍미는 차이가 있다. 된장을 만들 때부터 풍미 재료를 추가하면, 향이 된장의 풍미와 더욱 잘 어우러져서 전체적인 풍미가 더욱 좋아진다.

메이어 레몬 대신 유자 껍질을 갈아 넣어도 되고, 유즈 코쇼를 추가하면 매콤함과 감귤류의 향, 꽃의 향이 더해진 미소 된장이 된다. 생 강황을 바로 갈아서 레몬 껍질과 같은 비율로 넣으면 미소 된장의 흙 내음이 더 좋은 방향으로 강화된다.

전체적인 과정은 '쌀과 대두로 만드는 달고 연한 미소 된장'(311쪽), 또는 '호박씨로 만드는 미소 된장'(310쪽) 레시피와 같다. 건조 코지를 분쇄하고 호박씨나 대두 등과 섞어 물을 조금씩 넣으면서 반죽을 적당한 농도로 만든 다음, **메이어 레몬 4개 분량의 잘게 간 껍질**(대략 8~12g)을 섞으면 된다. 그 다음에 소금을 섞고 반죽을 완성한 후 발효한다.

발효를 위한 미생물 배양

어떤 발효든 속도(그리고 풍미)를 좌우하는 가장 결정적인 요소는 온도다. 발효 미생물은 온도가 낮을수록 덜 활발하므로, 그만큼 발효도 더디게 진행된다. 이 미생물들은 바깥 온도에 따라 체온이 변하는 도마뱀처럼 온도가 따뜻할수록 발효 속도를 높이고, 여름철 기온인 약 24~27℃에서 특히 매우 활발해진다. 그래서 계절별 기온 변화에 맞추는 발효 방식도 있다. 미소 된장과 간장도 겨울에 만드는 경우가 많다. 처음에는 발효 속도가 천천히 빨라지고, 시간이 흘러 여름이 되면 가속이 붙고, 가을과 겨울에 다시 느려지는 변화를 거치며 12~18개월에 걸쳐 완성된다.

수개월에 걸쳐 그득해지는 발효 식품의 풍미를 똑같이 대체하는 방법은 없다(진한 미소 된장은 완성까지 꼬박 1년 이상이 걸린다). 하지만 열의 도움을 조금 받아서 진행 속도를 높여도 아주 좋은 풍미를 얻을 수 있다. 소금이 많이 들어가는 미소 된장의 경우, 35℃ 정도의 꽤 더운 환경에 두면 발효 기간을 1년에서 2~3개월로 단축할 수 있다. 단맛이 강한 미소 된장 역시 같은 방법으로 발효 기간을 수개월에서 몇 주 정도로 줄일 수 있다.

향기로운 미소 된장 만들기

마늘 된장장아찌(307쪽)를 만들 때 미소 된장은 마늘이 발효되고 된장의 풍미를 흡수하는 터전으로 쓰인다. 동시에, 미소 된장에도 마늘의 향이 진하게 밴다. 메이어 레몬이나 강황으로 향을 더한 미소 된장을 나와 함께 개발한 요리사이자 친구인 앤절라 디마유가[Angela Dimayuga]는 어느 날 내게 신제품 향수의 출시 기념 만찬 행사에서 요리를 맡게 되었다고 전했다. 나는 그 소식을 듣고, 나무의 송진, 나무 자체 등 향이 좋아서 음식에 담고 싶어도 씹어 먹을 수 있는 식재료가 아닌 것에 마늘 된장 장아찌 만드는 원리를 적용할 수 있겠다는 생각이 들었다. 그 생각을 토대로, 문득 '쌀과 대두로 만드는 달고 연한 미소 된장'(311쪽)에 자단목, 붓꽃 뿌리, 유향의 향을 (각각) 추가한 미소 된장을 만들어보자는 아이디어가 떠올랐다. 향이 좋은 재료를 먹는 재료들과 직접 섞는 대신, 면포에 감싸서 마늘 된장장아찌를 만들 때처럼 서로 가까이에 두고 향을 입혀보기로 했다. 발효할 반죽을 만들어서 발효 용기에 꾹꾹 눌러 담을 때 향을 입히고 싶은 재료를 함께 두면, 식재료와 직접 섞기 힘든 재료들의 향이 된장에 진하게 밴다. 발효가 진행되면서 미소 된장에서 스며 나오는 액체와 발효 미생물들이 향을 빨아들이고 추출하므로, 시간이 갈수록 향이 구석구석 스며 향기롭고 맛있는 미소 된장이 완성된다.

그렇다고 발효를 위해 집(또는 주방) 전체 온도를 그 정도로 높여서 모두를 쫓아낼 수는 없으므로, 나는 와인 여섯 병이 담기는 두꺼운 운반 상자로 발효 상자를 만들어서 활용한다. 이런 큰 통이나 상자 외에 발효 상자의 두 가지 필수 준비물은 온도조절기(전기로 작동하는 온도 조절 장치)와 이 조절기와 연결해서 온도 변화에 따라 발효 상자에 열을 공급하는 저전력 열원이다. 온도조절기에 달린 온도계는 발효 상자에 집어넣고 원하는 온도를 설정하면 된다. 통 내부 온도가 설정 온도보다 낮아지면 온도조절기가 열 공급 장치를 작동시키고, 반대로 통 속 온도가 설정 온도보다 높으면 열 공급 장치가 꺼진다. 반려동물로 파충류를 키우는 사람들, 실내에서 식물을 많이 기르는 사람들은 이런 장비를 많이 쓰므로, 그런 용도로 검색하면 구매처를 가장 쉽게 찾을 수 있다. 미국에서는 잉크버드 Inkbird 라는 업체의 온도조절기를 온라인으로 35달러 정도면 구매할 수 있다. 통을 따뜻하게 할 열원의 경우, 모종 발아용으로 판매되는 자그마한 전기 매트를 쓰면 된다. 접었다 펼 수 있고 방수도 되는 이런 매트는 개당 10~15달러면 장만할 수 있다.

이 도구들로 미소 된장을 만들 발효 상자를 만든다면, 된장을 담을 상자나 통 바깥에 발열 매트를 빙 둘러서 고정하고 매트를 온도조절기와 연결한 후, 이 모든 장비가 다 들어가는 커다랗고 깨끗한 종이 상자나 통에 담으면 간단히 완성된다. 나는 미소 된장을 대량으로 만들거나 누룩을 직접 만들 때는 (317~321쪽 참고) 65~85L 용량의 식품 저장용 대형 플라스틱 통(캠브로 Cambro 브랜드의 제품 같은 형태)을 쓴다. 이런 큰 통은 온라인, 특히 음식점용 제품을 취급하는 사이트에서 쉽게 구매할 수 있다(업소용 제품을 주로 판매하면서 개인에게 소량 판매도 하는 사이트가 많다). 플라스틱 통은 젖어도 상관없고, 세척도 간편하다. 발열 매트는 1~2개를 통 바닥에 깔거나 안쪽 벽에 매트를 빙 두르고 모서리마다 테이프로 고정한다(나는 양면테이프로 붙인다). 발효 기간이 길 때는 열이 더 효율적으로 유지되도록 롤 형태로 둘둘 말아 판매하는 열 반사 단열재(포장용 에어캡 양면에 포일이 있는 것)를 사서 통 바깥에 두르고 테이프로 고정한다. 상자를 세척할 때는 단열재를 상자에 입힌 모양 그대로 쑥 벗겨내거나 테이프를 떼서 제거하면 된다.

직접 미소 된장을 만드는 건 꽤 번거로운 일인 만큼 귀찮고 번잡하다고 여길 사람들도 많을 것이다. 그런데도 이 책에서 상세히 다루는 이유는, 미소 된장을 비롯한 발효 식품에 관해 좀 더 자세히 알고자 하는 사람들도 분명히 있으리라고 생각하기 때문이다.

효소가 가득한 곰팡이와 발효 균주

쌀이나 밀로 만든 반죽을 균류로 배양한 발효제는 중국에서 처음 개발되어 취^{qu} 또는 추^{chhu}라고 불렸다. 오늘날에는 중국에서 쌀로 술이나 리큐어, 간장, 된장을 빚을 때 활용하는 다양한 발효제가 취라고 불린다. 중국에서 개발된 발효제는 당나라 시대에 불교와 함께 동아시아의 다른 지역으로 전파되었을 것으로 추정된다.

취는 술을 빚기 위해 처음 개발된 것으로 여겨진다. 발효제에 포함된 곰팡이는 아밀라아제를 만들고, 이 효소는 전분을 당류로 분해한다. 따라서 곰팡이를 곡물이나 반죽에서 배양하면, 전분이 효모가 쓸 수 있는 당류로 바뀌어 알코올 발효의 재료가 된다. 효모가 쓸 수 없는 전분이 쓸모 있는 물질로 바뀌는 것이다. 취는 처음에 이처럼 술을 빚을 때 쓰이다가, 시간이 흘러 채소와 육류를 절이고 삭힌 각종 **장**^{醬}을 만드는 데에도 쓰이기 시작했다. 이 최초의 방식이 점차 발전하면서 사람들은 대두에 곰팡이를 배양한 메주를 만들기 시작했고 두반장도 만들었다.

취의 다양한 자손들이 지금도 발효에 쓰인다. 발효 식품의 오랜 친구인 **누룩곰팡이**를 포함한 **누룩곰팡이 속**^{Aspergillus} 균류와 **리조푸스**^{Rhizopus}로 분류되는 균류들을 비롯해 **고초균**처럼 알칼리 환경에서 증식하고 단백질 분해효소가 많은 내열성 세균도 발효에 활용된다.

한국에서는 대두를 삶아서 벽돌처럼 덩어리로 빚고 짚이나 끈으로 묶어 따뜻한 실내에 매달아둔다. 여기에 곰팡이와 세균이 자연적으로 증식하면 **메주**가 되고, 이것으로 간장과 된장을 담는다. 또한 메주에 증식하는 것과 비슷한 미생물을 쌀에 배양한 **누룩**으로 청주 등 다양한 술을 빚는다. 일본에서는 **누룩곰팡이**를 철저히 계획적으로 배양해서 포자를 생산한다. 그리고 이 포자를 분리, 정제한 **코지킨**$^{koji-kin}$으로 코지를 만든다. 이렇게 만든 코지는 미소 된장 외에도 간장, 사케, 쇼추라는 증류주, 단시간 발효해서 양념으로 쓰는 소금 누룩(시오 코지), 일본식 감주인 아마자케를 만들 때도 쓰인다.

달콤한 발효 음료: 일본식 감주(아마자케)

일본식 감주인 아마자케$^{amazake, 甘酒}$는 우윳빛에 농도가 짙고 맛도 진하며 달콤하다. 게다가 모든 재료가 식물성이다. 나는 냉장고에 두고 차게 마시기도 하고, 겨울철에는 난방이 안 되는 곳에서 추위에 떨며 미소 된장을 만든 후에 뜨겁게 데워서 마시기도 한다. 만드는 과정을 보면, 코지로 재료의 성분을 분해하는 초반부까지는 미소 된장 만드는 법과 비슷하다. 아마자케는 된장을 만들 때와 달리 소금은 넣지 않고, 코지를 쌀과 섞어서 아밀라아제의 활약으로 달콤한 당류를 얻는다. 단맛이 날 때 배양을 중단하는 것이 중요하며, 그 상태에서 더 오래 두면 알코올 발효가 일어나 효모의 향이 진한 술이 된다.

호박 아마자케

| 4컵(1L) 분량 |

일반적으로 아마자케는 쌀의 전분을 사용하지만, 꼭 쌀이어야 할 필요는 없다. 누룩의 아밀라아제는 어디에 함유된 전분이든 분해하므로, 이 레시피에서는 쌀 대신 전분 함량이 높고 맛도 좋은 구운 호박을 활용한다.

오븐을 95℃로 예열한다. **단호박 500g**을 작게 깍둑썰고, 오븐에 넣어 겉에 살짝 갈색이 돌 때까지 25~30분간 굽는다. 다 구운 호박은 식힌다.

구운 호박 300g에 끓기 전 아주 뜨거운 물(약 70℃) 500ml를 붓고 가볍게 으깬 다음, **쌀 누룩 200g**을 넣고 섞는다. 너무 뻑뻑하면 뜨거운 물을 더 부어서 수프와 비슷한 농도로 만든다. 다 섞은 후 60℃에서 6~12시간 동안 발효한다. 최소 8시간 이상 발효해야 맛있게 만들어진다.

전분이 분해되는 동안 따뜻한 환경이 유지되어야 하므로, 이참에 간단한 발효 상자를 직접 만들거나(314쪽 참고) 일반 전기밥솥 또는 전기 압력솥에 죽이나 요구르트 만드는 기능이 있다면 활용해도 된다. 후자의 경우 재료를 다 섞은 다음 밥솥에 담고 해당되는 모드를 작동시켜 온도를 유지하면 된다. 8시간 이상 지나면 맛을 본다. 단맛이 나면 완성이다. 전체를 한 번 갈아서 단호박의 주황빛이 담긴 음료로 만들어도 된다. 그대로 마시거나(뜨겁게, 또는 차갑게) 물에 희석해서 마신다. 땅콩유(251쪽 레시피 참고)를 만들 때처럼 면포에 걸러서 맑은 음료로 만들어도 된다. 완성 후 바로 마신다.

✓ **흑미 아마자케**
전체적인 과정은 호박 아마자케와 동일하고 재료만 호박을 동량의 흑미밥으로 대체한다. 흑미로 만든 아마자케는 불그스름하고 진한 보랏빛에 향긋한 과일의 향이 살짝 느껴진다. 완성 후 바로 마신다.

쌀누룩과 젖산발효로 신맛과 감칠맛 내기: 소금 누룩

일본어로는 시오 코지라 불리는 소금 누룩은 음식에 풍미를 내는 양념이나 소스, 새로운 풍미를 만드는 재료로 활용할 수 있다(우리나라에서는 '누룩 소금'으로도 많이 불리며, 시판 제품도 많다. 고체가 아닌 막걸리와 비슷한 색의 액상으로 판매된다 – 옮긴이). 누룩 양념에는 누룩의 아밀라아제와 단백질 분해효소가 함유되어 있으므로, 채소나 고기 양념으로 쓰면 이 효소들이 본연의 기능을 수행한다. 미국에서는 일본 식료품을 취급하는 상점에서 구입할 수도 있지만, 직접 만들어 써도 될 만큼 만드는 방법이 아주 간단하다. 콩 없이 아주 묽게 만든 된장, 또는 소금과 누룩이 들어간 빵 발효종이라고 생각하면 된다. 누룩에 물과 소금을 섞어서 분쇄한 다음, 짧게 발효하면 끝이다. 그 시간 동안 단백질 분해효소와 아밀라아제의 작용으로 감칠맛을 내는 유리 아미노산과 단맛을 내는 당류가 생기고, 젖산균의 활약으로 이 당류 중 일부가 발효되어 소금 누룩 특유의 톡 쏘는 향과 버터 같은 풍미가 생긴다.

소금 누룩 활용법

- 소금 누룩 1큰술, 버터 2큰술, 잘게 다진 절인 레몬 2큰술을 섞으면 파스타 소스가 된다. 삶기 전 파스타 중량을 기준으로 110~115g에 알맞은 양이다.

- 소금 누룩으로 고기를 양념하면 단백질 분해효소의 작용으로 새로운 감칠맛이 생겨 풍미가 진해지고, 고기가 한결 부드러워진다. 소금 누룩에 고기를 절이는 시간을 더 짧게 잡으면, 소금에 절인 것처럼 육질이 살짝 단단해지고 육즙이 유지된다.

- 닭고기 450g당 소금 누룩 2~3큰술로 절여서 하룻밤, 또는 최대 3일간 냉장고에서 숙성한 다음 빵가루를 입혀 튀기거나, 오븐이나 그릴 등으로 굽는다. 숙성 후 굽기 전에 표면에 묻은 양념을 닦아내야 당분으로 금세 타버리는 사태를 방지할 수 있다.

- 뼈를 발라낸 생선 살이나 생선 토막에 소금 누룩을 얇게 발라 30분간 두었다가 익히면 살이 맛있게 단단해지고 풍미도 깊어진다.

- 스테이크에 소금 누룩을 전체적으로 문질러서 바르고 냉장고에 2~3시간 두었다가 (겉면에 흐르는 건 닦아내고) 구우면 감칠맛이 한층 진해진다. 스테이크보다 더 큼직하게 손질된 고기를 구울 때도 이 방법을 활용할 수 있는데, 이 경우 절이는 시간을 하룻밤, 또는 최대 2일로 늘린다.

🍴 소금 누룩

| 약 2컵 분량 |

아주 깨끗한 식품 용기를 준비한다(피클 담을 때 많이 쓰는 유리병이나 타파웨어Tupperware 같은 식품 용기도 좋다). **생 누룩이나 건조 누룩 200g, 물 270g, 천일염 45g**을 섞고, 소금이 다 녹을 때까지 잘 저어준다(참고 사항: 건조 누룩이나 딱딱한 과립 형태의 누룩을 사용하는 경우, 블렌더로 짧게 여러 번 분쇄한 뒤에 사용하면 물과 더 잘 섞인다). 농도는 푸딩과 비슷한 정도가 적당하다. 되직하면서도 너무 뻑뻑하지 않도록 필요하면 물을 추가

하되, 물을 더 넣으면 소금도 더 넣어야 한다(누룩과 물의 중량을 기준으로 소금 농도를 9~10%로 맞춘다). 전부 용기에 담고, 공기가 통하도록 뚜껑을 헐겁게 닫은 후 따뜻하고 어두운 곳에 두고 발효시킨다. 1~2일마다 깨끗한 숟가락으로 저어준다. 시간이 지나면 쿠쿠하면서 달콤한 냄새가 나고 거품이 약간 올라오기 시작한다. 농도도 더 묽어진다(앞서 여러 번 강조했듯이 아주 불쾌한 냄새가 나거나 곰팡이가 피면 미련 없이 다 버려야 한다). 거품이 더 이상 올라오지 않고 깔끔하게 톡 쏘는 시큼한 맛이 나면 완성이다. 온도에 따라 발효가 완료되기까지 대략 5~10일이 걸린다. 최대한 가득 채울 수 있는 용기에 담아 뚜껑을 꽉 닫고 냉장고에 보관하고 6개월 내로 모두 사용한다.

쌀이나 보리로 만드는 누룩

| 약 900g 분량 |

누룩까지 꼭 직접 만들 필요는 없다. 내가 알기로 미소 된장이나 아마자케를 집에서 만들어서 먹는 일본 사람들도 대부분 누룩은 직접 만들지 않고 건조 누룩 등 시판 누룩을 사서 쓴다.

하지만 한 번 도전해보고 싶거나, 뭔가 새로운 것을 배우고 싶은 사람도 있을 것이다. 누룩을 직접 만들어보면 풍미가 점차 복잡해지는 놀라운 과정을 처음부터 끝까지 하나하나 경험할 수 있다. 또한 발효로 생기는 감칠맛의 강도를 입맛에 맞게 조절할 수도 있고, 지역 특산물이나 즐겨 먹는 재료를 실험 삼아 발효에 활용해볼 수도 있다. 일단 보리로 누룩을 만들 줄 알면, 발효 조건을 조금씩만 조절해서 캐롤라이나 골드 쌀이나 흑미, 외층을 거의 다 제거한 보리나 듀럼밀(그라노 grano 로 불린다), 굵게 빻은 옥수수, 메밀 등 다른 무수한 곡류로도 누룩을 만들 수 있을 것이므로 예상치 못했던 굉장히 매력적인 풍미를 얻게 될지도 모른다. 캐롤라이나 골드 쌀이나 동부콩으로 미소 된장을 만들면 어떤 맛이 날까? 굵게 빻은 토착종 옥수수와 아요코테 모라도 콩으로 만든 미소 된장? 메밀로 만든 감주는? 가능성은 그야말로 무궁무진하다.

지금부터 소개할 레시피로 누룩을 만들면 완성까지 장장 48시간이 걸린다. 곡물을 익혀서 식히고, 곰팡이 포자를 흩뿌려 접종한 다음 두 단계에 걸쳐 발효한다. 처음에는 곰팡이가 잘 자라는 온도보다 낮은 온도를 유지하고, 두 번째 단계에서는 반대로 곰팡이가 잘 자라기에 너무 높은 온도를 유지한다. 발효 초기에는 쌀이 서로 헐겁게 다발을 이루도록 두었다가 시간이 지나면 쌀알을 전부 흐트러뜨리는데, 이는 내가 오사카의 발효제 생산업체 히구치 마츠노우케 쇼텐 Higuchi Matsunosuke Shoten 을 방문했을 때 그곳에서 일하는 한 생화학자가 누룩을 소량 생산할 때 일관된 결과물을 얻는 방법이라고 가르쳐준 것이다.

모든 발효가 그렇듯, 누룩을 만들 때도 미생물과의 협력이 중요하다. 직접 부딪혀보면 발효 미생물들과 가까워지고, 발효가 원활하게 진행되어 원하는 풍미를 얻으려면 이 미생물들을 어떻게 다루어야 하는지 차츰 알게 된다. 그것도 발효 음식을 직접 만들 때 얻는 여러 재미 중 하나다. 숙달되기 전에는 한두 번 정도 실패할 수도 있다. 누룩을 만들 때 초보자가 실패하는 가장 큰 원인은 열이나 수분의 과도한 공급, 통기 부족, 재료가 말라버리는 것이다. 321쪽에 이 네 가지 문제에 관한 자세한 설명이 나온다.

누룩을 만들려면 누룩곰팡이 포자(일본어로는 타네 코지 tane koji, 또는 코지킨)가 필요한데, 미국에서는 GEM 컬쳐스 GEM Cultures 라는 업체의 제품을 인터넷으로 구매할 수 있다. 또는 카와시마야 Kawashimaya 나 모더니스트 팬트리 Modernist Pantry, 칼루스티안스나 이베이 eBay 에서 등 온라인 상점에서 일본 제품(히구치 모야시 Higuchi Moyashi, 비오쿠 Bio'c, 아키타 콘노 Akita Konno 브랜드가 특히 좋다)을 주문하는 방법도 있다. 발효 첫 단계에는 식품용 대형 비닐봉지도 필요하다. 칠면조를 통째 소금물에 절일 때 쓰는 봉지처럼 20L짜리 양동이에 씌워서 쓸 수 있는 크기여야 한다. 또 다른 준비물은 바닥과 테두리 전체에 구멍이 뚫린 높이 2인치, 가로세로 12인치, 10인치 크기의 스테인리스 스틸 팬이다. 업소용 주방용품을 취급하는 곳에서 이런 팬을 찾을 수 있다. 그 외에 물이 새지 않는 상자, 아이스박스, 앞서 말한 팬이 들어갈 정도의 큰 통(302쪽 그림 참고)도 준비해야 한다. 누룩 만들기에 어느 정도 숙달되면 구멍 뚫린 팬 대신 단단한 나무 쟁반을 써도 된다. 비닐봉지와 팬에 깔 천도 여러 장 필요하다. 아주 깨끗한 행주나 면포를 네 겹으로 까는데, 팬 바닥을 완전히 덮고 사방 테두리 위로 어느 정도 올라오는 크기여야 한다. 발효 첫 단계에 이런 천이 두세 장 필요하고 그 이후에도 팬 하나당 두 장이 쓰인다. 이런 용도로 만들어진 주방용 다용도 행주가 8개 또는 10개들이로 저렴하게 판매되므로, 한 묶음 사서 뜨거운 물에 한 번 빨아서 쓰면 편리하다. 수건 재질 보송보송한 재질 말고 표면이 매끈한 천이 적합하다.

발효가 진행되는 동안, 곡물은 면포 등 구멍이 많고 흡수가 잘 되는 천과만 장시간 접촉하도록 해야 한다. 금속이나 플라스틱과 오래 접촉하면 물이 고이고 공기가 잘 통하지 않아 누룩곰팡이가 아닌 세균이 증식해서 누룩을 망친다.

누룩 레시피는 재료만 참고하고, 재료의 양은 정밀하게 계량하지 않아도 된다. 쌀이나 보리도 원하는 만큼 넉넉하게 넣어도 된다. 하지만 처음 만들 때는 마른 곡물 450g으로 시작하는 것이 좋다. 익히면 대략 900g이 되므로, 그 정도면 전체 과정을 연습하기에는 충분하다. 내가 제공하는 발효 음식 레시피 중에 이 누룩 레시피처럼 재료를 계량하지 않고 넣는 건 거의 없다. 곡물에 접종하는 곰팡이 포자도 마찬가지다. 나 역시 처음 배울 때 재료를 눈대중으로 적당히 넣으라고 배웠고, 시중에 파는 누룩용 포자 제품마다 권장하는 사용량도 제각각이다. 일반적으로는 쌀밥 1kg당 약 0.2g에서 1g의 포자를 넣는다. 누룩에 넣는 포자는 저온 살균한 옥수수 전분이나 쌀 전분과 섞어 양을 늘려서 사용하면 다루기가 훨씬 수월하다. 즉 전분을 프라이팬에 담고 중불로 아주 뜨거워질 때까지 가열한 후(연기가 나거나 타면 안 된다) 실온에서 식힌 다음 포자의 4배 정도 양을 섞으면 된다(전분과 이렇게 섞어둔 포자로 누룩을 만들 때는 제품 포장에 명시된 권장 사용량의 5배를 쓰면 된다). GEM 컬쳐스에서는 전분과 섞인 15g짜리 소포장 포자도 판매한다.

✔ 누룩 만들기 첫째날: ❶ 밥 짓기

외층을 거의 다 제거한 보리나 중립종 쌀 450g **이상**을 준비한다. 찬물에 최소 4시간, 가능하면 하룻밤 동안 불린다. 밤새 불리고 다음 날 아침에 낟알 표면에 전분이 남지 않도록 찬물로 깨끗이 씻는다.

전기밥솥이나 압력솥으로 밥을 짓는다. 된밥이 되지 않도록 물양을 잘 맞춰야 한다.

누룩을 만들려면 지은 직후 멸균 상태인 밥에 특정한 미생물을 의도적으로 추가해야 하는데, 손이나 사용하는 도구가 청결하지 않으면 다른 미생물까지 함께 들어가서 오염된다. 그러므로 손을 깨끗이 씻고, 일회용 장갑을 착용한다(뜨거운 밥을 만져야 하므로 두 겹으로). 다 지은 보리밥이나 쌀밥을 깨끗한 오븐용 팬이나 아주 깨끗한 천에 옮겨 담고, 밥알을 분리하듯 넓게 펼친다. 밥이 점차 식으면서 밥알이 뭉치지 않도록 가볍게 쳐서 흐트러뜨린다. 온기가 겨우 느껴지는 정도로 식힌다.

✔ 누룩 만들기 첫째날: ❷ 포자 접종

깨끗이 닦은 식품용 온도계로 팬이나 천에 펼친 밥의 온도를 확인한다. 체온과 같거나 약간 낮은 30~37℃가 적당하다. 다음 사항을 확인한다.

- 밥알이 너무 질거나 미끈거리지 않고 완전히 익은 상태여야 한다. 터지거나 과하게 익은 밥알은 골라낸다.
- 밥알끼리 붙지 않고 전부 분리되어야 한다. 덩어리진 부분이 있으면 살살 펴준다.
- 밥알 주변에 물기가 맺히거나 밥알 아래에 물이 고여 있으면 안 된다(물기가 보이면 깨끗한 키친타월로 흡수시켜 제거한다).

밥을 2.5~5cm의 균일한 두께로 펼친다. 오븐 팬을 여러 개

쓰거나, 조리대에 비닐을 세 겹 정도로 깔고 그 위에 펼쳐도 된다.

밥을 다 펼친 후 일회용 장갑을 새것으로 바꿔 착용한다. **누룩용 포자**를 제품 포장에 적힌 권장 사용량만큼 작은 용기나 컵에 덜어둔다(누룩을 처음 만들 때는 권장량의 2~3배를 넣는 것도 좋은 방법이다).

펼쳐둔 밥 위에 5~8cm 높이로 찻잎을 걸러내는 촘촘한 체를 들고, 미리 덜어둔 포자 중 소량을 체 위로 조심스럽게 붓는다. 체를 천천히 치면서 밥알에 솔솔 뿌린다. 잼보니 패턴을 그리듯(잼보니는 아이스링크의 표면을 고르는 정빙기의 이름이자 이 장비의 이동 패턴을 일컫는다. 청소하는 면적이 조금씩 겹치도록 크게 원을 그리며 반복해서 오가는 방식이다 – 옮긴이) 체를 옮겨 가면서 포자를 전체적으로 골고루 떨어뜨린다. 포자가 한 곳에 너무 빨리, 너무 많이 떨어지지 않도록 덜어둔 포자를 총 5~6회로 아주 조금씩 나눠서 체로 쳐야 한다.

포자의 3분의 1을 체로 뿌린 다음 잠시 중단한다. 포자를 덜어둔 용기와 체는 쓰러지거나 넘어지지 않도록 한쪽에 잘 둔다. 밥에 뿌린 포자가 균일하게 분포하도록 밥알을 살살 뒤적인다. 한 번에 손바닥만 한 면적을 집중적으로 뒤적인다. 깨끗한 장갑을 착용한 손으로 밥알을 소량 떠서 뒤집는 식으로 작업 면적을 점차 넓힌다. 네 귀퉁이 부분에 더욱 주의를 기울인다. 그 부분의 밥알을 떠서 가운데로 옮기고, 빈 곳은 주변의 밥알들로 다시 채우면서 전체를 균일한 두께로 만든다.

다시 포자가 담긴 용기와 체를 들고 처음과 같은 방식으로 뿌린 다음, 도구를 내려놓고 밥알을 뒤적이며 고루 묻도록 섞는다. 아직 남은 포자가 많아서 한 번 더 나누어서 뿌리는 게 낫다고 판단되면 그렇게 한다.

포자를 전부 뿌린 다음에는 가장자리와 모서리 부분을 포함해서 밥알에 골고루 묻어 있는지 다시 한번 전체를 꼼꼼하게 살피면서 밥알을 뒤적이며 섞는다. 밥알 전체에 포자가 고루 묻어 있고 밥알이 잘 분리되어 공기가 충분히 통하도록 여러 번 확인하면서 섞는다.

✔ 누룩 만들기 첫째날: ❸ 밥을 뭉쳐서 발효 시작하기

아주 깨끗한 행주나 면포 2~3장을 온수에 담갔다가 꼭 짜서 살짝 축축한 정도로 만든다. 그중 한 장을 깔고, 그 위에 포자를 접종한 밥을 전부 모아 한 덩어리로 담는다. 물에 적셔서 짠 다른 천을 밥 무더기 전체가 완전히 덮이도록 헐렁하게 덮는다. 천에 감싼 밥을 그 상태로 큰 비닐에 담는다(밥 무더기에 천을 덮은 다음에 비닐로 옮기는 것보다 비닐 안에 젖은 수건을 미리 깔고, 그 위에 밥을 올리고 천을 덮어서 마무리하는 게 더 편리하다).

발효 상자를 준비한 경우(314쪽 설명 참고), 온도조절기의 탐침부를 젖은 천으로 감싼 밥의 한가운데로 찔러 넣는다. 비닐을 헐렁하게 닫고 전체를 상자에 담은 후 온도를 33℃로 설정한다. 발효 상자 없이 발효를 진행하는 경우, 비닐에 담긴 밥을 따뜻한 곳에 두고 몇 시간 간격으로 깨끗한 온도계로 밥의 온도를 확인한다.

발효할 때는 온도를 잘 살펴야 한다. 온도가 37℃까지 올라가면, 깨끗한 손으로 밥알을 살살 뒤집어가며 섞어서 안쪽에 공기가 통하고 열이 흩어지게 한다.

온도가 40℃까지 오르지 않도록 주의해야 한다. 40℃에 이르면 접종한 곰팡이가 사멸하고 *바실루스균*이 증식하기 좋은 환경이 되어 발효를 망치게 된다.

12시간이 지나면 비닐을 열고 뭉쳐진 밥 덩어리를 살살 섞는다. 이 단계에서는 아직 곰팡이가 자라고 있는지 눈으로 확인할 수 없다. 밥을 감싼 천이 다 말랐다면 스프레이로 천에 물을 조금 뿌린 다음 다시 비닐을 닫고 계속 발효한다. 바닥에 물이 고이거나 천이 흠뻑 젖을 정도로 너무 많이 뿌리면 안 된다.

✔ 누룩 만들기 둘째 날: 밥을 펼쳐서 발효하기

24시간이 지나면 비닐과 천을 조심스럽게 제거한다. 이때 곰팡이가 어느 정도 자라서 밥알에 붙어 있는 게 보인다면, 축하한다! 깨끗한 손으로 뭉쳐진 밥 뭉치를 살살 부수면서 밥알을 하나하나 분리한다. 손으로 한 줌 정도 떠서 뒤집는 식으로 조심스럽게 전체를 섞는다. 밥 무더기의 바깥쪽과 안쪽 밥알이 전체와 잘 섞이도록 한다.

바닥과 테두리에 구멍이 뚫린 깨끗한 팬 여러 개를 깨끗이 세척한다. 재료의 양을 이 레시피에서 제시한 대로 따랐다면, 높이 2인치, 가로세로 12인치, 10인치 크기의 스테인리스 스틸 팬 2~3개 정도가 필요하다(레시피 첫 부분 설명 참고). 각 팬에 큼직하고 깨끗한 행주를 두 장씩 깔거나 면포를 4장씩 깐다. 행주나 면포는 물에 적셨다가 꼭 짜서 팬 전체가 덮이도록 깔고, 그 위에 반쯤 발효된 밥을 붓는다. 팬 하나에 담는 밥은 넓게 펼쳤을 때 2.5~3.5cm 높이가 되도록 맞춘다. 밥을 평평하게 펼친 다음, 길이가 긴 테두리와 평행하도록 일정 간격을 두고 손으로 고랑 두 줄을 판다. 그 위에 젖은 천을 덮는다. 온도조절기 탐침부를 팬 하나에 담긴 밥 속에 넣고, 팬을 전부 발효 상자로 옮긴다. 팬을 위로 쌓는 경우, 서로 직각으로 엇갈리게 쌓아야 완전히 겹치지 않게 쌓을 수 있다. 발효 상자 뚜껑은 내부의 열이 빠져나오고 공기가 통할 수 있도록 틈을 두고 걸쳐둔다.

발효가 진행되는 동안 온도를 잘 살펴야 한다. 포자를 접종한 때로부터 36시간 정도가 지나면 온도가 빠르게 상승하고, 곰팡이의 증식 속도도 대폭 빨라져서 밥알에 작고 큰 덩어리로 달라붙은 곰팡이가 보이기 시작한다. 이때 발효 상자에서 팬을 전부 꺼내서 열기를 조금 식힌 다음 처음과 순서를 바꿔서 맨 위에 있던 팬이 맨 아래에 가도록 다시 쌓는다.

이 단계에서도 **온도가 40℃까지 오르지 않도록 주의해야 한다.** 40℃에 이르면 접종한 곰팡이가 사멸하고 *바실루스균*이 증식하기 좋은 환경이 되어 발효를 망치게 된다. 온도가 40도에 이르면 팬을 상자 밖으로 꺼내서 20분 정도 두었다가 다시 넣고, 뚜껑은 계속해서 틈을 두고 걸쳐둔다.

✔ 누룩 만들기 셋째 날: 완성

접종 시점부터 48시간 정도가 지나면, 곰팡이가 완전히 자라 밥 전체에 부슬부슬한 털 같은 것이 보이고 밥은 꽤 단단하게 굳는다. 이런 상태가 되면 기분 좋은 과일 향, 꽃 향과 함께 미세한 버섯의 향이 난다. 곰팡이가 듬성듬성 생겼거나 아직 충분히 증식하지 않았다면 6시간 정도 더 발효한다. 털처럼 보이는 곰팡이가 너무 무성해질 정도로 과하게 발효하지 않도록 주의해야 한다. 곰팡이가 지나치게 증식하면 포자를 만드는 데 전력을 다하게 되므로 누룩의 품질이 떨어진다.

완성된 누룩으로 곧바로 미소 된장이나(310~311쪽에 레시피가 있다) 소금 누룩(317쪽), 아마자케(316쪽)를 만들거나, 유산지로 잘 감싸서 비닐이나 플라스틱 용기에 담는다. 냉장고에 보관하면 최대 3일, 냉동실에 두면 최대 6개월까지 사용할 수 있다. 냉동 보관할 때도 유산지로 꼼꼼히 감싼 다음 비닐에 담는다.

누룩을 만들 때 유의해야 할 네 가지

- **과도한 열**: 발효를 시작하고 둘째 날쯤 되면 곰팡이 증식이 활발해지면서 곰팡이가 만들어내는 열이 더해진다. 이 단계에 밥을 공기가 통하지 않을 정도로 너무 꽁꽁 싸두거나 열기가 빠져나오지 못하는 경우, 또는 밥 내부의 열기를 충분히 식히지 않는 경우 온도가 40℃까지 치솟을 수 있다. 온도가 그만큼 오르면 곰팡이는 죽고 열과 염기 환경에 강한 세균이 증식할 수 있다. 달걀 비린내나 과일이 썩기 시작할 때 나는 냄새가 나고, 밥이 미끈거리면 세균이 오염된 것이므로 전부 버리고 모든 도구를 꼼꼼하게 세척한 다음 처음부터 새로 만들어야 한다.

- **과도한 습도**: 쌀밥이나 보리밥을 지을 때 물을 너무 많이 넣거나, 밥알 아래에 물이 고이고 밥알에 수분이 과하게 맺힌 상태로 발효를 진행하면 곰팡이가 산소를 충분히 얻지 못해서 익사한다. 이 경우에도 온도가 너무 높을 때처럼 염기 환경에 강한 세균이 증식할 수 있다.

- **통기 부족**: 밥을 한 덩어리로 만들어서 발효할 때 너무 꽁꽁 싸거나, 발효 상자가 지나치게 작거나, 팬 바닥 부분에 공기가 잘 통하지 않는 등 발효 과정에서 공기가 충분히 통하지 않으면 곰팡이가 질식한다.

- **수분 부족**: 발효 중인 누룩 자체에서 발생하는 열과 공기의 흐름(대기의 흐름, 또한 발효 초반에는 외부에서 열을 어느 정도 공급해야 하므로 이로 인한 열기의 흐름)으로 밥알의 수분이 말라버리면, 곰팡이가 제대로 증식하지 못한다.

감사의 말

최고의 출판 에이전시, 잉크웰에서 만난 킴^{Kim}과 제시카^{Jessica}, 그리고 함께 일한 모든 팀원께 진심으로 감사드린다.

하베스트/하퍼콜린스 출판사의 뎁^{Deb}, 럭스^{Rux}, 새라^{Sarah}, 재클린^{Jacqueline}은 이 책의 윤곽이 잡히기까지 너무나 오랜 시간이 걸렸음에도(내게는 그만한 보람이 있었지만) 너그럽게 기다려주고, 전문가다운 관심과 애정을 쏟아주셨을 뿐만 아니라 늘 좋은 쪽으로 이해해 주셨다. 이분들이 없었다면 이 책은 나올 수 없었다. 정말 감사드린다.

최고의 협력자이자 자비로운 천사 같은 게다가 정리 실력도 탁월한 케이티^{Katie}와 케이트^{Kate}에게도 감사 인사를 전한다.

업계의 많은 분들이 이 책을 집필하는 내내 나와 함께 고군분투했다. 나타샤^{Nastassia}와 데이브^{Dave}, 로 애나^{Joanna}, 본^{Vaughn}, 팸^{Pam}, 조지^{Jorge}, 앤절라^{Angela}, 빅토리아^{Victoria}, 티엔론^{Tienlon}, 길리언^{Gillian}, 알렉스^{Alex}와 벨라^{Bella}, 히로^{Hiro}, 캐이틀린^{Caitlin}, 산티아고^{Santiago}, 이언^{Ian}, 닉^{Nick}, 섀넌^{Shannon}, 알렉스^{Alex}, 프랜시스^{Francis}, 브론웬^{Bronwen}에게 고맙고, 특히 라르스에게 특별히 감사하다. 라르스 덕분에 나는 풍미를 창의적으로, 또한 존재론적·인식론적 관점에서 볼 수 있게 되었다. 어느 주거용 보트에서 곤충이 가진 휘발성 냄새 분자에 관해 이야기하다가 내가 별 생각 없이 했던 말들을 인상 깊게 기억하고, 그런 아이디어를 실현할 수 있도록 응원하고 격려해 준 일은 내게 정말 큰 힘이 되었다.

조언을 아끼지 않고, 힘을 보태주고, 참고 기다려준 데이비드^{David}, 페란^{Ferran}, 호세^{Jose}, 크리스^{Chris}, 맨디^{Mandy}, 대니얼^{Daniel}에게도 고맙다는 인사를 전한다.

덧붙여, 이 모든 일이 시작되기도 전인 2015년에 마치 내가 책을 쓰는 게 정해진 운명인 양 "그래서 네 책은 언제 나와?"라고 묻곤 하던 브룩스^{Brooks}와 수페리오리티 버거에서 자주 뭉치던 우리 친구들 디에고^{Diego}, 파비안^{Fabian}과 제러마이아^{Jeremiah}, 대니^{Danny}, 앤서니^{Anthony}, 카렌^{Karen}과 버섯 생산 업체 스몰홀드의 앤드루^{Andrew}, 애덤^{Adam} 외 팀원들에게도 인사를 전한다. 활기, 아이디어, 각종 밈, 정서적인 지지를 제공하고 내가 온전한 정신을 유지하도록 지탱해준 제나^{Jena}, 프리야^{Priya}, 엘리자베스^{Elizabeth}, 헬렌^{Helen}, 존^{John}, 팀^{Tim}, 스테파니^{Stefani}, 아난다^{Ananda}, 리타^{Rita}, 카리나^{Carina}, 헥터^{Hector}, 모스^{Moth}, 레슬리^{Lesley}에게도 고맙다. 그리고 늘 응원해준 올턴^{Alton}에게도 항상 감사하다.

격려와 함께 영감을 주신 주류 업계의 친구들도 빼놓을 수 없다. 라이언^{Lyan} 가의 데이브^{Dave}와 라이언^{Ryan}, 업체 세인트 조지 스피리츠의 데이브^{Dave}, 랜스^{Lance}와 직원들, 돈^{Don}, 카일^{Kyle}, 애런^{Aaron}, 오드리^{Audrey}, 리아^{Ria}, 올랜도^{Orlando}, 도쿄의 칵테일바 젠 야마모토^{Gen Yamamoto}와 벤 휘디크^{Ben Fiddich}, 앨리스 앤드 한나^{Alice and Hana}, 레이철 앤드 허니스^{Raphael and Honey's}, 콤부차 생산업체 예스포크, 일본의 칵테일바 Gyu+, LA의 카페 엔도페인, 엠피리컬에서도 도움을 받았다.

집필에 필요한 조사를 완벽하게 도와준 분들도

있다. 나마에 씨[Namae-san]와 유카리[Yukari], 낸시[Nancy], 혜준 미첼[Hye Joon Michelle], 미나[Mina]와 광[Kwang], 히구치 모야시[Higuchi Moyashi] 팀, 이오 식초 양조장의 직원들, 한국의 된장 생산업체 죽장연, 일본의 츠케모노 판매점 무라카미 쥬혼텐, 한국 전통문화 연구소 온지음에서 큰 도움을 받았다.

멘토로, 동료로, 친구로 힘써주신 학계 사람들도 많다. 뉴욕대학교가 지원한 '실험적 요리 집단' 사업에 함께 참여한 켄트[Kent], 에이미[Amy], 앤[Anne], 파비오[Fabio], 크리쉬넨두[Krishnendu], 매리언[Marion]과 그 외 모든 분, UC 데이비스 시절에 만난 힐데가르드[Hildegarde]와 수[Sue], 로저[Roger], 앤드루[Andrew], 앨리슨[Alyson], 더그[Doug], 웬더[Wender], 마이클[Michael], 리네[Line], 애나[Anna], 마야[Maya], 엘리[Ellie], 헬렌[Helene], MIT 재학 시절에 만난 클라우디아[Claudia], 힐드레스[Hildreth], 고든[Gordon], 안드레아스[Andreas], 디에고[Diego], 린다[Lynda], 베키[Becky], 브리짓[Bridget], 셀린[Celine], 드렉셀대학교의 마이크[Mike], 로즈메리[Rosemary], UC 리버사이드의 데이빗[David], 크리스티나와 닉[Christina and Nick], 제이슨[Jason], 벤[Ben], 피아[Pia], 레이첼[Rachel], 레인[Lane], 롭[Rob], 조시[Josh], 마크[Mark], 마리아[Maria], 다나[Dana], 폴[Paul], 존[John], 오스틴[Austin], 안드레아스[Andreas], 산자이[Sanjay] 모두에게 감사드린다. 특히 해럴드[Harold]는 끊임없이 영감을 주고, 내가 정말 아무것도 아닐 때부터 내 말에 귀 기울여주고, 내가 꼭 필요할 때 가장 절실한 말을 해주는 고마운 친구다.

대중 매체에서 일하는 내 친구들과 본받고 싶은 분들도 떠오른다. 헬렌[Helen], 니콜라[Nicola], 신시아[Cynthia], 크리스틴[Christine], 대니얼[Danielle], 마이크[Mike], 리사[Lisa], 에블린[Evelyn], 나디아[Nadia], 데비타[Devita], 폴[Paul], 맷[Matt], 리사[Lisa], 힐러리[Hillary], 마야[Maya], 사민[Samin], 닉[Nik], 폴라[Paula], 새라[Sarah], 타마르[Tamar], 다라[Darra], 크리스토퍼[Christopher], 코비[Corby], 미첼[Mitchell], 그렉[Greg], 다나[Dana], 파즈[Paz], 네스[Ness], 준[June]께 감사드린다.

르네[René]와 나딘[Nadine], 피터[Peter], 토머스[Thomas], 로시오[Rosio], 아니카[Annika], 데빈[Devin], 네이트[Nate], 트레이시[Traci], 멜리나[Melina], 아브[Arve], 잭[Jack], 게이브[Gabe], 벤[Ben], 데이비드[David], 제이슨[Jason], 잰[Jan], 크리스틴[Kristian]까지, 내게 기회를 주고 아이디어를 키워 꽃피울 터전을 만들어준 가족 같은 노마의 식구들에게도 고마운 마음을 전한다.

나의 가족들에게도 고맙다. 내가 처음 풍미에 집착하기 시작할 때부터 곁에서 응원해준 머기[Muggie]와 아드리아나[Adriana], 마고[Margot], 줄리언[Julian], 샘[Sam], 에반[Eban], 엄마와 블레어[Blair], 아빠와 미렌[Miren], 앨리스[Alice], 피트[Pete], 그레이스[Grace], 잭[Jack], 조[Joe], 앨리슨[Alison]과 앤디[Andy]에게 감사드린다. 마지막으로 톰[Tom], 그의 응원과 격려 덕분에 새하얀 백지를 채울 수 있었다. 톰과 함께할 수 있어서 나는 정말 행운아다.

참고 문헌

Dunn, Rob, and Monica Sanchez. *Delicious: The Evolution of Flavor and How It Made Us Human*. Princeton, N.J.: Princeton University Press, 2021.

Maarse, Henk. *Volatile Compounds in Foods and Beverages*. New York: Marcel Dekker, 1991.

McGee, Harold. *Nose Dive: A Field Guide to the World's Smells*. London: John Murray, 2020.

———. *On Food and Cooking: The Science and Lore of the Kitchen*. New York: Scribner, 2004. (한국어판: 해럴드 맥기,《음식과 요리: 세상 모든 음식에 대한 과학적 지식과 요리의 비결》(2017, 이데아))

Mouritsen, Ole, and Klavs Styrbæk. *Umami: Unlocking the Secrets of the Fifth Taste*. Translated by Mariela Johansen. New York: Columbia University Press, 2015.

Patterson, Daniel, and Mandy Aftel. *Aroma: The Magic of Essential Oils in Foods and Fragrance*. New York: Artisan, 2004.

———. *The Art of Flavor: Practices and Principles for Creating Delicious Food*. New York: Riverhead, 2017.

Shepherd, Gordon. *Neurogastronomy: How the Brain Creates Flavor and Why It Matters*. New York: Columbia University Press, 2013.

Shurtleff, William, and Akiko Aoyagi. *The Book of Miso: Savory Fermented Soy Seasoning*. Lafayette, Calif.: CreateSpace, 2018.

Steinkraus, Keith. *Handbook of Indigenous Fermented Foods, Revised and Expanded*. 2nd ed. Boca Raton, Fla.: CRC Press, 2018.

———, ed. *Industrialization of Indigenous Fermented Foods, Revised and Expanded*. 2nd ed. Boca Raton, Fla.: CRC Press, 2004.

Stevenson, Richard. *The Psychology of Flavour*. Oxford: Oxford University Press, 2009.

Part 1

Axel, Richard. "Scents and Sensibility: A Molecular Logic of Olfactory Perception (Nobel Lecture)." *Angewandte Chemie International Edition* 44, no. 38 (2005): 6110–27.

Buck, Linda, and Richard Axel. "A Novel Multigene Family May Encode Odorant Receptors: A Molecular Basis for Odor Recognition." *Cell* 65, no. 1 (April 5, 1991): 175–87. https://doi.org/10.1016/0092-8674(91)90418-x.

Bushdid, C., M. O. Magnasco, L. B. Vosshall, and A. Keller. "Humans Can Discriminate More than 1 Trillion Olfactory Stimuli." *Science* 343, no. 6177 (March 21, 2014): 1370–72. https://doi.org/10.1126/science.1249168.

Chaudhari, N., and S. D. Roper. "The Cell Biology of Taste." *Journal of Cell Biology* 190, no. 3 (2010): 285–96. doi:10.1083/jcb.201003144.

Chen, X., M. Gabitto, Y. Peng, N. J. Ryba, and C. S. Zuker. "A Gustotopic Map of Taste Qualities in the Mammalian Brain." *Science* 333, no. 6047 (2011): 1262–66.

Goff, S. A., and Harry Klee. "Plant Volatile Compounds: Sensory Cues for Health and Nutritional Value?" *Science* 311, no. 5762 (February 10, 2006): 815–19. https://doi.org/10.1126/science.1112614.

McGann, John P. "Poor Human Olfaction Is a Nineteenth-Century Myth." *Science* 356, no. 6338 (May 12, 2017). https://doi.org/10.1126/science.

aam7263.

Rowe, Timothy B., and Gordon M. Shepherd. "Role of Ortho-Retronasal Olfaction in Mammalian Cortical Evolution: Olfaction and Cortical Evolution." *Journal of Comparative Neurology* 524, no. 3 (February 15, 2016): 471–95. https://doi.org/10.1002/cne.23802.

Saive, Anne-Lise, Jean-Pierre Royet, and Jane Plailly. "A Review on the Neural Bases of Episodic Odor Memory: From Laboratory-Based to Autobiographical Approaches." *Frontiers in Behavioral Neuroscience* 8 (July 7, 2014). https://doi.org/10.3389/fnbeh.2014.00240.

Shepherd, Gordon M. "The Human Sense of Smell: Are We Better than We Think?" *PLOS Biology* 2, no. 5 (May 11, 2004): e146. https://doi.org/10.1371/journal.pbio.0020146.

———. "Smell Images and the Flavour System in the Human Brain." *Nature* 444, no. 7117 (November 2006): 316–21. https://doi.org/10.1038/nature05405.

Yeshurun, Yaara, and Noam Sobel. "An Odor Is Not Worth a Thousand Words: From Multidimensional Odors to Unidimensional Odor Objects." *Annual Review of Psychology* 61, no. 1 (January 2010): 219–41. https://doi.org/10.1146/annurev.psych.60.110707.163639.

Zhang, Yifeng, Mark A. Hoon, Jayaram Chandrashekar, Ken L. Mueller, Boaz Cook, Dianqing Wu, Charles S. Zuker, and Nicholas J. P. Ryba. "Coding of Sweet, Bitter, and Umami Tastes." *Cell* 112, no. 3 (February 2003): 293–301. https://doi.org/10.1016/S0092-8674(03)00071-0.

Part 2

Boelens, Mans, and Ronald Boelens. "Classification of Perfumes and Fragrances." *Perfumer & Flavorist* 26 (2001): 10.

De Pelsmaeker, Sara, Gil De Clercq, Xavier Gellynck, and Joachim J. Schouteten. "Development of a Sensory Wheel and Lexicon for Chocolate." *Food Research International* 116 (February 1, 2019): 1183–91. https://doi.org/10.1016/j.foodres.2018.09.063.

James, Andrew. "How Robert Parker's 90+ and Ann Noble's Aroma Wheel Changed the Discourse of Wine Tasting Notes." *ILCEA: Revue de l'Institut Des Langues et Cultures d'Europe, Amerique, Afrique, Asie et Australie*, no. 31 (March 1, 2018). https://doi.org/10.4000/ilcea.4681.

Noble, A. C., R. A. Arnold, J. Buechsenstein, E. J. Leach, J. O. Schmidt, and P. M. Stern. "Modification of a Standardized System of Wine Aroma Terminology." *American Journal of Enology and Viticulture* 38, no. 2 (January 1, 1987): 143–46.

Noble, A. C., R. A. Arnold, B. M. Masuda, and S. D. Pecore. "Progress Towards a Standardized System of Wine Aroma Terminology." *American Journal of Enology and Viticulture* 35, no. 2 (January 1, 1984): 107–109.

Urdapilleta, I., A. Giboreau, C. Manetta, O. Houix, and J. F. Richard. "The Mental Context for the Description of Odors: A Semantic Space." *European Review of Applied Psychology* 56, no. 4 (December 1, 2006): 261–71. https://doi.org/10.1016/j.erap.2005.09.013.

짠맛

Breslin, Paul A. S. "Interactions Among Salty, Sour and Bitter Compounds." *Trends in Food Science and Technology* 7, no. 12 (December 1, 1996): 390–99. https://doi.org/10.1016/S0924-2244(96)10039-X.

Breslin, P. A. S., and G. K. Beauchamp. "Salt Enhances Flavour by Suppressing Bitterness." *Nature* 387, no. 6633 (June 1997): 563. https://doi.org/10.1038/42388.

Drake, S. L., and M. A. Drake. "Comparison of Salty Taste and Time Intensity of Sea and Land Salts from Around the World." *Journal of Sensory Studies* 26, no. 1 (2011): 25–34. https://doi.org/10.1111/j.1745-459X.2010.00317.x.

Kasahara, Yoichi, Masataka Narukawa, Yoshiro Ishimaru, Shinji Kanda, Chie Umatani, Yasunori Takayama, Makoto Tominaga, et al. "TMC4 Is a Novel Chloride

Channel Involved in High-Concentration Salt Taste Sensation." *Journal of Physiological Sciences* 71, no. 1 (August 25, 2021): 23. https://doi.org/10.1186/s12576-021-00807-z.

Lebert, Andre, and Jean-Dominique Daudin. "Modelling the Distribution of aw, pH and Ions in Marinated Beef Meat." *Meat Science* 97, no. 3 (July 1, 2014): 347–57. https://doi.org/10.1016/j.meatsci.2013.10.017.

Volpato, G., E. M. Z. Michielin, S. R. S. Ferreira, and J. C. C. Petrus. "Kinetics of the Diffusion of Sodium Chloride in Chicken Breast (Pectoralis Major) During Curing." *JOurnal of Food Engineering* 79, no. 3 (April 1, 2007): 779–85. https://doi.org/10.1016/j.jfoodeng.2006.02.043.

신맛

Al-Kadamany, E., I. Toufeili, M. Khattar, Y. Abou-Jawdeh, S. Harakeh, and T. Haddad. "Determination of Shelf Life of Concentrated Yogurt (Labneh) Produced by In-Bag Straining of Set Yogurt Using Hazard Analysis." *Journal of Dairy Science* 85, no. 5 (May 1, 2002): 1023–30. https://doi.org/10.3168/jds.S0022-0302(02)74162-3.

Amato, Katherine R., Elizabeth K. Mallott, Paula D'Almeida Maia, and Maria Luisa Savo Sardaro. "Predigestion as an Evolutionary Impetus for Human Use of Fermented Food." *Current Anthropology* 62, no. S24 (October 1, 2021): S207–19. https://doi.org/10.1086/715238.

Bernalte, M. J., E. Sabio, M. T. Hernandez, and C. Gervasini. "Influence of Storage Delay on Quality of 'Van' Sweet Cherry." *Postharvest Biology and Technology* 28, no. 2 (2003): 303–12.

Fereidoonfar, Hossein, Hossein Salehi-Arjmand, Ali Khadivi, Morteza Akramian, and Leila Safdari. "Chemical Variation and Antioxidant Capacity of Sumac (Rhus Coriaria L.)." *Industrial Crops and Products* 139 (November 1, 2019): 111518. https://doi.org/10.1016/j.indcrop.2019.111518.

Frank, Hannah E. R., Katie Amato, Michelle Trautwein, Paula Maia, Emily R. Liman, Lauren M. Nichols, Kurt Schwenk, Paul A. S. Breslin, and Robert R. Dunn. "The Evolution of Sour Taste." *Proceedings of the Royal Society B: Biological Sciences* 289, no. 1968 (February 9, 2022): 20211918. https://doi.org/10.1098/rspb.2021.1918.

Ganzevles, Paul G. J., and Jan H. A. Kroeze. "The Sour Taste of Acids. The Hydrogen Ion and the Undissociated Acid as Sour Agents." *Chemical Senses* 12, no. 4 (December 1, 1987): 563–76. https://doi.org/10.1093/chemse/12.4.563.

Gharezi, Maedeh, Neena Joshi, and Elnaz Sadeghian. "Effect of Post Harvest Treatment on Stored Cherry Tomatoes." *Journal of Nutrition and Food Sciences* 2, no. 8 (2012). https://doi.org/10.4172/2155-9600.1000157.

Goli, T., P. Bohuon, J. Ricci, G. Trystram, and A. Collignan. "Mass Transfer Dynamics During the Acidic Marination of Turkey Meat." *Journal of Food Engineering* 104, no. 1 (May 1, 2011): 161–68. https://doi.org/10.1016/j.jfoodeng.2010.12.010.

Kneifel, W., Doris Jaros, and F. Erhard. "Microflora and Acidification Properties of Yogurt and Yogurt-Related Products Fermented with Commercially Available Starter Cultures." *International Journal of Food Microbiology* 18, no. 3 (May 1, 1993): 179–89. https://doi.org/10.1016/0168-1605(93)90043-G.

Levy, Y., A. Bar-Akiva, and Y. Vaadia. "Influence of Irrigation and Environmental Factors on Grapefruit Acidity." *Journal of the American Society for Horticultural Science* 103 (1978): 73–76.

Lorente, Jose, Salud Vegara, Nuria Marti, Albert Ibarz, Luis Coll, Julio Hernandez, Manuel Valero, and Domingo Saura. "Chemical Guide Parameters for Spanish Lemon (Citrus Limon [L.] Burm.) Juices." *Food Chemistry* 162 (November 2014): 186–91. https://doi.org/10.1016/j.foodchem.2014.04.042.

Mayuoni-Kirshinbaum, Lina, and Ron Porat. "The Flavor of Pomegranate Fruit: A Review." *Journal of the Science of Food and Agriculture* 94, no. 1 (2014): 21–27.

https://doi.org/10.1002/jsfa.6311.

Nikfardjam, Martin S. Pour. "General and Polyphenolic Composition of Unripe Grape Juice (Verjus/Verjuice) from Various Producers." *Mitteulingen Klosterneuburg* 58 (2008): 28–31.

Obenland, David, Salvatore Campisi-Pinto, and Mary Lu Arpaia. "Determinants of Sensory Acceptability in Grapefruit." *Scientia Horticulturae* 231 (January 27, 2018): 151–57. https://doi.org/10.1016/j.scienta.2017.12.026.

Öncül, Nilgun, and Şeniz Karabiyikli. "Factors Affecting the Quality Attributes of Unripe Grape Functional Food Products." *Journal of Food Biochemistry* 39, no. 6 (2015): 689–95. https://doi.org/10.1111/jfbc.12175.

Pérez-Díaz, I. M., Fred Breidt, R. W. Buescher, F. N. Arroyo-Lopez, R. Jimenez-Diaz, A. Garrido-Fernandez, J. Bautista-Gallego, S.-S. Yoon, and S. D. Johanningsmeire. "51. Fermented and Acidified Vegetables." In *Compendium of Methods for the Microbiological Examination of Foods,* 4th ed., 531–32. Washington, D.C.: American Public Health Association, 2013. https://doi.org/10.2105/MBEF.0222.056.

Peters, Anna, Petra Krumbholz, Elisabeth Jager, Anna Heintz-Buschart, Mehmet Volkan Cakir, Sven Rothemund, Alexander Gaudl, Uta Ceglarek, Torsten Schoneberg, and Claudia Staubert. "Metabolites of Lactic Acid Bacteria Present in Fermented Foods Are Highly Potent Agonists of Human Hydroxycarboxylic Acid Receptor 3." *PLOS Genetics* 15, no. 5 (May 23, 2019): e1008145. https://doi.org/10.1371/journal.pgen.1008145.

Plane, Robert A., Leonard R. Mattick, and La-Verne D. Weirs. "An Acidity Index for the Taste of Wines." *American Journal of Enology and Viticulture* 31, no. 3 (January 1, 1980): 265–68.

Salji, Joseph P., and Anwar A. Ismail. "Effect of Initial Acidity of Plain Yogurt on Acidity Changes During Refrigerated Storage." *Journal of Food Science* 48, no. 1 (January 1983): 258–59. https://doi.org/10.1111/j.1365-2621.1983.tb14839.x.

Siddiq, M., A. Iezzoni, A. Khan, P. Breen, A. M. Sebolt, K. D. Dolan, and R. Ravi. "Characterization of New Tart Cherry (Prunus Cerasus L.): Selections Based on Fruit Quality, Total Anthocyanins, and Antioxidant Capacity." *International Journal of Food Properties* 14, no. 2 (February 28, 2011): 471–80. https://doi.org/10.1080/10942910903277697.

Skryplonek, K., David Gomes, Jorge Viegas, Carlos Pereira, and Marta Henriques. "Lactose-Free Frozen Yogurt: Production and Characteristics." *Acta Scientiarum Polonorum Technologia Alimentaria* 16, no. 2 (June 30, 2017): 171–79. https://doi.org/10.17306/J.AFS.0478.

Sowalsky, Richard A., and Ann C. Noble. "Comparison of the Effects of Concentration, pH and Anion Species on Astringency and Sourness of Organic Acids." *Chemical Senses* 23, no. 3 (June 1, 1998): 343–49. https://doi.org/10.1093/chemse/23.3.343.

Stahl, Ann Brower, R. I. M. Dunbar, Katherine Homewood, Fumiko Ikawa-Smith, Adriaan Kortlandt, W. C. McGrew, Katharine Milton, et al. "Hominid Dietary Selection Before Fire [and Comments and Reply]." *Current Anthropology* 25, no. 2 (April 1984): 151–68. https://doi.org/10.1086/203106.

Teerachaichayut, Sontisuk, and Huong Thanh Ho. "Non-Destructive Prediction of Total Soluble Solids, Titratable Acidity and Maturity Index of Limes by Near Infrared Hyperspectral Imaging." *Postharvest Biology and Technology* 133 (November 2017): 20–25. https://doi.org/10.1016/j.postharvbio.2017.07.005.

Tsantili, E., K. Konstantinidis, P. E. Athanasopoulos, and C. Pontikis. "Effects of Postharvest Calcium Treatments on Respiration and Quality Attributes in Lemon Fruit During Storage." *Journal of Horticultural Science and Biotechnology* 77, no. 4 (January 2002): 479–84. https://doi.org/10.1080/14620316.2002.11511526.

Turkmen, F. Ucan, H. A. Mercimek Takci, H. Saglam, and N. Sekeroglu. "Investigation of Some Quality Parameters of Pomegranate, Sumac and Unripe Grape Sour

Products from Kilis Markets." *Quality Assurance and Safety of Crops and Foods* 11, no. 1 (February 2019): 61–71. https://doi.org/10.3920/QAS2018.1293.

Ubbaonu, C. N., N. C. Onuegbu, E. O. I. Banigo, and A. Uzoma. "Physico-Chemical Changes in Velvet Tamarind (Dialium Guineense Wild) During Fruit Development and Ripening." *Nigerian Food Journal* 23, no. 1 (2005): 133–38. https://doi.org/10.4314/nifoj.v23i1.33609.

Wang, Yu-Tao, Shao-Wen Huang, Rong-Le Liu, and Ji-Yun Jin. "Effects of Nitrogen Application on Flavor Compounds of Cherry Tomato Fruits." *Journal of Plant Nutrition and Soil Science* 170, no. 4 (August 2007): 461–68. https://doi.org/10.1002/jpln.200700011.

단맛

Feng, Ping, and HuaBin Zhao. "Complex Evolutionary History of the Vertebrate Sweet/Umami Taste Receptor Genes." *Chinese Science Bulletin* 58, no. 18 (June 1, 2013): 2198–2204. https://doi.org/10.1007/s11434-013-5811-5.

Mohos, Ferenc A. "Appendix 1: Data on Engineering Properties of Materials Used and Made by the Confectionery Industry." In *Confectionery and Chocolate Engineering: Principles and Applications*, 555–78. Chichester, Eng: John Wiley, 2010. https://doi.org/10.1002/9781444320527.app1.

Moskowitz, Howard R. "The Sweetness and Pleasantness of Sugars." *American Journal of Psychology* 84, no. 3 (1971): 387–405. https://doi.org/10.2307/1420470.

Stone, Herbert, and Shirley M. Oliver. "Measurement of the Relative Sweetness of Selected Sweeteners and Sweetener Mixtures." *Journal of Food Science* 34, no. 2 (1969): 215–22. https://doi.org/10.1111/j.1365-2621.1969.tb00922.x.

Yamaguchi, Shizuko, Tomoko Yoshikawa, Shingo Ikeda, and Tsunehiko Ninomiya. "Studies on the Taste of Some Sweet Substances." *Agricultural and Biological Chemistry* 34, no. 2 (February 1, 1970): 181–97. https://doi.org/10.1080/00021369.1970.10859599.

감칠맛

Chaudhari, Nirupa, Ana Marie Landin, and Stephen D. Roper. "A Metabotropic Glutamate Receptor Variant Functions as a Taste Receptor." *Nature Neuroscience* 3, no. 2 (February 2000): 113–19. https://doi.org/10.1038/72053.

Curtis, Robert I. "Umami and the Foods of Classical Antiquity." *American Journal of Clinical Nutrition* 90, no. 3 (September 1, 2009): 712S–18S. https://doi.org/10.3945/ajcn.2009.27462C.

Ikeda, Kikunae. "New Seasonings." *Chemical Senses* 27 (2002): 847–49.

Keast, Russell S. J., and Paul A. S. Breslin. "An Overview of Binary Taste–Taste Interactions." *Food Quality and Preference* 14, no. 2 (March 1, 2003): 111–24. https://doi.org/10.1016/S0950-3293(02)00110-6.

Kurihara, Kenzo. "Glutamate: From Discovery as a Food Flavor to Role as a Basic Taste (Umami)." *American Journal of Clinical Nutrition* 90, no. 3 (September 1, 2009): 719S–22S. https://doi.org/10.3945/ajcn.2009.27462D.

Maga, J. A. "Umami Flavour of Meat." In *Flavor of Meat and Meat Products*, edited by Fereidoon Shahidi, 98–115. Boston: Springer US, 1994. https://doi.org/10.1007/978-1-4615-2177-8_6.

Maga, Joseph A., and Shizuko Yamaguchi. "Flavor Potentiators." *C R C Critical Reviews in Food Science and Nutrition* 18, no. 3 (January 1, 1983): 231–312. https://doi.org/10.1080/10408398309527364.

Masic, Una, and Martin R. Yeomans. "Umami Flavor Enhances Appetite but Also Increases Satiety." *American Journal of Clinical Nutrition* 100, no. 2 (August 1, 2014): 532–38. https://doi.org/10.3945/ajcn.113.080929.

Mouritsen, Ole G., Klavs Styrbæk, Mariela Johansen, and Jonas Drotner Mouritsen. *Umami: Unlocking the Se-*

crets of the Fifth Taste. New York: Columbia University Press, 2014.

Nakayama, Tokiko, and Haruko Kimura. "Umami (Xianwei) in Chinese Food." Food Reviews International 14, no. 2–3 (May 1998): 257–67. https://doi.org/10.1080/87559129809541160.

Ninomiya, Kumiko. "Natural Occurrence." Food Reviews International 14, no. 2–3 (May 1998): 177–211. https://doi.org/10.1080/87559129809541157.

Otsuka, Shigeru. "Umami in Japan, Korea, and Southeast Asia." Food Reviews International 14, no. 2–3 (May 1998): 247–56. https://doi.org/10.1080/87559129809541159.

Smriga, Miro, Toshimi Mizukoshi, Daigo Iwahata, Sachise Eto, Hiroshi Miyano, Takeshi Kimura, and Robert I. Curtis. "Amino Acids and Minerals in Ancient Remnants of Fish Sauce (Garum) Sampled in the 'Garum Shop' of Pompeii, Italy." Journal of Food Composition and Analysis 23, no. 5 (August 1, 2010): 442–46. https://doi.org/10.1016/j.jfca.2010.03.005.

Wahlstedt, Amanda, Elizabeth Bradley, Juan Castillo, and Kate Gardner Burt. "MSG Is A-OK: Exploring the Xenophobic History of and Best Practices for Consuming Monosodium Glutamate." Journal of the Academy of Nutrition and Dietetics 122, no. 1 (January 2022): 25–29. https://doi.org/10.1016/j.jand.2021.01.020.

Yamaguchi, Shizuko. "The Synergistic Taste Effect of Monosodium Glutamate and Disodium 5′-Inosinate." Journal of Food Science 32, no. 4 (1967): 473–78. https://doi.org/10.1111/j.1365-2621.1967.tb09715.x.

Zanfirescu, Anca, Anca Ungurianu, Aristides M. Tsatsakis, George M. Nițulescu, Demetrios Kouretas, Aris Veskoukis, Dimitrios Tsoukalas, Ayse B. Engin, Michael Aschner, and Denisa Margină. "A Review of the Alleged Health Hazards of Monosodium Glutamate." Comprehensive Reviews in Food Science and Food Safety 18, no. 4 (July 2019): 1111–34. https://doi.org/10.1111/1541-4337.12448.

쓴맛

Barratt-Fornell, Anne, and Adam Drewnowski. "The Taste of Health: Nature's Bitter Gifts." Nutrition Today 37, no. 4 (August 2002): 144.

Di Pizio, Antonella, and Masha Y. Niv. "Promiscuity and Selectivity of Bitter Molecules and Their Receptors." Bioorganic and Medicinal Chemistry 23, no. 14 (July 15, 2015): 4082–91. https://doi.org/10.1016/j.bmc.2015.04.025.

Drewnowski, Adam. "The Science and Complexity of Bitter Taste." Nutrition Reviews 59, no. 6 (June 1, 2001): 163–69. https://doi.org/10.1111/j.1753-4887.2001.tb07007.x.

Drewnowski, Adam, and Carmen Gomez-Carneros. "Bitter Taste, Phytonutrients, and the Consumer: A Review." American Journal of Clinical Nutrition 72, no. 6 (December 1, 2000): 1424–35. https://doi.org/10.1093/ajcn/72.6.1424.

Gutierrez-Rosales, F., J. J. Rios, and Ma. L. Gomez-Rey. "Main Polyphenols in the Bitter Taste of Virgin Olive Oil: Structural Confirmation by On-Line High-Performance Liquid Chromatography Electrospray Ionization Mass Spectrometry." Journal of Agricultural and Food Chemistry 51, no. 20 (September 1, 2003): 6021–25. https://doi.org/10.1021/jf021199x.

Higgins, Molly J., and John E. Hayes. "Discrimination of Isointense Bitter Stimuli in a Beer Model System." Nutrients 12, no. 6 (June 2020): 1560. https://doi.org/10.3390/nu12061560.

Ley, Jakob P. "Masking Bitter Taste by Molecules." Chemosensory Perception 1, no. 1 (March 1, 2008): 58–77. https://doi.org/10.1007/s12078-008-9008-2.

Pickenhagen, Wilhelm, Paul Dietrich, Borivoij Keil, Judith Polonsky, Francoise Nouaille, and Edgar Lederer. "Identification of the Bitter Principle of Cocoa." Helvetica Chimica Acta 58, no. 4 (1975): 1078–86. https://doi.org/10.1002/hlca.19750580411.

Soler-Rivas, Cristina, Juan Carlos Espin, and Harry J. Wichers. "Oleuropein and Related Compounds." Journal of the Science of Food and Agriculture 80, no. 7 (2000): 1013–23. https://doi.org/10.1002/

(SICI)1097-0010(20000515)80:7〈1013::AID-JSFA571〉3.0.CO;2-C.

Subratty, A. H., A. Gurib-Fakim, and F. Mahomoodally. "Bitter Melon: An Exotic Vegetable with Medicinal Values." *Nutrition and Food Science* 35, no. 3 (June 1, 2005): 143–47. https://doi.org/10.1108/00346650510594886.

Sur, Subhayan, and Ratna B. Ray. "Bitter Melon (Momordica Charantia), a Nutraceutical Approach for Cancer Prevention and Therapy." *Cancers* 12, no. 8 (July 27, 2020): 2064. https://doi.org/10.3390/cancers12082064.

매운맛

Boonen, Brett, Justyna B. Startek, and Karel Talavera. "Chemical Activation of Sensory TRP Channels." In *Taste and Smell*, edited by Dietmar Krautwurst, 73–113. Cham: Springer International Publishing, 2016. https://doi.org/10.1007/7355_2015_98.

Gahungu, Arthur, Eric Ruganintwali, Eric Karangwa, Xiaoming Zhang, and Daniel Mukunzi. "Volatile Compounds and Capsaicinoid Content of Fresh Hot Peppers (Capsicum Chinense) Scotch Bonnet Variety at Red Stage." *Advance Journal of Food Science and Technology* 3, no. 3 (June 06, 2011): 211–218.

Govindarajan, V. S. "Pungency: The Stimuli and Their Evaluation." In *Food Taste Chemistry*, edited by James C. Boudreau, 53–92. Washington, D.C.: American Chemical Society, 1979. https://doi.org/10.1021/bk-1979-0115.

Juliani, H. Rodolfo, Cara Welch, Juliana Asante-Dartey, Dan Acquaye, Mingfu Wang, and James E. Simon. "Chemistry, Quality, and Functional Properties of Grains of Paradise (Aframomum Melegueta), a Rediscovered Spice." In *Dietary Supplements*, 100–113. Washington, D.C.: American Chemical Society, 2008. https://doi.org/10.1021/bk-2008-0987.ch006.

Lennertz, Richard C., Makoto Tsunozaki, Diana M. Bautista, and Cheryl L. Stucky. "Physiological Basis of Tingling Paresthesia Evoked by Hydroxy-α-Sanshool." *Journal of Neuroscience* 30, no. 12 (March 24, 2010): 4353–61. https://doi.org/10.1523/JNEUROSCI.4666-09.2010.

Murakami, Yusuke, Hisakatsu Iwabuchi, Yukie Ohba, and Harukazu Fukami. "Analysis of Volatile Compounds from Chili Peppers and Characterization of Habanero (*Capsicum Chinense*) Volatiles." *Journal of Oleo Science* 68, no. 12 (2019): 1251–60.

Nalli, Marianna, Giorgio Ortar, Aniello Schiano Moriello, Vincenzo Di Marzo, and Luciano De Petrocellis. "Effects of Curcumin and Curcumin Analogues on TRP Channels." *Fitoterapia* 122 (October 2017): 126–31. https://doi.org/10.1016/j.fitote.2017.09.007.

Pedersen, Stine Falsig, Grzegorz Owsianik, and Bernd Nilius. "TRP Channels: An Overview." *Cell Calcium* 38, no. 3 (September 1, 2005): 233–52. https://doi.org/10.1016/j.ceca.2005.06.028.

Rhyu, Mee-Ra, Yiseul Kim, and Vijay Lyall. "Interactions Between Chemesthesis and Taste: Role of TRPA1 and TRPV1." *International Journal of Molecular Sciences* 22, no. 7 (January 2021): 3360. https://doi.org/10.3390/ijms22073360.

Rodriguez-Burruezo, Adrian, Hubert Kollmannsberger, Jaime Prohens, Siegfried Nitz, and Ana Fita. "Comparative Analysis of Pungency and Pungency Active Compounds in Chile Peppers (Capsicum Spp.)." *Bulletin of University of Agricultural Sciences and Veterinary Medicine Cluj-Napoca. Horticulture* 67, no. 1 (September 29, 2010): 270–73. https://doi.org/10.15835/buasvmcn-hort:4972.

Srinivasan, K. "Black Pepper and Its Pungent Principle-Piperine: A Review of Diverse Physiological Effects." *Critical Reviews in Food Science and Nutrition* 47, no. 8 (October 25, 2007): 735–48. https://doi.org/10.1080/10408390601062054.

Sugai, Etsuko, Yasujiro Morimitsu, Yusaku Iwasaki, Akihito Morita, Tatsuo Watanabe, and Kikue Kubota. "Pungent Qualities of Sanshool-Related Compounds Evaluated by a Sensory Test and Activation of Rat TRPV1." *Bioscience, Biotechnology, and Biochemistry*

69, no. 10 (January 2005): 1951–57. https://doi.org/10.1271/bbb.69.1951.

Tsunozaki, Makoto, Richard C. Lennertz, Samata Katta, Cheryl L. Stucky, and Diana M. Bautistaa. "The Plant-Derived Alkylamide, Hydroxy-Alpha-Sanshool, Induces Analgesia Through Inhibition of Voltage-Gated Sodium Channels." *Biophysical Journal* 102, no. 3 (January 2012): 323a. https://doi.org/10.1016/j.bpj.2011.11.1771.

Viana, Felix. "Chemosensory Properties of the Trigeminal System." *ACS Chemical Neuroscience* 2, no. 1 (January 19, 2011): 38–50. https://doi.org/10.1021/cn100102c.

Yang, Xiaogen. "Aroma Constituents and Alkylamides of Red and Green Huajiao (Zanthoxylum Bungeanum and Zanthoxylum Schinifolium)." *Journal of Agricultural and Food Chemistry* 56, no. 5 (March 1, 2008): 1689–96. https://doi.org/10.1021/jf0728101.

Zhang, Lu-Lu, Lei Zhao, Hou-Yin Wang, Bo-Lin Shi, Long-Yun Liu, and Zhong-Xiu Chen. "The Relationship Between Alkylamide Compound Content and Pungency Intensity of Zanthoxylum Bungeanum Based on Sensory Evaluation and Ultra-Performance Liquid Chromatography-Mass Spectrometry/Mass Spectrometry (UPLC-MS/ MS) Analysis." *Journal of the Science of Food and Agriculture* 99, no. 4 (2019): 1475–83. https://doi.org/10.1002/jsfa.9319.

과일의향

Berenstein, Nadia. (2017). "Flavor Added: The Sciences of Flavor and the Industrialization of Taste in America." Ph.D. diss., University of Pennsylvania, 2017.

—. "The History of Banana Flavoring." *Lucky Peach*, August 2016. http://luckypeach.com/the-history-of-banana-flavoring/.

Boelens, Mans H., and Leo J. van Gemert. "Volatile Character-Impact Sulfur Compounds and Their Sensory Properties," *Perfumer and Flavorist* 18 (May–June 1993): 11.

Cannon, Robert J., and Chi-Tang Ho. "Volatile Sulfur Compounds in Tropical Fruits." *Journal of Food and Drug Analysis* 26, no. 2 (April 1, 2018): 445–68. https://doi.org/10.1016/j.jfda.2018.01.014.

Couture, R., and R. Rouseff. "Debittering and Deacidifying Sour Orange (Citrus Aurantium) Juice Using Neutral and Anion Exchange Resins." *Journal of Food Science* 57, no. 2 (March 1992): 380–84. https://doi.org/10.1111/j.1365-2621.1992.tb05499.x.

Du, Xiaofen, and Michael Qian. "Flavor Chemistry of Small Fruits: Blackberry, Raspberry, and Blueberry." In *Flavor and Health Benefits of Small Fruits*, edited by Michael C. Qian and Agnes M. Rimando, 27–43. Washington, D.C.: American Chemical Society, 2010. https://doi.org/10.1021/bk-2010-1035.ch003.

Gang, David R., ed. *The Biological Activity of Phytochemicals*. New York: Springer, 2011. https://doi.org/10.1007/978-1-4419-7299-6.

Gonda, Itay, Yosef Burger, Arthur A. Schaffer, Mwafaq Ibdah, Ya'akov Tadmor, Nurit Katzir, Aaron Fait, and Efraim Lewinsohn. "Biosynthesis and Perception of Melon Aroma." In *Biotechnology in Flavor Production*, edited by Daphna Havkin-Frenkel and Nativ Dudai, 281–305. Chichester, Eng.: John Wiley, 2016. https://doi.org/10.1002/9781118354056.ch11.

Jordan, Maria J., Carlos A. Margaria, Philip E. Shaw, and Kevin L. Goodner. "Volatile Components and Aroma Active Compounds in Aqueous Essence and Fresh Pink Guava Fruit Puree (*Psidium Guajava* L.) by GC-MS and Multidimensional GC/GC-O." *Journal of Agricultural and Food Chemistry* 51, no. 5 (February 2003): 1421–26. https://doi.org/10.1021/jf020765l.

Lan-Phi, Nguyen Thi, Tomoko Shimamura, Hiroyuki Ukeda, and Masayoshi Sawamura. "Chemical and Aroma Profiles of Yuzu (Citrus Junos) Peel Oils of Different Cultivars." *Food Chemistry* 115, no. 3 (August 1, 2009): 1042–47. https://doi.org/10.1016/j.foodchem.2008.12.024.

Mohd-Hanif, Hani, Rosnah Shamsudin, and Noranizan Mohd Adzahan. "UVC Dosage Effects on the Physico-Chemical Properties of Lime (Citrus Aurantifolia) Juice." *Food Science and Biotechnology* 25, no. S1 (March 2016): 63–67. https://doi.org/10.1007/s10068-016-0099-2.

Murakami, Yusuke, Hisakatsu Iwabuchi, Yukie Ohba, and Harukazu Fukami. "Analysis of Volatile Compounds from Chili Peppers and Characterization of Habanero (*Capsicum Chinense*) Volatiles." *Journal of Oleo Science* 68, no. 12 (2019): 1251–60. https://doi.org/10.5650/jos.ess19155.

Pino, Jorge A. "Odour-Active Compounds in Pineapple (*Ananas Comosus* [L.] Merril Cv. Red Spanish)." *International Journal of Food Science and Technology* 48, no. 3 (March 2013): 564–70. https://doi.org/10.1111/j.1365-2621.2012.03222.x.

Takeoka, Gary R., Robert A. Flath, Thomas R. Mon, Roy Teranishi, and Matthias Guentert. "Volatile Constituents of Apricot (Prunus Armeniaca)." *Journal of Agricultural and Food Chemistry* 38, no. 2 (February 1990): 471–77. https://doi.org/10.1021/jf00092a031.

Tsuneya, Tomoyuki, Masakazu Ishihara, and Haruyasu Shiota. "Volatile Components of Quince Fruit (Cydonia Oblonga Mill.)." *Agricultural Biological Chemistry* 47, no. 11 (1983): 2495–2502.

Winterhalter, Peter, and Peter Schreier. "Free and Bound C13 Norisoprenoids in Quince (Cydonia Oblonga, Mill.) Fruit." *Journal of Agricultural and Food Chemistry* 36, no. 6 (November 1, 1988): 1251–56. https://doi.org/10.1021/jf00084a031.

식물의향

Bunning, Marisa L., Patricia A. Kendall, Martha B. Stone, Frank H. Stonaker, and Cecil Stushnoff. "Effects of Seasonal Variation on Sensory Properties and Total Phenolic Content of Five Lettuce Cultivars." *Journal of Food Science* 75, no. 3 (2010): S156–61. https://doi.org/10.1111/j.1750-3841.2010.01533.x.

Engelberth, Juergen, Hans T. Alborn, Eric A. Schmelz, and James H. Tumlinson. "Airborne Signals Prime Plants Against Insect Herbivore Attack." *Proceedings of the National Academy of Sciences* 101, no. 6 (February 10, 2004): 1781–85. https://doi.org/10.1073/pnas.0308037100.

Hatanaka, Akikazu. "The Biogeneration of Green Odour by Green Leaves." *Phytochemistry* 34, no. 5 (November 1, 1993): 1201–18. https://doi.org/10.1016/0031-9422(91)80003-J.

Iranshahi, M. "A Review of Volatile Sulfur-Containing Compounds from Terrestrial Plants: Biosynthesis, Distribution and Analytical Methods." *Journal of Essential Oil Research* 24, no. 4 (August 1, 2012): 393–434. https://doi.org/10.1080/10412905.2012.692918.

Maga, Joseph A. "Musty/Earthy Aromas." *Food Reviews International* 3, no. 3 (January 1, 1987): 269–84. https://doi.org/10.1080/87559128709540816.

———. "Potato Flavor." *Food Reviews International* 10, no. 1 (February 1, 1994): 1–48. https://doi.org/10.1080/87559129409540984.

Murray, Keith E., and Frank B. Whitfield. "The Occurrence of 3-Alkyl-2-Methoxypyrazines in Raw Vegetables." *Journal of the Science of Food and Agriculture* 26, no. 7 (1975): 973–86. https://doi.org/10.1002/jsfa.2740260714.

Mutarutwa, Delvana, Luciano Navarini, Valentina Lonzarich, Dario Compagnone, and Paola Pittia. "GC-MS Aroma Characterization of Vegetable Matrices: Focus on 3-Alkyl-2-Methoxypyrazines." *Journal of Mass Spectrometry* 53, no. 9 (2018): 871–81. https://doi.org/10.1002/jms.4271.

Raffo, Antonio, Maurizio Masci, Elisabetta Moneta, Stefano Nicoli, Jose Sanchez del Pulgar, and Flavio Paoletti. "Characterization of Volatiles and Identification of Odor-Active Compounds of Rocket Leaves." *Food Chemistry* 240 (February 1, 2018): 1161–70. https://doi.org/10.1016/j.foodchem.2017.08.009.

Takeoka, Gary. "Flavor Chemistry of Vegetables." In *Flavor Chemistry: Thirty Years of Progress*, edited by Roy Teranishi, Emily L. Wick, and Irwin Hornstein, 287–304. Boston: Springer US, 1999. https://doi.

org/10.1007/978-1-4615-4693-1_25.

향신료와 허브

Blank, Imre, Alina Sen, and Werner Grosch. "Sensory Study on the Character-Impact Flavour Compounds of Dill Herb (Anethum Graveolens L.)." *Food Chemistry* 43, no. 5 (January 1992): 337–43. https://doi.org/10.1016/0308-8146(92)90305-L.

Calin-Sanchez, Angel, Krzysztof Lech, Antoni Szumny, Adam Figiel, and Angel A. Carbonell-Barrachina. "Volatile Composition of Sweet Basil Essential Oil (Ocimum Basilicum L.) as Affected by Drying Method." *Food Research International* 48, no. 1 (August 1, 2012): 217–25. https://doi.org/10.1016/j.foodres.2012.03.015.

Eisenman, Sasha W., H. Rodolfo Juliani, Lena Struwe, and James E. Simon. "Essential Oil Diversity in North American Wild Tarragon (Artemisia Dracunculus L.) with Comparisons to French and Kyrgyz Tarragon." *Industrial Crops and Products* 49 (August 1, 2013): 220–32. https://doi.org/10.1016/j.indcrop.2013.04.037.

Eyres, Graham, Jean-Pierre Dufour, Gabrielle Hallifax, Subramaniam Sotheeswaran, and Philip J. Marriott. "Identification of Character-Impact Odorants in Coriander and Wild Coriander Leaves Using Gas Chromatography-Olfactometry (GCO) and Comprehensive Two-Dimensional Gas Chromatography–Time-of-Flight Mass Spectrometry (GC×GC–TOFMS)." *Journal of Separation Science* 28, no. 9–10 (2005): 1061–74. https://doi.org/10.1002/jssc.200500012.

Güntert, Matthias, Gerhard Krammer, Stefan Lambrecht, Horst Sommer, Horst Surburg, and Peter Werkhoff. "Flavor Chemistry of Peppermint Oil (*Mentha Piperita* L.)." In *Aroma Active Compounds in Foods*, edited by Gary R. Takeoka, Matthias Guntert, and Karl-Heinz Engel, 119–37. Washington, D.C.: American Chemical Society, 2001. https://doi.org/10.1021/bk-2001-0794.ch010.

Kothari, S. K., A. K. Bhattacharya, S. Ramesh, S. N. Garg, and S. P. S. Khanuja. "Volatile Constituents in Oil from Different Plant Parts of Methyl Eugenol-Rich Ocimum Tenuiflorum L.f. (Syn. O. Sanctum L.) Grown in South India." *Journal of Essential Oil Research* 17, no. 6 (November 1, 2005): 656–58. https://doi.org/10.1080/10412905.2005.9699025.

Lundgren, Lennart, and Gunnar Stenhagen. "Leaf Volatiles from Thymus Vulgaris, T. Serpyllum, T. Praecox, T. Pulegioides and T. x Citriodorus (Labiatae)." *Nordic Journal of Botany* 2, no. 5 (1982): 445–52. https://doi.org/10.1111/j.1756-1051.1982.tb01207.x.

Masanetz, Charly, and Werner Grosch. "Key Odorants of Parsley Leaves (Petroselinum Crispum [Mill.] Nym. Ssp. Crispum) by Odour–Activity Values." *Flavour and Fragrance Journal* 13, no. 2 (1998): 115–24. https://doi.org/10.1002/(SICI)1099-1026(199803/04)13:2<115::AID-FFJ706>3.0.CO;2-6.

Parthasarathy, V. A., B. Chempakam, and T. John Zachariah, eds. *Chemistry of Spices*. Wallingford, Eng.: CABI, 2008.

Ravi, Ramasamy, Maya Prakash, and Kodangala Keshava Bhat. "Characterization of Aroma Active Compounds of Cumin (*Cuminum Cyminum* L.) by GC-MS, E-Nose, and Sensory Techniques." *International Journal of Food Properties* 16, no. 5 (July 4, 2013): 1048–58. https://doi.org/10.1080/10942912.2011.576356.

Seo, Won Ho, and Hyung Hee Baek. "Characteristic Aroma-Active Compounds of Korean Perilla (*Perilla Frutescens* Britton) Leaf." *Journal of Agricultural and Food Chemistry* 57, no. 24 (November 16, 2009): 11537–42. https://doi.org/10.1021/jf902669d.

Singh, Gurdip, Om Prakash Singh, M. P. De Lampasona, and Cesar A. N. Catalan. "Studies on Essential Oils. Part 35: Chemical and Biocidal Investigations on Tagetes Erecta Leaf Volatile Oil." *Flavour and Fragrance Journal* 18, no. 1 (2003): 62–65. https://doi.org/10.1002/ffj.1158.

Sonmezdag, Ahmet Salih, Hasim Kelebek, and Serkan Selli. "Characterization of Aroma-Active and Phenolic Profiles of Wild Thyme (Thymus Serpyllum) by GC-MS- Olfactometry and LC-ESI-MS/MS." *Journal of Food Science and Technology* 53, no. 4 (April 2016): 1957–65. https://doi.org/10.1007/s13197-015-2144-1.

Tanaka, Fukuyo, Toshio Miyazawa, and Yumi Ujiie. "Effect of Cultivation Conditions on Odor Character and Chemical Profile of Shiso (Perilla Frutescens) Flavor." In *Proceedings of the 19th World Congress of Soil Science, Soil Solutions for a Changing World*, 1–6. Brisbane, Australia, 2010.

Tohge, Takayuki, Mutsumi Watanabe, Rainer Hoefgen, and Alisdair R. Fernie. "The Evolution of Phenylpropanoid Metabolism in the Green Lineage." *Critical Reviews in Biochemistry and Molecular Biology* 48, no. 2 (March 2013): 123–52. https://doi.org/10.3109/10409238.2012.758083.

Weng, Jing‐Ke, and Clint Chapple. "The Origin and Evolution of Lignin Biosynthesis." *New Phytologist* 187, no. 2 (July 2010): 273–85. https://doi.org/10.1111/j.1469-8137.2010.03327.x.

고기의 향

Batzer, O. F., A. T. Santoro, M. C. Tan, W. A. Landmann, and B. S. Schweigert. "Precursors of Beef Flavor." *Journal of Agricultural and Food Chemistry* 8, no. 6 (1960).

Calkins, C. R., and J. M. Hodgen. "A Fresh Look at Meat Flavor." *Meat Science* 77, no. 1 (September 1, 2007): 63–80. https://doi.org/10.1016/j.meatsci.2007.04.016.

Giogios, I., N. Kalogeropoulos, and K. Grigorakis. "Volatile Compounds of Some Popular Mediterranean Seafood Species." *Mediterranean Marine Science* 14, no. 2 (June 11, 2013): 343. https://doi.org/10.12681/mms.342.

Kramlich, W. E., and A. M. Pearson. "Separation and Identification of Cooked Beef Flavor Components." *Journal of Food Science* 25, no. 6 (1960): 712–19. https://doi.org/10.1111/j.1365-2621.1960.tb00018.x.

Melton, Sharon L. "Effects of Feeds on Flavor of Red Meat: A Review." *Journal of Animal Science* 68, no. 12 (December 1, 1990): 4421–35. https://doi.org/10.2527/1990.68124421x.

Mottram, D. S., and R. A. Edwards. "The Role of Triglycerides and Phospholipids in the Aroma of Cooked Beef." *Journal of the Science of Food and Agriculture* 34, no. 5 (1983): 517–22. https://doi.org/10.1002/jsfa.2740340513.

Wasserman, Aaron E., and Natalie Gray. "Meat Flavor. I. Fractionation of Water-Soluble Flavor Precursors of Beef." *Journal of Food Science* 30, no. 5 (September 1965): 801–7. https://doi.org/10.1111/j.1365-2621.1965.tb01844.x.

Part 3

Adams, An, Zanda Kruma, Roland Verhe, Norbert De Kimpe, and Viesturs Kreicbergs. "Volatile Profiles of Rapeseed Oil Flavored with Basil, Oregano, and Thyme as a Function of Flavoring Conditions." *Journal of the American Oil Chemists' Society* 88, no. 2 (February 1, 2011): 201–12. https://doi.org/10.1007/s11746-010-1661-3.

Ahmad, Imtiyaz, Shariq Shamsi, and Roohi Zaman. "Sharbat: An Important Dosage Form of Unani System of Medicine." *Medical Journal of Islamic World Academy of Sciences* 24, no. 3 (2016): 83–88. https://doi.org/10.5505/ias.2016.91129.

Christoph, Norbert, and Claudia Bauer-Christoph. "Flavour of Spirit Drinks: Raw Materials, Fermentation, Distillation, and Ageing." In *Flavours and Fragrances: Chemistry, Bioprocessing and Sustainability*, edited by Ralf Gunter Berger, 219–39. Berlin: Springer, 2007. https://doi.org/10.1007/978-3-540-49339-6_10.

Janado, Masanobu, and Toshiro Nishida. "Effect of Sugars on the Solubility of Hydrophobic Solutes in Water." *Journal of Solution Chemistry* 10, no. 7 (July 1, 1981): 489–500. https://doi.org/10.1007/BF00652083.

Janado, Masanobu, and Yuki Yano. "The Nature of the Cosolvent Effects of Sugars on the Aqueous Solubilities of Hydrocarbons." *Bulletin of the Chemical Society of Japan* 58, no. 7 (July 1, 1985): 1913–17. https://doi.org/10.1246/bcsj.58.1913.

Li, An, and Samuel H. Yalkowsky. "Solubility of Organic Solutes in Ethanol/Water Mixtures." *Journal of Pharmaceutical Sciences* 83, no. 12 (December 1, 1994): 1735–40. https://doi.org/10.1002/jps.2600831217.

Li, J., E. M. Perdue, S. G. Pavlostathis, and R. Araujo. "Physicochemical Properties of Selected Monoterpenes." *Environment International* 24, no. 3 (April 1, 1998): 353–58. https://doi.org/10.1016/S0160-4120(98)00013-0.

Rajeswara Rao, B. R., P. N. Kaul, K. V. Syamasundar, and S. Ramesh. "Water Soluble Fractions of Rose-Scented Geranium (Pelargonium Species) Essential Oil." *Bioresource Technology* 84, no. 3 (September 1, 2002): 243–46. https://doi.org/10.1016/S0960-8524(02)00057-3.

Shurtleff, William, and Akiko Aoyagi. *History of Soymilk and Other Non-Dairy Milks (1226 to 2013): Extensively Annotated Bibliography and Sourcebook.* Lafayette, Calif.: Soyinfo Center, 2013. http://books.google.com/books?id=MyJPwd72zhg-C&printsec=frontcover&source=gbs_ge_summary_r&cad=0#v=onepage&q&f=false.

Yara-Varon, Edinson, Ying Li, Merce Balcells, Ramon Canela-Garayoa, Anne-Sylvie Fabiano-Tixier, and Farid Chemat. "Vegetable Oils as Alternative Solvents for Green Oleo-Extraction, Purification and Formulation of Food and Natural Products." *Molecules* 22, no. 9 (September 2017): 1474. https://doi.org/10.3390/molecules22091474.

Yilmazer, Mustafa, Sermin Goksu Karagoz, Gulcan Ozkan, and Erkan Karacabey. "Aroma Transition from Rosemary Leaves During Aromatization of Olive Oil." *Journal of Food and Drug Analysis* 24, no. 2 (April 1, 2016): 299–304. https://doi.org/10.1016/j.jfda.2015.11.002.

Part 4
열

Adams, An, and Norbert De Kimpe. "Chemistry of 2-Acetyl-1-Pyrroline, 6-Acetyl-1,2,3,4-Tetrahydropyridine, 2-Acetyl-2-Thiazoline, and 5-Acetyl-2,3-Dihydro-4H-Thiazine: Extraordinary Maillard Flavor Compounds." *Chemical Reviews* 106, no. 6 (June 1, 2006): 2299–2319. https://doi.org/10.1021/cr040097y.

Ames, Jennifer M., Robin C. E. Guy, and Gary J. Kipping. "Effect of pH, Temperature, and Moisture on the Formation of Volatile Compounds in Glycine/Glucose Model Systems." *Journal of Agricultural and Food Chemistry* 49, no. 9 (September 1, 2001): 4315–23. https://doi.org/10.1021/jf010198m. "Analysis of Aroma Compounds in Trapping Solvents of Smoke from Tian Op, a Traditional, Thai, Scented Candle." Accessed November 2, 2019. http://kasetsartjournal.ku.ac.th/kuj_files/2009/a0912011425314687.pdf.

Blank, Imre. "The Role of pH in Maillard-Type Reactions." Presented at the J. de Clerck Symposium XI, Louvain, Belgium, September 8, 2004. http://www.imreblank.ch/11th_De_Clerck_08.09.2004_short.pdf.

———. "Recent Developments in the Maillard Reaction." Presented at the 31st FNK Europe Conference on Potato Processing Leiden, The Netherlands, November 19, 1997. http://www.imreblank.ch/31st_FNK_Leiden_part2.pdf. Accessed October 31, 2019.

Buttery, Ron G., and Louisa C. Ling. "Volatile Flavor Components of Corn Tortillas and Related Products." *Journal of Agricultural and Food Chemistry* 43, no. 7 (July 1, 1995): 1878–82. https://doi.org/10.1021/jf00055a023.

Chitsamphandvej, Winyu, Patcha Saichunyoon, and Suvalak Asavasanti. "Volatile Organic Compounds of Charcoal Combustion Smoke." *Proceedings: The Pure and Applied Chemistry International Conference 2017 (PACCON2017)* 2017, no. 1 (2017).

Chua, XinLing, Elizabeth Uwiduhaye, Petroula Tsitlakidou, Stella Lignou, Huw D. Griffiths, David A. Baines, and Jane K. Parker. "Changes in Aroma and

Sensory Profile of Food Ingredients Smoked in the Presence of a Zeolite Filter." In *Sex, Smoke, and Spirits: The Role of Chemistry*, edited by Brian Guthrie et al., 67–79. Washington, D.C.: American Chemical Society, 2019. https://doi.org/10.1021/bk-2019-1321.ch006.

Cutzach, Isabelle, Pascal Chatonnet, Robert Henry, and Denis Dubourdieu. "Identification of Volatile Compounds with a 'Toasty' Aroma in Heated Oak Used in Barrelmaking." *Journal of Agricultural and Food Chemistry* 45, no. 6 (June 1997): 2217–24. https://doi.org/10.1021/jf960947d.

Evtyugina, Margarita, Celia Alves, Ana Calvo, Teresa Nunes, Luis Tarelho, Marcio Duarte, Sonia O. Prozil, Dmitry V. Evtuguin, and Casimiro Pio. "VOC Emissions from Residential Combustion of Southern and Mid-European Woods." *Atmospheric Environment* 83 (February 1, 2014): 90–98. https://doi.org/10.1016/j.atmosenv.2013.10.050.

Fang, M. X., D. K. Shen, Y. X. Li, C. J. Yu, Z. Y. Luo, and K. F. Cen. "Kinetic Study on Pyrolysis and Combustion of Wood Under Different Oxygen Concentrations by Using TG-FTIR Analysis." *Journal of Analytical and Applied Pyrolysis* 77, no. 1 (August 1, 2006): 22–27. https://doi.org/10.1016/j.jaap.2005.12.010.

Ghadiriasli, R., K. Lorber, M. Wagenstaller, and A. Buettner. "Smoky, Vanilla, or Clove-Like?" In *Sex, Smoke, and Spirits: The Role of Chemistry*, edited by Brian Guthrie et al., 43–54. Washington, D.C.: American Chemical Society, 2019. https://doi.org/10.1021/bk-2019-1321.ch004.

Jiang, Bin, Yeting Liu, Bhesh Bhandari, and Weibiao Zhou. "Impact of Caramelization on the Glass Transition Temperature of Several Caramelized Sugars. Part I: Chemical Analyses." *Journal of Agricultural and Food Chemistry* 56, no. 13 (July 1, 2008): 5138–47. https://doi.org/10.1021/jf703791e.

Kung, Hsiang-Cheng. "A Mathematical Model of Wood Pyrolysis." *Combustion and Flame* 18, no. 2 (April 1, 1972): 185–95. https://doi.org/10.1016/S0010-2180(72)80134-2.

Lee, Joo Won, Leonard C. Thomas, John Jerrell, Hao Feng, Keith R. Cadwallader, and Shelly J. Schmidt. "Investigation of Thermal Decomposition as the Kinetic Process That Causes the Loss of Crystalline Structure in Sucrose Using a Chemical Analysis Approach (Part II)." *Journal of Agricultural and Food Chemistry* 59, no. 2 (January 26, 2011): 702–12. https://doi.org/10.1021/jf104235d.

Lee, Joo Won, Leonard C. Thomas, and Shelly J. Schmidt. "Investigation of the Heating Rate Dependency Associated with the Loss of Crystalline Structure in Sucrose, Glucose, and Fructose Using a Thermal Analysis Approach (Part I)." *Journal of Agricultural and Food Chemistry* 59, no. 2 (January 26, 2011): 684–701. https://doi.org/10.1021/jf1042344.

Mall, V., and P. Schieberle. "On the Importance of Phenol Derivatives for the Peaty Aroma Attribute of Scotch Whiskies from Islay." In *Sex, Smoke, and Spirits: The Role of Chemistry*, edited by Brian Guthrie et al., 107–16. Washington, D.C.: American Chemical Society, 2019. https://doi.org/10.1021/bk-2019-1321.ch009.

McGee, Harold. "Caramelization: New Science, New Possibilities." *Curious Cook*, September 13, 2012. https://www.curiouscook.com/site/.

Pons, Isabelle, Christian Garrault, Jean-Noel Jaubert, Jean Morel, and Jean-Claude Fenyo. "Analysis of Aromatic Caramel." *Food Chemistry* 39, no. 3 (January 1, 1991): 311–20. https://doi.org/10.1016/0308-8146(91)90148-H.

Prins, Mark J., Krzysztof J. Ptasinski, and Frans J. J. G. Janssen. "Torrefaction of Wood: Part 2. Analysis of Products." *Journal of Analytical and Applied Pyrolysis* 77, no. 1 (August 1, 2006): 35–40. https://doi.org/10.1016/j.jaap.2006.01.001.

Shafizadeh, Fred. "The Chemistry of Pyrolysis and Combustion." In *The Chemistry of Solid Wood*, edited by Roger Rowell, 489–529. Washington, D.C.: American Chemical Society, 1984. https://doi.org/10.1021/ba-1984-0207.ch013.

Watcharananun, Wanwarang, Keith R. Cadwallader, Kittiphong Huangrak, Hun Kim, and Yaowapa Lorjaroenphon. "Identification of Predominant Odorants in Thai Desserts Flavored by Smoking with 'Tian Op,' a Traditional Thai Scented Candle." *Journal of Agricultural and Food Chemistry* 57, no. 3 (February 11, 2009): 996–1005. https://doi.org/10.1021/jf802674c.

발효

Corbo, Maria Rosaria, Angela Racioppo, Noemi Monacis, and Barbara Speranza. "Commercial Starters or Autochtonous Strains? That Is the Question." In *Starter Cultures in Food Production*, edited by Barbara Speranza, 174–98. Chichester, Eng.: John Wiley, 2017. https://doi.org/10.1002/9781118933794.ch10.

Demarigny, Yann. "Fermented Food Products Made with Vegetable Materials from Tropical and Warm Countries: Microbial and Technological Considerations." *International Journal of Food Science and Technology* 47, no. 12 (2012): 2469–76. https://doi.org/10.1111/j.1365-2621.2012.03087.x.

Escamilla-Hurtado, M. L., A. Tomasini-Campocosio, S. Valdes-Martinez, and J. Soriano-Santos. "Diacetyl Formation by Lactic Bacteria." *Revista Latinoamericanade Microbiologia* 38, no. 2 (April 1, 1996): 129–37.

Han, Thazin, and Kyaw Nyein Aye. "The Legend of Laphet: A Myanmar Fermented Tea Leaf." *Journal of Ethnic Foods* 2, no. 4 (December 1, 2015): 173–78. https://doi.org/10.1016/j.jef.2015.11.003.

Huang, Hsing Tsung, and Joseph Needham. "Part V: Fermentations and Food Science." In *Biology and Biological Technology*. Vol. 6 of *Science and Civilisation in China*. Cambridge: Cambridge University Press, 2000.

Jeong, Sang Hyeon, Hyo Jung Lee, Ji Young Jung, Se Hee Lee, Hye-Young Seo, Wan-Soo Park, and Che Ok Jeon. "Effects of Red Pepper Powder on Microbial Communities and Metabolites During Kimchi Fermentation." *International Journal of Food Microbiology* 160, no. 3 (January 1, 2013): 252–59. https://doi.org/10.1016/j.ijfoodmicro.2012.10.015.

Kim, Kyung Min, Jaeho Lim, Jae Jung Lee, Byung-Serk Hurh, and Inhyung Lee. "Characterization of Aspergillus Sojae Isolated from Meju, Korean Traditional Fermented Soybean Brick." *Journal of Microbiology and Biotechnology* 27, no. 2 (February 28, 2017): 251–61. https://doi.org/10.4014/jmb.1610.10013.

Kwon, Dae Young. "Scientific Knowledge in Traditional Fermented Foods." *Journal of Ethnic Foods* 5, no. 3 (September 1, 2018): 153–54. https://doi.org/10.1016/j.jef.2018.09.001.

Kwon, Dae Young, Dai-Ja Jang, Hye Jeong Yang, and Kyung Rhan Chung. "History of Korean Gochu, Gochujang, and Kimchi." *Journal of Ethnic Foods* 1, no. 1 (December 1, 2014): 3–7. https://doi.org/10.1016/j.jef.2014.11.003.

Kyung, Kyu Hang, Eduardo Medina Pradas, Song Gun Kim, Yong Jae Lee, Kyong Ho Kim, Jin Joo Choi, Joo Hyong Cho, Chang Ho Chung, Rodolphe Barrangou, and Frederick Breidt. "Microbial Ecology of Watery Kimchi: Watery Kimchi (*Nabak* and *Dongchimi*) Ecology...." *Journal of Food Science* 80, no. 5 (May 2015): M1031–38. https://doi.org/10.1111/1750-3841.12848.

Lee, Sang-Sun. "Meju Fermentation for a Raw Material of Korean Traditional Soy Products." *Korean Journal of Mycology* 23, no. 2 (1995): 161–75.

Machida, Masayuki, Osamu Yamada, and Katsuya Gomi. "Genomics of Aspergillus Oryzae: Learning from the History of Koji Mold and Exploration of Its Future." *DNA Research* 15, no. 4 (August 1, 2008): 173–83. https://doi.org/10.1093/dnares/dsn020.

Majumdar, Ranendra K., Deepayan Roy, Sandeep Bejjanki, and Narayan Bhaskar. "An Overview of Some Ethnic Fermented Fish Products of the Eastern Himalayan Region of India." *Journal of Ethnic Foods* 3, no. 4 (December 1, 2016): 276–83. https://doi.org/10.1016/j.jef.2016.12.003.

Montville, T. J. "Interaction of pH and NaCl on Culture Density of Clostridium Botulinum 62A." *Applied and Environmental Microbiology* 46, no. 4 (October 1, 1983): 961–63.

Narahara, Hideki, Yosuke Koyama, Toshimi Yoshida, Sumalee Pichanigkura, Ryuzo Ueda, and Hisaharu Taguchi. "Growth and Enzyme Production in a Solid-State Culture of Aspergillus Oryzae." *Journal of Fermentation Technology* 60, no. 4 (1982): 311–19.

Pérez-Díaz, I. M., Fred Breidt, R. W. Buescher, F. N. Arroyo-Lopez, R. Jimenez-Diaz, A. Garrido-Fernandez, J. Bautista-Gallego, S.-S. Yoon, and S. D. Johanningsmeier. "51. Fermented and Acidified Vegetables." In *Compendium of Methods for the Microbiological Examination of Foods,* 4th ed., 531–32. Washington, D.C.: American Public Health Association, 2013. https://doi.org/10.2105/MBEF.0222.056.

Rhee, Sook Jong, Jang-Eun Lee, and Cherl-Ho Lee. "Importance of Lactic Acid Bacteria in Asian Fermented Foods." *Microbial Cell Factories* 10, no. 1 (August 30, 2011): S5. https://doi.org/10.1186/1475-2859-10-S1-S5.

Shin, Donghwa, and Doyoun Jeong. "Korean Traditional Fermented Soybean Products: Jang." *Journal of Ethnic Foods* 2, no. 1 (March 1, 2015): 2–7. https://doi.org/10.1016/j.jef.2015.02.002.

Shurtleff, William, and Akiko Aoyagi. *History of Koji—Grains and/or Soybeans Enrobed with a Mold Culture (300 BCE to 2012): Extensively Annotated Bibliography and Sourcebook.* Lafayette, Calif.: Soyinfo Center, 2012. http://www.soyinfocenter.com/pdf/154/Koji.pdf.

Snyder, Abigail, Fred Breidt Jr., Elizabeth L. Andress, and Barbara H. Ingham. "Manufacture of Traditionally Fermented Vegetable Products: Best Practice for Small Businesses and Retail Food Establishments." *Food Protection Trends* 40, no. 4 (July 1, 2020): 251–63.

Sun, Shu Yang, Wen Guang Jiang, and Yu Ping Zhao. "Profile of Volatile Compounds in 12 Chinese Soy Sauces Produced by a High-Salt-Diluted State Fermentation." *Journal of the Institute of Brewing* 116, no. 3 (2010): 316–28. https://doi.org/10.1002/j.2050-0416.2010.tb00437.x.

Tamang, J. P., and P. K. Sarkar. "Microflora of Murcha: An Amylolytic Fermentation Starter." *Microbios* 81 (1995): 115–22.

Tamang, Jyoti P., Koichi Watanabe, and Wilhelm H. Holzapfel. "Review: Diversity of Microorganisms in Global Fermented Foods and Beverages." *Frontiers in Microbiology* 7 (2016). https://doi.org/10.3389/fmicb.2016.00377.

Xu, Yan, Dong Wang, Wen Lai Fan, Xiao Qing Mu, and Jian Chen. "Traditional Chinese Biotechnology." In *Biotechnology in China II: Chemicals, Energy and Environment*, edited by G. T. Tsao, Pingkai Ouyang, and Jian Chen, 189–233. Berlin: Springer Berlin Heidelberg, 2010. https://doi.org/10.1007/10_2008_36.

Yanfang, Z., and T. Wenyi. "Flavor and Taste Compounds Analysis in Chinese Solid Fermented Soy Sauce." *African Journal of Biotechnology* 8, no. 4 (January 1, 2009). https://www.ajol.info/index.php/ajb/article/view/59911.

옮긴이 제효영

성균관대학교 유전공학과와 성균관대학교 번역대학원을 졸업했다. 옮긴 책으로《책을 쓰는 과학자들》,《몸은 기억한다》,《과학이 사랑에 대해 말해줄 수 있는 모든 것》,《버자이너》,《펭귄들의 세상은 내가 사는 세상이다》,《가족을 끊어내기로 했다》등이 있다.

풍미의 과학

첫판 1쇄 펴낸날 2025년 11월 24일

지은이 아리엘 존슨
옮긴이 제효영
발행인 조한나
책임편집 김하영
편집기획 김교석 문해림 김유진 박혜인 함초원 조정현
디자인 한승연 성윤정
마케팅 문창운 백윤진 김민영
회계 양여진 김주연

펴낸곳 (주)도서출판 푸른숲
출판등록 2003년 12월 17일 제2003-000032호
주소 서울특별시 마포구 토정로 35-1 2층, 우편번호 04083
전화 02)6392-7871, 2(마케팅부), 02)6392-7873(편집부)
팩스 02)6392-7875
홈페이지 www.prunsoop.co.kr
페이스북 www.facebook.com/prunsoop   **인스타그램** @prunsoop

ⓒ푸른숲, 2025
ISBN 979-11-7254-077-7(13590)

* 잘못된 책은 구입하신 서점에서 바꾸어 드립니다.
* 본서의 반품 기한은 2030년 11월 30일까지입니다.